Otto Hermann Pesch

FREI SEIN AUS GNADE

OTTO HERMANN PESCH

FREI SEIN AUS GNADE

Theologische Anthropologie

Herder

Freiburg · Basel · Wien

Für Hedwig

Inhalt

ZWEITER FRAGENKREIS
DER MACHTVOLL-MACHTLOSE MENSCH
ODER: DER MENSCH IM WIDERSTAND GEGEN GOTT

Inhalt

SECHSTER FRAGENKREIS:
DER GEWISSGEMACHTE MENSCH ODER:
HEILSGEWISSHEIT UND ERFAHRUNG DER GNADE

SIEBENTER FRAGENKREIS
DER NEUE MENSCH ODER: GOTTESGLAUBE UND ETHOS

ACHTER FRAGENKREIS
DER OFFENE MENSCH ODER: GNADE UND ZUKUNFT

NEUNTER FRAGENKREIS
RÜCKBLICKE

Inhalt

Wußten Sie das?
Der Mensch besteht aus folgenden Bestandteilen:
Phosphor für 6000 Streichhölzer,
Fett für 50 kleine Kerzen oder 15 Stück Seife,
Kalk in einer Menge, mit der man einen Hühnerstall weißen könnte,
Eisen für zehn 3 cm lange Nägel,
20 gehäufte Eßlöffel Kochsalz,
Glyzerin, das zur Herstellung von 15 kg Sprengstoff reicht,
¼ Pfund Zucker,
1 Prise Kupfer,
14 kg Knochen,
1,1 kg Haut,
etwa 50 l Wasser
und aus ein paar weiteren Kleinigkeiten.

Aus der Kundenzeitschrift einer Supermarkt-Kette

Nur der Mensch ist normal.
Er kann im Winter auf der Straße spielen.

Aus dem Aufsatz eines 8jährigen Schülers
über die Frage, warum viele Tiere einen Winterschlaf halten.

Vorwort

Was in diesem Buch entfaltet wird, nannte man früher und nennt man auch heute noch „Gnadenlehre". Warum sie hier als „theologische Anthropologie" verstanden und ausgelegt wird, steht im Einleitungskapitel. Man kann das Buch daher durchaus als beides studieren: als gegenwartsbezogene Gnadenlehre und als traditionsverbundene theologische Anthropologie.

Das Buch ist aus Vorlesungen entstanden, die ich in den letzten 15 Jahren immer wieder zu halten hatte – in Walberberg, Harvard und Hamburg. Als ich meinen Dienst als Hochschullehrer begann, sagte mein Münchener Dogmatik-Lehrer Michael Schmaus: „Arbeiten Sie Ihre ersten Vorlesungen sehr gründlich aus – denn Sie werden Ihr Leben lang bei dem Grundriß bleiben, den Sie jetzt entwerfen!" Zumindest für die Gnadenlehre – als Vorlesung über Gnadenlehre hat dieses Buch angefangen – hat er recht behalten. Es wäre ganz unglaubwürdig, wenn ich sagen wollte: Von diesem Anfang ist kein Stein auf dem anderen geblieben. Man kann im Inhaltsverzeichnis noch immer den klassischen Aufriß der Gnadenlehre bei Thomas von Aquin wiedererkennen. Manche Grundgedanken waren schon beim ersten Versuch leitend. Danach ist das Buch weniger in „Jahresringen", also dem Umfang nach, gewachsen, sondern etwa so, wie ein Gärtner den Wuchs eines jungen Baumes überwacht: dort einen Ast beschneiden, hier den Stamm anbinden, damit er gerade wächst. Manche Kapitel wurden immer wieder umgeschrieben, einzelne – vor allem das 14. – erst bei der letzten erneuten Durcharbeitung für die Drucklegung eingefügt.

Am meisten wurden die historischen Abschnitte beschnitten. Das ist insofern belangvoll, als gerade die Aufarbeitung der Tradition aus methodischen Gründen für die Argumentation besonderes Gewicht haben sollte. Aber eine auch nur mäßige Ausführlichkeit hätte alle Proportionen dieses Buches gesprengt. Die historischen Durchgänge wurden daher gerade so ausführlich gehalten (und entsprechend mit Stellenangaben belegt), daß die Sachaussage der Tradition bzw. ihrer einzelnen Stationen in sich verständlich wird. Alle Hintergrundinformationen zur Genealogie der Aussagen und auch zu den historisch bedingten Denkzwängen, die sie hervorgebracht haben, wurden, nicht zuletzt zur Entlastung dieses Buches, in meine zusammen mit Albrecht Peters erarbeitete „Einführung in die Lehre von Gnade und Rechtfertigung" (Darmstadt 1981) „verbannt" –

und sind dort hoffentlich so „erzählt", daß der geneigte Leser einen gelegentlichen vertiefenden Blick in dieses „Entlastungsbuch" lohnend finden kann.

Damit bin ich schon bei der Frage, welche Eigenart dieses Buch beanspruchen darf. Ich bilde mir nicht ein, im Gesamtergebnis besonders viel Neues entdeckt zu haben. Froh wäre ich, wenn es als gediegenes Lehrbuch beurteilt würde, in dem Theologiestudenten, fortbildungswillige Pfarrer sowie Religionslehrer und Interessenten für moderne Theologie sich das Grundwissen aneignen können, das man braucht, um die Bewegungen in der Theologie der Gegenwart zum Thema dieses Buches zu verstehen und dazu mit einiger Kompetenz mitreden zu können. Es ist insofern bei der allerersten Anregung geblieben, die mir der damalige theologische Lektor des Verlages Herder, Rob van Wezemael, gab: Angesichts der Unmöglichkeit, heute eine Dogmatik alten Stils und alten Anspruchs zu schreiben, plädierte er (damit auch „jüngere" Theologen bei den Ausbildungsmaterialien des theologischen Nachwuchses besser „präsent" sein können) für eine Art „Dogmatik in Einzeltraktaten": entstanden aus den „normalen" dogmatischen Hauptvorlesungen, nach mehrmaligem Durchgang veröffentlichungsreif gemacht. Es liegen inzwischen schon mehrere solcher „Traktate" vor. Dieses Buch möchte ihnen einen neuen hinzufügen – es ist dies jedenfalls die Absicht; ob sie gelungen ist, müssen andere beurteilen.

Im Rahmen dieser Absicht hat das Buch, meine ich, folgende Eigenart:

Es will bewußt die Tradition ernst nehmen – und sie nicht durch eilige „historische Rückblicke", womöglich im Kleindruck, buchstäblich „erledigen", um dann möglichst ungehindert die eigene Auffassung darzulegen. Natürlich kann die Tradition nicht im Stil einer umfassenden Theologiegeschichte aufgearbeitet werden. Es wurden, einheitlich für alle Teilthemen, einige repräsentative Stationen der Tradition ausgewählt, in deren Wirkungsgeschichte wir fühlbar noch heute stehen und theologisch denken. (Welche, und warum gerade diese, wird im 1. Kapitel begründet).

Zur heute aufzuarbeitenden Tradition zähle ich auch Luthers Theologie. Man kann nicht seit Jahren überzeugt sein, daß gerade im Bereich der theologischen Anthropologie zwischen Luther und der katholischen Lehre keine *kirchentrennenden* Unterschiede mehr bestehen; man kann nicht den Wandel der Dinge unter anderem daran veranschaulichen, daß katholische Theologen heute Luther lesen, wie sie auch Augustinus lesen oder Thomas oder die Vertreter der „Tübinger Schule", also kritisch, aber zunächst einfach als Auslegung des Glaubens, der auch der eigene ist; man kann dies alles nicht tun und dann konkrete Konsequenzen verweigern. Sie werden hier dergestalt gezogen, daß auch Luther – repräsentativ für die Kirchen der Reformation – als Stimme der Tradition in der Auslegung der Sache gehört und in sie einbezogen wird. Das macht die aktuelle Reflexion nicht leichter, wahrscheinlich aber solider, indem es zusätzlich vor der Versuchung schützt, zu schnell in den angenehmen Regelkreis des Gewohnten „heimzukehren".

Mit der Art, wie ich das Wort der christlichen Glaubensüberlieferung über den Menschen vor dem Fragen der Gegenwart neu zu verstehen und zu verantworten suche, verbinde ich die Nebenabsicht, konkret vorzuführen, was ich mir unter systematischer Theologie und ihren Methoden vorstelle – sie darf ja weder ein Ableger der Theologie- und Dogmengeschichte noch eine Variante der Religionsphilosophie sein. Um des Gewichtes der Sache willen werden die methodischen Schritte im zweiten und fünften Fragenkreis besonders ausführlich, ja pedantisch durchgeführt, in den anderen Fragenkreisen, um Ermüdung in Grenzen zu halten, wesentlich knapper. (Alles Nähere wiederum im 1. Kapitel – und im 4. Kapitel.)

Einige technische Hinweise. Die Zählung der „Fragenkreise" gliedert die Sachkomplexe. Sie heißen „Fragenkreis" (und nicht etwa „Abschnitte" oder ähnlich), weil jeder von ihnen unter einer bestimmten Perspektive das Ganze des christlichen Glaubenswortes über den Menschen zur Sprache bringt. Obwohl die „Fragenkreise" einer logisch und sachlich begründeten Abfolge entsprechen und das Buch somit nicht einer barocken Suite, sondern einer klassischen Sonate mit ihren aufeinander bezogenen Sätzen gleichen will, ist es ohne größere Nachteile möglich, das Buch auch anders als von vorn nach hinten zu lesen – wenngleich ich dazu nicht auch noch ausdrücklich ermuntern will.

Um Querverweise zu erleichtern, werden die Kapitel fortlaufend gezählt und innerhalb der Kapitel mit römischen und arabischen Ziffern und, wenn nötig, mit kleinen Buchstaben weitergegliedert. Zur immer mehr um sich greifenden sogenannten Dezimalzählung konnte und kann ich mich nicht entschließen, weil sie – zumindest bei den Geisteswissenschaften – zwar dem Computer angenehm sein mag, einem menschlichen Auge aber im Vergleich mit der „altmodischen" Zählung durchaus unübersichtlich und darum nach meinem Empfinden inhuman ist. Jedenfalls dürfte ein Querverweis „12 I 3 a" (= 12. Kapitel, I. Abschnitt, 3. Unterabschnitt, Absatz a) hinreichend klar sein.

Ins Literaturverzeichnis wurden die zitierten Titel aufgenommen, die sich direkt zur – historischen und/oder sachlichen – Thematik des Buches äußern, selbst dann, wenn sie nur ein einziges Mal angeführt werden. Mit allen üblichen bibliographischen Angaben in den jeweiligen Anmerkungen werden solche Titel angeführt, die nur gelegentlich entweder als „Aufhänger" und Nebenbemerkung herangezogen wurden oder historische und sachliche Probleme behandeln, mit denen ich mich in diesem Buch nicht direkt auseinandersetze. Ermessensurteile und gar gelegentliche Inkonsequenzen sind dabei unvermeidlich, mögen aber nicht überbewertet werden, weil diese technischen Entscheidungen ja vor allem dazu dienen sollen, den Umfang des Buches zu begrenzen. Aus demselben Grunde werden die ins Literaturverzeichnis aufgenommenen Arbeiten ebenso wie die Quellentexte in den Anmerkungen nur mit einem leicht identifizierbaren Kurztitel zitiert. Aus Gründen der Umfangsbegrenzung mußten auch drei ursprünglich vorgesehene und schon entworfene Exkurse gestrichen und durch Literaturangaben notdürftig ersetzt werden. Sie sollten behandeln: Zur gegenwärtigen Diskussion um die Erbsünde (nach Kapitel 7); Zum Stand der Diskussion um die Prädestinationslehre, und: „Natürlich" und „übernatürlich". Zur anthropologischen Aktualität einer alten Unterscheidung (beide nach Kapitel 15). Zum Ersatz vgl. jetzt w. u. S. 84 Anm. 11, S. 88 Anm. 28 und S. 121 f. Anm. 18.

Zu Beginn jedes Abschnittes, manchmal auch der Unterabschnitte, wird eine besondere „Leseempfehlung" gegeben. Diese gilt dann bis zu demjenigen nächsten Abschnitt oder Unterabschnitt, bei dem eine neue Leseempfehlung folgt, und wird bis dahin in den Anmerkungen nicht mehr eigens erwähnt. Die „Leseempfehlungen" sollen der Vertiefung der jeweiligen Überlegungen dieses Buches dienen, gelegentlich durch Hinweise auf eine ausführlichere Stoffdarbietung, meist aber als Hinweis auf einen anderen Problemaufriß oder gar eine Position, die im Gegensatz zu der in diesem Buch vorgetragenen steht. Der Leser kann dadurch leichter die Diskussionssituation erkennen, in die ich mich hineinstelle, und vermag so Überzeugungskraft oder Schwäche des hier Argumentierten selber noch besser abzuschätzen.

Am Schluß dieses Vorwortes bleibt vielfache Dankesschuld nicht abzutragen, weil das kaum möglich ist, doch zumindest zu nennen. Der erste Dank gilt dem Verlag Herder, der, angefangen von der schon erwähnten ersten Anregung seitens meines Freundes Rob van Wezemael bis heute, jeweils zur rechten Zeit die nötige Dosis psychologischen Drucks bereitgehalten hat, so daß ich alle Selbstzweifel (nicht überwand, aber) zurückstellte und das Manuskript zum Abschluß brachte.

Den größten Teil des Manuskriptes hat – wieder einmal – Frau Inge Kotte, Hamburg, in ihrer Freizeit geschrieben. Ich habe ihr für ihre immer zuverlässige, meist unter Zeitdruck stehende Hilfe um so mehr herzlich zu danken, als die zahlreichen Abschnitte mit reiner „Fachsimpelei" ihr kaum Spaß gemacht haben können. Einige Abschnitte hat Frau Irmgard Iqbal, Hamburg, ins reine geschrieben, was besonderen Dank verdient, weil es nur durch die Geschicklichkeit der Planung ihrer vielfältigen Arbeit als Sekretärin der Abteilung Dogmatik an unserem Hamburger Seminar für Systematische Theologie möglich war.

Wieviel ich dem Fachgespräch mit meinen Hamburger Kollegen an Anregungen verdanke, ist kaum genau abzuschätzen, dürfte aber für den, der das Hamburger Kollegium kennt, aus mancher Anmerkung zumindest andeutungsweise hinreichend hervorgehen. Mein Kollege und Freund Thomas von Kreybig war immer sogleich zur Stelle, wenn ich medizinische und biologische Fragen hatte.

Den größten Dank schulde ich Herrn cand. theol. Markus Wriedt für seine Hilfe in der Schlußphase der Manuskripterstellung. Die Hamburger Universitätsstruktur sieht für meine Stelle keinerlei Hilfe durch einen Assistenten vor. Markus Wriedt hat mir nicht *wie* ein Assistent, sondern geradezu *als* ein Assistent geholfen, nicht nur, was schon genug des Dankes wert wäre, durch Hilfe bei den Korrekturen und durch die Erstellung der Verzeichnisse, sondern vor al-

lem durch das kritische Gespräch über wichtige Kapitel, aus dem ich zur Nach-
besserung unschätzbar gelernt habe. Außerdem hat er mich im Wintersemester
1982/83 bei der Lehrveranstaltungsvorbereitung fühlbar entlastet, um mir, aus
erklärtem Interesse an der Sache, mehr Zeit zur Fertigstellung des Manuskriptes
zu verschaffen. Ohne Markus Wriedt hätte sich das Erscheinen dieses Buches
mit Sicherheit noch einmal verschoben.

Daß *erst* dieses Buch meiner Frau gewidmet ist, beruht auf der seit langem festen Absicht, *dieses* Buch meiner Frau zu widmen. Es liegt ja nahe, eine theologische Anthropologie dem Menschen zuzueignen, mit dem *zusammen* man nach
Gen 1,27 Gottes Ebenbild sein darf. Ohne ihre (von mir arg strapazierte) Geduld, die sie auch auf unsere kleine Anja überträgt – „Geh doch an deinen
Schreibtisch!", sagt diese inzwischen, wenn sie den Papa gerade einmal gern außer Sichtweite haben möchte –, ohne ihre direkte und noch mehr indirekte Ermutigung, auch ohne ihr ganz gegen allen Zeitgeist gehendes „Zurückstecken"
eigener Wünsche und nur zu berechtigter Ansprüche wäre es nicht möglich gewesen, dieses Buch abzuschließen. Vor allem aber: Im alltäglichen Leben neben
ihr und mit ihr, den „grauen" Alltag keineswegs ausgenommen, bewahrheitet
sich mir, wovon in diesem Buch die Rede ist: Frei sein, Mensch sein – aus
Gnade.

Hamburg, am Tag der Erscheinung
des menschgewordenen Gottes 1983   *Otto Hermann Pesch*

Fragen am Beginn –
und ein Vorblick auf das Ganze

1. KAPITEL
DENKWEG UND METHODE THEOLOGISCHER
ANTHROPOLOGIE

I. Die Frage

LESEEMPFEHLUNG: Eicher, Du sollst dir kein Bildnis machen

„Wir leben in einem Zeitalter der Anthropologie. Eine umfassende Wissenschaft vom Menschen ist ein Hauptziel der geistigen Bestrebungen der Gegenwart. Eine ganze Anzahl wissenschaftlicher Forschungszweige hat sich dazu vereinigt. Gerade ihre je besondere Problematik hat sie in dieser Frage in oft unerwartete Berührung mit anderen Forschungen gebracht. Biologen und Philosophen, Juristen und Soziologen, Psychologen, Mediziner und Theologen haben in der Frage nach dem Menschen verwandte Einsichten und zum Teil auch eine gemeinsame Sprache gefunden. Die spezialisierten Methoden scheinen vor unseren Augen zur Überwindung ihrer eigenen Zersplitterung beizutragen, indem sich ein neues, umfassendes Verständnis des Menschen herausbildet. Die mit dem Menschen beschäftigten Wissenschaften sind heute auf dem besten Wege, im allgemeinen Bewußtsein den Platz einzunehmen, den in früheren Jahrhunderten die Metaphysik innehatte."

Mit diesen Sätzen beginnt Wolfhart Pannenberg sein kleines Buch „Was ist der Mensch" von 1962, in dem er der „Anthropologie der Gegenwart im Licht der Theologie" nachgeht[1]. Sicher ist, daß die vielgestaltige Selbsterfahrung und das vieldimensionale Selbstverständnis des Menschen, wie sie sich in den zeitgenössischen Humanwissenschaften spiegeln, unausweichlich den Horizont *theologischen* Fragens bilden und bei Gefahr für dessen Wirklichkeitsbezug auch bilden *müssen*. Nur im Rahmen eines Vorverständnisses vom Menschen werden heute theologische Aussagen verständlich – und erst dann können sie dieses

---

[1] *Pannenberg,* Was ist der Mensch? 5; vgl. *Peters,* Der Mensch, 158 f.

Vorverständnis auch ihrerseits kritisch befragen, erweitern, überholen. Weil die Anthropologie dabei ungefragt auch den *Anspruch* und die *Funktion* der Metaphysik geerbt hat, nämlich letzte, alles integrierende und umfassend zum Verstehen bringende Welt- und Daseinsdeutung zu gewähren, drängt sie zu einer alles durchdringenden anthropologischen Orientierung der Theologie überhaupt. „Will man von Gott reden, so muß man vom Menschen reden" – diese, auf eine Formulierung Rudolf Bultmanns zurückgehende, fast sprichwörtlich gewordene Sentenz[2] wäre das Motto.

Hat die Theologie die Herausforderung durch die moderne Anthropologie angenommen? Auf den ersten Blick – und nicht nur auf den ersten Blick – sieht es in dieser Hinsicht nicht schlecht aus[3]. Gegenüber dem Mittelalter, das, etwas pauschal geurteilt, von der *Welt* redete, wenn es von *Gott* redete, und den Menschen als hervorragenden „Fall" von Welt verstand[4], hat man die gesamte Neuzeit mit Recht gekennzeichnet als „Wende zum Subjekt"[5], das heißt: Jetzt wird der Mensch sich selbst zum Thema, zur Entdeckung, zur alle Inhaltlichkeit vermittelnden Perspektive. Wo immer die Theologie einen Durchbruch durch verhärtete und steril gewordene Schultraditionen – evangelische und katholische – erzielte, trat sie in diese „Wende zum Subjekt" ein – nicht erst in unserem Jahrhundert, aber, so muß man wenigstens für die katholische Theologie sagen, erst in unserem Jahrhundert erfolgreich und unwiderruflich. Was man – noch vor kurzer Zeit – moderner Theologie, besonders der evangelischen im Gefolge Bultmanns, als „anthropologische Engführung" und Luther als Ichbezogenheit,

---

[2] Vgl. *Bultmann,* Welchen Sinn hat es, von Gott zu reden? (= Glaube und Verstehen, I, 26–37, geschrieben 1925), 28: „Es zeigt sich also: will man von Gott reden, so muß man offenbar von sich selber reden." Zur klarstellenden Interpretation dieses Satzes, der keineswegs *Theo*-logie auf *Anthropo*-logie reduzieren will, vgl. *Ebeling,* Zum Verständnis von Rudolf Bultmanns Aufsatz: „Welchen Sinn hat es, von Gott zu reden?" (= Wort und Glaube, II, 343–371, geschrieben 1966); und jetzt *Fries,* Theologie als Anthropologie, 50–54; auch *Berger,* Auf der Spur den Engel, 75–100.

[3] Vgl. die als „Einführung und Überblick" verzeichneten Titel w. u. in Anm. 14.

[4] Vgl. w. u. 2 II 1 (mit Anm. 5 u. 6).

[5] Zum philosophiegeschichtlichen Hintergrund vgl. die Artikel „Subjekt" im LThK *(J. B. Metz),* „Subjektivismus" in RGG *(R. Wisser)* und „Subjekt" in HPhG *(U. Anacker)* und die dort jeweils verzeichnete Literatur. In der evangelischen Theologie wurde das Problem aufgenommen durch *Friedrich Gogarten,* Die Wirklichkeit des Glaubens. Zum Problem des Subjektivismus in der Theologie (Stuttgart 1957). Auf katholischer Seite gilt *Karl Rahner* als Repräsentant der „anthropozentrischen Wende" in der Theologie; vgl. Geist in Welt. Zur Metaphysik der endlichen Erkenntnis bei Thomas von Aquin (Innsbruck-Leipzig 1939); *ders.,* Hörer des Wortes. Zur Grundlegung einer Religionsphilosophie (München 1941); beide Bücher im Auftrag des Verfassers überarbeitet von J. B. Metz (München 1964 und 1963); vgl. ferner die zahlreichen Aufsätze zur Anthropologie in den Schriften zur Theologie, sowie zuletzt: Grundkurs des Glaubens, 35–96. Zu Rahner vgl. *Peter Eicher,* Die anthropologische Wende. Karl Rahners philosophischer Weg vom Wesen des Menschen zur personalen Existenz (Fribourg/Schw. 1970); *Klaus Peter Fischer,* Der Mensch als Geheimnis. Die Anthropologie Karl Rahners (Freiburg i. Br. 1974); ferner *Fries,* aaO und schon *ders.,* Theologische Methode bei Newman und Rahner. Rahners Ansatz ist weitergeführt bei *Metz,* Christliche Anthropozentrik. Über die Denkform des Thomas von Aquin (München 1962); *ders.,* Die Zukunft des Glaubens in einer hominisierten Welt (= Zur Theologie der Welt, 51–71); *ders.,* Der Unglaube als theologisches Problem; und schließlich bewußt überschritten in *ders.,* Glaube in Geschichte und Gesellschaft, bes. 13–43.

als „reflexiven Glaubensbegriff" ankreidete[6], hat als „anthropozentrische Wende" bei den führenden Theologen unserer Tage geradezu leitmotivischen Charakter angenommen[7]. Auch die im Vordergrund kosmozentrische Theologie eines Teilhard de Chardin[8] und eine weniger auf Verstehen als auf veränderndes Handeln ausgerichtete „Theologie der Befreiung" und gar „Theologie der Revolution"[9] machen da keine Ausnahme. Denn auch sie verfolgen die Grundfrage, wie sich der *Mensch* im Licht des Glaubens in seinem Dasein zurechtfinden kann. Kennzeichnend für die anthropozentrische Wende in der Theologie der Gegenwart scheint die beständige Frage nach „Relevanz" einerseits und nach

---

[6] „Anthropologische Engführung" (bes. bei Bultmann): vgl. schon *K. Barth,* KD III/2, 535; *Fries,* Bultmann, Barth und die katholische Theologie, 97; 137–142; auch *ders.,* Theologie als Anthropologie, 51. „Ichbezogenheit" und „reflexiver Glaubensbegriff": vgl. *Hacker,* Das Ich im Glauben, 21–64 und passim; HKG IV, 58 (*E. Iserloh* im Anschluß an Hacker). – Um Mißverständnisse auszuschließen: Die „anthropologische Engführung" ist nicht zu verwechseln mit der „soteriologischen Engführung", die man katholischerseits einem nur auf die Sünde bezogenen, „infralapsarischen" lutherischen Gnadenbegriff attestiert; vgl. z. B. *Raske,* Natur und Gnade (zu U. Kühn); und erst recht nicht mit der „christologischen Engführung", durch die man gern die Theologie Karl Barths gekennzeichnet sieht; vgl. *von Balthasar,* Karl Barth, 253; *Fries,* Bultmann, Barth, 24. Der „reflexive Glaubensbegriff" Luthers im Sinne Hackers deckt sich nicht mit dem „wurzelhaften Subjektivismus", den *Lortz* Luther vorwirft: Lortz hat Hackers These immer abgelehnt; vgl. dazu und zum „Subjektivismus"-Vorwurf überhaupt jetzt *Peter Manns,* „Lortz, Luther und der Papst". Zur Neuausgabe der „Reformation in Deutschland" = Nachwort in: Lortz, Die Reformation in Deutschland, [6]1982, II, 353–391, hier: 385 Anm. 121; und von evangelischer Seite *Ebeling,* Wort und Glaube II, 300.
[7] Außer Rahner vgl. *Fischer,* Zur Einführung, in: Fischer (Hg.), Anthropologie als Thema der Theologie, 9–19; *Fries,* Theol. Methode bei Newman und Rahner; *ders.,* Theologie als Anthropologie; Concilium 18 (1982) Heft 5: Das Menschliche, Kriterium christlicher Existenz?
[8] Zu Teilhard de Chardin vgl. *Claude Cuénot,* Pierre Teilhard de Chardin. Leben und Werk, dtsch. von Karl Schmitz-Moormann (Olten-Freiburg i. Br. 1966; frz. Paris 1958); dort vollständiges Werkverzeichnis; zusammenfassendes Werkverzeichnis einschl. der (bis dahin) vorliegenden deutschen Übersetzungen bei *Schmitz-Moormann,* Die Erbsünde, 261–264; wichtigste Teilhard-Bücher für unseren Zusammenhang: *Henri de Lubac,* La Pensée religieuse du P. Teilhard de Chardin (Paris 1962); *A. Müller,* Das naturphilosophische Werk Teilhard de Chardins (Freiburg i. Br.-München 1964); *Smulders,* Theologie und Evolution; *Schmitz-Moormann,* aaO; Concilium 19 (1983) Heft 6/7: Theologie und Kosmologie. Vgl. auch die seit 1971 erscheinenden Acta Teilhardiana, Supplementa.
[9] Für die „politische Theologie" darf hier der Hinweis auf die Arbeiten von *Metz* genügen (s. Anm. 5 und w. u.) sowie auf *Dorothee Sölle,* Politische Theologie (Stuttgart 1971); *Helmut Peukert* (Hg.), Diskussion zur „politischen Theologie" (München 1969); *Tiemo Rainer Peters* (Hg.), Theologisch-politische Protokolle (München-Mainz 1981). – Zur „Theologie der Befreiung" vgl. *Gustavo Gutiérrez,* Theologie der Befreiung (Mainz 1963); Concilium 10 (1974) Heft 6/7: Praxis der Befreiung und christlicher Glaube. Das Zeugnis der lateinamerikanischen Theologen (11 Beiträge); 17 (1981) Heft 4: Spannungen zwischen den Kirchen der Ersten Welt und der Dritten Welt (11 Beiträge); *Peter Hünermann/Gerd-Dieter Fischer* (Hg.), Gott im Aufbruch. Die Provokation der lateinamerikanischen Theologie (7 Beiträge, Freiburg i. Br. 1974); *Christian Modehn* (Hg.), Christen entdecken die Freiheit. Notwendige Anstöße aus Lateinamerika (8 Beiträge, Stuttgart 1976); *Karl Rahner u. a.* (Hg.), Befreiende Theologie. Der Beitrag Lateinamerikas zur Theologie der Gegenwart (10 Beiträge, Stuttgart 1977); *Ingo Lembke,* Christentum unter den Bedingungen Lateinamerikas. Die katholische Kirche vor den Problemen der Abhängigkeit und Unterentwicklung (Bern-Frankfurt 1975); *Juan M. Bonino,* Theologie im Kontext der Befreiung (Göttingen 1977); *Hans Jürgen Prien,* Die Geschichte des Christentums in Lateinamerika (Göttingen 1978), 1026–1041; *Fernando Castillo* (Hg.), Theologie aus der Praxis des Volkes. Neuere Studien zum lateinamerikanischen Christentum und zur Theologie der Befreiung (Mainz 1978); *Arturo Blatezki,* Sprache des Glaubens in Lateinamerika. Eine Studie zu Selbst-

25

„Erfahrung" anderseits[10] – Fragen, die das Mittelalter nie für wichtig gehalten hat. Heute aber verzeiht man es einer theologischen Überlegung nur noch schwer, wenn sie, mit oder ohne Modeworte, sich keine Gedanken über die praktische Bedeutung, die „Heilsbedeutung" oder, allgemeiner, die Erfahrungsbezogenheit ihres Gegenstandes macht, und das heißt: wenn sie nicht an den Menschen denkt, dem Gegenstand und Überlegung erschwinglich und zum Heile sein sollen. „Gott", formuliert Martin Doerne schon 1939, „als Wesensmitte, der Mensch als Beziehungsmitte" der Theologie – und faßt damit die Grundtendenz heutiger Theologie treffend zusammen[11].

Viel von all dem gilt schon lange vor Erscheinen von Pannenbergs vortrefflichem kleinen Buch. Dieses jedoch signalisiert insofern eine neue Situation, als in der Zwischenzeit ein gewaltiger Schub neuer humanwissenschaftlicher Erkenntnisse und deren philosophische Verarbeitung die anthropologische Herausforderung der Theologie erheblich verschärft haben[12]. Pannenbergs Buch – aus einer Rundfunk-Vortragsreihe entstanden und 1976 in 5. Auflage erschienen – bedeutet einen wichtigen Schritt für die *öffentliche Beachtung* theologisch-an-

---

verständnis und Methode der „Theologie der Befreiung" (Frankfurt am Main-Bern 1978); *Leonardo Boff*, Die Neuentdeckung der Kirche. Basisgemeinden in Lateinamerika (Mainz 1980; port. Rio de Janeiro 1977); *Horst Goldstein* (Hg.), Befreiungstheologie als Herausforderung. Anstöße – Anfragen – Anklagen der lateinamerikanischen Theologie der Befreiung an Kirche und Gesellschaft hierzulande (Düsseldorf 1981). Zur europäischen Aneignung: *Metz*, Glaube in Geschichte und Gesellschaft; *ders.*, Jenseits bürgerlicher Religion; *Moltmann*, Kirche in der Kraft des Geistes; *Schillebeeckx*, Christus und die Christen, 733–744; MDKI 29 (1978) Heft 3: Zwischen Befreiung und neuer Zivilisation. Praxis und Theologie in Lateinamerika; *Clodovis Boff*, Theologie und Praxis. Die erkenntnistheoretischen Grundlagen der „Theologie der Befreiung" (München–Mainz 1983). Natürlich fehlt es nicht an kritischen Stimmen: *Franz Hengsbach/A. Lopez Trujillo* (Hg.), Kirche und Befreiung (5 Beiträge, Aschaffenburg 1975); *diess.* (Hg.), Utopie der Befreiung (5 Beiträge, Aschaffenburg 1976); *diess.* (Hg.), Christlicher Glaube und gesellschaftliche Praxis (Aschaffenburg 1978); *Internationale Theologenkommission/Karl Lehmann* (Hg.), Theologie der Befreiung (das Dokument „Zum Verhältnis von menschlichem Wohl und christlichem Heil" und 4 Beiträge, Einsiedeln 1977); *Weimer*, Lust an Gott, 260–269. – Zur „Theologie der Revolution" vgl. *Heinz Eduard Tödt*, Theologie der Revolution. Analysen und Materialien (Frankfurt a. M. 1968); *Ernst Feil/R. Weth* (Hg.), Diskussion zur „Theologie der Revolution" (München 1969).

[10] Vgl. w. u. 4 III; 17 I; 19 I–II; 20 II 1–2. Statt vieler Belege zwei besonders symptomatische Titelformulierungen: *Josef Blank*, Jesus von Nazareth. Geschichte und Relevanz (Freiburg i. Br. 1972); *Bernhard Casper u. a.*, Jesus – Ort der Erfahrung Gottes (Freiburg i. Br. 1976). Symptomatisch sind diese Titel, weil sie überdeutlich den Trend, um nicht zu sagen: die Mode widerspiegeln: In keiner Kapitelüberschrift des ersten Buches taucht das Wort „Relevanz", in keiner des zweiten das Wort „Erfahrung" noch einmal auf.

[11] Vgl. *Doerne*, Der Mensch im Urteil der Bibel.

[12] In dieser und in Anm. 14 wird, um spätere Wiederauffindung zu erleichtern, *sachlich gegliedert* und innerhalb dessen *alphabetisch nach Autoren geordnet*.

Die schon „klassischen", von Theologen immer wieder gelesenen *humanwissenschaftlichen Werke*: *Eigen*, Das Spiel; *Gehlen*, Der Mensch; *ders.*, Urmensch und Spätkultur; *ders.*, Die Seele im technischen Zeitalter; *ders.*, Anthropologische Forschung; *Lorenz*, Über tierisches und menschliches Verhalten; *ders.*, Die Rückseite des Spiegels; *ders.*, Das sogenannte Böse; *Monod*, Zufall und Notwendigkeit; *Plessner*, Die Stufen des Organischen und der Mensch; *ders.*, Lachen und Weinen; *ders.*, Conditio humana; *Portmann*, Zoologie und das neue Bild vom Menschen; *ders.*, Biologische Fragmente; *von Uexküll/Kriszat*, Streifzüge durch die Umwelten von Tieren und Menschen; *von Weizsäcker*, Der Garten

thropologischer Fragen und zugleich einen bis heute weiterwirkenden Ansatz ihrer Beantwortung – nicht zuletzt in Pannenbergs späteren Arbeiten selbst[13]. Die öffentliche Aufmerksamkeit für das Thema führt dann in den letzten beiden Jahrzehnten zu einer sprunghaft steigenden Zahl innertheologischer wie interdisziplinärer Beiträge zur theologischen Anthropologie[14].

All dies hat bekanntlich ausgereicht, daß solche Theologen, die die „anthropologische Wende" nicht oder nur halbherzig mitgemacht haben, gegen Theologen, die sie bewußt mitvollziehen, nun erst recht den Vorwurf „anthropozentrischer Verengung" erheben – und man muß dazu keineswegs Barthianer sein! Die *Theo*-logie degeneriere zur Funktion menschlichen Selbstverständnisses.

---

des Menschlichen. Eine Art Bilanz bei: *Ditfurth,* Wir sind nicht nur von dieser Welt; *Gadamer/Vogler* (Hg.), Neue Anthropologie I–V (Biologische Anthropologie 1.u.2. Teil, Sozialanthropologie, Kulturanthropologie, Psychologische Anthropologie); *von Kreybig,* Die Ontogenese wird zum Schicksal; *Lüth,* Der Mensch ist kein Zufall; *Morin,* Das Rätsel des Humanen; speziell für die Psychologie: *Rattner* (Hg.), Der Weg zum Menschen; *Rey,* Neuer Mensch auf schwachen Füßen.
Philosophische Werke: Cassirer, Was ist der Mensch?; *Hengstenberg,* Philosophische Anthropologie; *Kamlah,* Philosophische Anthropologie; *Landmann,* Philosophische Anthropologie; *ders.,* De homine; *A. M. K. Müller,* Die präparierte Zeit; *Scheler,* Die Stellung des Menschen im Kosmos. Eine Art Bilanz jetzt in: *Gadamer/Vogler* (Hg.), aaO VI–VII (Philosophische Anthropologie 1.u.2. Teil).
[13] Vgl. bes. die einschlägigen Aufsätze in: Grundfragen Systematischer Theologie I und II; Ethik und Ekklesiologie; Gottesgedanke und menschliche Freiheit; Die Bestimmung des Menschen.
[14] *Einführungen und Überblicke (in Sammelwerken): Fischer* (Hg.), Anthropologie als Thema der Theologie – darin besonders *Fischer,* Zur Einführung, 9–19; ergänzend: *ders., Neuere Literatur zur theol. Anthropologie; Hüttenbügel* (Hg.), Gott – Mensch – Universum (ein Werk, das in der Geschichte seiner Auflagen [d. h. Neubearbeitungen] geradezu die Entwicklung der theologischen Anthropologie widerspiegelt!); *Kasper* (Hg.), Unser Wissen vom Menschen – darin besonders *Kasper,* Das theologische Wesen des Menschen; *Stammler* (Hg.), Was ist der Mensch? – *Beiträge zur theologischen Anthropologie im engeren Sinne: Brunner,* Adam, wer bist du?; *Ebeling,* Wort und Glaube III; *Fries,* Theologie als Anthropologie; *Ganoczy,* Der schöpferische Mensch; *Härle/Herms,* Rechtfertigung, bes. 78–174; *Jüngel,* Der Gott entsprechende Mensch; *Küng,* Christsein, bes. 520–594; *Moltmann,* Mensch; *ders.,* Die ersten Freigelassenen der Schöpfung; *ders.,* Wer ist der „Mensch"?; *Nocke,* Liebe, Tod und Auferstehung; *Peters,* Der Mensch; *Rahner,* Anthropologie; *ders.,* Schriften zur Theologie (die Beiträge zu anthropologischen Themen in fast allen bisher 15 Bänden); *ders.,* Grundkurs des Glaubens, 35–142; *Sauter,* Mensch sein – Mensch bleiben; *Thielicke,* Mensch sein – Mensch werden; *P. H. Welte,* Die Heilsbedürftigkeit des Menschen; die alttestamentlichen Anthropologien von *Pettinato, Wolff, Kraus, Köhler, Rogerson* (s. Lit.-Verz.). – *Schwerpunktmäßig zum Gespräch mit Natur- und Humanwissenschaften: Bakan,* Mensch im Zwiespalt; *Frey,* Arbeitsbuch Anthropologie; HChE I, 83–107 *(Wilhelm Korff);* 297–317 *(Christopher Frey);* 474–512 *(Hermann Ringeling); Herms,* Die Funktion der Realitätsauffassung in der Psychologie; *Küng,* Existiert Gott?, 119–154; 299–380; 471–560; 686–728; *Müller-Schwefe,* Der Mensch – das Experiment Gottes; *ders.,* Technik Glaube; *Neithard/ Ott,* Die Krone der Schöpfung; *Overhage/Rahner,* Das Problem der Hominisation; *M. von Rad* (Hg.), Anthropologie als Thema der psychosomatischer Medizin und Theologie; *Rauh,* Das sittliche Leben; *Reikerstorfer* (Hg.), Glaubenspraxis; *Ringeling,* Neue Humanität; *Schnurr,* Fragestellung der Theologie im Horizont der Evolution; *Schütz,* Psychoanalyse und Glaube; *Track,* Naturwissenschaft und Theologie; *Wölfel,* Die Welt als Schöpfung.
Neue „Theologie der Welt": von Balthasar, Gott begegnen in der heutigen Welt; *Link,* Die Erfahrung der Welt als Schöpfung; *Metz,* Zur Theologie der Welt; *ders.* (Hg.), Weltverständnis im Glauben; *Scheffczyk,* Die Welt als Schöpfung Gottes.
Theologische Auseinandersetzung mit der Sprachphilosophie: Biser, Theol. Sprachtheorie; *ders.,* Glaubensverständnis; *Casper,* Sprache und Theologie; *Dalferth,* Homo definiri nequit; *Ebeling,* Gott und Wort (= Wort und Glaube II, 396–432); *ders.,* Einführung in theol. Sprachlehre; *Gadamer,* Wahrheit

Christlicher Glaube löse sich in Humanismus auf, christliches Handeln in „bloße" Ethik. „„Die Frage nach Gott ist letztlich die Frage nach dem Menschen, [das] reizt einen zum Lächeln!" – so lautet eine besonders scharfe Formulierung dieses Verdachts – bezeichnenderweise von einem Vertreter der orthodoxen Theologie[15]. Aber auch westliche Theologen befürchten, die „anthropologische Wende" bedrohe eine die Anthropologie überschreitende Theologie der Schöpfung oder einfach jene großmütige Selbstvergessenheit des Glaubens, die der Theologie nicht erlaubt, narzißtisch in theologische Selbstbespiegelung des Menschen abzugleiten. Man kann sich gewiß fragen, ob in solchem Mißtrauen nicht doch noch die alte Metaphysik im Sinne Pannenbergs nachwirkt. Eine ernste Anfrage und Warnung ist der Vorwurf gleichwohl[16].

---

und Methode; *ders.*, Rhetorik, Hermeneutik und Ideologiekritik; *ders.*, Hermeneutik; *Geißer/Mostert* (Hg.), Wirkungen hermeneutischer Theologie; *Grabner-Haider*, Glaubenssprache; *Jüngel*, einschlägige Aufsätze in: Unterwegs zur Sache und in: *ders.*, Entsprechungen; *Müller-Schwefe*, Homiletik I; *de Pater*, Theologische Sprachlogik; *Reikerstorfer*, Gottes Existenz.
Theologie und soziologische Sicht des Menschen: Berger, Auf den Spuren der Engel; *Cox*, Stadt ohne Gott; *ders.*, Verführung des Geistes; *Hahn*, Religion und der Verlust der Sinngebung; *Kaufmann*, Theologie in soziologischer Sicht; *ders.*, Kirche begreifen.
Theologische Auseinandersetzung mit (Neo-)Marxismus, „Frankfurter Schule", Ernst Bloch: Kessler, Erlösung als Befreiung; *Marsch* (Hg.), Diskussion über die „Theologie der Hoffnung" von Jürgen Moltmann; *Metz*, Glaube in Geschichte und Gesellschaft; *Moltmann*, Theologie der Hoffnung; *ders.*, Perspektiven der Theologie; *ders.*, Kirche in der Kraft des Geistes; *van den Oudenrijn*, Kritische Theologie; *Schaeffler*, Was dürfen wir hoffen?; *Schupp*, Auf dem Weg zu einer kritischen Theologie; *Sonnemans*, Hoffnung ohne Gott?; *Stüttgen*, Ende des Humanismus.
Wissenschaftstheorie und Theologie: Bayer, Was ist das: Theologie?; *Casalis*, Die richtigen Ideen fallen nicht vom Himmel; *Casper/Hemmerle/Hünermann*, Theologie als Wissenschaft; *Pannenberg*, Wissenschaftstheorie und Theologie; *Pannenberg/Sauter*, Grundlagen der Theologie; *Peukert*, Wissenschaftstheorie – Handlungstheorie – Fundamentale Theologie; *Picht*, Theologie, was ist das? *Scharrer*, Theologische Kritik der Vernunft.
Philosophisch-anthropologische Entwürfe aus christlicher Sicht: Beck, Anthropologischer Zugang zum Glauben; *Lersch*, Der Mensch als Schnittpunkt; *Möller*, Zum Thema Menschsein; *ders.*, Mensch sein: ein Prozeß; *Peperzak*, Der moderne Mensch und die Heilsfrage; *Splett*, Der Mensch in seiner Freiheit; *ders.*, Konturen der Freiheit; *ders.*, Menschsein als Frage; *ders.*, Der Mensch ist Person.
Handbuchtraktate vor dem Hintergrund des humanwissenschaftlichen Erkenntnisstandes: Auer, Die Welt – Gottes Schöpfung, 182–388; *Ebeling*, Dogmatik I, 334–414; MS II, 405–840; *Rendtorff*, Ethik I, 37–67; *Schmaus*, Der Glaube der Kirche III, 161–245; *Thielicke*, Theologische Ethik II/1, bes. 15–55; 328–520; und III; *ders.*, Der evangelische Glaube II.
Eine Bilanz des interdisziplinären Gesprächsstandes: die einschlägigen Bände von CGG, also bes. Bde. 2–7; 10; 14; 17–20; 24; 27.
Es versteht sich von selbst, daß diese Literatur-Hinweise nur eine *pars-pro-toto*-Auswahl sein können. Versuch einer Analyse der Grundtendenzen der Diskussion w.u. 22 I 1–2.
[15] So in einer Besprechung von NGB in: Orthodoxie heute, 1973, 686.
[16] Am brillantesten wird diese Warnung heute wohl formuliert in den Arbeiten von *Scheffczyk*, Gottloser Gottesglaube?, 26–47; 90–128; 154–168; *ders.*, Einführung in die Schöpfungslehre, 6–10; 37f; 73; *ders.*, Schwerpunkte des Glaubens, 119–155 (Die Wirklichkeit Gottes und die menschlichen Vorstellungen von Gott; Der Irrweg der Gott-ist-tot-Theologie); 485–511 (Christentum an der Schwelle der Selbstauflösung?); *ders.*, Glaube als Lebensinspiration, 11–68 (Glaubensgeheimnis und Lebensbezug; Vernunft und Glaube im Gegenwartsaspekt; Glaubensverständnis heute); 311–328 (Christwerden als Vollendung der Menschwerdung?). Vgl. ferner *Ratzinger*, Einführung in das Christentum, 17–53; *Kasper*, Christologie von unten?, bes. 153–159 (Auseinandersetzung mit Karl Rahner).

Anderseits ist Karl Rahner noch 1957 der Meinung, die Erarbeitung einer methodisch reflektierten theologischen Anthropologie sei eine noch ungelöste Aufgabe[17]. Ist am Ende der Weg der theologischen Besinnung auf den Menschen, wie wir sie in den letzten Jahrzehnten beobachten, noch gar nicht die Lösung- nachdem sie sich solch fundamentalem Verdacht ausgesetzt sieht? Schon geht dieser Vorwurf gelegentlich so weit, die ganze Hinwendung der Theologie zur Anthropologie nicht nur für eine Sackgasse, sondern aus theologischen Gründen für einen Irrweg zu halten[18]. Damit stehen wir bei der Frage nach dem *Ansatz* einer theologischen Anthropologie.

II. Der Ansatz

1. Keine Abhängigkeit von den Humanwissenschaften

„Es kann sich bei diesem ... Ansatz nur um eine *theologische* Aussage handeln. Denn jeder andere würde die Theologie in eine innere Abhängigkeit von anderen Anthropologien bringen. Das also, was der Mensch ‚natürlich, das heißt unabhängig von der geschichtlichen Wortoffenbarung von sich weiß, muß sich von diesem Ansatz selbst her ergeben, oder es ist für eine theologische Anthropologie als solche unwichtig, so sehr die Theologie selbst den Menschen von sich aus freigibt in das Ernstnehmen dieser weltlichen Erfahrung von sich selbst." Diese Worte Karl Rahners von 1957[19] verdienen auch heute noch uneingeschränkt Zustimmung – weil sie selbstverständlich sind. Es geht hier, wohlgemerkt, um eine theologische Anthropologie, insofern sie ein einzelner, wenngleich neben Gotteslehre und Christologie offenbar zentraler „Traktat" innerhalb der Theologie ist. *Hier* kann der Ansatz aus der Natur der Sache heraus nicht eine humanwissenschaftliche Aussage über den Menschen sein – etwa die Aussage: Der Mensch ist als Mängelwesen unbeschränkt weltoffen[20] –, sondern nur eine solche Aussage, die sich entscheidend auf die biblische Botschaft als Trägerin der Selbstkundgabe Gottes in seinem Verhältnis zum Menschen stützt. Außertheologische Aussagen über den Menschen werden von hierher ins Gespräch gezogen, aufgenommen, integriert, beurteilt – aber sie sind nicht der methodische und sachliche, höchstens der didaktische Ausgangspunkt.

---

[17] LThK I, 622.
[18] So *Eicher,* Du sollst dir kein Bildnis machen; vgl. dazu auch w. u. 2 I.
[19] LThK I, 623.
[20] Vgl. *Pannenberg,* Was ist der Mensch, 5–13.

2. Kein „Anthropozentrismus"

Der Ansatz muß ausschließen, daß die von ihm her ausgearbeitete Anthropologie im schlechten Sinne „anthropozentrisch" wird, das heißt: den Blick auf den *je größeren* Gott versperrt. Gott ist mehr als der transzendente Partner des Menschen, und sein Werk ist mehr als „nur" dessen Erschaffung und Rettung. Die Theologie wird immer wieder anzugehen haben gegen eine solche „anthropologische Engführung", die das theologische Interesse allein auf das, womöglich noch individualistisch verstandene, Heil des Menschen beschränkt und alles übrige als unerlaubte „Spekulation" anprangert. Sie wird von daher auch stets die (scheinbar) ganz unanthropologischen Entwürfe der vorlutherischen Tradition und ihre modernen Varianten ebenso verteidigen müssen wie die erst zaghaften Versuche einer Theologie des „Mitgeschöpfs", die nicht gleich zu einer instrumentalisierten „Theologie des Umweltschutzes" entarten darf[21]. Im übrigen hat gerade der, den man gern als den Ahnherrn solcher anthropologischer Engführung ansieht, Martin Luther, schließlich *Gottes Gottheit* als Sinn der *Rechtfertigungslehre* verstanden. Im Namen der *gemeinsamen* katholischen und reformatorischen Tradition – von der orthodoxen ganz zu schweigen – muß die ins Zentrum gerückte theologische Anthropologie von einem egoistischen Anthropozentrismus freigehalten werden, in der Gottes Gottheit und seine Schöpfung zur bloßen Randbemerkung oder bestenfalls zum Thema einer meta-theologischen Reflexion werden.

3. Keine Rückkehr hinter die „Wende zum Subjekt"

Nachdem dies alles deutlich genug gesagt ist, haben wir nun aber auch nachdrücklich das theologische Recht einer alles theologische Reden bestimmenden „Wende zum Subjekt" zu unterstreichen. Jede theologische Aussage muß zugleich anthropologisch sein, mit entsprechenden Folgen für eine als Teilthema der Theologie entfaltete theologische Anthropologie, und zwar aus drei Gründen.

a) Die skizzierte „anthropozentrische Wende" der Neuzeit ist die geistige Situation, auf die sich Verkündigung und Theologie heute beziehen müssen. Die unerläßliche kritische Überholung ihrer fraglosen Selbstverständlichkeiten, kurz: die Kritik des „Zeitgeistes", muß *im* Kontext dieses Zeitgeistes geschehen – so wie zum Beispiel die christologischen Aussagen der alten Konzilien *im* hellenistischen Sprach- und Begriffskontext die hellenistischen Denkvoraussetzun-

---

[21] Vgl. hierzu die Arbeit der „Ökumenischen und interdisziplinären Studiengruppe ‚Ethik der Schöpfung'", die unter der Federführung von *G. M. Teutsch* (Pädagogische Hochschule Karlsruhe, Archiv für Hodegetische Forschung) regelmäßig Arbeitsberichte und Bibliographien herausgibt; ferner *Jensen,* Unter dem Zwang des Wachstums, bes. 45–48; 132–162; *Krolzik,* Umweltkrise; *T. Koch,* Der Leib und die Natur.

gen schärfstens kritisiert haben[22]. Jede Weigerung der Theologie, sich auf die ihr vorgegebene geistige Situation dialogisch einzulassen, macht, lutherisch gesprochen, das Evangelium zum Gesetz: zu einem Lehrgebilde, das der Hörer nicht als ihn existentiell angehend erfaßt; das er darum nur als auferlegtes intellektuelles „Muß" (bzw. als den Versuch dazu) ansehen kann und dem er eben darum mangels inneren Betroffenseins das Recht zur Kritik an sich gar nicht erst zugestehen wird. Kurzum: Nur wenn das Evangelium dem Hörer in *seinem* Erfahrungskontext, also in der ihn vielfältig quälenden Frage nach sich selbst, als Befreiung, Hilfe und Antwort angesagt wird, kann es ihn auch, wie es sein muß, heilsam kritisieren und ihn seiner Verschlossenheit in sich selbst überführen. Um der „evangelischen" Bedeutung des Evangeliums willen darf das allein durch Gott vollmächtige, „von außen" kommende Evangelium nicht „steil von oben" verkündet werden. Darum kann man nur von Gott reden, indem man zugleich vom Menschen und in menschlichen Begriffen redet[23].

b) Diese von der Situation des Hörers, also sozusagen „pastoral" vorgehende Überlegung, die doch schon eine Besinnung auf das Wesen des Evangeliums einschließt, bestätigt sich bei einem thematischen Blick auf die Sache des Evangeliums selbst. Denn aus Gründen dessen, was das Evangelium sagt, *muß* jede theologische Aussage Bedeutung für den Menschen haben, *darf* sie auf ihre anthropologische „Relevanz" befragt werden. Nicht weil der Mensch das von sich aus verlangen könnte, sondern weil der Gott, von dem der christliche Glaube redet, es so gewollt und sich als der kundgemacht hat, der sich – von der Schöpfung an – auf den Menschen hin aufgemacht hat. *Gott selbst* hat dafür gesorgt, daß zwischen Gott und Mensch zwar ein „unendlicher qualitativer Abstand" besteht, aber kein „Konkurrenzverhältnis". Es ist, streng zu Ende gedacht, schon *die* Sünde des Unglaubens, sich überhaupt in der Konkurrenzsituation zu wähnen, also dergestalt „zwischen" Gott und Mensch, daß man zwischen beiden „wählen" müßte[24]. Der Vorwurf illegitimer Anthropozentrik hat immer nur insoweit recht, als er dazu anhält, *in* der theologisch-anthropologischen Aussage *Gott* anzusagen. Die Erschaffung, Rettung und Vollendung des Menschen ist Gottes Ehre. Und umgekehrt erscheint von hier aus auch der selbstvergessene Lobpreis Gottes – Theologie geworden etwa in den mittelalterlichen theologi-

---

[22] Vgl. dazu jetzt, pars pro toto, *Alois Grillmeier,* Jesus der Christus im Glauben der Kirche, I (Freiburg i. Br. 1979); *ders.,* Mit ihm und in ihm. Christologische Forschungen und Perspektiven (Freiburg i. Br. ²1978, vor allem 423–582); vgl. auch *ders.* in: NGB, 245–276; *Kasper,* Jesus der Christus, 207–212; *ders.,* Der Gott Jesu Christi, 223–245; *Lohse,* Epochen der Dogmengeschichte, 51 f.; *Pannenberg,* Die Aufnahme des philosophischen Gottesbegriffs als dogmatisches Problem der frühchristlichen Theologie (= Grundfragen systematischer Theologie I, 296–346), bes. 338–346.
[23] Vgl. das drastische Beispiel bei *Greshake,* Geschenkte Freiheit, 106: Wenn man, um alle menschliche Redeweise auszuschließen, sagen wollte: Gott ist eine „Kagurigkeit", so müßte man anschließend in menschlichen Worten erklären, was eine Kagurigkeit sei. Zur Sache jetzt *Kasper,* Der Gott Jesu Christi, 116–131.
[24] Vgl. w. u. 7 III 1.

schen Synthesen mit Thomas von Aquin an der Spitze[25] – als von höchster anthropologischer Bedeutung, wie gerade in jüngster Zeit neu verstanden wird[26]. Denn der Lobpreis Gottes ist das höchste zweckfreie Tun, zu dem der Mensch sich aufzuschwingen vermag – und daß der Mensch nicht im Mechanismus von Mittel und Zweck, von Kosten und Nutzen aufgeht, wird ja heute, inmitten der Vorherrschaft neuer Spielarten des Positivismus und Pragmatismus in der Philosophie[27], auch der philosophischen Anthropologie aller Schulen[28] zunehmend klar.

c) Die Notwendigkeit einer anthropologischen Wendung aller theologischen Aussagen erscheint am deutlichsten in der Tatsache, daß diese selbst nur durch einen fundamentalen menschlichen Vollzug erschwinglich sind: durch den *Glauben*. Damit ist nicht gemeint, was der Glaube sage, sei nur „subjektiv", entbehre des rationalen Gehaltes, sei weder verifizierbar noch falsifizierbar und darum nicht kommunikabel, sinnlos. Gewiß ist die *Frage* nach der intersubjektiven Vermittlung aller und zumal der religiösen Erkenntnis von Descartes' „Cogito, ergo sum" – „Ich denke, also bin ich" – über die Unerkennbarkeit des „Dings an sich" bei Kant, die Projektionstheorie Feuerbachs, den Ideologieverdacht Marx', den Neuroseverdacht Freuds bis zur modernen Sprachphilosophie und Kommunikationstheorie hier durchaus im Spiel[29]. Die Glaubensaussage und von ihr her die theologische Aussage sind hinsichtlich ihrer transsubjektiven „Objektivität" oder, schlicht, ihres Realitätsgehaltes nicht noch einmal vergewisserbar, so daß der Verdacht einer so oder so gearteten Projektion *erkenntnistheoretisch* nie *adäquat* widerlegbar ist[30]. Aber darum geht es hier nicht. Gemeint ist einfach, daß die erkenntnistheoretische Struktur einer theologischen Aussage prinzipiell von anderer Art ist als die Struktur wissenschaftlicher Aussagen sonst. Denn sie *beruht* nicht auf experimenteller Verifikation, nicht auf rationaler Deduktion, nicht auf unkontrollierbarer Intuition, allerdings auch nicht auf einem willkürlich den „regressus in infinitum", die unab-

---

[25] Vgl. *Pesch,* Theologie der Rechtfertigung, 935–948; *ders.,* Existentielle und sapientiale Theologie; *ders.,* Die Frage nach Gott, 23–25.

[26] Vgl. dazu *A. Hahn* u. a., Anthropologie des Kults; *Schaeffler/Hünermann,* Ankunft Gottes; zum Hintergrund vgl. *Peter Cornehl,* Gottesdienst, in: F. Klostermann/R. Zerfaß (Hg.), Praktische Theologie heute (Mainz – München 1974), 449–463; *ders.,* Theorie des Gottesdienstes – ein Prospekt, ThQ 149 (1979) 178–195; *ders.,* Christen feiern Feste. Integrale Festzeitpraxis als volkskirchliche Gottesdienststrategie, Pastoraltheologie 70 (1981) 218–233. Das ganze Problem, die anthropologische und gar gesellschaftskritische *Bedeutung* des Kultes nicht in dessen gesellschaftskritische *Verzweckung* umschlagen zu lassen, wird deutlich bei *Metz,* Glaube in Geschichte und Gesellschaft, 161–211; und bei *Schupp,* Glaube – Kultur – Symbol.

[27] Vgl. *Splett,* Konturen der Freiheit, 9–36.

[28] Vgl. *Splett,* aaO 37–59.

[29] Vgl. dazu die Arbeiten zur Wissenschaftstheorie w. o. in Anm. 14, und zur Sprachphilosophie w. u. 2 II 2 Anm. 37.

[30] Was nicht heißt, es gebe auf ihn keine begründete Antwort! Vgl. w. u. 14 II 1.

schließbare Kommunikation abblockenden Dogma, wie Hans Albert meint[31], sondern auf einem Akt der Freiheit und impliziert einen solchen je neu. Sie sind *Erkenntnis* nur aufgrund und im Innenraum einer unerzwingbaren *Anerkenntnis*[32]. Dabei geht die Spannung zwischen Anfechtung und Gewißheit wie durch den Glauben überhaupt so auch durch jede seiner theologischen Artikulationen hindurch[33]. Der einstweilige Eindruck der Fremdheit einer theologischen Aussage ist nicht *nur* Folge eines außer Kurs gekommenen „Sprachspiels", er ist auch sachbedingt, was sich an der einfachen Tatsache zeigt, daß der Wirklichkeitsgehalt bestimmter Grundbegriffe des Glaubens außerhalb des Glaubens grundsätzlich unerschwinglich ist, etwa Heiliger Geist, Offenbarung, Auferstehung, Sünde, Heil – und vor allem: Gott. Deshalb ist ja die Arbeit der Theologie so mühsam und kontrovers, zwischen wandelbarem und veraltetem Sprachinstrumentarium und unaufgebbarem Sprachgut des Glaubens zu unterscheiden, denn dabei muß eine letzte Unverrechenbarkeit mit wissenschaftlicher Bemühung außerhalb des Glaubens in Kauf genommen werden, weil diese Unverrechenbarkeit präzis ein Teilaspekt des Glaubensvollzuges selbst ist.

Anthropologisch ist jede theologische Aussage dadurch, daß sie auf diese Struktur des menschlichen Zugangs zu ihrer Sache, nämlich auf den Glauben, Rücksicht nehmen, ja diese Struktur jeweils auf ihre Weise sichtbar machen muß. Es heißt den Charakter einer theologischen Aussage verfehlen, wenn man sie nach dem Modell einer Tatsachenfeststellung oder eines wissenschaftlichen Theorems beurteilt. Eben darin besteht ihre fundamentale anthropologische Dimension: Sie impliziert die Zumutung jenes ganzmenschlichen Aktes, den wir „Glauben" nennen. Sofern dies der Theologie – angefangen mit der Reformation – gerade unter dem Druck der neuzeitlichen Wende zum Subjekt wieder deutlich geworden ist, darf diese Wende sogar als vom christlichen Glauben selbst her legitimierter, wenn nicht gar historisch in die Wege geleiteter Vorgang angesehen werden[34].

---

[31] Vgl. *Hans Albert*, Traktat über kritische Vernunft (Tübingen 1968, ³1975), bes. 13–15; 29–37. Dazu *Gerhard Ebeling*, Kritischer Rationalismus? Zu Hans Alberts „Traktat über kritische Vernunft" (Tübingen 1973), bes. 15–17; 38–41; 75–77. Dazu wiederum *Hans Albert*, Theologische Holzwege. Gerhard Ebeling und der rechte Gebrauch der Vernunft (Tübingen 1973). Zur (unerfreulichen) Kontroverse vgl. auch *Küng*, Existiert Gott?, 372–378.

[32] Vgl. *Seckler*, Instinkt und Glaubenswille, 73.

[33] Vgl. *Pesch*, Unsicherheit und Glaube, 57–61.

[34] Vgl. dazu vor allem *Ebeling*, Luther und der Anbruch der Neuzeit (= Wort und Glaube III, 29–59); auch *ders.*, Was heißt Glauben? (= aaO, 225–235); *ders.*, Gewißheit und Zweifel. Die Situation des Glaubens im Zeitalter nach Luther und Descartes (= Wort und Glaube II, 138–183). – Vergleichbar und damit zusammenhängend ist jener neuzeitliche Vorgang, den man „Säkularisierung" nennt und den man ebenfalls mit Gründen als eine eigentliche Folge des christlichen Glaubens ansehen kann (vgl. die oben Anm. 14 verzeichneten Arbeiten von *Metz*). In *beiden* Fällen darf allerdings fairerweise nicht verschwiegen bleiben, daß es sich historisch um bewußt antikirchliche und antichristliche Vorgänge handelt, die denn auch nach wie vor Gegenstand theologischer Kritik sind und bleiben müssen.

4. Keine bloß „idealen" Strukturen

Wo stehen wir nun? Die entscheidenden Kriterien für einen sachgemäßen Ansatz theologischer Anthropologie dürften beisammen sein: ein in der biblischen Wortoffenbarung und ihrer Überlieferung begründeter Ansatz; der Gott nicht gedanklich zur Funktion menschlichen Selbstverständnisses macht[35], eher umgekehrt; und der doch die neuzeitliche Wende zum Subjekt um der Sache des Evangeliums willen ernst nimmt. Sieht man unter diesem Maßstab die jüngeren und jüngsten Entwürfe und Äußerungen zur Anthropologie durch, so zeigt sich etwas Merkwürdiges. Sie geben alle Anlaß zu der Frage, ob sie überhaupt schon eine theologische Anthropologie im strengen Sinne des Wortes sind. Die eine Gruppe von Entwürfen – hier stehe Pannenberg als Paradigma – geht aus von den Erhebungen der Humanwissenschaften, befragt sie methodisch auf ihre verdeckten Offenheiten für die christlichen Glaubensaussagen über den Menschen, beurteilt sie theologisch. Das führt zu überraschenden Ergebnissen. Es ist auch kein Zweifel, daß das Verfahren theologisch legitim ist. Aber erbringt es eine *theologische* Anthropologie, wenn humanwissenschaftliche Anthropologie an theologischen Aussagen gemessen, auf theologische Implikationen befragt wird? Das Recht, so zu fragen, gibt ja eigentlich schon der Titel des Buches von Pannenberg und, servatis servandis, von Moltmann: Beidemal geht es um die nicht-theologische Anthropologie der Gegenwart in theologischer Sicht. Sollte man es aber anders verstehen müssen, sollten solche Entwürfe mehr sein wollen als theologische Re-Aktion auf humanwissenschaftliche Aktion – man kann ja durchaus mit Recht fragen, ob Pannenberg nicht im Grunde auf eine Art anthropologischen Gottesbeweis zusteuert[36] –, dann hieße das nur, daß auch Pannenberg und die ihm vergleichbaren Entwürfe zur *zweiten* Gruppe anthropologischer Entwürfe zu zählen sind.

Diese – hier können Karl Rahner und jüngst Albrecht Peters als Paradigmen stehen – gehen sachlich, wenn auch nicht unbedingt methodisch und didaktisch, von einer theologischen Grundaussage aus. Diese betrifft den Menschen als das zum Empfang der Selbstmitteilung Gottes berufene *Geschöpf*. Der systematisch-theologische Ort der theologischen Anthropologie ist die Schöpfungslehre. Kein Zweifel, daß damit ein authentischer *theologischer* Ansatz gewählt ist. Im Prinzip laufen auch die Konzepte der ersten Gruppe darauf zu, wenn sie auch nicht von ihm ausgehen. Verwunderlich ist nur, wieso man glauben kann, auf diese Weise vom Ansatz her die Situation *vor* der „Wende zum Subjekt" überwunden zu haben. Denn die Schöpfungslehre war immer schon der „klassische" Ort der Lehre vom Menschen, genauer: die Lehre vom Urstand. Das ist schon so im Schulbuch der mittelalterlichen Theologie: in den „Sentenzen" des

---

[35] Wie jüngst – überraschenderweise – bei *Hasenhüttl,* Kritische Dogmatik, bes. 124–135; *ders.,* Einführung in die Gotteslehre, bes. 207–243.
[36] Vgl. w. u. 2 II 1 und 2, bes. S. 56 und S. 63.

Petrus Lombardus[37], es bleibt daher dabei in der Literatur der Sentenzenkommentare bis in die Reformationszeit hinein[38], und auch in der von den Sentenzen unabhängigen Summa Theologiae des Thomas ist es so[39]. Genauso ist es aber auch in den ganz anders ansetzenden Entwürfen des Mittelalters, zum Beispiel in der „Summa Sententiarum"[40], erst recht in den heilsgeschichtlichen Darstellungen etwa in „De sacramentis christianae fidei" des Hugo von St. Victor[41] und gar in der „Historia scholastica" des Petrus Comestor[42], die die Abfolge der biblischen Bücher zum Leitfaden macht. Die hier entfalteten theologischen Aussagen über den Menschen wertet Karl Rahner als Material einer theologischen Anthropologie, die noch nicht zu einem methodisch reflektierten Traktat ausgebildet sei[43]. Aber kann man, wenn man das Letztere erstrebt, sich damit begnügen, die Einzelinhalte im Licht der Wende zum Subjekt zu reflektieren, sie aber systematisch im traditionellen Kontext zu belassen? Ist nicht gerade dieser Kontext eine Folge der vor-neuzeitlichen Denksituation, und muß er sich nicht mit dieser ändern?

Aber warum muß er sich ändern? Eine theologische Betrachtung des Menschen in der Schöpfungsperspektive wird notwendig nach den *idealen Strukturen* des menschlichen Daseins fragen. Die Wende zum Subjekt aber bedeutet: Reden vom Menschen aus seiner *faktischen* Existenz und *konkreten Selbsterfahrung.* Eine *theologische* Anthropologie muß darum das Datum der *Sünde,* den Menschen als *Sünder* von vornherein in den Ansatz mit einbeziehen – sonst ist sie noch vorneuzeitlich. Daß dies kaum geschieht, erklärt sich höchstwahrscheinlich dadurch, daß die theologische Anthropologie unter der Faszination der humanwissenschaftlichen Anthropologie und der in der Tat in ihr schlummernden latenten theologischen Aussagen noch nicht zu sich selbst gefunden hat. Humanwissenschaftliche Anthropologie weiß selbstverständlich von Sünde nichts, ihr erscheint der Mensch von Natur aus gut – falls sie überhaupt zu werten gesonnen ist. Sie weiß höchstens etwas von strukturellen Konfliktmöglichkeiten und Konfliktsituationen. Was liegt dann näher, als von hierher theologisch sofort zur schöpfungsursprünglichen Beschreibung des Menschen hinüberzulenken und erst in einem zweiten, nachträglichen Schritt den Abfall des Menschen von seiner ursprünglichen Bestimmung in Betracht zu ziehen? Dies geschieht selbst bei lutherischen Autoren. Man fragt sich dann nur, wie man zumindest auf lutherischer, aber auch auf katholischer Seite die Herausforderung durch Luthers These aus der Heidelberger Disputation vergessen konnte, daß infolge der Sünde jetzt nur noch das Kreuz Christi der Weg theolo-

---

[37] Sent II dd. 16–44 – darin eingebaut wichtige Fragen der Gnadenlehre: dd. 16–17; 26–29.
[38] Auch also im „Collectorium" des *Gabriel Biel,* anhand dessen Luther Theologie studiert hat.
[39] Vgl. STh I 75–102.
[40] Tract. III: PL 176, 89–116.
[41] De sacramentis christianae fidei, lib. I pars 6–7 (Erschaffung und Sünde des Menschen): PL 176, 263–306.
[42] Historia scholastica, Lib. Gen. capp. 8–24: PL 198, 1062–1076.   [43] LThK I, 620.

gischer Erkenntnis sei, nicht mehr die Besinnung auf die Schöpfung, die selber erst durch das Kreuz Christi verstehbar wird[44]. Ein schöpfungstheologischer Ansatz der theologischen Anthropologie und erst recht eine schöpfungstheologisch orientierte theologische Reaktion auf die Humanwissenschaften tut faktisch und implizit das, was Karl Rahner ihr mit Recht verbietet: sie liefert sich aus an einen außertheologischen Zugang zum Menschen.

Dies gilt übrigens auch für einen streng biblischen Ansatz bei den Schöpfungsberichten der Genesis. Auch dies ist ja nur recht getan, wenn man die exegetische Selbstverständlichkeit beachtet, daß die Schöpfungsberichte – in ihrer redaktionellen Endgestalt – den Sinn haben, die *Sünde als Sünde* deutlich zu machen, nämlich sie auf den Menschen und nicht auf mythologische Mächte zurückzuführen – und zuletzt dadurch begreifen zu lassen, warum Gott in der Berufung Israels mit der Menschheit einen neuen Anfang machte[45].

5. Der Ort theologischer Anthropologie

Die Forderung nach einem genuin theologischen Ansatz theologischer Anthropologie unter Rücksicht auf die neuzeitliche Wende zum Subjekt hat nun eine Zuspitzung erhalten: *Der Ansatz muß das Datum der Sünde, also vor Gott verlorenen Menschseins nicht erst nachtragen, sondern als solches enthalten und zum Thema machen – eben deshalb kommt ein rein schöpfungstheologischer Ansatz nicht in Betracht,* vielmehr ist der Aspekt der guten Schöpfung Gottes selber das in „transzendentaler Rückfrage" erneut Zurückzugewinnende, so wie auch der biblische Schöpfungsglaube aus der Rückfrage nach den Bedingungen der Geschichte Israels aufbrach. Welcher Ansatz kommt aber dann in Frage, oder anders: Welcher andere Ort innerhalb der systematischen Theologie ist der Ort einer theologischen Anthropologie? Wenn wir festhalten, daß theologische Anthropologie von der Existenz des *faktischen* Menschen vor Gott zu handeln hat, muß die Antwort lauten: *Ort und Ansatz theologischer Anthropologie liegen in der Lehre von Gnade und Rechtfertigung.* Doch scheint zunächst allerlei gegen einen solchen Ansatz zu sprechen.

a) Die traditionelle Lehre von Gnade und Rechtfertigung ist fremd geworden[46]. Wenn ein Katholik in den „Traktat über die Gnade" in einem konventionellen dogmatischen Lehrbuch hineinschaut, kann er vielleicht logisch und

---

[44] WA 1, 361 f. Th. 19 f. Als einer der wenigen, aber erwartungsgemäß, macht *Ebeling* mit diesem Ansatz Luthers ernst: Dogmatik I, 268 f.; 296 f.

[45] Hier sei summarisch auf die einschlägigen Kommentare zu Gen 1–3 verwiesen und pars pro toto auf *von Rad,* Theologie des AT, I, 135–144; *O. H. Steck,* Die Paradieseserzählung, bes. 119–129; *Westermann,* Genesis 1–11, passime, bes. 107 f.

[46] Vgl. *Greshake,* Geschenkte Freiheit, 9–14; *Pesch/Peters,* Einführung, 209–221; zu den Neuorientierungen der Gnadenlehre vgl. *Greshake,* aaO 91–105: *Mühlen,* Gnadenlehre; *Lehmann,* Heiliger Geist, Befreiung zum Menschsein; *Pesch/Peters,* aaO 366–394.

historisch verstehen, was gemeint ist. Aber er kann nur noch schwer erfassen, was das mit seiner christlichen Existenz zu tun haben soll.

b) Und die Rechtfertigungslehre? Vielleicht steht es damit etwas besser. Immerhin ist das Gefühl dafür nicht ausgestorben, daß hier der Grund für die Trennung der Evangelischen Kirchen von der Kirche Roms liegt. „Tut man nämlich diesen Artikel von der Rechtfertigung aus der Mitte, dann werden wir sehr bald kaum noch wissen, warum wir evangelische Christen sind und bleiben müssen", schreibt Hans-Joachim Iwand[47]. Aber eben dies, daß man über den „Verlust der Mitte" schon klagt, zeigt: Auch die Rechtfertigungslehre ist in ihrer traditionellen Gestalt problematisch geworden, und man fragt, ob in ihr noch *unmittelbar* – nicht erst in einer nachträglichen Reflexion über ihre Bedeutung – ein Wort in unsere Existenz vor Gott hinein gehört werden kann. Nun steht aber anderseits fest: Das Wort von Gnade und Rechtfertigung aus der Theologie zu streichen wäre genauso, wie wenn wir zum Beispiel auf das Wort von Kreuz und Auferweckung Jesu verzichten wollten. Wenn das Zeugnis von Gnade und Rechtfertigung also in der bisherigen Sprachgestalt nicht mehr „ankommt", dann muß man versuchen, ihre zentralen Aussagen, die unzweifelhaft zur Mitte des Glaubens gehören, in einer anderen Reflexions- und Sprachgestalt zu vermitteln[48].

c) Der Versuch einer Neuformulierung und damit Aktualisierung der Lehre von Gnade und Rechtfertigung und deren existentielle Erschließung werden – im Licht der Wende zum Subjekt – darin bestehen, ihre unverzichtbare Aussage als Aussage über den Menschen vor Gott zu formulieren. Darin werden alle ihre Einzelthemen aufzunehmen sein, auch wenn eine völlige Änderung des Vokabulars unausweichlich ist.

d) In gewissem Sinne hat schon die Tradition selbst mit dieser anthropologischen Wendung der Gnaden- und Rechtfertigungslehre begonnen: durch die Verselbständigung der Gnadenlehre in der mittelalterlichen Theologie[49]. Der exemplarische Endpunkt dieser Entwicklung ist der „Gnadentraktat" in der Summa Theologiae des Thomas von Aquin, und es ist kein Zufall, daß dieses Teilstück einer Theologie des Ebenbildes Gottes mit der Frage nach der *Notwendigkeit* der Gnade beginnt und diese in der Tatsache der *Sünde* begründet[50]. Die unter Thomisten viel bestaunte Tatsache, daß Thomas hier nicht wie sonst mit

---

[47] *Iwand,* Glaubensgerechtigkeit, 6 (= Neuausgabe 15); Verzeichnis ähnlicher Stimmen aus der lutherischen Theologie (bis 1967) bei *Pesch,* Theologie der Rechtfertigung, 151–153; ferner *Maron,* Kirche und Rechtfertigung, 264–268; *Rückert,* Vorträge und Aufsätze, 295–309; *Brecht,* Der rechtfertigende Glaube, bes. 75–77; *Meyer/Schütte* (Hg.), Confessio Augustana, 106–108 *(G. Müller/ V. Pfnür); Peters,* Christologie und Rechtfertigung in der gegenwärtigen evangelischen Theologie; *Lell,* Confessio Augustana, 95 f.; *Steinacker,* Luthers Rechtfertigungslehre und die Ökumene, 50–53.
[48] Dies zuzugestehen fällt lutherischen Theologen immer noch schwer. Warum eigentlich? Man hat nicht selten den Eindruck, daß lutherische Theologen sich nur vor der Alternative sehen, die Rechtfertigungslehre in ihrer überlieferten Sprachform durchzuhalten oder sie ganz zu verabschieden. Tertium non datur? Näheres vgl. w. u. 9 I 1–2.
[49] Näheres und Literatur w. u. 3 I 5.
[50] STh I–II 109.

der Frage nach dem *Wesen* (der Gnade) beginnt, erklärt sich mühelos, wenn man es so deuten darf, daß Thomas sich *auf der Spur* einer Gnadenlehre als theologischer Anthropologie befindet – noch nicht mehr, aber dies immerhin.

So ergibt sich: Unter gegenwärtigen theologischen Verstehensbedingungen ist der Versuch, die Sache der traditionellen Gnaden- und Rechtfertigungslehre als theologische Anthropologie wieder aufzunehmen und ihr darin eine neue Sprach- und Begriffsgestalt zu geben, sachgemäß. Dieser Weg ist bisher, soweit ich sehe, noch nicht konsequent beschritten worden[51].

III. Die Methode

LESEEMPFEHLUNG: Kasper, Die Methoden der Dogmatik

1. Die Fachfrage systematischer Theologie

An dieser Stelle schließen sich die Fragen nach der methodischen Durchführung einer theologischen Anthropologie an. Ich antworte hier mit einem ersten, allgemeinen Schritt – ein zweiter muß vor dem Eintritt in die inhaltliche Reflexion folgen[52].

Wie alle systematisch-theologische Reflexion hat auch die theologische Anthropologie die Aufgabe, das Glaubenszeugnis mit dem Denken und Fragen der Gegenwart zum Schnittpunkt zu bringen und ihm dort eine neue Verständlichkeit und Treffsicherheit zu gewährleisten. An sich ist dies die Aufgabe *aller* Theologie. Auch die Disziplinen der historischen Theologie zum Beispiel können nicht darauf verzichten, auf die ihnen eigene Weise Bezüge zum lebendigen Glauben der eigenen Gegenwart herzustellen, nicht nur auf dem Wege historischer Herkunftserhellung, sondern auch durch direkten Dienst an diesem Glauben, und wäre es nur nach dem Motto: „Geschichte macht frei!" Nur dadurch ist die historische Theologie *Theologie* und nicht eine letztlich neutrale „Chri-

---

[51] Obwohl die Grundeinsicht geradezu „in der Luft liegt"! Dennoch führt sie aus den verschiedensten Gründen nicht zu einer entschiedenen Strukturierung des Traktates einschließlich entsprechender Plazierung im dogmatischen Aufriß. Man vgl. exemplarisch Aufriß und Durchführung bei *Thielicke* (Mensch sein), *Pannenberg* (Die Bestimmung des Menschen), *Härle/Herms,* 78–99 *(Härle), Peters* (Der Mensch), *Ebeling* (Dogmatik I, 334–414) mit dem hier gewählten Überlegungsgang! Im übrigen liegt mir nichts an der Anmeldung von Originalitätsansprüchen. Ich möchte nur einmal ganz konsequent tun, was „in der Luft liegt".
[52] Vgl. w. u. 4. Kapitel. Zur Methode der Dogmatik aus katholischer Sicht vgl. *Rahner,* Über den Versuch eines Aufrisses einer Dogmatik (= Schriften I, 9–48); *ders., Was ist eine dogmatische Aussage?* (= aaO V, 54–81); *ders., Exegese und Dogmatik* (= aaO V, 82–111); *Schillebeeckx,* Offenbarung und Theologie, 77–204; *Lehmann,* Die dogmatische Denkform; *Pesch,* Fundamentaltheologie und Dogmatik; ferner die methodologischen Kapitel in MS I und bei *Schmaus,* Der Glaube der Kirche I; aus evangelischer Sicht *Pannenberg,* Wissenschaftstheorie, 349–361; 406–425; *Ebeling,* Studium der Theologie, 130–145; *ders.,* Dogmatik I, 1–76. Einschlägig sind ferner die wissenschaftstheoretischen Arbeiten w. o. in Anm. 14.

stentumsgeschichte", die aus mancherlei Gründen notwendig und sinnvoll sein, die aber eben darum jeder Ungläubige genauso leisten kann. Die *systematische* Theologie hat die Frage nach der Gegenwartsbezogenheit des überlieferten Zeugnisses als eigentliche *Fachfrage*. Sie benötigt dabei die Hilfe der historischen Theologie (Exegese, Kirchengeschichte, Dogmengeschichte), aber deren Arbeit tut sie nicht noch einmal, vielmehr übernimmt sie deren Resultate – kritisch überprüfend selbstverständlich. Manchmal können beide Aufgaben, die des historischen und die des systematischen Theologen, gewiß in Personalunion getan werden, und das kann ungemein fruchtbar sein. Aber die wissenschaftlichen Funktionen und die Fachfragen als solche sind zu unterscheiden.

2. Am „Schnittpunkt" zweier Linien

Um einen Schnittpunkt zu finden, muß man die beiden sich schneidenden Linien verfolgen.

a) *Die eine Linie ist das Glaubenszeugnis – in diesem Fall das Glaubenszeugnis über den sündigen Menschen vor Gott.* Dieses Zeugnis hört die Theologie maßgeblich aus der Schrift. Aber die Glaubenden aller Zeiten und erst recht die Theologen haben die Schrift immer schon aus denkendem Glauben, und das heißt aus glaubendem Bedenken von Überlieferung, gelesen, mit dem Ergebnis, daß die Schrift nie repristiniert werden kann, daß vielmehr ihre Aussagen in Form einer Mehrzahl – Vielzahl – reflektierter theologischer Aussagen und theologischer Gesamtkonzeptionen uns erreichen. Wir nennen diese Vielzahl theologischer Konzeptionen die „Tradition", verstanden sowohl als Vorgang wie als Ergebnis. Wären die Ergebnisse des Überlieferungsgeschehens eine illegitime „Hinzufügung", dann müßte man unter Ausblendung aller Tradition sofort die Antwort in der Schrift suchen (und diese dann mit dem Denken der eigenen Zeit zum Schnittpunkt bringen). So hat es sich tatsächlich die Reformation vorgestellt[53]. Sie hat aber damit nur eine jahrhundertelange Diskussion um das Recht der Tradition in Gang gesetzt, mit dem Ergebnis, daß es, entgegen ursprünglicher Annahme, das „schlichte" und ausschließliche Hören des „Wortes Gottes" in der Bibel nicht gibt, ja daß die Schrift selbst bereits eine Sammlung von Verstehensversuchen dieses „Wortes Gottes" und somit von Traditionen ist. Diese „Traditionssammlung" hat – das ist die Frage nach dem „Kanon" der Heiligen Schrift! – *normative* Bedeutung, und das heißt: *kritische* Bedeutung, die alle weiteren und späteren Traditionen beim Ursprung hält, aber Tradition als reflexionsbegleitetes und reflexionsgesteuertes Überlieferungsgeschehen nicht außer

---

[53] Die Theologie hat nach einem berühmten Wort *Luthers* ihre eigenen Vokabeln wie jede andere Wissenschaft auch, nämlich die der Heiligen Schrift. Will man theologiefremde Vokabeln in die Theologie übernehmen, so gilt Luthers Grundsatz: „Führet sie mal zum Bade" (WA 39 I, 229,6 ff.). Die (mittelalterliche) Tradition ist für Luther, wie schon und besonders seine frühen Schriften gegen das Papsttum ausweisen, nichts als illegitime, weil verfälschende Hinzufügung aus menschlicher Willkür.

Kraft setzt, sondern gerade in Gang bringt[54]. Zumindest heute ist klar: Die Schrift selbst, unter Absehung von der Überlieferung gelesen, ist weitgehend fremd, jedenfalls weit fremder als eine christlich-kirchliche Gewöhnung sich durchschnittlich einzugestehen wagt. Zumindest heute also müßte man ihre Botschaft, wenn man ihr weiterhin Aktualität zuerkennt, aus dem damaligen Verstehens- und Sprachzusammenhang „herauslösen" und „übersetzen", also zumindest heute mit allen Risiken den Versuch machen, der in der Theologiegeschichte stets gemacht worden ist. Man kann aber nicht für die Gegenwart als legitim erachten, was man der Vergangenheit als theologischen Sündenfall ankreidet[55].

So ergibt sich: *Die Antwort des Glaubens auf die Frage des Menschen nach sich selbst ist nur zu hören aus der Tradition, sofern diese befragt wird auf das darin sich durchhaltende normative Zeugnis der Schrift, das eben dadurch seinerseits gegenwärtigem Verstehen erschlossen wird.* Eine größere Unbefangenheit gegenüber der Tradition, wie sie die katholische Kirche und Theologie kennen, ist heute nicht mehr eine Grundsatzfrage, wie es noch zur Zeit der Reformation und des Trienter Konzils scheinen mochte. Sie ist oft schon so etwas wie der Rest einer Denkgewohnheit – geschichtlich bedingt aus der antireformatorischen Defensive. Reformatorische Tradition gehört heute für den katholischen Theologen ebenfalls zur Tradition des Sachverständnisses. Diese Überlegungen steuern die Methode. Bei allen Einzelfragen werde ich mit einer Bestandsaufnahme und kritischen Sichtung der Tradition einsetzen und deren „roten Faden", das eine Wort, das gemeinsame Zeugnis, zur gegenwärtigen Frage des Menschen nach sich selbst in Bezug setzen. Dies kann natürlich nicht im vollen Umfang und in der Ausführlichkeit einer theologie- und dogmengeschichtlichen Monographie geschehen, allerdings auch nicht nur, wie vielerorts (Un-)Sitte, in Form von gelegentlichen „Rückblicken" und „Überblicken" im Kleindruck, denen faktisch keine Verbindlichkeit zukommt; die nur als Bestätigung der aus anderen Quellen entwickelten eigenen Position willkommen sind; die also, kurzum, unter dem Schein der Kontinuität eher einen Traditionsbruch verbergen. Ich werde also *exemplarische* „Stationen" der Tradition auf ihre gemeinsame Aussage untersuchen, wobei ich historische Details den historischen Monographien überlasse, die es dankenswerterweise gerade im Bereich der Lehre von Gnade und Rechtfertigung auch aus jüngster Zeit gibt[56].

Die Auswahl der paradigmatischen Traditionsstationen muß sich aus der Situation ergeben, wo Theologie getrieben wird. Theologie in Deutschland ist

---

[54] Zum Problem „Schrift und Tradition" vgl. *Käsemann* (Hg.), Das Neue Testament als Kanon; knapper Durchblick auch in NGB, 547–561 *(P. Hanschin, F. Hahn, P. Lengsfeld)*. Vgl. auch w. u. 4 II.

[55] Dies gilt, wie für die evangelische Theologie in bezug auf die Tradition, so auch für das katholische Urteil über Luther und die Reformation! Vgl. *Pesch*, Hinführung zu Luther, 44–47; *ders.,* Gerechtfertigt aus Glauben, 128–140.

[56] Vgl. *Pesch,* Theologie der Rechtfertigung; *Fransen,* Dogmengeschichtliche Entfaltung; *Pesch/Peters,* Einführung, und die in diesen Arbeiten verzeichnete Literatur.

hauptsächlich durch die katholische und die lutherische Theologie geprägt. Daher empfehlen sich für die Bestandsaufnahme der Tradition folgende „Stationen": Schrift (Altes und Neues Testament), augustinische Tradition, verdichtet in den Texten der Synode von Orange (529), Thomas von Aquin als Repräsentant der mittelalterlichen Theologie, Luther und das Konzil von Trient. In Frankreich und in der Schweiz wäre Calvin eine Priorität vor Luther zuzuerkennen. Im Bereich der orthodoxen Theologie wäre noch einmal anders auszuwählen. Auch das gehört zur Situationsbezogenheit und Geschichtlichkeit der Theologie, die nie alles auf einmal tun kann.

b) *Die zweite Linie ist die des Denkens und Fragens der Gegenwart.* Darüber kann, wenn überhaupt, für unser Thema nur die moderne humanwissenschaftliche Anthropologie Klarheit schaffen. Auch im Bereich einer spezifisch theologischen Anthropologie ist also deren Aufarbeitung – zum Beispiel so, wie Pannenberg, Peters und Frey es tun – unerläßlich. Prinzipiell hat die theologische Anthropologie die bewiesenen Ergebnisse der Humanwissenschaften zu akzeptieren – wie die Schöpfungslehre die Ergebnisse der Naturwissenschaften. Wie sich daraufhin das Verhältnis theologischer zu humanwissenschaftlicher Anthropologie genauer gestaltet, muß der weitere Überlegungsgang herausbringen und soll am Schluß eigens bilanziert werden[57]. *In jedem Fall aber lernt die theologische Anthropologie von den Humanwissenschaften im Medium gegenwärtiger* philosophischer *Anthropologie das Sprach- und Verstehensfeld kennen, auf dem sich heute die Heilssehnsucht des Menschen bis hin zur Gottesfrage abspielt und ausdrückt, und sie verarbeitet dieses Sprach- und Verstehensangebot zu einer theologischen Sprache, die es erlaubt, jede theologische Aussage so zu gestalten, daß ihre anthropologische Bedeutung faßbar wird.*

3. „Pastorale" und „polemische" Methode

Die Bezugnahme der Theologie auf die Resultate der modernen Humanwissenschaften ist in zweifacher Weise möglich und zu leisten:

a) *Theologische Anthropologie kann die Fragen und Ergebnisse der humanwissenschaftlichen Anthropologie analysieren auf den Ort hin, wo die spezifisch theologische Aussage wenigstens indirekt gefragt ist und in Sicht kommt.* Sie kann also, um das berüchtigte Wort zu gebrauchen, den „Anknüpfungspunkt" theologischer Anthropologie in den humanwissenschaftlichen Ergebnissen suchen. Zur Zeit der „dialektischen Theologie"[58] konnte man nichts Schlimmeres tun – und selbst katholische Theologen blieben von diesen Tendenzen der evangelischen

---

[57] W. u. im 22. Kapitel.
[58] Also zur Zeit des jungen Karl Barth, des jungen Rudolf Bultmann, des jungen Emil Brunner u. a. Textdokumentation in den beiden Bänden von *Jürgen Moltmann* (Hg.), Anfänge der dialektischen Theologie (München ³1974; Information bei *Zahrnt,* Die Sache mit Gott, 9–259; *Kantzenbach,* Programme der Theologie, 170–227; *Fischer,* Systematische Theologie, 291–301; *Thielicke,* Glaube und Denken in der Neuzeit, 431–441; 580–597.

Theologie nicht unbeeindruckt. Dennoch hat die katholische Theologie diese Suche nach dem „Anknüpfungspunkt" immer als eine Fachfrage jenes Zweiges der systematischen Theologie angesehen, den man „Fundamentaltheologie" nennt. Die dialektische Theologie in ihrer alten For ist heute vorbei. Manchmal kann man staunen, wie unbekümmert evangelische Theologen heute das treiben, was man „auf katholisch" Fundamentaltheologie nennt[59]. Für einen theologisch-anthropologischen Entwurf käme es also darauf an, in der zeitgenössischen Anthropologie den Punkt zu suchen, wo der Mensch sich selbst zur Frage nach „Gnade" und „Rechtfertigung" wird – gleichviel ob er das so ausdrückt oder nicht. An diesem Punkt müßte jedenfalls verständlich werden können, was die Aussage der Tradition von der Gnade Gottes mit dem Sünder meint und wieso sie den Menschen „unbedingt angeht".

b) Man kann umgekehrt auch davon ausgehen, daß der Glaube nicht Philosophie und schon gar nicht experimentelle Wissenschaft ist. Seine Aussagen werden weder durch Analyse oder Deduktion gewonnen noch durch Beobachtung, Berechnung und Statistik, vielmehr durch Hören und Sich-zu-Herzen-Nehmen. *Der Glaube und das, was er über den Menschen zu sagen hat, kommen als unverfügbares Ereignis. Als solches erlaubt der Glaube, Aussagen über das Dasein des Menschen im Ganzen zu machen, ja sogar solche in gewisser Weise zu „deduzieren".* Das kann dazu führen, daß der Glaube den Humanwissenschaften bestimmte Wahrheiten entgegenzuhalten hat – dort nämlich, wo unter dem Anspruch der Wissenschaftlichkeit, die immer methodische Begrenzungen impliziert, in Wahrheit Totalaussagen gemacht und also Heilslehren entwickelt werden. Hier macht theologische Anthropologie skeptisch, indem sie nach Eilfertigkeiten fragt und darauf besteht, daß allein Gott und keine humanwissenschaftliche Bemühung das *ganze* Rätsel des menschlichen Daseins lösen kann – das Rätsel nämlich, warum es ein solches von der Evolution eher an den Rand gedrängtes Wesen überhaupt gibt und worauf es mit ihm hinaus soll.

Kurzum, man kann theologische Anthropologie „pastoral" und „polemisch" treiben. Man kann das menschliche Fragen und Denken da abholen, wo es steht – und man kann es zur Rede stellen, ja zur Rechenschaft vor dem Anspruch des Glaubens auffordern. Und beides gilt „über Kreuz": Das Fragen und Denken der Gegenwart kann die überlieferte Botschaft des Glaubens über den Menschen vor Gott zur Rede stellen und Rechenschaft von ihr fordern – und es kann sie dort „abholen", wo sie steht, und sie zu einer neuen Sprache befähigen.

In der gegenwärtigen theologischen Anthropologie geschieht beides auf beiderlei Weise, und auch die angemerkten theologischen Bedenken[60] hindern nicht, beide Zugangsweisen in eine theologischen Anthropologie einzubringen, die bei der Gnadenlehre einsetzt. Im Gegenteil, die Methoden müssen einander

---

[59] Vgl. *Pesch,* Fundamentaltheologie und Dogmatik, bes. 452–456 und die dort verzeichneten Arbeiten.
[60] W. o. II 4.

fruchtbar kontrapunktieren: Menschliches Fragen und Denken soll sich selber hell und erlösender Antwort ansichtig werden unter dem Anspruch und Zuspruch des Glaubenswortes über den Menschen; das überlieferte Glaubenswort soll seine erlösende Leuchtkraft entfalten, indem es bei der Begegnung mit menschlichem Fragen und Denken der Gegenwart eine neue Sprache lernt.

4. „Dogmatische" Methode

Es wird aufgrund der bisherigen Überlegungen nun nicht verwundern, wenn im Folgenden eher die hier so genannte „polemische" Methode die Führung erhält. Und dies einfach deshalb, weil die Absicht nicht ist, eine „Anthropologie der Gegenwart im Lichte der Theologie" (Pannenberg) zu schreiben, sondern einen Traktat über „theologische Anthropologie"; weil also in einer wissenschaftlichen Reflexion bewußt vom überlieferten Wort des Glaubens ausgegangen wird. Kennzeichnen wir die beiden Methoden nicht im Blick auf Gesprächspartner und Sprachform, sondern theologisch-wissenschaftstheoretisch, so müssen wir sagen: Führung hat die „dogmatische", nicht die „fundamentaltheologische" Methode, noch genauer: der „dogmatische" Aspekt innerhalb der komplexen systematisch-theologischen Methode, die nie des „fundamentaltheologischen" Aspektes entraten kann[61]. Da das Wort „dogmatisch" heute negativ besetzt, anderseits in der theologischen Fachsprache kaum entbehrlich ist, sei eigens erklärt, was hier damit gemeint und was nicht gemeint ist – und damit zugleich das Vorgehen noch etwas näher erläutert.

„Dogmatische Methode" heißt nicht, Anfang und Ende aller Überlegungen seien die Erklärung eines kirchlichen „Dogmas" im engen und strengen – nachvatikanischen – Sinne des Wortes, womöglich gar verbunden mit der Auffassung, darin ein für allemal, unüberbietbar und zeitenthoben die verbindliche Glaubenswahrheit zu „haben". Diese Vorstellung von „dogmatischer" Methode verbietet sich durch Sinn und Funktion des Dogmas in der Kirche. Dogmen sind nicht Ausgangs- und Endpunkt theologischer Reflexion, sondern – gegebenenfalls – eine Art theologischer „Wasserwaage" bei der Überprüfung ihrer Ergebnisse[62].

„Dogmatische Methode" heißt auch nicht einfach „deduktive" Methode, als

---

[61] Vgl. *Pesch*, Fundamentaltheologie und Dogmatik, und die dort verzeichnete Literatur; ferner *Seckler*, Tradition als Überlieferung des Lebens (= Im Spannungsfeld, 113–126); *Reikerstorfer*, Verbindlichkeit des Glaubens; *Knauer*, Der Glaube kommt vom Hören, 15–19; 278–299; 322–333.

[62] Vgl. der Kürze halber *Pesch*, Kirchliche Lehrformulierung und persönlicher Glaubensvollzug, bes. 252–266; *ders.*, Bilanz der Diskussion um die vatikanische Primats- und Unfehlbarkeitsdiskussion, bes. 175–188; dort jeweils weitere Literatur. Vgl. jetzt auch die aus Anlaß konkreter Vorgänge erschienenen Sammelbände zum Verhältnis von Theologie und Lehramt, vor allem *Seckler* (Hg.), Lehramt und Theologie; *Kern* (Hg.), Theologie und Lehramt; Concilium 12 (1976) Heft 8/9: Glauben auf Befehl? Rechtsprobleme rund um die Lehrautorität; 17 (1981) Heft 10: Wer hat das Sagen in der Kirche?; 18 (1982) Heft 10: Das Recht auf Widerspruch.

entstehe eine „dogmatische" Aussage immer oder auch nur zumeist durch „Ableitung" („Deduktion") von „Schlußfolgerungen" aus gegebenen, geoffenbarten (biblischen, kirchlich-lehramtlichen) Prämissen. Diese Vorstellung verbietet sich durch den geschichtlichen Charakter der „Offenbarung" ebenso wie durch die geschichtliche Bezogenheit („Relativität") der sie weitersagenden kirchlichen Überlieferung, und noch die gängige Vorstellung von einer „abgeschlossenen" und nun für „Deduktionen" bereitstehenden „Offenbarung" ist Ergebnis solcher geschichtlichen Bezugnahme theologischer Reflexion[63].

„Dogmatische Methode" bedeutet schließlich nicht, wir hätten von einem fertigen „Glauben der Kirche" auszugehen, sei es von einem irgendwo kodifizierten „Glauben", sei es von einem „aktuellen Glaubensbewußtsein" der Kirche. Dieser Satz *klingt* „gefährlich", meint aber etwas ganz Selbstverständliches. Natürlich ist das Glaubensbewußtsein der gegenwärtigen Kirche ebenso beständig in unsere Überlegungen einzubeziehen wie der „kodifizierte" Glaube aus der Geschichte der Kirche – konkret: der „Denzinger" und *mehr* als dieser! Aber die Stimme – die Stimmen! – des „kodifizierten" Glaubens sind immer nur jeweils *eine* Stimme der Tradition und als solche nie ihr ganzes und alleinverbindliches Zeugnis[64], und das „gegenwärtige Glaubensbewußtsein" kann schon deshalb nicht Ausgangspunkt sein, weil unsere Überlegungen (wie jede systematisch-theologische Reflexion) darauf Bezug nehmen, insofern es noch und erst im *Werden* ist, prozeßhaft, zu neuer Einsicht zu führen – und darum nicht zugleich ein fester Ausgangspunkt.

„Dogmatische Methode" steht hier also einzig und allein im (fließenden) Gegensatz zur „fundamentaltheologischen" Methode, insofern diese nicht vom überlieferten *Inhalt* der Botschaft, sondern vom Menschen als der offenen *Frage* nach ihr ausgeht und die innere Rationalität der Glaubensentscheidung, sich auf sie einzulassen, zum Thema und Leitgesichtspunkt macht. *„Dogmatische Methode" soll hier nur dies besagen, und dies in größtmöglicher Offenheit: daß wir im Sinne der Forderung von Karl Rahner*[65] *einen spezifisch „offenbarungstheologischen" Ansatz wählen und deshalb dort einsetzen, wo „Offenbarung" allein auf uns zukommt: beim Zeugnis der Tradition – das d a n n mit gegenwärtigem Fragen ins Gespräch zu bringen ist.* Daß wir bei der Aufarbeitung dieses Taditionszeugnisses katholische und reformatorische Tradition in gleicher Weise als überlieferndes Offenbarungszeugnis ins Gespräch ziehen, bedarf heute kaum näherer Begründung, zumindest nicht beim Thema „Mensch" – es muß und wird sich einfach im Folgenden bewähren[66].

---

[63] Vgl. dazu *Eicher,* Offenbarung, bes. 21–162; *ders.,* Offenbarung, strapazierte Kategorie, 109–114; *Seckler,* Aufklärung und Offenbarung,

[64] Vgl. dazu w. u. 4 II 1 und 3.

[65] S. w. o. II 1.

[66] Vgl. *Pesch,* Hinführung zu Luther, 27–31; 44–47; 273–277; *ders.,* Gerechtfertigt aus Glauben, 42–55; 78–94; 128–140; sowie das in den letzten Jahren vom *Peter Manns* gern gebrauchte Wort von Luther als „Vater im Glauben"; Nachweise bei *Pesch,* Hinführung, 278 Anm. 5.

Der Unterschied der so verstandenen „dogmatischen" Methode zur Methode eines traditionellen katholischen Lehrbuchs der Dogmatik besteht also darin: Wir entwickeln nicht eine „These", und schon gar nicht gehen wir von einer solchen aus, bei der die Tradition nicht anders verstanden würde denn als ein reichhaltiges Angebot von Belegen und Argumenten, aus denen wir für unsere Zwecke die besten auswählten. Die Tradition, die ins Gespräch mit der Gegenwart eintreten soll, wird hier verstanden als lebendiger Prozeß mit seinen Wandlungen und auch Brüchen, der auf sein darin sich durchhaltendes gemeinsames Zeugnis zu befragen ist.

Der Unterschied zur Methode eines traditionellen evangelischen Handbuchs der Dogmatik besteht darin: Wir fragen nicht etwa nur nach der Schrift und dann erst wieder nach deren „Wiederentdeckung" in der Reformation – mit einem großen geschichtlichen Loch dazwischen im Sinne des „Niedergangsschemas"[67]. Wir haben vielmehr die *ganze* Tradition ernst zu nehmen – was unterschiedliche Wertungen nicht ausschließt –, weil *jede* der Denksituationen, durch deren Abfolge das Glaubenszeugnis auf uns kommt, in der Art, wie sich unter *ihren* Voraussetzungen das eine Glaubenszeugnis reflektiert, uns etwas zu sagen hat.

Die Führungsrolle der „dogmatischen Methode" bestimmt den äußeren Aufbau. Bei jedem Teilthema beginne ich mit dem Hören auf das eine Wort der Tradition – anhand der genannten paradigmatischen Überlieferungsstationen. Dieses wird auf Abstand und Nähe zu heutiger Selbsterkenntnis und Selbsterfahrung des Menschen befragt. Die dadurch verdeutlichten heutigen Verstehungsbedingungen bilden sodann den Reflexionsrahmen und das Sprachfeld, in denen der alte Glaube sich neu zu verstehen und auszudrücken lernt. Eben dabei wird das kontrapunktische Zusammenspiel von dogmatischer und fundamentaltheologischer Methode konkret – über dem „cantus firmus" des überlieferten Glaubenswortes.

Die Teilthemen sind nach Aufriß und Einzelfragen immer noch am überzeugendsten in der „klassischen" Gnadenlehre bei Thomas von Aquin exponiert, der ich mich daher, wie unschwer zu erkennen ist, anschließe – von Abweichungen abgesehen, die eigens begründet werden. Von daher ergibt sich die Abfolge der Überlegungsgänge, bei denen die Titelformulierung zunächst die anthropologische Problematik anzeigt, während die „oder"-Formulierung den Ort in der klassischen Gnadenlehre angibt. Schon bei Thomas und darum auch hier enthält jeder einzelne Überlegungsgang das Ganze im Teil – unter einem speziellen Gesichtspunkt. Darauf soll der formale Obertitel „Fragenkreis" (statt „Abschnitt" oder dgl.) hindeuten.

Vor Eintritt in die Teilthemen ist freilich der „fundamentaltheologischen" Methode noch ein eigener Tribut zu zollen – nicht zwingend, aber angemessenerweise. Die Gnaden- und Rechtfertigungslehre erlangt nämlich erst im Zuge

---

[67] Vgl. w. u. 8 I – dort weitere Literaturhinweise.

einer geschichtlichen (westkirchlichen) Entwicklung, die keineswegs selbstverständlich ist, jene Eigenart und Qualität, die sie heute zum Ort und Ansatz theologischer Anthropologie macht. Diesen historischen Horizont heutiger theologischer Anthropologie gilt es zunächst zu erhellen – und mit dem Fragehorizont heutigen Wissens vom Menschen zum Schnitt zu bringen. So erklärt sich der den Teilthemen vorausgehende erste Fragenkreis. Dann aber empfiehlt es sich, überhaupt mit einem Durchblick durch die wichtigsten Resultate gegenwärtiger Humanwissenschaft einzusetzen – das ist genau die Suche nach dem „Anknüpfungspunkt". Diesem Durchblick entspricht am Ende die Bilanz zum Verhältnis von theologischer und humanwissenschaftlicher Anthropologie.

Erster Fragenkreis
Horizonte theologischer Anthropologie

2. KAPITEL
SELBSTERKENNTNIS DES MENSCHEN – HEUTE

Wir suchen also nach dem „Anknüpfungspunkt" theologischer Anthropologie. Aufgrund der methodischen Besinnung im 1. Kapitel muß die Frage daher lauten: Wo tauchen in der gegenwärtigen Selbsterkenntnis des Menschen, die uns Philosophie und empirische Humanwissenschaften vermitteln, Fragen auf, die eine Antwort aus theologischer Anthropologie schon einfach dadurch herausfordern oder zumindest nicht ausschließen, daß Philosophie und Humanwissenschaften sie chronisch zu geben unfähig sind? Anders und einfacher gefragt: Wo erfährt der Mensch auf dem heutigen Stand seiner Selbsterkenntnis, daß er so etwas wie „Gnade" nötig hat?

Um nun auch den Anschein zu vermeiden, als könnte ich hier einen Überblick über den Stand der Anthropologie beziehungsweise der anthropologischen Wissenschaften geben, gehe ich nicht im einzelnen auf sie ein. Nach einem skizzenhaften Blick auf den Weg der Anthropologie bis heute trage ich vielmehr einige kurz erläuterte „Stichworte" aus gegenwärtiger Anthropologie zusammen, die in besonderer Weise eine hermeneutische Erschließungskraft für Fragen und Aussagen theologischer Anthropologie haben. In deren Licht müßte verständlich werden, wovon theologische Anthropologie redet. Mehr als das zu versuchen gehört nicht nur nicht zu unserem Thema, sondern wäre auch Hybris.

I. Von der Philosophie zur Anthropologie – und zurück

LESEEMPFEHLUNG: Jüngel, Der Gott entsprechende Mensch

1. Von der philosophischen zur humanwissenschaftlichen Anthropologie

Es ist durchschnittlich kaum bekannt[1], daß „Anthropologie" ursprünglich ein polemischer Begriff ist, und zwar gerichtet gegen eine philosophische Betrachtung des Menschen, die sich ausschließlich mit seinem geistigen Wesen und seinen Vernunftfähigkeiten befaßt. Im Mittelalter ist die Anthropologie einbehalten in der „Metaphysik", das heißt in der allgemeinen Lehre vom Seienden als solchem, und in der „Physik", das heißt damals: in der Naturphilosophie, also in der Lehre von der Welt[2]. *Der Mensch ist Spezialfall der Welt, wenn auch ein hervorragender* – es gibt freilich, rein philosophisch betrachtet, einen noch hervorragenderen Fall, nämlich den reinen Geist, den Engel, und nur theologische Aussagen haften dafür, daß dennoch der Mensch die Krone der Schöpfung bleibt[3]. Die Verrechnung des Menschen mit der Dingwelt und zugleich die Herausstellung seines besonderen Ranges in dieser Welt kommen sprechend in den Definitionsformeln heraus: Der Mensch ist „animal rationale" vernunftbegabtes Sinnenwesen" – so Thomas von Aquin und die Scholastik[4] in produktiven Mißverständnis der ursprünglich anders gemeinten Formel des Aristoteles vom zōon lógon échon[5], und noch Descartes, am Beginn der Neuzeit, definiert ihn als „res cogitans"[6]. Immer also wird der Mensch in eine umfassende Gattungsbestimmung eingeordnet: animal (Tier!), Substanz, Ding – und ein Eigenschaftswort, nicht mehr, kennzeichnet seine Besonderheit. Es ist ein „Logos" *über* den „Anthropos"[7], der Mensch ist *Gegenstand* eines Redens – und höchstens zwischen den Zeilen, das allerdings, kann man eine Ahnung einer anderen Sehweise entdecken – faktisch aber erst, nachdem die andere Sehweise zur Selbstverständlichkeit geworden ist.

Dies geschieht in der Neuzeit mit der schon skizzierten „Wende zum Subjekt". Sie ist „Logos" *aus* dem „Anthropos"[8], ein Reden aus dem Redenden, ein

---

[1] Vgl. dazu *Eicher,* Du sollst dir kein Bildnis machen, 25 f.; *Marquard,* Anthropologie, 365–369.

[2] Vgl. w.o. 1 I. und II 4.

[3] Vgl. die diesbezüglichen Hinweise zu Thomas sowie die Spezialliteratur bei *Pesch,* Das Gesetz, 517–519. Die Kehrseite ist das „personale" Verständnis des Teufels; vgl. dazu *Lehmann,* Der Teufel – ein personales Wesen?

[4] *Thomas* zitiert die Formel ganz selbstverständlich und kommentarlos in anderen Zusammenhängen, z. B. CG III 39 (n. 2167); De pot. 8,4 obi. 5; 9,2 ad 10; STh I 29,4 ad 2 und besonders bezeichnet In Met. 8,3: lect. 3 (n. 1724). Zur Sachfrage vgl. v. a. CG II 56–58; STh I 75–76. Zur Geschichte der Formel vgl. jetzt *Ebeling,* Lutherstudien II/1, 72–221; sowie *Heinzmann,* Die Unsterblichkeit der Seele; *Schneider,* Die Einheit des Menschen – worauf Ebeling sich mit Vorzug beruft.

[5] Texte und Kontextanalyse bei *Ebeling,* aaO 72–86.

[6] Vgl. *R. Descartes,* Meditationes de prima philosophia, 2. Med.; Principia philosophia I, 51.

[7] *Eicher,* aaO 23.   [8] *Eicher,* ebda.

Wissen des Selbst um das eigene Selbst, des Subjektes um die eigene Subjektivität. *Der vorneuzeitliche Mensch macht die W e l t zum Ausgangspunkt des Nachdenkens, der neuzeitliche Mensch* (seit Descartes in der Philosophie – seit Luther schon in der Theologie?)[9] *macht sich selbst zum Ausgangspunkt seines Nachdenkens – und die Welt wird zum Bild seiner selbst.* Aktenkundig wird das bei Kant: Das „Ding an sich" ist unerkennbar, Wirklichkeitserkenntnis erfolgt immer nach Maßgabe (und apriorischer Einschränkung) der Kategorien der Vernunft. Den Höhepunkt erreicht diese Wende zum Subjekt bei Hegel: Indem der menschliche Geist fortschreitend zu sich selbst kommt, selbstbewußt, kommt die Geschichte zu sich selbst, und im Selbstbesitz des absoluten Geistes kommt Gott zur Vollendung. Die Folgen spüren wir bis heute: Die Welt ist die „hominisierte" Welt, das heißt das Material der Gestaltung durch den Menschen – das praktische End-Ergebnis der theoretischen Wende zum Subjekt.

Die „Wende zum Subjekt" ist nun noch nicht identisch mit der Entstehung der Anthropologie, denn sie bleibt mit der mittelalterlichen Metaphysik noch in einem gemeinsamen Frage-Rahmen, der bis in die Antike zurückreicht: im Rahmen der Frage nach dem Verhältnis von Leib und Geist, von Sinnlichkeit und Vernunft. *Anthropologie ist von Plato bis Hegel primär Metaphysik des Geistes.* Der Unterschied zwischen Vorneuzeit und Neuzeit besteht innerhalb dieses Rahmens, überschärft ausgedrückt, darin, daß nach mittelalterlicher Sicht dem Tier der Geist hinzugefügt ist, während nach neuzeitlicher Sicht eher der Geist in die Sinnlichkeit versperrt ist. In jedem Fall hat der Geist die Sinnlichkeit als etwas Minderwertiges zu beherrschen und zu zähmen, ja nach idealistischer Philosophie sich aus ihr emporzuarbeiten bis dahin, daß nach Hegel da, wo die absolute Vernunft zu sich selbst kommt, alle Sinnlichkeit endgültig abgetan sein wird. – Dieses Konzept wirkt geradezu platonisch, verglichen mit Thomas, der wenigstens theoretisch, wenn auch nicht immer in den praktischen Schlußfolgerungen, die Leiblichkeit des Menschen als Wesensbestandteil des Menschen versteht (nicht der Geist ist der Mensch, sondern der Mensch ist leibhafter Geist)[10].

„Anthropologie" als Thema und überhaupt als Begriff der Philosophie entsteht nun da, wo dieses Konzept des sogenannten „deutschen Idealismus" grundsätzlicher Kritik unterzogen wird. Dies geschieht bahnbrechend bei Ludwig Feuerbach. Dieser ist nicht nur der große Kritiker der Religion, sondern

---

[9] So die These von *Paul Hacker,* Das Ich im Glauben bei Martin Luther (Graz 1966). Die geistesgeschichtliche Einordnung Luthers durch Hacker ist gar nicht von vornherein falsch, erst dem darauf gegründeten *Urteil* Hackers über Luther muß widersprochen werden. Zudem verkennt Hacker, daß *Luther selbst* sich gar nicht als neuzeitlichen Menschen verstanden hat; zur Sache vgl. *Ebeling,* Luther und der Anbruch der Neuzeit (= Wort und Glaube III, 29–59); *Pesch,* Hinführung zu Luther, 32–47.
[10] Vgl. *Thomas,* STh I 75,4; 76,4; dazu die Hinweise w. o. in Anm. 4. Zu *Hegel* in dieser Sache vgl. Enzyklopädie der philosophischen Wissenschaften (Ausg. Lasson/Hoffmeister V), §§ 388–412. Interpretation und Literatur bei *Küng,* Menschwerdung Gottes; und *ders.,* Existiert Gott?, 155–198; *Thielicke,* Glauben und Denken in der Neuzeit, 396–407.

vorab und die Religionskritik begründend der Kritiker der Geistesmetaphysik. Anthropologie ist nicht Lehre vom Geist, sondern Lehre von der Sinnlichkeit. „Wahrheit, Wirklichkeit und Sinnlichkeit sind identisch."[11] Er weiß, wie sehr er die Idealisten damit enttäuscht und demütigt, aber genau das will er. Die Vollendung dieser neuen und nun auch so genannten Anthropologie ist Nietzsches Konzept vom „Übermenschen", dem die Sinne das Vernünftigste sind; der sie unbefangen spielerisch bejaht und dem der Leib das Maß des Menschen ist und nichts sonst[12].

Aus der Metaphysik des Geistes ist somit „Anthropologie" geworden – aber diese ist nur deren Umkehrung, Metaphysik der Sinnlichkeit. Dies kann allerdings nicht lange so bleiben. Wer die Leiblichkeit des Menschen zum Thema der Anthropologie macht, öffnet sie unvermeidlich dem Zugriff der empirischen Forschung, und eine philosophische Anthropologie, die sich dieser *nicht* öffnen würde, müßte sich Spott und Hohn zuziehen. Nun müssen sich mit den verschiedenen Disziplinen der empirischen Humanwissenschaften, von der Anatomie bis zur Paläontologie, von der Vererbungslehre bis zur Tiefenpsychologie, nur noch geschichtsbeflissene Philosophien wie die sogenannte Lebensphilosophie und der Marxismus verbünden, dann ist die Abkehr von jeder Art von Metaphysik vollständig, sofern diese den Menschen zu einem fixen Gegenstand macht, den man mit einer Formel in den Griff bekommen könnte.

So entsteht in den 20er Jahren dieses Jahrhunderts die wissenschaftliche Anthropologie[13]. Mit der alten Anthropologie hat sie gemeinsam, daß sie einen umfassenden Begriff vom Menschen ausarbeiten will. Mit der Kritik der alten Anthropologie hat sie gemeinsam, daß sie diesen Begriff vom Menschen auf der Basis empirischer Erkenntnisse und auf keiner anderen erstrebt. Der End- und Höhepunkt dieser Anthropologie ist das berühmte Buch von Arnold Gehlen: „Der Mensch"[14].

Was nun die gegenwärtige Lage kennzeichnet, ist – wir vermerkten es schon im Blick auf Pannenberg, der auch in der Auseinandersetzung dem Gehlen-Konzept verpflichtet bleibt[15] – ein neuerliches Anschwellen der humanwissenschaftlichen Einzelerkenntnisse. Auch das Menschenbild Gehlens hat sich schon wieder aufgelöst – sei es durch Kritik am Konzept selbst beziehungsweise seinen Auswirkungen, sei es durch neue Fragestellungen, die dort nicht integrierbar sind[16]. Das bedeutet nicht weniger als dies: *Es scheint immer schwieriger, wenn nicht gar unmöglich, die Wissenschaft vom Menschen zu entwerfen. Der umfassende Begriff des Menschen von sich selbst, in dem all sein Wissen und Noch-Wissen-Können einbehalten wäre – der selbstverständliche Anspruch einer bisherigen philosophischen Anthropologie –, scheint zu scheitern.*

---

[11] *Feuerbach,* Werke II, 296.
[12] Vgl. *Nietzsche,* Also sprach Zarathustra, Vorrede 3 (Ausg. Schlechta II, 279 f.).
[13] Sie verbindet sich vor allem mit den w. o. 1 I Anm. 12 verzeichneten humanwissenschaftlichen Werken.
[14] Erstauflage 1940.   [15] So mit Recht *Eicher,* aaO 36 f. Vgl. w. o. 1 I.   [16] Vgl. w. u. II 1.

Diese Kränkung sucht der Mensch durch Hinwendung zur Praxis zu verarbeiten. „Der sich nicht mehr definieren wollende Zeitgenosse [sucht sich] aus dem unmittelbaren Bezug zur Praxis und ihrer möglichen Veränderung heraus einen Standpunkt zu geben. Die Wahrheit dieses sich mit der Praxis fortbewegenden Standpunktes liefert ein flexibler und *oszillierender* Regelkreis von soziologischen, politischen und psychologischen Wissenschaften, welche den Menschen als eine hypothetische ‚vérité à faire‘ aus der Möglichkeit eines zureichenden wissenschaftlichen oder philosophischen Selbstverständnisses entlassen. An die Stelle eines philosophisch verantworteten und wissenschaftlich begründeten Begriffs des Menschen von sich selbst tritt die Utopie, die vorwärts führt, oder die Resignation, die um einen Menschen trauert, den es nicht mehr gibt."[17]

2. Zurück zur Philosophie?

Peter Eicher meint nun, daß wir über die unverrechenbare Vielfalt der Einzel-Humanwissenschaften nicht mehr hinwegkommen werden. Er preist diese Erkenntnis als *theologische* Chance einer Einsicht, die auch die unsere sein und bleiben muß: Wenn es kein „Bild" des Menschen mehr gibt, dann auch kein anthropozentrisches Bild Gottes mehr! Dann aber auch keine Funktionalisierung Gottes zur Erfüllung der menschlichen Offenheit – und das ist der Vorwurf, den Eicher gegen eine anthropozentrisch gewendete Theologie erhebt, ob sie nun, wie bei Rahner, an Kant und Hegel anknüpft oder, wie bei Pannenberg, an Gehlen. Er sieht in dem Buch von Jürgen Moltmann den bisher einzigen und einzig sachgemäßen Versuch – der nach Lage der Dinge nur essayhaft erfolgen kann –, sich in unabschließbarer Kommunikation auf die Vielfalt menschlicher Phänomene einzulassen, die die Humanwissenschaften ins Licht gerückt haben, und *da hinein,* ohne theologische Zensur, das Wort des Glaubens zu sagen[18]. Hat Eicher hier das letzte Wort?

Ich finde zwei Dinge voreilig. Zum einen den Pessimismus, daß die gewachsene Vielfalt der Humanwissenschaften nicht mehr zu integrieren sei. *Der nächste Integrationsversuch hat schon begonnen, ob überzeugend oder nicht – nämlich in Gestalt der sogenannten Soziobiologie, die gegenwärtig in Amerika en vogue ist.* 1978 hat Dieter E. Zimmer in einer Serie in der ZEIT darüber kritisch berichtet[19]. „Früher oder später", sagt Robert L. Trivers, einer ihrer Vertreter, „werden Politologie, Jura, Wirtschaftswissenschaft, Psychologie, Psychiatrie und Anthro-

---

[17] *Eicher,* aaO 30.　　[18] AaO 29 f.

[19] Vgl. *Dieter E. Zimmer,* Die Lehre der Soziobiologen, in: DIE ZEIT Nr. 40, 29. Sept. 1978, S. 33–35; Forts. unter dem Titel: Unsere alte Natur, aaO Nr. 41, 6. Okt. 1978, S. 33–35. – Die Literatur ist für den Nicht-Fachmann schwer zu gewichten. Es sei verwiesen auf *Edward O. Wilson,* Sociobiology: The New Synthesis (Cambridge, Mass. 1975 – gilt als zusammenfassendes Standardwerk); *ders.,* On Human Nature (Cambridge, Mass. 1978); *Irenäus Eibl-Eibesfeld,* Liebe und Haß. Zur Naturgeschichte elementarer Verhaltensweisen (München 1970); *ders.,* Der vorprogrammierte Mensch. Das Ererbte

pologie alle zu Zweigen der Soziobiologie werden"[20]. Da darf man gespannt sein! Die Humanwissenschaften teilen also für ihren eigenen Bereich keineswegs den Spätkultur-Pessimismus Eichers. Es wird zwar durchaus zutreffen, daß kein *einzelner* Mensch all die Einzelheiten der empirischen Forschung übersehen und zu einem Gesamtbild fügen kann. Die wissenschaftliche Möglichkeit als solche – vielleicht im Teamwork zu bewältigen – ist damit aber noch nicht erledigt. Für ein Gesamtbild braucht man im übrigen nicht alle Einzelheiten zu wissen (etwa über die chemischen Bestandteile des menschlichen Körpers), sondern zum Beispiel nur, daß das Verhalten des Menschen auch von ihnen abhängig ist. Um keine Fehler zu machen und keine Daten außer acht zu lassen, genügt es gleichsam, „mit dem Schlimmsten zu rechnen" – wie es ein kluger Systematiker ja auch im Fall der kritischen Exegese tun sollte!

Die zweite Voreiligkeit: Das „Bild" von sich selbst, das der Mensch nach Eicher nicht mehr von sich haben kann und auch nicht mehr erstreben soll, ist wohl zu sehr nach dem Modell eines erschöpfenden Definitionsbegriffes gedacht, wie er vielleicht das Ideal des Rationalismus und/oder Idealismus gewesen sein mag, aber so einfach nicht einmal dem Mittelalter unterstellt werden muß. Wenn allerdings ein „Begriff" des Menschen von sich selbst die offene Kommunikation abschließen würde, neue Erkenntnisse prinzipiell nicht mehr zulassen könnte – dann allerdings! Zu fragen bleibt aber, auch philosophisch, *ob es nicht einen Begriff vom Menschen geben kann, der die Offenheit und Unabschließbarkeit der Kommunikation seinerseits ausdrückt* – und mir scheint, daß Eicher selbst schon die Elemente dazu liefert. Vielleicht darf man hier doch an Aristoteles und Thomas von Aquin anknüpfen, die beide erklären, das Wesen einer Sache sei das, was das „Vornehmste" (potissimum) in ihr sei[21]. Das „Vornehmste" im Menschen aber ist nicht, daß er aus diesen und jenen chemischen Bestandteilen zusammengesetzt ist, sondern daß er auch die Selbstvergegenständlichung in den empirischen Humanwissenschaften noch einmal reflektieren kann, mit einem Wort: daß er Subjekt ist, das sich durch Vermittlung der Welt selbst gewinnt. Dem humanwissenschaftlichen „Bild" des Menschen, das der Horizont theologischer Anthropologie sein muß, ist man jedenfalls auf der Spur, wenn man Stichworte und Schwerpunkte aufgreift, die den Grundriß von Menschsein entlang der Frage nach *„Subjektivität in der Welt"* zu kennzeichnen versuchen. In diesem Sinne versteht sich der folgende Durchblick.

---

als bestimmender Faktor im menschlichen Verhalten (München 1976); *Robert L. Trivers,* The Evolution of reciprocal Altruism, Quarterly Review of Biology 46(4)/1971, 35–57; *ders.,* Parentoffspring conflict, American Zoologist 14(1)/1974, 249–264; *Richard Dawkins,* Das egoistische Gen (Berlin 1978, engl.: The Selfish Gene, London 1976); *Wolfgang Wickler/Uta Seibt,* Das Prinzip Eigennutz – Ursachen und Konsequenzen sozialen Verhaltens (Hamburg 1977); ferner die Arbeiten von Konrad Lorenz, w.o. 1 I Anm. 12. Weitere Literatur und Stellungnahme jetzt bei *Rawer/Rahner,* Weltall – Erde – Mensch; *Bosshard,* Evolution und Schöpfung; *Hassenstein,* Tier und Mensch (alle in: CGG 3).
[20] Zitiert nach *Zimmer,* Die Lehre der Soziobiologen, 33.
[21] Vgl. *Thomas,* STh I–II I 75,4 ad 1; 106,1 mit dem Zitat aus *Aristoteles,* Nik. Eth. IX 8: 1168 b 31–34; 1169a 2–4.

II. Schwerpunkte heutiger Selbsterkenntnis des Menschen

LESEEMPFEHLUNG: Peters, Der Mensch, 155–190

1. Weltoffenheit und Ichbezogenheit

Von der Weltoffenheit des Menschen weiß man, solange der Mensch überhaupt sich bemüht, sich selbst zu verstehen. Wenn Thomas von Aquin formuliert, die Seele sei „gewissermaßen alles", und damit meint, sie sei „geboren, alles zu erkennen"[22], so übersetzt er nur eine Weisheit des alten Aristoteles[23] – im Rahmen eben jener metaphysischen Anthropologie, von der das moderne Fragen nach dem Menschen sich abgrenzen möchte. Der universalen Erkenntnisoffenheit entspricht die Ausrichtung des Willens auf „das Gute überhaupt und im Ganzen" (wie man „bonum universale" übertragen müßte), so daß nichts das Verlangen des Willens stillt, was nicht den ganzen Horizont des Guten ausfüllt[24]. Weil die Seele dazu „geboren" ist, „alles" zu sein, gibt es geistiges Erkennen. Weil kein Gegenstand unserer Erfahrungswelt den universalen Horizont des Guten ausfüllt, gibt es Freiheit.

Wenn *eine* Idee der klassischen Metaphysik eine erstaunliche Bestätigung und Erhärtung durch die moderne empirische Anthropologie erfahren hat, dann die Idee von der Weltoffenheit des Menschen. Damit spielen wir an auf die inzwischen weithin geläufigen Ergebnisse der Forschungen von Jakob von Uexküll, Adolf Portmann, Arnold Gehlen, Konrad Lorenz und anderen[25]. Wir brauchen wohl nur anzudeuten: *Das Tier hat – soviel wir jedenfalls wissen – nur „Umwelt", der Mensch hat „Welt".* Das Tier bemerkt und reagiert auf seine Umgebung nur, sofern sie für es „lebensbedeutsam" ist, der Mensch aber bemerkt grundsätzlich „alles" und reagiert auf seine Umgebung auch ohne Rücksicht auf deren Lebensbedeutsamkeit, das heißt: Er erfaßt sie, geht mit ihr um als dem, was außerhalb von ihm seine Eigenexistenz hat. Der Mensch kann „neugierig" sein, kann sich für Wirklichkeiten interessieren aus keinem anderen Grunde als dem, daß sie wirklich sind und er sie bisher noch nicht erkannt hat. Das Tier hat Organe und Instinkte, die genau auf seine Lebensbedürfnisse in seiner Umwelt zugeschnitten sind – was übrigens nicht ausschließt, daß diese Lebensbedürfnisse und mit ihnen die Verhaltensweisen oft erstaunlich kompliziert sind, weshalb wir, wenn wir das beobachten, oft so fasziniert sind und uns des Eindrucks einer menschenähnlichen Intelligenz kaum erwehren können. Der Mensch dagegen hat Organe, die seltsam wenig festgelegt, eher äußerst ungeschickt sind, und er ist arm an Instinkten – zwar hat er solche, und wohl um so mehr, je naturverbundener, archaischer, „primitiver" sein Entwicklungsstand noch ist, aber

---

[22] Vgl. Thomas, De ver. 1,1 in corp.; 2,2 in corp.
[23] Vgl. *Aristoteles*, Über die Seele III 8: 431 b 21.
[24] Näheres w. u. 12 III 3; 15 II 1.
[25] S. w. o. 1 I Anm. 12.

selbst hier reichen sie zur Lebensbewältigung nicht aus. Beim Tier kann es, wie Versuche beweisen, geschehen, daß die bloße Attrappe eines lebensbedeutsamen Objektes das entsprechende reaktive Verhalten auslöst. Dem Menschen kann solches nur als kurzfristige oder, wie beim Kleinkind, altersbedingte Täuschung unterlaufen, denn weil er „objektiv", das heißt Gegenstände als *anderes* erkennt, kann er vergleichen und vergleichend die unmittelbaren Eindrücke korrigieren. Das Triebleben des Tieres ist präzis auf seine Bedürfnisse zugeschnitten und hinsichtlich des Zeitpunktes seiner Impulse vorprogrammiert – sofern es nicht durch den Menschen auf dem Weg der Zähmung oder Dressur desorientiert wurde. Der Mensch hat, auch und gerade biologisch, weder festgelegte noch nach Bedürfnissen bemessene Antriebe, vielmehr hat er, nach der bekannten Formulierung von Arnold Gehlen[26], einen „konstitutionellen Antriebsüberschuß", er kann *jederzeit* Lust auf *alles Mögliche* empfinden und dieser Lust ebenso nachgeben wie sich ihr versagen: Der Mensch kann sogar verzichten. Es ist zugleich Folge und gewissermaßen biologisches Symbol dieser fundamentalen Unterschiede zwischen Mensch und höherem Tier, daß dieses als fertig ausgerüstetes, sofort instinktsicher auf seine Umwelt reagierendes Lebewesen auf die Welt kommt, seine Umwelt nicht erst aufbauen, sondern nur sie zu gebrauchen lernen muß. Der Mensch dagegen kommt als zu früh geborener „Nesthokker"[27] auf die Welt, er braucht zwölf bis vierzehn Monate, bis er den Zustand vergleichbarer Säugetiere bei ihrer Geburt erreicht hat, und er braucht Jahrzehnte des Lernens, bis er sich in seiner Welt so zurechtfindet wie vergleichsweise das Tier in seiner Umwelt. Meist ist er dann schon in einem Alter, in dem biologisch längst der Niedergang eingesetzt hat, nämlich mehr als 25 Jahre.

Rein biologisch betrachtet, erbringen die Humanmedizin, die vergleichende Verhaltensforschung im Verein mit der Kulturanthropologie und, neuestens, der Soziobiologie zunächst nichts anderes als den Anblick einer ungeheuren Rückständigkeit des Menschen gegenüber dem Tier, und bleibt man bei einer rein biologischen Betrachtungsweise, dann erscheint nichts erstaunlicher als das Überleben solch eines unzulänglichen Wesens.

Es ist nicht selbstverständlich, *nicht* bei dieser Betrachtungsweise stehenzubleiben. Das beweisen die zunehmenden Versuche, von den Ergebnissen der Erforschung tierischen Verhaltens her Regeln für das Leben und Zusammenleben der Menschen zu entwickeln und dabei die spezifisch menschlichen Faktoren mit äußerstem Mißtrauen ins Spiel zu bringen, wenn nicht gar auf sie als lebensbedrohlich zu verzichten. Symptomatisch dafür sind etwa die Bemühungen des amerikanischen Psychologen Skinner, dem Menschen Freiheit und Würde als Ideale auszureden, oder die Versuche des Verhaltensforschers Konrad Lorenz,

---

[26] *Gehlen,* Der Mensch, 60 ff.

[27] Vgl. *Portmann,* Biologische Fragmente; Bericht und Einordnung in den Diskussionsstand bei *Gadamer/Vogler,* Neue Anthropologie II, 335–339 *(K. Wezler);* und bei *Lüth,* Der Mensch ist kein Zufall, 250–255.

das „sogenannte Böse" mit den Mitteln der Verhaltensforschung aus der Ethik wegzudiskutieren[28]. Solchen Überlegungen kann man den Augenschein frappierender Schlüssigkeit schlecht absprechen. Ob sie auch wahr sind, muß sich daran zeigen, ob die Humanwissenschaften in der Lage sind, mit ihren eigenen Mitteln das Phänomen der Weltoffenheit des Menschen *abschließend* zu interpretieren.

Wie also kann der Mensch überleben? Er kann es, indem er zum „Kulturwesen" wird. Weil er nicht eingepaßt ist in eine Umwelt, ist er „unendlich angewiesen"[29]. Nichts kann ihn beruhigen. *Wie er seine biologische Unzulänglichkeit bewältigt, das macht ihn zum Menschen.*

Seine nicht-spezialisierten Organe werden zu vielseitigen Instrumenten. Das erfordert Einsicht in das Verhältnis von Mittel und Zweck, das heißt: Abstraktion, Distanz, Experiment. Der Einzelzweck kann wiederum Mittel zu anderen Zwecken werden und so fort. Er muß sich also einen Gesamtentwurf seines Lebens zum Ziel setzen. Dem Tier ist bestimmt, was es ist. Der Mensch muß sich selbst bestimmen, sich selbst entwerfen – eben dies ist das Wesen der Freiheit und zugleich der umfassendste Inbegriff dessen, was mit dem Wort „Geist" gemeint ist. Indem er das tut, baut er zugleich *seine* „Welt" – und er baut sie nach *seinem* Bild und Gleichnis. Er legt seine Bedürfnisse fest, er entwickelt seine Interessen, er schafft sich die äußeren Bedingungen dazu, er ändert die vorgefundenen Bedingungen, kurzum: er schafft eine Kultur, er wird „Kulturwesen".

Ist also die Kultur-Welt nur das Gegenstück zur Umwelt des Tieres unter den Lebensbedingungen eines biologisch nicht spezialisierten Wesens? Ist der Mensch „Kulturwesen" nur deshalb, weil er „das noch nicht festgestellte Tier" (Friedrich Nietzsche) ist?[30] Ist der menschliche „Geist" nur der Ersatz für den Instinkt?

So zu urteilen ist möglich und hat im Blick auf die Phänomene durchaus seine Wahrheit. So zu urteilen ist sogar heute beliebt, und das ist wohl auch eine Folge des Vorverständnisses vom Menschen als dem „homo faber", dem „Menschen als Schmied", salopp wiedergegeben: vom Menschen als „Macher". Man muß sich allerdings im klaren sein, daß man dabei auf einer anderen Ebene wiederholt, was man am Menschenbild der metaphysisch-kosmologischen Anthropologie kritisiert: Der Mensch wird in eine vorgegebene Welt eingeordnet und somit nicht nach seinem eigenen Maß, sondern nach dem Maß des Untermenschlichen beurteilt.

Doch spricht eine Menge dagegen, sich mit einem solchen Konzept vom Menschen als „Kulturwesen" zu begnügen. Warum ist der Mensch nicht zufrieden, wenn er eine Kulturwelt geschaffen hat, in der er überleben kann? Warum muß

---

[28] Vgl. *Skinner,* Jenseits von Freiheit und Würde, passim; *Lorenz,* Das sogenannte Böse, bes. 335–388.
[29] *Pannenberg,* Was ist der Mensch?, 10–13 und 104f. Anm. 5 in Auseinandersetzung mit Gehlen.
[30] Vgl. *Nietzsche,* Werke (Ausg. Schlechta) II, 623 (Jenseits von Gut und Böse, III. Hauptstück, 62); vgl. aaO 778; 836; 1174.

man immer wieder künstliche Theorien erfinden, um den Menschen zur Zufriedenheit zu bewegen – von der antiken Philosophie der Stoa („stoische Ruhe") bis zu fernöstlichen Rezepten zur Immunisierung gegen das Leiden? Warum sind letztlich Theorien immer attraktiver gewesen, die in irgendeiner Form den Menschen an das Unendliche binden, gleichviel, ob sie ihm Einung mit dem All, Teilhabe an den unveränderlichen Ideen, Anschauung Gottes, ewige, vollkommene Glückseligkeit als äußerstes Sein-Können versprechen? Warum ist selbst die „Kultur" mehr als ein Zweck? Warum hat der Mensch die Fähigkeit zum Spiel, zum Lachen, zur Kunst – nicht nur zur „engagierten", sondern sogar zur Kunst um ihrer selbst willen, zum „l'art pour l'art"? Warum hat er die Fähigkeit zur selbstlosen Liebe, warum kann er sogar *gegen* seine „Interessen" handeln? Warum ist er fähig zu *anderen* Lösungen als nur zum tierischen Kampf als Ausleseprinzip? Was hat seine zweckfreie Erkenntnis, die Fähigkeit, anderes als anderes wahrzunehmen, zu bedeuten?

Alles deutet darauf hin: Die Weltoffenheit, das Nicht-Festgestelltsein des Menschen hat noch eine andere Dimension. *Das „unendliche Angewiesensein" ist nicht nur ein ausgleichbarer Defekt, sondern im buchstäblich frag-würdigen Sinne so etwas wie die „Würde" des Menschen.* Hinzu kommt, daß der Mensch in allem Tun, wenn er es nur gründlich genug analysiert, davon ausgeht, daß das unendliche Angewiesensein Erfüllung finden kann – durch eine ihm gegenübertretende unendliche Wirklichkeit, die dann, wenn sie diese Bedingung erfüllen soll, nicht unter, sondern über dem Niveau des Menschen liegen muß. Es kostet immer *rationale Kraft,* zu sagen: Eine solche Wirklichkeit gibt es nicht, sie vorauszusetzen ist Illusion. Im *Verhalten* ist die Voraussetzung praktisch selbstverständlich. Das *ganz sichere* Wissen, es handle sich dabei um Illusion, müßte menschliche Aktivität zunächst zum Erliegen bringen – und das „Dennoch", mit dem wir uns dann vielleicht wieder zum Handeln aufraffen, kostet noch einmal Kraft[31]. Religionsphilosophisch betrachtet, darf man sagen: Das sogenannte „religiöse Apriori" ist bis in den menschlichen Alltag hinein das Selbstverständliche – und nicht das existentialistische „Dennoch".

Es mag der Verdacht entstehen, daß wir uns hier am Rande dessen bewegen, was unter dem Namen „Gottesbeweis" heute nicht sehr hoch im Kurs steht[32]. Der Verdacht ist unbegründet – wir kommen noch darauf zurück. Doch sollten wir die Überlegung, daß es zum Menschen als Kulturwesen gehört, an seiner kulturellen Leistung kein Genügen zu finden, hier vorläufig abbrechen, um lieber eine Verschärfung der Frage zu bedenken.

In der Bewältigung seiner Weltoffenheit findet der Mensch sich selbst, baut er sein „Ich" auf. Seine Innenwelt, seine „Innerlichkeit", seine geistige Individuali-

---

[31] Näheres w. u. 20 I 1; 21 I 2; II 1–2.
[32] Dieser Verdacht trifft dann auch *Pannenberg,* ebda. – oder er trifft ihn nicht. Pannenberg selbst würde unter Hinweis auf seine Kritik an den Gottesbeweisen den Verdacht zurückweisen; vgl. seinen Aufsatz: Die Frage nach Gott (= Grundfragen Systematischer Theologie, I, 361–386), 378f.

tät gewinnt er durch den Bezug auf die Außenwelt, durch Kommunikation mit menschlicher und nichtmenschlicher Wirklichkeit außerhalb von ihm – und nicht etwa ist der Mensch zuerst eine geschlossene Innenwelt, die nachträglich Kontakte zur Außenwelt knüpft. Zugleich mit diesem Prozeß formt der Mensch sein persönliches Lebensziel. Darauf muß er fortan alles zweckhaft beziehen, er muß über die Welt, an der er sein Ich gewinnt, verfügen. Dinge, ja Menschen müssen ihm dienen. Wird seine Weltoffenheit damit verschlossen? Wie läßt sich verhindern, daß sein unendliches Verlangen scheingestillt wird? Wie kann man gewährleisten, daß das Werden des Ich im weltoffenen Bezug nicht gleichzeitig den Menschen zum intelligenten Tier macht, dem die Welt zur Umwelt wird? *Wie kann anderseits ein individuelles Ich sich finden ohne Auswahl aus dem Weltangebot, das heißt: ohne Eingrenzung der Weltoffenheit?*

Hier treffen wir auf eine Spannung im Wesen des Menschen selbst. Es gibt mehrere Möglichkeiten, diese Spannung aufzulösen. Die eine besteht darin, sich allem auszusetzen, sich nicht zu binden. Es sind dies die verschiedensten Formen eines Lebens nach dem alten Grundsatz des „Carpe diem" – „pflücke den Tag"!

Eine andere Möglichkeit ist – beziehungsweise war – das romantische Persönlichkeitsideal. Es verlangte vom Menschen, von allem Kenntnis zu haben, wenigstens das prinzipiell Wißbare zu wissen, alles mit Recht Erstrebenswerte zu wollen. Dann müßte doch die Weltoffenheit des Menschen im Innenraum des Ich selbst bewältigt sein, das Ich wäre so weit wie die Welt selbst.

Aber die Lösung der Spannung gelingt auf beiden Wegen nicht ganz. Man kann nicht soviel genießen, wie es zu genießen gibt. Man kann nicht alle Möglichkeiten jeden Tages ausschöpfen. Daß Verzicht Teil seelischer Hygiene ist, ist eine Erfahrung, gerade heute wieder, und sie zeigt: Das „Carpe diem" ist kein Weg.

Das romantische Persönlichkeitsideal aber zerbrach unter dem Ansturm der Wissenerweiterung unseres Jahrhunderts. Ein „Universalgenie" ist unmöglich geworden. Allein das naturwissenschaftliche Wissen verdoppelt sich jedes Jahr. Faktisch sind keine Grenzen der Möglichkeiten des Ich zu erkennen.

Sie sind aber auch grundsätzlich nicht auszumachen. Gelänge es dem Ich, die es selbst durchziehende Spannung zu bewältigen, so wäre das nur der endgültige Triumph der Ichverhaftung. Die ganze Welt wäre dann zur Umwelt geworden. *Lösbar könnte die Spannung nur werden durch eine Erfüllung menschlicher Weltoffenheit, die keinerlei Einschränkung mit sich brächte und doch konstitutiv für das Ich wäre.* Rein logisch ist ein solcher Gedanke zwingend, obgleich er zunächst paradox scheinen muß.

Die Fakten jedenfalls weisen zunächst in die andere Richtung: die ganze Welt zur Umwelt des Ich zu machen. Wir sehen, daß Menschen alles auf sich beziehen; daß ihnen Umdenken, Neuaufbruch, Neuentdeckungen zu unbequem sind. Menschen können „mit sich fertig sein" – und bezeichnenderweise erscheint uns ein solches Urteil immer als vernichtend, als durch und durch negativ. „Mit sich fertig sein" ist Zeichen der Unmenschlichkeit. Menschen können sogar verfügen über das, worüber gar nicht verfügt werden kann und darf: über Menschen, die jeder für sich wieder weltoffen sind und sich selbst bestimmen dürfen müssen.

Und das ist offensichtlich chronisch so. Die Kulturgeschichte belegt es, die eigene Erfahrung belegt es. Die Frage nach der Bedeutung der Weltoffenheit und des „unendlichen Angewiesenseins" verdunkelt sich somit: *Wie ist dieses unendliche Angewiesensein überhaupt offenzuhalten? Und das heißt nicht weniger als dies: Wie ist das Menschsein des Menschen zu retten, wie ist es zurückzugewinnen?*

2. Sprache und Freiheit

Die folgenden Schwerpunkte heutiger Selbsterkenntnis des Menschen sind strenggenommen nur Fortsetzung und Variation des ersten Schwerpunktes, der mit der Dialektik von Weltoffenheit und Ichbezogenheit gegeben ist. Eine erste Variation zeigt sich im Verhältnis von Sprache und Freiheit. *Nach durchschnittlicher Auffassung ist die Sprache nichts anderes als ein mehr oder weniger beliebiges Gefäß zum Transport von Gedankeninhalten.* „Ein Klang, der nach Belieben etwas bezeichnet" (vox significativa ad placitum), so lautet die neuscholastische, auf Thomas zurückgehende Definition des äußeren Wortes[33]. Nach dieser Vorstellung beruhen also Sprache, Bedeutung von Worten und Wortverbindungen, auf einer Art Verabredung, daß bestimmte „Stimmklänge" (voces) bestimmte Sachverhalte bezeichnen sollen – und falls man sich anders verabredet, bezeichnen sie eben etwas anderes. Auf diesem sogenannten „signifikationshermeneutischen" Verständnis von Wort und Sprache beruhen noch die modernen Versuche, die Sprache zu mathematisieren, und in Konsequenz davon die Möglichkeit der Computersprache bis hin zu den bereits teilweise erfolgreichen Versuchen von Computerübersetzung. *Während diese Versuche weitergehen und eher furchterregenden neuen Erfolgen entgegentreiben, hat die moderne Sprachphilosophie gleichzeitig diese signifikationshermeneutische Interpretation der Sprache seit langem durchbrochen.* Übrigens ist sie dabei über verschiedene Vermittlungsstufen letztlich *theologisch* angestoßen, nämlich durch die seit der Reformation wieder ganz stark in den Vordergrund getretenen Fragen nach der Heilsbedeutung des Wortes. Alle Richtungen der modernen Sprachphilosophie kommen überein in der Besinnung auf den Geschehenscharakter des Wortes, das heißt: sie betrachten die Sprache zuerst und umfassend als Phänomen des spezifisch menschlichen Lebensvollzuges. Selbst in der mathematisierenden Sprachphilosophie ist die Mathematisierung *Methode,* die auf Berücksichtigung *aller* Lebensbereiche der Sprache abzielt.

Nennen wir wenigstens die in unserem Zusammenhang wichtigsten Strömun-

---

[33] Vgl. *Thomas,* De ver. 1,3 in corp.; 4,1 c.; STh I 34,1 c.; 107,1 obi. 2 und ad 2; CG IV 11 (n. 3466).

gen dieser Sprachphilosophie. Da ist zuerst – auch zeitlich – die *Hermeneutik*[34]. Sie fragt nach den geschichtlichen Verstehensvoraussetzungen von Sprache und achtet daher auf den Bezug zwischen Wort und Situation. Ihr Grundgedanke ist: Die eigentliche Funktion des Wortes ist nicht die, etwas zu bezeichnen, sondern Situationen zu schaffen beziehungsweise zu verändern. Dies ist deshalb so, weil der Mensch nur im Mittel der Sprache den für ihn spezifischen Bezug zur Wirklichkeit gewinnt und in ihn hineinwächst.

Da ist zweitens die in unseren Jahrzehnten historisch wie sachlich neu entdeckte *Rhetorik*.[35] Sie achtet darauf, daß Sprache und sprachgebundenes Verstehen keine individuellen Vorgänge sind. Sie konzentriert sich daher vor allem auf die Beziehung des Sprechenden zum Hörer und umgekehrt. Stichworte sind hier etwa das sogenannte Organon-Modell von Bühler, das berühmte „rhetorische Dreieck" aus Sprecher, Hörer und Sache, die wechselseitig aufeinander einwirken, die „sensorischen Rückwirkungen", die der Sprecher vom Hörer empfängt und die die Fortsetzung seines Sprechens beeinflussen, die grundsätzliche dialogische Struktur des Sprechens, die worthafte Struktur des Denkens und so fort. Nach anfänglichem Zögern, das die Verkündigung des Wortes Gottes aus theologischen Gründen („Das Wort Gottes wirkt durch sich selbst!") gern diesen allgemeinen rhetorischen Gesetzen entnommen gesehen hätte, hat inzwischen auch die Praktische Theologie die Bedeutung dieser Rhetorik für die Predigt eingesehen[36].

Da ist schließlich die *analytische Sprachphilosophie und deren Weiterbildungen*[37]. Damit betreten wir ein zunehmend unwegsamer werdendes Gelände, auf dem sich bald nur noch wenige „Eingeweihte" genauer auskennen. Die Schwierigkeiten verdoppeln sich dadurch, daß die analytische Sprachphilosophie im Zusammenhang mit der Wissenschaftstheorie des sog. logischen Positivismus

---

[34] Vgl. pars pro toto *Dilthey*, Ges. Schriften I, V, VII, XI; *Fuchs*, Hermeneutik; *Heidegger*, Unterwegs zur Sprache; *Gadamer*, Wahrheit und Methode; *ders.*, Rhetorik, Hermeneutik und Ideologiekritik; *ders.*, Hermeneutik; *Ebeling*, Hermeneutik; *ders.*, Wort Gottes und Hermeneutik (= Wort und Glaube I, 319–348); *ders.*, Gott und Wort (= aaO II, 396–432); *ders.*, Einführung in theol. Sprachlehre, 183–218; *Schillebeeckx*, Gott – die Zukunft des Menschen, 9–48; *ders.*, Glaubensinterpretation, 20–47; *Lehmann*, Die dogmatische Denkform; *Biser*, Theologische Sprachtheorie; *ders.*, Glaubensverständnis; *Ricœur*, Hermeneutik und Strukturalismus; *ders.*, Metapher; *Pannenberg*, Wissenschaftstheorie und Theologie, 157–224; *Schaeffler*, Wissenschaftstheorie und Theologie, 45–73; *Jüngel*, Entsprechungen. Zur Problematik des theologischen Umgangs mit der Hermeneutik vgl. jetzt *Stobbe*, Hermeneutik – ein ökumenisches Problem.

[35] Ich erinnere hier dankbar an meinen Lehrer *Fritz Schweinsberg*, den Pionier der „Sprecherziehung" im kirchlichen Beruf; er hat zuerst meinen Blick auf die hier angedeuteten Zusammenhänge gelenkt; vgl. sein Buch: Stimmliche Ausdrucksgestaltung im Dienste der Kirche (Heidelberg 1946); zur Sache vgl. ferner *M. Weller*, Buch der Redekunst (Düsseldorf 1956); *P. Duployé*, Rhetorik und Gotteswort (Düsseldorf 1957); *Leo Weisgerber*, Die sprachliche Gestaltung der Welt (Düsseldorf ³1962); *ders.*, Der Buchstabe und der Geist (Mannheim 1961); *ders.*, Die wirkungsbezogene Sprachbetrachtung, in: Wirkendes Wort 1963, Heft 5; im Hintergrund: *Karl Bühler*, Sprachtheorie (Jena 1934).

[36] Vgl. *Müller-Schwefe*, Homiletik III; und schon II, 171–192.

[37] Vgl. die w.o. 1 I Anm. 14 verzeichneten Arbeiten zur Auseinandersetzung mit der Sprachphilosophie. Überblick und Literatur jetzt bei *Kasper*, Der Gott Jesu Christi, 116–124.

(Ludwig Wittgenstein, „Wiener Schule") entstand und auch in ihren Weiterbildungen an die ebenfalls weitergehenden wissenschaftstheoretischen Probleme gebunden bleibt. Mit der Sprachphilosophie steht damit nicht nur ein wesentlicher Aspekt philosophischer Anthropologie als Horizont theologischer Anthropologie zur Debatte, sondern der „rationale Gehalt", damit die Wahrheitsfähigkeit von Glaubensaussagen und die Wissenschaftsfähigkeit von Theologie überhaupt. Was ist, wenn Wahrheit und daher Wissenschaft nur in bezug auf grundsätzlich überprüfbare empirische Fakten möglich ist, eine Glaubensaussage aber sich darauf grundsätzlich nicht beziehen kann und somit einer „Verifikation" im Sinne des logischen Positivismus von vornherein nicht fähig, einer „Falsifikation" im Sinne des „kritischen Rationalismus" von vornherein nicht bedürftig ist? Die Sprachanalyse entstand, weil Wittgenstein einsah, daß „Wirklichkeit" nicht auf den Bereich des logisch-positiv Faßbaren zu beschränken ist. Er entwickelte darum die berühmte Theorie vom „Sprachspiel", das heißt: er analysierte den Sinn und teilweise die Rationalität sprachlicher Äußerungen aus dem Zusammenhang des konkreten *Gebrauchs* der Sprache. Das Wort „Tor" bedeutet sehr Verschiedenes, je nachdem, ob es während eines Fußballspieles ausgerufen wird oder vor dem Eingang eines Palastes. Mehr noch: Der Sachgehalt des Wortes ergibt sich erst im Zusammenhang der Wirkung, die das Wort im Ganzen einer Sprechhandlung ausübt. Informative und „performative" Funktion der Sprache sind untrennbar, bedingen einander. Dabei ist es in den Weiterbildungen der analytischen Sprachphilosophie geblieben: Wahrheit und damit wissenschaftliche Ausweisbarkeit von Aussagen gibt es nur innerhalb eines kommunikativen Prozesses einschließlich auch der in diesen eingebrachten „Interessen", nie außerhalb dieses Prozesses. Nach einer „objektiven" Wahrheit im Sinne einer Kongruenz zwischen Sachverhalt, Erkennen und Aussage zu fragen ist gegenstandslos, weil der informative Gehalt einer Aussage von ihrer performativen Funktion umschlossen ist. Die für die Theologie zunehmend belangvolle, ja bedrängende Frage ist dann, welches „Sprachspiel" der Sprache des Glaubens zugrunde liegt und ob auch bei ihr der Sachgehalt – konkret: die Rede von Gott und seinem Handeln am Menschen – unablösbar an deren performativer Wirkung im Kommunikationsprozeß hängt und außerhalb dessen prinzipiell weder ausweisbar noch reflektierbar ist.

Genug der Andeutungen! Die wissenschaftstheoretischen Begründungsfragen der Theologie sind nicht unser Thema. Worauf kommt es *hier* an, im Zusammenhang der Frage nach dem Selbstverständnis des Menschen heute? Sprache ist a) Mittel der Weltbewältigung in Freiheit; sie ist b) Mittel der Begegnung.

a) *Schon das theoretische Erkennen ist worthaft, sprachlich*[38]. Am beeindruk-

---

[38] Ob es ein (viel zitiertes) „vorsprachliches" Denken bzw. Erkennen gibt, hängt von der Definition von „Denken" bzw. „Erkennen" ab. Ich vermeide eine bejahende Antwort, weil ich „Denken" und „Erkennen" nicht von bewußt abstrahierender, reflektierender Begriffsbildung trennen kann. Was hier gemeint ist, würde ich ein vorsprachliches *Verstehen* nennen – was noch einmal zu unterscheiden wäre von vorsprachlicher Wahrnehmung.

kendsten kann man dies beim Kleinkind beobachten. Wenn das Kind zum ersten Mal mit dem Zeigefinger auf einen Gegenstand zeigt und „Da!" sagt, so hat es im Mittel dieses Wortes zum ersten Mal bewußt anderes als anderes erkannt. Es hat, philosophisch gesprochen, den alles umfassenden Begriff des Seienden gebildet. Damit hat das Kind nicht nur angefangen, ein Philosoph zu werden. Es hat zugleich die Grundlage gelegt, sich die Wirklichkeit immer genauer zu erschließen. Denn aus diesem allgemeinen „Da!" gliedern sich nun fortschreitend Gegenstandsbereiche aus und grenzen sich gegeneinander ab. Spazierengehen zum Beispiel wird unter Kleinkindern gern „Tata" genannt. Nun kann man beobachten, wie alles, was mit dem Spazierengehen zusammenhängt, „Tata" genannt wird: der Kinderwagen, der Mantel, die warme Mütze, der Sonnenschein ... Gleiches und/oder Zusammengehöriges wird mit dem gleichen Namen belegt: ein typischer Vorgang von Abstraktion und Synthese, von Vergleich und konstruktiver Zuordnung, die in der Namengebung bewältigt wird. Dieser Grundvorgang setzt sich fort bis in die verstehende Problembewältigung unter Erwachsenen. Erst wenn ich einen Sachverhalt, einen Phänomenzusammenhang, eine Situation „auf den Begriff" bringen, und das heißt: wenn ich sie durch Vergleich und Zusammenfügung in einem treffsicheren Wort oder einer treffsicheren Formel zusammenfassen kann, habe ich sie verstanden.

Von besonderer Bedeutung ist dabei die Zeitform des Tätigkeitswortes. Durch sie setzt sich der Sprechende selbst in Bezug zur Zeit. Er bringt Vergangenes als Zurückliegendes zur Sprache, Zukunft als zu Erwartendes. *Das heißt er erlebt und versteht sich zwischen Vergangenheit und Zukunft als geschichtliches Wesen, das sich selbst bestimmt und, da die Zeit nicht umkehrbar ist, unwiderruflich bestimmt.* Von hier aus leuchtet auch unmittelbar ein, welche Bedeutung es für das Selbstverständnis des Menschen als eines geschichtlichen Wesens haben muß, wenn in verschiedenen Sprachen beziehungsweise Sprachbereichen die Zeitformen des Tätigkeitswortes grundlegende unterschiedliche Strukturen aufweisen, wie sich etwa beim Vergleich zwischen dem Hebräischen und dem Griechischen zeigt oder, viel allgemeiner, zwischen den semitischen und den indogermanischen Sprachen. Und wiederum muß nicht lange betont werden, wieviel Hintergrundfragen es zu bedenken gibt, daß das Alte Testament ins Griechische übersetzt werden konnte und daß die in aramäischer Sprache verkündete Botschaft Jesu durch das griechisch geschriebene Neue Testament geschichtswirksam geworden ist[39]. Wobei hier nur am Rande vermerkt sei, daß nicht die Sprachform und die mit ihr wesensverbundene Denkweise, sondern das *in ihr* ergangene und *durch* sie hindurch vernehmbar gewordene Wort Gottes Thema des Glaubens – und darum Prinzip theologischer Erkenntnis – ist und es also nicht angeht, Alternativen zwischen hebräischer und griechischer Denkform

---

[39] Vgl. dazu das schon „klassische" Werk von *Thorleif Boman,* Das hebräische Denken im Vergleich mit dem griechischen (Göttingen ⁴1965); dazu aber auch die kritischen Bemerkungen bei *Seckler,* Das Heil in der Geschichte, 151–157; und *Koch,* Gibt es ein hebräisches Denken?

zum unechten Maßstab des „Christlichen" zu machen. Jedenfalls wird schon am (grammatisch sich äußernden) Tatbestand der Zeitform des Tätigkeitswortes deutlich, daß Sprache mit der Zukunft und damit der Freiheit des Menschen zu tun hat, worauf sofort zurückzukommen ist.

b) Das alles, die Sprachlichkeit des theoretischen Erkennens, darf nun nicht individualistisch verengt verstanden werden. *Sprache ist immer schon Mittel mitmenschlicher Begegnung.* Das Kind entwirft seine ersten theoretischen Begriffe nicht selbständig, es lernt sie von den Erwachsenen. Das heißt: Der Mensch wächst in eine *erlernte* Sprache hinein, also in den Raum einer sprachlich schon vorgegebenen Kommunikation. *Diese Kommunikation ist sprachphilosophisch angezeigt mit den Begriffen „Information" und „Performation" oder etwas weniger „technisch" ausgedrückt: Mitteilung und Verständigung. Beide Momente sind nicht zu trennen, aber sie können in verschiedenen Sprechhandlungen unterschiedliches Gewicht haben. Beide aber schaffen (zwischenmenschliche) Situationen und verändern sie.* Das ist offenkundig bei Sprechhandlungen, in denen die Verständigung den Akzent hat. Ein Richterspruch – geradezu der Modellfall einer vorwiegend performativen Sprechhandlung – ist gültig und wirksam nicht, wenn er im Beratungszimmer zu Papier gebracht wird, sondern wenn er in gegebener Situation, im Gerichtssaal, „im Namen des Volkes" verkündet wird: In genau diesem Augenblick beginnt das neue Verhältnis zwischen den Prozeßbeteiligten, das der Richterspruch aussagt. Es ist dies der geradezu klassische Fall, wo ein Wort nicht nur über einen Sachverhalt informiert, sondern diesen Sachverhalt zugleich bewirkt. Das Jawort zwischen zwei Liebenden und alles, was sie in Verbindung damit einander sagen, ist oft sehr informationsarm, aber es begründet und verändert tiefste zwischenmenschliche Wirklichkeit. Und wird es in rechtsförmiger Weise öffentlich vor dem Standesbeamten und/oder vor dem Pfarrer wiederholt, so begründet es gar rechtlich einklagbare Wirklichkeiten, deren Fernwirkungen noch Generationen spüren können. Die Unterschrift unter einen Vertrag (und den nachfolgenden Glückwunsch beim Glase Sekt) vollzieht man nicht, um sich zu informieren, daß man miteinander handelseinig geworden ist – denn darüber war man vorher schon informiert –, sondern weil in diesem Augenblick die Wirksamkeit des Einverständnisses und seine Folgen beginnen (sollen). An solchen leicht vermehrbaren Beispielen wird deutlich, wie sehr ein rein signifikationshermeneutisches Sprachverständnis zu kurz greift. Zum Teil ist hier sogar die Wirkung der Sprache nur in Form verlautbarter Worte zu erzielen, während es für das signifikationshermeneutische Verständnis der Sprache eigentlich gleichgültig bleiben kann, ob sie gesprochen oder geschrieben wird.

Entscheidend wichtig ist aber, daß die situationsverändernde Macht oder, einfach, der Geschehenscharakter der Sprache sich genauso in jenen Bereichen zeigt, wo es im Vordergrund nur um Informationsaustausch geht. Welche situationsverändernde Macht kann eine bloße Nachricht haben! Erinnern wir uns nur an Schlagzeilen in Presse, Rundfunk und Fernsehen der letzten Jahre: „Wieder Krieg im Nahen Osten!" „Alle Geiseln in Mogadischu befreit!" „Geiselbefreiung in Teheran gescheitert!" „Mehr als zwei Millionen Arbeitslose!" usw. Solche Nachrichten haben nicht nur Angst, Freude oder Bedrückung ausgelöst, sie haben direkt unser Verhalten beeinflußt – und waren doch „nur" eine „Nachricht". Von einem Nachrichtensprecher des Deutschen Fernsehens wird das Bonmot berichtet, er bleibe beim Sprechen der Nachrichten so unbeteiligt, daß er selbst den Dritten Weltkrieg ohne Zittern in der Stimme ansagen würde. Nun, er brauchte dabei gar nicht mit der Stimme zu zittern – die Nachricht brächte durch ihren bloßen Informationsgehalt ihre unabsehbaren Wirkungen hervor.

Auch die scheinbar bloße Information verändert Situationen. Das gilt ohne wesentlichen Unterschied noch für die Kürzel- und Zeichensprache einer Spezialwissenschaft: sie erleichtert und beschleunigt die Verständigung unter den Fachleuten und ermöglicht damit Arbeitsteilung und Zeitersparnis.

Indem die Sprache Situationen schafft und ändert, provoziert sie unsere Reaktionen. Sie macht Entscheidung nötig und möglich, und das heißt: sie eröffnet uns Zukunft, in die hinein wir entscheiden müssen. Und eben dadurch gewährt sie Freiheit, denn nur, wo wir entscheiden können, sind wir frei; wo für uns entschieden wird, haben wir weder Freiheit noch Zukunft.

An dieser Stelle zeigt sich nun die Parallele zu dem, was wir unter dem Stichwort „Weltoffenheit" schon überlegten. Wenn die Weltoffenheit des Menschen als solche auf eine uns gegenüberstehende erfüllende Wirklichkeit verweist, wenn wir sie in all unserem weltbewältigenden Handeln voraussetzen, und wenn anderseits dieses weltbewältigende Handeln im Medium der Sprache geschieht, tritt uns dann diese geheimnisvolle, in allem Handeln vorausgesetzte Wirklichkeit am Ende in der Gestalt eines *Wortes* gegenüber? Ist das „unendliche Angewiesensein" zu interpretieren als unendliche Hörbereitschaft? Ist das „Gegenüber", *wenn* es wirklich sein sollte, ein Sprechender?

Wiederum könnte man uns am Rande eines „Gottesbeweises" vermuten. Statt dessen haben wir wieder auf die Verschärfung der Fragestellung zu achten. *Weil die Sprache aufgrund ihrer performativen Funktion Welt und Zukunft eröffnet, Freiheit gewährt, kann sie auch unterdrücken und Zukunft verschließen.* Theoretisches Erkennen und also Weltbewältigung ist – zu einem großen Teil jedenfalls – an das Erlernen von Sprache gebunden – darum kann man Intelligenz und Begabung eines Kindes in ihrer Entfaltung behindern, indem man ihm die nötige Ansprache versagt. Die Vermutung milieubedingter Lernschwäche bei Kindern hat hier unstreitig einen Haftpunkt – was ja noch nicht heißt, daß *alle* Lernschwäche darauf zurückzuführen ist. Weil wir um die situationsverändernde Funktion der Sprache wissen, können wir sie auch benutzen, um Menschen zu treffen, uns selber gegen sie durchzusetzen. Sprache kann bloßstellen, Sprache kann einen Menschen unmöglich machen, Sprache kann einen Menschen zum Verstummen bringen. Wir alle wissen zudem zur Genüge um die zerstörerischen Möglichkeiten der Nachrichtenmanipulation. Sprache kann leere Worte machen, ideologische Phrasen dreschen, kann – lügen. Und selbst vom Stimmklang des Sprechenden kann die Wirkung der Sprache abhängen. Derselbe Satz:

„Bitte, ganz wie sie wünschen!", kann die größte Liebenswürdigkeit, aber auch eine Kriegserklärung sein.

In dieser Situation von Sprache als Mittel zerstörerischer Selbstbehauptung und menschenverachtender Manipulation finden wir uns immer schon vor. Auch, wie schon gesagt, in den immer weitergehenden Versuchen der Mathematisierung der Sprache, und das heißt: in den Versuchen einer durchgehenden Umwandlung der Sprache zum Herrschaftsinstrument, das jederzeit zum Unterdrückungsinstrument werden kann. Wieweit man darin bereits gekommen ist, wird inzwischen auch gelegentlich denen schon klar, die berufsmäßig mit Computern arbeiten[40]. Der befürchtete „gläserne Mensch" hat längst begonnen, Wirklichkeit zu werden[41]. Miteinander verbundene Computer-Dateien *können* nicht nur inzwischen eine lückenlose Kontrolle über die Menschen ausüben, sondern *tun* es auch weithin in einem Maße, dem Datenschutzgesetze kaum noch gewachsen scheinen. Die Computer und damit die mathematisierte und technisierte Information ist damit *nicht nur* ein Problem der Anwendung und insoweit ein ethisches Problem, sondern ein Problem des Menschenbildes, ein anthropologisches Problem. Wenn Menschen auch nur befürchten müssen, daß ihre Entscheidungen, und damit ihre Freiheit und Zukunft, nicht mehr nur von ihrer eigenen freigestalteten Sprache und der ihrer Mitmenschen abhängen, sondern von der selbsttätigen „Sprache" von Informationsmaschinen, die ihrerseits die Entscheidungen von Menschen buchstäblich programmieren, dann werden die Menschen grundsätzlich voreinander Angst bekommen. Zwischenmenschliche Kommunikation auf der Basis von Vertrauen wird immer schwieriger, getreu dem Slogan: Vertrauen ist gut, Kontrolle ist besser. Wenn man nun inzwischen schon aus Erfahrung weiß, wie ganze Menschenschicksale durch einen einfach nicht zu korrigierenden Computerfehler (eine Namensverwechslung zum Beispiel) gesteuert und gar zerstört werden können; oder wenn gar gelegentlich durchsickert, daß ein Computerfehler allein dank der Mehrfach-Sicherung einen atomaren Vernichtungsschlag nicht ausgelöst habe, dann ist der Hinweis auf die freiheitszerstörenden und zukunftsverschließenden Möglichkeiten der Sprache wahrhaftig nicht die Ausgeburt eines depressiven Gemütes.

Um so schlimmer, wenn unter gewissen Bedingungen sogar die Sprache des Glaubens, die religiöse Sprache, als Herrschaftsinstrument gebraucht werden kann. Wenn zum Beispiel der überschaubare organisatorische Zusammenhalt der Glaubensgemeinschaft, genannt Kirche, wichtiger wird als die befreiende und zukunfteröffnende Macht des verkündigten Wortes Gottes, dann braucht man nicht lange zu zeigen, wie furchtbar die Folgen sind. Denn dann könnte ja auch und ausgerechnet die Kirche nicht mehr überzeugend antworten auf die

---

[40] Vgl. *Josef Weizenbaum,* Die Macht der Computer und die Ohnmacht der Vernunft (Frankfurt a. M. 1979).

[41] Vgl. *Ingeborg Drewitz,* Kurz vor 1984 (Stuttgart 1982): *Günther Grass,* Vom Recht auf Widerstand, DIE ZEIT Nr. 6, 4. 2. 1983, S. 39.

Frage, die sich hier stellt: *Wo ist das zugleich erfüllende und rettende Wort zu hö-*
ren, das die schon so hoffnungslos weit getriebene Unfreiheit unseres Umgangs mit
der Sprache aufsprengt und eine neue, nicht zerstörbare und nicht manipulierbare
Zukunft eröffnet, die selbst da noch offenbleibt, wo alle weltliche Zukunft nur noch
aus verschlossenen Türen besteht?

3. Individuum und Gesellschaft

Das Ich findet sich selbst in der Welterfahrung und in der Begegnung durch
Sprache. Das heißt: es findet sich in der Gemeinschaft[42]. Wenn das Ich nur sich
selbst einkreist, die Frage nach sich selbst isoliert stellt, endet es mit dieser Frage
buchstäblich vor dem Nichts. Man kann dies an einer Analyse ganz alltäglicher
Sinnfragen zeigen. In einer Situation der Unzufriedenheit frage ich vielleicht:
„Was ist nur mit mir los?" Nun, vielleicht habe ich mich geärgert. „Warum är-
gere ich mich?" Nun, es ist mir vielleicht nicht gelungen, so zu erscheinen, wie
ich erscheinen wollte, die Rolle perfekt zu spielen, in der ich gern auftreten
wollte. „Warum will ich nur immer eine Rolle spielen?" Nun, weil ich das brauche, um mich selbst zu bestätigen, um meine „Identität" zu finden. Mit oder
ohne weitere Zwischenstufen steht am Ende die Frage: „Wer bin ich eigentlich?" *Bleibe ich dabei allein im Kreis meines eigenen Ich, so wird sich mir nie eine*
Antwort ergeben. Denn ich selbst bin mir selbst offenkundig nicht die zureichende
Antwort.

Ganz anders im Erlebnis einer Liebe. Wir machen da die unabweisliche Erfahrung: Ich empfange mich von dem geliebten Menschen. Und ich bedeute dieselbe Erfahrung für den, den ich liebe und der mich liebt. Die Antwort auf die
Frage: „Wer bin ich eigentlich?" hat sich damit buchstäblich geschenkt: Ich bin
derjenige/diejenige, den/die dieser bestimmte liebende Mensch angenommen
hat. Weitere Rückfragen erübrigen sich dann, weil die Erfahrung des Angenom-
menseins die Frage nach meiner „Identität" beantwortet hat, nicht durch eine
theoretische Formel, sondern durch die nicht weiter begründungsbedürftige Erfahrung, daß eben dies genügt, um mich vor mir selbst „bestätigt" zu wissen.

Wenn wir diese elementare Erfahrung anthropologisch „auf den Begriff zu
bringen" suchen, dann ergibt sich: *Menschsein, Ichfindung und Icherfahrung ge-*
schehen dialogisch. Die Weltoffenheit des Menschen bewahrt und bewährt sich in
der Selbstvergessenheit der Liebe. Wer liebt, verliert sich gerade *nicht,* wenn er

---

[42] Eine das Wesentliche zusammendrängende, nach wie vor erhellende Studie zum folgenden Pro-
blemzusammenhang in NGB, 72–100 *(P. Engelhardt).* Zur anthropologischen Bedeutung der Liebe
vgl. *Slett,* Der Mensch ist Person, 110–156; *Condrau,* Entwicklung und Reifung (= CGG 6, 29–71).
Zur anthropologischen Bedeutung der „Gesellschaft" vgl. pars pro toto: *Berger/Luckmann,* Die
gesellschaftliche Konstruktion der Wirklichkeit; *Berger,* Einladung zur Soziologie; *ders.* Auf der Spur
der Engel; *Berger/Berger:* Wir und die Gesellschaft; *Deichsel,* Soziologie; *Stromberger/Teichert,* Einführung in soziologisches Denken. Überblicke und Schwerpunktthemen bei *Gadamer/Vogler,* Neue
Anthropologie III; und in CGG Bde. 11–18.

sich verliert. Die Liebe erscheint als die Form, wie Weltoffenheit und Ichbezogenheit sich nicht aufheben, sondern in ihrer Bezogenheit konkret werden. Darum ist ja der Hagestolz die Karikatur eines Menschen, sofern er in der Illusion lebt, sich selbst zu genügen.

Zugleich ist menschliche Liebe noch einmal „offen". Kein geliebter Mensch kann die unendliche Liebesbedürftigkeit und unendliche Liebesfähigkeit des Menschen ausfüllen. Auch in intensivster Liebeserfahrung kann man dies nur kurz vergessen. Auch wo die Treue nicht etwa nur äußerlich, sondern im innerlichen und personalen Sinne fester Entschluß und über jeden Zweifel erhaben ist, schließt das nicht aus, daß auch andere Menschen eine Faszination ausüben können. Deshalb ist ja Eifersucht – soweit sie nicht einfach eine psychische Erkrankung ist –, anthropologisch betrachtet, so unsinnig, weil sie beansprucht, daß ein Mensch die Liebesfähigkeit eines anderen Menschen total ausfüllen könne, und nicht wahrhaben will, daß dies eine beiderseitige Überforderung ist.

Die Liebe ist aber noch aus einem anderen Grunde „offen". Nicht nur im Querschnitt der Gegenwart ist es unmöglich, daß ein Mensch die Liebesfähigkeit eines anderen total ausfüllt. Auch im Längsschnitt eines Lebens kann sich Vergleichbares herausstellen. Niemand kann überschauen, wie man sich selbst entwickelt und welchen Weg es mit dem geliebten Menschen nimmt. Der Eindruck, ja die sichere Erfahrung, daß zwei Liebende nach jahrelangem Zusammensein beide jeweils andere, nicht nur anders geworden sind, so daß ihre Liebe, wenn sie weitergehen soll, ganz andere Voraussetzungen und Ausgangspunkte bekommen muß – diese Erfahrung ist ja nicht selten[43]. Eben deshalb ist es ja, *nur* aus klarer „Vernunft" geurteilt, gar nicht zu verantworten, sich selbst zur bedingungslosen Liebe, also zur unverbrüchlichen Treue zu verpflichten.

Trotzdem, trotz dieser zweifachen Offenheit der Liebe, der die Menschen doch stets ihre Identität verdanken, ist der Satz wenigstens theoretisch unmittelbar einleuchtend: Eine Liebe, die enden kann, hat gar nicht angefangen. Und wer diesen theoretischen Satz für zu „steil" hält, untersuche einen beliebigen erotischen Schlager unserer Tage: Der Sehnsucht nach einer Liebe, die nicht enden wird, dem Schmerz der Trennung und des Abschiednehmens, selbst wenn man ihn tapfer besingt, wird er auf Schritt und Tritt begegnen. Daß unverbrüchliche Liebe doch möglich ist, daß unwiderrufliche Treue zu einem Menschen trotz der doppelten Offenheit der Liebe sozusagen „erlaubt" ist, daß, um ganz konkret zu reden, das Risiko einer lebenslangen Ehe auch heute noch eingegangen werden darf und als Leitbild größtmöglicher zwischenmenschlicher Humanität hochgehalten werden kann, läßt sich ohne logischen Bruch nur dadurch erklären, daß man im Entschluß der Liebe – nicht unbedingt bewußt und rational, aber wirksam – auf einen unausschöpflichen Grund der Liebe vertraut, auf eine Art unverfügbarer Ausfallbürgschaft ebenso für die Zeiten des Wandels wie des verschlissenen grauen Alltags.

---

[43] Vgl. *Mandel,* Psychologie und Therapie der Ehe, bes. 74 f.

Überhaupt macht ja die Liebe am deutlichsten die Erfahrung vom Geschenkcharakter der Wirklichkeit. Niemand kann erzwingen, daß jemand sich ihm/ihr in Liebe zuneigt. Und doch ist der Mensch auf dieses unerzwingbare Ereignis angewiesen, denn es macht ihn im wesentlichen Sinne zum Menschen. Menschen können nur überleben, wenn sie wenigstens im rudimentären Sinne die Erfahrung von Angenommensein und Liebe gemacht haben. Ein Kleinkind, dem solches Angenommensein in extremem Ausmaß versagt bleibt, stirbt auch physisch daran. Wieder zeigt sich die Variante unseres Ausgangsthemas: Wir sind „angewiesen", wir verfügen nicht über jenes Ereignis, das uns zum lebensfähigen Menschen macht. Wir können nur vertrauen, daß es uns nicht versagt bleibt, beziehungsweise wir können rückblickend feststellen, daß es uns zuteil geworden ist.

Die Liebe zwischen Ich und Du bleibt nicht auf den Zweierkreis beschränkt. Sie greift aus auf die größere Gemeinschaft mit anderen Menschen. Übrigens ist allein hier die Begründung zu suchen, warum *grundsätzlich* – über Hindernisse in Einzelfällen ist damit nicht vorentschieden – Kinder, also Zeugung, Geburt und Heranbildung, zum menschlichen Sinn von Liebe und Ehe dazugehören. Denn der „Egoismus zu zweit" ist gerade deswegen um nichts besser, eher schlimmer als der Egoismus des Hagestolzes, weil die Erfahrung der Identitätsfindung in der Liebe ja zur Illusion der Selbstgenügsamkeit noch stärker verführen kann als beim Hagestolz, der an allen Ecken und Enden den fehlenden Partner doch immer wieder vermissen wird und insoweit auch immer wieder gezwungen ist, aus der Not eine Tugend zu machen. Erst in der größeren Gemeinschaft, in der „Gesellschaft" gewinnt das Ich seinen vollen Entfaltungsraum. Dies nicht wahrhaben wollen kann letztlich nur wieder zu jenem destruktiven Egoismus führen, der in der Zweisamkeit gerade grundlegend überwunden wurde.

An dieser Stelle variiert sich darum auch die Verschärfung der Frage, auf die wir nun schon mehrfach gestoßen sind. Und dies wiederum in zweifacher Weise entsprechend der Zweistufigkeit der menschlichen Sozialität.

a) *Das, was den Menschen zum Menschen macht, kann zerbrechen.* Unausdenkbar viele Möglichkeiten von Täuschung und Selbsttäuschung stecken darin. Vor allem aber unausdenkbar viele Möglichkeiten der Schuld. Menschen können übereinander verfügen, statt einander zu vertrauen. Sie können einander gebrauchen und verbrauchen, statt sich einander anzuvertrauen. Und das geschieht allenthalben. Keiner liebt ohne jeden Egoismus, und die Unterscheidung ist um so prekärer, als ein bestimmtes Element von „Egoismus" gerade auch in der echten Liebe steckt und in ihr stecken muß. In aller Regel ist Liebe ohne Begehren nicht Liebe, sondern eine Beleidigung. Wer immer nur hört: „Ich liebe dich!", aber nie: „Ich möchte dich haben", oder nur einfach: „Ich brauche dich", der glaubt am Ende auch nicht mehr an die Liebe. Außerdem kann die Liebesfähigkeit eines Menschen infolge fehlender kindlicher Annahme grausam zugeschüttet sein. Gerade hier ist darum der helfende Beitrag der Psychologie, Psychoanalyse und Psychotherapie zur Anthropologie einzubringen. Denn auch ohne Fachmann zu sein, wird man sagen dürfen: Der gemeinsame Nenner aller Neurosen besteht darin, daß ein Mensch sich nicht annehmen kann, weil er von anderen nicht angenommen, sondern, oft in subtiler Tarnung, gebraucht oder unterdrückt wurde.

b) *Desgleichen erweist sich das Verhältnis von Individuum und Gesellschaft als tief gestört.* Hier hat die Soziologie – und zwar alle ihre „Schulen", ohne vorgängige Ausladungen – im Verein mit den Wirtschaftswissenschaften, Erhellendes zu sagen[44]. Sie kann zeigen, wie „die Gesellschaft" zum Unterdrückungsfaktor werden kann und damit die Absetzung des Ich von der Gesellschaft, den letztlich zerstörerischen Rückzug ins „Private" herausfordert, aus Gründen reinen Selbstschutzes. Einige Andeutungen in Kürze: Da ist zunächst der für die moderne Industriegesellschaft typische Auseinanderfall von Arbeits- und Wohnplatz. Die Arbeit bietet meist keinen Anlaß, sie zu lieben, vor allem ist sie für den einzelnen in ihrem Bezug zum Ganzen nicht erlebbar (Fließbandarbeit! Rationalisierung der Verwaltung usw.). Der für die Menschlichkeit des Menschen so unendlich wichtige Vorgang der Arbeit ist darum kaum mehr human integrierbar, er wird zum Inbegriff dessen, wovor man so schnell wie möglich flieht. Der Vater und Ernährer der Familie ist daher in aller Regel nur abends zu Hause. Für die Kinder fällt dadurch ein psychologisch wichtiger Teil der elterlichen Annahme aus. Oft wird der Vater in der Optik der Kinder zur bloßen Instanz, die die Anordnungen und erzieherischen Maßnahmen der Mutter durch mehr oder weniger Gewaltandrohung sanktioniert. Das geschieht dann oft in einer „Stimmung", daß die Kinder die Hintergründe einer solchen Situation nicht durchschauen. So ergibt sich in der Familie die erste Stufe heutiger Autoritätskrise, und der Vater wird, wie Alexander Mitscherlich formuliert, zum „Schreckgespenst Vater"[45]. Die Kinder fühlen sich noch einmal nicht ausreichend angenommen, sie reagieren aggressiv und/oder durch Flucht aus dem Elternhaus, das für sie in der Erinnerung bleibt als der Inbegriff dessen, wie man *nicht* leben soll. Ein Teufelskreis entsteht. Junge Leute wagen, in Erinnerung an ihre Eltern, nicht mehr zu heiraten, weil sie einander und eventuell ihren Kindern das nicht antun möchten, was sie selbst erlebt haben. Oder sie schließen Fluchtehen, deren innere Unmöglichkeit sich über kurz oder lang herausstellt und zu neuen Erfahrungen des Scheiterns führt. Der Sinn menschlichen Daseins, der einzig aus der Zuwendung kommt und die Frage nach der eigenen Identität beantwortet, wird gesellschaftlich aufs äußerste erschwert, wenn nicht unmöglich. *Von daher ergibt sich die anthropologische Bedeutung von Gesellschaftsreform und gegebenenfalls von Reform des Wirtschaftssystems.*

Diese aber stößt schnell an sachliche, und, vor allem, egoistische Grenzen! *In der Erfahrung permanenter Vergeblichkeit aller so eindeutig als notwendig erkannten Reformen wird schließlich der Nihilismus die überzeugendste Konsequenz.*

---

[44] Vgl. die Hinweise in Anm. 42.

[45] Vgl. *A. Mitscherlich,* Auf dem Weg zur vaterlosen Gesellschaft. Ideen zur Sozialpsychologie (München 1963), 191 ff.

Oder, hat man mit dem ethischen Anspruch an sich selbst noch nicht ganz gebrochen, tritt an die Stelle des Nihilismus irgendeine Spielart des Existentialismus, dessen gemeinsame Parole stets lautet: Stifte in dem allgemeinen Unsinn und der allgemeinen Absurdität durch dein eigenes Handeln wenigstens einen „kleinen" Sinn! Ist es ein Zufall, daß der Existentialismus (man denke stellvertretend für viele an einen Dichter und Philosophen wie Albert Camus!) in der Katastrophenerfahrung nach dem Zweiten Weltkrieg seine große Zeit hatte, in der optimistischen Stimmung des Neuaufbruchs Ende der 60er und Anfang der 70er Jahre geradezu verpönt war und in der neuen Frustrationserfahrung unserer Jahre eine erstaunliche Auferstehung feiert, indirekt in der Philosophie, sofern sie die Frage nach dem Sinn menschlichen Daseins eher ausklammert als stellt[46], direkt im Kunstschaffen der Gegenwart, vor allem in Literatur, Theater und Film[47]?

Irgendwo in diesem Kontext werden wir auch das relativ junge, aber inzwischen internationale Phänomen des Terrorismus einzuordnen haben[48]. Im Gegensatz zu den Anfängen ist dessen Verhältnis zur Gesellschaft kaum noch durch konstruktive Ideen, vielmehr offenbar nur noch durch differenzierungslosen Haß bestimmt. Auch die Tatsache, daß jedenfalls die Terroristen „linker" Provenienz ihre Aktivitäten nur auf „Symbolfiguren" des „Systems" konzentrieren und den „kleinen Mann" nicht hineinzuziehen trachten, kann hier keine Beruhigung stiften, weil kein Grund auszumachen ist, warum und wie lange diese Zurückhaltung andauert. Auf der anderen Seite zeigt die „graue Literatur" der Flugblätter und Plakate aus der Terroristenszene, etwa bei Todesopfern aus den eigenen Reihen, eine Verbundenheit, ja Zärtlichkeit untereinander, die man unter normalen Umständen nur als wunderbar bezeichnen könnte.

Es stellt sich also die bekannte Frage in einer neuen Variation: *Wie ist umfassende gegenseitige Annahme der Menschen untereinander, von der Zweierbeziehung bis zur Struktur der Gesellschaft, zurückzugewinnen und damit die Grundlage der Menschwerdung des Menschen zu retten?*

---

[46] Es muß hier nur summarisch auf die Arbeiten der sog. „Frankfurter Schule" hingewiesen werden. Vgl. bes. *Max Horkheimer/Theodor W. Adorno*, Dialektik der Aufklärung (Amsterdam 1947); *Adorno*, Negative Dialektik (Frankfurt a. M. 1973); *ders.*, Jargon der Eigentlichkeit. Zur deutschen Ideologie (Frankfurt a. M. 1964); *ders.*, Kritik. Kleinere Schriften (Frankfurt a. M. 1971); *Horkheimer*, Zur Kritik der instrumentellen Vernunft (Frankfurt a. M. 1967); *ders.*, Kritische Theorie. 2 Bde. (Frankfurt a. M. 1968); *Jürgen Habermas*, Erkenntnis und Interesse (Frankfurt a. M. 1968); *ders.*, Zur Logik der Sozialwissenschaften (Frankfurt a. M. 1970) *ders.*, Theorie und Praxis (Frankfurt a. M. 1971); Überblick bei *Peukert*, Wissenschaftstheorie, 252 ff.; zur Kritik vgl. *Michael Theunissen*, Gesellschaft und Geschichte (Berlin 1969); *Günther Rohrmoser*, Das Elend der kritischen Theorie (Freiburg i. Br. 1970).

[47] Vgl. exemplarisch den großen Bericht von *Fritz J. Raddatz*, Kontaktsperre. Die moderne Literatur ist eine Bestandsaufnahme der Beziehungslosigkeit. DIE ZEIT Nr. 43, 20. 10. 1978, S. 33–36 für die Literatur. Für Theater und Film ist schon eine regelmäßige Lektüre der Besprechungen in einer anspruchsvollen Tages- oder Wochenzeitung erhellend genug – und deprimierend genug.

[48] Vgl. *Eberhard Jüngel*, Der Wahrheit zum Recht verhelfen (Stuttgart 1977); *Trutz Rendtorff*, Politische Ethik und Christentum (München 1978); *Axel Jeschke/Wolfgang Malanowski* (Hg.), Der Minister und der Terrorist. Gespräche zwischen Gerhard Baum und Horst Mahler (Reinbek 1980).

4. Der Tod

LESEEMPFEHLUNG: Nitschke (Hg.), Wir wissen, daß wir sterben müssen

Und am Ende der Tod[49]! Der Tod eines weltoffenen, unendlich verlangenden Wesens ist etwas anderes als das Ende eines Tieres. Zumindest dies macht die Menschlichkeit des Todes aus: *Der Mensch ist das einzige Wesen, das um seinen Tod im voraus weiß, den Tod also reflektieren kann. Das heißt: Der Tod ist Tat des Ich.* Im gewissen Sinne ist er *Vollendung.* Das Ich, überlegten wir, findet sich, entwickelt sich durch Welt- und Du-Erfahrung hindurch. Es kann also erst vollendet sein, wenn diese Erfahrung zu Ende ist. „Optimistische" Todestheorien, an denen heute kein Mangel ist, sind also keineswegs ohne tieferes Verständnis für das Menschsein des Menschen, wenn sie den Tod nicht nur für natürlich, sondern für die Vollendung des Menschen erklären.

Zugleich ist der Tod aber doch *Ende.* Er ist das Ende aller Hoffnungen – denn Hoffnungen über den Tod hinaus sind zwar möglich, aber im Gegensatz zu innerweltlichen Hoffnungen bewegen sie sich gar nicht im Horizont dessen, was man konkret erwarten kann. Weil der Tod Ende ist, sind die verchiedenen Unsterblichkeitsideen, die die Geschichte hervorgebracht hat, nicht von ungefähr. Dabei ist nicht so entscheidend, daß *wir* enden, daß *ich* ende, sondern daß endet, was wir mit anderen aufgebaut haben. Wer liebt und in Liebe mit anderen zusammenlebt, nimmt deren Tod wichtiger als den eigenen. Und jede Liebe bedeutet darum auch nicht zuletzt, daß ein weiterer Tod in das eigene Leben eintritt.

Aufgrund der Unmöglichkeit, den Tod menschlich überzeugend zu „integrieren" und zu verarbeiten, hat der Mensch gradezu wundersame Methoden entwickelt, den Tod zu verharmlosen und in seiner Bedrohlichkeit zu neutralisieren. Alte Methoden sind zum Beispiel die vielen und oft seltsamen Ritualien des Begräbnisses. Sie sind offenbar so ur-menschlich, daß die Erforscher der Evolution des Menschen dann mit Sicherheit von *Menschen* sprechen, wenn die Funde beweisen, daß die betreffenden Wesen nicht nur Instrumente benutzten und das Feuer handhabten, sondern – wenn sie ihre Toten beerdigten. Auch die Geschichte des christlichen Glaubens ist von der Ritualisierung des Todes nicht frei geblieben. Die Hoffnung auf die Auferstehung hat zu neuen Formen der Ritualisierung geführt: Man redet den Toten an wie einen Lebenden, man tröstet die Hinterbliebenen mit der konkret ausgemalten Aussicht auf das Wiedersehen, man betont, sie seien bei Gott „unvergessen" und dürften daher auch von den Menschen

---

[49] Die speziell theologische Literatur s. im 20. u. 21. Kapitel. Philosophisch und gezielt in philosophisch-theologischer Auseinandersetzung zum Tod: *W. Fuchs,* Todesbilder in der modernen Gesellschaft; *Jüngel,* Tod; *Paus* (Hg.), Grenzerfahrung Tod; *Reisinger* Hg.), Der Tod im marxistischen Denken; *T. R. Peters,* Tod wird nicht mehr sein; *Vorgrimler,* Der Tod im Denken und Leben der Christen; *Nocke,* Liebe, Tod und Auferstehung 93–141; *Scherer,* Das Problem des Todes in der Philosophie; *Altner,* Tod, Ewigkeit, Überleben; *J. E. Meyer,* Todesangst und das Todesbewußtsein der Gegenwart; *Küng,* Ewiges Leben?; *Biser,* Dasein auf Abruf. Überblick bei *Condrau/Sporken,* Sterben – Sterbebeistand; *Greshake,* Tod und Auferstehung (mit reichhaltiger weiterer Literatur).

nicht vergessen werden, man pflanzt Blumen auf das Grab zum Zeugnis der Hoffnung auf das Leben der Gestorbenen usw.

In alldem ist Wahrheit des Glaubens[50] – und doch darf man sich nicht wundern, wenn gelegentlich wie in einer Gegenreaktion in der Theologie der Gegenwart betont wird, der Tod Jesu am Kreuz habe zunächst einmal den Tod als Tod bestätigt, festgemacht, ihm seine Realität zurückgegeben, wohingegen viele Ausdrucksformen der christlichen Auferstehungshoffnung nichts als der Ausdruck einer *Flucht* vor dem Tode seien[51]. In der Tat, *keine* Ritualisierung hält einer Reflexion auf den Unsinn des Todes stand. Nicht nur, daß solcher rituelle „Trost" in schreiendem Widerspruch steht zu der immer größeren Trostlosigkeit modernen Sterbens, ob auf der Intensivstation oder durch moderne Industrieprodukte aller Art. Das *Sterben* läßt sich offenbar *nicht* ritualisieren, darum wird der Unsinn des *Todes* niemals *erfolgreich* zu ritualisieren sein. Aber was viel entscheidender ist: Denken wir einmal nicht an die „Großen", bei deren Tod man Gedenkreden hält, gar Jahrestage der Erinnerung begeht, denken wir an den Tod des „kleinen Mannes", der keinen interessiert außer den nächsten Angehörigen und den schon die Enkel bald nur noch durch gelegentlich angeschaute Fotos kennen. Oder denken wir, um eine literarische Figur zu zitieren, an den „Eichmeister" in dem Roman von Joseph Roth „Das falsche Gewicht": Als der kontaktgestörte, viel gehaßte Überwacher halbwegs korrekter Marktsitten schließlich dem Mordanschlag seines Nebenbuhlers zum Opfer fällt, kommentiert es der Autor mit dem Satz: „Und wie man so sagt: Kein Hahn krähte nach ihm!"

„Kein Hahn krähte nach ihm" – über fast jeden Menschen, der je über diese Erde gegangen ist, wird man das sagen müssen. Realistisch betrachtet kann man von fast jedem Menschen sagen: Es ist völlig überflüssig, daß er gelebt hat, es ist völlig belanglos, ob es ihn gegeben hat oder nicht. Und unter diesen Voraussetzungen ist nicht einmal von Belang, daß er vielleicht dazu beigetragen hat, die Menschheit um eines oder mehrere Glieder zu vermehren. Diesen offenkundigen Unsinn des Todes kann man vielleicht hinter einem Nebelschleier schöner Worte verstecken, wegdisputieren kann man ihn nicht. Wer im Leben glücklich ist, mag die Frage nach dem Tod eine Zeitlang vertragen können, mag sogar mit einem Gefühl der Dankbarkeit, mit den Worten des Alten Testamentes zu reden, sich „alt und lebenssatt" zu seinen Vätern legen. Aber ist das eine Antwort angesichts der millionenfach größeren Zahl derer, die keinen Grund zur Dankbarkeit gegenüber dem Leben haben?

Damit entsteht die schärfste anthropologische Frage überhaupt: Gibt es für den Menschen eine Errettung aus der Überflüssigkeit? Ist da eine Wirklichkeit, in der

---

[50] Vgl. w. u. im 20. und 21. Kapitel.
[51] So durchweg in der Bultmann-Schule, soweit sie systematisch auf den exegetischen Spuren Bultmanns weiterfragt. Bezeichnend auch *Sölle*, Atheistisch an Gott glauben, 97–102, wo diese Tendenz sich noch in der Kritik an Bultmann durchhält.

das Gelungene des Lebens aufbewahrt, gar das Mißlungene, Niedergehaltene, Niedergetretene aufgerichtet wird, eine Wirklichkeit also, die allererst dazu ermächtigt, den Tod als Vollendung anzusehen? Was wäre eine Vollendung, bei der alles nur zu Ende wäre?

III. Der Mensch als Frage nach Gnade

1. Zusammenfassung

Die humanwissenschaftliche Betrachtung des Menschen führt stets vor eine doppelte Aporie, wovon die zweite die dunkle Verfärbung und Verschärfung der ersten ist.

Der Mensch ist offen für eine unendliche Ausfüllung seines unendlichen Verlangens, für ein äußerstes Sein-Können, klassisch: für die „Glückseligkeit". In allem Handeln geht er einschlußweise davon aus, daß es eine solche Erfüllung gibt durch eine Wirklichkeit ihm gegenüber, die sein Niveau überragt, auch wenn er sie mit den üblichen Mitteln der Rationalität nicht verifizieren kann. Gleichzeitig aber ist diese seine Weltoffenheit immer in der Gefahr, daß das Ich sie auf sich selbst hin verschließt, jenes Ich, das sich gerade in der Begegnung mit der Welt allererst findet, dann aber alle Bezugslinien zur Welt buchstäblich auf sich hin „zurückkrümmt". Der Gedanke Luthers von der „Verkrümmung" des Menschen auf sich selbst (incurvatio in seipsum) ist nicht nur eine theologische Beschreibung der Sünde, sondern auch sozusagen eine anthropologische Tatsachenfeststellung.

Die Doppelstruktur der Aporie, die sich ähnlich bei den anderen behandelten Schwerpunkten wiederholt, bietet also folgenden Anblick: Der Mensch ist angewiesen auf *Erfüllung,* weil er *Mensch* ist; und er ist angewiesen auf *Rettung,* weil er sich *verfehlt* hat. In Vorwegnahme theologischer Überlegungen können wir sagen: Der Mensch braucht *Gnade* weil er *Geschöpf* ist (und er ist mit dem *Verlangen* nach Gnade *ausgestattet,* weil er Gnade haben *soll*), und er braucht *Gnade,* weil er *Sünder* ist

2. Das Leiden

LESEEMPFEHLUNG: Greshake, Der Preis der Liebe

Diese Struktur einer doppelten, vom Menschen selbst nicht aufhebbaren Aporie verdichtet sich, indem jenes Phänomen sie durchkreuzt und durchquert, das schließlich jedes kluge anthropologische Räsonieren einfach zum Verstummen bringt: das namenlose *Leiden,* das, völlig „ungerecht verteilt", Menschen dieser Erde zugemutet ist. Es ist nicht genug mit dem Leid aus schicksalhaften oder „natürlichen" Ursachen wie Naturkatastrophen, Krankheit, Geburtsfehlern, schicksalhaftem Nichtangenommensein. Noch mehr ist hier zu reden von dem Leid, das Menschen einander antun.

„Nach Auschwitz kann man kein Gedicht mehr schreiben", hat Theodor W. Adorno einmal provozierend formuliert[52]. *Manchmal möchte man denken: Nach Auschwitz kann man keine theologische Anthropologie mehr schreiben.* Das Recht, angesichts dieser Weltlage Theologie zu treiben und theologisch vom Menschen zu reden, steht und fällt mit zwei Bedingungen:

a) *Wir haben auch dem leisesten Versuch zu widerstehen, aus dem Leiden eine Theorie zu machen*[53]. Die Versuchung dazu ist groß. Denn in vielen Formen wird das Thema „Gelobt sei, was mich hart macht" auch in der christlichen Anthropologie abgewandelt: Leiden als Reifungsprozeß; Leiden als Weg zur Freiheit und inneren Unabhängigkeit; Leiden als Einübung ins Gottvertrauen; Leiden als Begegnung mit dem Unverfügbaren; Leiden als Annahme des Menschseins; ja, Leiden als Element der Schönheit und Vollkommenheit des Universums (Thomas von Aquin[54]) – das alles ist theologische Vereinnahmung des Leidens, bei der man nur noch fragen kann: Bist du bereit, das der Flüchtlingsfamilie in Hinterindien oder in Somalia, den Gefangenen im KZ oder im „Archipel Gulag", den Schwarzen in Soweto, den Opfern der Bürgerkriege in allen Erdteilen oder auch ganz einfach den Opfern ungerechter Gewalt und wirtschaftlicher Ausnutzung in unserem eigenen Land zu sagen?

b) *Theologische Anthropologie ist angesichts des Leidens nur möglich, weil es das Kreuz gibt.* Dies wohlgemerkt nicht in dem Sinne, daß etwa der gekreuzigte Jesus hier als Vorbild der Gottergebenheit oder sonst im Sinne irgendeiner Kreuzesmystik im Blick steht. Sondern insofern, als das Kreuz das Scheitern der Sache Gottes selbst in dieser Welt ist. Wenn wir tatsächlich zu sagen wagen, daß kein noch so grauenvolles Leiden in der Welt ein Einwand gegen die Botschaft von Gott und seiner Gnade ist, dann ist das nur deshalb möglich, weil die Sache Gottes selbst, die erregendste Nachricht von einem Gott, der die Menschen bedingungslos liebt, in der Welt am Kreuz mit ihrem Boten zugrunde ging. Die *Auferweckung* Jesu hebt dieses Scheitern nicht etwa geschichtlich offenkundig auf. Vielmehr *glauben* wir, indem wir den Gekreuzigten als den Auferweckten bekennen, an eine Überwindung dieses Scheiterns *jenseits* unserer Geschichte. *Die Auferweckung Jesu ist daher kein „verifizierbarer" Trost, wohl aber das hoffende, als solches begründbare und darum auch hoffnungsstiftende „Dennoch" dessen, der auf den Gott Jesu Christi und seine Gegenwart in dem Auferweckten jetzt schon mehr baut als auf den Augenschein. Und auf welchen Augenschein!*

---

[52] *Adorno,* Negative Dialektik, 352–359.
[53] Vgl. *Pesch,* Heute Gott erkennen, 111–118; 126–129. Ich gestehe, daß mich die Überlegungen bei *Sölle,* Leiden, 199–217, und bei *Greshake,* Der Preis der Liebe, 27–58, als „richtige" überzeugen – und mir dennoch schon „einen Schritt zu weit" zu gehen scheinen. Vorsichtiger ist *Rahner,* Warum läßt Gott uns leiden? (= Schriften XIV, 450–466), 462–466.
[54] Vgl. *Thomas,* STh I 48–49.

3. Die Sinnfrage

Im Blick auf die von den Humanwissenschaften her aufgewiesenen Strukturen menschlichen Daseins heißt die Sinnfrage: Kommt jemand für den Menschen auf, oder ist er eine Fehlkonstruktion des Daseins? Im Blick auf das Leiden lautet die Sinnfrage: Ist der Mensch eine Absurdität? Ist der Nihilismus die einzig redliche Antwort auf die Selbsterfahrung und Selbsterkenntnis des Menschen heute?

Nun muß man sich an dieser Stelle vor dem beliebten Kurzschluß hüten: entweder Glaube – oder Verzweiflung. Es gibt nicht nur theoretisch, sondern auch faktisch, als gelebte Möglichkeit, die existentialistische Alternative, wonach der Mensch die Verzweiflung am Menschen anzunehmen hat. Sie ist logisch nicht als falsch oder als kurzschlüssig zu erweisen. Nur eins wird man sagen und fragen dürfen: Ist die Möglichkeit von Erfüllung und Rettung – wie wir jetzt abkürzend sagen können – ausgeschlossen durch die bloße Feststellung, daß Menschen nicht über sie verfügen? Sollte sie nicht kommen können als *Geschenk?* Mindestens die *Offenheit* für eine solche Antwort muß als zum Menschen gehörig erachtet werden. Und die Auskunft, mit einer solchen Möglichkeit sei *nicht* zu rechnen, *widerlegt* nicht die Tatsache dieser Offenheit, sondern *beantwortet* sie, aus welchen Gründen auch immer, *negativ* und setzt sie damit voraus. Steht es so, dann ist jedenfalls keine Neutralität mehr möglich, *wenn* eine Nachricht darüber in der Welt wäre, daß solche menschliche Offenheit nicht vergeblich auf ihre Erfüllung wartet.

Eine solche Nachricht hätte zusätzlichen Kredit durch die Tatsache, daß der Mensch offensichtlich gar nicht so konsequent die Verzweiflung leben kann, wie er eigentlich müßte. Das Phänomen anonymen Sinnglaubens[55], der sich einfach weigert, die Absurdität des Menschen hinzunehmen, sollte alles Interesse finden. Halten wir denn die Liebe für sinnlos, weil sie scheitern kann und im Tode vergeblich wird? Halten wir ethisches Handeln für sinnlos, weil der Gewissenlose stärker ist? Halten wir das Schöne für sinnlos, weil es vergeht?

4. Die Frage nach Gott

Leseempfehlung: Rahner, Grundkurs des Glaubens, 54–61

Soviel ist jedenfalls klar: *Wenn* es einen anthropologischen Ort der Frage nach Gnade gibt – hier ist er! Der Mensch, der solche konkreten Erfahrungen macht und sich gezwungen sieht, sie in der beschriebenen Weise und noch vielen ande-

---

[55] Vgl. schon vor Jahren *Schillebeeckx,* Gott – die Zukunft des Menschen, 63–79; NGB, 89–94 *(P. Engelhardt); Küng,* Christsein, 48–75; jetzt auch *Döring/Kaufmann,* Kontingenzerfahrung und Sinnfrage (CGG 9). Zur theologischen Kritik an der „Sinnfrage" (und ihrem Zusammenhang mit der Gottesfrage) vgl. *Lehmann,* „Außerkirchliche Religiosität", 57–60; *Splett,* Gotteserfahrung im Denken, 46–60; und jetzt *Sauter,* Was heißt nach Sinn fragen?; vgl. aber w. u. 9 II 2 (mit Anm. 9).

ren Formen zu reflektieren, der umgetrieben ist von der Frage, wie er sich zwischen Hoffnung und ein seine Möglichkeiten überschreitendes Geschenk und Trotz gegen sich aufdrängende Absurdität, zwischen glaubender Selbstbejahung und der Einsamkeit „in der totalen Verlassenheit“ und „gleichgültigen Leere des Universums“[56], zwischen „Anbetung und Selbstmord“ (Teilhard de Chardin) sich entscheiden soll, dieser Mensch ist sich selbst durch sein Wesen und seine Situation die Frage nach Gnade und das heißt: die Frage nach Gott. Theologische Anthropologie muß sich darauf beziehen. Die Form ihrer Rede muß *dieser* Selbsterfahrung des Menschen entsprechen – sonst ist sie, lutherisch geredet, „Gesetz“, und nicht „Evangelium“. In diesem Sinne ist die anthropologische Analyse der humanwissenschaftlichen Selbsterkenntnis des Menschen heute der Horizont theologischer Anthropologie.

Und noch eins sollten wir für das folgende im Auge behalten: Mehrfach waren wir hart an die Frage herangeführt worden, ob wir nicht bis zu einer Art „Gottesbeweis“ vorzudringen den Mut haben sollten. Wir mußten die *Versuchung* abwehren. Aber wir müssen keineswegs die *Struktur der Frage* abwehren[57]. *Die Frage nach Gnade und die Frage nach Gott fallen zusammen.* Die Frage nach Gott *ist* die Frage nach Gnade. Jedenfalls bis hierher! Ob die Frage nach *Gott* noch mehr ist als die Frage nach *Gnade für den Menschen,* muß sich später noch zeigen. Es gibt aber auch dann, wenn sich in der Frage nach Gott ein „Mehrwert“ über die Frage nach Gnade für den Menschen hinaus zeigen sollte, dennoch keine „neutrale“, keine anthropologisch irrelevante Frage nach Gott. Und es gibt keine Frage nach Gnade wie nach einem *Ding,* das gegen Gott selbst abzugrenzen wäre. Wer sich auskennt, hört an dieser Stelle wohl auch von ferne einige historische Glocken läuten. Wo sie hängen, wird nun näher zu bedenken sein, wenn wir uns dem theologiegeschichtlichen Horizont theologischer Anthropologie heute zuwenden.

3. KAPITEL
DER WEG DER LEHRE VON
„GNADE“ UND „RECHTFERTIGUNG“

Wir wenden uns nun, nach dem humanwissenschaftlichen, dem spezifisch theologischen Horizont theologischer Anthropologie zu. Dieser hellt sich auf in der Geschichte desjenigen theologischen Lehrstücks, in dem entscheidend vom *faktischen* Menschen die Rede ist. Das ist nicht die Schöpfungslehre, sondern die

---

[56] *Monod,* Zufall und Notwendigkeit, 151.
[57] So auch *Pannenberg,* Die Frage nach Gott (s. w. o. Anm. 32), 378 f.

Lehre von der *Gnade* – und die Lehre von der *Rechtfertigung des Sünders,* die zeitweise mit der Gnadenlehre als ihr Teilstück verbunden, längere Zeit aber auch von ihr getrennt war[1].

Warum vor den Einzelfragen, unter der Überschrift „Horizonte", ein Blick auf die Geschichte der Gnadenlehre im Ganzen? Nun, wie schon angekündigt[2], die Geschichte der Gnadenlehre verbirgt in sich selbst ein methodologisches Problem, das für uns nicht ohne Bedeutung sein kann, wenn wir ihr Erbe unter dem Namen „theologische Anthropologie" anzutreten versuchen. Denn „Gnade", so schrieb Emil Brunner in dem gleichnamigen Artikel der 2. Auflage von „Die Religion in Geschichte und Gegenwart", „... ist der Zentralbegriff der christlich-biblischen Gotteserkenntnis ... Gnade [kann] kein einzelnes Moment des Glaubens, kein besonderer ‚locus' innerhalb der christlichen Lehre sein ... Vielmehr ist sie der entscheidende, alles bestimmende Gesichtspunkt für jede christliche Glaubensaussage[3]". Diese Formulierungen wiederholt Wilfried Joest in dem gleichnamigen Artikel der 3. Auflage[4]. Und inzwischen beginnen Emil Brunners Worte zum Standard- und Schmuckzitat zu werden[5].

„Gnade" ist demnach kein Spezialthema der Theologie, eigentlich überhaupt kein „Gegenstand", sondern eine Grundbestimmung aller theologischen Gegenstände, die Perspektive, aus der Gegenstände der Theologie zu betrachten sind, und zwar letzte und entscheidende Perspektive. Nun ist aber „Gnade" in der klassischen Ausprägung der Gnadenlehre gerade dies geworden: ein „Gegenstand", ein Spezialthema. Auch die Reformatoren, nicht zuletzt Luther, bleiben selbst da der traditionellen Fragestellung verpflichtet, wo sie die biblische Gesamtperspektive wiederzugewinnen suchen. Daher müssen wir nach den Motiven und Sachgründen dieser Entwicklung fragen und bedenken, welche besonderen Aufgaben sie uns stellt.

I. Von der Verkündigung der Gnade zur Gnadenlehre

1. Gnade im Alten Testament

Leseempfehlung: Groß/Mußner, Die Gnade nach dem Zeugnis der Heiligen Schrift

Gnade ist ein spezifisch christlicher Begriff: Er faßt das gesamte Heilshandeln Gottes in Jesus Christus zusammen. Historisch ganz genau genommen, hat der Begriff „Gnade" erst durch Paulus die technische, abkürzende und zusammenfas-

---

[1] Vgl. w.o. 1 II 4 u. 5. u.w.u. 6–8
[2] Vgl. w.o. 1 III 4.   [3] RGG[2] II, 1261.   [4] RGG[3] II, 1640f.
[5] Vgl. z.B. *Greshake,* Geschenkte Freiheit, 5.

sende Bedeutung bekommen, wie wir sie kennen. Aber auch das Neue Testament redet, wenn es die *Gnade Gottes in Jesus Christus* verkündet, von der *Gnade des Gottes Israels*. Es ist daher methodisch erlaubt und geboten, vom neutestamentlichen Gnadenbegriff auf das Verständnis von Gnade im Alten Testament zurückzublicken und zurückzufragen. *Dabei haben wir auf fünf Begriffe zu achten, die in Unterschied und Einklang das decken, was „Gnade" heißt*[6].

Dem unmittelbaren Wortsinn von „Gnade" am nächsten steht ḥen (חֵן) bzw. ḥannah (חַנָּה). Das Wort bedeutet eine Gunst, auf die kein Anspruch besteht. Man gewährt sie spontan, man kann um sie bitten, immer aber ist sie einseitig, sie nimmt ihren Weg von oben nach unten, von Gott zum Menschen, vom Machthaber zum Untergebenen. An 41 von den insgesamt 68 Stellen begegnet das Wort in der Verbindung „Gunst finden (in den Augen von ...)". So finden Noach und Mose ḥen vor Gott (Gen 6, 8; Ex 33, 12.16), aber auch David vor Saul (1 Sam 16, 22). Der Beter findet Gunst bei Gott (Ps 4, 2; 6, 3 u. ö.). Die Septuaginta übersetzt das Wort mit charis (χάρις), also mit dem Wort für den späteren „technischen" Gnadenbegriff. Trotzdem ist es im Alten Testament am weitesten vom Inhalt des späteren Begriffes entfernt, wenngleich sich Gottes ḥen auswirkt in Gnadengaben, die von der Rettung aus der Not bis zur Gottesgemeinschaft reichen.

Dem Sinn des späteren Begriffes am nächsten steht ḥesed (חֶסֶד), in der Septuaginta meist mit eleos (ἔλεος) wiedergegeben. Gelegentlich deckt sich seine Bedeutung mit der von ḥen, so etwa, wenn das Volk ḥesed findet vor dem König von Persien (Esra 9, 9). Hauptsächlich aber ist ḥesed das Verhalten derer, die einander verpflichtet sind, und hat so die Bedeutung von „Treue", zum Beispiel unter Familienmitgliedern (Gen 20, 13; 47, 29), Verwandten (Gen 24, 49), gegenüber Gastfreunden (Jos 2, 12) und Bundesgenossen (1 Sam 2, 8). Auf diese Bedeutungslinie wird ḥesed der Zentralbegriff der Bundesterminologie. Ḥesed ist das bundesgemäße Verhalten Gottes gegenüber den Seinen, so daß diese, wenn sie ihrerseits dem Bund mit Gott treu bleiben, die Bundesgaben Gottes erwarten dürfen. Ḥesed ist darum nicht *identisch* mit „Gnade". Vielmehr ist ḥesed das, was aus der Gnade Gottes *folgt*. Denn der Bund, dessen Konsequenz Gottes ḥesed ist, ist selbstverständlich kein Vertrag, sondern freie, gnädige Erwählung des Volkes durch Gott. Die gewöhnliche Übersetzung mit „Treue" kommt dem Gemeinten am nächsten, sofern man das Wort nur nicht im Sinne von leistungsbezogener Vertragstreue versteht. Allerdings sind dies alles Unterscheidungen, die dem alttestamentlichen Denken fremd bleiben, weil es Grund und Folge des

---

[6] Zu den folgenden Unterabschnitten 1–8 vgl. die ausführlichere Darstellung be: *Pesch/Peters*, Einführung, 1–221; dort auch die Spezialliteratur, von der ich im Folgenden nur die hilfreiche Überblicksliteratur noch einmal verzeichne. Zum exegetischen Befund vgl. die einschlägigen Artikel zu den im Folgenden zu nennenden hebräischen und griechischen Begriffen in ThWAT und ThWNT, vor allem *Zimmerli/Conzelmann*, χάρις (cháris); ferner *K. Berger*, „Gnade" im frühen Christentum; *Schillebeeckx*, Christus und die Christen, 75–607.

göttlichen Handelns am Menschen zusammensieht. Die absolute Mehrheit aller ḥesed-Stellen (127 von 244) findet sich denn auch in den Psalmen, und dort sind die verschiedenen Aspekte des göttlichen Handelns am Menschen – im Kontext des Lobpreises – zusammengefaßt im Wort ḥesed, hier am besten wiederzugeben mit „Güte". Gottes Güte füllt die Erde an (Ps 33,5); die Gottgetreuen werden von der Gütte Gottes geradezu eingehüllt (Ps 32,10). Der Refrain der Danklitanei in Ps 136 zeigt, wie Gottes gesamtes Handeln in Schöpfung und Heilsgeschichte seinen Ursprung in seiner Güte, seinem Heilswillen hat – also mit der späteren technischen Terminologie insgesamt als „Gnade" anzusprechen ist. Der Gnadencharakter des Bundes und des ihm entsprechenden ḥesed Gottes zeigt sich vor allem, wenn das Volk den Bund bricht. Gottes Gnade zeigt sich dann als *verläßliche* Gnade auch gegen die Untreue des Volkes (vgl. z. B. Jes 54,10; 55,3; 61,8). So faßt ḥesed den doppelten Aspekt von „Gnade" in sich, auf den auch unser humanwissenschaftlicher Durchgang uns schon wie im „Schattenriß" aufmerksam machte: „Gnade" bezeichnet eine Wirklichkeit, die zugleich erfüllt und rettet[7].

Mit ḥesed verwandt ist *ṣedek* (צֶדֶק), in der Regel mit „Gerechtigkeit" übersetzt. Im Blick auf die sachlichen und kontroverstheologischen Mißverständnisse, die diese Übersetzung schon ausgelöst hat[8], sollte man sie eigentlich aufgeben. Von Haus aus bedeutet ṣedek „gemeinschaftstreues Handeln", in bezug auf Gott also *gnädiges* Handeln, das auch noch gegen die Untreue des Menschen gnädig bleibt.

Einen eigenen Platz auf einer Begriffstafel für „Gnade" nimmt das Wort *raḥamim* (רַחֲמִים) ein, in der Regel mit „Erbarmen" wiedergegeben. Die Septuaginta übersetzt mit oiktirmos (οἰκτιρμός). Der Wortsinn ist stark affektiv geprägt und setzt eine ursprüngliche Verbundenheit voraus, vor allem Familienzugehörigkeit – das zugrundeliegende Wort reḥem (רֶחֶם) ist der Mutterschoß. Eltern haben raḥamim mit ihrem Kind (1 Kön 3,26: die beiden Frauen vor Salomo; Jes 49,15: „Erbarmt sich eine Frau nicht ihres Kindleins?"), der Bruder hat Erbarmen mit dem Bruder (Gen 43,30). Raḥamim hat man sogar gegen den Feind (1 Kön 8,50). Der stark affektive Zug klingt auch mit, wenn raḥamim von Gott ausgesagt wird: Gott handelt „nach seinem großen Erbarmen" (Ps 51,3). Zugleich kommt gerade in diesem Psalmtext zum Ausdruck, daß Gottes raḥamim von jeglicher Würdigkeit absieht, also Vergebung der Schuld und Wiederbegnadigung einschließt (Jes 54,7). Raḥamim zeigt sich so als die unverdiente Liebe Gottes, die Gott dem Menschen zuwendet, weil er zu ihm in einer Art ursprünglicher und quasi-affektiver Gemeinschaftsbeziehung steht. So ist es gewissermaßen „logisch", wenn hin und wieder die affektiven, von Mitleid getragenen raḥamim den eher rechtlichen ḥesed ergänzen: „... der dich krönt mit ḥesed und raḥamim" (Ps 25,6; 103,4).

---

[7] Vgl. w. o. 2 III 1–4.
[8] Näheres w. u. 8 II–V.

Der letzte, in diesem Zusammenhang anzuführende Begriff ist ᶜmet (אֱמֶת) bzw. ᶜmunah (אֱמוּנָה), in der Septuaginta mit pistis (πίστις), im Deutschen gewöhnlich mit „Treue" im Sinne von Zuverlässigkeit übersetzt. Das Wort wird nicht selten mit ḥesed verbunden und hat gleichsam den Charakter einer Apposition: Gott erweist ᶜmet und ḥesed – das heißt: er bezeigt zuverlässige Huld.

Was läßt sich aus diesen lexikalischen und begriffsgeschichtlichen Beobachtungen über das Verständnis von „Gnade Gottes" im Alten Testament entnehmen?

a) *Aus der Sicht des späteren christlich-theologischen Gnadenbegriffs fallen zunächst einige charakteristische Unterschiede auf.* Zum einen: Gnade ist Wirklichkeit ganz auf seiten *Gottes,* seine schenkende und rettende Zuwendung zum Menschen – und in keiner Weise eine Wirklichkeit im oder am Menschen.

Zum anderen: Die Gnade Gottes gilt von Haus aus dem *Volk,* und dem einzelnen nur, sofern er zu dem Volk gehört, das Gott sich „erwählt" hat. Die Gnade Gottes schafft also einen geschichtlichen und sozialen Lebenszusammenhang, in den der einzelne eintritt, hineingeboren wird, hineinwächst und *so* selber in der Gnade lebt.

Endlich: Die bestimmten *Gnadengaben,* die allerdings durch die Gnade Gottes dem Menschen zuteil werden, beschränken sich nicht auf den Bereich des Gottesverhältnisses, sondern umfassen auch ganz „irdische" Gaben wie Rettung aus Todesnot oder aus der Hand der Prozeßgegner.

b) *Es gibt aber einige bedeutende Gemeinsamkeiten, die denn auch in der Geschichte des christlichen Gnadenverständnisses nicht mehr verlorengehen.* Zunächst: *„Gnade" ist – in der unterschiedlichen Nuancierung der fünf erläuterten Hauptbegriffe – in der Tat ein „Inbegriff", der ein Grundverhältnis zwischen Gott und Mensch bezeichnet.* Von den Inhalten der Gnade Gottes wird dabei abgesehen, insofern könnte man durchaus von einem „formalen" Gnadenbegriff sprechen. Was die Gnade Gottes konkret bedeutet, zeigt sich je und je in der konkreten Situation. Aber das Grundverhältnis der Gnade umgreift den Unterschied der Situationen, und daher kommt es wohl auch, daß die verschiedenen Worte für „Gnade" trotz ihrer unterschiedlichen Nuancen sowohl einander kommentierend als auch einfach synonym gebraucht werden können: „Ich will dich mir verloben auf ewig; ich will dich mir verloben in Gerechtigkeit (şedek) und Recht (mišpaṭ), in Huld (ḥesed) und Erbarmen (raḥamim). Ich will dich mir verloben in Treue (ᶜmunah), und du sollst Jahwe erkennen" (Hos 2,21 f.).

Zum anderen: *Der Weg zu einer „Individualisierung" des Gnadenbegriffs mit deutlicher Verwandtschaft zu späteren christlichen Gedanken bahnt sich im Alten Testament schon an. Dies geschieht schrittweise immer dann, wenn bestimmte Geschehnisse die Frage aufwerfen, ob denn das Volk als Ganzes oder zumindest seine Repräsentanten noch in der Gnade Gottes stehen.* Schon die synkretistischen Kompromisse der nachsalomonischen Könige mit anderen Religionen, vollends aber der Untergang der beiden Königreiche und das Exil machen die fraglose Deckung von Gnade Gottes und nationaler Existenz zunichte. Von nun an tritt die Verantwortung des Einzelnen stärker hervor, der unter Umständen mit allen Konsequenzen für Leib und Leben gegen die Volksgemeinschaft antreten muß. Der Einzelne lebt nun in der Gnade Gottes nicht, weil er zum erwählten Volke gehört, sondern weil er mitten im Abfall des Volkes und seiner Könige Gott treu bleibt. Übrigens entsteht nicht von ungefähr auch gleichzeitig jener Glaubensbegriff, den wir als „typisch alttestamentlich" ansehen und der vorher durch den kollektiv verstandenen Begriff der Furcht Gottes hintangehalten wurde[9]. Exemplarisch vorgelebt ist dieses individuelle Gnadenverständnis in der Gestalt des Jeremia, der Gottes *persönliche* Erwählung als Zusage der Nähe Gottes in allen unabsehbaren Lebensschicksalen erfährt. Ezechiel verheißt den von der Sünde Umkehrenden das Leben als Gnade (Ez 18; vgl. auch Jer 31,20 f.), und der Beter von Ps 51 erbittet für sich *persönlich* die für die Endzeit verheißene Geistausgießung (vgl. Ps 51,12 f. mit Jes 63,11; Ez 11,19; 36,26).

Endlich: In all diesen Variationen des Gnadenbegriffs kommt auch immer wieder seine dunkle Seite heraus, die ihm seine Doppelstruktur verleiht: *Gottes Gnade beschenkt den Menschen nicht nur, sie rettet ihn auch, wenn er in die Irre gegangen ist.* Denn der Segen Gottes kann verlorengehen. Man kann die Erwählung auch *nicht* ergreifen, ihr *nicht* entsprechend handeln – und dann unter den Fluch Gottes geraten. Wenn dann das messianische Heil stets auch den Sieg Gottes über den Abfall des Volkes, seine Treue gegen menschliche Untreue, seine Vergebung menschlicher Schuld bedeutet, so besagt das: *Gnade* impliziert immer auch das *Gericht* – und nur, wer das anerkennt, kann auf vergebende Gnade hoffen. Und die Geschenke der Gnade Gottes können dem Menschen oft nur zuteil werden unter Überwindung seines Widerstandes.

Kurzum: *Alle wesentlichen Elemente des christlichen Gnadenbegriffs sind im Alten Testament schon beisammen. Fast alle.* Denn der Hauptunterschied ist nicht auszugleichen: Die Inhalte der „Gnade" Gottes wechseln nicht nur begrifflich, die verschiedenen Sachgehalte von Gnade sind ihrerseits ganz mit der jeweiligen Situation dessen verbunden, der Gnade empfängt, des Volkes oder des jeweiligen Einzelnen. Sozusagen alles, was Heil und Glück ausmacht, kann Inhalt des „Inbegriffs" Gnade sein. *Eine Änderung dieser begriffsgeschichtlichen Lage kann kaum durch Erweiterung noch erfolgen, wohl aber durch Konzentration.* Durch *inhaltliche* Konzentration, sofern *ein* Ereignis *der* Inhalt von „Gnade" wird, der seinerseits alle einzelnen Inhalte und Situationen bestimmt und umgreift; durch *formale* Konzentration, insofern das Wort (die Worte für) „Gnade" nun darauf festgelegt sind, dieses eine Ereignis und nichts anderes zu bezeichnen. Eine solche Konzentration ist begriffsgeschichtlich nicht zwangsläufig. Sie kann sich nur durch einen äußeren Anstoß ergeben. Dieser ist dadurch gegeben, daß *durch den christlichen Glauben an das unüberbietbare, also „eschatologische" Heilshandeln Gottes in Leben, Kreuz und Auferstehung Jesu Christi in das Verständnis von*

---

[9] Vgl. pars pro toto *von Rad,* Das erste Buch Mose, zu Gen 15; *ders.,* Theologie des AT I, 188; 390 f. u. ö.; *Eichrodt,* Theol. des AT I, 189; 240; II und III passim.

der Grundrelation Gottes zum Menschen ein neues Element hineinkommt. Die „Gnade" hat nun einen Namen. Dies genau ist der Beitrag des christlichen Glaubens zur weiteren Geschichte des Begriffes „Gnade".

2. „Gnade" im Neuen Testament

Vermittelt durch die Septuaginta, fließen die alttestamentlichen Worte für „Gnade" in ihrer griechischen Fassung auch den neutestamentlichen Autoren in die Feder, und zwar, wie die Konkordanzen ausweisen, durchaus auch in ihrer alttestamentlichen Färbung. Auch sind sie in demselben Sinne formalisiert und offen für verschiedene Inhalte, unterschieden gegen die einzelnen Gnadengaben. Die griechischen Übersetzungsworte für die alttestamentlichen Begriffe für „Gnade" bieten also ebenfalls einen formalen Rahmen für eine Generalbestimmung des Verhältnisses Gottes zum Menschen, das dann inhaltlich durchaus wieder verschieden entfaltet werden kann – etwa unter dem Begriff der „Herrschaft Gottes" (Synoptiker) oder dem des „Lebens" (Johannes).

Diese Feststellungen gelten allerdings nur, wenn man von Paulus absieht. Während im Munde Jesu das Wort charis (χάρις) nie vorkommt, wird es bei Paulus zum Zentralbegriff seines Verständnisses vom Christusglauben. Charis ist, wie gezeigt, das Übersetzungswort für ḥen – also für denjenigen unter den alttestamentlichen Gnadenbegriffen, der dort die geringste theologische Tragweite hat. Ist für den aramäisch sprechenden Jesus ḥen schon kein Wort aus der Sprache des Glaubens mehr? Hat Paulus es deswegen so bevorzugt, weil es theologisch am wenigsten festgelegt und daher zur Aufnahme neuer Inhalte am geeignetsten war? Wie dem auch sei, es wird bei Paulus zum terminus technicus. An 100 Stellen taucht es bei ihm auf – und sonst nur noch an 55 Stellen im ganzen übrigen Neuen Testament, und dort auch noch in sehr verschiedenen Bedeutungen. Für den Fortgang unserer Frage nach der Entstehung einer speziellen Gnadenlehre ist daher nur Paulus von Interesse – und auch dies vor allem unter dem Aspekt des *formalen* Gnadenbegriffs, denn die *Inhalte* werden uns später noch ebenso beschäftigen müssen wie die anderen Aspekte, unter denen das Neue Testament für das christliche Gnadenverständnis maßgebend ist.

Ausklammern, weil unergiebig, können wir die Verwendung des Wortes charis im Sinne von „Dank" sowie seine Bedeutung in den Segenswünschen der Briefe. Die Wendung charis kai eirene (χάρις καὶ εἰρήνη) – möglicherweise eine aus dem gottesdienstlichen Gebrauch geläufige Zusammenstellung – ist die verchristlichte Form des antiken Briefanfangs (vgl. Apg 15,23; 23,26). Der griechische Gruß chaire (χαῖρε) und das hebräische Grußwort šalom (שׁלוֹם = Heil, Friede) sind bei Paulus zusammengewachsen. Der Sinn der Formeln ist jeweils von anderen Stellen her zu interpretieren.

Entscheidend ist, daß bei Paulus charis zum Inbegriff des Rechtfertigungsgeschehens wird. Die „klassische" Stelle ist Röm 3,23 f.: „Alle haben gesündigt und gehen der Herrlichkeit Gottes verlustig. Gerechtigkeit erlangen sie nur geschenkweise durch seine Gnade kraft der Erlösung, die in Christus Jesus geschehen ist ..." Alle Elemente des Rechtfertigungsgeschehens sind hier beisammen. Die „Gnade" Gottes, die Quelle von allem, wird formal gekennzeichnet durch das „geschenkweise". Die anderen Worte kommentieren sie inhaltlich: Ihr Name ist Jesus Christus, sie zielt auf die dem Menschen zugedachte, aber verlorengegangene Herrlichkeit Gottes, die mit seiner Gerechtigkeit identisch ist; nun soll sie dem Menschen erlösend zuteil werden.

Was hier zusammengedrängt ist, erscheint einzeln und in vielen Variationen immer wieder in den Briefen des Paulus – und immer ist das Ganze dessen gemeint, was Gott in Jesus Christus am Menschen getan hat, kurz: die Rechtfertigung. Gnade ist der neue Zustand der Menschheit, zu dem man „Zutritt" hat und in dem man „steht" (Röm 5, 1 f.). Sie überragt bei weitem die Übertretung, die Sünde (Röm 5, 15 f. 20 f.). Die Gnade ist das ewige Leben in Christus Jesus (Röm 6, 23). Sie hat die Herrschaft des Gesetzes beendet (Röm 6, 14). Dem Gesetz erneut zu dienen ist darum Abfall von der Gnade (Gal 1, 6; 5, 4).

Damit werden weitere typische Unterschiede zum Gnadenverständnis des Alten Testaments und somit das eigentlich christliche Verständnis von „Gnade" deutlich. Gnade ist zunächst die neue heilsgeschichtliche Epoche, die von allem Bisherigen abgegrenzt ist, ja dazu in Gegensatz steht. Nun sind zwar auch schon im Alten Testament die Inhalte dessen, was der „Inbegriff" Gnade zusammenfaßt, nicht ohne Bezug zur Zeit. So wenn der Jahwist, die älteste Quellenschrift des Pentateuch, vom „Segen" Gottes spricht, den das Volk in seiner eigenen Zeit, der Davidszeit, erfährt; oder wenn im Buche Deuteronomium von der „Erwählung" die Rede ist, die zu ergreifen „Leben" jetzt und in der Zukunft bedeutet; wenn die verschiedenen Teile des Jesajabuches (mit verschiedenem Verständnis!) vom zukünftigen messianischen Heil sprechen; wenn Jeremia (31, 33!) den „neuen Bund" ankündigt. Aber alle diese Heilszeiten liegen auf der eigenen Linie des Glaubens Israels. Die Zeit der „Gnade", von der Paulus spricht, ist demgegenüber neu. Diese Neuheit kann Paulus einerseits als Erfüllung charakterisieren: „Als die Zeit erfüllt war, sandte Gott seinen Sohn ..." (Gal 4, 4), doch ist die Erfüllung zugleich Gegensatz und Abbruch, denn der „Sohn", den Gott gesandt hat, ist als der „unter dem Gesetz" geborene zugleich „Ende (Zielpunkt) des Gesetzes". Der Zusammenfall von Erfüllung und Abbruch durchzieht denn auch von Anfang an die Polemik des Christen Paulus gegen das alttestamentliche Gesetz[10].

Als „Ende des Gesetzes" ist Jesus Christus konkret die „Gnade" selbst, das „Gnadengeschenk des einen Menschen Jesus Christus" (Röm 5, 15). Die häufigen Formeln „durch Christus" und „in Christus", die Identifizierung von Gnade

---

[10] Überblick und die jüngste Literatur bei *Pesch,* Gesetz und Gnade, 23–31.; vgl. ferner *Mußner,* Der Galaterbrief, 188–204; 277–290; *ders.,* Gesetz und Evangelium; *Wilckens,* Zur Entwicklung des paulinischen Gesetzesverständnisses.

Gottes und Gnade Christi in den Grußformeln (z. B. Gal 1,6) zeigen, daß Gottes Gnade für immer an Christus gebunden ist.

Schließlich ist die Gnade nun universal, allen Menschen zugedacht. Paulus überbietet damit nicht nur die (ohnehin nicht allzu zahlreichen) universalistischen Texte des Alten Testamentes, vielmehr ist ihm, was die Gnade Gottes betrifft, der Unterschied zwischen Juden und Heiden völlig aufgehoben. Alle haben gesündigt (Röm 1–3), daher gibt es auch in der Gnade Christi keinen Unterschied mehr zwischen Juden und Heiden, sowenig wie zwischen Mann und Frau, zwischen Sklave und Herr (Gal 3,28; 5,6; Röm 10,12; vgl. Eph 2,11–22; Kol 3,11).

Von diesen drei grundlegend unterscheidenden Besonderheiten abgesehen, ist aber der paulinische Gnadenbegriff wie im Alten Testament ein theozentrischer und heilsgeschichtlicher Begriff und insofern auch in gleicher Weise vom Gnadenverständnis der späteren christlichen Theologie unterschieden:

a) *Gnade ist Wirklichkeit ganz auf seiten Gottes,* seine rettende und schenkende Zuwendung zum Menschen – in dem uns „gegebenen" Jesus Christus. Sie ist also noch nicht als eine spezifische Wirklichkeit im oder am Menschen gedacht.

Zum anderen: *Auch nach Paulus schafft die Gnade Gottes in Christus einen geschichtlichen und sozialen Lebenszusammenhang, in den der Einzelne eintritt, hineingeboren wird, hineinwächst und so selber in der Gnade lebt.* Freilich ist dieser Lebenszusammenhang jetzt nicht mehr der eines national umschreibbaren Volkes, sondern der einer aus *allen* Völkern buchstäblich „zusammengerufenen" Kirche (ekklesia, ἐκκλησία).

Endlich wird auch die „neue" Gnade Gottes konkret in „Gnadengaben", die keineswegs immer nur unmittelbar das Gottesverhältnis betreffen. Im Unterschied zum alttestamentlichen Sprachgebrauch sind diese „Charismen" allerdings zuallermeist auf das Gemeinschaftsleben in der Kirche bezogen, bedeuten also nicht einen individuellen irdischen Vorteil für den Empfänger selbst. In diesem Sinne jedoch kann Paulus auch das Wort „Gnade" im Sinne von Gnaden*gabe* verstehen (z. B. Röm 1,5; 15,15; 1 Kor 3,10; 15,10; Gal 2,8; vgl. Eph 3,2). Und auch in dem Wort „Charisma" steckt ja das Wort „charis" (Röm 12,6ff.; 1 Kor 12; Eph 4,7).

b) Die bei Paulus sich durchhaltenden Strukturen des alttestamentlichen Gnadenbegriffs erstrecken sich aber auch und sogar verstärkt auf die *Gemeinsamkeiten* mit der späteren christlichen Theologie, die denn auch ebensowenig wie die alttestamentlichen in der weiteren Geschichte des christlichen Gnadenverständnisses noch verlorengehen. Zunächst: Konkreter Inhalt der „Gnade" ist jetzt nur einer: *Jesus Christus – aber mit diesem Inhalt ist die „Gnade" nach wie vor ein „Inbegriff" des Ganzen, was Gott zum Heil des Menschen getan hat.*

Ferner: Stärker noch als im Alten Testament tritt im paulinischen Gnadenbegriff auch die dunkle Seite heraus, die ihm die bekannte Doppelstruktur verleiht. *Daß Gottes Gnade den Menschen rettet, bekommt sogar den Vorzug davor, daß Gott ihn beschenkt.* Die Menschheit ist *heillos* verloren, das Gesetz, obwohl zum Heil gegeben, ist *niemals* erfüllt worden, die Sünde hat ihre *unentrinnbare* Herrschaft ausgerichtet. Christus als das von Gott gesetzte „Sühnemittel" (Röm 3,25) ist durch sein Leiden und seine Auferweckung der *einzige* Weg aus dem Unheil, *dadurch* ist Christus „die Gnade". Insoweit sind die konkreten Inhalte des Gnadenverständnisses auch nicht mehr situationsbedingt offen – die Gnade bezieht sich vielmehr auf die eine und allumfassende Situation des Unheils.

Am meisten in die Zukunft weist aber die verstärkte „Individualisierung" des Gnadenverständnisses. Schon die „Gnadengabe", die aus der Gnade folgt, wird ja naturgemäß einem einzelnen zuteil. Vor allem aber: Die Gnade, die Gott in der Heilstat Jesu Christi anbietet, wird ergriffen im *Glauben* – also durch einen individuellen Aneignungs- oder, besser, Annahmeakt. Das ist in dieser Schärfe im Alten Testament unbekannt. Zwar ist dieser individuelle Glaube Wirkung des Geistes (vgl. 1 Kor 12,3), so daß bei Paulus Geist und Gesetz ebenso in Gegensatz treten können wie Glaube und Gesetz – aber das mindert nicht die unvertretbare Individualität des Glaubens, und *so* ist der Glaube bei Paulus der Inbegriff des Stehens in der Gnade. So auch zielt die Gnade darauf ab, daß man individuell in ihr *lebt*. Man kann sie auch „umsonst" empfangen, aus ihr herausfallen (2 Kor 6,1; Gal 5,4; vgl. auch 2 Tim 2,1). Gleichbedeutend sind die Aussagen vom „Wandel im Geiste", vom „Wachsen" in der Liebe Christi (vgl. Röm 8,4f.; Gal 5,25; Eph 3,17f.; Phil 1,8; 2 Petr 3,18).

Die für die Folgezeit bedeutsamste Individualisierung ergibt sich im Zusammenhang mit dem Gedanken der Vorherbestimmung: Gnadengeschenk und Glaube geschehen völlig gemäß Gottes Wahl und Vorherbestimmung (Röm 8,28–30; 9–11). Diese geschieht zwar „in Christus", darum ist die *Liebe* Gottes und nicht etwa eine unberechenbare Willkür der Hintergrund der Erwählung (Röm 3,31f.35.39). Dennoch wird sichtbar, daß hier auf die Dauer ein Problem entstehen kann, ja muß. Die Annahme der Gnade muß je persönlich, als individuelle Tat des Glaubens geschehen – und doch bestimmt *Gott, wer* die Gnade im Glauben annimmt. Ein Problem des Verhältnisses von „Gnade" und „Freiheit" kündigt sich an. Weder eine korrekte Paulusauslegung noch eine eindringende systematische Besinnung, die die Mißverständnisse vieler Jahrhunderte ausräumt, kann es *völlig* von der Schärfe befreien, die es schon bald annehmen sollte[11].

Es gibt damit einen Aspekt der Wirklichkeit „Gnade", der besondere Fragen aufwerfen muß, sobald sich nur eine differenzierende Reflexion darauf richtet. *Die Gnade ist gewiß das Ganze des Heils vor Gott, aber wie dieses Ganze in der*

---

[11] Das Prädestinationsproblem, auf das wir hier erstmalig stoßen, kann aus Umfangsgründen in diesem Buch nicht weiter verfolgt werden. Intensivster exegetischer und theologiegeschichtlicher Durchblick bei *Kuss,* Der Römerbrief, Dritte Lieferung, 828–935; intensivste systematische Aufarbeitung bei *Löhrer,* Gottes Gnadenhandeln als Erwählung des Menschen; umfassender Diskussionsbericht bei *Kraus,* Vorherbestimmung; vgl. *ders.,* Neuere Perspektiven in der Prädestinationslehre; *Seebaß / Dexinger / Eckert / Koch,* Erwählung; meine eigene Position wird erkennbar in: Theologische Überlegungen zur „Vorsehung Gottes", 99–101.

menschlichen Existenz „ankommt" und wie der Mensch sich dazu verhält, von ihr geprägt und verändert wird, das ist eine „besondere", eine „spezielle" Frage. An ihr und auf sie bezogen entsteht die „Gnadenlehre" als *Teilstück* der Theologie.

3. Die griechischen Kirchenväter

LESEEMPFEHLUNG: Greshake, Gnade als konkrete Freiheit, 173–184

Damit hat es allerdings noch seine Weile. Die frühe Kirche, die griechischen Kirchenväter bleiben in ihrem Verständnis von der Gnade bei den Perspektiven der Schrift[12]. Der Grund: *Nicht die Voraussetzungen christlicher Existenz waren strittig, sondern deren konkrete Erscheinungsform, mit anderen Worten: die Fragen der neuen Ethik.* Dies allerdings aus unterschiedlichen Gründen.

Für die *judenchristlichen* Kreise ist getreu ihrer überlieferten Gesetzesfrömmigkeit und den scharfen Forderungen der Bergpredigt (Mt 5,13–20!) das Christsein die bessere, die erfüllte Gerechtigkeit. So legen sie den Akzent auf die ethischen Forderungen, die sich aus der neuen, durch die „Gnade" heraufgeführten Heilszeit ergeben (Didaché, Barnabasbrief, Hirt des Hermas, 1. Klemensbrief, Ignatius von Antiochien im Brief an die Epheser).

Aus anderen Gründen nötigt der intellektuell aufs höchste herausfordernde Angriff der *Gnosis* zur Betonung der Ethik[13]. Gegen deren Auffassung von der Bosheit der Materie betont der christliche Glaube die Gutheit der Schöpfung. Gegen die Auffassung von der Erlösung durch Erkenntnis muß die kirchliche Verkündigung an die guten Werke erinnern, denn theoretisch wie praktisch bedeutete die gnostische Vergleichgültigung der irdischen Wirklichkeit und des Handelns in ihr nicht selten einen ethischen Libertinismus – zu schweigen davon, daß das gnostische Menschenbild und die entsprechende Lebensweise ohnehin nur betimmten Schichten zugänglich und somit elitär waren.

Aber selbst da, wo man die Gnosis „taufte", wo man ihre Suche nach höherer Erkenntnis in die christliche Existenz einzubringen suchte, blieben die ethischen Fragen nicht nur im Vordergrund, sondern verschärften sich noch einmal. Und dies dadurch, daß zur Gnosis die Askese gehört, die zwar nicht gnostischen Ursprungs ist, aber doch die auch ihr gemäße Lebensform. Der beste Christ, eben der „Gnostiker", ist derjenige, der am gründlichsten mit der „Welt" bricht und sich aus ihr zurückzieht. *Damit wird aber der Heilsstand des Christen, sein Gottes-*

---

[12] Vgl. *Dassmann,* Der Stachel im Fleisch, bes. 292–315; Kurzinformation bei *Lohse,* Epochen der Dogmengeschichte, 105–110; *Fransen,* Dogmengeschichtliche Entfaltung, 631–641; *Andresen* (Hg.), Handbuch der Dogmengeschichte I, 79–98. *Kertelge,* Paulus in den neutestamentlichen Spätschriften.
[13] Zur Gnosis vgl. *Bultmann,* Das Urchristentum im Rahmen der antiken Religionen, 146ff.; *Jonas,* Gnosis und spätantiker Geist; *Haardt,* Die Gnosis; *Andresen* (Hg.), Die Gnosis; *Rudolph* (Hg.), Gnosis und Gnostizismus; *ders.,* Die Gnosis; *Quispel,* Gnosis als Weltreligion; *Colpe,* Gnosis; *Pagels,* Versuchung durch Erkenntnis; gute Kurzinformation: NGB, 42–47 (*P. Engelhardt);* *Kretschmar,* Gnosis (III); *Andresen* (Hg.), Handbuch der Dogmengeschichte I, 41–79.

verhältnis, von der Radikalität und dem ethischen Hochstand seiner asketischen Leistungen abhängig. Der Christ in der Welt kann daher niemals ein radikaler Christ sein.

Die Kehrseite ist übrigens eine eigenartige Unsicherheit im Verständnis der Sünde, genauer: im Urteil darüber, wie tief sie den Menschen ergriffen und ihn heillos gemacht hat. Nach Origenes sind die von Gott abgefallenen Seelen zur Strafe in die Materie verbannt worden[14]. Hier ist zwar die Sünde als radikales Verhängnis verstanden, freilich um den Preis deutlicher Anleihen beim gnostischen Mythos – kein Wunder, daß diese Thesen auf dem Zweiten Konzil von Konstantinopel (553) verurteilt wurden[15]. Will man aber gnostischen Anleihen aus dem Wege gehen, so bezahlt man dies fast unausweichlich mit einer, gemessen an Paulus, Abschwächung der Sünde. Diese ist entweder nur falscher Glaube oder Unkenntnis des Guten, so zum Beispiel bei Justin dem Märtyrer[16], oder man glaubt trotz der Herrschaft des Bösen über die Seele des Menschen doch weiter an eine bleibende natürliche Gutheit, ja an seine „von Natur aus christliche Seele", wie etwa Tertullian[17]. Jedenfalls ist man gewiß, daß der Mensch „durch keine Sünde ernstlich daran gehindert wird, sich für das Gute zu entscheiden und das Böse zu meiden"[18].

All dies darf selbstverständlich nicht zu dem Urteil verführen, die frühen Kirchenväter, insonderheit die griechischen, hätten nichts von der Gnade Gottes gewußt oder doch zumindest mit diesem zentralen Thema der neutestamentlichen Botschaft nichts anzufangen vermocht. Es besagt nur, daß sie über die Gnade Gottes noch nicht im Stil der späteren – westlichen – Gnadentheologie gedacht haben, die unweigerlich unsere Voreinstelllung zu dem, was eine Theologie der Gnade zu sein habe, prägt und darum den – westlichen – Leser dieser frühchristlichen Theologie leicht geneigt macht, als bedauerlichen Ausfall zu werten, was in Wirklichkeit nur eine andere Art von Theologie der Gnade ist. Für ein gerechtes Urteil kann und muß man zweierlei tun. Das eine: Man beobachtet, wie diese Väter den Begriff „Gnade" (charis) verwenden und interpretieren – dann ergibt sich, was schon notiert wurde: Die Väter gehen in Sprachgebrauch und gedanklicher Verarbeitung im wesentlichen nicht über die Perspektiven und Ansätze des Neuen Testamentes hinaus. Das andere: Man fragt, unter welchen *anderen* Worten, Begriffen, Theorien und Theorieversuchen denn die „Sache"[19] der Gnadenlehre, auch der späteren westlichen, zur Sprache kommt. Dann aber ergibt sich: Die frühen Väter haben sogar eine sehr intensive „Gnadenlehre" entfaltet, nur heißt sie nicht so.

---

[14] Vgl. *Origenes,* Über die Hauptlehren (Περὶ ἀρχῶν, De principiis), I, 5, 3–5; 6, 2; 8, 4; III, 5, 4; 6, 3.

[15] Vgl. HKG II/2 (1975), 24–37 *(H.-G. Beck).*

[16] Vgl. *Justin,* 2. Apologie 14, 1.

[17] Vgl. *Tertullian,* Apologeticum 17, 6.

[18] *Lohse,* aaO 108.

[19] Im Sinne von w. u. 4 II 3.

Zunächst: Schon der Akzent auf der neuen Ethik ist – dem Lobpreis des Gesetzes in Israel vergleichbar (Ps 119!) – eine Form der Gnadenlehre. In der Pluralität zum Teil höchst anspruchsvoller und anstrengender, zum Teil aber auch verführerischer, einen tiefen Egoismus legitimierender ethischer Konzepte, wie die ausgehende Antike sie anbietet, einen Weg gewiesen zu bekommen, auf dem der Mensch seine Vollendung nicht unter Abgrenzung von seinem Nächsten und auf dessen Kosten erlangt, sondern zu dessen Gunsten und darin vor Gott, das ist wahrhaftig „Gnade", zumal dann, wenn das an keinerlei Voraussetzungen von Bildung, gesellschaftlichem Bewegungsspielraum oder gar materiellen Gütern gebunden ist. Im übrigen ist diese neue Ethik nicht zuletzt dadurch befreiend und in ihrem Gnadencharakter erkenntlich und „plausibel", daß sie sich verbindet mit dem griechischen Ideal der „Paideia", dem Grundgedanken von der notwendigen und möglichen Erziehung des Menschen zur Gleichgestaltung mit seinem in ihm angelegten Wesensbild. *Gott „erzieht" den Menschen durch das im Mensch gewordenen Logos enthüllte Wesen des Menschen dahin, daß das Ebenbild Gottes in ihm wieder aufleuchtet (vgl. schon Tit 2,12!).* Diese „Erziehung" ist ein „universaler Heilsprozeß" (Gisbert Greshake), in dem Gott seit dem Sündenfall an der Welt und an den Menschen arbeitet, mit dem Ziel, im Menschen das durch die Sünde verschüttete Ebenbild Gottes wieder freizulegen, und es gibt gewichtige Argumente, daß in diesem Denkrahmen auch die von Augustinus später so bekämpfte Gnadenlehre des Pelagius sachgemäß zu verstehen ist[20].

Von diesen Grundgedanken führt ein direkter Weg zu der „Gnadenlehre" der *Kirchenväter im engeren Sinne. Man muß fragen, was für sie „Erlösung" bedeutet*[21], dann kommt man auf die Spur. Erlösung ist im allgemeinsten Sinne dieser „Erziehungsprozeß" – nicht von ungefähr trägt das Hauptwerk des Klemens von Alexandrien, gewissermaßen des ersten christlichen Intellektuellen, den Titel „Paidagogos – Der Erzieher". In diesem Gesamtrahmen entwickelt der genannte Klemens den Gedanken von der Gottverwandtschaft als Wesen des Erlöstseins. Irenäus versteht Erlösung als „anakephalaiosis" (ἀνακεφαλαίωσις), als „recapitulatio", als Zusammenfassung aller Dinge in Christus. Origenes faßt Erlöstsein als pneumatische Existenz[22]. *Dies alles mündet im 4. Jahrhundert in die Konzeption von der „Vergöttlichung" (theiosis,* θείωσις*)*[23], die sich im Zusammenhang mit den Entwicklungen der Christologie, der Lehre vom Heiligen Geist und von der Einwohnung des dreieinen Gottes in der Seele des Christen

---

[20] Vgl. auch *Greshake,* Geschenkte Freiheit, 34–38; 44–56.
[21] Vgl. *Greshake,* Der Wandel der Erlösungsvorstellungen; *Studer/Daley,* Soteriologie. In der Schrift und Patristik.
[22] Vgl. *de Lubac,* Geist aus der Geschichte.
[23] Zu diesem großen Lehrstück der griechischen Kirchenväter vgl. *Hendriks,* De leer van de vergoddelijking; *Theodorou,* Die Lehre von der Vergottung des Menschen; *Congar,* Chrétiens en dialogue, 257–272; *Lot-Borodine,* La déification de l'homme; *Normann,* Teilhabe; *Kallis,* Der Mensch im Kosmos.

ausbildet. Ihr bezeichnend formulierter Kernsatz lautet: „Was Christus von Natur ist, das sollen wir aus Gnade sein."[24] Was Johannes von Damaskus damit am Ende der griechischen Patristik schon ganz „formal" sagt, hatte Athanasius im 4. Jahrhundert ganz christologisch formuliert: „Er ist Mensch geworden, damit wir vergöttlicht würden."[25] Der Gedanke will keineswegs die Grenze zwischen Gott und seinem Geschöpf aufheben, im Gegenteil, „Vergöttlichung" des Menschen heißt gerade, daß der Mensch erst ganz *Mensch* wird – weil er wieder ganz Bild Gottes wird. Dies geschieht allerdings durch das, was die östliche Theologie ganz unbefangen „Teilhabe" (methexis, μέθεξις) an Gott nennt[26]. Man kann sagen, daß dieser Begriff an der Stelle steht, an der später im Westen der formale Gnadenbegriff eingeführt wird, und das Mittelalter (Thomas von Aquin!) wird ausdrücklich die Verbindung herstellen.

Aus der Rückschau gibt es überdies in der griechischen Patristik einen weiteren Gedanken, der noch deutlicher in die Richtung der späteren – westlichen – Entwicklung weist: *die Lehre des Ps.-Dionysius Areopagita von der Gottesschau*[27]. Einerseits handelt es sich bei dieser Frage tatsächlich um einen Einzelpunkt wie bei der späteren speziellen Gnadenlehre auch, und zum anderen werden hier die Grundlagen geschaffen für die spätere Unterscheidung von „natürlich" und „übernatürlich"[28].

4. Augustinus und die augustinische Tradition

LESEEMPFEHLUNG: Fransen, Dogmengeschichtliche Entfaltung der Gnadenlehre, 642–663

Der eigentliche Vorläufer der späteren *Problemstellung* der Gnadenlehre – nicht ihrer Lösung! – ist allerdings kein griechischer Kirchenvater, sondern ein Lateiner: Tertullian. Gegen die Manichäer insistiert er auf der Freiheit des Willens, der nicht zum Guten oder Bösen determiniert sei, und in diesem Zusammenhang trifft er erstmalig die spätere technische Unterscheidung von „Natur" und „Gnade"[29]. „Natur" ist bei Tertullian die im Grunde gute, durch die Sünde frei-

---

[24] *Johannes von Damaskus,* De Fide orthodoxa IV, 8.

[25] *Athanasios,* Oratio de incarnatione 54; vgl. *Irenäus,* Adversus Haereses III, 18,7; 19,1; IV, 33,4; V, Vorwort.

[26] Vgl. die Untersuchung von *Normann* in Anm. 23.

[27] Vgl. *Ps.-Dionysios Areopagita,* De mystica theologia; zum pseudonymen Verfasser vgl. Information und Literatur vei *Altaner-Stuiber,* Patrologie, 501–505; vgl. auch w. u. 12 III 1.

[28] Vgl. *Pesch,* Übernatürlich – dort die historische Spezialliteratur. Wie im Fall der Prädestinationslehre (s. Anm. 12), so muß auch ein ursprünglich vorgesehener Exkurs zum Thema „Natürlich und übernatürlich" aus Umfangsgründen entfallen, trotz der auch kontroverstheologischen Bedeutung des Themas. Speziell zu dieser vgl. *Kühn,* Natur und Gnade; *Raske,* Natur und Gnade; *Pesch,* Theol. der Rechtfertigung, 516–526 (mit weiterer Literatur), *Muschalek,* Schöpfung u. Bund (= MS II, 546–558); *T. Koch,* Natur und Gnade; *Greshake,* Geschenkte Freiheit, 61–70; *G. Müller,* Rechtfertigungslehre, 42–48.

[29] *Tertullian,* De anima 21; vgl. De baptismo 5.

lich durchgreifend verkehrte Existenzsituation des Menschen vor Gott, während „Gnade" all das beinhaltet, was durch Christus, konkret: durch die Taufe, dagegengesetzt wird. Wie wenig dabei schon im späteren augustinischen Sinne an ein innerliches Wirken Gottes in der Seele gedacht ist, wird daran klar, daß Christus für Tertullian derjenige ist, der den Menschen ein neues Gesetz und eine neue Verheißung gegeben – dem gegen die Manichäer verteidigten freien Willen also wieder neu und lohnend sein eigentliches Ziel gezeigt hat[30].

Und doch, trotz solcher gravierender Unterschiede im Endurteil steht Augustinus in der Tradition seines afrikanischen Vorgängers. Bekanntlich beginnt auch sein theologisches Denken in der Auseinandersetzung mit den Manichäern, das heißt: mit der Verteidigung der Willensfreiheit[31]. Diese Auseinandersetzung ist unmittelbar mit seiner Bekehrung zum Christentum verbunden und gelingt von Anfang an im Zuge einer Hinwendung zu Paulus, mit der sich Augustinus in eine seit etwa 350 angelaufene, in der neueren Forschung aufmerksam beobachtete „Paulusrenaissance" einordnet[32]. *So entwickelt Augustinus bereits vor Beginn des Streites mit und um Pelagius und Coelestius alle wesentlichen Züge seiner Gnadenlehre. Diese ist also nicht, wie man häufig urteilt, E r t r a g des pelagianischen Streites, wohl aber wird der Streit zu ihrer Bewährungsprobe, in deren Verlauf es auch zu bestimmten Zuspitzungen kommt.* Die Sache ist Augustinus so wichtig, daß er dafür den Verdacht in Kauf nimmt, zum rückfälligen Manichäer zu werden.

Augustinus liest und versteht die Konzeption des Pelagius so, daß „Gnade" die Erziehung der menschlichen Freiheit durch Gottes Gesetz und das Vorbild Christi ist. Gnade hat damit ihren Ort im Bereich des Konkreten, des empirisch Faßbaren. Wie man erkennt, paßt das lückenlos in das frühchristlich-griechische Konzept von der Erlösung als göttlicher Erziehung. Augustinus reagiert darauf mit der Einschärfung einer im Streit dann auch überzogenen Gegenposition: Die Natur des Menschen ist so verderbt, daß bloße „Erziehung" ihr nicht aufhilft. Die Freiheit des Menschen ist von der Sünde nicht so unberührt, daß die bloße neue Enthüllung ihres wahren Zieles sie dazu bringen könnte, von ihrer Selbstverkrümmung zu lassen und sich wieder ganz Gott zuzuwenden. *Der Wille des Menschen ist unter diesem Betracht nicht frei, sondern versklavt. Er bedarf einer Gnade, die ihn innerlich herumwirft und verwandelt. „Gnade" wird damit begrifflich festgelegt auf dieses innerliche Wirken Gottes im und am selbstsüchtigen Willen des Menschen.* Die Freiheit Gottes in der Gewährung die-

---

[30] Vgl. *Tertullian,* De praescriptione haereticorum 13,4.

[31] Alle Einzelfragen kommen in den folgenden Fragenkreisen zur Sprache, wo von der augustinischen Tradition zu reden ist; dort dann auch die Spezialliteratur; für hier vgl. w. o. Anm. 6, und *Andresen* (Hg.), Zum Augustingespräch der Gegenwart I und II, vor allem I Abschn. V; II Abschn. III.

[32] Zu dieser der neueren Forschung verstärkt aufgefallenen „Paulusrenaissance" vgl. *Lohse,* Beobachtungen zum Pauluskommentar des Marius Victorinus; *Erdt,* Marius Victorinus Afer, der erste lateinische Pauluskommentar.

ser verwandelnden Gnade betont Augustinus bekanntlich bis an die Grenze, ja über die Grenze hinaus, jenseits derer Gottes allgemeiner Heilswille nicht mehr ernst genommen wird.

Auf diese Weise wird Augustinus für die abendländische Theologie zum Ahnherrn einer „speziellen" Gnadenlehre. Denn in der augustinischen Fassung bedeutet der Begriff „Gnade" nicht mehr das Ganze des Heils, sondern einen speziellen Aspekt des Heils. Die Anbindung an Paulus verläuft da, wo dieser spezielle Aspekt entwickelt wird im Zusammenhang der Frage nach der Freiheit der Gnadenwahl Gottes, nach der „Vorherbestimmung", nach der „Prädestination". So spricht Augustinus nicht nur in seinen Werken von der Gnade, er schreibt erstmalig ganze Abhandlungen über „die Gnade" als eigenes Thema und betitelt sie zum Beispiel: De natura et gratia, De gratia Christi et peccato originali, De gratia et libero arbitrio, De correptione et gratia, De praedestinatione et gratia, De dono perseverantiae. Daraufhin treten mit logischer Notwendigkeit diese Folgen ein:

a) Der Begriff der „Gnade" wird endgültig formalisiert. *Aus dem Inbegriff des Heils und der umfassenden Perspektive aller christlichen Rede wird nun der Aspekt ausgegrenzt, daß Gottes Handeln den Menschen innerlich berührt und dabei seiner Freiheit gegenübersteht,* das heißt: für die Freiheit des Menschen nicht erschwinglich ist. Selbst die bei Augustinus noch gegebene inhaltliche Bestimmung der Gnade als „Schwergewicht der Liebe" (die das „Schwergewicht der Selbstsucht" überwindet und umkehrt) geht ja im Zuge der Augustinusrezeption oftmals unter, und übrig bleibt dann der abstrakte Begriff der (zuvorkommenden) „Hilfe" (adiutorium), die uns in der mittelalterlichen Theologie so oft begegnet.

b) *Was der Begriff „Gnade" in der Schrift inhaltlich zusammenfaßt, heißt nun nicht länger „Gnade", sondern wird bei seinem eigenen Namen genannt:* Gottesebenbildlichkeit, Gotteskindschaft, Erlösung, Erwählung, Teilhabe, Gottesschau, Vergebung – all das *ist* nicht „die Gnade", es muß nun vielmehr eigens auf sein Verhältnis zu „der Gnade" (in der Seele des Menschen) befragt werden.

c) Die „Individualisierung" des Gnadenbegriffes, ja eine Tendenz zur Psychologisierung wird vollständig. *Aus der neuen objektiven Heilssituation, in die man eintritt, wird der Grund der Geschichte des Einzelmenschen mit Gott.* „Gnade" ist jetzt streng ein Ereignis in der Seele des Menschen selbst, unanschaulich, unbeschreibbar, freilich in seinen Auswirkungen erfahrbar, in jedem Falle unentbehrlich, wenn der Mensch den Weg zum Heil finden und gehen soll.

d) Im Zuge dieser Spezialisierung der Frage nach der Gnade bahnt sich die Auffassung an: Diese Gnadenhilfe ist die Art und Weise, wie dem Menschen das Erlösungswerk Christi zuteil wird. Die „Zeit der Gnade" ist nicht mehr die Situation der Gnade, sondern die durch Christus heraufgeführte Zeit, in der die Gnade „eingegossen", mitgeteilt, verliehen, später auch: „hinzugefügt" wird. „Eingegossen" – dieser Begriff erinnert an Röm 5,5, und in der Tat ist auch sprachlich das Wort „gratia" noch lange mit „Heiliger Geist" verbunden: „gratia

Spiritus Sancti". Aber das hat nicht verhindert und konnte nicht verhindern, *daß "die Gnade" eben die "Applikation" des Erlösungswerkes Christi wird, nicht mehr das Applizierte selbst.* Gnade gehört damit in den Bereich der *Mittel,* nicht des Zieles und der „Sache selbst", auf die es ankommt. Die Gnade *ist* nicht das Heil, vielmehr gelangen wir *durch* die Gnade zum Heil.

Es hätte gut und gern geschehen können, daß die Weichenstellungen der augustinischen Gnadenlehre geschichtlich unwirksam geblieben wären. Dann nämlich, wenn die Synode von Valence in Südfrankreich 528, die in dem immer noch andauernden Streit zwischen den Anhängern des schon 100 Jahre toten Augustinus und den Semipelagianern sich für diese und gegen Augustinus entschied, das letzte Wort behalten hätte. Nur die sogenannte zweite Synode von Orange 529 und deren – höchst vorsichtig formulierte – „Bestätigung" durch Papst Bonifaz II. vom 26. Januar 531 hat Augustinus für die Kirche gerettet und den Weg eröffnet, auf dem er *der* „Lehrer der Gnade" und der mit Abstand wichtigste lateinische Kirchenvater werden konnte, dem offen zu widersprechen im Mittelalter schlechterdings unerlaubt war. Unausdenkbar, wie die abendländische Theologiegeschichte ohne Orange verlaufen wäre! Dabei muß man die Vorgänge um die zweite Synode von Orange als ein Paradebeispiel theologiepolitischer Manipulation und Intrige einstufen![33] Das Ergebnis entschuldigt das nicht, aber ohne die Manipulation gäbe es das Ergebnis nicht. *Orange ist der kirchlich rezipierte Augustinus. Auf die Texte von Orange werden wir uns daher vornehmlich stützen, wo im weiteren Verlauf unserer Überlegungen paradigmatisch bei der Aufarbeitung der Überlieferung auch die Stimme der „augustinischen Tradition" gehört werden muß.* Zwar sind die Dokumente von Orange nach einer kurzen Epoche großer Wertschätzung auf rätselhafte Weise in Vergessenheit geraten und erst kurz vor dem Trienter Konzil wiederentdeckt worden. Doch hat das ganze Mittelalter Textdossiers gleichen Geistes, gleicher Sprache und auch aus gleicher Zeit hinreichend gekannt, vermehrt vor allem durch ausgiebige Sentenzensammlungen aus Augustinus selbst und durch zunehmende Originallektüre der Werke des Kirchenvaters, je mehr es auf das 13. Jahrhundeert zuging.

5. *Thomas von Aquin und die mittelalterliche Scholastik*

LESEEMPFEHLUNG: Greshake, Geschenkte Freiheit, 56–73; Müller, Die Rechtfertigungslehre, 37–54

Die Abwandlungen, die die augustinische Gnadenlehre auf diesem Weg ins Mittelalter erfuhr, die Übersetzung der Gedanken Augustins in neue Verstehensbedingungen hinein, die ihnen eigentlich Gewalt antun mußten, zu beobachten ist

---

[33] Kurzinformation zur 2. Synode von Orange vgl. in HKG II/2, 297–302 *(H. J. Vogt);* dort auch die Spezialliteratur; vgl. auch w. u. 5 III 1.

für den Theologiehistoriker eine fesselnde Aufgabe. Auf Einzelheiten ist gelegentlich in den folgenden Kapiteln zurückzukommen. Im ganzen müssen wir diese Entwicklung hier übergehen, einmal, weil sie noch längst nicht so lückenlos aufgearbeitet ist, daß sie bündig zusammengefaßt werden könnte; zum anderen, weil es für das, was schon aufgearbeitet ist, brauchbare Überblicke gibt[34]; und schließlich, weil all diese Entwicklungsstufen und ihre Sonderprobleme in geklärter Form aufgenommen sind in die dann „klassisch" gewordene Gnadenlehre des 13. Jahrhunderts, als deren Hauptrepräsentanten wir Thomas von Aquin zu erachten haben und jeweils heranziehen werden.

Auch was Thomas betrifft, gehören die Details in die folgenden Abschnitte. Hier konzentrieren wir uns auf die Frage, was aus der durch Augustinus inaugurierten „speziellen" Gnadenlehre wird, und das ist faktisch die Frage nach dem „Ort" der Gnadenlehre im Ganzen der thomanischen Systematik. Noch einmal beschränken wir uns auf die Summa Theologiae und verweisen, was die Ortsbestimmungen der Gnadenlehre in den anderen Werken des Thomas betrifft, auf die Darlegungen in der einschlägigen Forschungsliteratur[35]. Übrigens ist die systematische Einordnung der Gnadenlehre in allen Werken des Thomas, deren Aufriß nicht durch einen zu kommentierenden Text vorgegeben ist (wie im Sentenzenkommentar), die gleiche wie in der Summa Theologiae:

a) Die Gnadenlehre steht stets im Zusammenhang der allgemeinen Lehre von der göttlichen Vorsehung oder (wenn man sich für das 13. Jahrhundert schon so äußern darf) der allgemeinen Ethik. Die Gnade, und darin bleibt von Anfang an der Einfluß Augustins wirksam, erscheint als *Mittel* der „speziellen" Vorsorge Gottes, der „speziellen" Hinführung des Menschen zu seinem „speziellen" Ziel, der ewigen Lebensgemeinschaft mit Gott.

b) Die Gnade wird außerhalb eines christologischen, sakramentalen oder gar ekklesiologischen Zusammenhangs abgehandelt. *Daher* taucht umgekehrt die Frage nach der Gnade als eigene, „spezielle" Frage auf. Christi Heilswerk ist *Grund* der Gnade für die Menschen, er *hat* in Person die Gnade zugunsten derer, die er erlösen soll[36]. Die Sakramente sind Vergegenwärtigung des Heilswerkes Christi und *deshalb* (instrumentale) „Ursache" der Gnade[37].

In der Summa Theologiae steht die Gnadenlehre am Ende des ersten Teiles des zweiten Buches[38]. Dieser behandelt, wie Thomas in den entsprechenden methodologischen Vorbemerkungen (in der Thomasforschung gewöhnlich als „prooemium" bezeichnet) ausführt, den Weg des Menschen als des Ebenbildes Gottes zurück zu Gott, der Ursprung und Ziel zugleich ist. Da dies durch das

---

[34] Sie sind verzeichnet bei *Pesch/Peters,* Einführung, 42 f.; vgl. auch den Überblick dortselbst, 42–54.
[35] Vgl. *Pesch,* Theol. der Rechtfertigung, 596–606, bes. 597 f. Anm. 5. Die anderen „Gnadentraktate" bei *Thomas* stehen vor allem in: SK 2 dd.26–28 (zwischen Urstandslehre und Erbsündenlehre); De ver. 27–28; CG III 147–163.
[36] Vgl. STh III 8, bes. 8,5 u. 6. Vgl. dazu *Seckler,* Das Haupt aller Menschen.
[37] Vgl. STh III 60,1–3; 62,1–5. Vgl. dazu *Pesch,* aaO 797–801.
[38] STh I–II 109–114.

Handeln des Menschen geschieht, ergibt sich der grobe Grundriß dessen, was man im Hinblick auf die behandelten Sachfragen heute in der Tat eine „Grundlegung der Ethik" nennen würde: Ziel des Handelns – das Handeln selbst (die „Akte") – die Ursprungsgründe („Prinzipien") des Handelns[39]. Letztere sind innerlich, nämlich Tugenden und als deren Kehrseite die Laster (in diesem Zusammenhang die Sündenlehre des Thomas); und äußerlich, nämlich Gesetz und Gnade. Das Verbindungsglied der Lehre von den äußerlichen Prinzipien des Handelns ist die Lehre vom „Neuen Gesetz", das – erst in der Summa Theologiae – mit der Gnade identifiziert wird. *So steht die Gnadenlehre am Ende dieser „Grundlegung der Ethik" und behandelt nacheinander die Notwendigkeit der Gnade, ihr Wesen, die mögliche und/oder notwendige Unterscheidung („Einteilung") ihrer Wirkungen, ihr Verhältnis zur menschlichen Freiheit und schließlich ihre grundlegenden Wirkungen im einzelnen, nämlich die Rechtfertigung des Sünders und das Verdienst.*

Diese systematische Einordnung der Gnadentheologie ist immer wieder kritisiert worden. Die evangelische Theologie klagt mit Vorzug über die dadurch eingetretene „Verdinglichung" der Gnade und sieht darin eine Folge der Entwicklung einer „speziellen" Gnadenlehre überhaupt. Katholische Theologen, soweit sie nicht im engeren Sinne Thomisten sind, beanstanden, daß die Gnadenlehre *dort* steht, wo sie jetzt bei Thomas steht, also vor der Christologie und damit anscheinend unabhängig von ihr, in der es doch um den unmittelbaren Grund der Gnade geht[40]. Selbst treue Thomisten lassen sich von solcher Kritik gelegentlich in Verlegenheit bringen, lösen dann die Gnadenlehre aus dem Zusammenhang der „Ethik" heraus und setzen sie hinter die Christologie[41]. Umgekehrt stehen thomistische Moraltheologen unter den neuscholastischen und auch modernen Handbuchautoren weithin allein, wenn sie zumindest äußerlich in vollem Einklang mit Thomas die Gnadenlehre in die Grundlegung der Ethik einbeziehen[42].

Das Problem, das solche Kritik an Thomas im Auge hat, ist sachgemäß nur zu lösen durch eine theologische Analyse und Bewertung des Aufbauplanes der Summe Theologiae. Das können wir uns hier schon deshalb nicht vornehmen, weil es, fast der Debatte um Luthers reformatorischen Durchbruch vergleichbar, eine nicht enden wollende Fingerübung der Thomasforschung ist[43]. Ganz ohne

---

[39] Vgl. STh I–II prol. und I–II 6 prooem.

[40] Verzeichnis solcher Äußerungen bei Pesch, aaO 715 Anm. 202; auch 607 f. Anm 2 (für die evangelische Kritik); 607 f. Anm. 1 (für die katholische Kritik); vgl. auch *Pesch/Peters,* aaO 68–79; 84–90.

[41] So *Diekamp-Jüssen,* Katholische Dogmatik II.

[42] Vgl. die Hinweise bei *Pesch,* Gesetz und Gnade, 42–45. – In der gegenwärtigen katholischen Moraltheologie erfolgt eine Rückkehr zur dogmatischen Verankerung in Gestalt einer christologischen Grundlegung der theologischen Ethik; vgl. *B. Häring,* Das Gesetz Christi; *ders.,* Frei in Christus; *Böckle,* Fundamentalmoral, 197–232.

[43] Wer sich den Stand der Diskussion vergegenwärtigen will, lese am besten in folgender Reihenfolge folgende Untersuchungen, in denen die weiteren Wortmeldungen bilanziert sind: *Horst,* Über die Frage einer heilsökonomischen Theologie bei Thomas; *Chenu,* Das Werk des hl. Thomas, 336–361; *Seckler,* Das Heil in der Geschichte, 33–47; *Pesch,* Um den Plan der Summa Theologiae; *ders.,* Das Gesetz, 600–612.

thomistische Fachsimpelei aber müßte eigentlich eines einleuchten: Die Gnadenlehre *hinter* der Christologie systematisch einordnen heißt, ihr Schicksal als eines *speziellen* Traktates endgültig besiegeln. *Innerhalb* der Christologie die Gnadenlehre als *Teilproblem* abhandeln, das macht sie *endgültig zum Teilproblem. Weil* dann alles so logisch wäre, wäre eben deshalb die Frage erstickt, ob „Gnade" und Christus richtig in Beziehung gesetzt sind, ob es zumindest nicht auch anders sein *könnte.* „Die Gnade" als Spezialproblem *außerhalb* der Christologie hält jedenfalls die *Frage* nach dem Verhältnis zwischen Gottes Gnade und Christus offen. Kommt man vom Denkhorizont der Schrift her, dann ist gerade die Stellung des Gnadentraktes in der Summa Theologiae durch sich selbst ein Hinweis darauf, daß hier nur unter *einem* Aspekt von der Gnade gehandelt wird und daß *eigens* gefragt werden muß, ob hier alles gesagt ist.

Von vornherein ist es daher einer Fehlinterpretation verdächtig, wenn man annimmt, im Gnadentraktat der Summa Theologiae sei der Intention nach die Rede von der *Ganzheit* des Heils. Darauf beruht der genannte Vorwurf der evangelischen Theologie, der sogar verbal in den scholastischen Formulierungen eine Stütze hat: Nicht mehr Christus als der nahegekommene Gott sei das Heil, die Gnade selbst, vielmehr sei er „nur" die „Ursache des Heils" (causa salutis), und dieses „Heil", diese Gnade ist eine Sache, eine Entität im Menschen. „In der Gnade Gottes leben" heiße, „die Gnade haben"[44]. In Wahrheit wird in der Gnadenlehre des Thomas „die Gnade" ausdrücklich nur als „Prinzip" des menschlichen *Handelns* befragt, unter bewußter methodischer Ausklammerung aller weitergehenden Dimensionen der Wirklichkeit „Gnade". Die Ganzheit dieser Dimensionen kann erst in den Blick kommen, wenn man – jedenfalls bei Thomas – in Analyse und Beurteilung folgende Lehrstücke einbezieht (in der Reihenfolge der Abhandlung bei Thomas): Prädestination, göttliche „Sendungen", Urstand, Gottebenbildlichkeit des Menschen, letztes Ziel, Tugend- und Sündenlehre, Neues Gesetz, Glaube, Hoffnung, Liebe, Christus und sein Heilswerk, Sakramente, Kirche, Eschatologie – also: im Grunde den gesamten Stoff der Summa. *Eine Gnadenlehre, die die Theologie des Thomas auf ein Verständnis von der Gnade als Leitperspektive aller theologischen Aussagen –* im Sinne des am Eingang dieses Kapitels zitierten Wortes von Emil Brunner – *abhören will, muß den ganzen Stoff der Summa Theologiae thematisch im Licht von I–II 109–114 abhören.* Es zeigt sich, daß Thomas tatsächlich in allen genannten Lehrstücken von der Gnade redet. Warum er das nicht *thematisch* tut, die Gnade also eben nicht zum deutlich beherrschenden Gesichtspunkt jeder theologischen Aussage macht, das gerade ist die Frage nach dem theologischen Sinn des Aufbauplanes der Summa. Jedenfalls zeigt der spezielle Gnadentraktat, daß es dabei um eine *besondere* theologische Absicht geht, und das ist eine wichtige Grundorientie-

---

[44] So etwa – und für die lutherische Theologie bezeichnend – *Althaus,* Die Christliche Wahrheit, 232 f.; 279–281; *Thielicke,* Theol. Ethik I, 373–392; auch *Rückert,* Vorträge und Aufsätze, 306.

rung für die Interpretation, besonders eine anthropologische Interpretation, wie wir sie in den folgenden Kapiteln versuchen.

Eine andere Frage muß wenigstens kurz berührt werden. Sie ist zwar in der „zünftigen" Thomasforschung einigermaßen obsolet, nährt aber nachweislich noch bis in die jüngste Zeit manchen evangelischen Verdacht, der in seiner aggressivsten Formulierung mit dem Stichwort „Ethisierung der Gnade" zur Sprache gebracht wird[45]. *Das Urteil bzw. der Vorwurf lautet, pauschaliert, etwa so: Die Gnade dient in der Theologie des Thomas zu nicht mehr als einer Unterstützung und Überhöhung der natürlichen ethischen Leistungsfähigkeit des Menschen. Solche Unterstützung und Überhöhung ist zwar, das kann ja auch wirklich kein Leser des Thomas übersehen, unentbehrlich für den Heilsweg des Menschen. Aber unentbehrlich zur S t a b i l i s i e r u n g und zum weiteren S e l b s t a u f b a u des Menschen, nicht zu seiner Aufhebung und zur Gründung seines Seins außerhalb seiner selbst.*

Nun ist gelegentlich tatsächlich in der Thomasforschung die Auffassung vertreten worden, die Gnadenlehre sei durch ihre Stellung in der Summa Theologiae als Abschluß und Überhöhung der „natürlichen Ethik" gekennzeichnet[46]. Mag ein solches Urteil für die anderen Werke des Thomas, in denen es Ausführungen zur Gnadenlehre gibt, vielleicht noch den Schein des Rechtes haben, es ist in jedem Fall unrichtig für die Summa Theologiae. Unter Vermeidung von allzuviel Fachsimpelei seien wenigstens folgende Hinweise gegeben, deren Gewicht sich erst im Rahmen der folgenden Einzeldarlegungen ganz ermessen läßt.

Man kann nämlich, mit dem schon angedeuteten Risiko eines kleinen Anachronismus, den ersten Teil des zweiten Buches der Summa eine „Grundlegung theologischer Ethik" nennen, niemals aber eine „natürliche" Ethik. Es geht, wie schon der Prolog ausweist, um den Menschen als „Ebenbild Gottes". Ebenbild Gottes im entscheidenden und abschließenden Sinne ist der Mensch aber nach den klaren Aussagen des Thomas im Vollzug von Erkenntnis und Liebe zu dem dreieinigen Gott[47]. Die Bedeutung dieses Grundgedankens erweist sich darin, daß die ihn begründende Argumentation dieselbe ist, wie die Auslegung dessen, was die mittelalterliche Scholastik die „Sendung" und „Einwohnung" der drei Personen der Gottheit in der Seele des begnadeten Menschen nennt[48]. Mit anderen Worten: Abschluß und Krönung der heilvollen Begegnung des dreieinigen Gottes mit dem Menschen und Abschluß und Vollendung der Gottebenbildlichkeit des Menschen fallen zusammen – ein unerschwinglicher Gedanke für eine „natürliche" Ethik.

Letztes und allein erfüllendes Ziel des Menschen ist die Anschauung Gottes, die ausschließlich durch die Gnade Gottes dem Menschen zuteil wird[49]. Eine

---

[45] So jüngst (wieder) *Zur Mühlen,* Nos extra nos, 152–155; 201; *ders.,* Reformatorische Vernunftkritik, 164f.; 277; 281; vgl. meine Stellungnahme in: Hinführung zu Luther, 292–295.
[46] Verzeichnis solcher Stimmen und Stellungnahme bei *Pesch,* Theol. der Rechtfertigung, 597f. Anm. 5; auch *ders.,* Das Gesetz, 535–540.
[47] Vgl. STh I 93; zur Sache vgl. auch w. u. 19 IV.
[48] Vgl. STh I 43.   [49] STh I–II 3,8.

„natürliche Anschhauung Gottes" kennt Thomas nicht, sie ist eine Konstruktion des Barockthomismus.

Gutheit des Menschen und seines Handelns besteht in der Konformität mit dem göttlichen Willen – nicht etwa mit einem „natürlichen Sittengesetz"[50].

Die Lehrstücke von den theologischen Tugenden, von den Gaben des Heiligen Geistes, von den Seligpreisungen der Bergpredigt, von den Früchten des Geistes[51] sind ein Unding im Rahmen einer „natürlichen Ethik".

Die rein „natürlichen" Tugenden, also die im Anschluß an Aristoteles in die Grundlegung der Ethik einbezogenen „Kardinaltugenden" und ihre Teiltugenden, deren, wie es äußerlich scheint, „Gleichbehandlung" mit Glaube, Hoffnung und Liebe dem evangelischen Theologen so unverständlich ist, werden in ihrem Wert sehr niedrig veranschlagt. Sie sind nur „unvollkommene Tugend", nur und erst eine „Disposition" zur Tugend, und Tugend im Vollsinne wird daraus erst, wenn die entsprechende eingegossene, das heißt: von der Gnade getragene Tugend die Funktion der natürlichen Tugend in höherer Weise übernimmt und dabei die durch diese erstellte natürliche Disposition aufnimmt und verwandelt[52]. Überhaupt müßte doch das eigenartige Theologumenon des Thomas, daß auch die Kardinaltugenden, insofern sie *Tugenden des christlichen Lebens* sind, als *eingegossene,* also von der Gnade geschenkte Tugenden zu betrachten seien, die von den gleichnamigen „natürlichen" Tugenden, wie sie der Philosoph im Blick hat, spezifisch unterschieden sind[53], das gängige evangelische Urteil erschüttern, daß hier Glaube, Hoffnung und Liebe nach dem Modell einer heidnischen philosophischen-ethischen Analyse gedacht werden. Es ist vielmehr gerade umgekehrt: Die Kardinaltugenden werden nach dem Modell von Glaube, Hoffnung und Liebe und von diesen abhängig gedacht: keine wirkliche Tugend außer aufgrund der eingegossenen Liebe[54].

Die allgemeine Lehre vom Gesetz dient der Erarbeitung eines „Vorverständnisses" zur Lehre vom Alten und Neuen Gesetz[55].

Diese Lehrstücke und schließlich die Gnadenlehre selbst machen es unmöglich, die Ausführungen dieses Teils der Summa Theologiae als Grundriß einer „natürlichen Ethik" zuzüglich einiger christlich-theologischer „Zutaten" zu verstehen. Richtiger urteilt, wer rundweg vom „evangelischen Charakter der Secunda Pars" spricht[56]. Es geht hier um Theologie des Menschen vor Gott. Darin ist „die Gnade" ein „spezielles" Moment mit den gekennzeichneten Absicherungen und Einschränkungen, nicht aber eine „Überhöhung" der natürlichen Ethik, die die Gnade zur bloßen Unterstützung dessen herabstuft, was der Mensch prinzipiell, wenn auch unter erschwerten Bedingungen, selber könnte.

---

[50] STh I–II 19,9; vgl. 19,2 ad 2.
[51] STh I–II 51,4; 62,1–4; 63,3.4; 65,2–5; 66,6; 67–70.
[52] STh I–II 65,2.
[53] STh I–II 63,3.4; vgl. 51,4.
[54] STh I–II 65,2; II–II 23,8.   [55] STh I–II 90–97.
[56] So mit Recht *Guindon,* Béatitude et théologie morale, 323–333; auch 278–289; 293–304.

6. Rechtfertigung des Sünders

Ein Nachtrag ist nötig. Wer nicht vergessen hat, daß bei Paulus von der „Gnade" reden und von der „Rechtfertigung des Sünders" reden dasselbe bedeutet, dem muß bei der Durcharbeitung der nachbiblischen Konzepte und besonders der augustinischen Tradition auffallen, daß von „Rechtfertigung des Sünders" kaum die Rede ist. Die Worte „rechtfertigen" (iustificare) und „Rechtfertigung" (iustificatio) werden zwar – vergleichsweise nicht allzu häufig – gebraucht, aber gleichsinnig mit „Gnade", „die Gnade eingießen". Erklärlich ist dies unter anderem durch die Assoziation von „Gerechtmachung", die sich mit dem lateinischen Wort für „Rechtfertigung" verbindet: iustificare = iustum facere. Der Kern der Sache geht dabei zwar nicht verloren. Aber auffällig ist der sprachliche und begriffliche Tatbestand doch. Die „Sache" hält sich nicht nur durch, sie wird auch „umgedacht". Für Paulus gilt: „Gnade" ist „Rechtfertigung". Für die augustinische Tradition gilt: „Rechtfertigung" ist „Gnade". Und darum ist die „Rechtfertigung des Sünders" mit dem besonderen Akzent, den sie in das Verständnis der Gnade hineinbringt[57], für fast ein volles Jahrtausend „kein Thema".

Sie wird es erst wieder seit der Mitte des 12. Jahrhunderts. Und dies fast durch einen Zufall. Ganz beiläufig gebraucht Petrus Lombardus in seiner Lehre vom Bußsakrament einmal das Wort „Rechtfertigung" (iustificatio) synonym mit „Nachlaß der Sünde" (remissio peccati) – in einem Ambrosius-Zitat[58]. Während nun Hugo von St. Victor, der bedeutendste Theologe des 12. Jahrhunderts, in seinem Hauptwerk „Über die Geheimnisse des christlichen Glaubens", geschrieben etwa zwei Jahrzehnte vor den „Sentenzen" des Lombardus, kein Kapitel zum Thema „Rechtfertigung" schreibt, auch nicht im Zusammenhang der Lehre vom Bußsakrament[59], führt die kleine Bemerkung bei Petrus Lombardus' dazu, daß man im Rahmen der Abhandlung über das Bußsakrament wieder auf dieses Thema aufmerksam wird. *In der mit Ende des 12. Jahrhunderts beginnenden Literatur der Sentenzenkommentare wird die Lehre vom Bußsakrament der klassische Ort für eine mehr oder weniger ausführliche Abhandlung über die „Rechtfertigung des Sünders", und dabei bleibt es auch in den Sentenzenkommentaren der großen Hochscholastiker Bonaventura, Albert, Thomas. Je mehr sich aber im 13. Jahrhundert die Gnadenlehre zu einem eigenständigen Traktat ausbildet, desto mehr wird sie und kein anderes Lehrstück naturgemäß der Ort der Rechtfertigungslehre.* So wird schon bei den Pariser Vorgängern unseres Dreigestirns, bei Wilhelm von Auvergne, Wilhelm von Auxerre und in der aus dem Kreis um Alexander von Hales stammenden sogenannten „Summa Halensis", die Rechtfertigungslehre ausnahmslos in der Gnadenlehre abgehandelt, und das

---

[57] Vgl. w. u. 8 II; VI; 9 I.
[58] Sent. IV d. 17.1. Das *Ambrosius*-Zitat steht in: De Paradiso 14.71.
[59] Vgl. *Hugo, von St. Victor,* De sacramentis christianae fidei, II 14,1–9.

Gleiche gilt für Bonaventura in seinem „Breviloquium", für Albert in seiner (?) „Summa Theologiae" und schließlich, wie schon gezeigt, für Thomas. Der Rest sind mediävistische Fachprobleme, theologiegeschichtlich von großem Gewicht, hier aber zu übergehen[60].

7. Martin Luther und die Reformation

LESEEMPFEHLUNG: Lohse, Epochen der Dogmengeschichte, 157–165; ders., Dogma und Bekenntnis in der Reformation, 1–27; 33–39

Mit Luther beginnt – hier wie auch sonst und unbeschadet aller biblischen Fundierung der mittelalterlichen Theologie – eine neue und eigengeprägte Hinwendung zur Schrift. *Luther will auch im Verständnis der Gnade die Denkweise der Schrift wieder in Kraft setzen. Gnade ist darum für ihn wieder das Ganze des Heils.* „Mit den kleinen Wörtlein Gnade und Friede ist das Wesen der ganzen christlichen Lehre erfaßt."[61] Es gibt darum bei Luther nicht nur keinen „Gnadentraktat" – er hat ja bekanntlich keine „Dogmatik" geschrieben. Es gibt auch nicht, wie bei Augustinus, „monographische" Abhandlungen oder Streitschriften über „die Gnade". Man kann eine Theologie Luthers schreiben, ohne ein eigenes Kapitel über Luthers Lehre von der Gnade[62].

Dennoch wirkt der *Gesichtspunkt,* unter dem eine „spezielle" Gnadenlehre ausgebildet wurde, auch bei Luther weiter: die Frage nach dem Verhältnis der Gnade Gottes zur menschlichen Freiheit. Deshalb kann er am Schluß der Einleitung seiner Streitschrift gegen Erasmus von Rotterdam „De servo arbitrio" – „Vom versklavten Willen", wo er die Gliederung seiner weiteren Überlegungen angibt, sagen: „..., schließlich möchten wir gegen den freien Willen für die Gnade Gottes kämpfen"[63]. Aber eben: er hätte genauso sagen können: „für die Ehre Gottes", „für die Ehre Christi", „für die Freiheit Gottes", „für Gottes Erbarmen" usw. Die „Gnade", die hier dem freien Willen gegenübersteht und zu deren Gunsten die Vorstellung von der Freiheit des Willens niedergerungen werden muß, ist nicht die innerlich den Menschen bewegende „Hilfe" Gottes im Sinne Augustins und schon gar nicht die die Seele innerlichst prägende „Beschaffenheit" (qualitas) im Sinne des Thomas. Sie ist ein Abkürzungsbegriff und zugleich der Leitgesichtspunkt des gesamten Heilshandelns Gottes am Menschen in Christus, das nach Luthers Überzeugung einen frei entscheidungsfähigen Menschen ausschließt.

---

[60] Vgl. weitere Hinweise bei *Pesch,* Theol. der Rechtfertigung, 153 Anm. 4; *ders.,* Gottes Gnadenhandeln, 833–835.

[61] WA 40 I, 72, 28 (Großer Galaterkommentar, 1531).

[62] Z. B. *Althaus,* Theologie Luthers; *Ebeling,* Luther. Eine jüngste Ausnahme ist *Beer,* Der fröhliche Wechsel und Streit, 73–174 – aber hier hat weniger der Wille, die Eigenart der „Gnadenlehre" Luthers fruchtbar zu erfassen, die Feder geführt, als vielmehr die Absicht, Luther der irrgläubigen Abweichung von der scholastischen Tradition zu überführen.

[63] WA 18, 661,28 (De servo arbitrio, 1525).

8. Das Konzil von Trient
und die nachtridentinische Theologie

LESEEMPFEHLUNG: Fransen, Dogmengeschichtliche Entfaltung der Gnadenlehre, 683–763

Die katholische Theologie reagiert – hier wie auch sonst – auf Luthers „Rückweg nach vorn" weder sachlich noch „taktisch" sehr glücklich. Statt der reformatorischen Theologie den Wind aus den Segeln zu nehmen durch den Aufweis, daß und wie im traditionellen „speziellen" Gnadenbegriff unter einem eingeschränkten Gesichtspunkt nur das Ganze zum Leuchten kommen soll und kommt, konzentriert man sich ganz auf die Abwehr der lutherischen „extrinsezistischen" Gnadenvorstellung – womit man, wie sich noch zeigen wird[64], etwas Richtiges und Wichtiges in der reformatorischen Theologie der Gnade bemerkt, es gleichzeitig aber ganz unsinnig und mißverstehend bewertet und darum auch, in folgenreicher Weise, zu Unrecht angreift. *Dieser Gnadenvorstellung gegenüber meint man nun erst recht, die Realität der Gnade Gottes im Menschen betonen zu sollen. Die Väter auf dem Trienter Konzil tun dies freilich, unbeschadet ihrer entschiedenen Gegnerschaft zur Reformation, in weiser Beschränkung auf das Notwendige und in einer sachlich vieles offenlassenden Weise.* Die Trienter Dekrete über Erbsünde und Rechtfertigung sind kein „Entwurf einer Gnaden- und Rechtfertigungslehre" und dürfen auch nicht so gelesen werden. Sie sind und wollen sein Korrektur der reformatorischen und Bekräftigung, teilweise auch Neuakzentuierung der katholischen Lehre, wo man sie durch die reformatorische Theologie und vor allem durch deren öffentliche Wirkung in Gefahr sah. Was niemand bestritten hatte, wurde nicht Gegenstand der Diskussion und darum auch nicht Thema lehramtlicher Äußerungen.

In der nachtridentinischen Theologie ist nun aber geschehen, was nicht hätte geschehen dürfen: *Man nahm die Korrektur- und Verteidigungsformeln für das Ganze der katholischen Gnaden- und Rechtfertigungslehre. So kommt es jetzt erst zu jener „Verdinglichung" der Gnadenvorstellung, zur Idee einer quasi-selbständigen „Entität", genannt „Gnade", in der Seele des Menschen, und man ist der Überzeugung, gerade darin bestehe der wesentliche Unterschied zwischen reformatorischer und katholischer Auffassung von der Gnade.* Man tut, als habe das Konzil in Sachen Gnadenbegriff kaum etwas anderes formuliert, als eben dies: die Gnade sei eine Wirklichkeit *im* Menschen. Jetzt erst bekommen die Sprachregelungen von der Gnade als einem „Akzidens", als „habitus entitativus", von der „inhärierenden" Gnade jenen Vorrang, der dazu führt, daß die nachtridentinische Gnadenlehre nur noch scheinbar, nämlich dem Gleichklang mancher Worte nach, etwas mit Thomas gemein hat, den man doch eigentlich gegen die Reformation hochhalten wollte. Aus der allerdings realen Umgestaltung *des* Menschen *durch* die schöpferisch in seiner Seele „ankommende" Liebe und Gnade Gottes wird

---

[64] Vgl. w. u. 12 IV 1; V. 13, I 4–5.

die „Hervorbringung *der* Gnade *im* Menschen"[65]. Jetzt auch mehren sich die „Einteilungen" der Gnade, von denen Augustinus und Thomas sich so nichts haben träumen lassen. Von der Gnade kann man jetzt im Plural sprechen. Es muß gar nicht bestritten werden, daß man damit überall etwas Richtiges festhält. Es aber *so* auf den Begriff zu bringen, ist auf die Dauer für einen ursprünglichen Zugang zur Sache tödlich[66].

Bei diesen Konstruktionen, die auf einer verengten Auslegung der Trienter Lehre beruhen, ist es bis in die Zeit vor dem Zweiten Vatikanischen Konzil geblieben, und selbst in nachkonziliaren Dogmatiken sind diese Fehlentwicklungen, trotz aller Rückkehr zur großen Tradition, nicht immer *restlos* überwunden[67]. Sie prägen allerdings nicht mehr das Bild. Die wieder zunehmende Zahl auch monographischer Abhandlungen zur Gnadenlehre verfolgen gewiß vielfältigste Ansätze und besondere Frageinteressen, alle aber machen selbstverständlich ernst damit, daß „Gnade" kein „Ding", sondern die unsere ganze Existenz tragende Liebe Gottes ist – und innerhalb dieses grundlegenden biblischen und, man muß es einräumen, reformatorischen Ansatzes bleiben genügend Möglichkeiten und Gelegenheiten, die unabweisbaren und immer neu aufgegebenen Fragen aus der Tradition der „speziellen" Gnadenlehre anzugehen und zu beantworten, soweit es das Geheimnis Gottes, das mit dem Geheimnis der Gnade identisch ist, erlaubt. Insofern die weiteren Überlegungen dieses Buches auch als „Gnadenlehre" gelesen werden können, ordnen sie sich selbstverständlich in diese inzwischen beherrschende neue oder, besser, neu zurückgewonnene Perspektive ein[68].

II. Konsequenzen für den Gang der Überlegungen

1. Die geschichtlich gewordene Gestalt der „speziellen" Gnadenlehre ist der Traditionshorizont einer *theologischen* Anthropologie, so wie die humanwissenschaftliche Anthropologie der Gegenwart deren Fragehorizont ist[69]. Am Ende

---

[65] So *Diekamp-Jüssen,* Katholische Dogmatik II, 432.

[66] Vgl. Pesch, Thomismus, 162; und die Fernwirkungen in einem neuscholastischen Handbuch, etwa bei *Diekamp-Jüssen,* aaO 422–428; oder, um ein Beispiel wirklich großer Neuscholastik zu nennen, bei *M. J. Scheeben,* Gnadenlehre (= Dogmatik VI), §§ 284–288. Wohltuend anders der sonst durchaus der klassischen Problemstelung verpflichtete *Auer,* Das Evangelium der Gnade, 173 f.; ebenso *Schmaus,* Der Glaube der Kirche VI/1, 44–48.

[67] Vgl. auch unter diesem Gesichtspunkt *Auer,* aaO passim; daß man auch im klassischen Raum beträchtlich weiterreichende Möglichkeiten hat, zeigt *Schmaus,* aaO passim.

[68] Überblicke zu den Tendenzen und Perspektiven gegenwärtiger Gnadenlehre bei *Mühlen,* Gnadenlehre; *Lehmann,* Heiliger Geist, Befreiung zum Menschsein; MS, Erg.-Bd., 355–363 *(Chr. Schütz); Greshake,* Geschenkte Freiheit, 91–105; *Pesch/Peters,* Einführung, 366–394. Einzelheiten im Folgenden.

[69] Vgl. w. o. 1 III 1–2.

unseres ersten historischen Rückblicks können wir präzisieren: Die geschichtliche Gestalt der Verhältnisbestimmung von *Gnade und Freiheit* ist der Traditionshorizont, anders ausgedrückt: die Dialektik von göttlichem Heilshandeln und menschlicher Sünde, göttlicher Heilsinitiative und menschlicher Autonomie. Dialektik deswegen, weil die *Freiheit* von Gott *geschenkt,* die *Sünde* von Gott *nicht verhindert,* die *Autonomie* des Menschen von Gott *begründet* ist, so daß Gott im Handeln am Menschen es mit sich selbst als der Transzendenz seiner Geschöpfe zu tun und der Mensch in seiner freien Begegnung mit Gott es mit dem Schöpfer- und Erlöserwillen Gottes über ihn selbst zu tun bekommt. Mit der Freiheitsproblematik ist zugleich der ganze Hof von Problemen unser Traditionshorizont, die in dieser ihren Mittelpunkt haben.

2. Ebenfalls ist klar, daß wir die Gnadenlehre als theologische *Anthropologie* aufnehmen. Im Licht des historischen Rückblicks heißt das:

a) Wir haben die traditionelle Gnadenlehre in besonderer Weise auf die modernen Erkenntnisse zur Freiheitsfrage hin zu bedenken – sie also in Auseinandersetzung mit der modernen außertheologischen Anthropologie mit Vorzug dort zu bringen, wo diese sich zur Freiheitsfrage direkt oder indirekt äußert.

b) Wir müssen versuchen, im Bedenken der traditionellen Gnadenlehre die ganzheitliche Perspektive des urchristlichen Verständnisses von „Gnade" als des „Inbegriffs" des Heilshandelns Gottes am Menschen wiederherzustellen. Das heißt: Wir müssen versuchen, das Zeugnis der Tradition so auf die moderne Freiheitsfrage zu beziehen, daß gerade unter dem Stichwort „Freiheit" das Ganze der menschlichen Existenz vor Gott zur Sprache kommt. Gelingt dies, dann sind urchristlicher Impuls, traditionelle Problematik und modernes Fragen nach dem Menschen tatsächlich beisammen – die Fachaufgabe systematischer Theologie kann dann buchstäblich zur Sache kommen.

3. Diese „Fachaufgabe", wird im schon gekennzeichneten und begründeten Sinne[70] in „dogmatischer Methode" angegangen. Die Überlegungen dieses Kapitels sollten die Gründe dafür bekräftigt haben: Eine Theologie des Menschen vor Gott, die *theologisch* ansetzt, kann nicht aus dem Zusammenhang aussteigen, daß sich uns das biblische Zeugnis von der Gnade Gottes für sein sündiges Geschöpf aus inneren Gründen in der Zuspitzung auf die Frage nach Gnade und Freiheit überliefert hat.

4. Weitere, vor allem methodische Konsequenzen kommen sachgemäßer zur Sprache, wenn wir im folgenden Kapitel uns noch einmal grundsätzlichen methodischen Fragen zuwenden müssen.

---

[70] Vgl. w. o. 1 III 4.

Zweiter Fragenkreis
Der machtvoll-machtlose Mensch
oder: Der Mensch im Widerstand gegen Gott

4. KAPITEL
VORFRAGEN

I. Noch einmal: Vorfragen zur Methode

LESEEMPFEHLUNG: Kasper, Das theologische Wesen des Menschen

Mit diesem Fragenkreis beginnen wir die Erörterung von Einzelfragen – und zwar genau dort, wo nach klassischer katholischer und evangelischer Tradition die „Lehre von der Gnade" beginnt, die, wie nun nicht mehr begründet werden muß, der „Ort" theologischer Anthropologie ist[1]. Für diese Tradition stehen exemplarisch etwa Thomas von Aquin, der den „Gnadentraktat" seiner „Summa Theologiae" (I–II 109–114) mit der Frage nach der Notwendigkeit der Gnade beginnt und diese in der Verfallenheit des Menschen an die Sünde begründet sieht (I–II 109), sowie Philipp Melanchthon, der in der Erstausgabe seiner „Loci communes rerum theologicarum" von 1521, wenn man so sagen will: der erste lutherischen Dogmatik überhaupt, mit der Frage nach der Unfreiheit des Willens einsetzt[2].

Daß eine theologische Anthropologie das Datum der Sünde direkt zum Thema machen und eben darum in der Tradition der Gnadenlehre ihren Ort suchen muß, gehört zu ihrem Ansatz. Aber muß die Sünde darum gleich das *erste* Thema sein? Die Tradition der Gnadenlehre kennt ja auch eine gewissermaßen „schöpfungstheologische" Betrachtungsweise, nämlich die Frage nach „Natur und Gnade" oder gar nach „Natur und Übernatur"[3], und manche Beurteiler sehen in *dieser* Frage sogar die eigentliche Pointe der „klassischen" Tradition der Gnadenlehre[4]. Schöpfungstheologischer und gnadentheologischer Ansatz theo-

---

[1] Vgl. w. o. 1 II 5.
[2] Über Melanchthon und seine Loci vgl. *Maurer,* Der junge Melanchthon, zur Anthropologie der Loci bes. II, 230–454; Überblick bei *Peters,* Der Mensch, 59–74.
[3] Vgl. w. o. 3 I 3 Anm. 28.
[4] Vgl. z. B. *Greshake,* Geschenkte Freiheit, 56–73; *Müller,* Rechtfertigungslehre, 42–48.

logischer Anthropologie müssen sich also nicht ausschließen, und selbst die schon genannten Beiträge lutherischer Theologie zur theologischen Anthropologie der Gegenwart[5] ließen sich in solch ein Konzept einfügen. Muß man also zugleich päpstlicher sein als der Papst und lutherischer als lutherische Theologen? Mit dem Einsatz beim Thema „Sünde" treffen wir also noch einmal eine methodologische Vorentscheidung, so daß wir, wie schon angekündigt[6], hier die Methodenfrage noch einmal kurz aufnehmen müssen.

Zunächst: Wir bleiben auf diese Weise näher und entschiedener bei der klassischen Tradition. Der Versuch, die traditionelle Gnadenlehre als theologische Anthropologie neu zu verantworten, wird dadurch konsequenter und wohl auch überzeugender. Zwar gibt es durchaus sowohl im Mittelalter als auch noch in der Reformationszeit den Brauch, von der Gnade im Anschluß oder im Rahmen der Schöpfungslehre zu handeln. Dieser Brauch festigt sich, wie im 3. Kapitel gezeigt, vor allem im Gefolge der „Sentenzen" des Petrus Lombardus, und noch bei Thomas ist der Wellenschlag dieser Tradition zu spüren, wenn er im ersten Buch seiner Summa Theologiae zwischen der „natürlichen" und „gnadenhaften" Ausstattung des ersten Menschen Adam unterscheidet und die letztere im Anschluß an die erstere behandelt[7]. Und ganz in die Schöpfungsperspektive zurückgenommen ist die Gnadenlehre in der früheren „Summa" des Thomas, der Summa contra Gentiles – sie wird im Rahmen der Ethik entfaltet, die dort ein Teil der Lehre von der göttlichen Vorsehung ist[8]. Aber *diese* Linie der Gnadenlehre ist nie die allein bestimmende gewesen, und nach Thomas stirbt sie zumindest soweit ab, daß sie nicht mehr als deren „klassische" Gestalt bezeichnet werden kann. Der „Traktat" über die Gnade setzt jetzt beim Menschen als Sünder ein. Das Verhältnis von „Natur" und „Gnade" wird als solches erst in der Neuzeit, genau genommen erst mit dem Widerstand gegen den reformatorischen „Naturpessimismus" voll thematisch, weil man der Reformation mangelnden Sinn für die bleibende Bedeutung der Schöpfungswirklichkeit im Menschen vorwirft, daher das unverkürzte Verbleiben der natürlichen Anlagen und Fähigkeiten auch im Sünder betont und daraufhin gezwungen ist, das Verhältnis dieser „Natur" zu ihrer gnadenhaften Vollendung oder, wie man in der katholischen Theologie gern sagt, ihre gnadenhafte „Erhebung" (elevatio) durchzudenken. Mit dem Ansatz bei der Notwendigkeit der Gnade aufgrund der *Sünde* bleibt man also auf den Spuren nicht nur der reformatorischen, sondern auch der katholischen Tradition.

Die methodologische Vorentscheidung ist zugleich eine theologische. Denn der Theologe – auch der „Dogmatiker" – muß auf seine Weise ebenso wie der empirische und der philosophische Anthropologe von den „Fakten" ausgehen. *Seine „Fakten" sind das Wort Gottes über den Menschen. Das erste Wort Gottes*

---

[5] Vgl. w. o. 1 II 4 sowie die ebda. unter I verzeichneten lutherischen Beiträge.
[6] Vgl. w. o. 1 III.
[7] STh I 95; vgl. I 62 bzgl. der Engel.
[8] CG III 147–163.

über den Menschen, das wir kennenlernen, ist aber das Wort der Versöhnung, der Vergebung. Wir lernen es einfach deshalb als erstes kennen, weil es das erste Wort Gottes ist, nach dem wir fragen und die Ohren aufmachen. Das „Wort der Versöhnung" aber schließt das Wort von der Sünde, das anklagende Wort Gottes ein, also das Wort davon, daß wir Gnade nötig haben, weil wir so, wie wir sind, Gott nicht recht sind und nicht recht sein können. *Erst im Durchblick durch unser Unversöhntsein, im Durchhören durch die Anklage, gelangen wir vor den Anblick des Menschen als Gottes ursprüngliches Geschöpf, hören wir das Echo des Gotteswortes am Ursprung, das den Menschen in die Lebensgemeinschaft mit Gott rief und immer noch ruft.* Die biblischen Aussagen über den Menschen als Gottes Geschöpf – vor allem Gen 1–3 – haben nur augenscheinlich ein anderes Gefälle[9]. In Wahrheit fragt Israel aus seiner eigenen Glaubensexistenz heraus, die als Erwählung und Rettung aus der Not und als Versöhnung nach Abfall und Schuld begriffen wird, zurück auf die Anfänge und macht in Gen 3 in der *Form* einer „Anfangserzählung" in provozierender Weise deutlich, daß der Mensch sich von Gott abgekehrt hat und so die Verantwortung dafür trägt, wenn es in der Welt nicht so zugeht, wie es nach Gottes Willen zugehen sollte. Mit anderen Worten: Die Schöpfungsperspektive dient auch in der Schrift dazu, das Unheil verstehen zu lassen, in dem der Mensch sich faktisch vorfindet und nach dem Erbarmen Gottes verlangt.

Theologische Anthropologie hat also durchaus von Gottes guter Schöpfung zu reden. Das „Resultat" mag sie sogar auch einmal nach dem Muster der Bibel in einer Art „chronologischer" und gar „heilsgeschichtlicher" Darstellung aussprechen[10]. Will sie aber nicht nur Sachzusammenhänge, sondern gleichzeitig den Weg des Verstehens nachzeichnen, so muß sie bei Unheil und Sünde, also beim *Widerstand* des Menschen gegen die ihm schöpfungsursprünglich zugedachte Gottesgemeinschaft einsetzen. Dadurch behält sie die inwendigen Begründungsstrukturen theologischer Anthropologie ständig vor dem Blick, macht die unerläßliche Bezugnahme auf die Fragen heutiger Selbsterfahrung des Menschen[11] einleuchtend und bleibt so am besten gegen die Gefahr gesichert, thetisch „steil von oben" herab eine Theologie zu treiben, die ständig von Realitätsverlust bedroht ist. Daß man dies zumindest im Fall theologischer Rede vom Menschen tatsächlich als Gefahr zu betrachten hat, liegt daran, daß ja ein „chronologisches" Verständnis der Schöpfung und ein „historisches" bzw. „prähistorisches" Bild des „ursprünglichen Menschen" im Zeichen der Erforschung der menschlichen Entwicklungsgeschichte unerschwinglich geworden ist[12]. „Schöpfung des Menschen", „der Mensch als Geschöpf" kann daher – mindestens zunächst – nur als Perspektive zum Tragen kommen, die sich bei der Betrachtung des Menschen als des Sünders zur Geltung bringt und bringen muß,

---

[9] Vgl. die knappen Hinweise w. o. 1 II 4 (mit Anmerkung 45).
[10] Vgl. auch w. u. 19 IV und 23 III.
[11] Dazu w. u. III.
[12] Vgl. w. o. 2 I 1.

aber chronologisch nach hinten – mindestens zunächst – so wenig mit bestimmten Anschauungen vom Anfang des Menschen verbunden werden kann wie nach vorn mit bestimmten Anschauungen vom Ende der Welt und der Geschichte. *Deshalb* setzen wir mit dem Versuch theologischer Anthropologie beim Menschen als Sünder an, das heißt: mit der theologischen Rede vom Menschen, wie er sich vorfindet.

Überflüssig zu bemerken, daß der Hinweis auf diese Fragestruktur nicht zugleich auch eine homiletische oder allgemein pastoraltheologische Anweisung ist. Der Begriff „Sünde" und sein ganzer Verstehenskontext können in der Verkündigung keineswegs vorausgesetzt werden. Warum nicht, das zu zeigen wird gerade eine der Aufgaben der folgenden Kapitel sein. Daraus werden sich dann auch durchaus Hinweise für eine sachgemäße Orientierung heutiger Predigt von der Sünde ableiten lassen.

II. Das eine Wort der Tradition

LeseEmpfehlung: Schillebeeckx, Glaubensinterpretation

Das Thema „Der Mensch in der Sünde" kann keine theologische Anthropologie ausklammern. Die Sünde als Grund dafür, daß der Mensch der Gnade Gottes bedarf, gehört zur Mitte der christlichen Verkündigung, um nicht zu sagen: ist ihr Hintergrund, vor dem sich alles andere erst randscharf abzeichnet. Doch damit geraten wir vor eine neue zugleich methodische und sachliche Schwierigkeit – sogar die eigentliche Schwierigkeit systematischer Theologie. Sie gilt nicht nur für die Thematik dieses Abschnitts, sondern ebenso für die aller anderen. Daher beziehen sich die folgenden methodischen Überlegungen auch auf alle nachfolgenden Fragenkreise. Wegen der Wichtigkeit des Themas soll auch die sachliche Durchführung des methodischen Ansatzes in den drei folgenden Kapiteln (und ebenso in denen des 5. Fragenkreises) „modellhaft" und darum vergleichsweise ausführlicher sein, damit wir uns ansonsten kürzer fassen können.

1. Vielgestaltige Tradition

Die Überlieferung, durch deren Geschehen uns der Glaubensanspruch der christlichen Botschaft überhaupt erreicht, ist mit dem Denken und Fragen des gegenwärtigen Menschen zum „Schnittpunkt" zu bringen – so ist es die Fachaufgabe systematischer Theologie[13]. Was aber ist „die Überlieferung", die „Tradition"? Es zeigte sich schon im 3. Kapitel und wird sich bei allen Einzelheiten stets von neuem zeigen, daß die Tradition sehr vielgestaltig ist; daß auch nur die von uns ausgewählten Stationen der Tradition (Schrift, augustinische Tradition,

---

[13] Vgl. w.o. 1 III 1–2.

Thomas von Aquin, Luther, das Konzil von Trient) beträchtliche Unterschiede zeigen. Man drückt sich jedenfalls mit so verschiedenen Worten aus, setzt so unterschiedliche Akzente, ordnet das Gesagte in so unterschiedliche begriffliche und theoretische Zusammenhänge ein, daß die Vielfalt der Aussagen nicht auf einen Nenner zu bringen ist. Abstand und Nähe mögen verschieden groß sein, aber Thomas denkt nicht wie Luther, die Väter des Konzils von Trient nicht wie Augustinus, und alle zusammen denken keineswegs einfach wie Paulus, selbst da nicht, wo sie ihn einer wie der andere ausdrücklich auslegen wollen.

Nun kann selbstverständlich nicht *irgendeine,* womöglich nach persönlicher Vorliebe ausgewählte traditionelle Reflexionsgestalt der christlichen Botschaft, *insofern sie von den anderen unterschieden ist,* dasjenige sein, was mit gegenwärtigem Denken zum Schnittpunkt gebracht werden muß. Gewiß hat jede Reflexionsgestalt der Tradition Chance und Recht, uns gerade auch durch ihre *Eigenart* womöglich an vergessene Wahrheit zu erinnern, und ist darum auch in sich selbst und um ihrer selbst willen bedenkenswert. *Verbindliche Aussage der Überlieferung aber, an der die Kontinuität und Authentizität der Weitergabe der Botschaft hängt, kann immer nur die gemeinsame Aussage der Tradition, das eine Wort der Überlieferung sein, das sich durch alle Unterschiede und Abwandlungen der Reflexionsgestalt durchhält.* Was sich in der Vergangenheit ohne Schaden für die Identität der Überlieferung wandeln durfte, kann uns heute nicht festlegen – und stünde es selbst in der Bibel, worauf gleich noch zurückzukommen ist. Also wird nach der Darstellung der einzelnen Traditionsstufen in einem weiteren Schritt stets nach ihren Unterschieden und nach der sich in ihnen durchhaltenden gemeinsamen Aussage zu fragen sein. *Diese* wird dann – im dritten Reflexionsschritt – zum Gegenstand eines neuen Verstehensversuches im Kontext heutiger Verstehungsvoraussetzungen.

Nun ist aber dies: das eine Wort der Tradition festzustellen, bedeutend schwerer, als es zunächst scheint. Sagt man: Alle Ausformungen der Tradition reden von derselben „Sache" (und streiten sich auch gegebenenfalls um deren Verständnis), so ist das zwar richtig, aber das Problem ist damit nicht gelöst, sondern gestellt. Um diese gemeinsame „Sache" herauszuarbeiten, wird man – werden wir im Folgenden von Fall zu Fall – gewiß zunächst die kommentierenden Zusatzaussagen, die Anschlußtheorien und die abgeleiteten Konsequenzen ausklammern müssen. Obwohl gerade in ihnen sich oft die Eigenart einer bestimmten traditionellen Reflexionsgestalt zeigt und ihre anregende Kraft entfaltet, gehören sie nicht zum einen, sich durchhaltenden Wort der Tradition. Doch reicht ein solches Subtraktionsverfahren nicht aus, weil gerade der gemeinsame „Kern" der „Sache" – im folgenden also zum Beispiel der Sündenbegriff, die Situation des menschlichen Verhängnisses usw. – selbst je verschieden gedacht und ausgesagt wird, so daß es in ein und demselben Kopf nicht miteinander verrechenbar erscheint. *Wir haben die eine „Sache" der Botschaft, die wir interpretierend für das gegenwärtige Denken neu erschließen wollen, selber immer nur und immer schon als interpretierte, als eine solche, die immer schon in einem be-*

stimmten *Verstehenskontext „Fleisch angenommen"* hat. Übrigens gilt das auch
für die Verstehensversuche der Tradition in bezug auf die ihnen jeweils vorausgehenden Traditionsstufen, gleichviel, ob man das darin beschlossene Problem
früher schon so bewußt vor Augen hatte, wie wir es heute vor Augen zu haben
genötigt sind, oder nicht.

2. Warnung vor Vereinfachungen

Wir richten also unseren Blick tief in das, was man das „hermeneutische Problem" nennt. Und dies nicht erst bei der eigentlichen systematischen Neuinterpretation, sondern schon bei der Beurteilung der Tradition selber. Da deren
Reflexionsgestalten ihre gemeinsame Sachaussage nicht gleichsam wie einen
Stempel auf der Vorderseite tragen, müssen wir sie durch ihre Unterschiede hindurch auf diese gemeinsame Sachaussage regelrecht „hinterfragen", müssen
nach der Aussage*intention* fragen, die sich *in* den konkreten Einzelheiten der jeweiligen „Theorie" zur Sprache bringt. Wenn überhaupt, dann ist es diese gemeinsame Aussageintention, die einen heutigen neuen theologischen Sprechver-
such bindet und Kontinuität durch die Vielfalt der Überlieferungsgeschichte
schafft.

Nun ist das hermeneutische Problem hier nicht direkt unser Thema, sondern
nur als ein in den Sachfragen zu beachtendes[14]. Dennoch ist hier im Hinblick auf
die folgenden Überlegungen ein für allemal vor *zwei Vereinfachungen* bei der
Beurteilung von Vielfalt und Einheit der Tradition zu warnen.

Die erste Warnung: *Die Unterschiede zwischen den Stufen der Tradition – denen, die wir hier in den Blick nehmen, und ebenso denen, die wir übergehen müssen
– sind nicht zu begreifen nach dem Modell eines einlinigen „Fortschritts" der „Entwicklung", demzufolge jede frühere Ausgestaltung der Tradition nur die rudimen-
täre, begrifflich noch nicht voll geschärfte Vorform der späteren sei, so daß daher
jede spätere Ausgestaltung die frühere verlustlos aufnehme.* Thomas – und schon
Augustinus – formuliert zum Beispiel nicht einfach nur „präziser", was auch
Paulus schon dachte, aber unglücklicherweise noch nicht so exakt ausdrücken
konnte! Übrigens gilt das auch für das „Modell" eines einlinigen „Niedergangs"
wie es vor allem in einem landläufigen evangelischen Urteil über Luther und die
Reformation immer wieder wirksam wird und wogegen katholischerseits unerbittlich Einspruch zu erheben ist[15]. Es ist übrigens wahrscheinlich auch als *eine*

---

[14] Zu den Problemen selbst, zu den darin beschlossenen kontroverstheologischen Problemen, auch zu
den Sackgassen, in die eine arglose „Vereinnahmung" der Hermeneutik vor allem katholische Theologen führen kann, vgl. jetzt *Stobbe,* Hermeneutik – ein ökumenisches Problem. Zur evangelischen
Sicht sei summarisch auf die einschlägigen Beiträge von *Ebeling* in: Wort und Glaube I–III sowie auf
seinen großen Artikel „Hermeneutik" im RGG hingewiesen. Interessenten kommen mit den in diesen Arbeiten verzeichneten Beiträgen zur Hermeneutik-Diskussion weiter.
[15] Vgl. *Pesch,* Hinführung zu Luther, 24–31; 300–304; zum Sachproblem vgl. *ders.,* Kirchliche Lehrformulierung, bes. 263–266.

geschichtliche Stufe – eine heute im großen und ganzen wieder verlassene Stufe – des theologischen Bewußtseins von der Geschichtlichkeit der Glaubensüberlieferung anzusehen, wenn man sich die Theologie- und Dogmengeschichte nach diesem Modell beziehungsweise seinem Gegenmodell vorstellt.

Die zweite Warnung: *Die unerläßliche Unterscheidung zwischen dem „eigentlich" in der Aussage Intendierten und Gemeinten einerseits und der begrifflich-sprachlichen „Einkleidung" anderseits darf man sich nicht als eine jederzeit ins Spiel zu bringende schiedlich-friedliche Abgehobenheit von „Sache" und „Form", von „Kern" und „Schale", von Wirklichkeit und Begriff vorstellen.* Zwar kommt es zumal bei kirchlichen Lehrentscheidungen – das Konzil von Trient ist hier geradezu ein Musterfall! – nicht selten vor, daß die Väter sich bewußt aus Schuldiskussionen heraushalten und so formulieren, daß keine bestehende und akzeptierte theologische Schulrichtung verneint, aber auch keine rundheraus bejaht und priviligiert wird. Die Väter *scheinen* dann „Kern" und „Einkleidung", „Sache" und „Begriff" zu unterscheiden. Aber das beweist vorerst nur, daß auch in früheren Zeiten ein vielleicht wenig reflektiertes, jedoch durchaus wirksames Maß an Bewußtsein von der geschichtlichen Relativität theologischer Formulierungen möglich war, das wir so gern jeder anderen Epoche vor der unseren absprechen geneigt sind. Doch bleibt die Frage, wie nun *tatsächlich* formuliert wurde und was die Art der Formulierung bedeutet. Hier anzunehmen, der betreffende Theologe bzw. der betreffende Lehramtsträger, hätte *auch da* noch einmal zwischen „Sache" und „begrifflicher Einkleidung" im Vorgang der Formulierung selbst unterschieden, hieße, die Geschichtlichkeit seines theologischen Denkens, ja seines Glaubens dort nicht ernst zu nehmen, wo man sie gerade in Rechnung stellen will. Nein, so wie sie gesprochen, so haben sie auch gedacht, und nur so wie sie gedacht haben, war ihnen die Sache zugänglich – selbst dann noch, wenn ihnen bewußt war, daß andere vor oder neben ihnen die gleiche Sache anders dachten und formulierten.

Paulus zum Beispiel hat nicht die „Sache" im Grunde genauso gesehen wie Thomas und dann mehr oder weniger beliebig Sünde, Gesetz und Tod als quasi-persönliche Mächte geschildert, wie gleich zu zeigen sein wird – während Thomas, obwohl er es genauso gekonnt hätte, aus irgendwelchen Gründen auf die aristotelische Anthropologie zurückgriff und darum Sünde, Gesetz und Tod nicht mehr „mythologisch", sondern als anthropologische Realität verstand. Nein, Paulus *konnte* die Sache nur so denken, wie er es tat, weil seine allgemeinen und persönlichen Denkvoraussetzungen dazu nötigten, was Begriffsschärfungen innerhalb seines eigenen „Begriffsapparates" ja keineswegs ausschloß[16]. Er *brauchte* die aristotelische Anthropologie nicht zur „Präsizion", *weil* er so dachte, wie er es tat. Umgekehrt war Thomas durchaus unfähig, die Sünde noch,

---

[16] Ein Schulbeispiel dafür ist etwa der deutliche Urteilswandel hinsichtliches des „Gesetzes" zwischen dem Galaterbrief und dem Römerbrief. Vgl. Überblick und Literatur bei *Pesch*, Gesetz und Gnade, 23–33 und w. o. 3 I 2 Anm. 10.

wie Paulus, als eine den Menschen von außerhalb seiner selbst versklavende „Macht" zu sehen, *weil* der Aristotelismus die zwar geschichtlich heraufgeführte, für ihn aber nicht beliebig zur Disposition stehende, sondern selbstverständliche Verstehensvorgabe war.

Erst die Späteren, also zum Beispiel wir, die *beide* Ausformungen der Tradition und noch viele andere als *vergangene* vor dem Blick haben, können den Versuch machen, in ihnen das sich durchhaltende gemeinsame Wort von der geschichtlich bedingten Verstehensform abzulösen und damit den Weg zu einem Neuverständnis ebnen, das eine vergangene Verstehensform nicht absolut setzt, indem es sie mit der Sache verwechselt. Doch darf man der Geschichtlichkeit der vielgestaltigen theologischen Ausformungen der Tradition bei diesem Versuch nicht dadurch wieder ihren Ernst nehmen, daß man sie für das Überlieferungsgeschehen im ganzen anerkennt und gar hervorhebt, die Menschen aber, die dieses Geschehen durch ihr Denken und Handeln tragen und in Gang halten, sich als über eben dieses Geschehen zeitlos erhaben vorstellt und sie mit dessen Verstehensmöglichkeiten und Verstehensangeboten gewissermaßen nach freiem Ermessen schalten und walten läßt.

3. „Kern" und „Einkleidung"

Aber *wie* geht es denn nun vor sich, wenn wir das eine Wort der Tradition herausarbeiten möchten, ohne dabei die Geschichtlichkeit seiner vielgestaltigen traditionellen Ausformungen zu übersehen oder rationalistisch aufzulösen? Es dürfte klar sein, in welche erkenntnistheoretischen Probleme wir hier geraten. *Sicher ist nur von vornherein, daß uns, da nun einmal nur im Lauschen auf die Überlieferung die Sache der Botschaft an uns herantritt, ein höchst komplizierter Übersetzungsvorgang auferlegt ist.* Verlegen wir uns jetzt aber nicht auf die Entwicklung einer abstrakten Theorie, sondern versuchen wir es, zumindest zunächst, mit einer einfachen Phänomenbeschreibung dessen, was beim Umgang mit der Tradition in der Theologie ohnehin allenthalben geschieht.

Es ist davon auszugehen, daß die verschiedenen Ausformungen der Tradition jeweils denselben Sachverhalt „meinen" – zum Beispiel, wie anschließend zu zeigen ist, den Menschen in der Sünde –, *obwohl* man diesen Sachverhalt an den verschiedenen Stationen der Tradition unverrechenbar unterschiedlich ausdrückt. Man muß sogar noch verschärfen: *Weil* man denselben Sachverhalt immer besser „meinte" und zur Sprache bringen wollte, hat man sich so unterschiedlich ausgedrückt. Denn die eine Formulierung setzt sich ja zumeist in bewußten Gegensatz zu der oder den anderen (vergangenen oder gleichzeitigen), kritisiert sie, gegebenenfalls bis hin zu dem Vorwurf, die „gemeinte" Sache regelrecht zu verfehlen. *Daß es also tatsächlich einen Unterschied zwischen „Kern" und „Einkleidung" oder, wie wir nun formelhaft sagen wollen, zwischen „Sache" und „Interpretament" gibt, läßt sich ebensowenig bestreiten wie das an-*

dere, daß für denjenigen, der eine bestimmte Formulierung eines bestimmten Sach-verhalts erarbeitet, womöglich unter kritischer Zurückweisung anderer Formulie-rungen, Interpretament und Sachverständnis zusammenfallen. Theoligische Interpretamente, mögen sie auch „klassisch" geworden sein, sind daher immer im doppelten Sinne des Wortes „relativ": Sie haben ihre Verständlichkeit durch den Bezug auf ein ganzes Koordinatensystem von Verstehensvoraussetzungen (übrigens nicht nur begrifflicher Art, sondern auch solcher aus dem persönlichen und gesellschaftlichen Lebenszusammenhang im ganzen), und sie haben eben dadurch auch die unvermeidliche perspektivische Verkürzung des Blicks auf die Sache.

Es ist deutlich, daß diese doppelte Relativität einen Absolutheitanspruch bestimmter theologischer Formulierungen *als solcher* nicht zuläßt, vielmehr höchstens verbindliche Sprachregelungen seitens der Glaubensgemeinschaft und für die Glaubensgemeinschaft erlauben, deren Funktion und Wert freilich mit dem Andauern der genannten Verstehensvoraussetzungen stehen und fallen. Dies alles gilt bereits für die verschiedenen „Traditionen" innerhalb der normativen Urkunde des Glaubens, der Bibel, es gilt erst recht für alle nachgeordneten theologischen Formulierungen. Die Frage nach Toleranz in der Lehre, ihrer Eigenart und ihrer Tragweite (es kann ja nie eine Toleranz in der „Sache", sondern immer nur im Bereich der „Interpretamente" sein!) hat hier ihren Ort. Jeder Theologe, jeder, der seinen Glauben reflektiert, jede Epoche der Kirchengeschichte, ja jede Region der Kirche innerhalb einer Epoche „hat" die „Sache" der Botschaft nur in *einer*, in *seiner* bzw. *ihrer* Formel (selbst wenn sie sich in andere Formulie-rungen noch „hineindenken" können), aber die „Sache" geht nie in *einer* Formulierung auf.

Versucht man nun, aus der Vielfalt solcher Formulierungen die e i n e gemeinte „Sache", die in keiner Formulierung aufgeht und doch nur in jeweils e i n e r „rela-tiv" erfaßt wird, herauszulösen, so wird das, was sich dann sagen läßt, vordergründig betrachtet, wiederum eine Formulierung sein, freilich eine mit einem unvermeidlich „allgemeinen" und „verallgemeinernden" Charakter. Wenn ich zum Beispiel sage: „Jesus Christus ist die ein für allemal unüberbietbare Erscheinung und Gegenwart des lebendigen Gottes bei den Menschen", so sind in einer solchen Aussage alle Ecken und Kanten der in der Dogmen- und Theologiegeschichte miteinander streitenden christologischen Formeln abgeschliffen. Der Monophysit kann diese Formel ebenso unterschreiben wie die Konzilsväter von Chalkedon (451), die die monophysitische Christologie verurteilten, ein katholischer Neuscholastiker kann ebenso zustimmen wie selbst noch Rudolf Bultmann. Damit zeigt sich sofort die Grenze solcher verallgemeinernden Formulierungen: Sie lassen dort völlig gleichgültig, wo man mit den Fragen, zu deren Lösung eine solche Formel entwickelt wurde, keine Probleme hatte, und sie geraten sofort unter den Verdacht der „Verschleierung" der wirklichen Schwierigkeiten, wo man solche Probleme tatsächlich hat. Das letztere ist bekanntlich eine tagtägliche Erfahrung bei dem Versuch, kontroverstheologische

Streitfragen aus der Welt zu schaffen, wenn und sofern diese gerade dadurch entstehen, daß das eine „Interpretament" mit dem Vorwurf der „Verkürzung" und „Unsachgemäßheit" gegen das jeweils andere ins Feld geführt wird.

Nun kann aber die nur sehr begrenzte Klärungskraft solcher verallgemeinernden Formeln deswegen leicht ertragen werden, weil sie selbst ja gerade noch nicht den uns aufgegebenen neuen Interpretationsversuch leisten, sich vielmehr darin erschöpfen, ihn in Gang zu bringen. Denn auch für uns gilt: Wir „haben" die „Sache" nur in einem „Interpretament", in *unserem* „Interpretament". Dazu bringen auch wir *unsere* Verstehensvoraussetzungen mit, wir können nur denken, wie wir es nun einmal tun, durchaus auch unter Ausschluß bestimmter Denkmöglichkeiten der Vergangenheit. Wir können zum Beispiel, vor allem in bestimmten Fragen der theologischen Anthropologie, nicht mehr denken wie Paulus, kaum noch wie Augustinus, nur noch sehr beschränkt wie Thomas von Aquin. Um „das eine Wort der Tradition", das uns ebenso angeht wie alle Glaubenden vor uns, unter solchen Möglichkeiten neu, erhellend und wegweisend zum Verstehen zu bringen, müssen wir es aus der Vielfalt der Interpretationen, in denen wir es nur haben, *vorübergehend* auf eine abstrakt-allgemeine Formel bringen, um es ohne Absolutsetzung *einer* bestimmten vorgegebenen Interpretation in die Begegnung mit unseren Fragen und Verstehensmöglichkeiten zu bringen – gleichsam so, wie ein Chirurg vorübergehend das Herz und damit das pulsierende Leben zum Stillstand bringt, um rasch einen operativen Eingriff vorzunehmen, nach dem das pulsierende Leben in neuer Form weitergehen kann und soll. Ist der neue Verstehensversuch in Gang gebracht, ist die Möglichkeit eines neuen und hilfreichen Interpretamentes in Sicht, verliert die Verallgemeinerungsformel sofort ihre Bedeutung, abgesehen von ihrer Kontrollfunktion, die sie zusammen mit den traditionellen Ausformungen, auf die sie sich bezieht, gegenüber einem neuen Verstehensversuch immer hat und haben können muß, weil ja gewährleistet werden muß, daß nicht eine neue Lehre, sondern die neuverstandene alte Lehre das Ergebnis dieses Übersetzungsvorgangs ist.

Bleibt die Frage, wie es denn nun zugeht, wenn die verallgemeinernde Hilfsformel zu suchen und zu finden ist. *Unerläßlich ist zunächst, die einzelnen Traditionsausprägungen an ihrem eigenen geistigen Ort zu verstehen, und zwar mitsamt ihren Differenzen sowohl untereinander als auch im Verhältnis zu unseren Verstehensbedingungen.* An dieser Stelle kann die Unerläßlichkeit historisch-theologischer Kenntnisse, von der Exegese bis hin zur äußeren Faktengeschichte der Kirche, gar nicht genug betont werden. Ohne Blick auf die Geschichte gibt es keine systematisch-theologische Reflexion – es sei denn, diese degeneriere zur freischwebenden Spekulation oder zur reinen Religionsphilosophie unter Verwendung religionsgeschichtlichen Materials aus der Geschichte des Christentums! Anderseits: Sammlung und Aufarbeitung theologiegeschichtlicher Ausformungen der christlichen Botschaft ist noch keine systematisch-theologische Reflexion – ein leider häufig anzutreffendes Mißverständnis, wenn der systematischen Theologie mehr oder weniger bewußt nur eine Art Zusammenfassung und „Systematisierung" dessen zugewiesen wird, was die historischen Disziplinen der Theologie zutage fördern. *Systematische Reflexion kommt dadurch in Gang, daß wir – wir wollen es weiterhin phänomenologisch und darum „bildhaft" beschreiben – aus dem Kontext unserer Erfahrungen mit der Welt und mit uns selbst (einschließlich der Erfahrungen mit der Glaubensgemeinschaft der Kirche) in die Aussagegestalten der Tradition, die wir historisch verstehen gelernt haben, gewissermaßen hineinfragen und hineinlauschen – und dann zuwarten, was dieses Fragen und Lauschen in uns „anrichtet".*

Solches ist dadurch möglich und buchstäblich denk-bar, weil wir von der Voraussetzung ausgehen dürfen, daß grundsätzlich die Menschen vor uns Menschen waren wie wir mit den grundlegend gleichen Fragen und daß darum, auf Kirche und Theologie bezogen, die Reflexionsgestalten der Tradition von Glaubenden stammen, deren Glaube in der Kontinuität der Kirche auch der unsere ist. Es kommt dann zu dem, was man in der Hermeneutik-Diskussion gern die „Horizontverschmelzung" nennt[17]: jene Einsicht, daß Gedanke und Wort derer, die vor uns nachgedacht haben, uns überhaupt nur deshalb verständlich werden und gar etwas zu sagen haben, weil sie mit unseren Gedanken und Worten konvergieren in der gemeinsamen Erfahrung des Menschseins und seiner Fragen, wieder bezogen auf die Theologie: in dem gemeinsam ergriffenen und vollzogenen Glauben. Der „Horizont", in dem geschichtlich vergangene und gegenwärtige Gedanken und ihre sprachlich-begrifflichen Ausformungen konvergieren können, ist also weit mehr als nur eine Art intelligibles Prinzip. Oder vielmehr: Das intelligible Prinzip, der *theoretische* Horizont, ist zugleich ein eminent existentieller Horizont: ein „Ort" – nicht umsonst spricht man vom hermeneutischen Ort"[18] –, an dem nicht nur Einsichten, sondern Lebenserfahrungen als „im Grunde" gemeinsame entdeckt werden.

Darum ist der Übersetzungsvorgang, von dem wir hier reden, die erkenntnishafte Seite des Glaubensvollzuges selbst, der mehr ist als Erkenntnis. Der Übersetzungsvorgang ist daher selbst mehr als ein intellektuelles, theoretisches Geschehen, er ist selbst ein existentieller Vorgang. Denn von der Tradition in uns etwas „anrichten" zu lassen, ist als solches gewiß ein wissenschaftliches Bemühen und zugleich mehr als Wissenschaft – nicht nur im Bereich des Glaubens, sondern überhaupt.

Und noch etwas wird deutlich: Da unsere Erfahrungen mit der Welt und mit uns selbst niemals stillstehen, sondern ihrerseits sich wandeln, persönlich-biographisch ebenso wie im Blick auf die Gemeinschaft und ihren geschichtlichen Weg, *ist auch dieser Übersetzungsvorgang im Prinzip ein ständiges Ereignis und niemals in einer dann allenfalls gefundenen neuen Formulierung einfach abge-*

---

[17] Vgl. *Gadamer*, Wahrheit und Methode, 289 f.; 356 f.; 375.
[18] Vgl. pars pro toto *Ebeling*, Der hermeneutische Ort der Gotteslehre bei Petrus Lombardus und Thomas von Aquin (= Wort und Glaube II, 209–256); *Pesch*, Der hermeneutische Ort der Theologie bei Thomas von Aquin und Martin Luther, bes. 162–167.

schlossen. Diese wird vielmehr gleich selbst wieder Motor einer neuen Bewegung und damit sofort selber wieder ein Stück „Tradition", die zu übersetzen ist. Alle neuen Verstehensversuche und Formulierungen, auch und gerade die geglückten, sind prinzipiell nur der Schnittpunkt jenes je neuen Wechselspiels zwischen kritischer Befragung der Tradition von unserem „hermeneutischen Ort" aus und kritischer Beantwortung unserer Fragen vom einen Wort der Tradition her – wobei die Worte „Befragung" und „Beantwortung" auch umgekehrt gesetzt werden können und müssen! Und um es gleich im Blick auf die folgenden Überlegungen zu sagen: Selbstverständlich sind dann auch unsere eigenen und vielleicht neuen Verstehensbemühungen nun nicht etwa *die* schlechthin gültige Aussage über den Menschen vor Gott. Wir können – wie die Alten zu ihrer Zeit – an unserer, von unserer Erfahrung und unseren Verstehensvoraussetzungen ermöglichten und gar erzwungenen Interpretation der Botschaft nicht selber wieder „Sache" und „Interpretament" unterscheiden – wir können höchstens und müssen sogar mit ihrer (späteren) Unterscheidbarkeit rechnen. Wir dürfen und müssen also davon ausgehen, daß zum Beispiel Theologen in 500 Jahren mit dem, was wir mehr oder weniger geglückt haben denken können, so umgehen wie wir etwa mit den Vätern von Trient oder mit Luther oder mit Thomas von Aquin. Wie das dann, in 500 Jahren, geschieht, das wissen zu wollen hieße die Zukunft im voraus bewältigen und wiederum gerade unsere eigene Geschichtlichkeit überspringen wollen. Sicher ist nur, daß unsere heutige christliche Glaubenserfahrung und die Art, wie wir sie aussprechen, in 500 Jahren als *ein* Moment jenes Überlieferungsgeschehens erscheint, mit der auch dann das Gespräch der dann Glaubenden, der dann nachdenkenden christlichen Theologen stattfinden muß und wird.

III. Tradition und „Erfahrung"

Die vorausgehenden Überlegungen haben wie ganz selbstverständlich das Wort „Erfahrung" eingeführt. Nun ist das Wort „Erfahrung" heute in aller Munde, geradezu ein Modewort. „Erfahrung" dient als Berufungsinstanz im Denken und Handeln für alles und jedes, vor allem dann, wenn man sich anschickt, anders zu denken und zu handeln, als es hergebracht oder gar irgendwo vorgeschrieben ist. Auch in der Theologie und in der Glaubensreflexion wird immer wieder auf „die Erfahrung" hingewiesen, wenn begründet werden soll, daß diese oder jene Traditionsaussage uns „heute nicht mehr nachvollziehbar" sei.

Nun hat man mit Recht gesagt, daß der Begriff „Erfahrung", obwohl – historisch seit der Aufklärung im 18. Jahrhundert – ein Gemeinplatz geworden, doch zu den „unaufgeklärtesten" Begriffen gegenwärtigen Denkens gehört[19]. Wir wol-

---

[19] Vgl. *Gadamer,* aaO 329; auch *H. Holzhey,* Kants Erfahrungsbegriff. Quellengeschichtliche und bedeutungsanalytische Untersuchungen (Basel–Stuttgart 1970) 13; *Wild* in Kessler/Schöpf/Wild, Erfahrung, 385; *Lehmann,* Erfahrung, 1117.

len und können ihn hier nicht „aufklären". Etwas ausführlicher kommen wir darauf zurück, wo von der „Erfahrung der Gnade" und gar der „Gotteserfahrung" zu handeln ist[20]. Wir müssen nur soviel „aufklären", daß verständlich wird, was gemeint ist, wenn wir im folgenden immer wieder die Analyse der Tradition damit abschließen, daß wir diese auf den Unterschied „zu unserer Erfahrung" befragen und damit unmittelbar die Ausgangsposition für den jeweils neuen Verstehensversuch schaffen. Kurz und etwas ungeschützt gesagt: *Unter „Erfahrung" verstehen wir dabei im folgenden die Gesamtheit unseres Wissens von der Welt und vom Leben des Menschen, sofern es nachprüfbar und „objektivierbar" ist (auch Erfahrungen wie das, was man „Lebensgefühl" nennen könnte, nicht ausgenommen) und sich als solches nachprüfbares und nachvollziehbares Wissen dem Wort der Glaubensüberlieferung so entgegenstellt, daß es dieses zunächst unverständlich und gerade nicht mehr nachvollziehbar zu machen scheint.* Dazu braucht man zunächst nicht viel „graue Theorie", sondern nur ein hellwaches und reflexionsfähiges Erleben der eigenen Zeit und unserer Welt.

Der vergleichende Bezug des Wortes der Tradition auf unsere „Erfahrung" soll also dazu dienen,

– genau den Punkt herauszufinden, wo die überlieferte Glaubensbotschaft konkret zum Problem wird und darum der neue Verstehensversuch einsetzen muß;

– und zu verhindern, daß die Traditionsaussage kurzschlüssig einfach als „zu glauben vorgestellt" wird, Verstehensmöglichkeiten hin oder her.

Es soll und darf also durchaus dahin kommen, daß die Art, wie wir die Welt und uns selbst erleben und wie daraus unsere Fragen aufsteigen, die Tradition derart in Frage stellt, daß eine einfache Rezitation ihrer Aussagen nichts hilft, kein Betroffensein und darum auch keinen wirklich vollzogenen und verinnerlichten Glauben eröffnen kann. Anderseits, und das haben wir ja schon angedeutet, als wir vom „polemischen" Aspekt der „dogmatischen" Methode sprachen, *darf und wird unsere Wirklichkeitserfahrung heute nicht einfach Maßstab und Richter der Tradition sein, sondern auch selbst das zu Messende und zu Beurteilende, das zu Kritisierende und in Frage zu Stellende.* Die Frage kann also bei allen folgenden Problemen gewiß nicht einfach heißen: Was *müssen* wir glauben? Aber sie kann selbstverständlich auch nicht heißen: Was *können* wir heute *noch* glauben?, als ginge es etwa darum, die Aussage der christlichen Botschaft auf unsere „Verstehensmöglichkeiten" zurechtzuschneiden. Die Frage kann nur lauten: *Was müssen wir uns einfach einmal sagen lassen?* Damit diese Frage randscharf wird, muß zuerst der *Widerstreit,* die Unverrechenbarkeit, ja die „Unmöglichkeit" eingesehen werden, die Botschaft des Glaubens in die Realitäten unserer Welterfahrung harmonisch einzuordnen. Erst im Eingeständnis und in der Reflexion dieses Widerspruchs – theologisch und biblisch geredet: in der Klarstellung des Ärgernisses und der Torheit des Kreuzes! – kann deutlich

---

[20] W. u. im 16. und 17. Kapitel.

werden: Hier bin ich nicht in dem, was ich ohnehin schon denke und verstehe, bestätigt und beruhigt, sondern im Gegenteil zur Rede gestellt. Erst dann kann auch, gerade in der heilsamen Ent-täuschung unserer „Erfahrung", aufgehen, daß mir im Wort der Tradition ein Angebot des Heiles, eine Wegweisung aus den Heillosigkeiten eben dieser „Erfahrung" heraus geschenkt wird.

Der Rest ist der Glaube selbst – oder die Zurückweisung des Glaubens. Beides ist „unverfügbar", wie man gern sagt, das heißt: es ist eine Freiheitstat und als solche kein bloßer Akt theologischer Reflexion, und wäre er noch so schlüssig. Die Theologie, die systematische nicht ausgenommen, kann den Glauben so wenig machen wie die Kirche und ihre Institutionen es können. Aber sie trägt mit an der Verantwortung dafür, daß das eine Wort der Tradition in immer neuen Verstehensversuchen immer so ausgerichtet werden kann, daß dem, der sich darauf einläßt, deutlich wird: *Ich bin der Mensch, ich bin gemeint.*

5. KAPITEL
DER MENSCH IN DER SÜNDE IM VERSTÄNDNIS DER TRADITION

I. Das Alte Testament

LESEEMPFEHLUNG: Knierim, Die Hauptbegriffe für Sünde im AT

Wenn wir in diesem Kapitel das Verständnis vom Sündersein des Menschen in der Tradition betrachten, um besser verstehen zu können, wie man die Notwendigkeit von „Gnade" begründet hat, dann ist von vornherein klar: Wir können vor Augustinus weder nach der Gnade als innerlichem Wirken Gottes im Menschen noch nach so etwas wie „Verderbnis der Natur" im präzisen augustinischen Sinne fragen[1]. Wenn wir in der *Schrift* nach dem Grund der Notwendigkeit von Gnade fragen, so heißt dies nichts anderes als: Was sagt das biblische Zeugnis über die Verfassung des Menschen, derzufolge er *Christus* nötig hat? Damit ist genau nach dem Tatbestand gefragt, den die spätere Theologie unter dem Stichwort „Naturverderbnis" (natura corrupta) gedeutet hat. Für das Neue Testament, besonders für Paulus, auf den wir uns verabredungsgemäß konzentrieren wollen, ist die Antwort eindeutig: Der Mensch braucht Christus, weil er Sünder ist. Aber schon Jesus selbst drückt sich noch nicht so aus[2], und

---

[1] Vgl. w.o. 3 I 1–4.
[2] Nach Jesus hat der Mensch die Ankunft des *Reiches Gottes* nötig – worüber jedes neuere Jesus-Buch Auskunft gibt. Wenn heute unter der Herausforderung neuer gesellschaftlicher und politischer Pro-

erst recht nicht das Alte Testament. Wie schon beim Begriff „Gnade" überhaupt[3], so können wir auch hier nur im Rückblick nach der Sache fragen. Für das Alte Testament kann die Frage nur lauten: *Weshalb braucht der Mensch das unverdiente Erbarmen Gottes?*

1. Sünde

Drei hebräische Worte sind es, die hauptsächlich den Bereich jener Handlungen erfassen, die der spätere theologische Begriff „Sünde" meint, nämlich ḥaṭa' (חָטָא), paša' (פָּשַׁע) und 'awah (עָוָה). Die Grundbedeutung von ḥaṭa' ist: verfehlen (zum Beispiel ein Ziel, eine Norm), sich verfehlen, fehlgehen. Die Grundbedeutung von paša' ist brechen, abbrechen (zum Beispiel eine Gemeinschaft), verbrechen. Die Grundbedeutung von 'awah ist beugen, krümmen, sich krümmen, sich verkehren, verkehrt sein[4]. Dementsprechend bedeuten die zugehörigen Substantive Verfehlung (ḥeṭ', חֵטְא) Verbrechen (peša', פֶּשַׁע) und Verkehrtheit ('awon, עָוֹן). Schon der lexikalische Befund zeigt also, daß „im Alten Testament von Sünde nicht im Sinn und aufgrund einer zeitlos gültigen theologischen Doktrin geredet wird ..."[5]. Es gibt keinen „Oberbegriff" Sünde, dem etwa die drei genannten Begriffe unterzuordnen wären. Die sofortige methodische Konsequenz: Wir müssen uns hüten, die einschlägigen alttestamentlichen Aussagen durch die Brille einer theologischen Lehre von „der Sünde" zu lesen, die späteren Ursprungs ist. Diese Konsequenz erhärtet sich, wenn wir noch näher zuschauen.

Alle drei Begriffe kommen, zumal in den frühen Stadien ihrer begriffsgeschichtlichen Entwicklung, auch im profanen Sinne vor. Sie werden aber ziemlich früh, und dies in festen Formeln und Wendungen, in den Bereich fester Gemeinschaftsverhältnisse und Institutionen und auf *diesem* Wege in sakralrechtliche und theologische Zusammenhänge hineingenommen. Der „Sitz im Leben" ist dann zum Beispiel „der Unterwerfungsakt und das Sündenbekenntnis des einzelnen, das Bußbegängnis des Volkes, der überführende Jahwespruch im Sakralgericht, die Priestertora, die Predigt[6]", die Bitte um Vergebung, die Gerichtsankündigung, der Vergebungszuspruch und ähnliche Situationen. Ḥaṭa'

---

bleme der Reich-Gottes-Begriff neue, besondere Aktualität gewinnt, dann nicht zuletzt geradezu im Namen eines Paulus entgegengesetzten Jesus und im Widerstand gegen einen (vorgeblichen) Sünden-Individualismus des Paulus. Zur Sache vgl. jetzt *T. Koch,* Gesellschaft und Reich Gottes, bes. 12–33; umfassend zum Thema „Jesus und Paulus" vgl. *Blank,* Paulus und Jesus, bes. 185–303; *ders.,* Paulus, 15–41; 69–85; *Jüngel,* Paulus und Jesus, bes. 263–284.

[3] Vgl. w.o. 3 I 1.

[4] Vgl. zum Folgenden auch den (auf *Knierim* gestützten) Überblick bei *Böckle,* Fundamentalmoral, 113–118; und, nach wie vor, *von Rad,* Theol. des AT, bes. I 157–162; 261–271 (s. auch II, Sachregister, Stw. Sünde); sowie *N. Lohfink,* Befreiung (= Unsere großen Wörter, 92–110); *ders.,* Gewalt (= aaO 209–224); und jüngst *Braulik,* Gesetz als Evangelium.

[5] *Knierim,* aaO 184.

[6] *Knierim,* aaO 55.

meint dann etwa, eine Pflicht des Gemeinschaftsverhältnisses verfehlen, paša'
bedeutet, sich selbst „wegbrechen" aus der Gemeinschaft, „brechen mit" einer
Person oder der Gemeinschaft, 'awah besagt, verkrümmt, gebeugt, verkehrt sein,
anders sein, als man sein soll. Der Übergang in eine direkt theologische, *Gott* in
den Blick nehmende Bedeutung liegt dann nahe: *Jahwe und die Gemeinschaft
mit ihm verfehlen, mit Jahwe brechen, anders sein, als Jahwe will, eben von ihm abgekehrt, ver-kehrt sein*[7].

Selbstverständlich gibt es theologische Akzent- und Gewichtsunterschiede
zwischen den drei Worten. Ḥaṭa' bezieht sich besonders nachdrücklich auf die
objektive Gemeinschaftsnorm. Paša' enthält besonders deutlich das Element des
bewußten Wollens und der subjektiven Intensität. 'Awah wird besonders häufig
im direkt theologischen Zusammenhang verwendet, so daß dieses Wort verständlicherweise die besondere Aufmerksamkeit der christlichen Theologie auf
sich zieht und auch besonders gern einfach mit „sündigen", „Sünde" übersetzt
wird. Dennoch scheitert eine allzu präzise Abgrenzung an der einfachen Tatsache, daß an nicht wenigen Stellen, und quer durch das ganze Alte Testament
hindurch, unsere drei Begriffe (gewiß nach längerer Vorgeschichte) zu einer einzigen Formel zusammenwachsen, in der sie fast synonym werden und sich nur
noch mehr oder weniger pleonastisch verstärken[8]. Spätestens hier müssen wir
einsehen: Es ist unmöglich, irgendeinen lexikalischen Wortsinn dieser drei Begriffe als solchen zum Maßstab dessen zu erklären, was das Alte Testament unter „Sünde" versteht. Was darunter zu verstehen ist, entscheidet sich vielmehr
am jeweiligen Zusammenhang, durch den die Worte ihren genaueren und konkreten Sinn erhalten, genauer: es entscheidet sich an dem (je verschiedenen)
„Sitz im Leben", an dem die Worte gebraucht werden.

Im Blick auf den späteren Sündenbegriff und vor allem im Blick auf dessen
ethische Dimension fällt vor allem dies auf: *Weder der Wortsinn unserer drei Begriffe noch deren Verwendung im Alten Testament hebt die subjektive Verantwortlichkeit des Täters hervor.* Gewiß ist sie vielfach eingeschlossen oder läßt sich im
einzelnen aus dem Kontext der Aussagen erschließen. Aber während nach unserem geläufigen theologischen Sprachgebrauch nur ein bewußtes, verantwortli-
ches und darum zurechenbares Handeln „Sünde" genannt wird – wir sehen hier
von der Problematik der sogenannten „Erbsünde" noch ab –, werden alle drei
hebräischen Worte auch auf Taten angewandt, deren Verfehlungscharakter dem
Täter nicht bewußt, ja wo sogar die allerbeste Absicht im Spiele ist. Auch wer
nicht Fachmann für alttestamentliche Wissenschaft ist, denkt hier etwa an die einen modernen Leser verwirrende Geschichte von Usa, der in bester Absicht,
aber verbotswidrig die Bundeslade berührt, um sie vor dem Hinfallen zu schützen – und dafür sterben muß (2 Sam 6,6f.). Und jeder Psalmenbeter stolpert

---

[7] Charakteristische Stellen: ḥaṭa: 2 Sam 12,13; Ps 41,5; 51,6; Jer 3,25; 14,7.20; Mich 7,9; Dan
9,5.8.11.15; – paša': Ps 51,5; 103,12; Jer 5,6; Ez 33,10; 37,23; – 'awah: Lev 16,21; 26,40; Ps 32,5;
65,3f.; Jer 14,20. Tabelle aller Stellen bei·*Knierim*, aaO 257–261.
[8] Vgl. Ps 32,5; Jer 14,20.

noch heute über eine Bitte wie etwa Ps 19, 13: „Unbewußte Fehler – wer kann sie bemerken? Von verborgenen Sünden mach mich rein!" *Alle drei Begriffe beziehen sich von Haus aus auf die objektive Verkehrtheit eines bestimmten Handelns, und das Ausmaß der Verkehrtheit hängt allein vom Gewicht des Sachverhaltes ab.*

Die spätere Lehre von der Sünde scheint unter solchen Voraussetzungen im Alten Testament jede Stütze zu verlieren. Doch ist es wohl keine Überzeichnung des Befundes, wenn wir auf vier Elemente hinweisen, in denen das alttestamentliche Sündenverständnis – wenn wir es der Kürze halber einmal so nennen dürfen – in die Zukunft weist.

a) „Sünde" hat immer Gemeinschaftsbezug. Selbst da noch, wo sie in Kategorien des Eigentumsrechtes verstanden wird. Dasselbe Wort pašaʾ kann „Wegnehmen" von Eigentum und „sich wegnehmen", sich entziehen aus der Gemeinschaft bedeuten. In einer eigentümlichen Weise durchdringen sich also hier konkret-sachhafter Tatbestand und Verbundenheit von Personen: Diese wird durch jenen belastet, geschädigt, zerstört.

b) Gemeinschaft unter Menschen und Gemeinschaft mit Gott sind nicht zu trennen. Dasselbe Wort kann die Verfehlung gegen beides ausdrücken. Das bedeutet: es ist objektiv ein gleichartiges Phänomen, wenn man mit Menschen und wenn man mit Gott „bricht". Von der sprachlichen Ebene her sind also alle Voraussetzungen geschaffen, das auszudrücken, was sachlich ohnehin klar ist: Religion und Ethik sind in Israel nicht trennbar. Gott hält Gemeinschaft mit seinem Volk, darum ist ein Verbrechen gegen den Mitmenschen ein Bruch des Bundes mit Gott.

c) Alle drei Worte bezeichnen als solche nicht ein bestimmtes konkretes Verhalten, vielmehr qualifizieren beziehungsweise disqualifizieren sie formal bestimmte Verhaltensweisen, die ihrerseits durch andere Worte ausgedrückt werden müssen. Gibt es auch keinen „Oberbegriff" Sünde, so gibt es doch in diesen drei Worten ein formales Element des späteren Sündenbegriffes: das Element einer allgemeinen Kennzeichnung bestimmter Handlungsweisen hinsichtlich ihres Wertes beziehungsweise Unwertes in den Augen Gottes. Damit ist Entscheidendes erreicht: der anthropologische Grundgegensatz ist nicht, wie man rein bedeutungsgeschichtlich aus unseren drei Worten noch zu schließen geneigt sein könnte, der zwischen Gemeinschaft und Einzelmensch, wobei dann der Anteil subjektiver Bewußtheit auf seiten des einzelnen von besonderem Rang wäre, der anthropologische Grundgegensatz ist vielmehr der zwischen Gerechten und Sündern.

d) Von hierher bekommt ein letztes Element sein Gewicht: *Eigentliche Quelle der Erkenntnis von „Sünde" ist der richtende oder vergebende, auf jeden Fall aufdeckende Offenbarungsspruch Jahwes.* Ob das, was ein Mensch getan hat, ḥetʾ, pešaʾ oder ʾawon ist oder war, klärt das Wort Gottes. Nur so, in der Hörbereitschaft für das Urteil Gottes, wird überhaupt der konsternierende Tatbestand für uns verständlich, daß es auch unbewußte, unbemerkte, ja in subjektiv bester Absicht begangene Verfehlungen geben kann: „Wenn aber Jahwe urteilt, dann zählen auch die unerkannten Sünden."⁹ Hier liegt, wenn überhaupt, die alttestamentliche Wurzel für die Spitzenthese der christlich-theologischen Interpretation der Sünde: daß nämlich mit diesem Begriff letztlich nicht einzelne Taten des Menschen, sondern Sein und Situation des Menschen vor Gott gekennzeichnet werden. Schon hier wird man sich daher an Luthers bekanntes Wort erinnern, daß die Sünde „allein durch den Glauben zu glauben ist" (sola fide credentum est)¹⁰.

2. Folgen der Sünde

Im Rückblick von der späteren christlich-theologischen Tradition her haben wir noch einige Anschlußfragen zu stellen und nach entsprechenden Elementen im Alten Testament zu fragen. Die erste Frage betrifft die „Folgen" der Sünde – und die Antwort ist: *Auf der Linie alttestamentlichen Denkens ist diese Frage nicht sachgemäß.* Das ganzheitliche Denken des Israeliten sieht die „sündhafte" Tat und das, was wir ihre „Folgen" nennen, zusammen. Näherhin ist hier von dem seit den Untersuchungen von Klaus Koch schon sprichwörtlichen „Tat-Ergehen-Zusammenhang"¹¹ zu reden, eine Auffassung, mit der das israelitische Denken tief in Grundvorstellungen des alten Orients überhaupt beheimatet ist. *Einmal getan, sind böse Taten gleichsam selbständige Wirklichkeiten, die den Täter verfolgen, auf ihn zurückschlagen und eine Art Unheilssphäre um ihn verbreiten, die auch der Umwelt des Täters gefährlich wird.* Die bösen Taten umstellen den Menschen wie wilde Tiere (vgl. Hos 5,4; Gen 4,7).

Der Zusammenhang von Tat und Ergehen wird bei den Nachbarvölkern Israels magisch verstanden: Es ist eine Art inwendiges Gesetz der Sache, daß es um Tat und Tatfolgen so steht. Am reinsten kann man diesen magisch verstandenen Tat-Ergehen-Zusammenhang noch in einigen Texten der Weisheitsliteratur spüren. „Wer eine Grube gräbt, wird selbst hineinfallen; und wer einen Stein hochwälzt, auf den fällt er zurück" (Spr 26,27). „In der Sünde eines bösen Mannes liegt eine Falle; aber der Gemeinschaftstreue jauchzt und ist fröhlich" (Spr 29,6). Dieser letztere Text zeigt übrigens, daß der Tat-Ergehen-Zusammenhang in gleicher Weise positiv für die guten Taten einen Menschen gilt. Spezifisch israelitisch ist nun, daß diese Einheit von Tat und Wirkung aus ihrer magischen Selbstgesetzlichkeit gelöst und an Jahwes Herrschaft über das Leben gebunden wird. Gott selbst „überwacht" gleichsam den Tat-Ergehen-Zusammenhang, und wenn er Gericht hält über die Sünde, heißt das nicht, daß er, im modernen Sinne, nach vorgegebener Norm Strafe verhängt, sondern „über Jakob Heimsuchung hält gemäß seinem Wege, gemäß seinen Taten ihm zurückwendet" (Hos

---

⁹ *Knierim,* aaO 248.
¹⁰ WA 56, 231,6; vgl. 229,21 ff.
¹¹ Vgl. die einschlägigen Arbeiten von *K. Koch* im Literaturverzeichnis; ferner *Wilckens,* Der Brief an die Römer I, 233–243; *Janowski,* Sühne als Heilsgeschehen; und schon *Arenhoevel,* Schuld, die ihren Täter sucht.

12,3). Gottes „Zorn" kommt darin zum Ausdruck, daß er an Israel die Unheilsfolge seiner Freveltaten vollstreckt (Hos 12,15). Der einzelne ebenso wie das
ganze Volk werden von Gott im Bann ihrer bösen Taten gefangengehalten –
eben dies ist das Gericht. Diese Auffassung hält sich prinzipiell durch bis ins
Neue Testament und bildet, wie man heute wieder deutlicher erkennt, auch die
Grundlage der paulinischen Rechtfertigungslehre[12]. Wenn man will, kann man
dies schon, im Vergleich zum magischen Verständnis, eine Art „Entmythologisierung" nennen. Richtiger ist wohl, von einer theologischen Rezeption eines geläufigen und von niemand in Frage gestellten Gedankens in den Jahweglauben
zu sprechen – vergleichsweise so, wie die Originalität vieler Gesetze in Israel
nicht in ihrem Inhalt, sondern darin besteht, daß sie im Namen Gottes verkündet und daraufhin gegebenenfalls im Blick auf die besonderen Verhältnisse in
Israel modifiziert wurden[13].

Wer sich ein solches Denken und seine alltäglichen Auswirkungen lebendig
genug vorstellt, begreift, welch befreiende Botschaft, welches wahrhaftige
„Evangelium" es war, wenn in Israel verkündet wurde, daß Gott selbst eine
Möglichkeit der „Entsündigung", der „Sühne" eröffnet hat. Davon wird später
noch zu reden sein[14]. Für unseren Zusammenhang müssen wir dies im Auge behalten: *Die Auffassung vom Tat-Ergehen-Zusammenhang bekräftigt das israelitische Interesse am objektiven Sachverhalt und das Desinteresse am subjektiven
Beteiligtsein des Täters. Von einer zerbrochenen personalen Beziehung zwischen
dem Sünder und Gott als der eigentlichen und entscheidenden Folge der bösen Tat
wird man im Alten Testament nicht sprechen können, noch weniger von dem, was
die spätere christliche Theologie den „bleibenden Zustand der Schuld" (reatus cul-
pae) nennen wird.* Man kann bestenfalls ein solches Schuldverständnis auf der
Fluchtlinie alttestamentlicher Ansätze sehen, sofern es kein anderer als der den
Menschen anredende und in die Verantwortung rufende, also „personale" Gott
ist, der den Tat-Ergehen-Zusammenhang „garantiert" und „überwacht". Wenn
Sünde und Abfall des Volkes beim Propheten Hosea als „Ehebruch" beschrieben werden, auf den Gott zuletzt mit seiner Treue gegenüber dem „ehebreche-
rischen Volk" reagiert, so ist auch dies recht weit entfernt von magischen
Vorstellungsmodellen. Und wie schon von einem christlichen Theologen geschrieben, klingt Ps 51,6: „Gegen dich allein habe ich gesündigt, ich habe getan,
was dir mißfällt." Der christliche Theologe wird immer geneigt sein, in solchen
Texten die Spitze alttestamentlicher Auffassung von der Sünde zu sehen[15] – aber

---

[12] Vgl. w.u. 8 II 1.

[13] Vgl. die (leider gut versteckte) Aufsatzfolge von *Arenhoevel,* Die Gesetzgebung am Sinai; ausführlich: *Boecker,* Recht und Gesetz im AT; ferner wiederum *von Rad,* aaO I, 38–42; 98–100; 193–198;
225–230; 402–424; und jüngst *Smend,* Gesetz – dort S. 145 f. die jüngere Spezialliteratur; auch *Otto,*
Zur Stellung der Frau in den ältesten Rechtstexten des AT; *N. Lohfink,* Pluralismus (= Unsere großen Wörter, 24–43).

[14] W. u. 8 II 2.

[15] Man vgl. einen christlichen Psalmenkommentar zur Stelle, etwa (und besonders charakteristisch)
Deissler, Die Psalmen II, 41–43.

wer genau hinsieht, bemerkt rasch, daß auch sie mühelos in einer Weise zu interpretieren sind, die sich in das vorgegebene Grundverständnis einfügt.

3. Sündenverhängnis

Für den einzelnen Schuldigen und ebenso für die schuldige Gemeinschaft des Volkes ist die mit der bösen Tat geschaffene Unheilssphäre wahrhaftig ein Verhängnis – wie beschrieben. Darum konnte ja auch, nebenbei bemerkt, die Aufbewahrung eines Verbrechers im Gefängnis nie genügen, selbst wenn man Gefängnisse gekannt hätte. Nur die Tötung des Übeltäters konnte den Unheilsherd beseitigen. Aber übergreift dieses Verhängnis den einzelnen beziehungsweise das einzelne Volk, die einzelne Gemeinschaft?

Im Blick auf den radikalen Gedanken des Paulus, der Juden wie Heiden alle zusammen unter der Sünde „verschlossen" sieht (Röm 3,9–19!), drängt sich diese Frage auf. In der Tat blitzt nicht selten im Alten Testament schon die Erkenntnis auf, daß die Sünde ein allgemeines Verhängnis ist – wenn man will also: eine alle Menschen einschließende Unheilssphäre –, die im voraus zur einzelnen Tatsünde (und ihrer Folge) das Leben der Menschen unheilvoll bestimmt. Selbstverständlich nicht als „Existential", als Grundbestimmung menschlicher Existenz im modernen philosophischen Sinne, wohl aber als überall beobachtbare Neigung, ja als Zwang, stets neu sündigen zu müssen. Paulus kann sich an der genannten Stelle dafür gleich auf eine „Blütenlese" düsterer alttestamentlicher Aussagen berufen. Weitere Beispiele sind etwa Gen 6,5 (vor dem Sintflutbeschluß Gottes), Ijob 14,4 („Käme doch ein Reiner her vom Unreinen! Aber nicht einmal einer!"). Und auch Gen 3 erzählt die Geschichte vom Sündenfall, damit darin *jeder* Mensch seine *eigene* Sünde wiedererkennen kann und soll: In „Adam und Eva" werden die je gegenwärtig lebenden Menschen angesprochen[16]. Viele Prophetentexte wären ebenfalls anzuführen[17]. Kein Wunder, daß eine letzte Frage naheliegt und auch immer wieder gestellt wird: Kennt das Alte Testament schon, wenigstens im Ansatz, die spätere Lehre von der „Ursprungssünde" oder „Erbsünde"[18]?

---

[16] Vgl. *Arenhoevel,* Die Ur-Geschichte, 1–7; 54–63; *von Rad,* Das erste Buch Mose, zu 2–3; *O. H. Steck,* Die Paradieseserzählung, 66–73; 98–118; *Westermann,* Genesis 1–11, 37–39; *ders.,* Genesis I, 249–380, bes. 374ff.; umfassende Literaturliste aaO 245–249.

[17] Vgl. z. B. Hos 4,12; Jer 3,17; 6,7; 9,13; 13,23; 16,12; 17,9; Jes 43,27; 1 Kön 8 46; Ps 130,3; 143,2; Spr 20,9; Koh 7,21; Sir 8,5.

[18] Exegeten stellen diese Frage in der Regel nicht, wohl aber die Dogmatiker. Vgl. aber *Scharbert,* Prolegomena eines Alttestamentlers (eine exegetische Hilfestellung zugunsten des Dogmatikers), und *Schoonenberg,* Theologie der Sünde, 143–159 (dogmatischer Neuansatz auf der Grundlage des exegetischen Befundes). Engagierter Bericht über den lebhaften Streit bei *Haag,* Biblische Schöpfungslehre; *ders.,* Die hartnäckige Erbsünde. – Ein Blick in die gegenwärtige, vor allem innerkatholische Diskussion um die Erbsündenlehre muß aus Umfanggründen entfallen; vgl. w.o im Vorwort S. 19 und w.o. 3 I 2 Anm. 11 und 3 I 3 Anm. 28. Darum hier die wichtigste Literatur: *Rahner,* Theologisches zum Monogenismus (= Schriften I, 253–322); *ders.,* Die Sünde Adams (= aaO IX, 256–275); *ders.,* Erbsünde und

Zum Ursprung des Verhängnisses erfahren wir im Alten Testament nur, daß es eben nicht ursprünglich ist. Der uneingeweihte, mit der biblischen Vorstellungs- und Sprechweise nicht vertraute Leser wird aus der Lektüre von Gen 3 zwar immer folgenden Eindruck gewinnen: Die bedrückende Lage der Menschheit wird auf eine Verbotsübertretung Adams und Evas zurückgeführt. Elend und Tod sind die Folge, und zwar für alle Nachkommen Adams und Evas. Ihre Sünde breitet sich lawinenartig aus (Gen 4–11). Aber: „Adam und Eva" sind eben nicht ein historisch vorgestelltes erstes Menschenpaar, sondern *alle Menschen*. In typisch israelitischer Weise projiziert der Autor eine Aussage über die Gegenwart begründend zurück in den Anfang. Der Sinn des Textes ist daher nicht, den *historischen* Ursprung der *damaligen* („ersten") Sünde zu erklären, sondern den *sachlichen* Ursprung der *jetzigen* Sünde. Dieser aber liegt nicht in Gott, auch nicht in einer übermenschlichen Macht, sondern allein im Menschen selbst. Den mythologischen (und damit den Menschen entlastenden) Erklärungen des Unheils bei den Nachbarvölkern Israels hält der Verfasser beziehungsweise Redaktor von Gen 3 die provozierende Auskunft entgegen: *Der Mensch allein ist Quelle des Bösen, und er hat dafür keine Entschuldigung.* Dies ist um so bemerkenswerter, als der Text sehr alt ist und der magisch verstandene Tat-Ergehen-Zusammenhang klar durchscheint: Die Nachkommen Adams und Evas trifft das gleiche Schicksal.

Dieses Verständnis bereitete keine Probleme, solange nur Juden das Alte Testament lasen und interpretierten – denn sie brachten dann dieselben Denk- und Sprachvoraussetzungen mit wie der Verfasser von Gen 3. Das ganze Alte Testament hat daher in den vorhellenistischen Büchern keinen Gebrauch von Gen 3 gemacht, schon gar keinen in Richtung der späteren Idee einer historischen Ursprungssünde. Andeutungen, schwierig in ihrem Sinn zu bestimmen, finden sich erst Sir 25,24 und Weish 2,23 f. – und auch diese stehen neben widersprechenden Aussagen und meinen auf keinen Fall so etwas wie die spätere „Erbsünde". Erst in den – nachchristlichen! – alttestamentlichen Apokryphen und in der rabbinischen Literatur finden wir deutlichere Aussagen[19]. Wir können also davon ausgehen: *Die spätere Lehre von der Erbsünde ist als solche nicht biblisch.* Wir werden noch zu bedenken haben, wie sie entstehen konnte und welche Funktion sie im ganzen der Gnadenlehre ausüben konnte und in einer heutigen theologischen Anthropologie ausüben kann[20].

Evolution; *ders.,* Erbsünde und Monogenismus; *Smulders,* Theologie und Evolution, 208–254; *Schoonenberg,* aaO 143–213; 225–230; *Weger,* Theologie der Erbsünde; *Baumann,* Erbsünde?; *Scharbert,* aaO; *Scheffczyk,* Wirklichkeit und Geheimnis der Sünde; bes. 127–191; *Auer,* Die Welt – Gottes Schöpfung, 523–556; *Schoonenberg,* Der Mensch in der Sünde (= Ms II, 845–941), 886–938; *Schmaus,* Der Glaube der Kirche III, 294–356; *H. Häring,* Die Macht des Bösen, 219–265. Zum Urteil gegenwärtiger evangelischer Theologie vgl. jetzt *Fischer,* Der Schuldbegriff im Kontext heutiger theologischer Anthropologie (= HChrE III, 160–180), 167–174.

[19] Vgl. Kurzinformation und Literatur in LThK III (1959) 966 *(Josef Blinzler)* und bei *Westermann,* Genesis 1–11, 37 f.

[20] Vgl. w. u. III 3; IV 3; V 2; VI 1–2; 7 III 1–2.

Es scheint also, daß die *Verschlossenheit aller Menschen unter der Sünde,* also *die Vorform der Erbsündenlehre,* ganz entschieden erst bei Paulus gedacht wird. Wagte das Alte Testament diesen Gedanken nicht, obwohl es doch an Pessimismus in bezug auf den Menschen nicht fehlt? Kann man ohne den klaren Glauben an *geschehene* Erlösung und „Sühne" den ganzen Anblick der Radikalität der Sünde nicht ertragen? War der Optimismus hinsichtlich der Gesetzeserfüllung doch noch zu groß? Gewiß müßige, da „spekulative" Fragen – aber ist es so ganz von ungefähr, daß das Sündenverhängnis erst dem *ganz* aufgeht, der an Christus glaubt, nämlich Paulus, der geradezu von der Universalität der Gnade Christi *zurückschließt* auf die Universalität der Sünde (Röm 1–3; 5!)?

II. Paulus

LESEEMPFEHLUNG: Kuss, Der Römerbrief, 1. Lieferung, 241–275

Wie schon im 3. Kapitel, so konzentrieren wir uns, was das Sündenverständnis im Neuen Testament anlangt, wiederum auf Paulus. In seinen Briefen hören wir die schärfsten Worte über die Sünde, so daß wir für einen systematischen Interpretationsversuch vor der Gefahr einer Verharmlosung in jedem Fall sicher sein dürfen. Eben deshalb wird mit dieser Beschränkung auch dem übrigen Zeugnis des Neuen Testamentes über die Sünde kein Unrecht getan[21].

1. Sünde und Folgen der Sünde

Wenn wir die Aussagen des Apostels über die Sünde und das Sünderdasein des Menschen durchgehen, treffen wir auf einen ähnlichen Befund wie schon beim Begriff „Gnade"[22]. *Das Grundverständnis deckt sich mit dem alttestamentlichen Denken, aber es gibt charakteristische Unterschiede.* Zunächst: Sünde ist nach Paulus die *aktive Übertretung* des göttlichen Gebotes. Das zeigt sich an den vielen aktiven Worten, die er wählt, um die Sünde zu bezeichnen: Übertretung (parabasis, παράβασις), Verbrechen (paraptoma, παράπτωμα), das Böse tun (katergazesthai to kakon, poiein to kakon, κατεργάζεσθαι τὸ κακόν, ποιεῖν τὸ κακόν). Man denke auch an die Lasterkataloge. „Die solches *tun,* werden das Reich Gottes nicht erben" (Gal 5,21). Konkreter Bezugspunkt dieses bösen Tuns ist das Gesetz: Sünde ist Übertretung der Gebote des Gesetzes (z. B. Röm 4,15; 5,14; und schon 2,23.25). Dennoch verweist das Stichwort „Gesetz" auch schon auf die Unterschiede:

---

[21] Zu Paulus vgl. *Wilckens,* Der Brief an die Römer, I, 121–137; 142–153. Zum übrigen NT vgl. den Überblick und die Literatur bei *Böckle,* Fundamentalmoral, 118–121; und *Schnackenburg,* Die sittliche Botschaft des NT, Register, Stw. Sünde.
[22] Vgl. w. o. 3 I 2.

a) Die soeben angeführten Stellen sind bei Paulus Nebenlinien des Gedankens. Die Hauptlinie ist bekanntlich: Das Gesetz ist zwar gut und von Gott – so jedenfalls im Römerbrief, während Paulus noch im Galaterbrief das Gesetz in Gegensatz zu Gott zu bringen suchte; vgl. Gal 3,19–24 mit Röm 7,7–25[23]. Aber das Gesetz beziehungsweise seine Befolgung haben faktisch nicht das Heil gebracht. Genauer: es ist nie wirklich und lückenlos befolgt worden und konnte daraufhin *Mittel zum Heil nur sein, indem es zuvor und zunächst ein Faktor des Unheils wurde.* Es brachte die Sünde zum Bewußtsein und mehrte sie, und so wurde es der „Pädagoge" auf Christus hin, und zwar nicht der weise Erzieher im modernen Sinne, sondern der stets mit der Rute gegenwärtige „Zuchtmeister", ein Sklavenamt in der antiken Familie (Gal 3,24). Dies ist *nun* Gottes heilsgeschichtliche Absicht mit dem Gesetz – oder, nach dem Galaterbrief: Gottes heilsgeschichtliche Zulassung. Nur wer die Ohnmacht zur Gesetzeserfüllung und darum den Fluch des Gesetzes erfährt, begreift, daß er Sünder ist. Und nur, wer begreift, daß er Sünder ist, kann verstehen, was die Gerechtigkeit bedeutet, die durch das Evangelium offenbar ist. Paulus drückt es so aus: Die Sünde „bediente" sich des Gesetzes und „tötete" durch das Gesetz (Röm 7,8f.11.13f.).

b) *Unter den vielen Sünden gibt es die Grundsünde: die bewußte und freiwillige Abkehr von Gott, den Ungehorsam, die Verweigerung der Gott geschuldeten Ehre* (Röm 1,24–32). Solche Frage nach der Grundsünde ist zwar auch dem Alten Testament nicht fremd – man denke an die Präambel des Dekalogs und die Grundalternativen zwischen Gehorsam und Abkehr im Deuteronomium. Doch bekommt diese Frage bei Paulus dadurch einen höheren Stellenwert, daß infolge der Unheilswirkung des Gesetzes im ganzen der Katalog der Einzelsünden *als solcher* an Bedeutung verliert. *Alle* Sünden sind *vor allem* Verweigerung der Ehre an Gott.

b) Offenbar im Zusammenhang mit dem Bestreben des Paulus, hinsichtlich der Sünde den Unterschied zwischen Juden und Heiden vollkommen aufzuheben, wird die *Sünde wie eine persönliche Macht* beschrieben, die – die Gleichheit der Terminologie ist frappierend! – wie Gott eine „Herrschaft" (basileia, βασιλεία) hat, die einerseits von außen den Menschen gefangen nimmt und andererseits im Menschen selbst (in seinen „Gliedern": Röm 6,13) einen Stützpunkt hat. Auf dieser Linie schildert Paulus die bleibenden Folgen böser Taten höchst drastisch (Röm 1!). Man *verfällt* der Sünde, ist Sklave der Sünde, gibt ihr seine Glieder als Kampfmittel hin.

Vergleicht man diese drei Eigentümlichkeiten der paulinischen Auffassung von der Sünde mit dem alttestamentlichen Befund, dann zeigt sich *Kontinuität in*

---

[23] Der exegetisch nicht „betriebsblinde" Systematiker hat den Eindruck, daß die Neutestamentler diesen Unterschied gewöhnlich verschleifen, und zwar zugunsten des Galaterbriefes! Unbewußte Nachwirkung Luthers? Jüngste Ausnahme von der Regel: *Wilckens,* Die Entwicklung des paulinischen Gesetzesbegriffes. „Harmonistisch" dagegen *Mußner,* Der Galaterbrief, 188–204. Dort jeweils auch die Gegenstimmen aus der exegetischen Diskussion. Bezeichnenderweise folgt der lutherische Systematiker *Ebeling* der üblichen neutestamentlichen Praxis: Die Wahrheit des Evangeliums, 257–268.

der Differenz und umgekehrt. Beide Male überführt Gott den Menschen seiner Sünde – aber der überführende Gottesspruch bezieht sich im Alten Testament auf (offenkundige oder verborgene) Verfehlungen gegen das Gebot als Ausdruck des Gemeinschaftswillens Gottes, bei Paulus dagegen ist dieses Gebot selbst der aufdeckende Gottesspruch, und man würde ihn gerade mißverstehen, wenn man ihn nach Lage der Dinge als praktische Wegweisung zur Gerechtigkeit vor Gott auffassen wollte. Beide Male ist „Sünde" – in allen terminologischen Varianten – formal einheitliche Disqualifizierung des menschlichen Verhaltens vor Gott. Aber die einzelnen Taten werden bei Paulus auch ihrem objektiven Sachverhalt nach geradezu bedeutungslos im Vergleich zur grundlegenden Selbstverweigerung des Menschen vor Gott. Beide Male überwacht Gott selbst den Tat-Ergehen-Zusammenhang. Aber die Unüberwindlichkeit der Sünde selbst, der nicht zu behebende „Verlust der Herrlichkeit" (Röm 3,23), nicht deren vernichtender Rückschlag auf den Menschen ist jetzt die „Unheilssphäre", die den Menschen umgibt und die er verbreitet. Dies hängt unter anderem damit zusammen, daß, ausweislich der heutigen Exegese, Paulus auf der Linie der Apokalyptik die endgültigen vernichtenden Folgen der Sünde „eschatologisiert", sie also in das Endgericht verlegt, wo sie – ebenso wie die guten Taten des Menschen – „aufgespeichert" und verwahrt sind[24].

Alles zusammengenommen wird man nichts überzeichnen, wenn man bei Paulus, trotz aller nach wie vor wirksamen mythologischen Vorstellungsmodelle, schon von einer beträchtlichen „Personalisierung" des Sündenverständnisses spricht. Das Gesetz als Unheilsfaktor kann man nur im persönlichen Ringen um seine Erfüllung erfahren; die Frage nach der Grundsünde ist die Grundfrage nach der eigenen Situation vor Gott; und die Erfahrung gespaltener Existenz im Verfallensein an die Sünde (Röm 7 – wie auch immer interpretiert[25]) ist mehr als die Benennung objektiver Schuldtatbestände. Sie ist Reflexion auf das Ich vor Gott. Lernt wirklich erst bei Augustinus „das Ich sprechen" (W. von Loewenich[26])?

2. Das Verhängnis der Sünde

Schon der Gesetzesbegriff („Die Sünde bedient sich des Gesetzes …") weist in die Richtung, daß „die Sünde" etwas ist, was nicht nur der einzelnen sündigen *Tat,* sondern auch dem einzelnen *Sünder* vorweg ist. Der Mensch – abgesehen von Adam – wird nicht erst Sünder im Laufe seines Lebens, er *ist* schon Sünder von Anfang an. Juden wie Heiden sind unter der Sünde (Röm 3,9; 7,14), alle ha-

---

[24] Vgl. *Wilckens,* Der Brief an die Römer I, 128–131; 236–241, gestützt vor allem auf *K. Koch* (s. Anm. 11).
[25] Jüngster auslegungsgeschichtlicher und wirkungsgeschichtlicher Durchblick bei *Wilckens,* aaO II, 62–117, vor allem 97 ff.
[26] *von Loewenich,* Augustin, 10.

ben gesündigt (Röm 3,23), alle sind von Anfang an Sünder (Röm 5,19). Gerade wo es um die Sünde als Verhängnis geht, redet Paulus trotz aller schon erreichten Spiritualisierung und Personalisierung von der Sünde wie von einer persönlichen Macht. Sie ist eine machtvolle Tyrannin, die durch Adams Tat zur Herrschaft gelangt ist. Von innen her setzt sie im Menschen mit ihrer Gewalt an, denn sie *wohnt* im Menschen (Röm 7,17.20). Ob diese personifizierende Redeweise nur Bild ist oder mehr, hängt davon ab, wie man den Einfluß der gnostischen Aionenlehre auf Paulus einschätzt[27]. Sicher ist nur: *Paulus versteht die Sünde als eine überpersönliche, dem Einzelwillen des Menschen nur noch geringe Möglichkeiten lassende Macht (Röm 7,25f.!).* Ihr sind alle verfallen, die nicht an Christus glauben. Ihre Macht ist also nicht lokal begrenzt und auch nicht zeitlich – etwa durch Christus – einfach abgetan. Vielmehr geht ihre Macht durch die Existenz des Menschen hindurch – ohne daß dies zur Entschuldigung für ihn würde. *Rettung aus der Sünde ist daher nur möglich, indem ein Machtwechsel stattfindet* – indem also eine andere überpersönliche Macht die Macht der Sünde so bricht, daß diese Entmachtung der Sünde erst in einer persönlichen Entscheidung zum Ziel kommt. Diese Entscheidung ist der Glaube, der, wenn er Glaube ist, den Kampf gegen die Sünde aufnehmen muß, aber auch kann (Röm 6; Gal 5–6!).

Diese Sündenmacht verkehrt den lebenschaffenden Sinn des Gesetzes ins Gegenteil. So gehen Sünde als Tat und Sünde als Verhängnis manchmal unmerklich ineinander über (z. B. Röm 3,23; 5,12 d.16.19; 4,25 u. a.).

3. Erbsünde?

Das Verhängnis der Sünde wird zurückgeführt auf „Adam" (Röm 5,12 ff.). Die Deutung dieser Stelle ist schon exegetisch, erst recht aber im Zusammenhang mit der dogmatischen Lehre von der Erbsünde sehr umstritten – wegen des eph' ho (ἐφ' ᾧ) in Röm 5,12, das die lateinische Bibelübersetzung bekanntlich mit „in quo" übersetzt und dadurch allen erdenklichen Spekulationen das Tor öffnet, wie wohl „alle" „in Adam" gesündigt haben sollen. Übereinstimmung herrscht heute jedoch in folgenden Punkten[28]: *Paulus hat keine „Erbsündenlehre" oder gar eine Theorie von deren Übertragung im Sinne der dogmatischen und theologischen Tradition von Augustinus bis zum Trienter Konzil und bis vor unsere Gegenwart.* Doch sind *seit* und im *Zusammenhang* mit Adam – den auch Paulus mit dem hellenistischen Judentum als historisch ersten Menschen versteht – auf jeden Fall *alle* Menschen unter der Herrschaft der Sünde verschlossen, sind ge-

---

[27] Vgl. *Conzelmann*, Der 1. Brief an die Korinther, 338–342; *Gnilka*, Der Philipperbrief, 211–218; *ders.*, Der Epheserbrief, 33–45; *ders.*, Der Kolosserbrief, 164–166.
[28] Vgl. vor allem die katholischen Kommentare zu Röm 5,12–20 und die den katholischen Fragen geöffneten evangelischen Kommentatoren, also *Schlier, Wilckens, Kuss;* vgl. ferner den exegetischen Diskussionsbericht bei *Baumann,* Erbsünde?, 212–231.

setzlos, das heißt: gottlos, dem Zorn Gottes verfallen, und sie wären es unrettbar, wenn Gott nicht den „zweiten Adam" gesandt hätte. Das Entscheidende jeder *Erb*sündenlehre fehlt aber bei Paulus: daß nämlich diese Sündigkeit auch schon von unmündigen, zur persönlichen Sündentat noch unfähigen Kindern ausgesagt werden muß. Im Gegenteil, wenn das umstrittene eph' ho in Röm 5,12 korrekt mit „weil" wiederzugeben ist, dann liegt Paulus sogar eher auf der Linie des später in Trient verurteilten Erasmus von Rotterdam, denn wie nach dessen Lehre, so sind auch nach Paulus alle Menschen – zwangsläufig! – zu Sündern geworden, indem sie sündigten *wie* Adam, seine Sünde also „nachahmten". Wie aber kommt Paulus dann dennoch dahin, die lückenlose *Universalität* des Sündenverhängnisses zu behaupten? Warum ist es voll und ganz auszuschließen, daß auch nur ein einziger Mensch *nicht* in die Fußstapfen des Ursünders Adam getreten ist?

4. Christus als Erkenntnisquelle

Für das richtige Verständnis der Theologie der Sünde bei Paulus ist entscheidend, daß der Apostel alles, was er zu diesem Thema sagt, nur im Blick auf Christus erkannt und erhärtet hat. Wie zufällig – die wichtigsten Einsichten fließen Paulus oftmals wie zufällig in die Feder! – spricht Paulus einmal das „Axiom" seiner Sündenlehre und überhaupt seiner theologischen Anthropologie aus: „Käme durch des Gesetzes Werke die Gerechtigkeit, so wäre Christus umsonst gestorben" (Gal 2,21). *Weil die christliche Predigt sagen muß, daß Christus allein endgültig Gerechtigkeit, Heil und Leben gebracht hat, muß Paulus an dem „Nachweis" gelegen sein, daß vor und ohne Christus alle Menschen einer gnadenlosen Macht der Sünde ausgeliefert waren.* So verläuft auch die Argumentation von Röm 5: Von der universalen Heilsbedeutung des zweiten Adam wird auf die universale Unheilsbedeutung des ersten Adam geschlossen. Parallelen zu gnostischen, alttestamentlichen und rabbinischen Gedanken (Mythos vom Ur-Mensch – vgl. auch in 1 Kor 15!) brauchen gar nicht bestritten zu werden. Sie sind im einzelnen und vor allem in ihrem Einfluß schwer zu bestimmen. Doch hängt die Ausgangsposition, in deren Dienst Paulus die fraglichen Elemente seiner Vorlagen nimmt, nicht von diesen Vorlagen ab. Der tragende Grund der Argumentation, in deren Dienst alle sonstwie interpretierenden Gedanken genommen werden, ist das Grundereignis des Glaubens an Christus als den alleinigen Erlöser. Diese Argumentationsstruktur ist von bleibender Bedeutung bis heute – und, das sei schon vorweggenommen, der einzige tragfähige Ansatz, um auf katholischer Seite in der neueren Debatte um die Erbsünde[29] und auf evangelischer Seite in der Frage nach dem reformatorischen Zeugnis über die radikale Sündigkeit des Menschen[30] weiterzukommen.

---

[29] Vgl. die Hinweise w.o. Anm. 18.
[30] Vgl. dazu *Pesch,* Theol. der Rechtfertigung, 77–106; vgl. w.u. V.

Die Verfallenheit an die Macht der Sünde, die Verschlossenheit unter der Sünde steht bei Paulus an der Stelle, wo einerseits das Alte Testament Ansätze einer Überzeugung vom universalen Verhängnis der Sünde zeigt, und wo anderseits die spätere Theologie in anthropologischen und metaphysischen Kategorien von der „Verderbnis der Natur" (nämlich des Menschen) spricht. Es steht also ganz ähnlich, wie wir es schon im 3. Kapitel beobachten konnten: *Wie die Gnade, so ist auch die Sünde eine Machtsituation, die den Menschen umgibt, in der und unter der er lebt – und in der Folgezeit wird daraus ein Sachverhalt im Menschen selbst.* Aus einer mythologischen Vorstellung (mit beträchtlichen Elementen einer „Entmythologisierung") wird ein anthropologischer Begriff. Dennoch kennt Paulus *eine* anthropologische Konkretisierung der Sünde, die wiederum im Alten Testament zumindest noch nicht in dieser Schärfe artikuliert worden ist: *den Tod.* Als leiblicher Tod ist er das äußere Symptom des Verhängnisses. Zwar gibt es auch eine „wertneutrale" Rede vom Tod bei Paulus (1 Kor 15,53; 2 Kor 5,4; 4,11; Röm 6,12; 1 Thess 4,13; u.a.). Doch kann das Gewicht der Stellen, die den Tod als Folge und Wirkung der Sünde (Röm 5,12 u.ö.) und des Gesetzes (Röm 7,9f.) kennzeichnen, nicht übersehen werden. Und in Röm 7,23f. kommen alle Unheilsfaktoren in ihrer wechselseitigen Beziehung, wie Paulus sie sieht, zusammen: Leib, Fleisch, Sünde und Tod.

III. Die Zweite Synode von Orange (529)

Leseempfehlung: Scheffczyk, Urstand, Fall und Erbsünde, 104–239

1. Die Texte

Es ist hier nicht der Ort, ausführlich die Geschichte jener zweiten Synode von Orange zu erzählen, die man in der Kirchengeschichtsschreibung wohl nur deshalb keinen Skandal nennt, weil sie Augustinus für das Abendland, für die Kirche gerettet hat – und die man einen handfesten Skandal zu nennen keinen Augenblick zögern würde, wenn ihr Ausgang ein anderer gewesen wäre[31]. Hier kann es nur um ihre Sachaussagen gehen.

Es ist unmöglich, weil anachronistisch, die Texte von Orange – wie wir sie im folgenden nennen wollen – wegen des Bestätigungsschreibens von Papst Bonifaz II. vom 26. Januar 531 als eine „Definition" im strengen katholischen Sinne einer dogmatischen Lehrentscheidung zu verstehen. Formell bestätigt der Papstbrief nur die „Confessio *vestra*", also das angefügte Glaubensbekenntnis des Caesarius, nicht eigentlich die canones. Und auch dieses „Bekenntnis" faßt

---

[31] Kurzinformation bei *H. J. Vogt* in HKG II/2, 297–302; vgl. ferner *Pesch/Peters,* Einführung, 34–40. Zur augustinischen Lehre von der Sünde vgl. jetzt *H. Häring,* Die Macht des Bösen, 137–218.

der Papst noch einmal selbst zusammen: „… daß der Glaube, durch den wir an Christus glauben, ebenso wie alle Güter jedem einzelnen Menschen aus dem Geschenk der Gnade von oben (supernae gratiae) kommt, nicht aus der Kraft der menschlichen Natur … daß der Glaube … durch die zuvorkommende göttliche Gnade gewährt wird – auch, daß es nichts Gutes in bezug auf Gott gibt, das einer ohne Gottes Gnade wollen oder beginnen oder tun oder vollenden könnte…"[32] *Wenn* die Texte von Orange „Dogma" wären, dann könnten nach allen formalen Auslegungskriterien höchstens diese Sätze als solches angesehen werden.

Dennoch steht auch in diesen Sätzen schon „genug" drin. Sind sie auch keine „Definition", so besteht doch ihre bleibende Bedeutung darin, daß sie in allen entscheidenden Punkten ein Textdosier sichern, das man gut und gern als die Quintessenz der augustinischen Gnadenlehre bezeichnen kann.

So kann man also die Texte von Orange trotz ihrer fast 800jährigen Vergessenheit kaum überschätzen. Daher beziehen wir sie hier und im weiteren Verlauf unserer Überlegungen jeweils ein als die Gestalt, in der die augustinische Gnadenlehre kirchlich rezipiert worden ist und geschichtswirksam wurde. Und zu dieser Geschichtswirksamkeit gehört auch noch das Vergessen, denn nur so konnte ja Luther die augustinische Gnadenlehre „wiederentdecken" und dadurch direkt die Kirche seiner Zeit an ihre eigene große Tradition erinnern. Was sagen die Texte von Orange über den Menschen in der Sünde?

2. Sünde und Folgen der Sünde

Die Texte spitzen das paulinische Verständnis von der Sünde unter dem Druck der Kontroverse mit Pelagius, den Pelagianern und schließlich den Semipelagianern zu und drücken sich zugleich in der Sprachgestalt dieser Kontroverse aus, das heißt: Sie kreisen um die Gegensätze „Natur–Gnade" und „Unfreiheit–Freiheit". Mit „Natur–Gnade" wird der biblische Gegensatz „aus uns selbst – aus Gnade" „übersetzt" (besonders bezeichnend: DS 375 und 377, auch 376 und 378). „Unfreiheit–Freiheit" gibt den biblischen Gegensatz „Knechtschaft–Freiheit" wieder.

Die Zuspitzung der Kontroverse führt dazu, daß man von der aktiven Einzelsünde überhaupt nicht mehr redet, vielmehr nur vom Sündenverhängnis. Nur das, was man durch die Kraft der Gnade wieder Gutes tun kann, wird auch im einzelnen beschrieben (DS 376 f.). Das Gedankengefälle ist also im Vergleich zum Alten Testament und selbst zu Paulus umgekehrt. Der Weg geht nicht von der Einzelsünde über deren Folgen zur Erkenntnis eines alle erfassenden Sündenverhängnisses, vielmehr vom Sündenverhängnis und dessen Universalität zur Einzelsünde. Auf dieser Linie müssen wir folgende Aussagen der Texte von Orange festhalten:

---

[32] DS 399 – fehlt bei NR.

a) Der *ganze* Mensch ist durch Adams Sünde „zum Schlechteren verwandelt", das heißt: nach Seele und Leib ist er von der Sünde getroffen – und nicht etwa nur dem Leibe nach. Die Freiheit (libertas) der Seele bleibt dem Menschen *nicht,* und das Gegenteil zu sagen ist „pelagianisch" (DS 371; 385).

b) Nicht nur Adam, sondern seine gesamte Nachkommenschaft ist von der Sünde betroffen, sie leidet nicht nur denselben leiblichen Tod, sie wird gewissermaßen in seine Schuld hinein geboren, seine Schuld geht auf sie über (DS 372).

c) Der freie Wille ist in ausnahmslos allen Menschen derart geschwächt, daß keiner auf sich allein gestellt die Geheimnisse des ewigen Heiles suchen und erlangen kann (DS 378; 383). Von sich aus hat der Mensch „nur Lüge und Sünde" (DS 392).

d) Der freie Wille (liberum arbitrium) ist so geschwächt, daß ihm weder Gottesliebe noch entsprechende Werke ohne die zuvorkommende Gnade Gottes möglich sind. Auch der Glaube der Väter, von Abel angefangen, war nur durch Gottes *Gnade* möglich (DS 396).

e) Mithin verdankt es sich schon der Gnade, wenn ein Mensch Gott um Gnade anruft, wenn er rein werden will, zu glauben anfängt, nach der Taufe verlangt, sich nach dem göttlichen Erbarmen sehnt, irgendein heilsbedeutsames Gutes wählt und tut (DS 373–377; 386).

· f) Auch beim Gerechtfertigten macht allein Gottes Hilfe es möglich, das Böse zu meiden, das Gute zu bewahren, „Verdienste" zu erwerben (DS 379f., 388). Was auch immer er Gutes zuwege bringt, es kommt von Gott (DS 389–393).

3. Sündenverhängnis und Erbsünde

Die Universalität des Sündenverhängnisses ist hier nicht mehr nur angedeutet oder erschlossen wie noch bei Paulus, sondern ein festes Lehrstück, das stark betont wird („alle", „ohne Ausnahme" usw.). *Von diesem Sündenverhängnis wird sogleich in Gestalt einer Lehre von der Erbsünde geredet.* Das ist echt augustinisches Erbe, freilich hat Augustinus diese Lehre nicht erfunden, sondern nur weiter ausgebaut. Wir sahen schon[33]: Die stärksten Ansätze hat Tertullian mit seiner Auffassung von der Sünde, die im Menschen, von Adam her, „gewissermaßen natürlich" geworden sei. Sie fand aber zunächst wegen des herrschenden ethischen Optimismus in der frühen Kirche und wegen ihrer augenscheinlichen Verschwisterung mit gnostischen Theorien wenig Kredit und wurde vor allem in der Ostkirche noch zur Zeit Augustins rundweg abgelehnt. Augustinus aber greift sie auf und zwar – wie es von den Eckpfeilern seiner Gnadenlehre überhaupt gilt – schon vor dem pelagianischen Streit. Grundlage ist zunächst ein Argument aus der kirchlichen Praxis: In Afrika ebenso wie in anderen Regionen der Kirche hatte sich inzwischen die Kindertaufe durchgesetzt. Wenn die Kin-

[33] W.o. 3 I 3.

der aber „zur Vergebung der Sünde" getauft wurden, dann mußten sie auch „Sünder" sein, oder die Kindertaufe war ein Mißbrauch der Kirche. Da die kleinen Kinder nun noch nicht persönlich gesündigt haben konnten, muß sich ihre Sündigkeit einfach durch die Tatsache erklären, daß sie geboren sind – also Kinder *Adams* sind, durch dessen Ur-Sünde es kommt, daß kein Mensch unberührt von der Sünde ins Leben tritt. Das praktische Argument – der Kirche kann in einer so wichtigen Sache wie der Kindertaufe kein Irrtum zugetraut werden – verbindet sich nun mit dem ebenfalls schon erwähnten grammatischen Mißverständnis des eph' ho in Röm 5, 12. „Adam, *in dem* (in quo) alle gesündigt haben" – unter solchen exegetischen Voraussetzungen war ein intensiver Paulusleser wie Augustinus geradezu gezwungen, eine „Ursprungssünde" anzunehmen, die von Adam, den er als historischen ersten Menschen versteht, auf alle Menschen übergeht. Die weitere Ausgestaltung des Lehrstücks, die die Erbsünde außer mit dem Hochmut rundweg mit der sexuellen Begierlichkeit gleichsetzt – vorsichtiger: fast gleichsetzt –, gehört zu den Punkten, die man in Orange mit Schweigen übergeht, die jedoch den späteren autoritätsgläubigen Lesern Augustins im Mittelalter sehr zu schaffen machen sollten. Übrigens taucht der technische Ausdruck „peccatum originale" in den Texten von Orange beziehungsweise in deren Vorlagen nicht auf. Wohl begegnet die klassische und auch im Mittelalter noch übliche Formel von der „praevaricatio Adae" (das ist die Vulgata-Übersetzung der παραβασις in Röm 5, 14!), sowie die andere Formel, diese „praevaricatio" sei durch einen Menschen auf das ganze Menschengeschlecht „übergegangen" (transiisse) – mit Berufung auf Röm 5, 12.

Die Ausführungen über die „Erbsünde" in den Texten von Orange sind die erste feierliche und g e s c h i c h t s w i r k s a m e kirchenamtliche Stellungnahme zu diesem Thema. Frühere Ausführungen dazu wie etwa auf der Synode von Karthago 418 (DS 223), im sogenannten „Indiculus Coelestini" (DS 239) und auf der Synode von Arles 473 (DS 341) haben demgegenüber nur partikuläre Bedeutung. Die Autorität der Texte von Orange hat dagegen das Lehrstück von der Erbsünde zum Gemeingut der abendländischen Theologie gemacht, so nachhaltig, daß es auch durch die lange Vergessenheit der kirchenamtlichen Grundlagen nicht an Gewicht verlor, vielmehr stets als verbindliche Glaubenslehre angesehen wurde.

4. Der innere Sinn der Erbsündenlehre

Die angedeuteten Hintergründe der Entstehung der Erbsündenlehre erklären freilich noch nicht ausreichend, warum diese so unverzichtbar wurde. Das grammatische Mißverständnis von Röm 5,12 kann ja wohl nicht das ganze Gewicht dieser Lehre tragen. Ebensowenig die Praxis der Kindertaufe – denn diese ist ja einerseits *ohne* eine bereits bestehende Erbsündenlehre entstanden[34], konnte an-

---

[34] Vgl. jetzt *Schneider,* Zeichen der Nähe Gottes, 99 f.

fangs sogar *trotz* Erbsündenlehre abgelehnt werden, wofür gerade Tertullian ein Beispiel ist[35], ist also erst nachträglich mit der sich festigenden Erbsündenlehre in Verbindung gebracht worden[36]. *In den Texten von Orange wird denn auch erkennbar, daß die eigentlichen Argumente für die Erbsündenlehre nicht praktischer oder exegetischer, sondern systematischer Natur sind. Sie zeigen, daß man auch unter den neuen Verstehensvoraussetzungen das paulinische Zeugnis durchhalten will.* Wir lesen etwa: Wer den Verlust der *Freiheit* leugnet, der leugnet *Christus* und den *Heiligen Geist* – wobei man sich auf Joh 6, 44; 15, 5; Mt 16, 17 und 1 Kor 12, 3 beruft (DS 377 f.). Oder: Gal 2, 21 („Denn wenn man durch das Gesetz Gerechtigkeit erlangen könnte, dann allerdings wäre Christus umsonst gestorben") wird in die Natur-Gnade-Terminologie transponiert. Wer also das Heil der *Natur* zuschreibt, der leugnet *Christus* (DS 391; vgl. auch 386, wo ebenfalls Gal 2, 21 zitiert wird). Die Selbstverpflichtung, auf neue Verstehensvoraussetzungen hin zu reden, und die Treue zum paulinischen Zeugnis zeigen sich hier im Bündnis. Wenn man aber unter diesen Verstehensvoraussetzungen nun „weiß", daß der Mensch innerlich (!) seine Freiheit verloren hat und deswegen auf den Willen Gottes in Gesetz und Evangelium gar nicht mehr eingehen *kann;* daß darum die „Natur" des Menschen, die vom Zustand seines Geistes abhängt, „verderbt" ist; wenn Christus und der Heilige Geist *innerlich* wirken müssen, um diese Verderbnis zu heilen, dann ist die Auffassung von einer Sündigkeit, die, wenn nicht *durch* Geburt, so doch *mit* der Geburt, also infolge der Adamskindschaft Realität wird, unausweichlich. Diese Auffassung bestreiten müßte ja heißen (wie Pelagius sagte oder wie man ihn jedenfalls verstand), daß jeder Mensch von Haus aus voll und ganz über seine Freiheit verfügt und höchstens im Laufe seines Lebens sie durch persönliche Sünde verscherzt. Diese Auffassung aber „leugnet Christus", weil dann die Möglichkeit nicht auszuschließen wäre, daß jemand seine Freiheit einmal *nicht* mißbraucht und damit wenigstens die Möglichkeit besteht, daß ein konkreter Mensch nach Adam Christi nicht bedarf. *Will man also unter den anthropologischen Voraussetzungen Augustins den paulinischen Rückschluß von der Universalität und Überschwenglichkeit der Gnade Christi auf die Universalität der „Übertretung" von Adam her durchhalten, dann ist die Auffassung von einer Sünde, die durch leibliche Adamskindschaft auf uns kommt, unausweichlich, allen Folgeproblemen zum Trotz,* die man natürlich auch damals keineswegs übersah, aber als Preis für das unverkürzte *Christus*zeugnis nicht als zu hoch empfand.

Damit ist uns nicht zuletzt auch ein Hinweis für die gegenwärtige Debatte um das Thema „Erbsünde" gegeben, die sich bekanntlich abspielt zwischen den beiden Spannungspolen des Protestes gegen den in der Erbsündenlehre angeblich beschlossenen anthropologischen und ethischen Pessimismus und dem Behar-

---

[35] Vgl. *Tertullian*, De baptismo 18.
[36] Unter dogmengeschichtlichem Aspekt kann man also heute für die Kindertaufe nicht zwingend mit dem Hinweis auf die Erbsünde argumentieren!

ren auf einer unveräußerlichen Aussage der Tradition, die nicht nur als christo-zentrische Sachintention, sondern auch als „Theorie" (einschließlich des darin implizierten paläontologischen Monogenismus) durchgehalten werden müsse. Denn hier, an der feierlichsten altkirchlichen Formulierung der Erbsündenlehre zeigt sich: Im Zuge eines hermeneutischen Aneignungsvorgangs des paulini-schen Zeugnisses von der Radikalität der Sünde entsteht das Lehrstück von der Erbsünde *in Funktion* des Zeugnisses von der Heilsbedeutung Christi. Nicht die Erbsünde als solche beziehungsweise eine Theorie darüber ist wichtig, sondern die in ihrem Verstehensmodell ausgesagte radikale Erlösungsbedürftigkeit des Menschen[37].

5. Unfreiheit und Unheil

Tod und Knechtschaft unter Sünde und Gesetz sind bei *Paulus* der Inbegriff des Unheils. In den Texten von *Orange* und in der augustinischen Tradition ist wie-derum das Gedankengefälle umgekehrt:

Inbegriff des Unheils – dessen, was später mit dem hier noch nicht gebrauchten technischen Ausdruck „Naturverderbnis" bezeichnet wird – ist die Unfreiheit des Willens zu jeglichem Guten. Der Grund ist erkennbar: Würde man nur vom Tod als dem Inbegriff des Unheils reden, dann müßte das die Vorstellung nähren, die Sünde Adams habe nur Folgen für den Leib seiner Nachkommen, nicht aber für die Seele. Die einmal konzipierte Erbsündenlehre zeitigt also ihre eigenen Denk-zwänge und führt zu einer anthropologischen Beschreibung des Unheils als Un-freiheit.

Diese Unfreiheit – der Text spricht sinngleich vom Verlust der „libertas" und vom Verlust des „liberum arbitrium", was im Hinblick auf spätere Probleme im Auge zu behalten ist[38] – ist kein psychologischer oder gar metaphysischer „De-terminismus". Sie bedeutet vielmehr die Unfähigkeit, ohne Gottes Gnade etwas Heilsbedeutsames zu tun. Empirisch-psychologisch wird diese Unfreiheit also nur greifbar in der Tatsache, daß jemand sich *nicht* bekehrt. Umgekehrt ist der erste Schritt zur Bekehrung bereits eine empirische Erscheinungsform der Gnade. Daß die empirischen Phänomene noch einmal zweideutig sind, ist eine moderne Frage, die hier noch nicht zu erwarten steht.

---

[37] Dies ist denn auch der Konsens aller modernen Neuansätze zum Verständnis dessen, was mit der traditionellen Erbsündenlehre bleibend gesagt ist. Vgl. w. o. Anm. 18.
[38] Vgl. w. u. VI 2.

IV. Thomas von Aquin

LESEEMPFEHLUNG: Pesch, Theologie der Rechtfertigung, 468–526

1. Der Ort der Lehre von der Sünde bei Thomas

Wenn wir zunächst nach dem Ort der Sündenlehre in der thomanischen Synthese fragen, so können wir an die Ausführungen des 3. Kapitels anknüpfen[39]. Der Traktat „de peccato" in der Summa Theologiae (im folgenden: STh) ist Lehre von der Sünde des *Christen.* Denn wie erinnerlich, steht er *im Zusammenhang der Lehre vom Handeln des Menschen auf dem Weg zu Gott. Die Lehre von Sünde (peccatum) und Laster (vitium) ist das negative Kehrbild der vorausgehenden Lehre vom richtigen menschlichen Handeln und von den Tugenden (virtutes) als dessen „Prinzipien".* Wenn wir daher fragen, in welcher Situation der Mensch auf die Gnade Gottes angewiesen ist, so sind wir im „Sündentraktat" der STh nicht ganz an der richtigen Adresse. Hier nämlich wird dem *Christen,* der schon in der Gnade Gottes lebt, der negative Spiegel vorgehalten und ihm gesagt, wie er *nicht* handeln darf, wenn er Christ sein und *bleiben* will. Auf der Linie von Paulus und der augustinischen Tradition müßte man bei Thomas eine Einordnung der Lehre von der Sünde nach der Lehre vom alten Gesetz erwarten[40] oder, wie in den Sentenzen des Petrus Lombardus, nach der Lehre vom Urstand[41]. Wir haben früher schon angedeutet, aus welchen Gründen Thomas die Lehre von der Sünde – ebenso wie die von der Gnade – gerade hier einordnet. Die Folge: In dem *so* konzipierten Traktat über die Sünde tauchen „Erbsünde" und „Verderbnis der Natur" nur als „Ursache der Sünde" (causa peccati) einerseits und als „Wirkung der Sünde" (effectus peccati) anderseits auf[42]. Ebenso folgerichtig holt Thomas aber die Gedankenführung der Texte von Orange in der *Gnadenlehre* nach, dort nämlich, wo er nach der „Notwendigkeit" der Gnade fragt[43]. Die dort auftauchenden Begriffe („natura corrupta" usw.) sind samt und son-

---

[39] Vgl. w. o. 3 I 5. Wie dort, so kann es auch hier und im Folgenden niemals darum gehen, Einzelheiten aus der Forschung auszubreiten; vgl. schon w.o. im Vorwort, S. 18. Wir fassen dort die Ergebnisse (und offenen Probleme) der Forschung zusammen, wo wir sie für die Weiterführung unserer Überlegungen zur Kenntnis nehmen müssen. Zitate dienen daher im Folgenden als Veranschaulichung, nicht als Beleg. Denn jeder Kenner weiß, daß man bei Autoren wie Thomas (und Augustinus und Luther) Aussagen über deren theologische Positionen nicht durch einzelne Zitate „belegen" kann, sondern nur durch methodengerechte Durcharbeitung von großen Text- und Stoffkomplexen. Daher ist auch, nebenbei bemerkt, zu äußerstem Mißtrauen gegenüber sogenannten „Überblicken" zu raten, die heute in Form von gutgemeinten „Studienbüchern" aller Art ins Kraut schießen, falls diese den Anspruch erheben oder auch nur zu erheben scheinen, man könne auf wenigen Seiten ein wirkliches Bild der betreffenden Sachlage zeichnen.

[40] Also nach STh I–II 105.

[41] Vgl. w. o. 1 II 4.

[42] STh I–II 81–83; 85–87.

[43] STh I–II 109.

ders innerhalb der (vorausgehenden) Lehre von der Sünde und insonderheit von ihren Ursachen und Wirkungen interpretiert. Für die folgenden Hinweise gehen wir daher so vor, daß wir die Aussagen zur Notwendigkeit der Gnade durch Rückgriff auf die allgemeine Lehre von der Sünde näher interpretieren.

Für den Gesamtzusammenhang ist wichtig, daß Thomas die Texte von Orange nicht gekannt hat[44]. *Er hat aber in seinen späteren Jahren – genau: seit dem 3. Buch der Summa contra Gentiles – den historischen Semipelagianismus entdeckt.* Natürlich nannte man ihn damals so noch nicht. Thomas unterscheidet in der Regel zwischen der „Haeresie des Pelagius" (haeresis Pelagii) und dem „Irrtum der Pelagianer" (error Pelagianorum). Quellen seiner Entdeckung sind einmal eine aufmerksamere Lektüre der Spätwerke Augustins, der bekanntlich sich ja schon mit den Semipelagianern auseinanderzusetzen hatte, sowie höchstwahrscheinlich eine genauere Auswertung des im ganzen Mittelalter bekannten sogenannten „Indiculus Coelestini"; dieser „Indiculus" (Aufstellung, Liste) enthält eine Reihe scharf formulierter Thesen gegen die Semipelagianer, in der Formulierung sehr verwandt mit den Texten, die später Grundlage der Texte von Orange geworden waren, von Prosper von Aquitanien um 443 in Rom zusammengestellt und bald als Anhang zum ersten Brief des Papstes Coelestin I. in Umlauf gebracht[45]. Nach Thomas ist die Kenntnis des historischen Semipelagianismus wieder verlorengegangen – bis kurz vor dem Konzil von Trient die Texte von Orange wieder bekannt wurden. Die Entdeckung hatte zur Folge, daß Thomas als einziger mittelalterlicher Theologe seine Gnadenlehre so formulieren konnte, daß sie pelagianischer Tendenzen nicht mehr verdächtig war – wo man sie nur genau zur Kenntnis nahm. Im Gegenteil, ihre Rückbindung an Augustinus trat für jeden genauen Leser so überdeutlich zutage wie nicht einmal bei denen, die sich im Mittelalter bewußt als Schüler Augustins verstanden. Vielleicht liegt es auch daran, daß sich die Gnadenlehre des Thomas und seine Sündenlehre als deren Hintergrund im Licht der vor Trient – nicht zuletzt durch die Reformatoren – wiederentdeckten augustinischen Tradition als kirchliche „Normaltheologie" durchsetzen konnte, während die anderen hoch- und spätmittelalterlichen Schulen faktisch an Bedeutung verloren und erst heute im Zuge der historischen Forschung wiederentdeckt und mit Recht in das theologische Gespräch eingebracht werden.

2. Sünde und Folgen der Sünde

Gegenüber dem biblischen Befund hat sich das Verständnis von Sünde vor allem darin gewandelt, daß Thomas die Sünde nicht mehr als quasi-persönliche

[44] Vgl. w. o. III 1.
[45] Der Text in DS 238–249. Zur Entdeckung des Semipelagianismus durch Thomas vgl. den Überblick und die Spezialliteratur bei *Pesch/Peters*, Einführung, 64–68.

Macht betrachtet, die den Menschen gefangenhält und vernichtet. *Alles was Sünde ausmacht, ist Wirklichkeit allein auf seiten des Menschen und im Menschen.* Das ist eine bedeutsame „Entmythologisierung" selbst noch im Vergleich zu Paulus[46]. Natürlich ist der Mensch Knecht der Sünde. Natürlich besteht ein innerer notwendiger Zusammenhang zwischen Sünde und Strafe. Aber das alles ist nicht begründet im Verhältnis zwischen dem Menschen und einer ihm äußerlichen, fremden Macht, sondern innermenschliche Realität. Sünde ist Abkehr von Gott als dem letzten Maß und Ziel des Lebens („aversio a Deo")[47]. Der Mensch will mit sich allein auskommen, er wendet sich auf sich zurück und verschließt sich in sich selbst. Dadurch wird er durchaus Knecht der Sünde, aber das heißt: Er wird sein eigener Knecht, wo er sein eigener Herr sein wollte. Denn nun werden alle seine Energien, die sich zuletzt von dem unendlichen Ziel her speisten, dem er geöffnet war, umgeleitet, die eigene Person zu vergötzen. Dem kann der Mensch, wenn es einmal dahin gekommen ist, nicht mehr entrinnen. Hat der Geist sich von Gott abgewandt, so *muß* er, da er nicht ohne Endziel handeln kann, sich selbst zum Ersatzgott machen. Dies genau ist das Wesen der Knechtschaft.

Der nicht mehr Gott unterworfene Geist aber verliert dadurch die Herrschaft über die anderen Kräfte des Menschen, die im Urstand[48] dem Geist willig gehorchten. Nun brechen sie aus der Botmäßigkeit des Geistes aus und folgen ihren eigenen Tendenzen: Die Sinne rebellieren und können nur mit Mühe, manchmal gar nicht durch den Geist gemeistert werden; der Leib wird hinfällig und geht auf den Tod zu. Dieser Auseinanderfall des ganzen menschlichen Wesens ist notwendige Straffolge der Sünde, und seine empirische Erscheinungsform ist das Leid. *Thomas kann daher die Strafe der Sünde dadurch charakterisieren, daß Gott „den Menschen mit seiner Natur allein läßt"*[49]. *Das ist die innerlich der Sünde anhaftende Folge – als solche genaues Gegenstück zu den den Frevler umlagernden bösen Taten nach alttestamentlichem Verständnis – und von Gott verhängte Strafe zugleich.* Die Sünde besteht darin, daß der Mensch die Liebe und Gnade Gottes, der ihn in seine Gemeinschaft ruft, ablehnt. Gott entzieht daher dem Menschen diese Liebe, genauer: Er entzieht den Menschen dieser Liebe, belästigt ihn gleichsam nicht mehr damit. Eben dadurch bleibt der Mensch mit sich selbst allein. Er hat seine größte Möglichkeit nicht ergreifen wollen, nun kann er es nicht mehr, selbst wenn er es wollte – wenn nicht Gott sich erbarmt und noch einmal neu den Menschen in seine Gemeinschaft ruft.

---

[46] Die thomanische Lehre von der Sünde ist seit längerem nicht mehr monographisch dargestellt worden, schon gar nicht unter dem Aspekt der Verknüpfung von anthropologischer und ethischer Fragestellung, wie sie hier methodisch leitend sein muß. Bd. 12 der Deutschen Thomas-Ausgabe steht noch aus. Die ältere Literatur ist bei Pesch (s. Leseempfehlung) verzeichnet. Die neueren Handbücher der theologischen Ethik und die Monographien zur Sündenlehre gehen nur in knappen Hinweisen auf Thomas ein.

[47] Vgl. STh I–II 77,8 c.; vgl. 72,5 c.; 73,1 ad 2. 5 c. 7 ad 3; 82,3 c.; 84,2.; 87,3 c.

[48] Vgl. STh I 95–97.

[49] Vgl. De ver. 28,2 ad 7; STh I–II 87,7 c.

Eben darum und dazu ist Gottes Gnade „notwendig". Was sich schon in der augustinischen Tradition deutlich genug anmeldete, arbeitet das christliche Mittelalter aus: eine wahrhafte „anthropozentrische Wende" im Verständnis von der Sünde – und übrigens nicht nur im Verständnis von der *Sünde!* „Anthropozentrisch" meint hier nicht den Gegensatz zu „theozentrisch", sondern zu „mythologisch", also zu Vorstellungen, die die Sünde wie eine, wenn auch letztlich ohnmächtige, Gegenmacht zu Gott sehen, die Gott die Herrschaft über Mensch und Welt streitig zu machen sucht. Auch Paulus und selbst noch Johannes (man denke an seine Redeweise vom „Fürsten dieser Welt") zeigen Elemente eines solchen mythologischen Sündenverständnisses. Nein, denkt man im Mittelalter, *dem Menschen steht nur Gott gegenüber, und darum ist Sünde eine Wirklichkeit allein im Menschen.* Selbst der Teufel hat nach Thomas keine anderen Möglichkeiten, den Menschen unter die Macht der Sünde zu bringen, als andere Menschen sie auch haben: Er kann ihn durch „Einflüsterung" und Verlockung seiner Sinne zur Sünde verführen, und er kann es, als reiner Geist von hoher Intelligenz, der er nach mittelalterlicher Anschauung ist, durchaus „gekonnter" als menschliche Verführer – aber er kann nicht qualitativ mehr als sie[50].

Die Abkehr des Menschen von Gott, die das Wesen der Sünde ist, hat unterschiedliche Ausdrucksformen und auch Intensitätsgrade. Meist vollzieht sie sich indirekt, als sich ausliefernde Hinkehr zu geschaffenem Gut („conversio ad bonum commutabile"). *Es gibt aber auch Sünden, in denen diese Abkehr sich gleichsam chemisch rein vollzieht. Dies will Thomas immer dann herausarbeiten, wenn er, in seiner Sprache, nach der „größten Sünde" (maximum peccatum) fragt.* Durch fortschreitenden Ausschluß aller sonstigen (damals diskutierten) Möglichkeiten kommt er zu dem Ergebnis, daß *die beiden größten Sünden der Stolz und der Gotteshaß sind*[51]. Dabei richtet sich der Gotteshaß direkt gegen die Gottesliebe, und da diese nach Thomas die höchste aller Tugenden ist – ein mittelalterlicher Theologe *konnte* im Licht von 1 Kor 13, 13 gar nicht anders denken! –, ist der Gotteshaß die schwerste aller Sünden unter dem Gesichtspunkt der subjektiven Intensität des menschlichen Verhaltens. Der Stolz dagegen richtet sich gegen die elementare Anerkennung des Herrseins Gottes, gegen Gott als Schöpfer. Er ist insofern elementarer als der Gotteshaß und ist die absolut schwerste aller Sünden im Hinblick auf die Zerstörung der objektiven elementaren Grundlagen des menschlichen Gottesverhältnisses. In dieser Frage nach der größten Sünde und in der Antwort des Thomas auf diese Frage wird in mittelalterlicher Lesart das paulinische Thema der einen Grundsünde des Menschen aufgenommen.

---

[50] Vgl. STh I–II 80.
[51] STh II–II 34, 2 c.; 162, 6 c.; vgl. I–II 73, 4 ad 3; II–II 20, 1 ad 1; 162, 7 ad 4.

3. Erbsünde und Sündenverhängnis

Zum universalen Verhängnis wird die Sünde, insonderheit die „größte" Sünde, für die Menschheit dadurch, daß jeder Mensch mit dem inneren Zwang, sie zu tun, auf die Welt kommt. Die Umkehrung der Reihenfolge in der Überschrift dieses Abschnittes im Vergleich zu früheren Abschnitten entspricht insoweit der Sachlage. Die Erbsündenlehre hat sich durchgesetzt, und sie bildet den Rahmen, das Verhängnis der Sünde zu denken. *Erbsünde heißt nach Thomas: Der Mensch kommt mit diesem Grundkonflikt mit Gott auf die Welt, indem der Mensch von Gott abgekehrt, sein Geist Gott nicht unterworfen und daher seine leibliche Wesensseite dem Geist nicht botmäßig ist. Mit anderen Worten: Er kommt in der Grundverfassung des Stolzes auf die Welt, der Gott als Herrn nicht anerkennen will.* Dies ist so, weil der Mensch von Adam abstammt – und nicht etwa, weil man das in einer lückenlosen Untersuchung der Geschichte aller Menschen festgestellt hätte. Darin bewegt sich also Thomas ganz auf der Linie der augustinischen Tradition und der Texte von Orange. Das gilt auch von der schon beobachteten christologischen Begründung dieses Lehrstücks[52]. Dennoch tut Thomas – er steht hier exemplarisch für die mittelalterliche Theologie überhaupt – *bezeichnende Schritte über die augustinische Tradition hinaus:*

a) Die Unbeherrschtheit und Unbeherrschbarkeit der Sinnlichkeit (die sogenannte „Konkupiszenz" = „Begierlichkeit") ist nicht das Wesen der Erbsünde, wie Augustinus mit nur geringen Einschränkungen dachte, sondern deren „materieller" Wesensteil, modern gesprochen: ihr Erscheinungsfeld. *Formelles, eigentliches Wesen der Erbsünde ist das Abgekehrtsein des Geistes von Gott – eben der grundlegende Stolz*[53]. Schon die Texte von Orange hatten ja die Pointe der augustinischen Erbsündenlehre verschwiegen, nämlich die starke Betonung der sexuellen Begierlichkeit als Erscheinung und geradezu Wesenskern der Erbsünde".

b) *Inzwischen hat man eine präzise Lehre von der „Übertragung der Erbsünde" entwickelt, in die Thomas seine eigenen Akzente einträgt.* Die Übertragung geschieht präzis durch den männlichen Samen. Dieser, von sündigem Fleisch stammend, zeugt neues sündiges Fleisch, das nach den metaphysischen Gesetzen der gegenseitigen Begrenzung von Materie und Form die eingegossene Seele sofort „infiziert", das heißt: sie *auf deren eigenem Niveau* zur Unordnung herabzieht, sie in den Ungehorsam gegen Gott hineintreibt.

Hierzu ist zweierlei zu erläutern. Nach mittelalterlichen biologischen Vorstellungen ist der männliche Same das eigentlich zeugende Element, während die Mutter für das werdende Leben nur „Ernährungsmaterie" bereitstellt. Ehe man über diese aus der Antike übernommenen Vorstellungen lächelt, sollte man sich

---

[52] Vgl. Sth I–II 81,3 c.
[53] Vgl. STh I–II 82,3.

klarmachen, daß diese Theorie erst im 19. Jahrhundert endgültig widerlegt wurde[54].

Die Begrenzung der Form durch die Materie verweist zurück auf die mittelalterliche und schon altgriechische metaphysische Theorie von „Materie" und „Form". Wenn Dinge sich verändern, gar etwas ganz Neues werden, dann müssen solche Dinge einerseits ein Prinzip enthalten, das es erlaubt zu sagen: *Dieses* Ding ist dies oder jenes *geworden;* zugleich muß sich in ihnen ein zweites Prinzip finden, das es erlaubt zu sagen: *Dieses* Ding ist *dies und das* geworden. Das erste, sich durchhaltende Prinzip nennt man „Materie", das zweite, also wechselnde Prinzip die „Form". Wenn ein Ding sich in ein anderes verändert, so heißt das, daß eine sich durchhaltende, dem Prozeß unterliegende „Materie" eine neue Form erhält, eine neue Form eine andere in der gleichen Materie ablöst. Jede „Materie" wird durch die Form *dieses* bestimmte Wesen. Andererseits schöpft kein konkretes Ding alle Möglichkeiten der „Form" aus: Ein einzelner Baum – so naiv und einfach darf man es sich vorstellen – verwirklicht ja niemals alle Möglichkeiten von „Baumsein". Insofern „begrenzt" die „Materie" die „Form". Und nun die Anwendung auf den Menschen: In seinem Fall ist die „Materie" der Leib, der durch die Seele als „Form" *dieses* bestimmte menschliche Wesen wird. Das hat durchaus einen biologischen Bezugspunkt: Nach mittelalterlicher Vorstellung ist der gezeugte Embryo noch eine längere Zeit ohne Seele; erst zu einem bestimmten Zeitpunkt „gießt" Gott dem im Werden befindlichen Leib die menschliche Seele ein, und zwar bei Jungen nach 40, bei Mädchen nach 80 Tagen! So kann das genannte Gesetz der Begrenzung der Form durch die Materie ganz konkret Anwendung finden. Die bereits im Werden befindliche Leiblichkeit schränkt die Möglichkeiten der formgebenden Seele ein und bewirkt, daß der werdende Mensch dieser bestimmte, von allen anderen abgegrenzte und darum die Möglichkeiten des „Menschseins" nur eingeschränkt verwirklichende Mensch wird.

In diesem Theorierahmen wird nun interpretierbar, wie die Erbsünde in der Menschheit weitergegeben wird. Das „Fleisch", dem Gott die Geistseele eingießt, ist ja „sündiges" Fleisch, das heißt eine Leiblichkeit, die durch ihre Herkunft von Adam von vornherein in einer Verfassung ist, daß menschlicher Geist, menschliche Willenskraft sie nicht mehr beherrschen können. Über die individualisierende Beschränkung hinaus sind dadurch sozusagen die „Formungsbedingungen" für die menschliche Geistseele noch einmal zusätzlich verschlechtert. Die Tendenz zur Eigensucht, zur Desintegration überträgt sich gleichsam von der desintegrierten Leiblichkeit auf die Seele, so daß auch diese auf ihre Weise das Ihre sucht, mithin sich aus der Orientierung auf Gott als ihren Schöp-

---

[54] Vgl. *John T. Noonan*, Empfängnisverhütung. Geschichte ihrer Beurteilung in der katholischen Theologie und im kanonischen Recht (Mainz 1969), 596 f. Zur mittelalterlichen Lehre vgl. Hinweise und die Literatur bei *Pesch*, Das Gesetz, 517–519.

fer und ihr Ziel herauslöst. *In dieser Weise glaubt diese Theorie zwei wesentliche Grundprobleme der Erbsündenlehre gelöst zu haben: ihre unausweichliche Übertragung, mit der die universale Notwendigkeit der Gnade steht und fällt, und zugleich die Entlastung Gottes von einer unmittelbaren Verantwortung für die Erbsünde, die ja dann gegeben wäre, wenn die Erbsünde direkt und von vornherein die von Gott unmittelbar geschaffene Seele qualifizieren würde.* Man ahnt mühelos, wie damit spätere Problemstellungen vorprogrammiert sind, sowohl in den Auseinandersetzungen mit der reformatorischen Erbsündenlehre als auch erst recht in der konfessionsübergreifenden Neubesinnung auf dieses Lehrstück in unseren Tagen[55].

Die Lehre von der Übertragung der Erbsünde durch Zeugungszusammenhang mit dem ersten Menschen hat sich somit vom Denkzwang und ersten Ansätzen bei Augustinus (Lehre von der sogenannten „Paradiesesehe"[56]) zur ausgebauten Theorie entwickelt, die ihre eigenen Denkzwänge produziert. Deutlichstes Indiz dafür ist die bei Thomas allen Ernstes gestellte und folgerichtig beantwortete Frage, ob denn die Erbsünde auch auf uns gekommen wäre, wenn im Paradies nur Eva, nicht aber Adam gesündigt hätte. Die Antwort lautet: Nein, die Erbsünde wäre nicht auf uns gekommen, und die Begründung lautet, wie nun nicht anders zu erwarten: Eva hat ja, als Frau, keine Nachkommen „gezeugt", sondern die von Adam gezeugten „ernährt"[57].

c) Eine andere Frage muß im Rahmen dieser Theoriebildung unvermeidlich sich anschließen: *Warum überträgt sich durch den Zeugungszusammenhang nur die Sünde Adams und nicht die aller Eltern? Aus den Zwängen der Theorie ist diese Frage nicht bündig zu beantworten, daher schlägt hier wiederum der ursprüngliche theologische Impuls der Erbsündenlehre durch* – auf mittelalterliche Weise selbstverständlich. Adam hatte die „Urstandsgerechtigkeit" (iustitia originalis) nicht als Einzelmensch, sondern in seiner Eigenschaft als Stammvater der ganzen Menschheit empfangen – und sie daher auch durch seine Sünde für die ganze Menschheit verloren. Dies verdeutlicht Thomas anhand zweier Verstehensmodelle. Das eine, biologisch getönt, ist die These vom „virtuellen" Enthaltensein der ganzen Menschheit in Adam: Weil alle Menschen auf Adam zurückgehen, sind sie „der Kraft nach" in seinem „Samen" enthalten[58]. Das andere Verstehensmodell ist gewissermaßen soziologisch: „Die Gemeinschaft ist wie ein einziger Mensch" (communitas quasi unus homo). Wie aber der ganze Mensch von der Aktivität eines einzelnen Gliedes, zumal des Hauptes, betroffen ist, so die ganze Menschheit von dem, was ihr erster Repräsentant getan hat[59].

---

[55] Zur mittelalterlichen Lehre vgl. jetzt *Köster,* Urstand, Fall und Erbsünde. Zur modernen Diskussion vgl. w. o. Anm. 18.
[56] Vgl. dazu *Michael Müller,* Die Lehre des heiligen Augustinus von der Paradiesesehe und ihre Auswirkungen in der Sexualethik des 12. und 13. Jahrhunderts bis Thomas von Aquin (Regensburg 1954).
[57] STh I–II 81, 5.
[58] STh I–II 81, 3 c. 4 c.; vgl. 83, 1.
[59] STh I–II 81, 1 c.

Man erkennt, beide Verstehensmodelle sind Veranschaulichungen, keine Beweise. Der entscheidende Sachgrund dafür, daß „in Adam" – man denke an das „in quo" in Röm 5, 12! – alle Menschen ein für allemal Sünder geworden sind, ist der von Gott selbst ein für allemal gestiftete Heils- und/oder Unheilszusammenhang zwischen dem Stammvater der Menschheit und allen seinen Nachkommen. Röm 5 steht hier erkennbar im Hintergrund, denn keine noch so ausgeklügelte Erbsündentheorie kann ja begründen, warum nur die Sünde Adams und nicht die aller anderen Eltern auf die Kinder übergeht oder, umgekehrt, warum die Sünde Adams nicht doch nur für ihn persönlich Folgen hatte, während die von Gott unmittelbar geschaffene Geistseele aller seiner Nachkommen jeweils wieder neu vor der Entscheidung für oder gegen Gott und deren jeweiligen Folgen steht.

Auf den Grundsatz „die Gemeinschaft ist wie ein einzelner Mensch" greift in gewandelter Form die moderne „sozialphilosophische" Deutung der Erbsünde zurück. Die Theorie vom „virtuellen Enthaltensein" der ganzen Menschheit in Adam aber nahm auf dieser mittelalterlichen Stufe der Theoriebildung eine Art Platzhalterschaft wahr für eine Zeit, da die exegetisch falsche Interpretation von Adam und Eva als singulärem ersten Menschenpaar nach Lage der Dinge noch unüberwindlich war[60].

4. „Verderbte Natur"

Die menschliche Wirklichkeit, die durch die Sünde geschaffen ist, beschreibt Thomas mit dem Stichwort der „verderbten Natur" (natura corrupta). *Sachlich meint dieser Begriff dasselbe wie die Erbsünde: Vergleicht man die Texte, so zeigt sich, daß die Wesensbestimmungen beider bei Thomas sich gleichen.* Dem Begriff der Erbsünde fügt aber der Begriff der „verderbten Natur" *ein* Moment hinzu: das der *Irreparabilität,* der Unbehebbarkeit – nämlich aus reiner Menschenmacht. Die Natur, das heißt: der Mensch, so wie er ist, ist unfähig, dem Zustand, in den er durch die Sünde gebracht ist oder sich gebracht hat, aus eigener Kraft zu entkommen.

Die nähere Beschreibung der „natura corrupta" führt bei Thomas in zentrale Zusammenhänge seiner Metaphysik und Anthropologie hinein und überschreitet das, was wir hier darstellen müssen[61]. Aus kontroverstheologischen Gründen – nämlich um notorische Mißverständnisse auszuschließen – müssen wir freilich eine Bemerkung über die thomanische Verhältnisbestimmung von guter und gefallener beziehungsweise verderber Natur anfügen. Denn immer wieder begegnet man dem Vorurteil, verglichen etwa mit Luther denke Thomas recht

---

[60] Vgl. w. o. I 3; II 3.
[61] Vgl. Näheres in der historischen Literatur zum Thema „Natürlich und Übernatürlich" (s. w. o. 3 I 3 Anm. 28 sowie die Leseempfehlung für diesen Abschnitt) und bei *Seckler,* Instinkt und Glaubenswille, bes. 171–220.

optimistisch über die Fähigkeiten des Menschen auch noch im Stand der Sünde. Auch kraft seiner „verderbten Natur" könne der Mensch alle natürlichen Dinge nach wie vor vollbringen, also auch das natürlich Gute, er könne die Forderungen der „natürlichen" Sittlichkeit erfüllen, und lediglich hinsichtlich der Gnade und desjenigen Guten, das in unmittelbarer Beziehung zur ewigen Heilsberufung des Menschen steht, sei seine Natur kraftlos. Cajetan, der große Thomas-Kommentator aus dem 16. Jahrhundert und Gegner Luthers in Augsburg 1518, hat es so formuliert: Der Unterschied zwischen einer „reinen", also nie in der Gnade geschaffenen menschlichen Natur und einer ursprünglich begnadeten, aber durch die Sünde der Gnade verlustig gegangenen Natur sei derselbe wie der Unterschied zwischen einer „nackten Person" und einer „ausgeraubten Person" (persona nuda und persona exspoliata). Der Unterschied bestehe also nicht in der Sachlage, sondern nur in der Art und Weise, wie diese zustande gekommen sei[62].

Aber das ist eben Cajetan – und nicht Thomas! Vermerken wir kurz[63]:

a) Die unaufhebbare Naturverderbnis ist nach Thomas die Konsequenz, ja der Sachgehalt der Erbsünde, die ihrerseits im Verlust der Urstandsgerechtigkeit besteht. Die Urstandsgerechtigkeit aber ist, wie schon gezeigt, die von der *Gnade* bewirkte und ermöglichte Unterordnung des Geistes unter Gott und der Sinne und des Leibes unter den Geist. *Die Naturverderbnis bedeutet daher den Widerspruch zur ursprünglichen Berufung des Menschen zur Gnade und in Gnade und ist somit, weil irreparabel, Unfähigkeit zur Gnade.*

b) Es gibt bei Thomas in der Tat eine Reihe von Texten, wo er von der *nicht* von der Sünde berührten Natur spricht. Die Natur, so kann er beispielsweise erklären, ist vor und nach der Sünde dieselbe[64]. Aber die Analyse zeigt, daß solche Texte nur sagen wollen: *Die Natur hat auch nach der Sünde noch die Konstitutiva und Eigentümlichkeiten, die zu ihr gehören, damit sie diese Natur sei.* Konkret: auch nach der Sünde ist der Mensch noch *Mensch* und wird nicht zum Tier. Diese an sich banale Behauptung hat durch drei theologische Gründe ihr besonderes Gewicht:

Einmal wird auf diese Weise die Realität und Unzerstörbarkeit der Schöpfung Gottes gewahrt – der Mensch kann auch durch die Sünde Gottes Schöpferwillen nicht so durchkreuzen, daß er dadurch etwas anderes wird, als Gott sich mit ihm gedacht hat. Zum anderen könnte der Mensch ja gerade auf diese Weise doch der Sünde entkommen, wenn er durch die Sünde tatsächlich aufhörte, ein Mensch zu sein – ein Tier kann nicht sündigen, der Mensch aber ist *als Mensch* Sklave der Sünde, das heißt, er fährt fort zu sündigen als Mensch und ist so trotz der Sklaverei unentschuldbar. Und schließlich bleibt die Natur als solche erhalten, weil der Mensch nach Gottes gnädigem Willen Adressat der Gnade bleiben

---

[62] Vgl. *Cajetan,* Kommentar zu STh I–II 109,2 III., abgedruckt in der Editio Leonina der STh, I–II pag. 292.

[63] Vgl. *Pesch,* Das Gesetz, 619–629.

[64] Vgl. STh I 95,1 c.; 98,2 c.; I–II 106,3 ad 3; III 61,2 ad 2.

soll, gewiß von sich aus für sie unfähig, aber doch derjenige, der sie empfangen kann, wenn Gott neu die Bedingungen dafür schafft.

c) *Die Naturverderbnis bezieht sich also nicht auf die Wesenskonstitutiva des Menschen, sondern sie wird wirksam in der Dimension des Handelns, also dort, wo der Mensch sich Ziele setzt und sie auf Gott als Endziel ausrichten soll. Im Blick auf dieses Endziel, das ist der Sinn der Lehre von der verderbten Natur, ist der Mensch total kraftlos:* Er hat keine Möglichkeit, die heilsnotwendigen „theologischen Tugenden" des Glaubens, der Hoffnung und der Liebe zu erlangen; er kann höchstens für eine kurze Zeit, nicht aber auf Dauer die schwere (Tat-)Sünde vermeiden, vielmehr kann er nur dieser oder jener schweren Sünde in diesem oder jenem Fall widerstehen, gerade soviel, daß die Verantwortlichkeit des Menschen deutlich ist – aber es gibt kein Entkommen aus dem Zwang, grundsätzlich immer wieder neu in schwere Sünde zu fallen; die natürlichen Fähigkeiten des Menschen sind beschränkt auf wertneutrale Werke wie Häuser bauen, Anlegen von Weinbergen u. ä.

Gerade diese letztere Aussage[65] hat eine antireformatorisch bestimmte Thomas-Interpretation immer wieder als Zeugnis für seinen „Optimismus" ausgegeben. Doch muß man hier eher evangelischen Thomas-Interpreten zustimmen[66], die darauf achten, daß Thomas hier sich auf Augustinus beruft[67]. In dem zitierten, scharf antipelagianischen Text werden aber bewußt ethisch belanglose Dinge aufgezählt, um zu demonstrieren, was der Sünder eigentlich wirklich noch „kann" – eben ein paar ethisch belanglose Verrichtungen. Der zitierte Text will gewiß nicht Optimismus verbreiten, und nichts spricht dafür, daß Thomas, indem er ihn zitiert, Optimismus verbreiten will. Die genannte Stelle bei Thomas ebenso wie die übrigen Aussagen in der Frage 109 in STh I-II stützen eher die Interpretation im Sinne des augustinischen Pessimismus als im Sinne eines antireformatorischen katholischen Optimismus – das ist der jüngsten Thomas-Forschung inzwischen wieder klar geworden.

V. Martin Luther

LESEEMPFEHLUNG: Ebeling, Theologie zwischen reformatorischem Sündenverständnis und heutiger Einstellung zum Bösen (= Wort und Glaube III, 173–204); Peters, Die Sünde und die Sünden.

In Luthers Verständnis von der Sünde verschränken sich in eigenartiger Weise eine Rückkehr zur radikalen augustinischen Tradition und, durch sie hindurch,

---

[65] STh I–II 109,2 c.
[66] Vgl. *Vorster*, Das Freiheitsverständnis, 231 f.
[67] Es handelt sich um die pseudo-augustinische Schrift, die unter dem Titel „Hypognosticon" oder „Hypomnesticon" im Mittelalter bekannt ist: die Stelle steht dort III 4,5: PL 45, 1623. Dasselbe Zitat bei Thomas auch De ver 24,14 c. Bezeichnenderweise beruft sich auch CA XVIII auf dieselbe Stelle und versteht sie ebenfalls als *pessimistische* Aussage über die Fähigkeiten des Sünders, wie Apol zu Art. XVIII bestätigt.

ein Rückgriff auf Paulus mit den Problemstellungen des Mittelalters und deren Wandlungen in der Zeit unmittelbar vor Luther. Wenige Hinweise anhand der schon geläufigen Stichworte genügen.

1. Sünde und Sündenverhängnis

Gewiß spricht Luther reichlich von den vielen Einzelsünden – aber der theologische Schwerpunkt liegt bei ihm nicht auf den „Sünden im Plural", sondern auf der „Sünde im Singular" (Ernst Kinder), der Grund- und Wurzelsünde, die in den vielen Einzelsünden in Erscheinung tritt[68]. Darin ist er sowohl der augustinischen Tradition wie auch Paulus treu.

Diese Grundsünde beschreibt Luther als Undankbarkeit, Unglaube, Selbstsucht und Hochmut oder „Hoffart" [69]. Mit der Kennzeichnung der Grundsünde als Unglaube geht Luther einen Schritt über Augustinus zurück zu Paulus. Denn diese Kennzeichnung ergibt sich für ihn aus der Neubesinnung auf die paulinische Antithetik von Gesetz und Verheißung, bei Luther: von Gesetz und Evangelium[70]. In diesem Zusammenhang interpretiert er die Präambel des Dekalogs, also die Überschrift über das ganze Gesetz Gottes, als Gebot des *Glaubens*. Das Gesetz wird dem zum „Zuchtmeister" im Sinne von Gal 3,24, der es als Anweisung zur Selbstrechtfertigung mißbraucht, statt es als Aufforderung zum Leben im Glauben unter der gnädigen Weisung Gottes zu hören. So ist also jedes Streben nach eigenmächtiger Erfüllung des Gesetzes immer der Versuch, von sich selbst leben zu wollen – und damit Ungehorsam gegen den wahren Sinn des im Gesetz ausgesprochenen Willens Gottes. Daher ist *alle* Sünde in ihrer Wurzel Unglaube. Und weil solcher ungläubiger Mißbrauch des Gesetzes es tatsächlich niemals erreicht, das Gesetz wahrhaft erfüllen zu können, muß das Gesetz als Überforderung erscheinen, in die Verzweiflung treiben, den Menschen tödlich bedrohen.

Damit hat Luther zugleich die Möglichkeit, eine bestimmte Verengung der paulinischen Radikalisierung der Sünde in der augustinischen Tradition rückgängig zu machen: die Unterscheidung von Leib und Seele bei der Beschreibung der Sünde. Wir sahen schon[71], wie sich in der augustinischen Tradition das Problem stellt, das *ganzheitliche* Betroffensein des Menschen von der Sünde herauszustellen. Man tut es – wir erinnern an die Texte von Orange –, indem man

---

[68] Vgl. *Pesch,* Theol. der Rechtfertigung, 77–106; *ders.,* Hinführung zu Luther, 196–202; dort jeweils die Spezialliteratur. Die Formulierung von *E. Kinder* in *ders.,* Was ist eigentlich evangelisch? (Stuttgart 1961), 17.

[69] Vgl. z.B. 18, 768, 23; 31 I, 76, 16; 39 I, 580, 13 (Undankbarkeit) – 56, 287,4ff.; 8,82–90; 31 I, 148,1 (Unglaube) – 56, 356,4; 1, 360,27; 6,244.10; 7, 212,4.7; 40 II, 325,7 (Selbstsucht) – 56, 157,14; 18, 742,27; 40 I, 461,6; 40 II, 325,28 (Hoffart).

[70] Vgl. w.u. 7 I 2.

[71] Vgl. w.o. III 2.

betont, nicht nur der Leib, sondern auch und gerade die Seele sei von der Sünde getroffen; und Thomas vertieft diesen Akzent durch den Einbezug seiner Verhältnisbestimmung von Leib und Seele in der Wesenseinheit des Menschen. Luther braucht derlei Theoriebildung nicht, denn wenn er die Sünde als Unglaube bezeichnet, ist damit schon der ganze Mensch als von Gottes Willen abgekehrt disqualifiziert, und weitere Unterscheidungen tragen dazu nichts mehr von Gewicht bei. *Anders ausgedrückt: wenn die Person sündig ist, ist es nicht mehr wichtig, ob das vom Geist oder vom Leib ausgeht.* So stellt denn Luther – nicht zuletzt durch exegetische Einsichten gedrängt – den ursprünglichen Sinn der paulinischen Unterscheidung von „Geist und Fleisch" wieder her: Der ganze Mensch ist Fleisch, nicht etwa nur sein Leib – und das heißt: Der ganze Mensch ist Sünder[72].

Um dies näher zu verdeutlichen, nimmt Luther die Problemstellung der mittelalterlichen Theologie auf, die an dieser Stelle den Begriff der „Konkupiszenz" diskutierte. Konsequent verlegt Luther die Konkupiszenz aus der Sinnlichkeit in den Geist. Konkupiszenz bedeutet nicht nur die beständige Rebellion der Sinne gegen die Intentionen des Geistes – womöglich die eigentlich guten Intentionen des Geistes –, und schon gar nicht ist die Konkupiszenz identisch mit der sexuellen Begierde – darin ist Luther endgültig von Augustinus geschieden. *Die Konkupiszenz ist vielmehr die grundsätzliche Widerwilligkeit des Geistes gegen Gott, sie ist in den „hohen Affekten"*[73]*, ja man kann sagen: Die Konkupiszenz ist der Unglaube selbst, sofern sie den Menschen beständig auf sich selbst konzentriert, ihn auf sich selbst „verkrümmt".* Daher kann sie auch nicht nur, wie nach scholastisch-mittelalterlicher Lehre, „Zunder der Sünde" (fomes peccati) sein[74], vielmehr ist sie die Grundsünde der Person selbst.

Das Verhängnis der Sünde besteht demnach darin, daß diese in Gestalt der unausrottbaren Konkupiszenz die Ich-Mitte des Menschen erreicht hat. Sie ist nicht etwas „am" Menschen, keine Eigenschaft, deren Subjekt der Mensch wäre und die demnach durch eine gegenteilige Eigenschaft, etwa die Gerechtigkeit, abgelöst und verdrängt werden könnte. Die Sünde ist eine Wesensbestimmung der Person. Der Mensch ist der lebendige Widerspruch zu Gott.

2. Erbsünde

Als solcher Widerspruch zu Gott kommt der Mensch auf die Welt, und zwar weil er Nachkomme Adams ist. Unter diesem Aspekt nennt Luther die mit dem kon-

---

[72] Vgl. WA 2, 415,6; 509,21.27.34; 583,31; 586,4; 610,19; 7,550,23; 12, 373,31–34; 17 II, 8,11; 11,32; 18, 739,22–745,19. Grundlegend zu diesem Thema nach wie vor *Erdmann Schott,* Fleisch und Geist nach Luthers Lehre, unter besonderer Berücksichtigung des Begriffes „totus homo" (Leizig 1928); vgl. ferner *Althaus,* Theol. Luthers 138–140.

[73] Vgl. WA 7, 335,13; vgl. 40 II, 84,18f.; 39 I, 118,6ff. Zur historischen Einordnung vgl. *Peters,* Glaube und Werk, 144–148; auch 176–183; *Pesch,* aaO 484–500.

ner, Joest, Fransen (s. das Folgende und w.u. Literaturverzeichnis).

kupiszenten Ich identische Grund- und Personsünde auch „Erbsünde" und nimmt damit das traditionelle Thema auf, das ihm auch exegetisch wohlbegründet scheint. An den Detailfragen vor allem zur Übertragung der Erbsünde ist er aber, verglichen mit der Tradition, nicht interessiert und behandelt sie auch reichlich unpräzise[75]. Erkennbar ist nur einerseits eine Absetzung von Augustinus, sofern für ihn nicht die sexuelle Begierlichkeit als solche das Übertragungsmittel der Erbsünde ist, sondern einfach der Zeugungszusammenhang mit Adam. Andererseits ist er mehr als die Scholastik mit Augustinus darin einig, daß im *Gefolge* der Erbsünde auch die sexuelle Begierde böse geworden sei. Wichtiger als diese Fragen ist aber für Luther der Zusammenhang zwischen Erbsünde und Tatsünden. Diese bringen die mit der Konkupiszenz identische Erbsünde stets neu zur Erscheinung, ja *in gewissem Maße ist die Erbsünde nur in den aus ihr hervorgehenden Akten* – was umgekehrt zur Folge hat, daß Luther auch noch unfreiwillige Regungen des Widerwillens oder der Begierlichkeit als volle Sünde verstehen und die Erbsünde im Bild eines ewig ruhelosen, ewig aktiven Tieres im Menschen beschreiben kann[76].

3. Unfreiheit als Unheil

Wie in der augustinischen Tradition ist daher bei Luther das Unheil der Sünde zutiefst als Unfreiheit und Knechtschaft verstanden. Doch reichert sich bei Luther die bereits augustinische Lehre mit den Daten der mittelalterlichen Tradition an: Der Wille, als Vermögen des menschlichen Geistes, ist unfrei, obwohl er sich frei zu bestätigen scheint. Wieder ist hier kein psychologischer Determinismus gemeint – selbstverständlich kann der Mensch frei wählen, ob er jetzt dies oder das tut. Ja Luther kann unbefangen davon reden, daß auch die Natur des größten Sünders und Heiden nicht so verderbt sei, daß nicht noch etwas Gutes in ihr wäre[77]. Nur eines steht dem Menschen nicht frei: etwas zu wollen und zu tun, was *nicht* der Befriedigung der Wünsche des eigenen Ich dient. *Gott lieben, dem Gebot Gottes auch gegen eigene Wünsche gehorchen, glauben – das ist dem Willen des Menschen verschlossen, wenn nicht Gottes Gnade ihn herumreißt.* An sich wiederholen sich darin nur die Aussagen der Texte von Orange. Bei Luther aber bekommen sie eine besondere Schärfe. Wo die augustinische Tradition nur vom *Verlust* und der *Schwächung* des *liberum* arbitrium sprach, da redet Luther vom *servum* arbitrium und nennt das liberum arbitrium eine „Sache bloßen Titels, ja einen Titel ohne Sache" (res de solo titulo, immo titulus sine re)[78]. Dahin-

---

[75] Vgl. *Pesch,* Theol. der Rechtfertigung, 89–93; dort die Spezialliteratur.

[76] Vgl. WA 56, 271,7. 26f.; 313,4; 2, 45,34; 8, 104,6; 40 II, 380,35. Das „ruhelose Tier" in 39 I, 116,23 ff.

[77] Vgl. WA 30 II, 127,21 (1528) – ganz wie in frühen Texten wie 56, 237,6; 1, 37,1.

[78] Vgl. WA 7, 146,3 ff. Mit dieser Formulierung verschärft Luther, als Reaktion auf die Verurteilung in den „Errores Martini Lutheri" (vgl. DS 1486), seine frühere Formulierung in der Heidelberger Disputation, WA 1,354 Th. 13; vgl. 18, 756,7.

ter steht der Umstand, daß der Humanismus zur Zeit Luthers, gestützt auf
mißverstandene mittelalterliche theologische Aussagen, einen Optimismus
menschlicher autonomer Freiheit auch Gott *gegenüber* entwickelt hatte, den ein
christlicher Theologe nicht durchgehen lassen konnte und den auch das Konzil
von Trient nicht durchgehen ließ.

4. Christus als Erkenntnisquelle

„Christus bringt das alles mit sich"[79] – das ist, wie bei Paulus, so auch bei Luther
als letztes zu bemerken. Die Sünde ist nach ihrer Existenz und nach ihrer wahren
Tiefe nur durch den Glauben zu erkennen, das heißt: Erst die Erlösung in Christus macht sie vollends deutlich. „Was für einen Erlöser machen sie aus Christus", fragt Luther seinen Kontrahenten Erasmus[80], wenn sich sein Werk darauf
beschränkte, uns von ein paar Schwächen und Unvollkommenheiten am Rande
unserer Existenz zu befreien, während das andere unser von der Sünde unbe-
rührter Geist selbst vermöchte! So klingt bei Luther die Variation des Paulus-
Satzes Gal 2,21.

VI. Das Konzil von Trient

LESEEMPFEHLUNG: Küng, Rechtfertigung, 172–188

Synoden und Konzilien sammeln Tradition – aber sie pflegen keine eigenen
theologischen Entwürfe zu machen. Das gilt für die Texte von Orange in bezug
auf die Theologie Augustins, es gilt ebenso für das Trienter Konzil im Blick auf
dieselbe augustinische Tradition und deren Fortbildung im Mittelalter. So können wir uns kurz fassen und sogleich auf das Verhältnis der Trienter Aussagen
zu denen der Tradition eingehen. Textgrundlage sind das Dekret über die Erbsünde, verabschiedet auf der 5. Vollsitzung am 17. Juni 1546, sowie das 1. Kapitel und die ersten sieben Canones des Dekretes über die Rechtfertigung,
verabschiedet auf der 6. Vollversammlung am 13. Januar 1547[81].

1. Das Konzil von Trient und die Tradition: Gleichklang

In sechs Canones, in die, im Unterschied zum Rechtfertigungsdekret, die theologische Begründung eingearbeitet ist, handelt das kurze Dekret über die

---

[79] WA 18, 639,1; vgl. 744,6.
[80] WA 18, 744,6; vgl. 676,11; 679,22; 686,37; 687,2; 692,13; 698,1; 779,2; 782,35.
[81] DS 1510–1516 = NR 352–358; DS 1521; 1551–1557 = NR 791; 819–825. Zur Literatur sei verwiesen auf *Pesch/Peters*, Einführung, 170 Anm. 2; hervorzuheben sind vor allem die Arbeiten von *Brunner, Joest, Fransen* (s. das Folgende und w. u. Literaturverzeichnis).

Erbsünde von Adams Sünde und ihren Folgen für ihn persönlich, ihrer universalen Unheilsbedeutung für alle Menschen, ihrer naturhaften Übertragung und darum ihrer Behebung allein durch Christus, von der darin begründeten Notwendigkeit der Kindertaufe, durch die die wahre Sündhaftigkeit der Erbsünde wirklich getilgt und nicht etwa nur „nicht angerechnet" wird. Das 1. Kapitel des Rechtfertigungsdekretes sowie die zugehörigen Canones spitzen diese Lehre, unter ausdrücklicher Berufung auf das Erbsündendekret, dahin zu, daß weder das natürliche Gesetz noch das Gesetz des Mose die Menschen in die Lage versetzte und versetzt, die Erbsünde und ihre Folgen zu überwinden, so daß es für immer dabei bleiben würde, wenn nicht Gott aufgrund seines Heilsratsschlusses Christus als Erlöser gesandt hätte.

Man erkennt: *Die Argumentationsstruktur der Tradition, insonderheit der Texte von Orange, ist eingehalten. Die Lehre von Sünde und Erbsünde wird in Funktion des Christusglaubens entwickelt, hier: in Funktion der Rechtfertigungslehre.* Darum faßt das Rechtfertigungsdekret an seinem Beginn die Lehre von der unaufhebbaren Sündigkeit des Menschen noch einmal zusammen.

Aber auch die *inhaltlichen* Aussagen der Texte von Orange werden weitestgehend übernommen – teilweise wörtlich zitiert, wie die Textausgaben ausweisen.

Hierbei erweisen sich allerdings die seit 10 Jahren wieder bekannten Texte von Orange nicht nur als das bedeutende Traditionszeugnis, sondern auch als Handicap, das veränderte Fronten und Probleme anzeigt. Peter Brunner, der die wohl bemerkenswerteste lutherische Interpretation der Trienter Rechtfertigungslehre geschrieben hat[82], vermerkt aufgrund der Akten folgendes: Bei dem Wort „Verderbtheit" (DS 1511) wollte man ursprünglich in Anlehnung an DS 371 einfügen: „... nulla etiam animae parte illaesa durante" – „... wobei kein Teil der Seele unverletzt blieb". Das hätte die uneingeschränkte Übernahme der reformatorischen Auffassung von der Sünde bedeutet! Also bemühte man sich um eine Differenzierung und wollte zunächst die Worte ergänzen: „... quoad operationem" – „... in bezug auf das Handeln", denn die „Verletzung" geschehe ja „non in natura et substantia" – „nicht in der Natur und im Wesen". Das entspricht der schon besprochenen Differenzierung der „Naturverderbnis" bei Thomas[83]. Man hat schließlich *alles* gestrichen, sowohl die Anknüpfung an Orange als auch die Differenzierungen. Man wollte der reformatorischen Lehre keine Brücken bauen. Das gilt übrigens für das gesamte Trienter Konzil: *Man wollte die katholische Antwort auf die Reformation formulieren – und war durchaus bereit, zu diesem Zweck auch vergessene oder in jüngster Zeit verschüttete katholische Tradition aufzuarbeiten. Gegenüber den Reformatoren aber gab es dennoch nur das grundsätzliche Nein.* Die moderne Selbstverständlichkeit, bei Streitfragen erst einmal abzustecken, worin man einig ist und was man daher dem Gegner „zugeben" kann, ist in Trient noch unbekannt. Nur insoweit ist ein

---

[82] Die Rechtfertigungslehre des Konzils von Trient. Zum Folgenden vgl. aaO 59–65.
[83] Vgl. w. o. IV 4.

Schritt über die ältere Praxis hinaus zu verzeichnen, als man in Trient bewußt darauf verzichtet, Namen zu nennen, und sich darauf beschränkt, Lehren zu verurteilen – mit der Folge, daß moderne und am Dialog der Konfessionen interessierte Forscher um so leichter die Frage stellen können, ob denn das Trienter Konzil die wahre Lehre der Reformatoren überhaupt getroffen habe[84].

Ob die Trienter Aussagen über die Sünde des Menschen, so wie sie jetzt vorliegen, in *vollem* Einklang mit der reformatorischen Lehre sind, ist unter evangelischen Interpreten selber strittig. Peter Brunner faßt seine Interpretation wie folgt zusammen:

a) Über dem nicht-gerechtfertigten Menschen waltet Gottes Zorn und Ungnade.

b) Er lebt in der Sklaverei der Sünde und in der Gefangenschaft unter Tod und Teufel.

c) Im Blick auf die Erlangung des Heils ist er wie ein Toter.

d) Das verbleibende liberum arbitrium ist „Freiheit" nur innerhalb eines Gefängnisses, das heißt: es ist im Blick auf das Heil ein servum arbitrium. Obwohl Peter Brunner mit diesem Urteil in allen entscheidenden Punkten der gleichzeitig erschienenen Interpretation von Wilfried Joest widerspricht[85], braucht der Katholik hier nicht lutherischer zu sein als ein Lutheraner vom Format eines Peter Brunner.

2. Das Konzil von Trient und die Tradition: Unterschiede und Widersprüche

Neu ist – neben dem hier nicht weiter zu verfolgenden Hinweis auf die Erbsündlosigkeit der Jungfrau Maria in Canon 6 des Erbsündendekretes – ein kleiner Nebensatz im 3. Canon: „... diese Sünde Adams, die in ihrem Ursprung eine ist und durch Abstammung, nicht durch Nachahmung übertragen, allen innewohnt ..." (DS) 1513; vgl. 1523). *Damit wird die in Orange nur ansatzweise ausgesprochene, im Mittelalter durchgebildete Lehre von der Übertragung der Erbsünde durch den Zeugungszusammenhang mit Adam wenigstens in allgemeiner Form festgeschrieben.* Dazu sah man sich zwar nicht durch die Reformatoren provoziert, wohl aber durch die von Erasmus von Rotterdam zur Debatte gestellte These, die Erbsünde übertrage sich dadurch, daß alle Menschen die Sünde Adams „nachahmen". In einem Nebensatz also wird diese These gleichsam „miterledigt". Er ist trotzdem folgenreich, weil damit der allein legitimierende Zusammenhang jeder Erbsündenlehre mit der Reflexion auf die Universalität der Heilsbedeutung Christi angesägt ist. Künftig widerspricht man

---

[84] Dieser Frage galt auf dem Lutherforschungskongreß 1971 in St. Louis/USA ein eigenes Seminar; vgl. jetzt *Pesch/Peters,* aaO 176–209, bes. 208 f.

[85] *Joest,* Die tridentinische Rechtfertigungslehre.

der kirchlichen Lehre nicht erst dann, wenn man (wie die Pelagianer) die Universalität des Sündenverhängnisses in Frage stellt, sondern schon, wenn man seine Zweifel hat, ob die Menschheit von einem einzigen Urmenschenpaar abstammt, weil ja dann der Zeugungszusammenhang mit dem einen Adam als Übertragungsmittel der Erbsünde nicht mehr gewahrt ist. Die Erbsündenlehre, und das ist das Problematische, wird dadurch ein Thema eigenen Rechtes, sie wird in sich selbst „interessant" und nicht mehr nur im Hinblick auf die Christologie. Die gegenwärtige innerkatholische Diskussion um die Erbsünde spiegelt diese neue Problemspannung, die trotz aller Theoriebildungen dem Mittelalter unbekannt war[86].

In zwei Punkten steht die Trienter Lehre dem Wortlaut nach in ausdrücklichem Widerspruch zu den Texten von Orange. Diese sagen: Der Mensch hat durch die Erbsünde seinen freien Willen verloren, das heißt, dieser taugt nur noch zum Bösen und trägt zum Heil nichts bei (DS 378; 383; 396). In Trient sagt man: Der freie Wille ist auch in den „Sklaven der Sünde" „keineswegs ausgelöscht, wenn auch an Kraft geschwächt und hinfällig" (DS 1521, vgl. 1555). In Orange sagt man: Der Mensch hat von sich aus nur Lüge und Sünde (DS 392). In Trient heißt es: Die vor der Rechtfertigung und insbesondere zur Vorbereitung auf sie getanen Werke sind keineswegs nur Sünde (DS 1557).

Der Widerspruch ist dennoch keiner in der Sache[87]. Man muß zunächst die verschiedene Stoßrichtung beachten – einmal gegen die Semipelagianer, das andere Mal gegen überpointierte und darum leicht mißverständliche Formulierungen der Reformatoren; vor allem aber die verschiedene Sprechweise. „Freiheit" (libertas) und „freier Wille" (liberum arbitrium) ist in Orange augustinisch, also im biblischen Sinne von Freiheit (von der Sünde und für Gott) gemeint, solche Freiheit ist natürlich durch die Sünde verloren. In Trient aber meint man mit „Freiheit", was man in Orange noch nicht unterschieden hatte, nämlich die psychologische Wahlfreiheit. Und die ist selbstverständlich nicht verloren – auch wenn ihre „Wahl" zwanghaft immer nur auf etwas fällt, was von Gott wegführt. Man hielt aber in Trient dafür, diese verbliebene Wahlfreiheit zu betonen, um im verwirrten Kirchenvolk nicht die Meinung aufkommen zu lassen, auf das eigene Bemühen komme es nicht mehr an, weil ja entweder die Gnade Gottes alles allein vollbringe oder, falls nicht, ohnehin all unser Tun umsonst sei. *An keiner Stelle sagt aber das Konzil, daß dieses Vermögen der freien Wahl von sich aus etwas zum Heil beiträgt.* Wo es so klingt, handelt es sich immer um die schon zuvor von Gottes Gnade berührte Freiheit. Die Fortexistenz des freien Willens auch im Sünder bedeutet positiv nicht mehr als die Personalität des Adressaten der Gnade, nichts anderes also als dies, daß es überhaupt – durch Gottes gnädigen Willen! – noch einen *Empfänger* möglicher Gnade weiterhin gibt.

Ähnlich löst sich das Problem um „Lüge und Sünde" als einzige Möglichkei-

---

[86] Vgl. w. o. Anm. 18.
[87] Vgl. *Greshake,* Geschenkte Freiheit, 73–80. In der Sache urteilt auch Brunner so, ebda., bes. 63.

ten des Menschen. Die Texte von Orange sprechen davon, daß der Mensch „aus seinem Eigenen" (de suo), also aus seiner Gesamtverfassung heraus nur zustande bringe, wovon er durch und durch qualifiziert ist: Lüge und Sünde. Trient redet an der genannten Stelle aber nicht von der Gesamtverfassung des Menschen, sondern von der objektiven Qualität bestimmter Werke. Wiederum vor allem aus seelsorglichen Gründen ist man interessiert an der Feststellung, daß auch unter den Werken des Sünders objektive Qualitätsunterschiede bestehen. An dieser Frage, die faktisch auf die Möglichkeit einer natürlichen Ethik zielt, ist man indes in Orange überhaupt nicht interessiert. Umgekehrt bestreitet auch das Trienter Konzil nicht, daß der Sünder in seiner konkreten Situation *faktisch* nichts Gutes tun kann. Es spricht diese Unmöglichkeit sogar indirekt aus, indem es jede Möglichkeit der Selbstrechtfertigung ausschließt (DS 1552): Die Gnade ist nicht etwa nur dazu nötig, um *leichter* gerecht leben und das ewige Leben verdienen zu können[88].

Das Gesamturteil darf also lauten: *Das Trienter Konzil hat in bezug auf die Sünde des Menschen die Aussage der Tradition – auf der im Mittelalter erreichten Reflexionsstufe – in der Weise einschränkungslos durchgehalten, wie kirchenamtliche Texte theologische Tradition aufzunehmen pflegen.* Weil die Reformatoren es liebten, ihre Lehre – übrigens im Einklang mit akademischen Disputationssitten der Zeit! – in überpointierten Spitzensätzen zusammenzufassen, die nicht nur mißverständlich waren, sondern auch tatsächlich mißverstanden wurden (zum Beispiel: „Der freie Wille ist eine Sache bloßen Namens, ja ein Name ohne Sache"[89]), sah sich das Konzil veranlaßt, mit Formulierungen dagegen zu halten, die gelegentlich als Abschwächung der Tradition wirken, zumindest als Abstraktion. In der Sache aber ist das Konzil nicht den kleinsten Schritt hinter die Grundaussage der Tradition zurückgegangen: Die ganze Menschheit ist von innen her verdorben und von Gott abgekehrt und hat auch kraft ihrer verbliebenen Wahlfreiheit keine Möglichkeit, sich selbst da herauszuhelfen. Trient bedeutet nicht nur keine *vorsichtige* Rückkehr zu pelagianischen oder semipelagianischen Positionen, sondern *überhaupt keine*.

---

[88] Vgl. *Rahner,* Was ist eine dogmatische Aussage? (= Schriften V, 54–81), 69.
[89] Vgl. Anm. 78.

6. KAPITEL

DER MENSCH IN DER SÜNDE
IM HORIZONT HEUTIGEN VERSTEHENS

LESEEMPFEHLUNG: Ebeling, Das Problem des Bösen als Prüfstein der Anthropologie (= Wort und Glaube III, 205–224)

Wir steuern nun auf die eigentlich systematisch-theologische Aufgabe zu, das Zeugnis der christlichen Überlieferung über den Menschen in der Sünde unter gegenwärtigen Verstehensbedingungen in wechselseitiger kritischer Bezugsetzung und Durchdringung neu zu verantworten und Glauben eröffnend auszusprechen. Die methodischen Regeln zur Lösung dieser Aufgabe haben wir im 4. Kapitel bedacht[1]. So ist unsere erste Aufgabe nun, durch die Theoriemodelle der Tradition und ihre Unterschiede durchzustoßen und die gemeinsame Aussage der Tradition über den Menschen als Sünder herauszuarbeiten. Wir tun es aus ebenfalls schon genannten Gründen in diesem Abschnitt besonders ausführlich[2].

I. Die Unterschiede und das eine Wort der Tradition

1. Biblisches Zeugnis und theologische Tradition

Unterschied und Einklang zwischen dem Alten Testament und Paulus erörtern wir hier nicht – es geschah ausreichend bei der Analyse des paulinischen Zeugnisses[3].

Der Unterschied zwischen dem biblischen Zeugnis insgesamt und allen späteren Traditionsstufen besteht darin: Sünde (und Tod als deren Folge) erscheinen nicht mehr als personartige Macht, und wenn doch, dann ist es jeweils nur bildlich gemeint. Die gesamte nachbiblische Tradition läßt sich als eine Art „Entmythologisierung" und geradezu als „existentiale Interpretation" verstehen: Ein Sachverhalt, den die Bibel, von bereits vermerkten Einschränkungen abgesehen, als eine außerhalb des Menschen „vorfindliche" Realität darstellt, wird in der Tradition als Aussage über den Menschen, als Realität im Menschen selbst gesehen. Zwar wird Adam im späten Alten Testament und bei Paulus als historische Gestalt, der Urstand als (ur-)geschichtliche Epoche genommen. Wieweit ein solcher Gedanke heute noch nachvollziehbar ist, ist hier nicht zu behandeln und ist auch eine sekundäre Frage. Auf jeden Fall versteht die theologische Tradition

---

[1] Vgl. w.o. 4 II 3 und III.
[2] Vgl. w.o. 4 II vor 1.
[3] Vgl. w.o. 5 II 1.

Sünde und Verderbnis anthropologisch. Aus der *kosmischen Macht,* der Gegenmacht zu Gott, die den Menschen versklavt und die Gott nur überwinden kann, indem er den Menschen aus der Machtsphäre der Sünde weg in seine eigene Machtsphäre hineinzieht, wird in der Tradition das *Versagen des Menschen* in seinem Tun durch Abkehr von Gott. Die Unterwerfung unter die Sündenmacht, eine positive Realität, wird zur Negation: zur *Unfähigkeit* des Menschen zu dem, was er vor Gott soll. Folgerichtig konzentriert sich die Frage nach Sünde und Sündenverderbnis daraufhin auf die Erörterung der Möglichkeiten der menschlichen *Freiheit.* Eben dazu beobachteten wir freilich den Ansatz schon bei Paulus: Die Sünde hat *im* Menschen eine „Operationsbasis" (Otto Kuss). Die fortschreitende anthropologische Reflexion auf die Sünde in der theologischen Tradition ist also biblisch legitimiert.

2. *Orange, Luther und Thomas*

Thomas geht über die augustinische Tradition und über deren Wiederaufnahme durch Luther insoweit hinaus, als er Sünde und Naturverderbnis im Koordinatensystem der aristotelischen Wesensanalyse des Menschen, konkret: der Unterscheidung – nicht: Trennung! – von Leib und Seele denkt. Diese wird bei Thomas zum Instrumentarium, durch die er Sünde und Verderbnis nach ihren inwendigen Strukturen und Bedingungszusammenhängen erhellt. *Ansonsten aber ist der Unterschied zwischen Thomas und dem Augustinismus entgegen erstem Anschein nicht so groß wie der – ebenfalls nur geringe – Unterschied zwischen Orange und dem Trienter Konzil.* Auch mitten in der Verwendung aristotelischer Begriffe bleibt Thomas im Prinzip der augustinischen Ausdrucksweise verpflichtet. Er weiß im übrigen in seinem Spätwerk um die semipelagianische Kontroverse, auch und vor allem um die „Testfrage" nach dem „Anfang des Glaubens". Abgesehen davon, daß die aristotelische Anthropologie bei Thomas eine differenziertere, genauer: eine zweistufige Sprechweise von „Freiheit" hervorbringt – Freiheit als „Wesensfreiheit" allein in der Bindung an Gott, Freiheit als „Wahlfreiheit" gegenüber der Vielfalt partikulärer, also nicht-göttlicher Einzelgüter – hat man Thomas in Sachen Sünde und Naturverderbnis augustinisch und nicht nachtridentinisch zu interpretieren[4].

3. *Thomas und Trient*

Der Unterschied zwischen Thomas und Trient ist damit schon gekennzeichnet. Was, abgesehen von den Differenzierungen im Gefolge der aristotelischen Anthropologie, an Unterschieden zwischen Orange und Trient zu verzeichnen ist,

---

[4] Vgl. w. u. 10 II 1; 12 II 1; und *Pesch,* Freiheitsbegriff und Freiheitslehre, 200–210, bes. 204–206.

besteht auch zwischen Thomas und Trient als Unterschied. Weitere dogmatisch bedeutsame Unterschiede bestehen nicht.

4. Orange, Luther und Trient

Entscheidend müssen daher – nicht zuletzt für das evangelisch-katholische Gespräch – die Unterschiede zwischen Orange und Luther einerseits und dem Tridentinum anderseits sein bzw. die Bewertung dieser Unterschiede. Unterschiedlich ist vor allem die Denk- und Sprechweise. Die Trienter Väter denken, Seripando zum Trotz, nicht mehr augustinisch. Zudem ist die Frontstellung eine andere: gerade nicht gegen Optimisten in Sachen Möglichkeiten des Sünders, sondern gegen Theologen, die man im Verdacht hat, zu pessimistisch über den Menschen zu denken. Der Ausgleich der einschlägigen, verbal einander widersprechenden Texte wurde behandelt: verschiedener Freiheitsbegriff; verschiedene Zielrichtung, ja seelsorgliche Ausrichtung der Aussage; und beides ineinander und miteinander, zudem im humanistischen, das heißt: säkularisiert-aristotelischen Denkrahmen. Trient will die Meinung ausschließen, als sei es für den Menschen ohne Christus gleichgültig, ob er einen Mord begehe oder eine Notlüge. Insofern ist die Erhaltung der Wahlfreiheit von Belang. Die anderen Texte über die Unmöglichkeit, aus eigener Kraft aus der Sünde herauszukommen, schließen die Möglichkeit aus, in der Wahrung des liberum arbitrium einen Vorteil für das Gottesverhältnis zu sehen. Die Frage, ob daraufhin nicht die guten Werke des Sünders – oder wenigstens die dem Sachverhalt nach weniger sündigen Werke – bereits irgendwie als Effekt der (ohnehin nicht konstatierbaren) Gnade angesehen werden müssen, wurde in Trient nicht gestellt und insofern auch nicht beantwortet.

5. Das eine Wort der Tradition

Für die gesamte Tradition ist kennzeichnend und damit als ihr *eines* Wort herauszuheben:

a) *Sünde und Naturverderbnis, wie auch immer gedeutet und verstanden, sind als solche Erfahrungstatbestände, als Fehlverhalten die eine, als Not die andere.* Das will besagen: Weder im Erleben noch im Wissen, also weder vor noch in der Reflexion gibt es einen Widerspruch zwischen Welterfahrung und Sündenbewußtsein. Das Wort von Sünde und verderbter Natur steht nicht gegen den Augenschein der sonstigen, „profanen" Welt- und Lebenserfahrung, sondern drückt ihn aus. Hier wird nicht von unanschaulichen, nur der Anstrengung des metaphysischen Begriffs oder des unausweisbaren Glaubens zugänglichen Realitäten geredet, sondern von dem, was in moderner Sprache Gegenstand empirischer Feststellung heißen müßte: von der Übertretung von Weisungen, hinter denen man fraglos Gott „wußte"; von dem Gespaltensein des Wollens zwischen Gottes Gebot und Eigenwillen (Röm 7!), vom Tod als Unheilsfolge der Sünde, von versagender Freiheit, versagendem Willen, von der Unfähigkeit, aus eigener Macht wieder zu Gott aufzubrechen.

b) *Sünde und Naturverderbnis betreffen das Gottesverhältnis als solches und haben darin ihren Grundsinn* – wobei die Beurteilung der Folgen divergieren kann.

c) Beide, Sünde und Naturverderbnis, werden erst von Christus her voll und ganz erkennbar: *Das Ausmaß der Verlorenheit des Menschen geht erst dort auf, wo er das Wort von seiner Erlösung hören darf.* Für Paulus ist das ganz klar, und insoweit überbietet er das Sündenverständnis des Alten Testamentes, das seinerseits letztlich die Erkenntnis der Sünde auf den offenbarenden Richterspruch Jahwes zurückführt. Die kirchliche Tradition beantwortet diese Frage im Rahmen der Erörterung der Notwendigkeit der Gnade. „Christus bringt das alles mit sich"[5], erklärt Luther, und Thomas zitiert an bezeichnender Stelle seiner Frage nach der Notwendigkeit der Gnade Gal 2,21[6].

Zum verbindlichen einen Wort der Tradition gehört somit *nicht:*
– die Vorstellung von einer magisch oder wie immer selbstmächtig wirkenden Tatsphäre und im Fall der Sünde Unheilssphäre, die den Täter umgibt und ihm kein Entrinnen läßt;
– die Vorstellung von der Sünde als einer quasi-persönlichen Macht, die mit einer „Herrschaft" ausgestattet ist;
– die Verstehenshilfe einer aristotelischen Anthropologie (oder auch einer platonischen!);
– *eine* bestimmte theologische oder philosophische Theorie der Freiheit;
– *eine* bestimmte Erbsündentheorie, besonders eine solche von der Weise ihrer Übertragung.

All diese Theorien sind deshalb nicht gleichgültig, im Gegenteil, in ihnen liegt viel anregende Kraft, viel Warnung vor Verharmlosung, viel Hilfsangebot, das uns vor eilfertigem Tribut an den Zeitgeist bewahren kann[7]. Aber dies nur beim Vorgang der Neuinterpretation des *einen* und *allein verbindlichen* Wortes, das die *ganze* Tradition uns *gemeinsam* vorgibt.

Dieses eine Wort der Tradition ist nun sozusagen der Gesprächspartner *unserer Erfahrung*[8], muß nun also in näherer Entfaltung im Verhältnis zu unserer Erfahrung aufgeschlüsselt werden.

---

[5] Vgl. w.o. 5 V 4.
[6] STh I–II 109,7 sed contra.
[7] Vgl. w.o. 4 II 1.
[8] Vgl. w.o. 4 III.

II. Das eine Wort der Tradition und unsere Erfahrung

1. Selbstverständlichkeiten der Tradition

Wenn die Tradition *überhaupt* die Erfahrung von etwas ausspricht, was den Menschen in Not bringt und hält, ihn *irgendwie* mißlungen, nichtig, ja absurd sein läßt, so wäre das nur dann ein Problem, wenn wir dergleichen Erfahrungen von Not überhaupt nicht mehr kennten. Das ist offenbar nicht der Fall. Das Stichwort „Not", das Stichwort „Verlorensein" *allein* schafft also noch kein Übersetzungsproblem. Aber:

Die Tradition sagt präzise: die erfahrene und erfahrbare Not ist die *Erfahrung, vor Gott verloren zu sein* – ohne die Möglichkeit, aus eigener Macht mit Gott neu anfangen und wieder vor ihm „richtig", „gerecht" werden zu können. Darin stecken folgende Implikationen:

a) Die Erfahrung, zumindest das unangefochtene Wissen: *Gott ist* – und zwar so, daß dieses Wissen noch vor der Frage gewiß ist, ob Gott der zornige oder der mir gnädige Gott, der Richter oder der Erbarmer ist. *Die Gewißheit des lebendigen Gottes und meiner Abhängigkeit von ihm enthält noch keine Antwort auf die Frage nach seinem Verhältnis zu mir, sondern läßt diese Antwort noch offen.* In der „klassischen" Sprache der Gotteslehre ausgedrückt: Das Wissen um die „infinita bonitas", die „grenzenlose Gutheit" Gottes bedeutet noch keinesfalls die Gewißheit seiner Heilsliebe zu den Menschen[9]. Mit anderen Worten: Sünde und Naturverderbnis beinhalten die Erfahrung, vor dem Gott verloren zu sein, vor dem man auch in Gnade stehen *könnte* und eigentlich *sollte.*

b) Darin zeigt sich ein weiteres: *Der Mensch hat auf jeden Fall ein Gottesverhältnis, dieses ist als solches ein bestimmendes Wesensmoment des Menschen, konkret theologisch: der Mensch ist Geschöpf Gottes.* Am ausdrücklichsten hat Thomas dieses den Menschen definierende Gottesverhältnis auch philosophisch reflektiert, wenn er den unendlichen Erkenntnishunger und das Glückseligkeitsstreben des Menschen als unausdrücklichen Gottesbezug des menschlichen Wesens interpretiert[10] – und mit vollem Recht hat man in der Thomasforschung festgestellt, eben darin wirke sich der „verborgene Notenschlüssel" des Schöpfungsglaubens aus[11], will sagen: ohne die Vorgabe des Schöpfungsglaubens sei der Optimismus, mit dem hier von unausdrücklichem Gottesbezug geredet wird, nicht durchzuhalten, bleibe dieser Gottesbezug vielmehr vollständig unentzifferbar.

c) *Das den Menschen definierende Gottesverhältnis impliziert ein ebenso fragloses Sündenbewußtsein.* Es ist also klar, daß es Sünde gibt – als Übertretung des

---

[9] Man lese etwa *Thomas,* STh I 6 im Lichte von I 1,1!

[10] Vgl. w.o. 2 II 1; zur Sache auch *Pesch* aaO 202f.

[11] Vgl. *Josef Pieper,* Philosophia negativa. Zwei Versuche über Thomas von Aquin (München 1953), 16–19.

Gebotes, das dieser Gott in Natur und biblischer Offenbarung kundmacht; und daß der Mensch aufgrund seiner Übertretung mit dem Urheber dieses Gebotes, das Ausdruck seines Schöpferwillens ist, in Konflikt lebt. Am Rande vermerkt: Es ist ein in der ganzen Tradition sich durchhaltender Gedanke, den auch Luther nicht aufgibt: Das geoffenbarte göttliche Sittengesetz, zusammengefaßt im Dekalog, ist identisch mit dem Naturgesetz[12].

d) *Diese Implikationen spitzen sich im Freiheitsproblem zu. In* der bleibenden Freiheitserfahrung, das heißt: *in* der Erfahrung von eigenem Entscheiden und Verantworten wird auch Sünde und Knechtschaft erfahren. Thomas zum Beispiel will von wirklichen Erfahrungen, von psychologisch faßbaren Vorgängen reden, wenn er in STh I-II 109 das „Eigengewicht" der Sünde beschreibt und minuziös abzuklären sucht, was der Sünder (noch) kann und was nicht.

2. Fundamentale Wandlungen

Alles hier unter 2 a–d Gesagte trifft auf unsere Erfahrung nicht (mehr) zu. Wir leben im schon sprichwörtlichen „Zeitalter des Atheismus"[13]. Gottes Dasein ist für „unsere Erfahrung", die von den empirischen Wissenschaften bestimmt ist[14], alles andere als selbstverständlich und vorgegeben. Der nachträgliche Charakter der „Gottesbeweise" etwa bei Thomas, demzufolge am Schluß jeweils gesagt werden kann: „Und das nennen alle Gott", will sagen: Man sieht ja, der Beweis erbringt nur, was für „alle" bereits selbstverständlich ist, macht uns heute eher fassungslos[15].

Damit fällt zugleich das Bewußtsein von der grundlegenden Gottbestimmtheit menschlichen Daseins. Damit aber fällt zugleich die spezifische Inhaltlichkeit der traditionellen Verderbniserfahrung. Wir haben *Schuldbewußtsein,* aber das ist nicht dasselbe wie Bewußtsein der *Sünde* als Auflehnung gegen das Herrsein des Schöpfergottes – ganz abgesehen davon, daß wir auch das Schuldbewußtsein nur zu gern wegdisputieren, indem wir die „Schuld" lieber bei den „Verhältnissen" suchen als bei uns selbst. Wir akzeptieren – vielleicht! – sogar eine unbedingte Verantwortung, aber es ist eine solche gegenüber den Mitmenschen, nicht gegenüber dem Anspruch und Gebot eines personalen Gottes. Wir machen Erfahrungen mit gebrochener Freiheit und gespaltenem Wollen, ja im

---

[12] Vgl. *Thomas,* STh I–II 100,1 und, der Kürze halber, Literatur und Kommentar bei *Pesch,* Das Gesetz, 618–629; zu Luther vgl. aaO 665 u.w.u. 7 I 2 Anm. 14.

[13] Vgl. pars pro toto *Ebeling,* Die Botschaft von Gott an das Zeitalter des Atheismus (= Wort und Glaube II, 372–395); *Moltmann,* Der gekreuzigte Gott, 184–267; *Jüngel,* Gott als Geheimnis der Welt, 55–137; *Kasper,* Der Gott Jesu Christi, 29–91.

[14] Vgl. w.u. 17 I.

[15] Vgl. *Thomas,* STh I 2,3; dazu *Ebeling,* Existenz zwischen Gott und Gott. Ein Beitrag zur Frage nach der Existenz Gottes (= Wort und Glaube II 257–286); *Pesch,* Der hermeneutische Ort der Theologie bei Thomas von Aquin und Martin Luther.

Bereich der Tiefenpsychologie lernen wir eventuell neu würdigen, was die Alten mit der Tat und ihrer „Sphäre", ihren nicht abschüttelbaren Folgen gemeint haben könnten, aber das alles sind Belastungen, Traumata, unbewältigte Vergangenheit, kurz: eine Sache für den Therapeuten, nicht aber ein „versklavter Wille" (servum arbitrium) als Reittier unter Satan und Sünde.

Anderseits können wir etwas Seltsames beobachten: *Wenn* „Gotteserfahrung" – was auch immer das sei – gemacht, behauptet, gesucht wird, *wenn* Glaube an Gott sich (neu) ereignet, dann immer sogleich als Erfahrung des Gottes, als Glaube an den *Gott, der mein Heil ist.* Den Zweifel an der Gegenwart Gottes löst nicht die Erkenntnis des „Gottes der Philosophen", sondern allein der „Gott Abrahams, Isaaks und Jakobs" (Blaise Pascal). *Anders gesagt: Wenn die Frage nach Gott positiv entschieden wird, dann ist immer schon die Heilsfrage, die Sinnfrage mitentschieden – so mitentschieden, daß selbst die gleichzeitig bewußtwerdende Sünde dann kein Einwand mehr ist.* Es ist hier (noch) gar nicht wichtig, zu entscheiden, ob es bei einer solchen selbstverständlichen Verbindung von Heilsfrage und Gottesfrage mit rechten Dingen zugeht, ob sie vor der Tradition verantwortet werden kann, ob sie nicht einem Kurzschluß entspringt, ja ob sie nicht den Menschen gerade gegen Gott verschließt, statt ihn für ihn aufzubrechen. Wichtig ist (zunächst) allein die Feststellung dieser eigenartigen, von der Tradition abweichenden Fragestruktur. Eine neutrale Frage nach der „Existenz" eines Gottes, der *nachträglich* erst die Frage folgte, ob und unter welchen Voraussetzungen diese Erkenntnis für mich, für die Menschen Heil oder Unheil bedeute, eine solche „neutrale" Frage nach Gott ist im Horizont „unserer Erfahrung" absurd.

An genau dieser Stelle hat unser Versuch einzusetzen, neu zu verstehen, was am heutigen Schnittpunkt zwischen überlieferter Botschaft und gegenwärtigen Verstehensbedingungen „Sünde" und „Verderbnis der Natur" in der Realität des menschlichen Lebens bedeuten.

7. KAPITEL

DIE UNFÄHIGKEIT ZUM GLAUBEN

I. Vorgezeichnete Wege

LESEEMPFEHLUNG: Ebeling, Erwägungen zur Lehre vom Gesetz (= Wort und Glaube I, 255–293)

1. Ein Irrweg

Halten wir also fest im Auge: Das eine Wort der Tradition zu Sünde und Naturverderbnis spricht von einer erfahrbaren Not, in der der Mensch in bezug auf sein Verhältnis zu Gott lebt und die nur im Blick auf Christus, sein Erlösungswerk, voll verständlich, ja erkennbar wird.

Im Hinblick auf die neue Situation, der dieses Zeugnis der Tradition begegnet, wenn es auf die Erfahrungen des heutigen Menschen mit sich selbst und mit der Welt stößt, *scheint ein bestimmter Verfahrensweg nahezuliegen – ist aber ein Irrweg. Gemeint ist die Forderung: Wir müssen die alte Erfahrung von Sünde und Sündenverderbnis einfach zurückgewinnen.*

Dieser Weg ist immer wieder versucht worden und wird zum Teil auch heute noch versucht, wenn auch mit kleinen Umwegen. Er muß immer so verlaufen: Zuerst muß die Wirklichkeit Gottes als des Herrn der Welt und der Menschen klargestellt und in Herz und Verstand verankert werden. Dann ist vom gerechten Willen dieses Herrn zu reden, der sich kundtut im „natürlichen Gesetz"[1], im Spruch des Gewissens[2], wenn nicht gar schon im positiven alttestamentlichen Gesetz[3]. Vor diesem heiligen Gotteswillen versagt der Mensch chronisch – das ist dann unschwer zu erweisen. Und damit sind wir bei der Wirklichkeit der Sünde und ihrem Verhängnis, also bei dem, was die Tradition mit „Verderbnis der Natur" meinte.

Gegen diesen Weg ist nichts einzuwenden, wenn er beschritten wird im Raum des bereits angenommenen und gelebten Christusglaubens. Denn selbstver-

---

[1] Vgl. Bericht und Kritik bei *Böckle,* Natürliches Gesetz als göttliches Gesetz in der Moraltheologie, 166–174; dort auch die ältere Literatur.

[2] Vgl. *Häring,* Das Gesetz Christi, I, 178–196. Sollte auch *Pannenberg,* Die Krise des Ethischen und die Theologie (= Ethik und Ekklesiologie, 41–54), 47–54, so zu verstehen sein?

[3] Dies etwa dort, wo man Luthers eigenes Gesetzesverständnis gegen moderne Aktualisierungen durchzuhalten wünscht. Vgl. etwa *Maurer,* Die Anfänge von Luthers Theologie. Eine Frage an die lutherische Kirche (= Kirche und Geschichte I, 22–37), 33 f.; *ders.,* Von der Freiheit eines Christenmenschen, 52; ähnlich *Wilhelm Wiesner* in: ThLZ 90 (1965) 138–140 (gegen Gustav Wingren). – Derselbe Grundton auch in modernen Versuchen, die Aktualität des Dekalogs zu entfalten; vgl. pars pro toto *Alfons Deissler,* Ich bin dein Gott, der dich befreit hat. Wege zur Meditation über das Zehngebot (Freiburg i. Br. 1975), 15–24.

ständlich stellt dieser auch die Situation des Menschen vor Gott klar, aus der ihn dieser Christusglaube gerade befreite[4]. Aber falls unsere Voraussetzungen, die wir im vorausgehenden Kapitel erörtert haben, nicht ganz falsch sind, ist dieser Weg *vor* dem Christusglauben und *von ihm abgesehen nicht* möglich. Wir machen *keine* Erfahrung von einem uns beanspruchenden Gott, bevor wir ihn durch Christus kennenlernen.

Es gibt aber noch einen viel prinzipielleren Grund, warum der Weg einfacher Rückgewinnung alten Sündenbewußtseins ein Irrweg wäre. Dieser Weg kann nicht nur nicht beschritten werden, er *darf* nicht mehr beschritten werden. Wir müssen von der fundamentalen Voraussetzung ausgehen, daß das Evangelium – „katholisch" ausgedrückt: die Verkündigung der Gnade – jenseits aller unerläßlichen Einzelfragen dadurch allein *Evangelium* ist, daß es eine Macht der Befreiung ausübt. *Damit ist vorausgesetzt, daß zwischen der Gnade und allem, was ihr vorausgeht und vorausgehen kann, zunächst nicht Kontinuität, sondern ein Verhältnis von Bruch und Neuanfang besteht.* Dieses Verhältnis ist ein durchgehendes Thema der christlichen Verkündigung, und die trotzdem bestehende Kontinuität ist immer nur kontrapunktierend akzentuiert worden, sei es aus seelsorglichen Gründen – zum Beispiel gegenüber Judenchristen oder Heidenchristen, die beidemal mit Recht nicht alles verbrennen wollten und mußten, was sie hinter sich gelassen hatten –, sei es aus Gründen eines umfassenderen theologischen Konzeptes, das im Namen der Einheit des Erlösergottes mit dem Schöpfergott auch noch den Bruch in die Perspektive des *einen* Heilshandelns Gottes einzufügen versuchte.

Wir können und müssen über diese Voraussetzung hier nicht ausführlich nachdenken, denn sie kommt in den Querverbindungen zwischen diesem und dem dritten und fünften Fragenkreis ausreichend zur Sprache. Aber wenige Hinweise mögen dienlich sein. Schon in der alttestamentlichen Verkündigung der Gnade ist das Moment des Bruchs deutlich, vor allem dann, wenn unerwartetes Erbarmen dem Schuldbekenntnis folgt[5]. – Für das paulinische Schrifttum bedarf unsere Voraussetzung kaum des Beweises: Paulus hat den „Bruch" in seinem eigenen Leben überdeutlich erfahren, und so ist seine ganze Theologie davon geprägt. Man denke an die für ihn typischen Antithesen: „Gesetz und Verheißung", „Buchstabe und Geist", „Knechtschaft und Freiheit", „Sünde und Gnade", „einst – nun aber" usw.[6] Das Gesetz ist „Pädagoge" auf Christus hin nicht im Sinne moderner Erziehungsphilosophie, sondern als „Zuchtmeister" im antiken Sinne, der das Maß des Unerträglichen voll macht und den „Erzogenen" nichts sehnlicher erwarten läßt als den Tag der Befreiung von dieser „Zucht"[7]. – Aber auch dort, wo im Neuen Testament mehr die Kontinuität be-

---

[4] Vgl. w. o. 5 II 4; III 4; V 4; VI 1.

[5] Vgl. w. o. 5 I 1–2.

[6] Vgl. z. B. Röm 3, 21–26; 4, 13; 5, 12–15; 6, 1–23; 8, 14–16; 2 Kor 3, 4 – 4, 6; Gal 3, 6–25; 4, 8 f.; 5, 1; Phil 3, 7 f.

[7] Diese richtige Interpretation von Gal 3, 24 stellt heute jeder Galaterkommentar heraus. Schon *Lu-*

tont zu werden scheint – man denkt zwangsläufig an Mt 5,17–19, aber nicht nur daran! –, ist das Element des Bruches unverkennbar. Christus erfüllt das Gesetz, er erfüllt die Verheißungen, dies aber so unüberbietbar, daß alles Vorherige als unerträglicher Mangel erscheint. Die „Erfüllung" ist die Beendigung *dieses* Zustandes und somit nicht Bestätigung des „Alten", sondern Außerkraftsetzung unzulänglicher ·Vergangenheit. Auf Mt 5,19 folgt 5,20, auf die scheinbare Bekräftigung die radikale Abwertung.

Bekanntlich hat die evangelische Theologie, wie das Folgende immer wieder deutlich macht, im·Anschluß an Paulus mehr den Bruch zwischen alt und neu herausgearbeitet, die katholische Tradition dagegen im Anschluß an die frühchristliche Kirche seit den Apostolischen Vätern mehr die Kontinuität: Christus ist der, der die Sehnsucht der Menschheitsgeschichte stillt und die Heilsgeschichte des Alten Bundes zu ihrem Gipfel führt[8]. Aber selbst ein Thomas von Aquin, dessen Theologie des Alten und Neuen Gesetzes sich auf den ersten Blick liest wie eine große Strukturanalyse der einen Heilsgeschichte, in der der Alte Bund fast nur im klaren Licht der heraufziehenden „Sonne der Gerechtigkeit" erscheint, enthüllt beim zweiten Lesen an allen entscheidenden Stellen so stark das Moment des nicht zu schließenden Bruchs zwischen der „Zeit des Gesetzes" und der „Zeit der Gnade", daß er im Vergleich etwa zu den griechischen Kirchenvätern geradezu als radikaler „Paulinist" bezeichnet werden muß[9].

Trifft unsere Voraussetzung also zu, dann darf eine Theologie der Sünde den beschriebenen Weg einfacher Rückgewinnung alter Erfahrung nicht gehen, selbst wenn das Aussicht auf Erfolg hätte. Das Evangelium müßte dabei seine Befreiungsmacht verlieren. Statt daß es aus erfahrener, wirklich erlebter Not befreit, legt es sich als Forderung auf. Es tritt dann entweder an den Menschen heran mit der Aufforderung, an einen Erlöser zu glauben, dessen er sich gar nicht bedürftig fühlt; der Glaube wird dann zur Last statt zur Erfahrung geschenkter Freiheit. Oder das Evangelium fordert *zuerst,* sich seiner Sünde bewußt zu werden, um sich dann daraus – und *nur* daraus – erlösen zu lassen; auch damit wird das Evangelium indirekt wieder zur Forderung[10].

Eine heutige Erfahrung von „Naturverderbnis", das heißt: von konstitutioneller Selbstverfehlung menschlicher Existenz, kann also nur so in Gang kommen

---

ther hatte es so gesehen, aber auch die mittelalterlichen Auslegungen des Satzes klingen nicht „kinderfreundlich"; vgl. *Thomas,* In Gal 3,24: lect. VII (n. 178); STh I–II 91,5 c.; 98,2 c.; 99,6 c.

[8] Vgl. w. o. 3 I 3. Ein anderes Beispiel ist die Lehre des *Thomas* von den drei (heilsgeschichtlichen) Zeiten (STh I–II 106,4 ad 1; III 53,2 c.; von den drei Kulten (STh I–II 101,2 c; 103,4 c.

[9] Vgl. *Pesch,* Das Gesetz, bes. 661–680.

[10] Der Beschluß der Würzburger Synode über „Unsere Hoffnung. Ein Bekenntnis zum Glauben in dieser Zeit", der im Abschnitt I 5 so nachdrücklich vom „Unschuldswahn" und vom „Entschuldigungsmechanismus" in der gegenwärtigen Gesellschaft spricht, widerspricht dieser Überlegung nicht, denn 1. spricht er aus dem Glauben heraus und deckt von daher gegenwärtige Sünde auf, und 2. gehört die Aufdeckung von *Schuld* und ihrer Verdrängung stets mit zur Aufdeckung der erfahrbaren radikalen Not, von der hier die Rede ist.

(oder als längst in Gang gekommene aufgedeckt werden): *Wo wird heute konkrete, aber prinzipielle – nicht nur partikuläre, einen Teilbereich des menschlichen Daseins erfassende – Not des Menschseins erfahren, in der das Verlangen nach Befreiung wach wird?* Es muß ja nach dem Zeugnis der Tradition eine konkret erfahrbare und zugleich prinzipielle, das heißt totale und allgemein-menschliche Not sein! Hier allein kann sinnvoll die Frage nach so etwas wie „Naturverderbnis" gestellt werden. Anderswo ist entweder die konkrete Noterfahrung nicht gegeben oder von Haus aus unmöglich, oder das Evangelium ist von vornherein um seine Befreiungswirkung gebracht, oder beides zugleich. Wie die Frage nach *Sünde* und *Sündenverhängnis* zu beantworten ist, bleibt voraussetzungsgemäß dabei noch offen. Die Frage *muß* im Licht der Tradition gestellt werden. Aber es ist von vornherein auch klar: Nur in *konkret erfahrbarer* Not kann diese Frage ohne den Verdacht der Unsinnigkeit gestellt werden. Und nur wenn sie *so* gestellt werden darf, können wir damit rechnen, daß unser „Verstehenshorizont" mit dem der Tradition „verschmilzt", so daß wir verstehen können, was diese mit „Verderbnis der Natur" meint.

2. Zwischenbemerkung: „Gesetz und Evangelium"

Die hier verhandelte Problematik kommt in der lutherischen Theologie zur Diskussion bei der Interpretation der Antithetik von „Gesetz und Evangelium", deren Unterscheidung nach einem berühmten Wort Luthers „die höchste Kunst in der Christenheit" ist[11]. Aus dem weiten Problemfeld, das von dieser Formel erhellt wird, wollen wir für unseren Zusammenhang folgendes in den Blick nehmen:

„Gesetz" ist für Luther natürlich durchaus ein Kanon inhaltlicher Forderungen – ganz wie es dem gängigen Sinn des Wortes „Gesetz" entspricht. Das Eigentliche des Gesetzes – gemeint ist immer das Gesetz Gottes – ist nach Luther aber erst dann im Blick, wenn ich mich darauf besinne, wie dieser Kanon von Forderungen in mein Verhältnis zu Gott eingreift. Luther nimmt nun radikaler als die Tradition die paulinische Funktionsbestimmung des Gesetzes wieder auf mit der These, daß die Forderungen des Gesetzes mich überfordern. Ich *kann* sie nicht erfüllen, bleibe notwendig hinter ihr zurück. „Unter dem Gesetze sein" und „in der Sünde sein" sind daher dasselbe. Hängt also mein Gottesverhältnis von der Erfüllung des Gesetzes ab – wie es doch zunächst scheinen muß –, dann muß man urteilen: Das Gesetz erreicht prinzipiell nicht, was es will. So wird der Ansatz der Theologie des Gesetzes bei Luther verständlich: Bedeutsam ist am

---

[11] WA 36, 9,28 (Neujahrspredigt 1532 über Gal 3,23–29). – Ich knüpfe im Folgenden an ausführlichere Darstellungen zum Thema an, die ich unter wechselnden Gesichtspunkten zu erarbeiten hatte: Theol. der Rechtfertigung, 31–76; Gesetz und Evangelium; Das Gesetz, 664–680; Hinführung zu Luther, 144–149; Gerechtfertigt aus Glauben, 56–94. Vgl. auch schon w.o. 5 V 1.

Gesetz nicht der Inhalt, sondern dessen Wirkung auf mich, das Zum-Scheitern-Bringen oder, wie Luther mit Paulus formuliert: das Anklagen und Töten – das Gesetz im sogenannten „usus elenchticus", im „überführenden Gebrauch". Formaler ausgedrückt: Bedeutsam am Gesetz ist seine *Funktion,* ist das *Geschehen,* das es ist und in Gang bringt – *durch* die inhaltlichen Forderungen und deren ehernen, unabdingbaren Anspruch! Entscheidend ist, daß es durch das Gesetz zum Sterben, zum Scheitern, zur unausweichlichen Angewiesenheit des Menschen auf Gnade kommt – oder eben auch zur Verzweiflung, zum Zorn, zum Gotteshaß.

Diese wenigen Andeutungen machen schon klar, *daß der Begriff „Gesetz" bei Luther jene grundsätzliche und unaufhebbare Not zur Sprache bringt und zugleich interpretiert, aus der das Evangelium den Menschen befreit.* Das Gesetz ist das Mittel, durch das für den Menschen jene Situation aufgedeckt wird, die in katholischer und übrigens auch lutherischer Terminologie „Naturverderbnis" heißt. Der Mensch ist Gott fremd, Gott nicht unterworfen, unfähig und zutiefst unwillig, Gottes Willen zu tun – also mit seinem ganzen Sein und Wesen vor Gott „nicht richtig", ungerecht, im Widerspruch und darum buchstäblich „korrupt", „verderbt". *Wie man daher, in der katholischen Sprechweise ausgedrückt, nicht wissen kann, was Gnade ist, ohne zu wissen, was die „Verderbnis der Natur" besagt, so kann man, in der Sprache Luthers, nicht wissen, was das Evangelium ist, ohne um das Gesetz zu wissen.* Und wie erst die Erfahrung der Gnade die ganze Tiefe der Naturverderbnis enthüllt, so wird erst unter dem befreienden Wort des Evangeliums der ganze unausweichliche Ernst des göttlichen Gesetzes klar.

Dabei ist hinzuzufügen, daß uns das Gesetz Gottes selbstverständlich nicht nur im Alten Testament, sondern ebenso im Neuen Testament begegnet – ebenso wie umgekehrt das Evangelium. Man würde Luther und übrigens schon die mittelalterliche Theologie mißverstehen, wenn man ihnen unterstellte, sie identifizierten Gesetz und Evangelium einfach mit dem Textbestand des Alten und Neuen Testamentes. Der Frage genauer nachzugehen würde hier zu weit führen[12]. Der Grundgedanke ist aber verständlich durch die „funktionale" Seite des Gesetzesbegriffes schon in der mittelalterlichen Theologie und erst recht bei Luther: „Gesetz" ist, was mich anklagend im Gewissen trifft. Noch der *Inhalt* des Evangeliums kann zugleich die *Funktion* des Gesetzes ausüben. Das Kreuz Christi offenbart die Größe meiner Sünde, die Bergpredigt kann mich in die Verzweiflung treiben[13] usw.

Nun gerät aber dieser lutherische Ansatz heute schon und zuerst durch die Ergebnisse der alttestamentlichen Forschung ins Wanken. Der Dekalog läßt sich im Licht der heutigen Exegese des Alten Testamentes nicht länger als Proklamation des Naturgesetzes ausgeben – wie das Mittelalter und auch Luther noch an-

---

[12] Darstellung und Spezialliteratur an den Anm. 11 angegebenen Orten. Für das Mittelalter vgl. vor allem *Kühn,* Via caritatis.

[13] Vgl. WA 39 I, 536–538; 580,10. Vgl. dazu *Althaus,* Theol. Luthers, 227–231.

genommen hatten[14]. Außerdem sieht der Glaube Israels das Gesetz ja gerade *nicht* so, wie Paulus und Luther es interpretiert haben – nämlich als Unheilsmacht und „Zuchtmeister" auf Christus hin. Insofern sich die Theologie Luthers in der Unterscheidung von „Gesetz und Evangelium" wie in einem Brennspiegel sammelt, bedeuten heute nicht die Ergebnisse der neutestamentlichen, sondern der alttestamentlichen Forschung die stärkste Bedrohung lutherischer Theologie. Das gilt übrigens in unserem Zusammenhang in gleicher Weise für den anderen Kernbegriff der paulinischen und lutherischen Lehre von der Sünde: für die „Konkupiszenz". Weder Paulus noch Luther haben, exegetisch verstanden, das Alte Testament auf ihrer Seite, wenn sie diesen Begriff an den Satz des Alten Testamentes anbinden: „Du sollst nich begehren" (Röm 7, 7)[15]. Im übrigen ist inzwischen sogar auch wieder unsicher, ob Luther und eine von seinem Denken bewußt oder unbewußt geprägte neutestamentliche Exegese das Gesetzesverständnis des Paulus richtig verstanden haben, wenn sie das Gesetz als *gewollte* Überforderung von seiten Gottes deuten[16].

Viel grundlegender aber als durch diese bibelwissenschaftlichen Fortschritte geraten die für Luther noch gültigen Selbstverständlichkeiten durch das „Zeitalter des Atheismus" ins Wanken: durch den Wegfall der selbstverständlichen Gewißheit, daß Gott ist und daß er uns beansprucht[17]. *Der lutherische Theologe und Christ, sofern er bewußt Zeitgenosse ist, erlebt hier an sich selbst und in seinem Denken dasselbe wie der katholische Christ auch. Wie hilft man sich?*

Es gibt durchaus Neigungen, die auf die Forderung hinauskommen, man müsse *zuerst* und unabhängig von allen christlichen Gesichtspunkten wieder an die Offenbarung des göttlichen Willens im Gesetz des Alten Testamentes glauben lernen[18]. Und dies nicht nur um des Zusammenhanges von Gesetz und Evangelium willen, sondern einfach aus Respekt vor dem Wort der Heiligen Schrift auch Alten Testamentes – und nicht zuletzt im Interesse eines theologischen (und nicht nur religionswissenschaftlichen) Gespräches mit dem Judentum. Wenn es freilich zutrifft, daß der Christ das Alte Testament nur im Licht seines Christusglaubens als Offenbarung Gottes zu lesen vermag, sollte man hier keine illusionären Hoffnungen hegen. Ganz abgesehen von diesen und den Schwierigkeiten aufgrund der alttestamentlichen Forschung, muß man sich aber im klaren sein: Ein solches Konzept, so legitim seine Fragestellung in sich selbst auch sein mag, beschreitet in *unserem* Zusammenhang jedenfalls den Weg, den

---

[14] Vgl. bei *Luther* etwa WA 39 I, 374,2; 387,5; 413,14; 478,16; 539,7; 540,1; 549,8 (1537/38); und schon 2, 580,7–23 (1519); 56, 198,8 (1515). Für das Mittelalter vgl. *Thomas,* STh I–II 100,1.

[15] Zu Paulus vgl. jetzt *Wilckens,* Der Brief an die Römer II, 78–81; zu Luther vgl. *Althaus,* Paulus und Luther über den Menschen, 50–54; 84–90; *Peters,* Glaube und Werk 166–183; *Thielicke,* Theologie des Geistes, 247–250; und wiederum *Wilckens,* aaO 107–109; *Smend/Luz,* Gesetz, 143 f.

[16] Vgl. *Wilckens,* aaO I, 127–137; 142–146; *Smend/Luz,* aaO 93–104; auch *Mußner,* Der Galaterbrief, 188–204; 277–290.

[17] Vgl. *Ebeling,* Die Evidenz des Ethischen und die Theologie (= Wort und Glaube II, 1–41), 1–12.

[18] Vgl. die Hinweise w. o. in Anm. 3 und *Smend/Luz,* aaO 140 f.

wir schon als ungangbar erkannt haben: Man macht damit letztendlich auch das Evangelium zum Gesetz.

Daher suchen andere lutherische Theologen die Lösung auf der „funktionalen" Linie des lutherischen Gesetzesverständnisses. „Gesetz" ist, was im Gewissen die „Folie" für das Evangelium schafft. Was bei Luther der Kanon der inhaltlichen Forderungen Gottes ist, das ist heute etwa das dem Menschen „eingebrannte Fragezeichen: Wo bist du?" (Ebeling), ein psychoanalytischer Befund (Wingren)[19], und immer geht man dabei so vor, daß man eine säkulare Noterfahrung[20] – und ebenso eine säkulare Anspruchserfahrung[21] – auf „Gesetz" hin interpretiert, sie mittels des lutherischen Gesetzesbegriffes erhellt.

Der Verstehenswandel, der hier auf lutherischer Seite beobachtbar wird, ist wie in einem Brennpunkt zusammengefaßt in der Antwort auf die Frage: Warum muß man denn gerade vom *Gesetz* reden, wo doch inzwischen auch auf lutherischer Seite zunächst eine allgemeine Not menschlicher Existenz gemeint ist? Die Antwort lautet nämlich: *„Gesetz" ist ein hochrangiger theologischer Reflexionsbegriff und als solcher „selbstverständlich" kein Wort der Verkündigungssprache*[22]. Dem kann man nur zustimmen. Aber hat man damit nicht gleichzeitig zugestanden, daß man die ursprüngliche Lehre Luthers überschritten hat? Die gleiche gewandelte Problemstruktur zeigt sich, wenn man fragt, ob der Mensch denn *vor* dem Glauben an das Evangelium die überführende Funktion des Gesetzes als des Gesetzes *Gottes* überhaupt erfahren könne. Es ist vergeblich, beweisen zu wollen, daß nach Luther das Gesetz *als* Gesetz erst im Glauben an das Evangelium aufgeht – Luther ist selbstverständlich der Meinung, daß man das Gesetz auch schon vor dem Glauben an das Evangelium als Forderung Gottes erkennen und in seiner anklagenden Wirkung erfahren könne[23]. Dies gilt natürlich nicht, wo man unter „Gesetz" das „eingebrannte Fragezeichen" versteht, und so zeigt sich auch hier wieder der beschriebene Verstehenswandel.

Zugleich zeigt sich noch einmal in beglückender Weise, wie modernes katholisches und lutherisches Denken von verschiedenen Enden in unserer Frage wie von selbst aufeinander zulaufen. *Auf die radikale Frage: Wie kann heute Evangelium verkündet werden?, antworten evangelische und katholische Theologie einhellig: gegen den Hintergrund einer vorgegebenen – also nicht erst anzulernenden – Unheilserfahrung!* Die Grundfrage ist also: Wo und wie wird heute Unheilser-

---

[19] *Ebeling*, Erwägungen zur Lehre vom Gesetz (= Wort und Glaube I, 255–293), 281–293, hier bes. 290; *ders.*, Luther. Einführung in sein Denken, 120–156; *ders.*, Dogmatik III, 261–295; *Wingren*, Evangelium und Kirche, 111–127.

[20] Vgl. etwa *Gogarten*, Der Mensch zwischen Gott und Welt, 92–100.

[21] Vgl. *Ebeling*, Die Evidenz des Ethischen (s. Anm. 17) und die Diskussion mit *Pannenberg*, Die Krise des Ethischen (vgl. Anm. 2); dazu wiederum *Ebeling*, Die Krise des Ethischen und die Theologie. Erwiderung auf W. Pannenbergs Kritik (= Wort und Glaube II, 42–55); dazu wiederum *Pannenberg*, Antwort an Gerhard Ebeling (= Ethik und Ekklesiologie, 55–69) und noch einmal die Antwort von *Ebeling* in ZThK 70 (1973) 462–473.

[22] Vgl. die Literatur in Anm. 19 und 20.

[23] Zu diesbezüglichen Kontroversen innerhalb der Lutherforschung vgl. *Pesch*, Theol. der Rechtfertigung, 47–49 Anm. 63.

fahrung gemacht, und wo und wie ist dahinein von jenem Heil zu reden, das das Evangelium zuspricht? Wird erst so gefragt, dann redet katholische Theologie heute kaum noch von „Naturverderbnis". Lutherische Theologie möchte den Gesetzesbegriff wenigstens als Reflexionsbegriff nicht aufgeben, und man könnte spitz fragen, ob dabei nicht reformatorische Traditionsbindung in einen Rest von Biblizismus umschlägt. Sachlich gemeint ist jedenfalls beidemal dasselbe: der funktionale Zusammenhang zwischen Evangeliumsverantwortung, Evangeliumsverkündigung und *wirklich* erfahrenem Unheil.

Bedeutsam in dieser beglückenden Gemeinsamkeit ist dabei vor allem dies: Es handelt sich nicht um eine Strategie raffinierter pastoraler Anknüpfung, vielmehr ist es das Wesen des Evangeliums selbst, seine Befreiungsmacht, die dazu nötigt, den Menschen in wirklich erfahrenem und nicht in angelerntem Unheil aufzusuchen. Die Folgerungen sollen noch zur Sprache kommen.

II. Unglaube als Grundsünde

LESEEMPFEHLUNG: Ratzinger, Einführung in das Christentum, 17–53

1. Die Not der Sinnfrage

Wie und in welchen Zusammenhängen erfahren Menschen unserer Tage Unheil? Wo und in welchen Zusammenhängen verlangen sie nach geschenkter Befreiung?

Auf der Ebene von Reflexion und Zusammenfassung wird die sofortige Antwort lauten: *dort, wo Menschen in das ganze Knäuel der ungelösten, unausweichlichen, aus menschlicher Kraft und Einsicht nicht zu bewältigenden Sinnfragen und Sinnansprüche hineingeraten; dort, wo ihnen auszuhalten zugemutet wird, was eigentlich nicht auszuhalten ist, es sei denn um den Preis von theoretischen und praktischen Manipulationen, die zuletzt die Menschlichkeit selber kosten*[24].

Wer die Sinnfragen und in ihnen die eine Frage nach dem Sinn des menschlichen Daseins im ganzen an sich heranläßt, macht das, was man eine „negative Transzendenzerfahrung" nennen könnte. Anders ausgedrückt: Dem Ausgriff des Menschen über die alltägliche Erfahrung des Mißlingens, der unbeantworteten Fragen, des fortschreitenden Sterbens hinaus kommt nichts entgegen. Wir erfahren Gott als „abwesend". Aber selbst dieser Satz enthält noch zuviel „Interpretation". Der Phänomenbestand solcher Erfahrung lautet einfach: Es taucht in ihr nichts auf, was mehr als nur vorläufig eine Antwort auf die gestellte oder ungesagte Frage ist, und insofern ist kein „Heil" in Sicht. Die Summe der Erfahrungen, die sich in der Sinnfrage verdichten, enthält gewiß auch Erfahrung von

---

[24] Vgl. w. o. 2 III 3. u. 4.

Schuld, Versagen und Kraftlosigkeit. Womöglich sogar die Erfahrung chronischen und nicht aufzuhaltenden Versagens. Es gehört aber nicht zum Phänomenbestand der Erfahrung, daß man dabei das Wort „Sünde" assoziiert. Und auch das chronische Versagen kann höchstens als säkulare Form der „Verderbnis" erfahren werden – aber gerade nicht als Ergebnis von *Sünde.* Wir müssen aber noch einen Schritt weitergehen.

2. Die Not der Notlosigkeit

Viele Menschen leiden heute zumindest in manchen Augenblicken hellwach an der Not der Sinnfrage. Sie erleben sie als totale Bedrohung ihres Lebens und Denkens, als einen Bruch, der ihr Lebensgefühl durchzieht, als Angst vor den eigenen Abgründen, als unmöglich gemachte Identität. Insbesondere zeigt sich dieses Leiden da, wo man in Wissenschaft und Kunstschaffen der Gegenwart die Frage der Liebe zum Thema macht, der Liebe zwischen Menschen überhaupt, der Liebe zwischen Mann und Frau. Das fast einhellige Leitmotiv lautet: Wirkliche Liebe ist unmöglich, und wer es versucht, täuscht sich selbst und geht an diesem Versuch zugrunde[25].

Es gibt aber – und Theologen wie Seelsorger mag das zuweilen nicht nur überraschen, sondern auch bestürzen – Menschen, deren Intelligenz und selbstkritische Ehrlichkeit keinen Zweifel zulassen, die aber dennoch nicht (mehr) an der Not der Sinnfrage oder am Widerspruch der Existenz leiden. Sie haben sich entweder „abgefunden" oder die Not der Sinnfrage positiv „bewältigt". In jedem Fall: Sie kommen tatsächlich *ohne* Antwort auf die Sinnfrage aus. Ohne Pathos und ohne „große Oper" halten sie einfach das Leben aus, sie wissen sich unbedingt beansprucht und handeln demgemäß ethisch, sie fürchten sich nicht vor dem Tod, sie lieben weiter selbst dort, wo ihnen der Haß begegnet. Als ein besonders bemerkenswertes Beispiel einer solchen Haltung in Leben und nachdenkender Reflexion darf etwa der Philosoph Karl Jaspers gelten[26]. Man hat keinen Anlaß, ihn zu fragen, ob er sich auch gehörig der Sinnfrage ausgesetzt habe – er hat sie tiefer erfahren und durchdacht als zahllose Theologen zusammen. Er ist *trotzdem* in seiner Transzendenzphilosophie so ruhig, so „menschlich reif" geworden, wenn man diesen altklugen Ausdruck verzeiht, daß er es sich leisten konnte, das für *die* Verfremdung und Zerstörung von Transzendenzerfahrung schlechthin zu halten, was für manchen anderen, von den Ausweglosigkeiten menschlicher Existenz umgetriebenen Geist der letzte und zugleich

[25] Vgl. die Hinweise w. o. 2 II 3 Anm. 47.
[26] Vgl. vor allem *Karl Jaspers,* Der philosophische Glaube angesichts der Offenbarung (München 1962). Zur theologischen Auseinandersetzung vgl. *Fries,* Ärgernis und Widerspruch, 41–99; dort 42 Anm. 1 Verzeichnis wichtiger weiterer Stellungnahmen der Theologie; zu ergänzen *Jörg Splett,* Philosophischer und religiöser Glaube; *ders.,* Reden aus Glauben, 48–67. – Zur „Not der Notlosigkeit" vgl. jetzt auch den Diagnoseversuch in Concilium 19 (1983) Heft 5: Der religiöse Indifferentismus.

gründliche Rettungsanker ist, nämlich sich offenzuhalten für eine Selbstschließung der Transzendenz als personaler Liebe. In einer Mischung aus sachlicher Selbstdiagnose und heimlich triumphaler Selbstgewißheit bekennt Jaspers, daß er, soweit er denken kann, sich immer als von der Transzendenz umgriffen erfahren, niemals aber auch nur der Möglichkeit nach daran gedacht habe, an deren Offenbarung zu glauben und anbetend niederzufallen[27].

Die Verstörung muß sich steigern, wenn nicht nur der atheistische Philosoph, sondern auch der christliche Theologe ähnliches erlebt und von sich bekennt. Das Beispiel heißt Dietrich Bonhoeffer. Im *Gefängnis,* und *erst* im Gefängnis, den möglichen Tod vor Augen, verzichtet er auf den Kraftzuwachs, den der Glaube an Gott in der radikalen Erfahrung menschlicher Grenze gewinnen kann – Kraftzuwachs deshalb, weil der Glaube in der Situation äußerster Erprobung wie von selbst alles auf eine Karte setzt, um nicht verlorenzugehen. Bonhoeffer aber will von dem Gott, der an der Todesgrenze begegnet, nichts wissen, er will von dem Gott sprechen, der „mitten in unserem Leben jenseitig" ist. Und den Gottesglauben, der in der Erfahrung der Grenzsituationen aufbricht und Kraft gewinnt, nennt er den Glauben an einen „Lückenbüßergott"[28]. Wir müssen also schließen: Die Erfahrung radikaler Grenze und möglicher radikaler Vergeblichkeit sind für ihn keineswegs Quelle des Leidens und der Anfechtung. Bonhoeffer fühlt sich denn auch nach eigenem Geständnis gerade bei den religionslosen Zeitgenossen oft viel wohler als bei seinen christlichen Glaubensbrüdern[29].

Vermutlich ist noch vielen anderen Christen eine solche Erfahrung keineswegs unzugänglich oder fremd. Wie oft mag uns das Gefühl beschleichen, daß wir Gott nicht „brauchen" – auch dort nicht, wo wir an seine „Not-wendigkeit", an unser Angewiesensein auf ihn glauben. Es ist keine seltene Erfahrung, daß unser „Lebensgefühl", die Art und Weise, wie wir tagtäglich die Welt erleben und mit ihr umgehen, unverbunden, ja zwiespältig *neben* unserem Glauben und dem steht, was wir im Glauben fest für Wahrheit und Wirklichkeit halten.

Als drittes Beispiel können Philosophen gelten, die die Unheilserfahrung des modernen Menschen vor allem im gesellschaftlichen Kontext analysiert und bedacht haben. Wer etwa die „Negative Dialektik" von Theodor W. Adorno oder die sozialphilosophischen Analysen von Jürgen Habermas liest[30], der mag sich als Christ wundern, warum die Überlegungen von Adorno nicht fast von selbst in einen Ausblick auf das einmünden, was der christliche Glaube von Gott als Grund menschlicher Existenz und Kommunikation sagt, und er kann nur stau-

---

[27] Vgl. *Jaspers,* aaO 35; *ders.,* Vernunft und Existenz (Groningen 1935), 104.
[28] *Dietrich Bonhoeffer,* Widerstand und Ergebung. Briefe und Aufzeichnungen aus der Haft, hg. von Eberhard Bethge (München 1958), 181 f.; 211; Taschenbuchausgabe (Siebenstern-Tb. 1, München 1965), 134 f.; 155 f.
[29] AaO 181; Tb. 134.
[30] Vgl. w. o. 2 II 3 Anm. 45.

nen, wie selbstverständlich Habermas es findet, daß wir in der Frage nach dem Sinn menschlicher Existenz im ganzen „prinzipiell trostlos" sind[31].

Will man dieses eigenartige Phänomen der „Beruhigung" über der Sinnfrage, die doch eigentlich den Menschen aufs tiefste beunruhigen müßte, auf einen Nenner bringen, so könnte man von einer „Not der Notlosigkeit" sprechen. Wobei es zu dieser „Not" gerade gehört, daß sie *nicht* als „Not" empfunden wird, wie etwa ein sensibler Existenzialist die Sinnfrage als unaufhebbare Not erfährt. Es mag bestenfalls geschehen, daß blitzartige Einsichten oder ein augenblickliches Entsetzen einmal das Fatale dieser Situation wahrnehmen – und das erfährt man dann weniger aus den Büchern solcher denkender Zeitgenossen, sondern eher aus Interviews, Rückblicken, autobiographischen Notizen. Aufs ganze gesehen stört nichts die Ruhe und Gewißheit und dazu das menschlich, ethisch, intellektuell womöglich äußerst hohe Niveau solcher im qualifizierten Sinne „a-theistischen" Existenz. Die Frage, wieweit dabei Selbsttäuschung, Überspielung eigentlich empfundener Probleme und ähnliches mit im Spiele sind, kann man abstrakt gewiß stellen, konkret gestellt wäre sie zudringlich, weil nichts und niemand dazu berechtigt, es nicht ernst zu nehmen, wenn Menschen von sich sagen, sie hätten auf solche oder ähnliche Weise dazu ein positives Verhältnis gewonnen: Es gehöre zwar zum Wesen des Menschen, die Sinnfrage zu stellen, aber es gehöre zum Wesen dieser Frage, keine Antwort zu erhalten.

3. Die Unfähigkeit zum Glauben

In radikaler Analyse zeigt sich also die Unheilserfahrung des Menschen unserer Tage darin, daß er sich in der Not erfährt, nicht glauben zu können. Das kann geschehen auf die Weise schmerzender Sinnlosigkeitserfahrung, die in die Zuversicht hinein zu überspringen einfach nicht gelingen will. Es kann geschehen auf die Weise der „Not der Notlosigkeit", die unter der Faszination gelungenen menschlichen Daseins die Bedrängnis der Sinnfrage gar nicht mehr wahrzunehmen vermag.

Erfahrung der Unfähigkeit zum Glauben – das ist nun schon ein *theologisches* Urteil über die Phänomene, ein „Interpretationsrahmen", innerhalb dessen „Erfahrungen mit Erfahrungen" gemacht werden können. Methodisch ist das aber kein Übergriff, denn einerseits gehört es zum Phänomenbestand der beschriebenen Erfahrungen, daß diese – ganz im Gegensatz zu früheren, „christlichen Zeiten – nicht notwendig auf den christlichen Glauben „zulaufen", daß vielmehr eher eine Vorausvermutung besteht, wir hätten uns bei uns selbst zu bescheiden und uns mit unserer „prinzipiellen Trostlosigkeit" anzunehmen. Andererseits läßt eben diese Nicht-Zwangsläufigkeit einer gläubigen Interpretation der Sinnfrage den Glauben selbst in seiner Freiheit und Unverfügbarkeit, so daß niemand ihn

---

[31] Vgl. *Jürgen Habermas,* Legitimationsprobleme im Spätkapitalismus (Frankfurt a. M. 1973), 165.

verdächtigen kann, mit dem Anspruch eines Denkzwanges aufzutreten. Die theologische Interpretation moderner Unheilserfahrung mitsamt den verschiedenen Versuchen, sie zu bewältigen, als „Unfähigkeit zum Glauben" tut also weder den Phänomenen noch dem Selbstverständnis des Glaubens in seinem Bezug auf diese Phänomene Gewalt an. Eben darum ist sie ein Interpretationsangebot, das, wie alle Interpretationsangebote des Glaubens, darauf angewiesen und angelegt ist, sich erhellend und zum Verstehen bringend in den Phänomenen zu bewähren.

Es sei nicht verschwiegen, daß die hier aufgestellte These eine unheimliche Nähe zu einer Erkenntnis Luthers hat, die dieser mehrfach ausspricht: Die Spitze der Verderbnis des „alten Menschen" ist, daß er nicht glauben kann, sondern sich selbst den Weg seines Lebens vorzeichnet und bahnt und sich des Widerspruchs gegen Gott dabei nicht einmal bewußt wird[32]. Luther denkt diesen Gedanken selbstverständlich noch ganz traditionell im Horizont des „Glaubens allein ohne des Gesetzes Werke". Aber heutige lutherische Theologie macht sich diesen Gedanken in erweiternder Interpretation neu zu eigen[33].

III. Die Grundsünde als Grund der Sünde

LESEEMPFEHLUNG: Häring, Sünde im Zeitalter der Säkularisation, 42–109

Wenn wir von den bisherigen Überlegungen aus wieder einmal zurück auf die Aussage der Tradition blicken, mit der wir hier unser Gespräch führen, dann zeigt sich: Zwei Daten des einen Wortes der Tradition haben wir bis jetzt wiedergefunden, nämlich eine erfahrene oder doch eine erfahrbare Not; und diese betrifft auf jeden Fall das Gottesverhältnis, indem sie die Frage nach dem Glauben betrifft. Zugleich war die Radikalisierung der Traditionsaussagen nicht zu übersehen: Das Gottesverhältnis des Menschen steht *grundsätzlich* in Frage, das heißt: ob es wirklich jenen Gott gibt, dessen Wirklichkeit die entscheidende Bestimmung menschlichen Daseins ist bei Gefahr, daß sonst der Mensch sich selbst unverständlich wird. Eben deshalb wird modernes Unheil nicht gewissermaßen automatisch als Sünde beziehungsweise Sündenfolge erfahren. *Dementsprechend müßte eine Befreiung aus solchem Unheil konstitutiv in der Begründung eines Gottesverhältnisses aus Glauben bestehen.* Damit stellen sich nun drei unser Thema abschließende Fragen.

---

[32] Vgl. WA 39 II, 365,25; 366,20; 39 I, 84,14; 40 II, 369f., 6; 8, 104,7; 56, 229,21 ff.; 231,6; ferner die Stellen zur Grundsünde als Unglaube, w. o. 5 V 1 Anm. 69.

[33] Vgl. pars pro toto *Iwand,* Glaubensgerechtigkeit nach Luthers Lehre, 16–21; *Ebeling,* Die Botschaft von Gott an das Zeitalter des Atheismus (= Wort und Glaube II, 372–395); *ders.,* „Was heißt ein Gott haben oder was ist Gott?" Bemerkungen zu Luthers Auslegung des ersten Gebots im Großen Katechismus (= aaO 287–304); *ders.,* Was heißt Glauben? (= aaO III 225–235).

1. Sünde?

Warum ist die Unfähigkeit zum Glauben Sünde? Noch schärfer gefragt: Warum ist der Mensch für eine Kraftlosigkeit, die er gegebenenfalls sogar als verhängnishafte Not erfährt – er *möchte* vielleicht glauben und erlebt, daß er es nicht kann? –, auch noch verantwortlich?

Zunächst: *Die Unfähigkeit zum Glauben ist zugleich und durch sich selbst Unwilligkeit zum Glauben. Wir können nicht glauben, weil und indem wir nicht glauben wollen.* Wir *müssen* die Erfahrung der offenen Sinnfrage nicht in die Zuversicht des Glaubens hinein überspringen – daran ist sogar vom Wesen des Glaubens her alles gelegen –, also *wollen* wir es nicht, wenn wir es faktisch nicht tun. Und wenn wir die Sinnfrage nicht einmal mehr als Not erfahren, sie „bewältigt" haben, dann ja so, daß wir uns bewußt „bescheiden", also der Meinung sind, es sei dem Menschen im Namen seines Menschseins gerade verboten, glauben wollen zu dürfen.. Niemand, der auf diese Weise auf die Sinnfrage reagiert, kann also sagen, das sei ihm aufgezwungen, er sei dafür nicht verantwortlich, es sei die Unfähigkeit zum Glauben ein reines Verhängnis. Und noch mehr: *Nichtglauben-wollen ist nie reine Negation, vielmehr immer die Kehrseite des Willens, zumindest der Bereitschaft, aus eigenen Möglichkeiten und nur aus ihnen zu leben und den Sinn des Lebens zu stiften.* Sind es am Ende etwa nicht *wir,* sondern etwas *in* uns oder *an* uns, was da buchstäblich selbst-herrlich leben will?

Wo wir also zuerst geneigt sein mögen, mitleidig oder selbstmitleidig die Unfähigkeit zum Glauben als schicksalhaftes Leiden anzusehen, zeigt sich bei Licht betrachtet bis in den Vordergrund bewußter Selbsterfahrung hinein, daß sich Unfähigkeit und Unwille durchdringen. Der Unwille beruft sich auf die Unfähigkeit. Diese aber beruht darauf, daß der Unwille zugleich der Wille zur eigenen Macht ist und dagegen nichts aufkommen läßt. Von der Verantwortung für diesen Zustand kann uns nichts entlasten, weil wir selbst es nicht anders wollen.

Soll man sagen: „von Natur aus" nicht anders wollen? Man kann jedenfalls die Verbindungslinie zur Tradition kaum übersehen. Auch hier hieß es ja stets so paradox wie möglich: Der Mensch gerät einfach dadurch, daß er Mensch ist, in diese Situation hinein, in der er „de suo", aus seinen eigenen Möglichkeiten, leben will. Und doch ist es der Mensch selbst, der eben das persönlich will, was sein Verhängnis und der „gewissermaßen natürlich gewordene" (Tertullian) Widerspruch zu Gottes Willen ist. Der Unterschied liegt wiederum nur in der Radikalität: Es geht nicht nur um mein Verhältnis und Verhalten gegenüber einem mich ganz gewiß beanspruchenden Gott, es geht um die radikale Frage, ob ich überhaupt einem anderen verantwortlich bin als mir selbst.

Aber noch einmal: schon „Sünde"? Verantwortung, verantwortliche Unwilligkeit – ja! Aber ist nicht völlig offen, *wem* denn wir verantwortlich sein sollen?

Als *Sünden*erfahrung kann man die beschriebene Erfahrung verantwortlicher Unfähigkeit zum Glauben nur dann beurteilen, wenn der Gott, an den man nicht glauben kann, trotzdem „da ist" und auch „schon vorher", vor dem vielleicht irgendwann gelingenden Glauben, „da ist". Nur wenn Gott ist und den Menschen beansprucht, kann es Sünde sein und Verderben zugleich, von seinen eigenen Möglichkeiten leben zu wollen. Gott ist nun aber, wenn er ist, keine Funktion, kein Produkt meines Glaubens. Der Glaube *macht* nicht Gott, er *bindet* an Gott. Andernfalls hätten wir im Vorwege bereits allen Einwänden der Religionskritik recht gegeben. Dennoch *erkennt* erst der Glaube Gott – und er erkennt ihn als Heil des Menschen, weil er, gesucht oder ungesucht, im Kontext der Sinnfrage dem Menschen in den Blick kommt. Und der Glaube erkennt diesen Gott seines Heiles in der Tat als den, von dem Jakob sagt: „Wahrhaftig, Gott ist an diesem Ort – und ich habe es nicht gewußt." [34] *Gott erkennen heißt immer, den bisher Unbekannten entdecken, der aber, „Gott sei Dank!", schon immer mich umfangen, getragen, bewahrt hat.* Und dies in aller Regel wiederum nicht in einem ruckartigen Entschluß oder einem punktuellen Erlebnis, sondern so, daß auch der Glaube an Gott noch einmal als das bisher Unbekannte, aber, „Gott sei Dank!", heimlich schon Gegebene sich enthüllt. „Ich entschloß mich nicht, ich fand mich entschlossen" – dieses Wort von Gertrud von Le Fort gilt auch hier.

In diesem Vorgang erscheint nun die beschriebene Noterfahrung, die verantwortliche Unfähigkeit, die verhängnisvolle Unwilligkeit zum Glauben in neuer Qualität. Sie ist Blindheit für den eigentlichen und allein tragenden Grund meines Daseins. Sie ist Verweigerung dessen, was ich sein soll, sein darf und sein kann. Meine vornehme Selbstbescheidung enthüllt sich als das, was sie in Wahrheit ist: als Selbst-Herrlichkeit, koste es, was es wolle. Wie Cäsar lieber in einem Alpendorf der Erste als in Rom der Zweite sein wollte, so wollen wir lieber auf geschenkte Herrschaft über „alle Dinge" (Luther) verzichten, um selbsterrungene Herrschaft mitten in den Zwängen unseres Ich zu genießen. Lieber eine schmale Freiheit, die wir uns selbst verdanken, als jene geschenkte Souveränität, die wir im Glauben von Gott empfangen! Dies alles also heißt: *Unsere Not, gerade auch in der Gestalt der Notlosigkeit, ist Sünde und immanente Folge der Sünde. Man kann nicht an Gott glauben, ohne sich selbst in diesem Sinne als Sünder zu verstehen. Man kann nicht nicht an Gott glauben, ohne eben dadurch das zu tun, was den Sachgehalt dieser Sünde ausmacht.* Und wenn die Not, in welcher Gestalt auch immer, als Not erfahren wird, dann gerade so, daß die Unfähigkeit zum Glauben sich verbindet mit der Erfahrung, daß es eben doch seinen Preis hat, „de suo" leben zu wollen.

---

[34] Gen 28, 16. Ähnliche Überlegungen schon bei *Hans Urs von Balthasar,* Gott begegnen in der heutigen Welt, Concilium 1 (1965) 499–504; *Helmut Gollwitzer/Wilhelm Weischedel,* Denken und Glauben. Ein Streitgespräch (Stuttgart 1965), 278 (Gollwitzer); vgl. auch *Pesch,* Der hermeneutische Ort der Theologie, 209–212.

2. „Christus bringt das alles mit sich" (Luther)

Für den nächsten Schritt haben wir in der Tat noch einmal den schon zitierten Satz Luthers zu wiederholen[35]. Daß Gott ist, daß wir ihm verantwortlich sind, daß es Heil und Sinn ist, diese Verantwortung zu tragen, daß wir im Widerspruch mit uns selbst leben, wenn wir uns ihm verweigern und nicht glauben – das ergibt sich nicht aus einem philosophischen oder mystischen Aufschwung unseres Geistes. Ein Blick in Regionen der Erde, die nicht oder kaum vom christlichen Glauben berührt sind, zeigt, daß kaum ein Gedanke weniger selbstverständlich ist als der, daß da ein Gott ist, der mit mir, mit uns und zugleich mit allen anderen Menschen ist. Eine solche Nachricht kann uns nur „von außen" gesagt werden. *An dieser Stelle ist der Name Jesu Christus zu nennen.* Es kann hier nur ein Querverweis sein: Alle Einzelheiten gehören in die Lehre von Jesus Christus, die Christologie[36]. Deutlich werden muß an dieser Stelle nur dies: Jesus Christus ist *die* Auslegung Gottes in unsere Fragen hinein. Bei ihm lernen wir, daß Gott unterschiedslos allen Menschen nahe ist, die seine Nähe suchen und ergreifen. Er selbst ist der lebendige Beweis, daß Gott allen Absurditätserfahrungen dieser Welt gewachsen ist. In ihm erkennen wir, daß Gott anders ist, als menschliche Vorstellung ihn sich erdenken möchte. Statt uns in unserer Selbstherrlichkeit uns selbst zu überlassen, tritt er ein in die Geschichte unseres Elends und Versagens, um uns neu die Alternative zu eröffnen. Selbstversklavung, Sünde, Lieblosigkeit und Tod haben nicht mehr das letzte Wort, weil es Jesus Christus gibt, den Zeugen des Glaubens an den „Gott der Lebenden"[37]. Auf die „Konkurrenz" anderer Gotteszeugen können wir es ankommen lassen – wenngleich wir an dieser Stelle nicht wieder Einzelheiten dazu sagen können. Der Christ kann ohne Angst den „Konkurrenten" entgegenhalten: Nennt mir einen Gotteszeugen, der in Wort, Lebensschicksal und Wirkungsgeschichte so durchschlagend der ganzen Komplexität menschlicher Unheilserfahrungen antwortend gerecht wird – dann wollen wir Jesus Christus gern zur Disposition stellen!

So erreicht unser Überlegungsgang auch hier wieder die einhellige Aussage der Tradition, wie sie in dem herangezogenen Luther-Wort zusammengefaßt ist. Zugleich zeigt sich wiederum die schon mehrfach angesprochene Radikalisie-

---

[35] WA 18, 639,1; vgl. w.o. 5 V 4.

[36] Unter *unserem* Gesichtspunkt sind hier besonders hilfreich die Christologien, die das Christusereignis bewußt und akzentuiert als Antwort auf die Gottesfrage entfalten, also, trotz aller Unterschiede und Gegensätze in Ansatz und Aussage, *Schoonenberg,* Ein Gott der Menschen; *Wiederkehr,* Entwurf einer systematischen Christologie (= MS III/1, 477–648); *Moltmann,* Der gekreuzigte Gott; *Küng,* Christsein; *ders.,* Existiert Gott?, 641–767; *Kasper,* Jesus der Christus; *ders.,* Der Gott Jesu Christi; *Rahner,* Grundkurs des Glaubens; vgl. *ders.,* die christologischen Aufsätze in: Schriften zur Theologie; *Jüngel,* Gott als Geheimnis der Welt, 409–543; *Ebeling,* Dogmatik II; vgl. *ders.* in Wort und Glaube III. und schon: Das Wesen des christlichen Glaubens.

[37] Mk 12,27; Röm 4,17.

rung. Für die Tradition bedeutete von Christus her die Erfahrung der „Verderbnis" eine Vertiefung. Grundsätzlich kann im Raum des Glaubens an Gott immer auch erfahren werden, was Sünde und Sündenelend ist. Dazu bedarf es in der Tradition nicht notwendig des Glaubens an Jesus Christus – schließlich hat auch der Glaube Israels einen Begriff von Sünde entwickeln können. Da bedeutet es denn nur einen graduellen Unterschied an Tiefe der Erkenntnis, wenn uns das Elend der Sünde im Kreuz Christi verdeutlicht wird. Für den heutigen Menschen – immer zugestanden, daß es auch die Gleichzeitigkeit der Ungleichzeitigen gibt, daß also auch heute noch Christen in der „alten" Art sich ihrer Sünde bewußt werden – wird der graduelle Unterschied der Tradition zu einem radikalen und prinzipiellen. Das Christusereignis fragt uns heute, ob wir *überhaupt* an den Gott glauben wollen, vor dem wir verantwortlich sind und daher in Sünde leben. Daß die Existenznot, die wir auch ohne Glaube erfahren können, ihrem Wesen nach mit Sünde zu tun hat, weil sie auf der Weigerung beruht, uns das Leben schenken zu lassen – das lernen wir im Blick auf Jesus Christus.

Zugleich lernen wir von diesem Jesus Christus, daß es sich bei unserer Sünde nicht, wie eigentlich zu folgern wäre, um eine ein für allemal verpaßte Chance handelt. Der Gott Jesu eröffnet uns einen neuen Anfang. Dieser beseitigt nicht wie mit einem Zauberstab unsere Neigung zur Selbstherrlichkeit, aber er beseitigt die Ungewißheit, wie Gott darauf reagiert. Gott „vergibt" unsere Sünde – darum sollen wir nicht nur, sondern dürfen wir einfach „umkehren" und gewissermaßen hemmungslos an das „Evangelium" glauben (vgl. Mk 1,15). Die wahre Bewandtnis unserer Selbstherrlichkeit geht uns also in eben dem Moment auf, wo uns der Ausweg aus ihr eröffnet wird – anders ausgedrückt: Die Sünde geht uns auf in dem Augenblick, wo wir aus ihr befreit werden. Zur Botschaft Jesu gehört, daß diese Befreiung konstitutiv die Hoffnung einschließt, dereinst auch die Neigung zur Selbstherrlichkeit gänzlich überwinden zu können, die vorerst noch bleibt, aber kein Einwand gegen Gottes Zuwendung zu uns sein soll.

Dies ist nun etwas gänzlich anderes als jenes „Sündenbewußtsein", das man sich „aneignet", um davon durch das „Evangelium" wieder befreit zu werden. Hier handelt es sich um reale erlittene Not, in der das Evangelium als Quelle der Zuversicht zur Bewährung kommt und in der *eben damit* auch eine neue (Selbst-)Beurteilung unserer Not möglich wird: eine allerdings schonungslose Selbstbeurteilung, die auf Selbstverweigerung vor Gott erkennt. Um es wiederum formal auszudrücken: *Die Interpretation der Widerspruchs- und Absurditätserfahrungen des menschlichen Daseins als zurechenbare Sünde und Sündenfolge vor dem personal mich beanspruchenden Gott ist ein Interpretationsrahmen, ein „Theoriemodell", das erst auf dem Boden jenes Glaubens möglich wird, der zugleich zwar nicht vom Tatbestand der Not als solchem, wohl aber von ihrer Hoffnungslosigkeit befreit – und zugleich die Hoffnung auf ein eschatologisches Entnommenwerden aus der Noterfahrung zumutet und eröffnet.*

3. Grund der Sünde

Die Bewährung des „Theoriemodells" zeigt sich nicht zuletzt darin, daß von hier aus auf die Entstehung und Eskalation der Bosheit in der Welt ein geradezu beängstigendes Licht fällt.

Zwar ist unsere heutige (westliche) Gesellschaft und ihre Mentalität geradezu von einem „Unschuldswahn" befallen und in einem „Entschuldigungsmechanismus" verfangen[38]. Schuld an unserem Versagen sind demnach immer andere und anderes: die Verhältnisse, die Strukturen, das „Milieu", die Gesellschaft, das „sogenannte Böse". Das „Theoriemodell" von der verantwortlichen Unfähigkeit zum Glauben als der Grundsünde des Menschen, die vom Glaubensanruf des Evangeliums aufgedeckt wird, schafft hier harte Klarheit. Es besagt: *Alles Böse kommt aus der Selbstherrlichkeit des Menschen, aus dem zwanghaften Willen, den Menschen selbst und seine „Ansprüche" zum Maßstab aller Dinge zu machen.* In der mittelalterlichen Tradition gibt es die These, mit der man unter anderem Augustinus vor völliger Desavouierung bewahren wollte: Zwar *besteht* die Sünde an ihrem Grunde nicht etwa in sexueller Verirrung, wohl aber *zeige* sie sich gewissermaßen am deutlichsten und augenscheinlichsten in der ungehemmten, unbeherrschten und darum ungebundenen Sexualität[39]. Wenn nicht alle Anzeichen trügen, taucht diese Argumentation in moderner Variante sogar wieder in der aktuellen „Sexismus"-Debatte auf: Alles Böse kommt aus der „Verobjektivierung" der Sexualität, aus der Degradierung der Frau zum „Lustobjekt" durch den Mann. Weder die alte noch die moderne Argumentation dürften wirklich auf den Grund des Sachverhaltes stoßen. Wie „harmlos" noch mitten in allen untermenschlichen Formen nehmen sich alle Sexualperversionen aus im Vergleich zu den unfaßbaren Formen des Terrors mißbrauchter Macht in unseren Tagen! Und wir haben keinen Anlaß, hier sogleich – es wäre nur eine neue Spielart des „Entschuldigungsmechanismus" – auf die sich gegenseitig hochtreibenden militärischen Vorbereitungen zur Machterhaltung und Machtdurchsetzung zu verweisen. Die Perversion der Selbstherrlichkeit geht als geradezu instinkthafter „Wille zur Macht" selbst durch die unbedachten Vorgänge des Alltags hindurch. Wann gehen wir je auch nur in den alltäglichsten Konflikt ohne den Willen, auf keinen Fall selbst als der Unterlegene herauszukommen, vielmehr dem anderen seine „verdiente" Niederlage zu bereiten? Wie schwer fällt es jeden Tag, den Willen zur Sachlichkeit uns abzuringen, die ohne Angst vor „Gesichtsverlust" eigenes Unrecht eingesteht, wo es einzugestehen ist! Nein, wir haben keinen Anlaß zu sagen, wir wüßten heute nicht mehr, was Sünde ist und woher sie komme. Wir wissen es nur zu gut, sogar ohne den Glauben an Gott und sein Gebot, und wir wissen es bis hart an den Rand des Glaubens, so daß noch einmal die Frage entsteht, ob wir den Gedanken an Gott nicht bewußt

---

[38] Vgl. w. o. Anm. 10.
[39] Vgl. *Thomas*, STh I–II 83,4; De ver. 25,6; De malo 4,2 ad 12; 5 ad 1.

oder unbewußt verdrängen und darin noch einmal unsere Unwilligkeit zum Glauben in der Unfähigkeit zum Glauben „bewähren", das heißt: „bewahrheiten"[40]!

Damit sind wir am Ende der uns gestellten Aufgabe, heutige Möglichkeiten des Verstehens für das zu prüfen, was die gemeinsame Aussage der Tradition mit den Stichworten „Sünde" und „Verderbnis der Natur" als Verstehenshintergrund der Heilsbotschaft zur Sprache bringt. Um es zusammenzufassen: Eine die heutigen Verstehensvoraussetzungen berücksichtigende theologische Anthropologie muß Sünde und Naturverderbnis verstehen als *Glaubensinterpretation* einer phänomenal erfahrbaren und *als* phänomenaler noch andauernden Situation menschlicher Existenz *vor* dem bewußten Glauben an Gott als Heil des Menschen. Diese Glaubensinterpretation muß als solche auf jeder andere „Verifikation" als auf die im Christusereignis und in der damit mitgesetzten *Notwendigkeit* des Christusereignisses gegebene verzichten, das heißt aber: Sie muß überhaupt auf eine Verifikation außerhalb des Glaubens verzichten. Damit entfällt der Sinn jeder weiteren Aufschlüsselung der „Naturverderbnis", wie sie uns in der Tradition begegnet, es sei denn, solche Aufschlüsselung ließe sich auf die radikale Frage des Glauben-Könnens oder Nicht-glauben-Könnens zurückführen. Unter diesem radikalen Aspekt freilich bewährt sich diese „Interpretation" durch die Kraft, mit der sie Entstehung und Eskalation menschlicher Bosheit und all ihrer unsäglichen Leidenswirkung radikal erhellt, nämlich als Ausdrucksform und Auswirkung jener Machtgier, die die unmittelbare Folge des Willens sein muß, „de suo" zu leben.

IV. Konsequenzen für die theologische Rede von Sünde und Gnade

Leseempfehlung: Greshake, Signale des Glaubens

Christliche Theologie und Verkündigung haben nicht die Aufgabe, die Furcht vor der Sünde, sondern das Vertrauen auf die Liebe Gottes zu predigen, die der Sünde gewachsen ist. Deshalb wollen wir das düstere Thema dieses Abschnittes nicht beschließen, ohne schon von dem aus, was wir überlegt haben, einige zwingende Konsequenzen für Theologie und Verkündigung der Gnade und damit zugleich einige Eckdaten theologischer Anthropologie anzudeuten. Es handelt sich dabei nicht so sehr um Konsequenzen zur Orientierung der Seelsorgspraxis, obgleich diese keinesfalls unterschätzt werden sollen, weil sich ja erst in der

---

[40] Vgl. hierzu jüngere Untersuchungen über das Böse, also *Ebeling,* Theologie zwischen reformatorischem Sündenverständnis und heutiger Einstellung zum Bösen (= Wort und Glaube III, 173–204); *ders.,* Das Böse als Prüfstein der Anthropologie (= aaO 205–224); *Böckle,* Fundamentalmoral, 93–151; *Kasper,* Das theologische Problem des Bösen; und schon *Welte,* Über das Böse. Ferner die modernen Untersuchungen zur Problematik der Erbsünde, w.o. 5 I 3 Anm. 18.

praktischen Arbeit der Seelsorge, im Glaubensgespräch mit unseren Mitmenschen in all seinen Formen zeigen kann, ob wir von der Gnade Gottes buchstäblich „treffend" zu reden verstehen. Es geht hier trotzdem primär um eigentlich theologische Konsequenzen, deren „Relevanz" für eine sachgerechte Seelsorgspraxis allerdings unschwer zu erkennen ist.

1. Zur Forderung des „Gnadenstandes"

Wenn es zutrifft, daß die Verkündigung der Gnade – des Evangeliums – als *Befreiung* aus Not zu Stand und Wesen kommt, nicht als Last und Forderung – als „Gesetz" –, dann fragt sich: Welchen Sinn kann es haben, nach katholischer Gepflogenheit für bestimmte Situationen und kirchliche Handlungen den „Gnadenstand" zu verlangen, zum Beispiel zum Empfang der Kommunion, zur Feier der Eucharistie, zur Spendung der Sakramente usw.?

Die Formel vom „Gnadenstand" als Voraussetzung und Vorbedingung für dieses und jenes Tun in der Kirche kann einen theologisch verantwortbaren Sinn haben, wenn sie besagt: Tu im *empirisch-phänomenalen* Bereich, was uns von Gott selbst als Weg zu ihm gewiesen ist! Wenn der Sinn der Formel also besagt: Bemühung um Gewissensklärung, Bemühung um Buße und Umkehr, soweit sie *auch* phänomenologisch greifbare Aktivitäten sind, Kampf gegen die Sünde, Empfang des Bußsakramentes ... Was das letztere betrifft, so hat unsere Frage in den beiden letzten Jahrzehnten ein neues Schwergewicht bekommen im Zusammenhang der Diskussion um eine eventuelle Anerkennung der Sakramentalität der sogenannten „Bußandacht" oder „gemeinsamen Buße". Die *sakramententheologische* Frage lautete und lautet noch immer einerseits: Ist das Bußsakrament identisch mit der seit der Reformationszeit faktisch ein Monopol haltenden Form der individuellen Ohrenbeichte? Und anderseits: Ist der Empfang des Bußsakramentes als Voraussetzung einer Zulassung zur Eucharistie nach vorangegangener schwerer Sünde eine *dogmatische* oder *rechtliche* Vorbedingung?[41] Wie stellt sich vor dem Hintergrund unserer Überlegungen und der aktuellen Diskussion um das Bußsakrament Luthers berühmtes und oft wieder-

---

[41] Zur Diskussion um die „gemeinsame Buße" vgl. Diakonia. Internationale Zeitschrift für praktische Theologie, 1969 Heft 4 (Beiträge von *H. Vorgrimler, G. Hierzenberger, F. Funke); Bernhard Häring,* Die große Versöhnung. Neue Perspektiven des Bußsakramentes (Salzburg 1969); *Walter Kasper,* Wesen und Formen der Buße. Gedanken zur Erneuerung der kirchlichen Bußpraxis (= Glaube und Geschichte, 311–329); *Joseph Kard. Höffner,* Von der Liebe ergreifen lassen. Fünfzehn Sätze über Buße und Vergebung (Köln 1971); *Adolf Exeler* u.a., Zum Thema Buße und Bußfeier (Stuttgart 1971); *Elmar Gruber,* Bußgottesdienste. Überlegungen und Modelle (München 1972); *Otto Hermann Pesch,* Bußandacht und Bußsakrament, FZPhTh 19 (1972) 311–330; *ders.,* Bußfeier und Bußgeschichte, in: Ambrosius K. Ruf (Hg.), Sünde – Buße – Beichte. Werkbuch für die Verkündigung (Regensburg 1976), 58–72; *Josef Imbach,* Vergib uns unsere Schuld. Sünde, Umkehr und Versöhnung im Leben des Christen (Mainz 1978), bes. 100–127; *Paul M. Zulehner,* Umkehr: Prinzip und Verwirklichung (Frankfurt a. M. 1979), bes. 13–49; 162–209.

holtes Wort dar, als Vorbereitung auf den Empfang der Eucharistie sei nichts erforderlich als eine „hungrige Seele"?[42] Wie immer auch auf solche Fragen zu antworten ist, in streng *dogmatischer* Besinnung kann man nicht sagen: Du mußt dir den „Gnadenstand" erwerben, um zu diesem und jenem in der Kirche „berechtigt" zu sein. Schon Luther nahm Anstoß an einer solchen Redeweise, zu einer Zeit, da niemand ihn schon der Irrlehre verdächtigte, nämlich in der „Disputation gegen die scholastische Theologie" vom 4. September 1517. „Gefährlich ist die Redeweise: Das Gesetz gebietet, daß der Akt des Gebotes in der Gnade Gottes geschehe … Daraus folgt, daß ‚die Gnade Gottes haben' eine neue Forderung über das Gesetz hinaus darstellt … Daraus aber folgt, daß die Gnade Gottes hassenswerter wird als das Gesetz selber."[43] Diese Thesen haben als Maßstab einer sachgemäßen Rede von der Gnade auch heute nichts von ihrer Aktualität verloren. *Und so sollte man auch die Rede von einem zu fordernden „Gnadenstand" besser vermeiden und den möglichen richtigen Sinn der Formel auf andere Weise ausdrücken.*

Wenn wir uns an die Not der Unfähigkeit zum Glauben als Kern der Unheilssituation des Menschen erinnern, dann zeigt sich eine Parallele, die wir am treffendsten mit einer Bemerkung bei Gerhard Ebeling wiedergeben können: Es ist „eine Grundvoraussetzung theologischen Denkens, daß die Frage nach dem Glauben weder so gestellt wird: Was *muß* ich glauben? … noch auch so: Was *kann* ich glauben? … Die Frage nach dem Glauben hat vielmehr zu lauten …: ‚Was glauben wir wirklich?', d. h. so, daß wir mit unserem Leben daran hängen?' "[44] Den, der den üblichen katholischen Sprachgebrauch gewohnt ist, mag die Alternative zunächst schockieren. Bedeutet sie nicht den nackten Indifferentismus gegenüber den *Inhalten* des Glaubens? Wenn wir freilich die Unverfügbarkeit des Glaubens ernst genug bedenken, dann *können* wir eigentlich gar nicht anders, als *warten,* was mir an auch „inhaltlich gefülltem" Glauben buchstäblich gelingt. *Diese* Unverfügbarkeit ist ja gewissermaßen die phänomenale Außenseite dessen, was wir die Gnadenhaftigkeit des Glaubens nennen[45].

Wiederum: Man muß einen möglichen guten Sinn der Frage: „Was muß ich glauben?" nicht bestreiten. Etwa wenn der Sinn ist: Du mußt dich dauernd fragen, ob du auch an Christus glaubst, so wie die Botschaft (die Bibel, die Überlieferung) ihn dir verkündet – und ob du dir nicht bewußt oder unbewußt einen Christus erst selbst zurechtmachst und *den* dann für deine „unverfügbare" Glaubensmöglichkeit hältst! Oder auch, wenn der Sinn ist: Glaube kann nicht ohne verbindlichen Rückbezug auf das kirchliche Bekenntnis sein. Das heißt: Du kannst nur *dieser* Kirche angehören, wenn dir der Glaube im Sinne *dieses* ih-

---

[42] Vgl. WA 2, 746, „Zum elften" (Abendmahlssermon von 1519), unter Berufung auf Augustinus. Das *Augustinus*-Zitat konnte bis heute nicht verifiziert werden; vgl. aber Enarratio in Ps XXI: PL 36, 178.
[43] WA 1, 227, Thesen 58, 59, 61.
[44] *Ebeling,* Die „nicht-religiöse Interpretation biblischer Begriffe" (= Wort und Glaube I, 90–160), 112f.
[45] Vgl. w. u. 17 II 3 u. 4.

res Bekenntnisses möglich ist und gelingt. Denn eine solche Klarstellung wäre letztlich keine *Forderung* der Kirche, sondern eine *Frage:* „Was glaubst du wirklich?" Doch wiederum bleibt es dabei: Streng dogmatisch, da also, wo es um den eigentlichen Ort des Glaubensvollzuges geht, kann man nicht von Glaubens*forderung* sprechen, sondern nur vom Glaubens*ereignis*. In der Sprechweise von Theologie und Verkündigung ist streng darauf zu achten: Wenn man da, wo nur von Glauben*können* und Glauben*dürfen* die Rede sein kann, von Glauben*müssen* spricht, gibt man allen schon erläuterten Vorwürfen von Karl Jaspers recht[46]. „Fordern" kann man in der kirchlichen Gemeinschaft allenfalls, daß der *Verkünder* sich an bestimmte, zur Klarstellung und Vermeidung von Mißverständnissen „verabredete" Sprachregelungen hält – aber auch diese müssen im ständigen „Gespräch" mit der lebendigen und weder kirchenamtlich noch wissenschaftlich-theologisch vorauskalkulierbaren Glaubenserfahrung der Kirche und der Menschen in der Kirche auf ihre Sachgemäßheit und „Treffsicherheit" überprüft werden. Daß wir an dieser Stelle vor dem Problem der besonderen Funktion des Dogmas und der amtlichen Lehrverkündigung der Kirche stehen, ist gewiß deutlich, kann aber hier wie schon in anderen Fällen nur ein Querverweis sein[47].

2. Zum Sprechen von Gott

Die erregendste, aber zugleich befreiendste Konsequenz aus unseren Überlegungen dürfte diese sein: *Die Frage nach der „treffenden" Verkündigung von Gnade für den Sünder spitzt sich zu auf die Frage, wie heute von Gott zu reden sei.* Wir haben uns zu erinnern: Gelingender Glaube an Gott bedeutet umfassende Beantwortung der Heilsfrage. Alle Aussagen der Tradition bleiben nichtssagend, wenn das Reden von Gott nicht mehr trifft. Und alle Aussagen der Tradition werden zusammengefaßt (und damit in ihren Einzelheiten zuweilen von bestürzender Gleichgültigkeit) in der Möglichkeit, von Gott als dem „Gott für uns" zu reden. Wir merken diesen sozusagen epochalen Sachzwang nicht selten darin, daß wir etwa bei einer Untersuchung traditioneller Aussagen zu diesem oder jenem Thema fast spontan die Frage stellen, welches „Gottesbild" und welche Vorstellung vom menschlichen „Gottesverhältnis" denn hinter und unter diesen oder jenen traditionellen Argumentationen erkennbar werde.

So *völlig* neu ist diese Konzentration auf die Rede von Gott allerdings nicht. Jesus selbst weiß sich gesandt, die Herrschaft Gottes und nichts anderes als sie auszurufen, und betrachtet daher den Willen des Vaters als das allein Wichtige, das er vollbringen muß[48]. Für Paulus läuft das ganze Drama des Heilswerkes

---

[46] Vgl. w.o. II 2.
[47] Vgl. w.o. 1 III 4 bes. die Literatur in Anm. 62.
[48] Vgl. Mk 1,15; 3,35; Mt 4,23; 9,35; 10,7; u.a.

darauf zu, daß der „Sohn", nachdem er sich alles unterworfen hat, seine „Herrschaft" dem Vater übergibt, damit „Gott alles in allem" sei (1 Kor 15,28). Für die augustinische Tradition war diese Theozentrik der Theologie so selbstverständlich, daß sie sogar nie ein methodologisches Problem wurde: Christus ist „nur" Erkenntnisquelle für das, was Gottes Gnade am Menschen tut. Über die Theozentrik der Theologie des Thomas brauchen wir ohnehin kein Wort zu verlieren, sie ist ihm ja oft genug von den „Christozentrikern" damals wie heute zum Vorwurf gemacht worden[49]. Und ebenso ist für Luther, wie vor allem so unterschiedlich denkende Theologen wie Paul Althaus und Gerhard Ebeling herausgearbeitet haben[50], die Gottheit Gottes der Sinn der Rechtfertigungslehre und überhaupt der Inhalt der ganzen Theologie.

Demgegenüber erscheint die moderne Erfahrung wiederum als die Radikalisierung der Aussagen der Tradition. Denn die Tradition hält *trotzdem* und *gerade deswegen* die „Einzelheiten" der Lehre von Sünde und Gnade für wichtig – sie richtet damit eine kritische Rückfrage an unsere moderne Neigung zur „Konzentration" und gegen deren vergleichgültigende Folgen hinsichtlich der „Details". In Konsequenz der Überlegungen dieses Abschnittes muß es daher zu einer so oder so gearteten neuen Verhältnisbestimmung zwischen Glaube an Gott als der radikalen Mitte jeder Lehre von Sünde und Gnade und den für die Tradition oft so entscheidenden „Details" kommen – man muß ja nur daran denken, wie etwa in der augustinischen Tradition an bestimmten, sehr speziellen Fragen tatsächlich die gesamte Gnadenlehre hängt. Daher hier einige genauere Andeutungen:

a) Kritisch – im Sinne von „entscheidend" – wird die Verhältnisbestimmung zwischen Gott und Christus, zwischen Gotteslehre und Christologie. Das hat wohl jeder Seelsorger und Theologe bei intensiven Glaubensgesprächen schon erlebt, wie es ihm vielleicht gelang, die befreiende Gewißheit der Wirklichkeit Gottes zu vermitteln, er aber dann zumindest auf Verständnislosigkeit, wenn nicht gar auf Aversion traf bei dem Versuch, deutlich zu machen, es sei eben für diese Gewißheit Gottes nicht ins Belieben gestellt, wie man von Jesus Christus denke. Wenn Gott da ist – so kann dann die Antwort kommen –, dann ist er doch die Liebe, und was kann für diese Gewißheit daran hängen, ob ich nun Jesus Christus im Sinne des kirchlichen Bekenntnisses für den „wesensgleichen Sohn Gottes" halte oder für einen der größten Gotteszeugen und Weisheitslehrer der Menschengeschichte, aber auch nicht mehr? Im Grenzfall kann die Trennung von Gottesfrage und Christusfrage soweit gehen, daß man glaubt, aus dem Gottesbegriff selbst – unter völliger Verständnislosigkeit für das, was *Freiheit* Gottes heißen könnte! – die Tatsache unseres Heils regelrecht zu „deduzieren".

Der christliche Theologe, der die Tradition nicht nur für eine Ansammlung

---

[49] Vgl. die Hinweise zur Diskussion um den Plan der STh w. o. 3 I 5 und die Literatur dort in Anm. 43.
[50] Vgl. *Althaus,* Theol. Luthers, 99–127; *Ebeling,* Luther. Theologie (RGG IV), 515; *ders., Luther.* Einführung, 259–309; *ders., „*Was heißt ein Gott haben oder was ist Gott?" (s. o. Anm. 33).

von überflüssigen Kuriositäten hält, wird hier nicht schnell nachgeben wollen[51]. Wohl aber darf er sich zu einer Gegenfrage herausgefordert fühlen. Ist die moderne Konzentration auf die Gottesfrage nicht am Ende nur die Herausarbeitung der in der Tradition unübersehbaren Tatsache, daß Christus nicht um seiner selbst willen „interessant" ist, sondern deshalb, weil er der „Weg" zum Vater ist? Für Jesus und Paulus wird man unter diesem Aspekt noch einmal auf die schon genannten Texte verweisen können. Für Thomas ist Christus *als* der Gottmensch und Erlöser doch nur das „Werkzeug" und der „Weg" für *Gottes* Heilsveranstaltung – in diesem Grundgedanken der thomanischen Christologie zeigt sich die geradezu unheimliche Modernität der theologischen Aussage des Aufbauplanes der Summa Theologiae[52]. Und für Luther ist Christus „der Spiegel des väterlichen Herzens"[53], also der *Erkenntnis*grund und damit die Vertrauensbasis des Glaubens an *Gottes* Heilsgesinnung gegenüber den Menschen.

Wir können von hierher eine leicht einleuchtende Arbeitshypothese aufstellen: *Das Christusereignis muß in einer der Gegenwart verpflichteten Christologie auf die radikale Gottesfrage des modernen Menschen hin interpretiert werden. Das gilt einschließlich der Interpretation des kirchlichen Bekenntnisses zur wahren Gottheit Jesu.* Dies ist noch einmal nur ein Querverweis auf die Aufgabe der Christologie, die in der Tat in den einschlägigen modernen Entwürfen nicht nur indirekt, sondern ausdrücklich wahrgenommen wird[54]. Zum Querverweis ist im übrigen noch einmal der Querverweis zu geben, daß Ähnliches für die Lehre vom Heiligen Geist im Zusammenhang der Gottesfrage gilt. Historisch wie sachlich ist die Spannung zwischen Gottesfrage und Christusfrage einerseits und zwischen Gottesfrage und der Frage nach dem Geist anderseits der Motor jeder Trinitätslehre, und jede Trinitätslehre ist nur die Ausdrucksgestalt dieser Spannung. Damit ist keineswegs gesagt, die Trinitätslehre und schon die Christologie seien nichts als ein „bloßes" Verstehensmodell für den Zusammenhang der biblischen Jesusbotschaft mit der modernen Gottesfrage. Wohl aber ist damit gesagt, daß der Sachgehalt dessen, was mit „Jesus Christus, Gottes eingeborener Sohn" und mit „Heiliger Geist, der vom Vater und vom Sohn ausgeht", gemeint ist, als befreiender Glaubensanspruch nicht verstanden werden kann, wenn sich tatsächlich kein Zusammenhang mit der modernen Art, nach Gott zu fragen, zei-

---

[51] Vgl. die oben in Anm. 36 verzeichneten Arbeiten zur Christologie; ferner *Rahner,* Die ewige Bedeutung der Menschheit Christi für unser Gottesverhältnis (= Schriften III, 47–60); *ders.,* Dogmatische Fragen zur Osterfrömmigkeit (= aaO IV, 157–172); *ders.,* Geheimnisse des Lebens Jesu (= aaO VII, 123–196); *ders.,* Menschliche Aspekte der Geburt Jesu; Auf der Suche nach Zugängen zum Verständnis des gottmenschlichen Geheimnisses Jesu; Bemerkungen zur Bedeutung der Geschichte Jesu für die katholische Dogmatik (= aaO X, 203–208; 209–214; 215–226); *ders.,* Erfahrung Jesu Christi (= aaO XII, 329–383); *ders.,* Was heißt heute an Jesus Christus glauben?; Nachfolge des Gekreuzigten (= aaO XIII, 172–187; 188–203); *ders.,* Was heißt Jesus lieben? (Freiburg i. Br. 1982).
[52] STh I 2 prooem; III prol; III 48,6 (in Verbindung mit 19,1–4!). Zur Literatur vgl. Anm. 47.
[53] BSLK 660,41 (Großer Katechismus).
[54] Vgl. w. o. Anm. 36.

gen ließe. Die Verkündigung von Gottes Heilstat in Jesus Christus und deren Gegenwart im Heiligen Geist erhält von hierher ihre Leitlinie[55].

b) Kritisch – im Sinne von „entscheidend" – wird das Verhältnis von Gottesglaube als Heilsglaube und der Vielfalt der Einzelaussagen (der Bibel, der Tradition) über das menschliche Heil. Es scheint doch, falls unsere Überlegungen richtig sind, alles ganz einfach: Ich vermag an den „Gott für mich" zu glauben; darin berge ich mich; ihm kann ich meine Zukunft anheimstellen, meine Dunkelheiten, meine Rätsel, meine Schuld. Damit ist doch alles gut! Und nun gilt es, sich an die Aufgaben zu machen, die die Welt mir stellt und zu denen die Zuversicht meines Glaubens mir Kraft gibt! Wozu die weiteren Fragen?

Nun dürfen wir, um zu einem sachgemäßen Urteil zu kommen, zunächst nicht vergessen, *wie* all die Einzelfragen, über die jedes dogmatische Lehrbuch Auskunft gibt, entstanden sind. Sie meldeten sich an im Raum einer, wie beschrieben, selbstverständlichen Gottesgewißheit. Die Einzelaussagen sind zum Teil geschichtlich mit dieser Gottesgewißheit unlöslich verwoben, zum Beispiel der Begriff der Sünde als Übertretung des Gebotes Gottes mit der Gewißheit Gottes als des Herrn, der uns seine Gebote gibt. Heute nun ist die Gottesgewißheit in die Krise geraten, auch in der Kirche, aber die „Details" in ihrer traditionellen Gestalt kommen in Predigt und religiöser Unterweisung weiter auf uns zu werden mit einer oft staunenswerten Naivität weiter an den Zeitgenossen herangetragen. Natürlich können diese „Details" selbst mir nicht einen Ausweg aus der Krise ihrer Grundlage weisen. Ich kann also aus verschiedensten und unter Umständen sogar höchst existentiellen Gründen die Einzelheiten auf der Bahn der Tradition in sich selbst untersuchen, zum Beispiel den Gnadenbegriff, den Begriff der „verderbten Natur" usw., aber *aus der Krise heraus komme ich in jedem Fall nur in einem ganz einfachen, ganz elementaren und schlichten Akt, der gegenüber der Vielfalt der Tradition zunächst sehr arm und dürftig wirkt, faktisch aber sozusagen eine unvermeidliche Reinigungs- und Entschlackungskur des Verstehens darstellt, die dieses wieder an das Wesentliche bindet: die Aufmerksamkeit auf Gott allein als Grund menschlicher Existenz.*

3. Existentielle Aneignung von Tradition

Hier allerdings verfällt man auf eine Vermutung, die man wohl nur dem klarmachen kann, der selbst bereits in den jetzt zu erläuternden Prozeß geraten ist: *Auf die Dauer* ist die, nennen wir es so, „reine Existentialität" des beschriebenen Grundaktes des Gottesglaubens eine zu dünne Luft, um darin leben zu können. Auch in diesem Grundakt und um ihn herum geht es nicht lange ohne Reflektieren, Formulieren, Artikulieren, Aussagen, ja Objektivieren. Es gibt letztlich kei-

---

[55] Stellvertretend für eine große Literatur aus jüngster Zeit sei hier verwiesen auf *Congar,* Der Heilige Geist; und zum Vergleich auf *Thielicke,* Theologie des Geistes. Vgl. auch *Kasper,* Der Gott Jesu Christi, 246–282; 382 f.

nen wortlosen existentiellen Akt – wieder ist ein Querverweis angebracht: der auf die hier einsetzende Frage nach einer Theologie des Gebetes[56]. *Nach demselben Gesetz, nach dem aus dem einfachen „Ich glaube an Jesus als den Kyrios" der ersten Christen (vgl. 1 Kor 12,3; Röm 10,9) das Gebäude der Theologie wurde, wird auch aus dem beschriebenen existentiellen Grundakt unter anderem auch Gedanke, Begriff, Gedankenzusammenhang, ja „Theorie". Und wie damals Hand in Hand damit eine – stets weiter- und umbildende – Assimilation von Tradition geschah, so wird es auch heute sein.* Es ist ein Prozeß, über den man nicht oder nur sehr begrenzt verfügen, den man kaum steuern kann, den man aber auf keinen Fall behindern darf – bei Gefahr, daß sonst aus der existentiellen Radikalität des Grundaktes eine theoretische und letztlich auch psychologische Verkrampfung wird.

So kann es dann geschehen, daß man sich unvermerkt in reflektierender Entfaltung dieses existentiellen Grundvollzuges „Ich glaube an Gott als den Grund meiner Existenz" wieder Begriffe und Sprechweisen der Tradition assimiliert – neben den neuen, die man findet. Plötzlich fängt es an, wieder etwas zu sagen, wenn zum Beispiel von der „zuvorkommenden Gnade Gottes", vom „Treiben des Geistes in uns", von den „Geistesgaben", von „Gottes Wille", „Gottes Macht", „Gottes Vorsehung", „Gottes Personalität" usw. die Rede ist. Und trotz klarer Erkenntnis der geschichtlichen Distanz wird man wieder die Glaubenskraft im Reichtum der theologischen Artikulationen einer bestimmten Traditionsstufe vernehmen können. Sicher: nicht alles, sondern der eine dies, der andere jenes, aber alle dieses oder jenes. Ja man wird geradezu sich selbst oder doch ein Stück von sich selbst wiedererkennen, es wird zu so etwas wie einer vertikalen Kommunikation mit der Geschichte kommen, und auch in der geschichtlichen Dimension kann man aus dem Inseldasein des „einsamen" Glaubensvollzuges heraustreten. Wie sollte anders auch möglich sein, was wir als Phänomen doch tagtäglich erleben können: daß uns eine große Stimme der Tradition, heiße sie nun Augustinus, Thomas oder Luther, buchstäblich „anspricht". Und so wird man wieder dankbar sein für das Angebot der Bilder in der Sprache der Tradition – und sich um die präzise Unterscheidung zwischen „Metapher" und „echter" Analogie nicht allzusehr sorgen[57]. Gewiß wird man für kein Bild, kei-

---

[56] Der Kürze halber erlaube ich mir den Hinweis auf *Pesch,* Sprechender Glaube. Entwurf einer Theologie des Gebetes (Mainz ²1971); und *ders., Das Gebet* (Mainz 1980); sowie auf die dort jeweils verzeichnete Literatur, darunter bes. *Sudbrack,* Beten ist menschlich. Ergänzend ist jetzt hinzuweisen auf *Thielicke,* aaO 116–123; *Ebeling,* Das Gebet (= Wort und Glaube III, 405–427); *ders.,* Dogmatik I, 192–210; *Walter Geppert,* Geheimnis der Gebetserhörung. Eine Herausforderung an den Atheismus (Tübingen 1980); *Hans-Martin Barth,* Wohin – woher mein Ruf? Zur Theologie des Bittgebetes (1981); *G. Wenz,* Andacht und Zuversicht. Dogmatische Überlegungen zum Gebet, ZThK 78 (1981) 465–490; *Ottmar Fuchs,* Die Klage als Gebet. Eine theologische Besinnung am Beispiel des Psalms 22 (München 1982); *Joseph Kard. Ratzinger,* Das Fest des Glaubens. Versuche zur Theologie des Gottesdienstes (Einsiedeln 1981), 11–30; *Joachim Ringleben,* „In Einsamkeit mein Sprachgesell". Das Gebet als Thema der Dogmatik, ZThK 79 (1982) 230–248; Concilium 18 (1982) Heft 11: Beten lernen.
[57] Zum Problem theologischer Analogien vgl. *Pesch,* Theol. der Rechtfertigung, 606–628 und die dort verzeichnete Literatur; dazu jetzt *Kasper,* Der Gott Jesu Christi, 124–132. Zu den letztlich fließenden

nen Begriff, keine Theorie mehr auf die Barrikaden gehen, als ob mit ihnen allein Glaube und Kirche stehen und fallen. Aber die Tradition, auch die fremdgewordene, kann wieder gewissermaßen zum Sprachraum eigener Glaubenserfahrung werden.

Damit entsteht für eine gegenwartsverpflichtete Theologie der Gnade eine ernste Forderung: Sie hat – jedenfalls *auch* – das traditionelle Angebot der Sprechweisen so zu erschließen und zu deuten, daß der beschriebene radikale Grundakt des Glaubens jederzeit als die *innere Intention* des ausformulierten Lehrgehaltes selber erscheint; daß also die radikale Konzentration zwar *Konzentration*, nicht aber Auswanderung aus der Sprachgeschichte des Glaubens werden muß. Anderseits wird die Theologie der Gnade den Versuch machen müssen, wenigstens im Sinne einer gewissen Durchschnittsbestimmung die *heute* assimilierbaren Traditionsbilder darzustellen und anzubieten – und dabei selbstverständlich auch ein Urteil über *nicht* mehr assimilierbare Sprechweisen der Tradition wagen. Der Rest ist der je einmalige Vorgang der Assimilation selber, die ihrerseits ein Stück Reflexionsgestalt des Glaubensvollzuges selbst ist[58].

4. *Zum Problem eines außerkirchlichen Glaubens*

Wenn es zutrifft, daß sich die Gottesfrage aus den dargestellten Gründen sogleich als Frage nach dem „Gott für mich", „Gott für uns" stellt, und wenn nicht zu bestreiten ist, daß man heute auch versucht, diese Frage ohne Christus und außerhalb der kirchlichen Verkündigung zu beantworten, dann ist damit zu rechnen, daß immer mehr subjektiv *echte* Gläubigkeit sich dem Einfluß von Theologie und Kirche entzieht – unter Umständen bewußt entzieht, weil man unter diesem Einfluß geradezu für die „Reinheit" des Gottesglaubens fürchten zu müssen meint. Diesem modernen Phänomen gegenüber – es ist einzuordnen in den größeren Problemkreis einer heutigen „außerkirchlichen Religiosität" überhaupt[59] – sollte der theologische Eifer zunächst ruhiges Blut bewahren. Im Grunde genommen muß man das Phänomen nicht einmal bedauern. Man muß

Grenzen zwischen „echter" Analogie und Metapher vgl. die bleibend richtigen Ausführungen schon bei *Söhngen,* Analogie (HThG I, 49–61), 57–61; *ders.,* Die Weisheit der Theologie durch den Weg der Wissenschaft (MS I, 905–980), 926–939; und jetzt *Jüngel,* Metaphorische Wahrheit. Erwägungen zur theologischen Relevanz der Metapher als Beitrag zur Hermeneutik einer narrativen Theologie (= Entsprechungen, 103–157); *ders.,* Gott als Geheimnis der Welt, 357–408; aus religionsgeschichtlicher Sicht *H. P. Müller,* Mythos – Anpassung – Wahrheit. Vgl. auch w. u. 14 I 3.

[58] Vgl. w. o. 4 III.

[59] Vgl. aus der jüngsten Zeit zu diesen Problemen: *Elmar Klinger* (Hg.), Christentum innerhalb und außerhalb der Kirche (Freiburg i. Br. 1976); *Heinrich Fries,* Aufbruch des religiösen Geistes, StdZ 194 (1976), 183–195; *Karl Forster* (Hg.), Religiös ohne Kirche? Eine Herausforderung für Glaube und Kirche (Mainz 1977); *Walter Kasper* (Hg.), Absolutheit des Christentums (Freiburg i. Br. 1977), darin vor allem *Horst Bürkle,* Der christliche Anspruch angesichts der Weltreligionen heute, 83–104; *Ludwig Bertsch/Felix Schlösser* (Hg.), Kirchliche und nichtkirchliche Religiosität. Pastoraltheologische Perspektiven zum Phänomen der Distanzierung von der Kirche (Freiburg i. Br. 1978), darin bes. *Karl*

es zum Beispiel nicht beargwöhnen, sondern eher begrüßen, wenn im verantwortlichen ethischen Handeln selbst Atheisten einen „anonymen" Glauben an den guten Grundsinn menschlichen Lebens realisieren. Man kann gewiß bezweifeln, ob solcher „anonymer Glaube"[60] faktisch ohne Begegnung mit dem Christentum, zumindest ohne Begegnung mit einer geschichtlichen Religion und ihrer Überlieferung möglich ist. Religionsgeschichtlich ist es alles andere als selbstverständlich, daß Gott die Liebe selbst ist, die Liebe zu uns Menschen! Der Verdacht ist also nur zu begründet: Wo der Gottesglaube sich seinem Wesen nach sogleich als Glaube an menschliches Heil vollzieht, da ist es heimlich, unthematisch, „anonym" immer schon der Glaube an den Gott, von dem der christliche Glaube weiß und von dem er die genaueste Kunde zu bringen beansprucht. Doch *eben deshalb* kann der Christ es *zunächst* getrost hinnehmen, wenn solcher „anonymer Glaube" nicht sofort oder möglichst schnell sich in die Einflußsphäre und den geschichtlichen Raum von Kirche und christlicher Theologie begibt. Denn Kirche und Theologie sind nicht um ihrer selbst willen da. Was können beide denn mehr erreichen wollen als dies, daß alle Menschen sich vorbehaltlos dem Gott anheimgeben, der immer der Gott Jesu Christi ist?

Gewiß entstehen an dieser Stelle schwierige Fragen zum Sinn christlicher Mission, zur Heilsbedeutung der „Gliedschaft" in der Kirche, letztlich zum Verständnis von Wesen und Auftrag der Kirche selber. Darauf einzugehen würde wieder einmal viel zu weit führen[61]. Wichtig scheint der Hinweis auf die hier angedeuteten Konsequenzen aber deshalb, weil sie der christlichen Verkündigung und Theologie von ihrer *Sache* her, und nicht etwa nur im Rahmen taktischer Überlegungen, eine ungeheure Weite der Gesprächsfähigkeit eröffnen, eingeschlossen Entlastungen der Seelsorge im engsten Sinne, eine Gesprächsfähigkeit, die sich eigentlich nie billiger Proselytenmacherei schuldig zu machen braucht.

Lehmann, Theologische Reflexionen zum Phänomen „außerkirchlicher Religiosität", 49–70; *Knut Walf*(Hg.), Stille Fluchten. Zur Veränderung des religiösen Bewußtseins (München 1983); umfassender im Blick auf eine theologische Begründung der Mission und des interreligiösen Dialogs vgl. *L. Rütti,* Zur Theologie der Mission. Kritische Analysen und neue Orientierungen (München-Mainz 1972); *E. Kamphausen/Werner Ustorf,* Deutsche Missionsgeschichtsschreibung. Anamnese einer Fehlentwicklung, Verkündigung und Forschung 22 (1977) Heft 2, 2–57 (= Beiheft zur Evangelischen Theologie); *Hans Jochen Margull,* Zu einem christlichen Verständnis des Dialogs zwischen Menschen verschiedener religiöser Traditionen, in: Walter Strolz (Hg.), Vom Geist, den wir brauchen (Freiburg i. Br. 1978), 176–194.

[60] Also nicht das „anonyme Christentum" im Sinne Karl Rahners, das ich aus bestimmten Gründen seit jeher nicht für einen guten Begriff halten kann; vgl. *Pesch,* Der hermeneutische Ort der Theologie, 209 f. und *Jüngel,* Entsprechungen, 178–192. Zur Verteidigung des Begriffs vgl. jetzt *Johannes Brosseder,* Die anonymen Christen, in: Heinrich Fries u. a. (Hg.), Kirche und Religionen, 2 Bde. (St. Ottilien 1982), II, 243–270; 279 f. (Lit.). Zur Sache vgl. auch w. u. 11 II 2 Anm. 45.

[61] Zum Thema „Heilsbedeutung der Kirche" genüge hier der Hinweis auf die Literaturangaben und die Sachdarstellung in MS IV/1 und in CGG 29. Aus evangelischer Sicht vgl. *Thielicke,* Theologie des Geistes, 268–399; *Moltmann,* Kirche in der Kraft des Geistes, bes. 214–221; *Ebeling,* Dogmatik III, 249–384; *Kühn,* Kirche, 159–163. – Zur Theologie der Mission vgl. *Thielicke,* aaO 401–502; und die Hinweise in Anm. 59; auch *Pesch* (Hg.), Einheit der Kirche – Einheit der Menschheit.

5. „Gläubig und glaubenslos zugleich"

Der Glaube an Gott „überspringt" in einem existentiellen Grundvollzug die Not der Unfähigkeit zum Glauben, die zugleich Unwilligkeit zum Glauben ist. Der existentielle Charakter dieses Grundvollzuges schließt ein, was auch die Phänomene bestätigen: *Die Not der Unfähigkeit, die zugleich Unwilligkeit ist, wird in diesem Leben nie aufgehoben. Der Glaubensvollzug überwindet sie je und je, aber er hebt sie nie auf.* Dies bleibt auch dann noch wahr, wenn jeder individuelle Glaubensweg seine Geschichte hat, in deren späteren Phasen es auch durchaus so etwas wie eine wachsende Einübung in den Glauben, einen, mit Romano Guardini zu reden, „Charakter im Glauben" geben kann[62]: Im Blick auf den „Generationenkonflikt" auch in der Kirche ist von Zeit zu Zeit darauf hinzuweisen, daß nicht jeder „selbstverständlich" gewordene Glaube eines Erwachsenen und älteren Menschen nichts als geistlose Gewöhnung ist, die lediglich aus Trägheit und Feigheit nicht abgeworfen wird. In der Sache aber bleibt es dabei: Die „Angefochtenheit", die ständige Bedrohtheit und Ungesichertheit des Glaubens schwindet nicht bis zum letzten Augenblick des Lebens.

Ist nun das Nicht-glauben-Können die Konzentration dessen, was die Tradition „Verderbnis der Natur" und was der Glaube das „Elend der Sünde" nennt, dann ist die Formulierung keine Übertreibung, sondern sachgemäß: Der Glaubende ist vom Wesen des Glaubens her jederzeit „gläubig und glaubenslos zugleich". Wir stehen damit vor der modernen Variante der reformatorischen Formel „gerecht und Sünder zugleich" (simul iustus et peccator) – und zugleich jenseits aller interkonfessionellen Problematik[63]. Dies ist ein Vorblick, auf die Sache ist später zurückzukommen[64]. Der Weg jedoch, heute zu verstehen, was das Sündersein des Menschen bedeutet und ausmacht, führt durch sich selbst zu einer Beschreibung der Grundweise von Glaubensexistenz, wie sie in der zitierten Formel zum Ausdruck kommt.

6. Christliche Freude

Seit der nachdrücklichen Aufforderung des Apostels Paulus, uns „im Herrn zu freuen" (Phil 3, 1; 4, 4), liegt den Christen, sozusagen als Vorausvermutung, der Gedanke nahe, *christliche* Freude sei eine *besondere* Freude nicht nur aus besonderem Grund, sondern auch aus besonderer Kraft. Sie sei nicht eine „natürliche", sondern eine „übernatürliche" Freude. Thomas von Aquin sieht in der Freude eine Frucht der Gottesliebe, die ihrerseits die erste Erscheinungsform der Gnade ist – die „Übernatürlichkeit" christlicher Freude kann nicht nach-

---

[62] Vgl. *Romano Guardini,* Der Glaube in der Reflexion, in: *ders.,* Unterscheidung des Christlichen. Gesammelte Studien 1923–1963 (Mainz 1963), 279–306.
[63] Vgl. *Pesch,* Hinführung zu Luther, 189–202; *Metz,* Der Unglaube als theologisches Problem.
[64] Vgl. w. u. 12 IV 1 d).

drücklicher klargestellt werden[65]. Dies ist wieder problemlos im Raum einer selbstverständlichen Gottesgewißheit und selbstverständlichen Gotteserfahrung. Und daß christliche Freude einen besonderen *Grund* hat, nämlich die umfassende Zuversicht aus der Gewißheit der Liebe und Nähe Gottes, die kein Mensch sich selber sagen kann, steht auch heute noch außer Zweifel.

Verabschieden dürfen wir nur die Vorstellung, daß diese christliche Freude ihrer phänomenalen Erscheinungsform nach sich unverwechselbar von jeglicher anderen Freude unterscheidet. Denn dies müßte entweder in Resignation enden, wenn nämlich solche unterscheidbare christliche Freude sich einfach nicht einstellen will, oder in Verkrampfung, wenn man versuchte, sich mit aller Gewalt in solche Freude buchstäblich hineinzusteigern. Statt dessen dürfen wir im Licht unserer Überlegungen durchaus auf dem Erdboden bleiben und sagen: *Unmittelbar* im Raum des existentiellen Glaubensvollzuges von Freude zu reden wird durchaus unglaubwürdig, denn dieser Glaubensvollzug ist, wo er bewußt erlebt wird, eher Strapaze als Glücksgefühl. Aber dieser Glaube, der Not und Unwilligkeit überschreitet, wirft ein klärendes und sozusagen entlastendes Licht zurück auf die Freude, die wir ohnehin erleben. Wie der Glaube für den Blick des Glaubenden die *ganze* Wirklichkeit aus ihrer Zweideutigkeit zwischen Absurdität und Sinn erlöst, so auch die Freude. Ohne den Glauben könnten wir bei der Freude dieses Lebens eigentlich nie ein ganz gutes Gewissen haben – weil ihr zuviel Leiden entgegensteht, unter Umständen im eigenen Leben. Wenn aber der Glaube hinter der Wirklichkeit Gottes Nähe erfaßt, dann darf er auch die Freude dieser Welt unbefangen annehmen, ohne sie immer gleich pessimistisch gegen das Leid aufzurechnen, das ihr in der Tat kontrapunktisch entgegensteht. Das Leid gehört mit zur Not der Anfechtung, die gerade im Glaubensakt angenommen, bewältigt, ja überwunden wird. *Darum* darf nun die Freude dieser Welt insoweit auch davon ungetrübt bleiben, als der Mensch im Glauben eben diese leidvolle Welt doch als Welt Gottes begreifen darf.

Darum muß der Christ nicht nach einer „höheren" Freude suchen, vielmehr darf er die, die ihm geschenkt ist, einfach annehmen – in dem Wissen, daß er sie und das gute Gewissen bei ihr nicht sich selbst verdankt. Er darf sich also an ein Naturerlebnis, an ein Kunstwerk, an eine Freundschaft, eine Liebe (in *allen* ihren Formen und Phasen), ja an den Erfolg, an wachsendes Wissen, an gelingende Arbeit verlieren und muß nicht meinen, er dürfe dabei nur dann ein gutes Gewissen haben, wenn er das Leiden der Welt in jedem Augenblick dagegenhält. Im Gegenteil, wer in dieser Welt gar nichts mehr ohne schlechtes Gewissen zu genießen wagt, dokumentiert durch sein Verhalten, daß er die Welt als etwas *total* Mißlungenes ansieht, aus dem nur der Mensch mit übermenschlicher Anstrengung noch etwas halbwegs Gutes zu machen in der Lage sei. Wäre nicht eben dies die radikale Form des Unglaubens? Alles Erfreuliche dieser Welt wird also nicht

---

[65] Vgl. Thomas, STh II–II 28. Zu Liebe und Gnade vgl. w. u. 13. u. 14. Kapitel.

erst durch irgendeine überhöhende „gute Meinung", durch irgendeine besondere „Intention", durch den Rekurs auf irgendeine „übernatürliche" Quelle der Freude in uns zur „christlichen" Freude, sondern einfach dadurch, daß der notüberwindende Glaube ihm den Einspruch der Sinnfrage fernhält. Hier liegt unstreitig *ein* Wahrheitsvolltreffer von Dietrich Bonhoeffers berühmtem Wort, daß Gott nicht an den Grenzen, sondern „mitten in unserem Leben jenseitig" ist[66].

7. Verkündigung in der Gleichzeitigkeit der Ungleichzeitigen

Eine letzte Konsequenz betrifft den Verkünder – den Priester, den Religionslehrer, den Theologen – als „Schaltstelle" zwischen Tradition und moderner Erfahrung. Der Verkünder muß die Tradition kennen, um befreien zu können – und das heißt ganz elementar: um belastende Gebundenheit an die Tradition lösen zu können, wo es nicht um deren eines Wort geht, sondern um geschichtlich bedingte und auch vergangene Artikulationsformen. Er muß anderseits die Tradition kennen, um, in der Art von Paulus zu reden, den Konservativen ein Konservativer zu sein. Er muß die Tradition kennen, um auch den Konservativen mit *seinen* Möglichkeiten weiterzuführen. Er muß die Tradition kennen, um überhaupt die Botschaft *empfangen* zu können, denn, das ist ja der methodische Ausgangspunkt all unserer Überlegungen[67], wir empfangen die Botschaft nur auf dem Weg der Überlieferung.

Damit stürzt der Verkünder, der in dieser Weise seine Aufgabe wahrnimmt, in den Verdacht gegen sich selbst, er sei unredlich. Er spiele ständig auf „mehreren Klavieren", er rede den Menschen nach dem Munde, obwohl er selbst vielleicht ganz anders denkt und mit dem, was er den Fragenden aus der Tradition erschließt, vielleicht selbst gar nichts anfangen kann. Trifft das zu? Ja und nein! Keiner kann „Umschaltstelle" für *alles* sein. Jeder kann nur einen Ausschnitt der Tradition erschließen und bleibt für anderes, vielleicht genauso Wertvolles unzuständig. Das macht die persönlichen und intellektuellen Grenzen jedes Verkünders aus. Die Folge ist eine abgrenzende „Publikumsbildung" um einen Priester, einen Prediger, einen Theologen. Denn auch auf seiten der Hörer ist der eine von diesem Stück der Tradition, der andere von jenem „angesprochen". Daher ist solche „Publikumsbildung", solche Entwicklung einer „Vorliebe" für dieses und nicht für jenes, vollkommen legitim.

Innerhalb der durch Persönlichkeit, Intellekt und Neigung gezogenen Grenzen aber wird der Verkünder nicht unehrlich, wenn er sich gewissermaßen in verschiedenen Sprachen der Tradition ausdrücken kann, je nachdem, welche sein Gesprächspartner oder Hörer versteht. Konkret: Ein Priester, der sein Amt richtig versteht und entsprechend richtig ausgebildet ist, müßte mit dem alten Menschen, der

---

[66] Vgl. w. o. Anm. 28.
[67] Vgl. w. o. 1 III; 4 II.

auch heute noch den Herz-Jesu-Freitag hält, in dessen religiöser Sprache genauso reden können wie mit dem Studenten, der gerade Karl Rahner oder Hans Küng gelesen hat. Wäre das unerlaubt, dann wäre der Priester, der Religionslehrer, der Theologe ein Verkünder nur noch für die, die seines eigenen Geistes sind, die mit ihm gleichsam auf derselben Wellenlänge funken. Und wer ist das schon? Der Verkünder als „Schaltstelle" zwischen der Vielfalt der Tradition und der Vielfalt moderner Erfahrung verhindert, daß die Kirche in Sekten auseinanderfällt, die nicht mehr miteinander reden können. Er allein kann das verhindern.

Dritter Fragenkreis
Der angenommene Mensch
oder: Die Rechtfertigung des Sünders

8. KAPITEL
DIE GERECHTIGKEIT DES SÜNDERS
IM VERSTÄNDNIS DER TRADITION

I. Überleitende Vorbemerkungen

LESEEMPFEHLUNG: Pesch, Gerechtfertigt aus Glauben, 13–55

Methodische Vorfragen sind nun nicht mehr zu klären[1]. Einige überleitende Vorbemerkungen indes mögen nützlich sein. Sie betreffen den historischen und sachlichen „Stellenwert" des Themas.

Der Mensch findet sich in Sünde, Knechtschaft und Verderbnis vor – formuliert die Tradition. Der Mensch kann und will chronisch nicht glauben, er ist unfähig und unwillig, sich das Leben und dessen guten Sinn schenken zu lassen, lieber will er „bescheiden" an seinen Aporien zugrunde gehen. Namenlos erfährt jeder Mensch diese Not in notvoller oder notloser Weise. Der Glaube an Jesus Christus als Heilsglaube an Gott enthüllt ihren wahren und tiefsten Kern. Das versuchte der vorausgehende Fragenkreis zu bedenken.

Derselbe Christusglaube besteht nun auch darauf: „Sünde" und Knechtschaft unter der Sünde sind nicht das letzte Wort über den Menschen – obwohl sie das letzte Wort über den Menschen sein *könnten*. Gott hat sich des Verlorenen, des Unfreien, des Selbstverhafteten und Widerstrebenden angenommen. Er „vergibt" die Sünde, er „heilt" die verderbte Natur, er „befreit" aus der Knechtschaft, er „erlöst" zur lösenden Antwort des Glaubens. Dies ist nun anthropologisch zu reflektieren.

Das traditionelle Lehrstück, in dem dies zur Diskussion steht, ist das von der „Rechtfertigung des Sünders" (iustificatio impii), das durch die Reformation seine besondere Emphase bekommt. „Der Artikel von der Rechtfertigung ist der Meister und Fürst, Herr, Lenker und Richter über alle Arten von Lehre, er be-

---

[1] Vgl. w.o. das 4. Kapitel.

wahrt und beherrscht jegliche kirchliche Lehre und richtet unser Gewissen vor Gott auf. Ohne diesen Artikel ist die Welt durch und durch Tod und Finsternis."[2] So erläutert Luther der zweiten Generation reformatorischer Theologen die zentrale Errungenschaft der ersten. Nun ist die Rechtfertigungslehre gewiß kein exklusives Eigengut der Reformation. In den großen theologischen Entwürfen der Hochscholastik und, wenn auch anders, in der Spätscholastik hat die Rechtfertigungslehre einen festen Platz, und zwar innerhalb der Gnadenlehre, dazu seit dem 14. Jahrhundert in der Gotteslehre – insofern ist vor vereinfachenden Urteilen älterer evangelischer Forscher zu warnen[3]. Anderseits ist sie dort keineswegs der „Artikel, mit dem die Kirche steht und fällt"[4], schon gar nicht der „Richter über alle Arten von Lehre". Vor dem 13. Jahrhundert scheint sie für ein Jahrtausend vergessen, jedenfalls unter ihrem eigenen Namen. Heute scheint es auf katholischer Seite schon wieder soweit, während sie auf evangelischer Seite nicht selten zur konfessionellen Pflichtübung verkommt, worauf dann wiederum zahllose evangelische Theologen mit beschwörenden Appellen reagieren, das „Heiligtum" der Reformation nicht leichtfertig preiszugeben[5]. Das Pathos der paulinischen Lehre von der Rechtfertigung des Sünders ist offensichtlich in der Kirchengeschichte nur in der Reformationszeit mit vergleichbarem Pathos beantwortet worden.

Auf diesen Tatbestand kann man offen oder subtil mit der Anwendung des Niedergangsschemas reagieren. Paulus repräsentiert die Höhe urchristlicher Evangeliumsverkündigung – schon die Evangelien, vor allem das lukanische Schrifttum, gleiten in den „Frühkatholizismus" ab – zu schweigen von der weiteren Theologiegeschichte und einige Konzessionen an Augustinus eingerechnet. Das Schema erfreut sich ungebrochener Beliebtheit, selbst gelegentlich bei Katholiken[6]. Luther hat dann den Kronleuchter des Evangeliums nach 1500 Jahren

---

[2] WA 39 I, 205,2 (Disputation, 1537).
[3] Vgl. w.o. 3 I 6 und w.u. III 1 u. 2; ferner *Pesch,* Gottes Gnadenhandeln, 833–835; dort die Stimmen aus der evangelischen Theologie.
[4] Vgl. WA 40 III, 352,3. Zum Sinn dieser Formulierung bei Luther vgl. *Pesch,* Theol. der Rechtfertigung, 152–159 (mit Literatur); dazu neuerdings *Pesch/Peters,* Einführung in die Lehre von Gnade und Rechtfertigung, 119–130 *(Peters); Pesch,* Hinführung zu Luther, 264–271; ders., Gerechtfertigt aus Glauben, 46–53; 143 f.
[5] Zur Lage in der katholischen Theologie vgl. *Pesch,* Gerechtfertigt aus Glauben, 15–32; *ders.,* „Um Christi willen ...", 44–52. Evangelische Stimmen sind bilanziert bei *ders.,* Theol. der Rechtfertigung, 151 f. Anm. 1; dazu aus jüngerer Zeit *Maron,* Kirche und Rechtfertigung; *Rückert,* Die Rechtfertigungslehre als kontroverstheologisches Problem (= Vorträge und Aufsätze, 295–309); *Brecht,* Der rechtfertigende Glaube; weitere Stimmen bei *Pesch,* Gerechtfertigt aus Glauben, ebda.
[6] Um Mißverständnisse auszuschließen: 1. Die neuere Lutherforschung übersieht selbstverständlich nicht die *Unterschiede* zwischen Luther und Paulus, wie in den Luther betreffenden Abschnitten w.o. und w.u. immer wieder belegt ist. 2. Es ist gar nicht zu bestreiten (und wird w.u. noch deutlicher werden), daß Luther tatsächlich in einem bestimmten Sinne das paulinische Rechtfertigungszeugnis, ja das „Evangelium" „wiederentdeckt" hat, wie auch katholische Lutherforscher, an ihrer Spitze *Joseph Lortz* (vgl. Die Reformation in Deutschland I, 192!) einräumen, die Luther keineswegs unkritisch gegenüberstehen. 3. Es ist Luther gar kein Vorwurf daraus zu machen, daß er die „Mitte der Schrift" gerade bei Paulus suchte und fand; vgl. *Pesch,* Hinführung zu Luther, 65–70.

Dämmerung, wenn nicht gar Finsternis, wieder angezündet, danach gingen bald wieder die Lichter aus – und sind im Grunde erloschen bis heute.

Einem geschichtlichen Denken dürfte sich der Tatbestand anders darstellen. *Der Sachgehalt des paulinischen Rechtfertigungszeugnisses kann, nach der Entscheidungssituation der Urkirche gegenüber dem Glauben Israels, zur ruhigen Selbstverständlichkeit des christlichen Bewußtseins werden – sogar ganz ohne das Wort „Rechtfertigung". Es gibt aber Krisensituationen der Kirche, in denen die Rechtfertigungslehre wieder in einer der Urkirche vergleichbaren Weise die ihr eigentümliche Sprengkraft freisetzt – besser gesagt: das Evangelium in Gestalt der Rechtfertigungslehre.* Es sind dies Krisenzeiten, in denen die Gefahr einer neuen Werkfrömmigkeit, eines neuen Vertrauens auf „des Gesetzes Werke" eingetreten oder im Verzuge ist und in denen womöglich auch die Kirche und die Formen des Lebens in der Kirche offen oder heimlich auf die Seite der „Gesetzeswerke" geraten. Eine solche Zeit war unstreitig, auch von Katholiken nicht mehr bestritten, die Zeit der Reformation. Man kann mit Fug und Recht darüber nachdenken, ob es auch sonst solche Krisenzeiten gegeben hat und ob in ihnen die Stunde der Rechtfertigungslehre verpaßt wurde. Auch dann aber ist es möglich, daß die Rechtfertigungslehre nicht unter ihrem eigenen, sondern unter anderen Namen zur Sprache kommt, wie kein Geringerer als Luther selbst einräumt[7] und wie es zweifellos im pelagianischen Streit der Fall war. Es gibt Anhaltspunkte, daß wir auch heute in einer solchen Krisenzeit und damit in einer Stunde der Rechtfertigungslehre leben – fernab bloßer Repristinationen alter „Theoriemodelle".

Eine solche Betrachtungsweise, die hier nur angedeutet werden kann[8], hat ihre Vorzüge gegenüber dem Niedergangsschema: Sie hält das paulinische Zeugnis als Spitze des Evangeliums uneingeschränkt durch; sie gestattet in der Tat die These, daß die Reformation Paulus, ja „das Evangelium" in einem sehr präzisen Sinn „wiederentdeckt" hat; aber sie beläßt jeder Epoche der Kirchengeschichte den Ernst ihrer eigenen Fragen und vermeidet die historisch wie theologisch gleich unmögliche Vorstellung, daß die Christenheit in nach Jahrhunderten, ja Jahrtausenden zu zählenden Zeiträumen am Evangelium vorbei und von ihm entfremdet gelebt habe.

Unter solchen Voraussetzungen handeln wir nun von der Rechtfertigung. Gewiß in einigem Abstand vom glutheißen Atem des reformatorischen Streites – dafür mit Blick auf ihre in ruhigen *und* in Krisenzeiten sich durchhaltende Sachaussage. Und dies wieder auf der Suche nach dem Wort des christlichen Glaubens über den Menschen vor Gott. Dabei geht es in diesem Fragenkreis um die

---

[7] Vgl. BSLK 565,14 und 653,11 (Großer Katechismus): Die Spezialfragen der Rechtfertigungslehre sind für – Spezialisten! Und der Zentralartikel ist – der Christusartikel!
[8] Ausführlicher in: Gottes Gnadenhandeln, 836–843; Hinführung zu Luther, 24–31; vgl. w. o. 4 II 2 (mit Anm. 15).

Rechtfertigungslehre mehr unter ihrem ganz unpolemischen Aspekt, den sie auch in ihrem eigenen Zusammenhang besitzt. Ihre mögliche und zuzeiten besonders notwendige kritische Kraft steht im nächsten Fragenkreis zur Debatte.

II. Paulus und der alttestamentliche Hintergrund

<small>LESEEMPFEHLUNG</small>: Wilckens, Der Brief an die Römer I, 202–243

1. Überwindung der Sünde

Die Antwort Gottes auf die Sünde des Menschen formuliert Paulus auf einer doppelten Linie – und *muß* es tun aufgrund der doppelten Operationsweise der Sünde von außerhalb und innerhalb des Menschen[9]. Sofern die Sünde von außen auf den Menschen ihre Macht ausübt, spricht Paulus davon, daß Gott uns von der Sünde „erlöst", uns aus ihr „rettet", uns „reinwäscht"; daß wir dem alten Menschen nach – also mit unserer Sünde – „begraben werden" und mit Christus zu neuem Leben „auferstehen" (vgl. Röm 3,24; 1 Kor 1,30 – 1 Kor 1,21; 5,5; 15,2; 2 Thess 2,10 – 1 Kor 6,11 – Röm 6,4–11). Das entspricht der noch mythologisch gefärbten, auf jeden Fall personartigen Beschreibung der Sünde. Sie ist aber bei Paulus selbst schon auf seine Weise „entmythologisiert" und kommentiert durch die Entsprechung zu der Linie der „anthropologischen" Beschreibung der Sünde *im* Menschen: Sünde als Übertretung des Gesetzes, das heißt: als Ungerechtigkeit. Die Antwort Gottes auf dieser Linie der Sünde ist: Gott macht den Sünder gerecht, und das heißt: er *erklärt,* er *spricht* ihn gerecht. Auch katholische Exegeten übersetzen inzwischen bedenkenlos das dikaioun (δικαιοῦν) in Röm 3,24 mit „gerechtsprechen"[10].

Aber was bedeutet das: „gerechtsprechen"? Die Antwort muß einsetzen mit der – wohl nicht mehr lange provozierenden – Feststellung, daß wir Kinder der abendländischen Theologiegeschichte in diesem Punkte alle verbildet sind[11]. Aus der reformatorischen Rechtfertigungslehre stammt die Gewöhnung an den Gedanken, die „Gerechtsprechung" sei „forensisch" zu verstehen – also als Freispruch in einem Gerichtsverfahren. In der Freude des sich abzeichnenden Konsenses in

---

[9] Vgl. w.o. 5 II 1; 6 I 1.
[10] So *Mußner,* Die neutestamentliche Gnadentheologie in Grundzügen (= MS IV/2, 611–629), 615; *Kuss,* Der Römerbrief, 1. Lieferung, 112. Die Einheitsübersetzung „drückt sich" („… werden sie gerecht"); ebenso *Schlier* in seinem Römerbrief-Kommentar („… gerechtfertigt").
[11] Vgl. *Wilckens,* Rechtfertigung als Freiheit; *ders.,* Zur Entwicklung des paulinischen Gesetzesverständnisses; *Kertelge,* Rechtfertigung bei Paulus, 120–128, versteht die Rechtfertigung forensisch, als (gegenwärtigen und schöpferischen) Gerichtsakt – in vermittelnder Abgrenzung gegen *Stuhlmacher,* Gerechtigkeit Gottes, und *Käsemann,* An die Römer, mit dem Ergebnis: Paulus ist weder schlecht katholisch noch gut lutherisch.

der Rechtfertigungslehre schwenken auch Katholiken auf diese Linie ein. Mit diesem Paulusverständnis konnte man zunächst sich vom mittelalterlichen Verständnis abgrenzen, das (angeblich[12]) die Gerechtigkeit vor Gott zu einer innermenschlichen Realität nach Art eines seelischen Besitzes gemacht hatte. Zugleich erschien aufs schärfste zur Sprache gebracht, was doch der Kern der paulinischen Heilslehre ist: das grund- und bedingungslose Erbarmen Gottes mit den Sündern.

Diese Gerechtsprechung nun ist Werk der „Gerechtigkeit Gottes", wie Paulus klarstellt (Röm 1,17; 3,21–25). Wie ist aber ein solcher paradoxer Freispruch, gegen alles „Gesetz", mit der Gerechtigkeit Gottes in Einklang zu bringen? Oder genauer: Was für eine „Gerechtigkeit" soll das sein, die so den Sünder rechtfertigt? Hier greifen zwei Gedanken ein, die eine lange Tradition zumindest im Westen haben und die dieses Paulusverständnis festigen. Zunächst: die Gerechtigkeit Gottes ist keine Eigenschaft in Gott, sondern sein Geschenk an den Sünder – sie ist „iustitia *passiva*" nach der berühmten Formulierung Luthers, die dieser von Augustinus gelernt haben will, die aber entgegen seinem Urteil einhellige Auslegungstradition der abendländischen Exegese ist[13]. Der Genitiv in „Gerechtigkeit *Gottes*" ist dann als genitivus auctoris zu fassen. Der zweite Gedanke: Selbst wenn man die Gerechtigkeit Gottes als Eigenschaft in Gott und demnach als „austeilende Gerechtigkeit" (iustitia distributiva) verstehen wollte, wäre die Rechtfertigung des Sünders nicht „ungerecht". Denn *einen* hat die gerechte Strafe der Sünde ereilt, die eigentlich alle verdient haben: Christus. Damit stehen wir beim Konzept der „Genugtuungslehre", die auf Anselm von Canterbury zurückgeht und an der auch Luther festhält – allen Abschirmungsversuchen mancher Lutherforscher zum Trotz.[14] Der Grundgedanke ist: Gottes Liebe zu den Sündern darf Gottes Gerechtigkeit gegenüber der Sünde nicht ins Zwielicht bringen. Darum war es Gottes Ratschluß, Jesus Christus, den allein ganz gehorsamen Gottessohn, unter die Strafe der Sünde zu stellen. So geschieht Gottes Gerechtigkeit „Genugtuung". Den Sündern kommt sie zugute, indem Gott ihnen um Christi willen ohne Verletzung seiner Gerechtigkeit vergeben kann. Daß es wirklich und entgegen verbreitetem Mißverständnis um die Wahrung seiner Gerechtigkeit *in* der bedingungslosen Liebe geht – das Mißverständnis ist der Grund, warum man sich immer wieder bemühen zu müssen meint, Luther von der Genugtuungslehre zu entlasten! –, zeigt sich an der einfa-

---

[12] Vgl. w.u. 12 III 2 und schon w.o. 3 I 5.

[13] Vgl. WA 54, 184, 14–186, 15. Vgl. dazu *Heinrich Denifle,* Luther und Luthertum in ihrer ersten Entwicklung, Erg.-Bd. 1: Die abendländischen Schriftausleger bis Luther über Justitia Dei (Rom. 1,17) und Justificatio (Mainz 1905); zur Reaktion der Lutherforschung auf diesen Nachweis Denifles vgl. *Pesch,* Hinführung zu Luther, 86f.

[14] Zur Genugtuungslehre vgl. *Greshake,* Erlösung und Freiheit; *ders.,* Der Wandel der Erlösungsvorstellungen; *Kessler,* Die theologische Bedeutung des Todes Jesu, 83–165; dort jeweils weitere Literatur. Zur Genugtuungslehre bei Luther (und zu den „Entlastungsversuchen" der Lutherforschung) vgl. *Pesch,* Theol. der Rechtfertigung, 123–134.

chen Überlegung, daß die Genugtuungslehre nicht begründen kann, warum denn Christi stellvertretende Sühne nicht nur ihm, sondern den Sündern zugute kommen soll. Hier gibt es keinen „Rechtsanspruch" der Sünder, hier kann Anselm nicht anders als Luther nur auf die grundlose Liebe Gottes zurückverweisen, die beides hervorbringt: die Gnade für die Sünder und die stellvertretende Genugtuung Christi *im* Werk dieser Gnade.

Hinter beiden Gedanken, die die Gerechtigkeit Gottes in seinem Heilswerk außer Zweifel bringen sollen, hinter der iustitia dei passiva und hinter der Genugtuungslehre, steht ein Denkzwang, der bis auf Origenes zurückgeht, nämlich: Gerechtigkeit denken zu müssen als Tugend der Gleichheit (isotes, ἰσότης). Dann muß auf die Sünde reagiert werden, wie es der Sünde „gleichkommt", anders wäre Gott ungerecht. *Gerechtigkeit und Liebe Gottes werden so zu Gegensätzen, für die ein Ausgleich gesucht werden muß, der weder die eine noch die andere verletzt.* Dieser Ausgleich gelingt mit den beiden erläuterten Gedanken: Die Gerechtigkeit Gottes ist nicht verletzt, weil Christus ihr Genüge leistete, so daß Gott nun die Sünder mit unverdienter Gerechtigkeit beschenken konnte. Sollte das nicht die Meinung des Paulus in Röm 1,17 und 3,21–25 sein?

Mit Paulus hat dieses Konzept nur Anfang und Ende gemein: die Liebe Gottes als Quelle und die Gerechtigkeit des Sünders als das, was aus ihr fließt. Nicht aber die Interpretamente dazwischen. Wir werden uns an den Gedanken gewöhnen müssen, daß das Denkmodell der paulinischen Rechtfertigungslehre nicht „forensisch" ist, nicht die Vorstellung eines Rechtsvorgangs. Es ist allerdings auch nicht das Denkmodell einer ontischen Gerechtmachung im späteren, mittelalterlichen Verständnis, wie nicht weiter zu betonen ist. *Diesem* gegenüber ist das paulinische Verständnis ein Beziehungsmodell: Gerechtigkeit ist eine Beziehung zwischen Gott und Mensch. *Dem „forensischen" Modell gegenüber ist dieses wiederum dadurch abgegrenzt, daß es kultischen Charakter hat.*

Denn im Hintergrund steht das alttestamentliche Verständnis von Gerechtigkeit als „bundesgemäßem Verhalten"[15]. Wie nun der Vergleich zwischen Röm 3,5 und 3,21 ff. zeigt – und diese beiden Stellen sind nach Ulrich Wilckens der Maßstab für die Auslegung aller anderen dikaiosyne theou- (δικαιοσύνη θεοῦ-)-Stellen –, geriete Gottes „Gerechtigkeit" = „bundesgemäßes Verhalten" gerade dann ins Zwielicht, wenn er sich der Sünder *nicht* erbarmt, wenn er also an den Sündern so handelt, wie es der Sünde „gleichkommt". Denn dann handelte Gott ja im Widerspruch zu seinem Bund! Gott ist also „gerecht", indem er die Sünde *aufhebt.* Dies fordert eine „Sühne" aus Gründen und im Sinne des alttestamentlichen Entsündigungsritus – denn Paulus steht in der Tradition des – apokalyptisch verschärften – Tat-Ergehen-Zusammenhangs[16]. Die Sühne ist der Tod Christi in *diesem* Sinne – also nicht im Sinne einer juridischen Kompensation für den Ungehorsam der Menschheit, wie es in der Tradition der westlichen Genugtuungslehre gedacht wurde.

---

[15] Vgl. w.o. 3 I 1.   [16] Vgl. w.o. 5 II 1.

„Gerechtigkeit" heißt also: Der Mensch – der Sünder! – steht wieder neu mit Gott im Bund, weil Gott im Tod Christi die Unheilssphäre der Sünde, in der der Mensch lebte, durchbrochen und aufgehoben hat. „Gerechtigkeit" ist damit ein Beziehungsbegriff, wenn man will: ein personaler Begriff. Man kann sogar in lutherischer Sprechweise sagen: eine neue „Geltung"[17], wenn man damit den Unterschied zu jeder „ontischen" Interpretation festhalten will. Aber diese Geltung ist nicht juridisch, sondern kultisch-gemeinschaftsbezogen erfahren und gedacht. Gerechtigkeit ist Gemeinschaft mit Gott in bundesgemäßem Verhalten – so wie Ungerechtigkeit und Sünde Bruch der Pflichten in der Gemeinschaft sind. Und die Gemeinschaft mit Gott – modern gesagt: die Gewißheit der Wirklichkeit und heilvollen Nähe Gottes – erlebt der gläubige Israelit im Kult. Diese alttestamentliche Grundstruktur wiederholt sich in der paulinischen Soteriologie. *Im kultischen Sinn „erklärt" Gott den Menschen „gerecht" aufgrund der „Sühne" im Tod Christi, das heißt: er hält den Menschen in seinem Bund, obwohl dieser ihn gebrochen hat, und erweist darin seine eigene Bundestreue, das heißt seine „Gerechtigkeit".*

Der kultische Hintergrund zeigt sich bei Paulus auch und gerade bei seinem Verständnis des Glaubens als der Empfangsweise der Rechtfertigung. Gerhard von Rad hat in einer kleinen Studie darauf hingewiesen, daß Paulus in Röm 4 die kultische Terminologie auf den Glauben anwendet[18]. Bekanntlich spielt in Röm 4 die Bezugnahme auf Gen 15 eine große Rolle: Abraham glaubte, und das wurde ihm zur Gerechtigkeit angerechnet. Dahinter steht kultisches Formular. Israeliten brachten zum Beispiel Opfertiere vor den Priester. Dieser „erklärte": „Rein ist es" – oder: „Gerecht ist er", wenn es sich um einen Menschen handelte. Angewandt auf Röm 4, müßte man lesen: Abraham glaubt – und Gott erklärt nach Art des Priesters: „Gerecht ist er." Das gilt nun parallel für den Christen: *Der Sünder glaubt an die Sühne durch den Tod Christi – und Gott erklärt um dessentwillen: „Gerecht ist er."* Alttestamentlich hieße das: Er darf nun wieder am Kult teilnehmen, wo die Bundestreue Gottes erfahren wird. Und ist demnach zu bundesgemäßem Verhalten verpflichtet. Wo aber findet nun für die *Christen* dieser Kult statt? Und was ist für *sie* „bundesgemäßes Verhalten"?

An diesem Punkt überschreitet Paulus den alttestamentlichen Rahmen – und deutet das Neue im Interpretationshorizont des Alten! Für das bundesgemäße Verhalten ist nicht mehr der Weg des Gesetzes der Maßstab und für den Kult nicht mehr der israelitische Sühneritus. An die Stelle beider tritt der Glaube an den Gekreuzigten. Dahinter steht wieder, wie schon hinter dem Sündenverständnis[19], das „Axiom" der Soteriologie des Paulus, nämlich Gal 2, 21. In

---

[17] Vgl. *Althaus*, Die Christliche Wahrheit, 599; *ders.*, Theol. Luthers, 205. Luther übersetzt in der Deutschen Bibel Röm 3, 21 mit „... die gerechtickeyt die fur got gilt".
[18] Vgl. *Gerhard von Rad*, Die Anrechnung des Glaubens zur Gerechtigkeit, ThLZ 76 (1951) 129–132.
[19] Vgl. w. u. 10 I 1; und die Literatur dort in Anm. 5.

Röm 4 greift zum „Beweis" wie schon im Galaterbrief der Gegensatz zwischen Gesetz und Verheißung ein. Eben dies, denkt Paulus, steht ja schon in Gen 15. *Es gilt also immer noch, wie im Alten Testament: Wo das Wort Gottes gebietet, ist gerecht, wer es erfüllt („bundesgemäßes Verhalten"); wo das Wort Gottes anklagt, ist gerecht, wer sich beugt und Gott recht gibt (Ps 51!). Über allem aber steht: Wo das Wort Gottes verheißt, ist gerecht, wer der Verheißung traut.*

3. Gericht und Gerechtigkeit

Ist damit der der lutherischen Tradition so teure Gedanke des Gerichtes *in* der Rechtfertigung des Sünders nicht mehr auf Paulus zurückzuführen? Doch – und zwar genau an dieser Stelle, freilich nicht ganz so, wie es die lutherische Tradition meist interpretiert. Ulrich Wilckens zeigt[20], daß die christologische Soteriologie des Paulus die radikale Antwort auf ein Problem des Glaubens ist, das in Israel selbst nie befriedigend gelöst werden konnte. Die Gerichtspredigt ist in Israel seit den frühesten Propheten bekannt und eine intensive Erfahrung. Wie aber kann die Bundestreue Gottes (= „Gerechtigkeit") sich bewähren, wenn *ganz* Israel sündig ist? Die Idee vom „heiligen Rest" ist da ebensowenig eine ausreichende Antwort wie die radikale Praxis der Qumran-Leute, die das ganze übrige Israel verloren gaben. Röm 3, 5 bringt dieses Problem auf den Punkt: Gott kann seine Treue nur lückenlos bewähren, wenn er *alle* rettet – sogar die sündigen Nicht-Juden. Soll man dann, fragt Paulus stellvertretend für einen möglichen Objizienten weiter, sündigen, um Gottes Bundestreue zu bestätigen? „Keineswegs!" Das Gericht über die Sünde bleibt also Gericht und wird nicht etwa als paradox verbergender Schein der Bundesgerechtigkeit Gottes enthüllt. *Die Antwort heißt vielmehr: das Kreuz Jesu Christi. Die Universalität der Sünde, das wirkliche Gericht Gottes und die Universalität der Gnade sind hier beisammen.* Das ist die Lösung für das israelitische Problem der universalen Sünde – und gleich für die sündigen Heiden mit. Und gleichzeitig wird in Christus anschaulich, was den Menschen zukäme, wenn Gott – *unmöglicher Gedanke!* – tatsächlich *nicht* „gerecht", das heißt: bundestreu, *wäre.*

Das alles klingt sehr nahe bei den reformatorischen Formeln. Und doch besteht ein bedeutsamer Unterschied – ob er nur eine Nuance ist, mag man freilich verschieden beurteilen. Die lutherische Tradition denkt Gottes Gerechtigkeit als eine „austeilende Gerechtigkeit", die unbefragbar zugunsten des Sünders Gnade vor Recht ergehen läßt – und bekundet damit immer noch ihre ferne Bindung an den griechischen Gerechtigkeitsbegriff mitten in seiner Negation. Nach Luther vollzieht sich ja das Gericht zugleich mit dem Vorgang der Begnadigung: Nur der *real* Vernichtete wird von Gott aufgerichtet. Nach Paulus dagegen entreißt die Sühne Christi den Sünder dem (eschatologischen) Gericht und enthüllt

---

[20] *Wilckens,* Der Brief an die Römer I, 202–222.

ihm gewissermaßen nur *hypothetisch,* was ihm bevorgestanden *hätte.* Real vernichtet wird nur Christus – wir werden es nur symbolisch, in der Taufe und im anschließenden Kampf gegen „den alten Menschen", gegen das „Fleisch".

Diese etwas haarspalterischen Abgrenzungen sind nicht ganz überflüssig. Sie können die kontroverstheologische Diskussion ebenso wie die anthropologische Reflexion um das Rechtfertigungsthema entkrampfen. Freilich nur um den Preis, daß sich das Denkmodell „forensische Rechtfertigung" nicht noch weiter bis zur Unmöglichkeit der Selbstrelativierung verselbständigt und verhärtet. Es steht da in der lutherischen systematischen Theologie nicht immer zum besten[21].

III. Augustinische und scholastische Tradition

LESEEMPFEHLUNG: Pesch/Peters, Einführung in die Lehre von Gnade und Rechtfertigung, 16–54; 96–103; Baur, Salus christiana, 11–44

1. „Gerechtmachung"

Dikaioun (δικαιοῦν) heißt auf lateinisch „iustificare" – also „iustum facere" – „gerecht *machen".* Schon der sprachliche Ausdruck verhindert also die Assoziation sowohl eines Gerichtsverfahrens als auch einer kultischen Handlung. Wer „iustificatus" ist, der *ist* (selber) gerecht und *gilt* nicht nur als ein solcher oder steht nicht nur in einer „richtigen" Beziehung zu einem anderen. Dies und die verdeutlichte Individualisierung und Formalisierung des Gnadenbegriffs[22] erklären mühelos die ebenfalls schon geschilderte Tatsache[23], daß „Rechtfertigung" als soteriologischer Zentralbegriff in der augustinischen Tradition hinter „Gnade" zurücktritt – bis zum fast völligen Verschwinden, aus dem ihn nur theologiegeschichtliche Zufälle herausreißen und ihm dann im 13. Jahrhundert einen festen Platz in der Gnadenlehre sichern. Die Folge: *In der lateinischen Theologie wachsen seit Augustinus die bei Paulus noch unterscheidbaren Linien der „Erlösung" und der „Gerechterklärung" zusammen. Insofern „Erlösung" als Tat Gottes durch Christus real dem Menschen zugute kommt, ist „Erlösung" identisch mit „Rechtfertigung" und diese mit „Eingießung der Gnade".* Man braucht nicht mehr *eigens* von „Rechtfertigung" zu sprechen, mit „Gnade" ist alles gesagt. Sie umfaßt alle Linien des Gottesverhältnisses des Sünders: die Vergebung der Sünde, die Heilung der Sünde, die neue Gotteskindschaft, die neuen guten Werke und ihr „Verdienst". Gnade ist per definitionem „gratia iustificans", weil sie „gratia sanans" und „gratia sanctificans" ist.

---

[21] Nachweise bei *Pesch,* Hinführung zu Luther, 267–270.
[22] Vgl. w. o. 3 I 4.
[23] Vgl. w. o. 3 I 6.

Mit dem Augenblick, wo man im 13. Jahrhundert die zentrale Bedeutung des Rechtfertigungsbegriffes bei Paulus wiederentdeckt und ihm nun im Rahmen einer – natürlich augustinisch geprägten – Gnadenlehre einen sachgemäßen Rang zuerkennt, entsteht zwangsläufig das Problem, wie diese Rechtfertigung des Sünders sich denn zu der, inzwischen schon als „Form", als bleibendes „In-Gnade-Sein" begriffenen „Gnade" verhält. Thomas beantwortet diese Frage dahin, daß die „Rechtfertigung des Sünders" eine „Wirkung" (effectus) der Gnade sei, und zwar – die Formulierung ist im Deutschen schwer nachzuahmen – eine Wirkung der „wirkenden Gnade" (effectus gratiae operantis)[24]. Damit wird die Rechtfertigung zunächst einer augustinischen Unterscheidung eingefügt: der zwischen „wirkender" und „mitwirkender" Gnade[25] – und insofern das übergreifende Schema der Gnadenlehre bestätigt. *Zugleich ist damit klargestellt, daß der Mensch nichts zu seiner Rechtfertigung beiträgt, denn die „gratia operans" ist dadurch „wirkende Gnade", daß sie allein und allem Tun des Menschen vorweg ihr Werk tut. Das paulinische Zeugnis wird also durchgehalten.*

Noch mehr aber zeigt sich dies darin, wie nun die Rechtfertigung inhaltlich bestimmt wird, nämlich als Vergebung der Sünde (remissio peccati), dies aber dadurch, daß der Mensch durch „die" Gnade unverdientermaßen wieder in die Liebe Gottes aufgenommen wird – beides kann auch nicht einen Augenblick ohne das jeweils andere sein[26]. Und was bedeutet „Vergebung der Sünde"? Wir können es verstehen, wenn wir uns an die thomanische Interpretation der Erbsünde erinnern[27]: Der Geist (ratio) ist Gott nicht unterworfen und hat dadurch seine Herrschaft über Sinne und Leib eingebüßt, so daß das ganze Wesen des Menschen auseinanderfällt. Dieser Zustand ist die „Ungerechtigkeit", buchstäblich die „Unrichtigkeit" des Menschen vor Gott. Wenn „Rechtfertigung" bedeutet, daß *diese* Sünde und ihre Folgen beseitigt werden sollen, der Mensch also wieder „richtig" vor Gott werden soll, dann muß die Rechtfertigung diesen Zustand beseitigen – oder wenigstens damit anfangen. Damit sind die Definitionselemente von Rechtfertigung = Vergebung der Sünde klar: *Der Geist beugt sich wieder unter Gott, das heißt: er orientiert sich wieder – wird wieder orientiert – auf Gott als Grund, Ziel und Maßstab hin, und er fängt damit an, Sinne und Leib auf deren Weise wieder in dieselbe Botmäßigkeit zu bringen, was dadurch geschieht, daß der Geist sie wieder so beherrscht, daß sie dessen eigene Gottverbundenheit unterstützen und ausdrücken statt sie zu behindern.* Dies alles nun kann der Mensch nicht aus sich selbst, sondern „die Gnade" erkräftigt ihn dazu, und zwar sie allein, als gratia operans.

Die ganze Gedankenführung des Thomas wurde hier stark „interpretiert". Den Uneingeweihten erwartet statt dessen der Eindruck einer ganz komplizier-

---

[24] STh I–II 113 prooem – im Gegensatz zum „Verdienst" als „effectus gratiae cooperantis"; vgl. dazu w. u. 20 II 3.
[25] STh I–II 111,2; vgl. w. u. 12 III 3.
[26] STh I–II 113,1–2. 7. Zur Kommentierung vgl. auch *Pesch,* Theol. der Rechtfertigung, 670–686.
[27] Vgl. w. o. 5 IV 3 u. 4.

ten Argumentation, deren Problemspannung zunächst kaum nachvollziehbar erscheint. Vergräbt man sich trotzdem in sie und kennt man sich in den nötigen Querverbindungen aus – auch in denen, auf die Thomas nicht selbst schon aufmerksam macht –, dann zeigt sich Erstaunliches.

2. Verratener Paulus?

a) Insbesondere der erste Artikel über die Rechtfertigung (STh I–II 113,1) ist ein Kabinettstück, wie man Aristoteles dem Evangelium unterwirft. In aristotelischen Kategorien wird etwas ganz Unaristotelisches verständlich gemacht. Wer leichtfertig von der aristotelischen Überfremdung des biblischen Zeugnisses in der mittelalterlichen Theologie und besonders bei Thomas spricht, sollte an diesem Artikel einmal seinen Vorwurf durchdeklinieren!

b) Die Interpretation der Rechtfertigung als „effectus gratiae operantis" hält gleichzeitig das Lehrstück fugenlos im augustinischen Denkrahmen. Augustinus als Traditionsvorgabe und Aristoteles als unausweichlicher Verstehensrahmen für den Intellektuellen des 13. Jahrhunderts kommen hier nicht nur äußerlich und in irgendwelchen Kompromissen, sondern in wechselseitiger Interpretation und Kritik zusammen. Das Ergebnis ist eine authentische Interpretation des augustinisch vermittelten paulinischen Zeugnisses für das Denken des 13. Jahrhunderts.

c) *Der Grundgedanke ist, daß Gottes Schöpfungsabsicht sich durchsetzt, seine Liebe nicht vereitelt werden kann. Diese Interpretation ist zwingend aufgrund der Kohärenz von Urstandslehre, Erbsündenlehre und Rechtfertigungslehre:* In allen drei Lehrstücken kreist der Gedanke immer um die genannte integrale Wesensrichtigkeit des Menschen unter Gott: des Geistes in Hinordnung auf Gott und der Sinnlichkeit und des Leibes in Hinordnung auf den Geist. Das anthropologische formale Konzept mag uns fremd sein[28]; insofern es hier als Rahmen der Interpretation des Schöpferwillens Gottes über den Menschen ins Spiel kommt, ist die theologische Intention des Thomas unverkennbar. Damit ist aber, mit den Mitteln des 13. Jahrhunderts, die tiefste Intention des Paulus getroffen, wie gegen eine *falsche* Christozentrik festgehalten werden sollte. Die Rückbindung der paulinischen Lehre an den Bundesgedanken im Alten Testament und dessen Rückbindung an die Schöpfungstheologie laufen für die Rechtfertigungslehre darauf hinaus: Gott hebt schöpferisch die Sünde auf und sprengt dadurch die Unheilssphäre, die den Menschen von Gott abgeschnitten hat und ihn dem

---

[28] Zum Problem von „Leib und Seele" aus heutiger Sicht vgl. *Schulte,* Leib und Seele (CGG 5, 8–61); dort Literatur. Das Interesse an der „Ganzheit" des Menschen vor Gott und in der Beziehung zu ihm („coram-Relation") läßt in der evangelischen Theologie das Interesse an der Problematik der Unterscheidung von Leib und Seele zurücktreten – obwohl Luther sie ganz selbstverständlich voraussetzt. Das Thema kommt aber immer dort (und zwar nicht-konfessionsspezifisch) zur Sprache, wo auf die Subjekthaftigkeit des Menschen reflektiert wird; vgl. w. u. 22 I 2.

(leiblichen und eschatologischen) Tode preisgab. Ist das geschehen, dann steht der Mensch wieder vor Gott, wie Gott ihn als Schöpfer gemeint hat. Christus steht auch bei Paulus an der Stelle, wo er in der augustinischen und mittelalterlichen Tradition steht: als entsündigende Quelle einer „Gnade", die dem universalen Sündenelend gewachsen ist – und insoweit als „Mittel" der „Gerechtigkeit Gottes".

d) Für Thomas wie für Paulus ist die Sünde wirklich *aufgehoben* – jedenfalls muß das die Grundaussage sein, bevor man Einschränkungen macht. Auch die Lutherforschung gibt inzwischen zu, daß Paulus, anders als Luther, keinen „peccator in re", keinen bleibenden Sünder kennt, der *gleichzeitig* der „gerechterklärte" wäre im Sinne von Luthers „simul iustus et peccator"[29]. Ist der „Geist", die Ich-Mitte des Menschen („mens", nicht „ratio" sagt Thomas hier!) wieder Gott verbunden, dann ist der Mensch „erst einmal" vor Gott „richtig" – und alles andere muß eine spätere Sorge bleiben gegenüber diesem grundlegenden Tatbestand.

e) Diese Aussage ist allerdings nur dann frei von unbegründetem „Optimismus", wenn sofort hinzugefügt wird: Die Gerechterklärung als Aufhebung der Sünde stellt nach Paulus den Menschen in eine Kampfsituation; man kann in die Sünde zurück-, aus der Gnade herausfallen, und man hat lebenslang gegen die Antriebe des „Fleisches" zu kämpfen. Genau dies sagt Thomas. *Die Rechtfertigung bedeutet nicht einfach „Wiederherstellung" des „Urstandes", sondern gnadenhafte Neubegründung seiner Möglichkeit, die auf ihre eschatologische Überbietung zuläuft.* Für dieses Leben bedeutet Rechtfertigung daher, daß dem Gott wieder verbundenen Geist die Herrschaft über Sinne und Leib nicht wieder in den Schoß fällt, daß er vielmehr „keuchen" muß, sie fortschreitend wieder durchzusetzen und damit die ursprüngliche integrale Gottverbundenheit wiederzuerlangen – „anhelare" sagt Thomas[30], ein Hapaxlegomenon in der ganzen STh.

f) Wenn wir durch all das hindurch die kontroverstheologische Grundfrage nach der Rechtfertigung des Sünders stellen, von der wir ausgegangen sind, bemerken wir noch einmal Erstaunliches. Das Rechtfertigungsverständnis des Thomas ist gewiß nicht „forensisch". Schon die Übersetzung „Vergebung" der Sünden ist möglicherweise nicht genau genug für „remissio peccati" – man sollte lieber mit dem auch herkömmlichen katholischen Ausdruck von „Nachlassung" der Sünde, ganz wörtlich, sprechen. Aber: genau das entspricht ja auch eher dem paulinischen Denkmodell als die „Vergebung" in einem *rein* personalistischen Sinn. Wieder zeigt sich eine verborgene, aber beachtliche Übereinstimmung mit dem richtig verstandenen Paulus. Und diese geht noch tiefer. *Das eigentlich „Gerechtmachende" in der Rechtfertigung ist nach Augustinus die Liebe,*

---

[29] Vgl. *Joest,* Paulus und das luthersche simul iustus et peccator; ferner *Althaus,* Paulus und Luther über den Menschen, 50–54; 84–90; *Peters,* Glaube und Werk, 166–183; weitere Spezialliteratur aus der Lutherforschung bei *Pesch,* Hinführung zu Luther, 189 f. Anm. 2.
[30] STh II–II 25,5 c.

und fragt man den formalen Begriff der „Unterordnung des Geistes unter Gott" bei Thomas inhaltlich durch, so stößt man ebenfalls auf die Lehre von der „caritas", von der Gottesliebe[31]. Sie ist für Thomas die „Freundschaft", also die „wechselseitige Verbindung" des Menschen mit Gott – nicht etwa bloß einseitige „Tugend" des Menschen! Welch eine Nähe zum alttestamentlich-paulinischen Bundesgedanken! Es wäre an der Zeit, von messerscharfen Gegensatz-Konstruktionen zwischen Paulus und der Scholastik entschlossen Abschied zu nehmen, auch wenn es eine Relativierung der Reformation kostet. Denn diese wird nicht kleiner, sondern größer, wenn sich erweisen sollte, daß sie eine auf *ihre* Situation bezogene, in diesem Sinne „relative" theologische Antwort in einer Zeit war, die mit der des Paulus so wenig identisch war wie dessen Zeit mit der des Mittelalters und die doch dessen Zeugnis so sachgemäß zur Sprache und zum Verstehen brachte wie ein Augustinus und ein Thomas von Aquin. Dies freilich ist der Reformation unbedingt zu attestieren.

Bevor wir darauf eingehen, muß eine kleine lexikalische Notiz hinzugefügt werden. Dem ganzen Mittelalter war bekannt, daß „iustificatio" auch einen juridischen Sinn haben konnte, und zwar als Übersetzungswort für eines der vielen Worte für „Gesetz" in Ps 119. Aber dieser an sich theologisch hochbedeutsame Tatbestand blieb wirkungslos. „Iustificatio" in diesem Sinne färbte überhaupt nicht auf den Sinn des Verbs „iustificare" ab und von daher auch nicht auf die „iustificatio impii". Im Gegenteil, wenn man erklärt, *warum* denn das Gesetz „iustificatio" genannt werden könne, erfolgt die Antwort auf den dargestellten Bahnen und innerhalb der gegebenen Denkzwänge[32]. Man kann daraus niemandem im Mittelalter einen Vorwurf machen – aber es ist erlaubt, es im Hinblick auf spätere Kontroversen zu bedauern, daß hier nicht vor- und weitergedacht worden ist.

IV. Luthers „Paulinismus"

LESEEMPFEHLUNG: Lohse, Lutherdeutung heute, 19–32

1. Augustinismus

Von Luther war im Vorausgehenden zur Verdeutlichung der Sache direkt und indirekt schon häufiger die Rede. Wie beim Thema „Sünde" und „Naturverderbnis", so verschränken sich auch beim Thema „Rechtfertigung" bei Luther die augustinisch-mittelalterliche Tradition und die Impulse eines schöpferisch neu gelesenen Paulus.

---

[31] Vgl. STh II–II 23,1 in Verbindung mit I–II 62,5; 65,4. 5; 66,6; 100,10; II–II 23,8. Zu den komplizierten Zusammenhängen vgl. *Pesch,* Das Gesetz, 653–661.

[32] Vgl. Thomas, STh I–II 99,5 obi. 4 und c; 100,2 obi. 1; dazu *Pesch,* aaO 504f. Daß „iustificationes" gleichbedeutend mit „Gesetz" sind, weiß jeder mittelalterliche Theologe aus seinem exegetischen Handbuch, der „Glosse"; vgl. PL 191, 1090 C.

Aus der augustinisch-mittelalterlichen Tradition ist Luther das Stichwort „Gerechtmachung" vorgegeben. *Nicht dagegen* ist Luther jedoch angetreten, daß Gottes rechtfertigendes Handeln den Menschen gerecht macht, sondern gegen die übliche Verhältnisbestimmung dieser Gerechtmachung zur Gnade Gottes, wie er sie, zu Recht oder zu Unrecht, in seiner Zeit zu beobachten meinte. Wir haben uns an die „Disputation gegen die scholastische Theologie" vom 4. September 1517 zu erinnern, näherhin an deren Thesen, wonach „die Gnade haben" eine neue *Forderung* sei, die die Gnade Gottes hassenswerter mache als selbst das Gesetz[33]. Wir mögen und müssen sagen, daß Luther damit zumindest die augustinisch-hochscholastische Tradition mißverstanden hat[34], wenngleich man ihm im Blick auf die spätscholastische These, selbst der Sünder könne es aus eigener Kraft zu einem Akt der Liebe zu Gott über alles bringen, woraufhin (erst!) Gott ihm in seiner Gnade entgegenkomme, ein gutes Recht für sein Urteil kaum abgesprochen werden kann[35]. Luther konnte es jedenfalls nicht anders sehen, und das genügte, um ihn auf seinen neuen Weg zu bringen.

Dieser führt zunächst zu Augustinus. Als Mitglied des Ordens der sogenannten Augustinereremiten kam er selbstverständlich in Kontakt mit den Schriften dessen, der, wenn schon nicht der Gründer des Ordens, so doch dessen Patron war. Die Augustinuslektüre wird zur Augustinusbegeisterung, als er spätestens im Herbst 1514 die antipelagianischen Schriften Augustins kennenlernt. „Augustinus verschlang ich, ich las ihn nicht", sagt er darüber später[36]. Von dieser Zeit an beschafft er sich und liest von Augustinus, was er nur immer erreichen konnte. Gleichzeitig entdeckt er neu das ebenfalls augustinisch und neuplatonisch geprägte Schrifttum der deutschen Mystik und wertet es für sein theologisches Denken aus. Die schon erwähnte Disputation gegen die scholastische Theologie ist denn auch ein Dokument jener Bewegung zur Neubelebung der augustinischen Theologie am Beginn des 16. Jahrhunderts, die in sich selbst noch viele historische Probleme aufgibt[37], aber als solche nicht nur in Wittenberg historisch greifbar ist. Luther eröffnet die Disputation mit einem Protest gegen eine gängige Methode, schwer zu verarbeitende Spitzensätze der augustinischen Gnadenlehre abzumildern und zu verharmlosen: „Zu sagen, Augustinus habe gegen die Häretiker ‚exzessiv' geredet, heißt sagen, Augustinus habe fast überall gelogen."[38] Und er beschließt sie mit der Feststellung: „Damit [nämlich mit den vorhergehenden Thesen] wollen wir nichts sagen und glauben

---

[33] WA 1, 227 Th. 58–61; vgl. w.o. 7 IV 1.
[34] Vgl. w.u. 12 II 1; III 2.
[35] Daß dies genau Anlaß und erste Adresse von Luthers antischolastischer Polemik ist, ist innerhalb der Lutherforschung beider Konfessionen und aller „Schulen" inzwischen unbestritten; Nachweise und Spezialliteratur bei *Pesch,* Hinführung zu Luther, 160.
[36] Tischreden 1, 147,5 (Nr. 347). Zu Luther und Augustinus vgl. Kurzinformation und Spezialliteratur bei *Pesch* aaO 71–74.
[37] Vgl. bes. *Heiko A. Oberman,* Werden und Wertung der Reformation. Vom Wegestreit zum Glaubenskampf (Tübingen 1977), 82–140.
[38] WA 1 224, Th. 1.

wir nichts gesagt zu haben, was nicht mit der katholischen Kirche und den Kirchenlehrern übereinstimmt."[39]

Mit Augustinus und seiner Theologie im Rücken glaubt Luther wieder klarstellen zu können, daß „die Gnade" keine neue überfordernde Forderung ist, sondern das unerwartete und unverdiente Geschenk, das den Menschen aus der Verstrickung in die Sünde herausreißt und ihn dadurch rechtfertigt. Die Augustinisten unter den spätscholastischen Theologen hat er daher auch immer gelobt und von seinen Verdikten ausgenommen, vor allem seinen Ordensbruder aus dem 14. Jahrhundert, Gregor von Rimini († 1358). Maßstab ist dabei immer, ob sie dem „natürlichen" Menschen, das heißt dem Sünder ohne die Gnade Gottes, nur ja wenig genug zutrauen. Es ist eine Faktenfrage, ob Luthers Kritik an den anderen spätscholastischen Theologen einschränkungslos im Recht ist. Man erkennt jedenfalls, worauf es ihm ankommt. Und so hat er auch in den Anfängen des Ablaßstreites die Angriffe seiner Gegner als den Übergriff einer theologischen Schule (der Thomisten!) gegen eine andere gehalten, wie auch Außenstehende, Papst Leo X. nicht ausgenommen, das Ganze für ein „Mönchsgezänk" hielten, für den aus Neid und Eifersucht geborenen Streit der Augustinereremiten gegen die Dominikaner, weil diesen und nicht ihnen selbst die einträgliche Ablaßpredigt zugefallen war.

2. Über Augustinus hinaus

Warum bleibt Luther nicht bei Augustinus? In seinem berühmten „großen Selbstzeugnis" in der Vorrede zum ersten Band seiner lateinischen Schriften von 1545 erklärt Luther, Augustinus habe ihm zwar wesentlich geholfen, er habe jedoch leider noch nicht recht von der „imputatio" (Anrechnung) geredet. *Er vermißt also bei dem Kirchenvater eben das Moment des Rechtsvorgangs in der Rechtfertigung.*

Die Herkunft der Imputationslehre bei Luther ist in der Lutherforschung immer noch sehr umstritten[40]. Sie hat ihre sachliche Vorform in der christologisch-tropologischen Auslegung der Psalmen in Luthers Erster Psalmenvorlesung („Dictata super Psalterium"), die die Worte der Psalmen zunächst auf Christus deutet und sie als so gedeutete auf das Leben des Christen bezieht: Was, im Psalm vorherverkündet, an Christus geschieht, wird Wirklichkeit auch im Leben des Christen, überträgt sich gewissermaßen auf ihn wie das Urbild auf das Abbild. Unter ihrem eigenen Namen begegnet die Imputationslehre zuerst in Luthers Römerbriefvorlesung (1515–1516). In der antipelagianischen Theologie Augustins ist er auf den Gedanken des Kirchenvaters von der Sünde, die bleibt, aber nicht mehr verdammt, gestoßen. Als bleibende Sünde kann sie aber nur dann nicht verdammen, wenn sie von Gott nicht angerechnet wird. Eben dieses

---

[39] WA 1, 228 Th. 99.   [40] Hinweise bei *Pesch,* aaO 314 f.

Stichwort „Nicht-Anrechnung" kommt aber in Psalmvers 32 (31), 1 f. vor, den Paulus Röm 4, 7 f. zitiert. Der augustinische Gedanke und die Interpretation der beiden Psalmverse verbinden sich daher bei Gelegenheit der Kommentierung von Röm 4, 7 in einem langen Exkurs („Scholion") zur ersten Ausarbeitung einer Lehre von der nicht angerechneten Sünde und der zugerechneten Gerechtigkeit[41]. Das schließt zwar, wie wir sahen, auch später noch ein Plädoyer für die augustinische *Gnaden*lehre nicht aus, aber *unter der Nötigung des Römerbriefes ist ein Weg betreten, auf dem fortschreitend nicht mehr Gnade, sondern Rechtfertigung (des Sünders) zum Zentralbegriff der Heilslehre wird.* Und zwar von vornherein in einem forensischen Denkrahmen. Diese Entwicklung verstärkt sich durch die Entdeckung – man darf es getrost so nennen – des biblischen Begriffes der „Verheißung" (promissio), der zum Austauschbegriff für „Evangelium" wird, wenn auch in der Römerbriefvorlesung noch nicht in der späteren, typisch „reformatorischen" Fassung des zugesprochenen Vergebungswortes[42]. *Der Endpunkt ist die im sogenannten kleinen Galaterkommentar (1519) zur festen Formel gewordene Unterscheidung von „Gesetz und Evangelium"*[43], *die ihrerseits das Grundverständnis von der Rechtfertigung als gnädigen Freispruch in einem Gerichtsverfahren bekräftigt.*

Damit entstehen zwei Probleme: Wie verhält sich das, was *Gott* in der Rechtfertigung tut, zur Rechtfertigung als Geschehen am *Menschen?* Und wie verhält sich in der am Menschen geschehenen Rechtfertigung das „forensische" zum „effektiven" Moment? Das führt zu zwei vorher unbekannten Unterscheidungen, der zwischen „objektiver" und „subjektiver" Rechtfertigung und der zwischen „forensischer" und „effektiver" Rechtfertigung.

3. „Objektive" und „subjektive" Rechtfertigung

Zur ersten Unterscheidung[44]: Als solche ist sie bei Paulus unbekannt. Aber sie ist sachlich gegeben, und zum Teil versteht der Apostel kommentarlos unter „Rechtfertigung" die „objektive" Rechtfertigung. Die „objektive" Rechtfertigung meint das, was Paulus gewöhnlich auf der „Erlösungslinie" sagt[45]. Doch gibt es auch feierliche Texte zur objektiven Rechtfertigung, vor allem Röm

---

[41] Vgl. WA 56, 268–291.
[42] Die wichtigsten Arbeiten, in denen diese ganze (und nicht auf dieses Thema beschränkte) verschlungene theologische Entwicklung des jungen Luther aufgearbeitet ist, sind *Bernhard Lohse,* Die Bedeutung Augustins für den jungen Luther, KuD 11 (1965) 116–135; *Matthias Kroeger,* Rechtfertigung und Gesetz. Studien zur Entwicklung der Rechtfertigungslehre beim jungen Luther (Göttingen 1968); *Oswald Bayer,* Promissio. Geschichte der reformatorischen Wende in Luthers Theologie (Göttingen 1971); *Karl-Heinz zur Mühlen,* Nos extra nos. Luthers Theologie zwischen Mystik und Scholastik (Tübingen 1972); *Leif Grane,* Modus loquendi theologicus. Luthers Kampf um die Erneuerung der Theologie (1515–1518) (Leiden 1975).
[43] Vgl. *Pesch,* Gerechtfertigt aus Glauben, 59–65; dort die Spezialliteratur. Vgl. auch w. o. 7 I 2.
[44] Zum Folgenden vgl. *Pesch,* Gottes Gnadenhandeln, 843–847.
[45] Vgl. w. o. I 1.

3,21–26; aber auch 4,25; 5,18f.; 2 Kor 5,21. Dasselbe ist gemeint, wenn es heißt, Gottes Gerechtigkeit werde offenbar (Röm 1,16f.). „Objektive" Rechtfertigung meint, so könnte man sagen, die durch das Wort „Rechtfertigung" kommentierten Erlösungsaussagen, meint einfach: Gott *hat* gerechtfertigt. Die Texte zeigen, was damit gemeint ist: das Heilsereignis von Tod und Auferstehung Jesu. Gott hat sich darin unwiderruflich und unverdient dem sündigen Menschen zugewandt.

Im *Unterschied* zu Paulus saugt nun bei Luther der Rechtfertigungsbegriff gleichsam die Erlösungsterminologie an sich. Das ist in der Tradition vor Luther ungeläufig – Thomas leitet zwar die Begriffsbestimmung von iustificatio mit der Bemerkung ein, es gehe hier um die „iustificatio passive accepta"[46], ohne daß in der ganzen Summa Theologiae je von dem zu erwartenden Gegenstück, von einer „iustificatio active accepta" die Rede wäre[47]. Die lutherische Terminologie hat freilich den Vorzug, eine auf der augustinischen Linie zu kurz gekommene Komponente neu hervorzuheben: das Gericht. *Gerechtigkeit wird offenbar, weil Gnade zugleich Gericht über die Sünde ist.* Der Gedanke vom Kommen Christi zum Gericht (nicht nur zum Endgericht am Ende der Tage!) wird in allen Evangelien ausgesprochen (vgl. Mt 10,34; Joh 3,19; 5,19–30; 12,31.47f.; 16,11). Die paulinisch-lutherische Terminologie vom rechtfertigenden Handeln Gottes zieht daraus die Konsequenz[48].

4. „Forensische" und „effektive" Rechtfertigung

Zur zweiten Unterscheidung: Hier geraten wir in eine uralte Streitfrage der Reformationszeit. Sie betrifft die Rechtfertigung, insofern sie nicht nur „objektiv" im Handeln Gottes, sondern am Menschen geschieht. Hier ist die Frage: Ist diese Rechtfertigung eine *Tat* Gottes, die im sündigen Menschen etwas *bewirkt,* schafft, verändert, oder ist sie ein *Urteil* – „in foro", im Gericht –, das etwas *erklärt,* nämlich daß der Mensch gerecht sei? Diese Frage ist unausweichlich, wenn man mit Luther Gnade und Rechtfertigung als Nichtanrechnung der Sünde und Anrechnung der Gerechtigkeit Christi, als Freispruch im Gericht Gottes auffaßt. Auf der anderen Seite ist es weder für Luther noch für irgendeinen anderen der großen Reformatoren jemals zweifelhaft gewesen, daß Gottes rechtfertigendes Handeln den Menschen neu macht, also einen „Effekt" hat und

---

[46] STh I–II 113,1 c.

[47] Von einer „iustificatio active accepta" ist dem Sinne nach die Rede in Rom 4,5: lect. 1 n. 331; 5,18: lect. 5 n. 443.

[48] Den Gerichtsgedanken als den eschatologischen Horizont der Rechtfertigungslehre Luthers hat, in der Nachfolge seines Lehrers Peter Brunner, vor allem *Albrecht Peters* immer wieder herausgearbeitet; vgl. von ihm vor allem: Glaube und Werk, bes. 27–59; 113–136; *Pesch/Peters,* Einführung, 119–168; 328–365; *Peters,* Der Mensch, 35–49; und jüngst wieder: Die Sünde und die Sünden, bes. 46–49; die weiteren Arbeiten von *Peters* sind verzeichnet bei *Pesch,* Gerechtfertigt aus Glauben, 24 Anm. 29.

in diesem Sinne „effektiv" ist. Das Gegenteil zu behaupten ist bzw. wäre eine Unterstellung, die nichts über die Reformation aussagt, wohl aber einiges über das Unwissen des Beurteilers.

Die Frage lautet also, genau gesehen, so: *Erklärt Gott den Menschen vor seinem Gericht für gerecht, weil er ihn – zeitlich zugleich, sachlich zuvor – gerecht gemacht hat, also aufgrund dieser (wenigstens schon partiellen) Gerechtmachung, oder erklärt Gott den Sünder voraussetzungslos für gerecht, so daß dieses Urteil seinerseits erst die sachliche Grundlage der Gerechtmachung des Menschen durch Gott wird?* Im Sinne der die Kontroverse prägenden Terminologie ist die Rechtfertigung im ersten Falle „effektiv", im zweiten Falle „forensisch". Wie man sieht, ist nicht dies die Frage, *ob* die Rechtfertigung forensisch oder effektiv ist, sondern wie sich im Ganzen der Rechtfertigung das forensische und das effektive Moment zueinander verhalten.

Für Luther und die Reformationsforschung ist inzwischen folgendes klargestellt[49]:

a) Luthers eigene Terminologie schafft – ähnlich wie bei anderen Problemen – keine Klarheit. Manchmal gebraucht er „iustificatio" im Sinne des Gerecht*machens,* manchmal im Sinne des Gerecht*sprechens,* mit anderen Worten: Unsere Frage ist ihm als solche unbekannt, sie ist in der Tat späteren Urpsrungs – aus dem Kreis um Melanchthon. Gleiches gilt für die sich auf denselben Sachverhalt beziehende Unterscheidung von „Rechtfertigung" und „Heiligung" – denn die „Heiligung" meint nach der späteren lutherischen Terminologie eben den genannten „Effekt" der Rechtfertigung.

b) *Sachlich muß die Fragestellung als unglücklich bezeichnet werden. Sie reißt auseinander, was sachlich – und auch bei Luther – gerade unlösbar zusammengehört.* Zudem artete sie im Laufe der Geschichte des Luthertums zu einer „Geheimwissenschaft"[50] aus, bei der kein Uneingeweihter noch folgen konnte, geschweige denn, daß die kirchentrennende Bedeutung dieser Kontroverse verständlich gewesen wäre.

c) *Wenn man sich aber auf die unglückliche Alternative einlassen muß, glauben evangelische Theologie und Lutherforschung sich für das forensische Verständnis der Rechtfertigung entscheiden zu müssen, und dies aus zwei gewichtigen sachlichen Gründen:* Die bleibende Sünde schließt ein wirklich *totales* Gerechtwerden aus – dies ist Hoffnung für die Vollendung der Welt, für jetzt aber Thema eines lebenslang nicht ans Ziel kommenden Kampfes. Gott rechtfertigt nun aber den Menschen nach dem biblischen Zeugnis nicht etwa nur halb oder fragmentarisch. Folglich kann die Rechtfertigung des Menschen nicht auf der Ebene sich ereignen, wo seine seinshafte Gerechtwerdung statthat, sie kann daher nicht „effektiv" im Sinne der Frage sein. Der andere Grund: Nur das foren-

---

[49] Überblick und Literatur bei *Pesch,* Theol. der Rechtfertigung, 175–187; 287; zu ergänzen ist *Iserloh,* Gratia und Donum.
[50] *Wolf,* Peregrinatio II, 12.

sische Verständnis der Rechtfertigung sichert die paradoxe Identität zwischen Gericht und Gnade. Wenn der Glaube die Rechtfertigung ergreift, indem er sie sich zuerst gerade als Gericht und Verurteilung seiner Sünde gesagt sein läßt, ist ihm die letzte Möglichkeit genommen, noch wenigstens sein eigenes Annehmen und Ergreifen zur Selbstrechtfertigung zu mißbrauchen – eine Gefahr, die die Reformation, wenn auch zu Unrecht[51], in der scholastischen Gnadenlehre nicht nur nicht ausgeschlossen, sondern geradezu impliziert sieht.

Zur Verdeutlichung der komplizierten Sprachregelung ein vergleichendes Schema:

„RECHTFERTIGUNG"

Evangelisch		*Katholisch*
1. objektive Rechtfertigung	=	Erlösung
2. subjektive Rechtfertigung	=	Eingießung der Gnade
a) forensisches Moment	=	[Applikation der Genugtuung Christi]
b) effektives Moment = Heiligung	=	Rechtfertigung

Soviel ist deutlich: Die Kontroverse um „forensische" und „effektive" Rechtfertigung wird hinfällig, wenn die beiden Gründe zugunsten eines forensischen Rechtfertigungsverständnisses gegenstandslos werden.

V. Das Konzil von Trient

LESEEMPFEHLUNG: Joest, Die tridentinische Rechtfertigungslehre

1. „Rechtfertigung" als Zentralbegriff

Das in unserem Zusammenhang wichtigste an der Trienter Rechtfertigungslehre ist zunächst dies: „Rechtfertigung" ist wieder der Zentralbegriff der Heilslehre. Das ist erzwungen durch die reformatorische Anfrage. Auf die Lehre vom Sündenverhängnis (im Erbsündendekret[52]) antwortet man mit einer *Rechtfertigungslehre*, nicht mit einer Gnadenlehre. *Die traditionellen Aussagen der Gnadenlehre sind der Rechtfertigungslehre subsumiert, nicht umgekehrt.* Das Trienter Konzil hat insoweit die Reformation keineswegs nur abgelehnt[53]. Zugleich ist, entgegen allen bisher eingetretenen Abstraktionen, die Rechtfertigungslehre wieder ganz in den christologisch-heilsgeschichtlichen Zusammenhang eingefügt[54]. Wer be-

---

[51] Vgl. w. u. 12 III 3.   [52] Vgl. w. o. 5 VI 1.
[53] Vgl. zum Folgenden *Pesch/Peters*, Einführung, 171–175; 179–181.
[54] Vgl. DS 1523 = NR 793; DS 1552 = NR 820.

denkt, wie wichtig für Luther und seither für reformatorische Theologie die christologische Grundlegung der Rechtfertigungslehre war und ist, wird diesen deutlichen Zug der Trienter Lehre kaum unterschätzen[55].

2. Rechtfertigung im alten Verständnis

Die nächstwichtige Feststellung: Das Konzil von Trient hat die terminologische Fassung des Rechtfertigungsbegriffes durch die Reformation nicht mitvollzogen. Rechtfertigung wird als „effektive" Rechtfertigung, als Gerecht*machung* verstanden. Deren radikale Gnadenhaftigkeit wird betont – wobei man, was das Mittun des Menschen angeht, zwischen den theologischen Schulen und ihren Interessen laviert[56]. *Und mit all dem hat man gemeint, das „forensische" Rechtfertigungsverständnis der Reformatoren auszuschließen, und das hat man auch gewollt.*

Darum legt man die entscheidenden Zitate aus dem Römerbrief *augustinisch* aus, nicht reformatorisch[57]. Und zementiert dadurch die Kontroverse für Jahrhunderte! Man hatte – beiderseitig! – noch kein Gefühl für die mögliche Relativität theologischer Terminologien, und der Streit um die Rechtfertigung ist, unbeschadet des Ernstes der Sachfragen, der überhaupt nicht verharmlost werden soll, zunächst auch ein Schulbeispiel dafür, wie man mit gleichen Worten aneinander vorbeiredet. Wo die reformatorische Theologie mit „Rechtfertigung" stets das *Ganze* der Situation des Menschen vor Gott zur Sprache bringt, betont die katholische Theologie die „Effektivität" der Rechtfertigung. Wo die reformatorische Theologie mit „Heiligung" den von ihr nie bestrittenen „Effekt" der Rechtfertigung thematisiert, schärft die katholische Theologie ein, daß „Rechtfertigung" nicht bloße „Gunst Gottes" (favor dei), nicht bloße Nichtanrechnung der Sünde bedeutet, sondern eine wirkliche Heiligung des ganzen Menschen, die diesen aus einem Feind zum Freund Gottes, aus einem Ungerechten zu einem Gerechten mache, der ein solcher nicht nur heiße, sondern auch sei.

Das Konzil hat also die *mittelalterliche* Problemstellung und Terminologie befestigt, es hat trotz aller neuen Akzente die katholische Lehre im gewohnten Regelkreis mittelalterlichen theologischen Denkens ausgedrückt. Zwar hat das Konzil *faktisch* den spätmittelalterlichen Nominalismus beendet. Ob es das auch gewollt hat, ist umstritten[58]. Im Ergebnis und „wirkungsgeschichtlich" hat sich jedoch eine thomistische Interpretation der Trienter Rechtfertigungslehre

---

[55] Vgl. *Pesch,* „Um Christi willen ..."
[56] Vgl. w.u. 12 V.
[57] Vgl. DS 1532 = NR 803; auch DS 1525 f. = NR 795 f.
[58] Hier ist auf die Kontroverse zwischen und mit *Heiko A. Oberman* und *Hanns Rückert* zu verweisen; es geht dabei um den genauen Sinn des Wortes „promereri" (anstatt des einfachen „mereri") in DS 1523 = NR 803. Vgl. w.u. 11 I 1 mit Anm. 2.

durchgesetzt, und unterschiedliche Auslegungen einzelner Texte spielen sich *innerhalb* der thomistischen Gesamtinterpretation ab. Dabei gibt es allerdings auch Interpretationen, die in ihrem Sachgehalt wieder an jene spätscholastischen „optimistischen" Thesen erinnern, gegen die Luther unter Berufung auf Paulus und Augustinus angetreten ist und die heutige evangelische Kommentatoren fragen lassen, welche der auseinandertretenden Konzilsinterpretationen denn nun die wirklich „katholische" sei, denn mit der einen könne sich ein lutherischer Christ einverstanden erklären, mit der anderen nicht[59].

Doch auch dann bleiben noch genug der Unterschiede. *Erst die Einsicht, daß Terminologien, Sprachregelungen und begriffliche Verstehensmodelle im doppelten Sinne relativ sind: gebunden und „rückbezogen" an eine bestimmte Verstehenssituation und darum grundsätzlich perspektivisch verkürzend[60], macht es möglich, die hier skizzierte Grundstruktur und die Details der lutherisch-katholischen Kontroverse um das „richtige" Verständnis des Begriffes „Rechtfertigung" zu überwinden.* Nur dann kann man auch der auf evangelischer Seite nicht selten zu verzeichnenden und allerdings bedrohlichen Neigung entgegentreten, in Sachen des Begriffes „Rechtfertigung" Verstehensmodelle statt der Sache zum „Artikel, mit dem die Kirche steht und fällt", zu machen[61].

VI. Die Unterschiede und das eine Wort der Tradition

Leseempfehlung: *Werbick,* Rechtfertigung des Sünders – Rechtfertigung Gottes

Die Unterschiede und das eine Wort der Tradition herauszuarbeiten, bedeutet nun nicht mehr als eine Zusammenfassung des Gesagten. Die Unterschiede innerhalb der Tradition reduzieren sich auf *zwei Fragen:* die nach der angemessenen Terminologie und damit nach dem angemessenen Verstehensmodell, und die nach der Art und Weise, wie der „Effekt" der Rechtfertigung zu interpretieren ist.

Zur ersten Frage: Ist die Rechtfertigung ein ontischer Prozeß im Menschen – so die augustinisch-scholastische Tradition und ihr folgend das Konzil von Trient –, oder ist sie die Herbeiführung einer neuen Geltung des Menschen vor Gott und durch Gott, sei sie kultisch – Paulus –, sei sie als Rechtsvorgang (Gericht und Freispruch) verstanden – so Luther? Hinter diesen Verstehensmodellen stehen einmal Denkzwänge. Bei Paulus ist es eine Verbindung zwischen dem pharisäischen und apokalyptischen Denken, bei Luther ein philologisch-exege-

---

[59] So *Joest,* der in seinem Aufsatz über die tridentinische Rechtfertigungslehre die Interpretation bei Schmaus und Küng gegen die damals gerade erschienene Dogmatik des spanischen Jesuiten *Gonzales* ausspielt.
[60] Vgl. w. o. 4 II 3.
[61] Vgl. *Pesch,* Hinführung zu Luther, 267–270.

tisch neu entdeckter und auch terminologisch für verpflichtend gehaltener, freilich auch ungewollt umgedeuteter Paulus. Auf der augustinisch-mittelalterlichen Linie ist es der schon sprachliche Zwang, „iusti-ficatio" als Gerecht*machung* zu denken. Wichtiger sind die theologischen Grundoptionen: Rechtfertigung ist das Ganze, also ist sie eine totale und kann darum nicht effektiv sein – so Luther und die lutherische Theologie. Rechtfertigung muß aus Gründen der Tradition als effektiv verstanden werden, also muß das Moment der Totalität aus dem Rechtfertigungsbegriff herausgelöst und in die Allgenugsamkeit des Werkes Christi verlegt werden und in das *Wesen* der Rechtfertigungsgnade von seiten Gottes – so die katholische Tradition.

Zur zweiten Frage: Aus Gründen der Antwort auf die erste Frage muß in der lutherischen Tradition die Rechtfertigung „forensisch" sein, der „Effekt" ist daher eben *Effekt,* also etwas anderes als die Rechtfertigung selbst. Umgekehrt steht es in der katholischen Tradition.

Das gemeinsame eine Wort beider Traditionen läßt sich formulieren: *Gott überwindet, unerwartet, unverdient, die Sünde und macht sie dadurch zugleich als solche offenbar.*

Dies geschieht in einem begründenden Zusammenhang mit Wort und Werk Jesu Christi, so daß man sagen muß: *Er* ist die Quelle unserer Rechtfertigung und Gerechtigkeit vor Gott. Ja man kann sogar sagen: Er *ist* unsere Gerechtigkeit vor Gott, was allerdings nur so lange eine gemeinsame Aussage sein kann, als dieses „ist" nicht selbst eine ganz bestimmte, andere ausschließende *Interpretation* des Begründungszusammenhangs zwischen Christus und unserer Gerechtigkeit einschließt.

Die Rechtfertigung begründet auf jeden Fall ein neues Gottesverhältnis: Aus dem Ungerechten wird ein Gerechter, aus dem Gottlosen ein Gottverbundener, aus dem Feind ein Freund, aus dem Sünder, der unter der Herrschaft der Sünde steht, einer, dessen Sünde in jedem Fall eine besiegte Sünde (peccatum regnatum[62]) ist. Dieses neue Gottesverhältnis ist keine ohnmächtige „bloße" Beziehung, sondern verändert, wie auch immer interpretiert, in jedem Fall die Wirklichkeit des Menschen, seine Situation vor Gott, seine Situation gegenüber sich selbst, seine Situation gegenüber seinen Mitmenschen.

Wie ist dieses eine Wort der Tradition über die Gerechtigkeit des gerechtfertigten Sünders nun anthropologisch zu formulieren?

---

[62] WA 8, 96, 17 – der *Sache* nach will Luther damit unterstreichen, was auch DS 1523 = NR 798 sagt.

9. KAPITEL
DER VERGEBLICHE WIDERSTAND

I. Vorbereitende Reflexionen

LESEEMPFEHLUNG: Peters, Luthers Rechtfertigungslehre in der Interpretation der modernen katholischen Theologie

1. Gegensätzliche Vorstellungen – gemeinsame Aussage

Die Interpretationsunterschiede des Rechtfertigungsgeschehens von Paulus über Augustinus, Thomas zu Luther beruhen, wie gezeigt wurde, auf bestimmten Denk- und Vorstellungsmodellen, die in der Tat nicht miteinander verrechenbar sind. Gibt es trotzdem eine gemeinsame Aussage? Ist sie jenseits der Kontroversen um Begriffe und Interpretamente verständlich zu machen?

Alle Interpretationen des Rechtfertigungsgeschehens wollen antworten auf die Frage: Wie wird der Mensch vor Gott „richtig", wie entspricht er Gottes Willen über ihn? Die „präzisesten", wenn man so sagen darf, und darum für den Vergleich ergiebigsten Positionen finden wir bei Thomas und Luther. *Thomas* gewinnt den Maßstab für das, was Rechtfertigung des Sünders heißt, an der Lehre vom Urstand. Dort beruft er sich auf den Bibeltext Koh 7,30, der in der Vulgata-Fassung lautet: „Deus fecit hominem rectum" – „Gott machte den Menschen richtig". Dieses „richtig" interpretiert Thomas dann nach dem schon erläuterten anthropologischen Schema: der Geist unter Gott, Sinnlichkeit und Leib unter dem Geist[1]. Für *Luther* ist der Mensch dann „richtig", wenn er dem *Urteil* Gottes recht gibt. Dieses Urteil ist Verurteilung und Freispruch (um Christi willen) zugleich. Im Einklang mit Gottes Wort ist der Mensch wahr und damit richtig und gerecht.

Unschwer ist der gemeinsame Nenner zu erkennen: *Richtig ist der Mensch, wenn er in der richtigen Beziehung zu Gott steht. Wie* diese Beziehung beschrieben wird, worin ihr Kern besteht, da bestehen die Unterschiede: hier Anerkennung des Wortes Gottes als wahr, dort Anerkennung des Willens Gottes als gültig. Groß ist der Unterschied nicht. Die Unterwerfung des Geistes unter Gott (Thomas) kann nur geschehen durch Anerkennung seines Wortes (Luther), das diesen Willen ebenso kundtut, wie es dem Menschen unausweichlich auch sein Versagen vor ihm klarmacht.

---

[1] STh I 95,1 c.

2. Gemeinsame Pflicht

Auch das „Heiligtum der Reformation", das evangelische Theologen mit vollem Recht vor Schändung und Veräußerung zu schützen gesonnen sind, im „eigenen Lager" wie gegenüber der katholischen Theologie, sollte nicht daran hindern, einzuräumen, daß man von der Rechtfertigung des Sünders zwar nur dann mit vollem Ernst geredet hat, wenn man die polemische Spitze dieser Botschaft nicht abpolstert (davon in den beiden folgenden Kapiteln); daß aber anderseits eine ernsthafte Rede von der Rechtfertigung des Sünders nicht ausschließlich auf den Sprachspuren Luthers und des 16. Jahrhunderts geschehen muß und kann. Welche neuen „Vorstellungsmodelle" wir zur Interpretation des Rechtfertigungsgeschehens auch immer entwickeln, eine gemeinsame Pflicht darf nicht in Zweifel stehen: Jedes Verstehensmodell muß die paradoxe Eigenart des göttlichen Verzeihens zur Sprache bringen. Gott rechtfertigt den schuldigen Menschen bedingungslos. Er bringt ihn in die „richtige" Beziehung zu sich ohne die Vorbedingung irgendeiner Gebotserfüllung, auch ohne die „Nachbedingung" einer Gebotserfüllung. Die gerechtfertigte Existenz des Menschen hat ihre *Frucht* in guten Werken – aber die Frucht ist keine Nachbedingung für die Existenz des Baumes. Sie wächst von selbst, sie kann dabei unterstützt, aber nicht gezwungen werden. An diesem alles entscheidenden Zusammenhang dürfen Abstriche und Abschwächungen nicht hingenommen werden. Unter diesen Kriterien versuchen wir nun zu interpretieren.

II. Annahme des Widerstrebenden

LESEEMPFEHLUNG: Härle, Die Rechtfertigungslehre als Grundlegung der Anthropologie (= Härle/Herms, Rechtfertigung, 78–99)

1. Vergebung und Heil

„Rechtfertigung" heißt: Gott nimmt den Menschen an, wie er ist, die Menschheit im ganzen und jeden einzelnen Menschen. Dies ist die ganz einfache Aussage der Rechtfertigungsbotschaft. Sie ist paradox, weil Gott den Widerstrebenden annimmt, den, der sich eigentlich gar nicht annehmen lassen will, schon gar nicht von Gott. Derselbe Glaube, der das durchschaut[2], erkennt darin zugleich Gottes Willen, sich gewissermaßen davon nicht behindern zu lassen. Nicht einmal die Aufgabe des Widerstandes macht Gott zur Vorbedingung, obwohl es logisch wäre. Er erwartet den Gehorsam gegen seinen Willen vielmehr als selbstverständliches Resultat, wenn der Mensch sich fortschreitend klar wird, was Gott an ihm getan hat und tut.

---

[2] Vgl. w. o. 7 III 1.

So wird im Rechtfertigungsgeschehen zugleich der *Schöpferwille Gottes* über den Menschen sichtbar. Gottes rechtfertigendes Handeln „redupliziert" gleichsam diesen Schöpferwillen über den Menschen. Ihn, den er als seinen freien, bundesfähigen Partner wollte und erschuf, nimmt er noch einmal zur Partnerschaft an, der ausgebliebenen Antwort und dem gebrochenen Bund zum Trotz. Er bleibt treu, wo das Geschöpf untreu wurde. Er läßt den Widerstand der Menschen einfach vergeblich sein. Oder einfach: er „vergibt" die Sünde. In sehr einfacher Form haben wir hier die alte Lehre neu formuliert, daß die Rechtfertigung in bestimmter Hinsicht die Wiederherstellung des Urstandes ist[3].

Zugleich sind wir jenseits der Unterscheidung von „forensischer" und „effektiver" Rechtfertigung. Die Beziehung, die Gott neu zum Menschen knüpft, ist kein *ohnmächtiges* Wort, das gegen „Wirklichkeit" abzugrenzen wäre, und es ist auch keine *unterpersonale* Wirklichkeit, der man die Personalität eines an das „Wort" gebundenen Rechtfertigungsverständnisses entgegenhalten müßte. Daß die rechtfertigende Gnade eine unterpersonale, dinghafte Wirklichkeit sei, war ohnehin niemals wirkliche, sondern immer nur mißverstandene katholische Lehre, wie später noch genauer deutlich werden soll[4] und wie eigentlich auch eine genaue Lektüre der Trienter Texte deutlich machen müßte[5].

Unsere einfache Neuformulierung läßt auch *keiner „pelagianisierenden" Deutung* Raum. Daß Gott den Widerstrebenden annimmt, kann sich niemand selber sagen. Schon die Selbstverschlossenheit der Sünde als Wahn erkennen und die Verzweiflung darüber als heilsame, „gute" Verzweiflung erfahren, verdankt sich einem unerzwingbaren Wort „von außen". Ein menschliches Wort lehrt höchstens, die Verzweiflung zu ertragen, nicht aber, sie zu verstehen und zu überwinden.

Unsere einfache Neuformulierung macht auch deutlich, warum dies alles „um Christi willen" geschieht. Woher wissen wir denn, daß Gott so am Menschen handelt? Wir wissen es, weil Jesus Christus uns von diesem Gott, der die Sünder liebt, erzählt hat. Weil in ihm Gott den Menschen auf dieser Erde nahegekommen ist. Weil in ihm Gott selbst das todverfallene Leben des Menschen geteilt hat. Weil darum in Christus das Verhältnis Gottes zum Menschen anschaulich geworden ist. Und: weil in seinem Kreuz zugleich deutlich geworden ist, was Sünde wirklich ist und wohin sie den Menschen bringt. Mit den Worten „um Christi willen" ist der Zusammenhang der Rechtfertigung des Menschen mit dem Ganzen des göttlichen Heilshandelns in Christus und zugleich dessen Eigenart gekennzeichnet. Dieser Zusammenhang ist hauptsächlich die *Offenbarung* der frei und bedingungslos gewollten Solidarität Gottes mit den Menschen in Sünde und Heil. Dies ist gegen ein kausales Mißverständnis der „Genugtuungslehre" zu sagen und festzuhalten[6]. Aber: „Offenbarung" heißt nicht nur

---

[3] Vgl. w. o. 8 III 2 zu Thomas.
[4] Vgl. w. u. 12 III 2 und schon w. o. 3 I 5.
[5] Vgl. *Pesch/Peters,* Einführung, 179–181; 184–191.
[6] Vgl. die Hinweise w. o. 8 II 1 mit Anm. 14.

„Bescheid sagen". Offenbarung bedeutet hier die *Eröffnung des Neuanfangs durch die befreiende Nachricht von der Sünderliebe Gottes*. Wir müssen uns nur an unsere Überlegungen zum Thema „Sprache und Freiheit" erinnern[7], um das zu verstehen. Und um zugleich mühelos die Emphase zu begreifen, mit der die lutherische Tradition das *Wort als Heilsmittel* betont[8].

2. Anthropologische Konkretion: Rechtfertigung und Sinnfrage

Gott nimmt den Menschen grundlos, ja gegen alle Gründe an. Darin kommt das Christusereignis zum Ziel. Kann man das noch konkreter sagen? Dann müßten wir die Formulierung der Rechtfertigungslehre in Verbindung mit der konkreten Beschreibung der „Naturverderbnis" bringen. Diese haben wir interpretiert als Unfähigkeit und Unwilligkeit zum Glauben, das heißt aber: als jene Situation des Menschen, in der er die radikale Frage nach dem Sinn seines Daseins erlebt und stellt, ohne sie im Glauben zu bewältigen. Kann und darf man die Botschaft von der Rechtfertigung des Sünders auf diese Situation zuspitzen? Ist „Rechtfertigung" die Antwort auf die Sinnfrage?

Wenn wir diese Frage bejahen, heißt das: Wir dürfen von der Rechtfertigung des Sünders reden, ohne *zuvor* ausdrücklich von der Sünde zu reden – wo doch, wie gezeigt, die „Rechtfertigung" historisch wie sachlich das Gnadenhandeln Gottes gerade unter dem Aspekt der Überwindung der Sünde thematisiert. Ist so etwas erlaubt? Es ist nicht zu verkennen, daß, im Unterschied zur katholischen Theologie, die „Sinnfrage" bei bedeutenden *evangelischen* Theologen gerade deshalb unter apriorischen Verdacht gerät, weil sie schon als *Frage* an der Rechtfertigung des Gegebenen interessiert und somit das Eingeständnis von Schuld und Sünde vermeiden zu wollen scheint. Die Sinnfrage sei „ein Anzeichen dafür, daß Menschen sich nicht mehr dem Urteil über Wahrheit und Lüge aussetzen"[9]. Gute Argumente sprechen dennoch für eine andere Auskunft.

Da ist einmal die Tatsache, daß dem Menschen der säkularisierten Zeit in der Tat ein selbstverständliches Bewußtsein von der Realität der Sünde abgeht. Wir haben heute ein „Sündenbewußtsein" nicht nur, wie zu Luthers Zeiten, zu radikalisieren und zu vertiefen, sondern allererst zu eröffnen. Denn das gesellschaftliche Klima unserer Zeit ist eher von einem „Unschuldswahn" und einem permanenten „Entschuldigungsmechanismus", von der permanenten Suche nach Sündenböcken anderswo geprägt[10]. Unter solchen Voraussetzungen kann

---

[7] Vgl. w. o. 2 II 2.
[8] Vgl. w. u. 10 III 1; 11 I 2; II 2.
[9] So *G. Sauter*, Was heißt: Nach Sinn fragen?, 142. Sauter repräsentiert mit diesem Einwand eine ganze Gruppe von evangelischen Theologen, die auf den Spuren von Karl Barth weiter denken – mir scheint: ein wenig rücksichtslos gegenüber den Gefühlen, mit denen der sensible Zeitgenosse die Sinnfrage *wirklich* stellt. Anders *Kasper*, Einführung in den Glauben, 28–42; *Rahner*, Die Sinnfrage als Gottesfrage (= Schriften XV, 195–205).
[10] Vgl. w. o. 7 I 1 Anm. 10.

Erkenntnis der Sünde nur gleichzeitig mit dem Glauben an das Heil wachsen, das Gott schafft[11]. Wenn nun das Rechtfertigungszeugnis seiner Struktur nach Gnadenzusage und Freispruch sein soll, muß man sich fragen, von *was* denn befreit, *worüber* Gnade zugesagt werden soll. Es muß eine konkrete Unheilserfahrung sein, die nicht erst anbewiesen werden muß, die vielmehr durch sich selbst verstehen läßt, was in der Botschaft des christlichen Glaubens angeboten und zugesprochen wird. An *dieser* Stelle steht die Sinnfrage, wie wir sie im 7. Kapitel und schon am Schluß des 2. Kapitels erörtert haben: Unheilserfahrung macht der Mensch darin, daß der Sinn menschlichen Daseins *fraglich* ist, des individuellen Daseins ebenso wie des Daseins in der Gemeinschaft. Diese Sinnfrage haftet auch an der Erfahrung auswegloser, nicht wiedergutzumachender *Schuld* – aber eben nicht an der Erfahrung von *Sünde,* sofern diese ihrem Begriff nach bewußter Widerstand gegen Gott ist.

Kein Zweifel, das Evangelium gibt Antwort auf d i e s e Art von Sinnfrage, eine Antwort, die uns mitten in den Rätseln des Lebens aufatmen läßt. Wie aber ist das Evangelium dann *Rechtfertigungsbotschaft?* Sie ist es. Und zwar deswegen, weil die Sinnfrage als Frage nach Gott nicht abstrakt und allgemein gestellt und beantwortet werden kann, sondern immer auf den faktischen Menschen bezogen ist. Das Evangelium sagt nun, und zwar von der Herrschaft-Gottes-Predigt Jesu bis zur Erlösungsbotschaft des johanneischen Schrifttums: *Gott nimmt den Menschen an, wie er ist. Das* ist präzis die Rechtfertigungsbotschaft. Die Worte „wie er ist" schließen auch Sünde und Widerstand gegen Gott ein. Doch muß der Mensch, der aus der Unheilserfahrung der Sinnfrage nach dem Evangelium ruft, *diesen* Zusammenhang nicht unbedingt vorher wissen. Dem Menschen, der nach dem Evangelium verlangt, darf zunächst das Wissen genügen, daß – im Unterschied zu allen irdischen Instanzen – Gott den Menschen vorbehaltlos und ausnahmslos mit allem annimmt, was sein Unheil *tatsächlich* ausmacht.

Der an Paulus und Luther geschulte Theologe wird hier vielleicht den Verdacht einer formalisierenden Abstraktion erheben. Soll der ganze Ernst der Sünde einbehalten sein in der blassen Formel „wie er ist"? Aber es ist umgekehrt! Das „wie er ist" ist die abkürzende Sammelformel für alle konkrete Unheilserfahrung, was auch immer sie ausmacht. Wäre es denn eine sachgemäße Formulierung der Rechtfertigungsbotschaft, wenn sie die Befreiung von einer „Sünde" ankündigte, die vorerst nur Lehre, aber nicht Erfahrung wäre? Würde die Rechtfertigungsbotschaft dadurch nicht erst recht wesenlos? Nein, es muß erlaubt sein, aus einer menschlichen Unheilserfahrung, die ohne theologische Vor-Interpretation einfach ist, wie sie ist, nach dem befreienden Wort des Evangeliums zu greifen. Kommt der Mensch so, vom Evangelium im Herzen getroffen, zum Glauben, dann allerdings wird er zwangsläufig auch sein Unheil mit anderen Augen anschauen. Wie ihm überhaupt jetzt die Augen über die Wahrheit der Wirklichkeit aufgehen, so auch über den wahren Charakter seiner

---

[11] Vgl. w. o. 7 III 2; und schon 6 II 2,

Unheilserfahrung. Jetzt erst kann er Schuld überhaupt anerkennen, kann er vollends zugeben, daß er nicht der Mensch nach dem Willen Gottes ist, kann er sich selbst verantwortlich machen für das Unheil, weil er es ohne Verzweiflung tun kann.

Es kann also keine Rede davon sein, daß in unserer Bemühung um eine Neuformulierung der Rechtfertigungslehre am „Material" der Sinnfrage die Zuspitzung der Rechtfertigung auf die menschliche Sünde verlorengeht und am Ende der Mensch gerade in seiner Selbstherrlichkeit bestätigt und „gerechtfertigt" wird. Nur fallen heute Befreiung von der Sünde und Aufdeckung der Sünde oder, traditionell geredet, Gnade und Gericht noch mehr in einen einzigen Vorgang zusammen, als das selbst in den Formulierungen der Reformation artikuliert wird. Deswegen, meine ich, verantworten diejenigen evangelischen Theologen das Rechtfertigungszeugnis der Reformation heute am besten, die *nicht* im reformatorischen Gedankenduktus und in der reformatorischen Terminologie davon reden. Übrigens darf man gleiches für katholische Theologen in bezug auf die Lehre des Trienter Konzils sagen. *Denn der Glaube an die Rechtfertigungsbotschaft ist präzis die Gestalt des Heilsglaubens, der die Sünde aufdeckt.* Um das *heute* zu tun, darf die Rechtfertigungsbotschaft nicht das Aufgedecktsein der Sünde voraussetzen und muß daher anders reden als die Tradition[12].

3. Historische Bestätigungen

An dieser Stelle unserer Überlegungen kommen nun einige überraschende historische Beobachtungen bestätigend zu Hilfe. *Jesus* hat es nie abgewiesen, wenn die Kranken wegen ihrer *Krankheit* bei ihm Heil suchten, und in diesen Zusammenhang hinein hat er dann *auch* die Zusage der Sündenvergebung eingefügt (vgl. zum Beispiel Mk 2, 1–12), aber dies keineswegs in jedem Falle! – *Paulus* formuliert seine Rechtfertigungsbotschaft für *Christen,* und überdies hauptsächlich für vom jüdischen Glauben vorgeprägte Christen. Wie er bei seiner Missionspredigt vorgegangen ist, zumal vor Heiden, ist unbekannt. Die Einschärfung der Sünde geschieht bei Paulus aber immer im Blick auf *abgetane* Vergangenheit, im Rückblick. Und wir sahen ja schon[13], daß erst der Glaube an Christus Paulus das

[12] Beachtliche lutherische Stimmen in dieser Hinsicht: *Ebeling,* Das Wesen des christlichen Glaubens, 149–163; *ders.,* Dogmatik III, 194–248; *Thielicke,* Der evang. Glaube (kein Kapitel über „Rechtfertigung"!); NGB, 560–570 *(U. Kühn); Lohff,* Rechtfertigung und Anthropologie; *Heinz Zahrnt,* Martin Luther in seiner Zeit – für unsere Zeit (München 1983), 57 f.; auch: Evangelischer Erwachsenenkatechismus. Kursbuch des Glaubens (Gütersloh 1975 u. ö.), 434–441. Bericht über die evangelischen Neuinterpretationen der Rechtfertigungslehre bei *Pesch/Peters,* Einführung, 328–365. Zur diesbezüglichen Zurückhaltung der katholischen Theologie vgl. *Pesch,* „Um Christi willen …", 44–57.
[13] Vgl. 5 II 4.

ganze Ausmaß und Verhängnis der Sünde offenbart. – Für *Luther* ist die Sünde Glaubensgegenstand, und wenn er in seiner Rechtfertigungslehre ein Sündenbewußtsein voraussetzt, bedeutet das nur, daß er den christlichen Glauben überhaupt schon voraussetzt, und in seiner Zeit kann er das. So ist auch „Gesetz und Evangelium" für Luther zwar die Strukturformel christlicher Existenz und die „Grundformel theologischen Verstehens" (Gerhard Ebeling)[14], aber keine homiletische Anweisung, zuerst und unabhängig vom Evangelium das Gesetz zu predigen, dadurch „der Sünde zu überführen" und in diese Situation hinein das Evangelium anzusagen. *Gepredigt* hat Luther immer nur das Evangelium, und das Gesetz immer nur als vom Evangelium umschlossenes[15].

Und wenn auch das ein Argument ist: Unsere Überlegungen sind seltsam stimmig mit Erkenntnissen und Verfahrensweisen der Psycholotherapie. Nur wenn einem Menschen unter der Hilfe des Therapeuten aufgeht: „Du darfst sein, wie du bist", „du mußt nicht zwanghaft ein anderer sein wollen", „du darfst dich als dich selbst annehmen", nur dann kann er auch persönliche Schuld einsehen, auf sich nehmen, mit ihr leben.

Rechtfertigung von der Sünde heißt daher Befreiung von der Last einer Sinnsuche, die auch noch alle Schuld und Selbstverfehlung einschließt. Rechtfertigung von der Sünde heißt: Gott steht bedingungslos für den Menschen ein. Der Mensch braucht sich nicht selber aufzubauen, um etwas wert zu sein. Er ist etwas wert, weil Gott ihn angenommen hat, wie er ist. „Vergebung der Sünde" bedeutet darum die Erlaubnis zu neuer Zuversicht, aller konkret erlebten, selbstverschuldeten oder nicht-verschuldeten Sinnlosigkeit zum Trotz. „Gerechtsprechung" heißt geschenkte Identitätsfindung, an der alle Selbstzweifel letztlich gegenstandslos werden.

Auch wer gegen eine solche Transformation der Rechtfertigungslehre Bedenken hat und doch noch den Ausverkauf des „reformatorischen Erbes" fürchtet, wird zumindest dies zugeben, daß *auch dies alles,* was wir hier bedacht haben, Konsequenz aus geglaubter Gerechtigkeit des Sünders ist. Darin also kann man wenigstens einigsein. Und niemandem ist ja verwehrt, von der Rechtfertigung des Sünders in der Sprache der Reformationszeit zu reden, wenn er den Eindruck hat, daß seine Hörer noch, was ja nicht ausgeschlossen ist, sich selbst in wirklicher und nicht angelernter Verzweiflung über ihre Sünde erfahren.

Die Legitimität unseres Interpretationsversuches wird freilich erst vollends deutlich werden bei den nächsten Schritten: wenn wir über die Glaubensantwort des Menschen, das Wesen der Gnade und über das neue Leben aus dem Glauben an Gottes Gnade nachdenken.

---

[14] *Ebeling,* Luther. Theologie (RGG IV 495–520), 507.

[15] Die hat *Gerhard Heintze* nachgewiesen: Luthers Predigt von Gesetz und Evangelium (München 1958).

Vierter Fragenkreis
Der verantwortliche Mensch oder:
Rechtfertigung aus Glauben allein

10. KAPITEL
GLAUBE UND RECHTFERTIGUNG IM VERSTÄNDNIS
DER TRADITION

In diesem und dem folgenden Kapitel müssen wir vom Glauben reden. Dies freilich nicht nur hier und nicht zum ersten Mal in unseren Überlegungen. Wenn jeder Fragenkreis dieses Buches dessen Thema, nämlich Mensch zu sein vor Gott aus Gnade, jeweils im ganzen zur Sprache bringt, wenn auch aus je verschiedener Blickrichtung, dann muß sich auch der zentrale Zusammenhang von Gnade und Glaube wie ein Leitmotiv in allen Überlegungen zu Gehör bringen: Was „Gnade" ist, kann nur der Glaube verstehen und ergreifen, und was „Glaube" ist, versteht und vollzieht nur, wer begreift, was „Gnade" ist. Der spezielle Blickpunkt, unter dem wir *hier* den Glauben bedenken, ist, wie schon angekündigt[1], die besondere polemische Zuspitzung, unter der die Beziehung zwischen Rechtfertigung und Glaube bei Paulus Theologie- und Kirchengeschichte gemacht hat: der Glaube nämlich als die ausschließende *Alternative* zu jeder anderen Existenzweise des Menschen vor Gott, mit einem Wort: der „Glaube *allein*". Daß es trotzdem nicht nur um die polemische Funktion des Zusammenhangs von Rechtfertigung und „Glaube allein" geht, wird sich zeigen. Denn in der polemischen Funktion und letztlich auch der kirchenkritischen Bedeutung dieses Zusammenhangs zeigt sich direkt und mit letzter Klarheit die Sache selbst: der Glaube in seinem Bezug zum Leben und zur Gemeinschaft der anderen Glaubenden, zur Kirche.

---

[1] Vgl. 8 I.

I. Paulus und der alttestamentliche Hintergrund

LESEEMPFEHLUNG: Kuss, Der Glaube nach den paulinischen Hauptbriefen (= Auslegung und Verkündigung I, 187–221 = Der Römerbrief, 1. Lieferung, 131–154)

1. Rechtfertigung und Gesetz

Die Rechtfertigungslehre – wenn man denn von einer „Lehre" sprechen will – ist die für Paulus charakteristische Ausformulierung der Botschaft vom Gnaden- und Heilshandeln Gottes. Die anderen neutestamentlichen Autoren bevorzugen andere Verstehensweisen. Katholische Exegeten und Theologen versäumen denn auch nicht – gelegentlich mit deutlichem Seitenhieb auf die evangelische Theologie – den Hinweis, die Rechtfertigungslehre des Apostels Paulus sei nur *eine* von vielen Weisen, die Botschaft von Gottes Heilshandeln in Jesus Christus durchzudenken und auszusprechen[2]. In der Tat, käme es nur auf Wort und Begriffsfeld „Rechtfertigung" an, also auf den Versuch, das Heilshandeln Gottes nach dem Modell einer kultischen Gerechterklärung oder gar eines paradoxen gerichtlichen Freispruchs zu verstehen[3], so wäre die Stellung der Rechtfertigungslehre bei Paulus innerhalb des Neuen Testamentes und die Emphase, mit der die reformatorische Theologie diese Lehre zur „Mitte der Schrift" erklärt hat, weder verständlich noch annehmbar. *Doch verdankt die paulinische Rechtfertigungsbotschaft ihre besondere Stellung innerhalb der Pluralität der neutestamentlichen Verstehensweisen des Gnadengeschehens sowohl einem besonderen Aspekt als auch einer besonderen Zielrichtung.* Der besondere Aspekt ist die in keinem anderen Verstehensmodell so stark betonte Ausrichtung des Heilshandelns Gottes auf den Widerstand des Menschen, auf die Sünde. Die besondere Zielrichtung ist die Auseinandersetzung mit der israelitischen Gesetzesfrömmigkeit und darin mit dem jüdischen Verständnis vom Sinn des Gesetzes überhaupt. So führt Paulus das Verständnis der Sünde und der Sündenverstrickung des Menschen in eine sonst im Neuen Testament nicht gekannte Tiefe und Radikalität, bei der der Unterschied zwischen Heiden und Juden dahinfällt: *Alle* haben gesündigt und Gottes Gesetz übertreten, die Heiden, ohne es zu kennen, die Juden mit Wissen und Willen[4]. Trotzdem fällt mit dem Unterschied zwischen Heiden und Juden nicht auch Gottes Gerechtigkeit als erwählende Liebe dahin. Denn in Christi Sühnetod *für alle* hat Gott unterschiedslos die Sünde *aller* Menschen aufgehoben und seine Gemeinschaft mit ihnen neu begründet. Daraus

---

[2] Vgl. z. B. NGB 165 *(J. Blank)*; MS IV/2, 615–619 im Zusammenhang von 611–628 *(F. Mußner); Greshake*, Freiheit, 53; *Dassmann*, Der Stachel, 317 f. Das zielt dann letztlich auf Luthers Verständnis der paulinischen Rechtfertigungslehre als „Mitte der Schrift" – woraufhin lutherische Theologen einen Konsens in der Rechtfertigungslehre bezweifeln, der auf solcher Relativierung beruht. Vgl. das Folgende.

[3] Vgl. 8 II 1.–3.

[4] Vgl. w. o. 5 II. und 8 II.

folgt: Das Gesetz ist *jetzt* in keiner Weise mehr ein Heilsweg. Mag es ursprünglich den Weg zum Heil gewiesen und eröffnet haben, so haben die Menschen es
doch chronisch übertreten und durch ihre Sünde in seinem Sinn pervertiert.
Jetzt noch vom Gesetz sich das Heil versprechen heißt das Kreuz Christi mißverstehen und Gottes Heilsweg mit den Menschen leugnen: „Käme die Gerechtigkeit durch das Gesetz, dann wäre Christus umsonst gestorben" (Gal 2,21; vgl.
4,8–10; 5,1; 6,12–15; Röm 8,15; 9,32f; 10,2f; Phil 3,7–11)[5]. Dabei denkt Paulus nicht etwa nur an kultische Vorschriften wie etwa die Beschneidung, sondern
an die Gebote Gottes überhaupt, gerade auch die Sittengebote nicht ausgenommen. Auch das ist – aus Gründen einer anderen Verkündigungssituation – im übrigen Neuen Testament höchstens indirekt ausgesprochen.

2. Rechtfertigung und Glaube

Das „Ende des Gesetzes" (Röm 10,4) wird bei Paulus im Begriff des Glaubens
konkret. Nicht die Erfüllung von Geboten, sondern der Glaube führt zum Heil,
in dem er die bedingungslose Rechtfertigung durch Gott im Sühnetod Jesu ergreift und annimmt. „Gerechtigkeit durch Christus" und „Gerechtigkeit aus
Glauben" ist bei Paulus fast eine Tautologie. Wie man die Entsündigung nach
Lev 16 nur einfach an sich geschehen lassen kann, so kann man auch die Aufhebung der Sünde und die' neue Gerechtigkeit aus der „Sühne in seinem Blut"
(Röm 3,25) nur an sich geschehen lassen, passiv, „ohne des Gesetzes Werke".
*Inhalt des Glaubens ist also der gekreuzigte und auferweckte Jesus Christus, nichts
anderes und das unwiderruflich.* Darin ist der paulinische Glaubensbegriff von
dem des Alten Testamentes und des Judentums geschieden, obwohl Paulus an
einen wesentlichen Zug des alttestamentlichen Glaubensbegriffs seit dessen
theologischen Anfängen beim Elohisten (vgl. Gen 15,6!) festhält: an der unvertretbaren Individualität des persönlichen Gottesverhältnisses, die nicht etwa
durch die bloße Zugehörigkeit zu einer bestimmten Gemeinschaft, zu einem
Volk, ersetzt werden kann.

Mit dieser allgemeinen Bestimmung des paulinischen Glaubensbegriffs ist
dieser allerdings noch nicht hinreichend vom Glaubensverständnis in den synoptischen Evangelien und, durch die synoptische Tradition hindurch, vom
Glaubensbegriff Jesu abgehoben. Auch in der synoptischen Tradition ist wenig-

---

[5] Mit dieser Paulusinterpretation, der ich mich anschließe, bricht *Wilckens,* Der Brief an die Römer I,
160–170; 203–233, mit der im Gefolge Rudolf Bultmanns auch in der katholischer Exegese heimisch
gewordenen These, nach Paulus habe das Gesetz *von vornherein* Unheilsbedeutung gehabt, sofern es
grundsätzlich den Leistungs- und Selbstbehauptungswillen des Menschen vor Gott anspricht und ihn
dadurch entlarvt. Ausführlichere Überblicke zu den exegetischen Problemen bei *Smend/Luz,* Gesetz,
89–112; und bei *Pesch,* Gesetz und Gnade, 23–33. Vgl. ferner *Wilckens,* Was heißt bei Paulus: „Aus
Werken des Gesetzes wird kein Mensch gerecht"? (= Rechtfertigung als Freiheit, 77–109); und jetzt
ders., Zur Entwicklung des paulinischen Gesetzesverständnisses.

stens indirekt Jesus selbst schon Thema des Glaubens, sofern *in ihm Gott* als Thema des Glaubens zu Gehör kommt, Gottes Herrschaft in Jesu Wirken beginnt[6]. Man konnte in diesem Sinne an Jesus und an Gottes Heilshandeln in ihm glauben und trotzdem das Gesetz für weiterhin verbindlich ansehen und befolgen, sogar einschließlich zeremonieller Gebote wie der Beschneidung oder der Feier bestimmter Festtage – das beweisen Glaube und Praxis der judenchristlichen Gemeinden ebenso wie der Überzeugungserfolg der „judaistischen" Gegner des Paulus in den galatischen Gemeinden. Dies war auch theologisch die eigentlich naheliegende Konsequenz. *Paulus aber spitzt sein Verständnis vom Glauben gerade dahin zu, daß dieser den Weg des Gesetzes ausschließt, und zwar konzessionslos.* Damit zieht er die Konsequenz zugleich aus den hier angedeuteten und in der Exegese aufgearbeiteten religionsgeschichtlichen und persönlichen Voraussetzungen wie aus dem Urerlebnis seines Christseins und seines theologischen Denkens. Soll Christus nicht umsonst gestorben sein, dann kommt Gerechtigkeit vor Gott *allein* durch den Glauben an den Sühnetod Jesu, ohne irgendeinen Unterschied zwischen Heiden und Juden. Die paulinische Quasi-Tautologie wird dreigliedrig: „Gerechtigkeit aus Glauben" und „Gerechtigkeit durch den Sühnetod Christi" bedeutet dasselbe wie „Gerechtigkeit ohne das Gesetz" (choris nomou, χωρὶς νόμου: Röm 3,21).

Die zuspitzende Kraft des paulinischen Ursatzes Gal 2,21 verstärkt sich durch die sachlich-praktischen Gegebenheiten, in die er eingebettet ist: die Notwendigkeit einer gesetzesfreien Heidenmission, die Paulus sich zur Lebensaufgabe macht (und dadurch die junge Kirche unwiderruflich aus dem anfänglichen Status einer jüdischen Sekte herausführt[7]), und, damit verbunden, die fortschreitende Konzentration des Glaubens der Urkirche auf Kreuz und Auferweckung Jesu als die entscheidenden Heilsereignisse, wofür wiederum Paulus der wortgewaltigste Zeuge ist. Solange der Ausgriff der christlichen Verkündigung auf die Heiden noch nicht bewußt im Blick steht, solange der gekreuzigte und auferweckte Jesus mehr als der von Gott bestätigte *Verkünder* der Herrschaft Gottes und kaum als die *zu verkündigende Gegenwart* der Herrschaft Gottes gesehen wird, solange ist das Urteil über die Verbindlichkeit und die Heilsbedeutung des Gesetzes noch in der Schwebe, ist die Alternative zwischen Gesetz und Glaube verdeckt. *Wird aber Jesus Christus selbst zum Thema des Glaubens, dessen Tod und Auferweckung Juden wie Heiden ohne Unterschied als einziger Grund des Heils zu verkünden sind, dann muß die Alternative aufbrechen und kann in letzter Konsequenz Paulus dahin treiben, angesichts des Kreuzes Christi Judentum und*

---

[6] Nach wie vor scharfsinnigste Analyse des synoptischen Befundes unter diesem Aspekt bei *Ebeling,* Jesus und Glaube (= Wort und Glaube I, 203–254); im christologischen Zusammenhang *ders.,* Dogmatik II, 428–459; 510–528. Der genannte Aufsatz von Ebeling gilt denn auch unter katholischen Theologen schon als „klassischer" Literaturbeleg zu diesem Thema; vgl. *Kasper,* Einführung in den Glauben, 77 Anm. 8; *ders., Jesus der Christus,* 96 Anm. 22.

[7] Dazu umfassend *Kuss,* Paulus (= Auslegung und Verkündigung III); *Biser,* Der Zeuge, 141–255. Auch *Smend/Luz,* aaO 92, hebt diesen Gesichtspunkt hervor.

*Heidentum gleichzusetzen: beide sind Dienst an den „armseligen Weltelementen"
(Gal 4, 9).*

Freilich, der Sache nach bricht Paulus auch hier keineswegs mit der synoptischen Tradition, vielmehr ist die Alternative von Gesetz und Glauben dort
schon angelegt. Wenn in *Jesus* die Gottesherrschaft beginnt, wenn in *seinem* den
Glauben weckenden Handeln Gott begegnet, dann ist offenbar alle Gottbegeg-
nung auf dem Weg des Gesetzes überboten, zumindest in ihrer Ausschließlich-
keit außer Kraft gesetzt. Das Gesetz muß dann, je länger, desto mehr, zur
entbehrlichen Hinführung und schließlich zum Hindernis für den Glauben an
das Heil durch Jesus werden. Zwischen Paulus und der synoptischen Tradition
besteht also Zusammenhang und Bruch, Kontinuität und Diskontinuität zugleich. Man kann geradezu eine Gesetzmäßigkeit erkennen: Je stärker sich der
Glaube bewußt auf Christus bezieht, je mehr, mit Gerhard Ebeling formuliert,
der Zeuge des Glaubens zum Grund des Glaubens wird[8], desto profilierter wird
der Glaube als ausschließender Gegensatz zum Weg des Gesetzes, kürzer: Christusglaube schließt das Gesetz aus, Christus ist, indem er zur *Erfüllung* des Alten
Bundes wird, das „*Ende* des Gesetzes" (Röm 10, 4).

3. Neue Situationen

Schon Paulus selbst spricht das Thema „Rechtfertigung" und „Glaube ohne des
Gesetzes Werke" nur noch andeutend und fragmentarisch an, wo er sich nicht
an Judenchristen, sondern an Heidenchristen wendet – z. B. in den Korinther-
briefen. Ist schließlich die Gefahr eines „judaisierenden" Mißverständnisses ge-
bannt, glaubt niemand mehr im Ernst, daß er Gerechtigkeit vor Gott durch die
Werke des mosaischen Gesetzes verdienen könne, muß man sogar innerkirchlich vor Mißverständnis und Mißbrauch der paulinischen Lehre warnen
(Jak 2, 14–26; Mt 7, 21; 2 Petr 3, 14–16), dann büßt die paulinische Lehre zugleich mit ihrem unmittelbaren Adressaten auch ihre konkrete kritische Stoß-
kraft ein. So kommt es, daß man bald nach Paulus die Rechtfertigungslehre
jahrhundertelang zwar nicht vergißt, aber in ihrer besonderen Zuspitzung nicht
weiter herausstellt. Der Weg zu einer ruhigen Integration der Rechtfertigungslehre in die allmählich sich entwickelnde allgemeine Lehre von der Gnade ist
ebenso frei wie der Weg zu einer Betrachtung des Glaubens im Zusammenhang
der Gesamtheit aller anderen menschlichen Verhaltensweisen gegenüber Gott[9].

Nun waren bekanntlich die Reformatoren der Überzeugung, daß die „Rechtfertigung aus Glauben allein" wieder mit der ursprünglichen paulinischen Kraft
zur Geltung zu bringen sei, als „Artikel, mit dem die Kirche steht und fällt". In
„Theorie und Praxis" hätten sich in der Zeit nach Paulus die „Werke", auch die

---

[8] Vgl. *Ebeling,* Das Wesen des christl. Glaubens, 48–85.
[9] Vgl. w. o. 3 I 6; 8 I.

von Paulus „Früchte des Geistes" genannten Werke, von Geist, Gnade und Glaube als ihrer Quelle wieder abgekoppelt. Insbesondere die gewachsenen, zuerst hilfreichen, dann lästigen, schließlich bedrückenden Lebensformen der Kirche hätten sich ihrerseits zu „Werken" vor Gott verselbständigt, und es sei *innerhalb* der auf das Gnadenhandeln Gottes gegründeten Kirche wieder ein neues „Gesetz" in Konkurrenz zum Glauben getreten. Allerlei Werke seien auf diese Weise erst allmählich zur „Nachbedingung" und schließlich wieder zur Vorbedingung der Gnade geworden. Wie konnte es zu einer solchen Überzeugung kommen? Dazu müssen wir einen Blick auf das Verständnis vom Glauben in der augustinischen und mittelalterlichen Tradition werfen.

II. Augustinus und die mittelalterliche Tradition

Leseempfehlung: Seckler, Glaube

1. Augustinus und die Texte von Orange

Das Glaubensverständnis Augustins ist überreich an Perspektiven und Dimensionen, reich auch, sowohl gegenüber Paulus und dem Neuen Testament als auch gegenüber dem Denken der eigenen Zeit, an neuen Problemen und Fragestellungen. Dies ist nicht zuletzt deshalb so, weil ja kein Kirchenvater so intensiv wie Augustinus über seinen eigenen Weg zum Glauben und damit über den theologischen und anthropologischen Kontext des Glaubens nachgedacht hat. Seine „Bekenntnisse" geben davon beredte Kunde[10]. Glaube und Gotteserkenntnis, Glaube und Selbsterkenntnis, Glaube und Innerlichkeit, Glaube und Vernunft, Glaube und Kirche, Glaube und Heilsgeschichte, Glaube und Liebe, psychologische Struktur des Glaubens – solche Stichworte setzen Orientierungsmarken, worüber zu handeln wäre, wenn vom Glaubensverständnis Augustins die Rede ist. Was jedoch das Verhältnis von Glaube und Rechtfertigung anlangt, so bleibt dieses bei Augustinus und in der augustinischen Tradition so unbetont, wie das Thema „Rechtfertigung" aus den angedeuteten Gründen überhaupt unbetont ist. Exemplarisch zeigt sich das wiederum in den Texten von Orange: So wie Wort und Begriffsfeld „Rechtfertigung" ein gelegentliches Wechselwort für „Gnade" ist[11], so ist auch „Glaube" eines der gelegentlichen Wechselwörter für „(die Gnade) annehmen"[12].

---

[10] Auslegung der „Bekenntnisse" unter diesem Betracht bei *Biser,* Glaubensvollzug und Sinnfindung. Zum Glaubensbegriff Augustins vgl. *Aubert,* Le problème de l'acte de foi, 21–42 (nach wie vor die beste Kurzinformation); ferner *Löhrer,* Der Glaubensbegriff des hl. Augustinus; *Pieper,* Über den Glauben, 61–68; und unter dem speziellen Gesichtspunkt der Gotteserkenntnis *Escribano-Alberca,* Glaube und Gotteserkenntnis (= HDG I 2a), 116–125.

[11] Vgl. w. o. 3 I 6.

[12] Vgl. DS 375–377 (= NR 779–781); 391 (–); 396f. (= 782f.); 399f. (–).

Am deutlichsten tritt „Glaube" in den Vordergrund in den Aussagen über den „Anfang des Glaubens" – aber auch diese Formulierung ist ja in den Texten von Orange nur ein Wechselwort für die andere Formulierung vom „Anfang des guten Werkes"[13] und meint im Grunde einfach die *Bekehrung im Ganzen,* deren Beginn Gott und nicht dem freien Willen des Menschen zugeschrieben werden müsse. Von einem besonderen Pathos des Glaubensbegriffes kann also bei Augustinus, jedenfalls im Zusammenhang der Gnaden- und Rechtfertigungslehre, nicht die Rede sein. Wenn es einen Inbegriff gibt, in dem Augustinus die Überwindung der Sünde und den Heilsweg des Menschen zusammenfaßt, dann ist es nicht der Glaube, sondern die *Liebe.*

2. Thomas von Aquin

Mit dem Glaubensverständnis in der mittelalterlichen Theologie, für die hier wieder Thomas von Aquin als Repräsentant stehen soll, steht es grundsätzlich nicht anders. Ja, Thomas ist geradezu der Kronzeuge für die zugleich unpolemische wie gedanklich durchdringende Einarbeitung der paulinischen Lehre von Rechtfertigung und Glaube in die Gnadenlehre und in die theologische Anthropologie. Mehr als Augustinus arbeitet Thomas dabei die theologischen Bezüge des Glaubensbegriffes aus[14]. In diese theologische Untersuchung des Glaubens ist die Frage nach Glaube und Rechtfertigung und deren Seitenthemen eingearbeitet: Was innerhalb der Rechtfertigungslehre in einem einzigen Artikel zusammengedrängt ist[15], wird im Traktat über den Glauben näher ausgearbeitet. Für unsere Fragestellung sind folgende Punkte hervorzuheben:

a) *Der Glaube verbindet den Glaubenden u n m i t t e l b a r mit Gott.* Das bringt Thomas zur Sprache im Rahmen einer Besinnung auf das „Objekt" des Glaubens. „Gegenstand" des Glaubens sind nämlich keineswegs, wie man vielleicht von einem kirchlich eingebundenen mittelalterlichen Theologen zunächst zu erwarten geneigt ist, bestimmte Glaubenssätze, die von der Kirche autoritativ verkündet werden, sondern Gott selbst, insofern er sich offenbart, oder, wie wir auch formulieren können: Gott selbst in seinem Wort. Dies ist das Ergebnis der beiden entscheidenden Überlegungsgänge, die den Traktat über den Glauben eröffnen[16]. Die Glaubenssätze sind gewiß das Mittel, durch die hindurch der Glaube mit Gott verbindet, denn wir stehen Gott nicht unmittelbar schauend gegenüber, sondern erkennen ihn in der Weise, wie wir auch sonst Erkenntnisse haben: in Sätzen und Urteilen. Auch läßt Thomas – erwartungsgemäß – keinen Zweifel daran, daß die Kirche und insonderheit der Papst die Kompetenz hat,

---

[13] Vgl. DS 375 (= NR 779); 379 (–); 390 (–); 396 f. (= 782 f.); 399 f. (–); vgl. w. u. 12 II 1.
[14] STh II–II 1–16. Umfassende Interpretation bei *Aubert,* aaO 45–71; *Utz,* Glaube als Tugend; *Duroux,* La psychologie de la foi; *Seckler,* Instinkt und Glaubenswille.
[15] STh I–II 113,4. Vgl. dazu *Pesch,* Theol. der Rechtfertigung, 720–738.
[16] STh II–II 1,1–2.

das Glaubensbekenntnis zu formulieren und verbindlich vorzulegen[17], auch wenn Thomas noch weit entfernt ist von den heutigen Problemen und Diskussionen um päpstlichen Primat und unfehlbares Lehramt[18] und in seinen Auffassungen von der Kirche überhaupt wesentlich offener ist, als eine vielfache, positive oder negative, Berufung auf ihn in aktuellen Diskussionen glauben machen könnte[19]. Jedenfalls gilt: Nicht die Glaubenssätze selber sind Thema und Ziel, „Objekt" des Glaubens, sondern der durch sie und in ihnen uns begegnende Gott selbst.

b) *Gott in seinem Wort in Gestalt von Sätzen: Thomas versteht also unter „glauben", genau gesprochen, einen Akt des Verstandes, die Zustimmung zu Gottes geoffenbartem Wort.* Kein Zweifel, daß Thomas damit den Glaubensbegriff gegenüber dem ganzheitlichen Glaubensverständnis des Neuen Testamentes verengt. Es spricht manches dafür, daß Thomas sich dessen durchaus bewußt ist und sich keineswegs lediglich naiv in eine bestimmte, seit Jahrhunderten unbefragte theologische Tradition einfügt. Sicher ist auf jeden Fall, daß sich ein mittelalterlicher Theologe zu einer solchen formalen Präzisierung des Glaubensbegriffes verpflichtet fühlen *muß*, und zwar einfach aufgrund eines Textes wie 1 Kor 13,13: für einen mittelalterlichen Theologen und sein strenges Verständnis von der unmittelbaren Urheberschaft Gottes am Wort der Bibel eine zwingende Denkanweisung, Glaube, Hoffnung und Liebe – *nur* diese drei und *alle* drei – als Grundvorgänge christlicher Existenz zu verstehen und entsprechend sowohl voneinander abzuheben als auch zueinander in Beziehung zu setzen[20]. Dann aber, das ist fast selbstverständlich, wird man den Glauben dem Verstand, Hoffnung und Liebe aber auf je ihre Weise dem Willen zuordnen.

c) Eben diese wechselseitige Zuordnung von Glaube, Hoffnung und Liebe muß zum Problem werden, wo Thomas die biblischen Texte über die Rechtfertigung des Sünders durch den Glauben zu bedenken hat. Der Glaube, der die bedingungslose Rechtfertigung durch Gott annimmt, ist nach dem Zeugnis der Bibel – das weiß auch Thomas[21] – auf jeden Fall eine Hinkehr des *ganzen* Menschen zu dem rechtfertigenden Gott. Ein Glaube, der nichts als Zustimmung des Verstandes zur Offenbarung Gottes wäre, reicht dazu offenbar nicht aus, denn diesen Glauben bewahren auch noch die schweren Sünder und sogar, wie Thomas aus Jak 2,19 entnimmt, die Dämonen. *Die Zustimmung des Verstandes zu Gottes Offenbarung kann folglich nur dann rechtfertigende Kraft besitzen, wenn sie eingebettet ist in eine Bekehrung des g a n z e n Menschen zu Gott. Was aber den*

---

[17] STh II–II 1,9–10.

[18] Vgl. *Horst*, Papst – Konzil – Unfehlbarkeit, 7–23.

[19] Vgl. *Seckler*, Das Heil in der Geschichte, 217–260; *Horst*, aaO bes. 331–343; *ders.*, Unfehlbarkeit und Geschichte.

[20] Vgl. STh I–II 62,1–4. Zum Bibelverständnis des Thomas vgl. *Pesch*, Der Professor unter den Aposteln; *ders.*, Das Gesetz, 682–716; an beiden Stellen Hinweise auf die Spezialliteratur.

[21] Vgl. dazu die Auslegung der einschlägigen Stellen in den Schriftkommentaren des Thomas; ein Beispiel für viele: In Rom 4,5: lectio 1 (nn. 329–331).

ganzen Menschen zu Gott hinkehrt, in der Sprache des Thomas: was den ganzen Menschen auf Gott als letztes Ziel ausrichtet, ist die Gottesliebe, die caritas. So ergibt sich – weitere Verästelungen des Problems müssen wir hier übergehen – die berühmte und den evangelischen Ohren berüchtigte mittelalterliche These, nur „der durch die Liebe geformte Glaube" (fides caritate formata) mache den Menschen vor Gott gerecht, und nur dies ist der ursprüngliche und unter den Verstehensvoraussetzungen des mittelalterlichen Glaubensbegriffes allerdings auch unerläßliche Sinn dieser These[22].

d) Diese analysierende und nachträglich wieder zusammenfügende Art, wie Thomas den ganzheitlichen Begriff des Glaubens im Neuen Testament gedanklich verarbeitet, hat ihren beachtlichen Kontrapunkt, wo Thomas unmittelbar im Zusammenhang der Frage nach der Rechtfertigung vom Glauben spricht. Dort formuliert Thomas jenseits der skizzierten Analysen, *der Glaube rechtfertige deswegen, weil er die – von Gott bewirkte! – „Urbekehrung" (prima conversio) des „Geistes" zu Gott sei.* Wo Thomas „Geist"(mens) sagt, meint er gerade nicht nur den Verstand (ratio), sondern das Ich des Menschen im ganzen, *vor* aller Unterscheidung seiner Vermögen und Kräfte. Es hat denselben Sinn, wenn Thomas in seinen Schriftkommentaren bei der Exegese der einschlägigen Paulusworte davon spricht, daß sich im Rechtfertigungsgeschehen das „Herz" zu Gott bekehrt.

e) Fügen wir der Vollständigkeit halber hinzu, daß Thomas bei der näheren Beschreibung des Glaubensaktes – durchaus des Zustimmungsaktes des Verstandes – im Anschluß an Augustinus eine Formulierung findet, die schon die moderne Glaubensproblematik vorausahnt. Glauben heißt „mit Zustimmung nachdenken"[23]. Gemeint ist ein fragendes Nachdenken, das unter dem Vorzeichen einer Zustimmung steht und dennoch in diesem Leben nicht zur Ruhe kommt. Weil der Glaubende das Gegenüber seines Glaubens, Gott, nicht sieht, gibt es unabschließbar zu fragen, zu suchen, alte Einsichten durch neue, bessere zu überholen. Weil die Zustimmung nicht durch Schau unausweichlich und selbstverständlich ist, enthält sie selbst – auf der Ebene des Erkennens – ein konstitutives Moment des Vertrauens, das Thomas als spezifische Wirkung der Glaubensgnade versteht[24].

---

[22] Vgl. STh II–II 4,3 in Verbindung mit I–II 62,4; 65,4–5; II–II 23,7–8. Vgl. auch w.o. 8 III 2f.
[23] STh II–II 2,1.
[24] Vgl. STh II–II 4,1 und 6,1.

III. Luther und das Konzil von Trient

1. Luther

LESEEMPFEHLUNG: Pesch, Theologie der Rechtfertigung, 195–262

Luther hat seine ganze reformatorische Theologie festgemacht an dem Satz, daß der Sünder *allein* aus Glauben gerechtfertigt werde. Mit dieser in der Lutherforschung immer wieder hervorgehobenen „particula exclusiva" greift Luther hinter die mittelalterliche und auch die augustinische Tradition wieder unmittelbar auf Paulus zurück und stellt damit zugleich den ganzheitlichen Glaubensbegriff der Bibel wieder her. Denn den kleinlichen Vorwurf, das „allein" stehe ja nicht bei Paulus, und Luther habe es gegen dessen Intention sogar in den Paulustext bzw. dessen Übersetzung hineingeschmuggelt, erhebt heute kein Sachkenner mehr: Das „allein" steht tatsächlich nicht bei Paulus und trifft sachlich doch so sehr dessen Meinung, daß das „sola fide" sogar dem ganz unverdächtigen Thomas wie unwillkürlich in die Feder fließt[25]. *Durch das „sola fide" sieht sich seitdem reformatorisches Christentum jeglicher Herkunft bis heute entscheidend abgegrenzt sowohl gegen die gesamte mittelalterliche Lehrtradition als auch gegen die offizielle katholische Lehre vor allem seit dem Trienter Konzil.*

Wollten wir den ganzen Beziehungsreichtum von Luthers Glaubensverständnis entfalten, so müßten wir reden vom Bezug des Glaubens auf Wort und Urteil Gottes, auf Gottes schenkende Liebe, auf Gottes Verborgenheit im *Gegensatz,* auf Christi Heilswerk, auf Christi Verborgenheit am Kreuz, auf die Worthaftigkeit des Christusheils – und wir hätten jeweils zu zeigen, wie sich unter allen diesen Aspekten sachnotwendig das „allein aus Glauben" ergibt, selbst wenn Luther es nicht eigens formuliert hätte. Wir sind hier jedoch gezwungen, zusammenzufassen und für Einzelheiten auf die Literatur zu verweisen. Folgende Zusammenfassung dürfte das Wesentliche vor den Blick bringen:

Es gibt einen *entfernteren Grund* des „sola fide", und er ist ausgedrückt in der Formel: „Christus allein", und darin ist das „Gott allein" und das „das Kreuz allein" eingeschlossen. Der *unmittelbare Grund* des „sola fide" dagegen ist ausgedrückt in der Formel: „Das Wort allein". *Die Rechtfertigung um Christi willen wird dem Sünder allein im Wort zugesprochen und zugeeignet und kann eben deswegen nur im Glauben begriffen und ergriffen werden.*

Mit Blick auf seinen entfernteren Grund schließt das „sola fide" jegliche Werke und jegliche Eigenleistung des Menschen, sei es zur Vorbereitung, sei es im Vollzug seiner Rechtfertigung durch Gott radikal aus. Der Glaube ist „die Haltung reinen Empfangens", wie eine in der Lutherforschung beliebte Formulierung lautet[26]. Luther sichert diese These ab durch die beiden zusätzlichen Aussagen, daß auch der Glaube selbst nicht etwa ein „Werk" ist, daß er vielmehr

---

[25] Vgl. die Stelle in Anm. 21.
[26] Vgl. z.B. *Althaus,* Christliche Wahrheit, 604; *ders.,* Theol. Luthers, 202; 374 u.ö.; NGB 563 *(U. Kühn).*

ganz von Gott, ganz von Christus, ganz vom Heiligen Geist, ganz vom Worte Gottes in der Kraft des Geistes erwirkt sei. Die damit zur Aufgabe gestellte Verhältnisbestimmung von Glaube und Werken, von Glaube und (Nächsten-)Liebe nimmt Luther zunächst vor, indem er das Grund-Folge-Verhältnis von Glaube und Werken radikal einschärft: Glaube und Glaubensgerechtigkeit gehen den guten Werken *voran* wie der Baum den Früchten, nicht umgekehrt.

Die Werke sind daher aus dem Glauben vollkommen ausgeschlossen, sofern etwa an eine „Ergänzung" des Glaubens zum Zwecke seiner Heilwirksamkeit gedacht wäre. Sie sind dennoch die sachnotwendige Folge des Glaubens, wenn dieser wirklich Glaube ist. Um nur eine der bekanntesten Formulierungen Luthers zu zitieren, aus einer Thesenreihe von 1520: „Wenn der Glaube nicht ohne alle, auch die geringsten Werke ist, so rechtfertigt er nicht, ja so ist er gar nicht Glaube. Es ist aber unmöglich, daß der Glaube ohne eifrige, zahlreiche und große Werke ist."[27] Man kann mit Luther sogar noch einen Schritt weitergehen: Der Glaube „inkarniert" sich gleichsam in den Werken, er erscheint als Wirklichkeit und verwandelnde Kraft in ihnen, so daß das Fehlen guter Werke Zweifel begründet, ob überhaupt Glaube da ist[28].

Im Blick auf seinen unmittelbaren Grund ergibt sich das „sola fide" aus der wortförmigen Verfaßtheit des Heils. Dem Wort Gottes antwortet nur der Glaube, nicht das Handeln und auch nicht das eigenmächtige Erkennen. Nun handelt aber Gott mit den Menschen nur im Wort – eben dies ist ja der formale Ertrag des „forensischen" Rechtfertigungsverständnisses[29]. So ergibt sich auch hier das „sola fide" als zwingende Konsequenz. Diese unmittelbare Begründung des „allein aus Glauben" richtet sich vor allem gegen die Vorstellung, die Rechtfertigungsgnade sei eine sachhafte, dingliche „Qualität", die zudem ausschließlich durch die kirchlichen Sakramente dem Menschen vermittelt werde. Luther sichert denn auch hier das „sola fide" dadurch ab, daß er die Konsequenzen für das Verständnis von den Sakramenten zieht, ja man kann sagen: Verständnis und Praxis der Sakramente sind der Ort, wo sich die reformatorisch-theologische Neuorientierung Luthers zuerst und besonders nachhaltig auswirkt – bis heute. Was an der Vorstellung von der Gnade als einer „dinghaften Qualität" dran ist, wird noch zu bedenken sein[30], auf die speziellen Probleme der Sakramentenlehre dagegen muß hier nicht eingegangen werden[31].

---

[27] WA 7, 231,7.
[28] Zu diesem in der evangelischen Lutherforschung nicht immer gebührend gewürdigten Gedanken Luthers vgl. *Peters,* Glaube und Werk, 106–113; *Althaus,* Theol. Luthers, 213–217; *Ebeling,* Luther, 177–197; *Manns,* Fides absoluta – Fides incarnata; *Pesch/Peters,* Einführung, 149–156 *(Peters).*
[29] Vgl. w. o. 8 IV 4; VI 1. 2.
[30] Vgl. w. u. 12 III 2.
[31] Vgl. *Pesch,* Theol. der Rechtfertigung, 326–353; *ders.,* „Das heißt eine neue Kirche bauen"; *ders.,* Das kath. Sakramentsverständnis; *ders.,* Hinführung zu Luther, 134–153, und neuerdings umfassend *Wolfgang Schwab,* Entwicklung und Gestalt der Sakramententheologie bei Martin Luther (Frankfurt a. M.-Bern 1977) – ein Markstein in der Aufarbeitung von Luthers Sakramentsverständnis aus katholischer Sicht.

2. Das Konzil von Trient

LESEEMPFEHLUNG: Peters, Reformatorische Rechtfertigungsbotschaft zwischen tridentinischer Rechtfertigungslehre und gegenwärtigem evangelischem Verständnis der Rechtfertigung

Das Konzil von Trient kann sich Luthers „sola fide" nicht zu eigen machen[32]. Das liegt weniger am entfernteren Grund der „particula exclusiva". Denn trotz der Abhandlung über die Vorbereitung auf die Rechtfertigung[33], worauf wir im nächsten Fragenkreis noch zurückkommen müssen[34], läßt das Konzil keinen Zweifel am Grund-Folge-Verhältnis von Glaube und Werk[35]: Die Vorbereitung auf die Rechtfertigung ist ihrerseits allein durch Gott in Gang gebracht. Dagegen kann das Konzil in Luthers Neuverständnis der Sakramente keinen fruchtbaren, neuen Ansatz sehen, fürchtet vielmehr, aus Luthers „sola fide" ergebe sich eine individualistische Entwirklichung der Sakramente und damit der Kirche überhaupt[36]. Dabei hat das Konzil die Neuartigkeit des Glaubensbegriffes bei Luther und dessen Unterschied zum scholastischen Verständnis von der Zustimmung des Verstandes zur Offenbarung Gottes durchaus gesehen[37]. Aber befangen in einer Vielzahl von Mißverständnissen und wohl auch blockiert durch eine Reihe von intellektuellen Zwängen, kann das Konzil in diesem Glaubensverständnis Luthers nur eine sich von allen Bindungen emanzipierende subjektivistische Gefühlshaltung sehen, nennt diese deshalb „eitel"[38] und verbleibt auf seine Weise bei der mittelalterlichen Formel vom Glauben, der nur rechtfertigt, sofern er durch die Liebe „geformt" ist[39]. Dabei unterlaufen freilich gefährliche Mißverständnisse des wahren und ursprünglichen Sinnes dieser Formel. Den Eingeweihten mögen sie in die Augen springen, lutherischen Lesern jedoch geben sie genügend Anlaß zu meinen, das Konzil habe die Werkgerechtigkeit doch nicht ausgeschlossen. Nur eine ganz sorgfältige Interpretation der Texte kann zeigen, daß das Konzil eine Rehabilitierung der „Werkgerechtigkeit" weder beabsichtigte noch faktisch vollzog – und daß die „anstößigen" Stellen von den eindeutigen anderen her zu interpretieren sind und nicht umgekehrt[40].

---

[32] So wörtlich DS 1538 = NR 807; DS 1559 = NR 827; vgl. aber DS 1531 = NR 802. Zum Glaubensverständnis des Trienter Konzils vgl. *Pesch/Peters*, 191–195 – dort die Spezialliteratur; vgl. auch *Aubert*, aaO 73–86.
[33] DS 1525–1527 = NR 795–797.
[34] Vgl. w. u. 12 V.
[35] Vgl. vor allem DS 1532 = NR 803.
[36] Vgl. DS 1526; 1529; 1531; 1542f. = NR 796; 799; 802; 812f.
[37] Vgl. vor allem DS 1533f. = NR 804.
[38] Ebda.
[39] DS 1531 = NR 802.
[40] Vgl. auch w. o. 5 VI 2.

11. KAPITEL
ANTWORT IN TAT UND WAHRHEIT

Gemeinsames Wort der Tradition? Wir haben es am Ende des vorausgehenden Kapitels noch nicht herausgearbeitet, weil es, im Unterschied zu anderen Themen, verwickelt ist in Kontroversen, die unter historischem und sachlichem Betracht bis zur Stunde unvergleichlich intensiv weitergeführt werden. Nur im Kontext dieser lebhaften Diskussion kann man Stellung nehmen zu der Frage, ob es in Sachen des „sola fide" das eine Wort der Tradition überhaupt gibt – und man muß, falls man dies bejaht, wissen, daß auch diese Stellungnahme umstritten sein und auf absehbare Zeit auch bleiben wird. Um zu verstehen, was es anthropologisch bedeutet, daß der Glaube, er allein, auf das rechtfertigende Handeln Gottes antwortet, gehen wir daher am besten von der Frage aus, wie sich die alte Kontroverse um das „sola fide" aufgrund unserer heutigen historischen und sachlich-theologischen Einsichten darstellt und auf diese Weise zum Maßstab der Antwort auf Fragen der heutigen Welt an den christlichen Glauben wird. Aus dem Streit um „Glaube und Werk" wird dabei die Frage nach Rechtfertigung und Gerechtigkeit; aus dem Streit um Glaube und Wort die Frage nach Rechtfertigung und Kirche.

I. Überholte Konstroversen?

1. Glaube, Liebe, Gerechtigkeit

LESEEMPFEHLUNG: Ebeling, Luther. Einführung in sein Denken, 157–197; Müller/Pfnür, Rechtfertigung – Glaube – Werke (= Meyer/Schütte, Confessio Augustana, 106–138)

Von einer überholten Kontroverse dürfen wir gewiß sprechen, soweit es um den *entfernteren Grund* des „sola fide" geht. *Es war niemals katholische Lehre, daß der Sünder durch etwas anderes die Rechtfertigung empfange als durch Gottes Gnade allein, die uns um Christi willen geschenkt wird.* Trotz mancher Formulierungen, die einem uneingeweihten Hörer anders klingen können, hat am radikalen Grund-Folge-Verhältnis von Glaube und Werken nie ein Zweifel bestanden, insofern damit die grundlose und bleibende Erstinitative Gottes in der Schaffung des menschlichen Heiles festgehalten ist. Über die einzige These, die in die Nähe eines Fehlverständnisses gelangte, nämlich über die spätmittelalterliche Theorie, wonach der Mensch es aus eigener Kraft zu einem Akt der vollkommenen Liebe zu Gott bringen müsse und auch könne, bevor ihm Gott in seiner Gnade die Rechtfertigung schenke[1], ist die Theologiegeschichte hinweggegan-

---

[1] *Pesch,* Theol. der Rechtfertigung, 708–714, bes. 712 f.; *Pesch/Peters,* Einführung, 110–118, bes. 116 f. *(Pesch):* dort Nachweise und Literatur.

gen – nicht zuletzt unter dem Druck der reformatorischen Anfrage. Es gibt hier höchstens noch einen Gelehrtenstreit, ob dies schon auf dem Trienter Konzil geschehen ist, wie die herkömmliche (katholische *und* evangelische) Konzilsinterpretation vertritt, oder erst in dessen Wirkungsgeschichte, in der sich seit Domingo de Soto eine thomistische Auslegung des Trienter Rechtfertigungsdekretes durchsetzte[2].

Das einzige, was hier zu klären bleibt, ist in der Tat ein Mißverständnis. Luther formuliert sein „sola fide" nicht zuletzt gegen die mittelalterliche These von der „fides caritate formata", vom „Glauben, der durch die Liebe geformt ist". In einer pointierten Formulierung kehrt Luther diese These einmal um: Nicht die Liebe sei die Form des Glaubens, vielmehr sei der Glaube die Form der Liebe[3]. Und damit offenbart er sein Mißverständnis der scholastischen Formel, das allerdings im Gefolge der spätscholastischen Umbildung der hochmittelalterlichen Gnadenlehre, gelinde gesagt, ziemlich nahelag. *Entgegen dem ursprünglichen Sinn der Formel, den wir skizziert haben[4], versteht Luther nämlich tatsächlich die „Liebe" hier als ein „Werk", das zum „bloßen" Glauben ergänzend hinzutreten müsse bei Gefahr, daß dieser sonst „tot" bleibe.* Überdies denkt Luther, wenn er „Liebe" sagt, vorwiegend an die Nächstenliebe, die sich ja in der Tat in guten Werken auswirkt. Dieser Ergänzung, sagt Luther, bedarf der Glaube nicht, weil gerade dies die Voraussetzung ist, daß unsere Werke, und seien sie noch so gut, uns nicht vor Gott gerecht machen.

Das Mißverständnis klärt sich, wenn wir uns erinnern, daß „Glaube" im *scholastischen* Verständnis formell die Zustimmung des Verstandes zum geoffenbarten Wort Gottes bedeutet[5]. An einigen Stellen des Trienter Rechtfertigungsdekretes hat „Glaube" sogar einfach die Bedeutung von *Glaubenslehre*[6]. Nun, auch Luther hat nicht vergessen, daß „Zustimmung" des Verstandes und sogar feste, verbindliche „Lehre" zum Glauben gehören. Noch mehr, auch Luther spricht von Formen des Glaubens, wo dieser Zustimmungsakt gleichsam isoliert ist, etwa beim „Glauben" der Dämonen. Auch darin folgt Luther übrigens Paulus, der ja gewissermaßen auf einem gedanklichen Nebengleis auch von einem „Glauben" sprechen kann, der *nur* Erkenntnis, Anerkenntnis von Wahrheit ist (z.B. 1 Kor 13,2). Und so wenig wie Paulus denkt Luther daran, unter Voraussetzung eines solchen „Glaubens" zu sagen, „sola fide" werde der Mensch gerechtfertigt. Im Gegenteil, Luther nennt solchen Glauben einen „historischen"

---

[2] Vgl. *Oberman*, Das tridentinische Rechtfertigungsdekret; *Schillebeeckx*, Das tridentinische Rechtfertigungsdekret; *Rückert*, Promereri (= Vorträge, 264–294); *Oberman*, Werden und Wertung der Reformation, 135 f. Bericht bei *Pesch/Peters*, aaO 206 ff.
[3] WA 39 I, 318,16.
[4] Vgl. w.o. 10 II 2 c).
[5] Vgl. w.o. 10 II 2 b).
[6] Vgl. besonders deutlich DS 1534, = Nr 804: „... Sicherheit des Glaubens, dem kein Irrtum unterlaufe kann..." Das kann sich nicht auf den subjektiven Glaubensakt beziehen! Vgl. dazu auch *Fransen*, Dogmengeschichtliche Entfaltung, 715 f.; 718.

Glauben, einen „erdichteten" Glauben[7]. Aber Luther versteht nicht (mehr), daß die „Liebe", durch die der Glaube nach scholastischer Lehre „geformt" wird, nicht in „Werken" besteht, auch nicht in Werken der Gottesliebe, und daß diese Liebe auch kein „Beitrag" des Menschen ist, sondern Implikat oder, besser, anthropologische Erscheinungsform der rechtfertigenden Gnade Gottes selber. *Will man in der lutherischen Alternative sprechen, so gehört auch nach katholischer Lehre die Liebe in der Rechtfertigung auf die Seite des Glaubens, nicht auf die Seite der Werke*[8].

Nun kann man zwar noch einmal darüber nachdenken, was es denn damit auf sich hat, daß die mittelalterliche Theologie den Inbegriff des Rechtfertigungsgeschehens im Menschen in der Liebe, die Reformation ihn aber im Glauben sieht – wo doch beide sowohl Paulus studiert haben als auch die feierlichen Bibeltexte über die Liebe kennen. Im Ergebnis müßte solches Nachdenken wohl darauf hinauskommen, das Mittelalter und die Reformation als zwei ganz unterschiedliche Typen von Theologie zu erfassen, die als solche nicht auf einer Ebene miteinander harmonisierbar sind und die doch beide in der Christenheit ihr Recht haben und notwendig sind. Es ist schwer, diesen beiden „Typen" einen Namen zu geben, der nicht neue Mißverständnisse heraufbeschwört – jedenfalls reicht es nicht im entferntesten aus, hier die üblichen Schlagworte einer „ontologisch" und einer „personalistisch" denkenden Theologie ins Spiel zu bringen[9]. Wir müssen und können es hier dabei belassen, daß das Gemeinte in den entsprechenden gegensätzlichen und dennoch gleich legitimen Einzelaussagen spürbar wird. Wie es aber auch immer um die „Typen" von scholastischer und reformatorischer Theologie bestellt sein mag, niemand kann bestreiten, daß es im entscheidenden Punkt, nämlich im unumkehrbaren Grund-Folge-Verhältnis von Glaube und Werk keinen Streit mehr geben kann. Damit kann es aber auch um die Alleinwirksamkeit Gottes im Rechtfertigungsgeschehen, um Christus als alleinige Quelle des Heils, kurz: um das „sola fide" seinem entfernteren Grund nach keinen Streit mehr geben, der mehr wäre als ein Streit um mehr oder weniger sachgemäße Ausdrucksweisen[10]. In der Tat ist die Formel von der „fides

---

[7] Stellen und Interpretation bei *Pesch*, Theol. der Rechtfertigung, 229 f.; 237 f.; 245; 744 f. Zu Luthers Interpretation von 1 Kor 13 vgl. *Althaus*, Theol. Luthers, 357–371.

[8] So mit vollem Recht *Rahner*, Fragen der Kontroverstheologie über die Rechtfertigung (= Schriften IV, 237–271), 253 – zur Verteidigung von *Küng*, Rechtfertigung, 243–256.

[9] Vgl. dazu *Pesch*, aaO 918–948; *ders., Existentielle und sapientiale Theologie. Der Sache nach halte ich diese Unterscheidung auch heute noch hoch, vermeide nur wegen erwiesener Mißverständlichkeit die Terminologie; vgl. *Pesch*, „Um Christi willen...", 33 f. Anm. 43; *ders.*, Gerechtfertigt aus Glauben, 116–119. Geradezu „klassische" Versuche, den katholisch-lutherischen Gegensatz auf den Gegensatz „ontologisch-personalistisch" zu konzentrieren, sind etwa *Althaus*, Die Christliche Wahrheit, 231–237; *Thielicke*, Theol. Ethik I, 323–392; *Rückert*, Die Rechtfertigungslehre als kontroverstheol. Problem (= Vorträge 295–309); diese Versuche wirken weiter bei *Ebeling* in dessen häufiger Entgegensetzung von „Substanzontologie" und „Ontologie der Relation", zuletzt und paradigmatisch: Dogmatik I, 348.

[10] So schon das „salomonische" Urteil bei Karl August *Meissinger*, Der katholische Luther (München 1952) 101–103.

caritate formata" in der Sprache der katholischen Theologie heute, nach so vielen Mißverständnissen, völlig zurückgetreten, von historischen Erörterungen abgesehen. Dies um so mehr, als die gegenwärtige katholische Theologie unter verschiedenen Aspekten wieder die Vollgestalt des biblischen Glaubensbegriffes neu und besser verstanden hat, als es das Mittelalter vermochte[11].

Aber auch die evangelische Theologie ist dabei, neu nachzudenken, und kommt in diesem Nachdenken aus Gründen der Sache in eigentümlicher Weise dem herkömmlichen katholischen Pathos um die „guten Werke" und die Notwendigkeit ethischen Bemühens entgegen. Zunächst hat die historische Lutherforschung inzwischen erkannt und herausgestellt, daß der unlösliche *Zusammenhang* von Glaube und Liebe, von Glaube und guten Werken bei Luther viel entschiedener durchgehalten ist, als es eine spätere lutherische Theologie aus lauter Sorge um das „sola fide" wahrhaben wollte. Dieses Eingeständnis ist inzwischen von Paul Althaus bis Gerhard Ebeling schon selbstverständlich, um nur zwei Lutherforscher zu nennen, die gewissermaßen Antipoden sind[12].

Diese historischen Einsichten machen nun aber auch die Unterschiede zu unserer Situation und damit den Anlaß zum neuen Nachdenken deutlich. Luthers reformatorische Theologie und speziell sein Glaubensverständnis sind auf den einzelnen Menschen vor Gott konzentriert, und zugleich ist der Maßstab des guten Werkes die konkrete Not des Nächsten, des Nachbarn, des Mitmenschen im überschaubaren Gemeinwesen. Damit ist weder, nach ebenso geläufigem wie törichtem Schema, Luther als Theologe einer individualistischen Innerlichkeit hingestellt, noch ist sein Sinn für soziale und politische Zusammenhänge bestritten. Doch kann kein Zweifel sein: *Wo es um den „Glauben allein" geht, ist gegen dessen damalige nahezu totale „Verkirchlichung" auf der unverfügbaren und unvertretbaren persönlichen Einsamkeit des Glaubensvollzuges zu bestehen, der darin der unvertretbaren Einsamkeit des Sterbens gleicht*[13]. Und wo von Liebe und guten Werken die Rede ist, geht es nicht um Gestaltung und Umgestaltung von Ordnungen des Zusammenlebens, sondern um die Hilfe von Mensch zu Mensch in den unangetasteten Ordnungen unter Verzicht auf deren Änderung, es sei denn durch die, die das „Amt" dazu haben– bis in die lutherischen Bekenntnisschriften hinein (Confessio Augustana 16!)[14]. In der Welt von heute dagegen ist nicht nur das Bewußtsein gewachsen, wie sehr der einzelne unlösbar verflochten und manchmal verstrickt ist in das Schicksal letztlich der ganzen Menschheit, sondern auch diese Verflochtenheit und Verstrickung selbst. Mit Recht entdeckt darum die Theologie in diesem Zusammenhang die „Welthaftigkeit" der

---

[11] Pars pro toto hier nur folgende Hinweise: *Fries,* glauben – wissen, 84–130; *ders.,* Glaube und Kirche auf dem Prüfstand, 9–48; *ders.,* Glaube und Kirche als Angebot, 15–153; *Ratzinger,* Einführung, 17–53; *Kasper,* Einführung, 71–84. Vgl. auch *Pesch,* Rechenschaft, 67–86; 126–152.

[12] Vgl. die Hinweise w. o. 10 III 1 Anm. 28.

[13] Vgl. WA 10 II, 23, 15; 10 III, 1 ff., 7; 259, 5 ff.; 260, 6 ff.

[14] Hier meldet sich, leicht erkennbar, die „Zwei-Reiche-Lehre" an, auf deren besondere Probleme hier nicht einzugehen ist. Hinweise und Literatur jetzt bei *Pesch,* Gesetz und Gnade, 48–50; *ders.,* Hinführung zu Luther, 229–243.

Gnade[15]. Das Evangelium verheißt Heil und Friede für die *ganze* Menschheit, und nur so und darin auch für den einzelnen Menschen.

Das ändert gar nichts am Grund-Folge-Verhältnis von Glaube und Liebe. *Für den Christen ist die Liebe deutlicher denn je die konkrete Ausdrucksform des Glaubens,* die Liebe, die das eigene Dasein annimmt mitten in den persönlichen und überpersönlichen Belastungen; die Liebe, die sich immer den Blick für die konkrete Not des Mitmenschen bewahrt und ohne Rücksicht auf eigene Bequemlichkeit, Zuständigkeitsfragen und das Urteil der Mitwelt hilft; die Liebe, die politische Gestalt annimmt im Ringen um gerechte Strukturen des Zusammenlebens auf der ganzen Welt; die Liebe, die sich auch dann nicht zur Resignation entmutigen oder zum gewaltsamen Ausbruch verführen läßt, wenn ihr Bemühen sich immer wieder als Tropfen auf dem heißen Stein oder gar als völlig vergeblich erweist. Wenn in *diesem* Sinne gesagt würde, das Heil werde dem Menschen „sola caritate", „allein durch die Liebe" zuteil, so wäre dies gewiß eine riskante und vielfachem Mißverständnis ausgelieferte verbale Umkehrung der reformatorischen Einsicht, denn das Programm eines Reiches Gottes aus Menschenhand scheint zum Greifen nahe. Und doch wäre diese Formulierung, genau genommen, nichts anderes als die Transposition der reformatorischen Einsicht über Glaube und Liebe in die Lebens- und Verstehensbedingungen des 20. Jahrhunderts, wobei sich nicht die Verhältnisbestimmung von Glaube und Liebe, sondern allein jene Werke der Liebe verändert haben, ohne die *heute* der Glaube nicht sein kann, wenn er wirklich Glaube ist[16].

Eben dieser Glaube muß, aber kann auch die Verantwortung dafür übernehmen, daß aus der Liebe keine neue „Gerechtigkeit" wird. Ja er *hat* diese Verantwortung bereits wahrgenommen, wenn die Liebe so ist, wie beschrieben. Sie kann ja das Fragmentarische dessen, was sie bewirkt, gar nicht übersehen. Der Mut zu großen Worten und optimistischen Verheißungen wird dabei vergehen. Dieser Scharfblick für unsere verschlissene, alltägliche, immer zu kurz greifende Liebe, kurz: der Scharfblick für die vergebene, überwundene, aber nicht behobene Sünde unterscheidet den Christen von jenen atheistischen Humanisten, die die Möglichkeiten *menschlicher* Liebe für größer halten *müssen,* weil sie den größeren *Grund* solcher Liebe nicht anerkennen können. Der Christ jedenfalls wird

---

[15] Exemplarisch dafür stehen etwa die Arbeiten von *Greshake,* Gnade; *ders.,* Freiheit; *Mayer,* Rechtfertigung durch Werke?; *Schillebeeckx,* Christus und die Christen; *Boff,* Erfahrung von Gnade; *Mieth,* Rechtfertigung und Gerechtigkeit; *Weimer,* Lust an Gott; *Häring,* Die Entfaltung des christlichen Lebens (= MS V, 223–296); *Vorgrimler,* Der Kampf des Christen mit der Sünde (= aaO 349–461); *Pesch,* Buße konkret – heute.
[16] Verständlicherweise ist die evangelische Theologie aufgrund der Impulse der reformatorischen Tradition in der Herausstellung dieser Zusammenhänge – bis in die politischen Konsequenzen – zögernder als die katholische Theologie, für die die in Anm. 15 genannten Autoren stehen. Es gibt aber schon beachtliche evangelische Stimmen, die über den Verdacht neuer „Werkgerechtigkeit" erhaben sind, etwa NGB 560–570 *(U. Kühn); Thielicke,* Können Strukturen sich bekehren?; *ders.;* Theol. des Geistes, 89–93; *Ebeling,* Dogmatik III, 242–248; auch *ders.,* Die Toleranz Gottes und die Toleranz der Vernunft; *ders.,* Usus politicus legis – usus politicus evangelii; vgl. auch *Pesch,* Rechtfertigung und Gerechtigkeit.

seine realistisch eingeschätzte Liebe den Menschen immer nur zumuten in dem Vertrauen darauf, daß Gottes Vergebung uns alle auch da umfängt, wo wir versagen. *Nur eine Liebe, deren „Täter" der Glaube ist (Luther), hat die Chance, auch im Anblick des Ungenügens und immer neuen Versagens durchzuhalten, weil sie, durch den Glauben, an die Macht Gottes gebunden ist und über sich selbst hinaus verweist auf die unbegreifliche Liebe Gottes.* Wo der Glaube auf diese Weise die Liebe zugleich antreibt und kritisch beurteilt, zu ihr befreit und doch niemals Heil und Zukunft auf ihre menschlichen Möglichkeiten gründet – muß man da noch um Glaube und Liebe streiten? Im übrigen sind wir hier schon mitten in die Fragen geraten, die uns im siebenten und achten Fragenkreis noch näher beschäftigen müssen[17].

2. Glaube und Kirche

LESEEMPFEHLUNG: Ebeling, Worthafte und sakramentale Existenz (= Wort Gottes und Tradition, 197–216)

Von einer überholten Kontroverse zu reden wäre allzu mutig, wo es um den *unmittelbaren Grund* des „sola fide" geht: um das Wort als einziges Heilsmittel, als einzige Weise, wie Gott mit dem Menschen zu dessen Heil handelt. Wie schon angedeutet[18], weist die Reformation mit dem „solo verbo" die Vorstellung zurück, die rechtfertigende Gnade sei eine dingartige „Qualität", mit der die Seele des Menschen auf dem Wege kirchlich-sakramentaler „Vermittlung" ausgestattet werde. Die katholische Theologie aber geradezu auf frischer Tat zu ertappen glaubt die Reformation, wo sie auf die scholastische Lehre hinweist, daß die kirchlichen Sakramente dem Empfänger die Rechtfertigungsgnade „durch den Vollzug selbst" (ex opere operato) mitteilen[19].

Nun bewegt sich das Trienter Konzil bei der Beschreibung der Rechtfertigung des Sünders offenkundig im Begriffsfeld der Lehre von der Gnade als einer „Qualität" – auch wenn es, gegenteiligem Anschein zum Trotz, diese Lehre nicht dogmatisiert hat[20]. Und in der Sakramentenlehre hält das Konzil die Formel „ex opere operato" ausdrücklich hoch[21]. So kann man hier nicht so mutig von einer erledigten und überholten Kontroverse reden wie im Bereich der Frage nach Glaube und Liebe. *Im Gegenteil, wo man nur ein „ja, aber" zum „solo verbo" sagen will, muß der evangelische Theologe befürchten, daß die Werke als Vorbedingung für die Rechtfertigung des Sünders durch Gott auf subtile Weise durch eine*

---

[17] Vgl. bes. 19 I–II; 21 I 2; II 1.
[18] Vgl. w. o. 10 III 1; zur Sache vgl. w. u. 12 III 2; IV 1.
[19] Vgl. BSLK 93,22; 94,29 (CA); 199,86; 255,12; 295,18.23; 350,5; 352,12; 356,35 u. ö. (Apol); bei Luther etwa WA 6,512,8 ff.; 522,14; 40 I, 219,3 ff.; und schon 1,544,35–38; weitere Hinweise und Literatur bei Pesch, Theol. der Rechtfertigung, 334 f.; *Meyer/Schütte,* Confessio Augustana, 200 f.; *Pesch, Das katholische Sakramentsverständnis* 321.
[20] Vgl. w. u. 12 V e).   [21] DS 1608 = NR 513.

Hintertür wieder Einlaß finden: in Gestalt von „Leistungen" gegenüber der Kirche, der Verwalterin der Sakramente und „Vermittlerin" der Gnade. Mit geradezu penetranter Einhelligkeit behauptet denn auch die lutherische Theologie unserer Tage – darin Erbin einer langen Tradition, die bis in die Reformationszeit zurückreicht –, nach traditionell-katholischer und weiterhin gültiger Auffassung werde die (Rechtfertigungs-)Gnade dem Menschen ausschließlich durch den Empfang der Sakramente zuteil, nicht etwa auch und schon durch das verkündigte Wort; die Gnade sei nach katholischer Auffassung grundsätzlich *sakramentale* Gnade. So selbstverständlich ist dieses Urteil, daß man sich in der Regel nicht einmal die Mühe macht, es aus kirchenamtlichen oder theologischen Texten zu belegen[22]. Mittun in Kirche erscheint dann als „Werk", das der Rechtfertigung bedingend vorauszugehen hat – wie anders soll der Mensch denn sonst an die Sakramente herankommen, die allein die Gnade vermitteln? Die Kehrseite ist: Nicht-Mittun in der Kirche oder gar von den Sakramenten ausgeschlossen sein muß als heilsbedrohlich angesehen werden. Mit ihrer Disziplin und mit ihren Möglichkeiten der Disziplinierung hätte sich die Kirche dann – wenn es tatsächlich so stünde – zwischen den Menschen und Gott gedrängt, hätte die auf das Wort gegründete unmittelbare personale Beziehung des Glaubenden zu Gott unterbrochen[23].

Die katholische Theologie hat gut daran getan, sich diesem totalen Verdacht zu stellen. Sie hat gut daran getan, sich nicht nur auf eine mögliche und sogar berechtigte Retourkutsche zu beschränken. Es gibt ja tatsächlich wie eine „halbmagische" katholische Sakramentsfrömmigkeit, so auch eine „halbmagische" evangelische Wortfrömmigkeit, die der Vergebung der Sünden gewiß ist, wenn man nur geduldig die Predigt des Pastors am Sonntag über sich ergehen läßt[24]. Es gibt auch das Phänomen, zumindest die reale Gefahr, daß aus dem befreienden „aus Glauben allein" ein verpflichtendes „Werk" wird, das einen Menschen zum evangelischen Christen macht: nämlich das intellektuelle „Werk", von der lutherischen Lehre über den „Glauben allein" überzeugt zu sein[25]. Statt dessen

---

[22] Vgl. z. B. *Althaus,* Christl. Wahrheit, 232, 542; *ders.,* Theol. Luthers, 300 f.; *Ebeling,* Worthafte und sakramentale Existenz (= Wort Gottes und Tradition, 197–216), 202; *ders.,* Sola Scriptura (= aaO 91–143), 101; *ders.,* Luther, 173 f.; *ders.,* Das Leben – Fragment, 317; *ders.,* Dogmatik III, 310–314; *Schwarz,* Fides, spes. 2; *Maron,* Kirche und Rechtfertigung, 216 f.; *Müller,* Rechtfertigung, 46; *Oberman,* „Iustitia Christi" und „Iustitia Dei", 434; *Moeller* in: Raymund Kottje/Bernd Moeller (Hg.), Ökumenische Kirchengeschichte II (München-Mainz ²1978), 291 Anm.; *Thielicke,* Theol. Ethik I, 306; *ders.,* Theol. des Geistes 27 (beachte aber die Einschränkungen S. 30!); *Oberman,* Werden und Wertung, 102. Zum Ganzen vgl. auch *Pesch,* Kathol. Sakramentsverständnis.
[23] Diesen Vorwurf hat am entschiedensten *G. Maron* formuliert, Kirche und Rechtfertigung, bes. 261–267. Er überprüft denn auch die katholisch-theologischen Äußerungen zum Zusammenhang von Gnade und Sakramenten und macht insofern eine Ausnahme von der aus Anm. 23 erkennbaren Regel – aber nur, um dadurch den viel fundamentaleren Vorwurf zu stützen: aaO 204–228. Vgl. auch meine Besprechung in: *Pesch,* Aus der Lutherforschung, ThQ 150 (1970) 417–432, hier: 425–428.
[24] Ich beziehe mich hier auf konkrete Erfahrungsberichte evangelischer Pfarrer. Das Phänomen ist auch zugegeben bei *Heinz Zahrnt,* Martin Luther in seiner Zeit – für unsere Zeit (München 1983), 191.
[25] So etwa mit beißender Schärfe D. *Sölle,* Atheistisch an Gott glauben. Beiträge zur Theologie (Olten 1968), 81–83.

bemüht sich die katholische Theologie in den letzten Jahrzehnten intensiv, einerseits die scholastische Lehre von der Gnade als „Qualität" von ihrem ohnehin nur scheinbaren apersonalen Eindruck zu befreien und sie historisch wie sachlich gerade als Theorie von den Bedingungen des *unmittelbaren* personalen Kommens Gottes zum Menschen zu erweisen und zu verstehen[26]. Und anderseits arbeitet sie nicht nur den worthaften Charakter der Sakramente heraus, sie hat überhaupt die mittelalterliche Abwertung des Wortes – eine Langzeitfolge des pelagianischen Streites – überwunden, versteht die Wortverkündigung in all ihren Formen als die umfassende Weise der Vermittlung des Christusheiles an die Menschen und definiert daher konsequent das Wesen des kirchlichen Leitungsamtes von der primären Aufgabe der Wortverkündigung her[27]. *Der Unterstellung eines „verdinglichten" und „verkirchlichten" Gnaden- und Sakramentsverständnisses sollte damit eigentlich der Boden entzogen sein.* So ist denn auch seit mehr als einem Jahrzehnt schon der Ruf zu hören, Luther habe „sein Konzil gefunden", gerade auch in Sachen Wortverständnis, und nun sei es an der Zeit, das Recht zu konfessioneller Sonderexistenz zur Debatte zu stellen[28].

Dennoch haben diese innerkatholischen Entwicklungen auf evangelischer Seite so etwas wie eine Verhärtung nicht etwa aufgelockert, sondern eher noch gefestigt – im Namen des „solo verbo". Schon 1967 hat Peter Brunner in einem programmatischen Aufsatz die These gewagt, in der Reformation Luthers sei es eigentlich nicht um das Thema „Rechtfertigung" gegangen, sondern um die wahre Bedeutung der Kirche. Daher sei auch nicht in Trient, sondern erst auf dem Ersten Vatikanischen Konzil die Tür zwischen den Konfessionen „endgültig ins Schloß gefallen", und das Zweite Vatikanische Konzil habe daran nichts geändert[29]. Gottfried Maron analysiert mit spürbarem Zorn die Lehre des Zweiten Vatikanums von der Kirche als „Ursakrament" und sieht darin die endgültige Zementierung eines nicht mehr überbrückbaren Gegensatzes zwischen evangelischem und katholischem Rechtfertigungsverständnis[30]. Gerhard Ebeling hält dafür, das katholische Sakramentsverständnis stehe nach wie vor für die Verweigerung der „ekklesiologischen Fundamentalunterscheidung" zwischen der Kirche und Christus, eben deshalb sei eine Kirchengemeinschaft mit der römisch-katholischen Kirche unmöglich, solange sie an diesen Auffassungen festhalte[31].

---

[26] Vgl. den folgenden Fragenkreis.
[27] Näheres und Literatur bei *Pesch,* Kath. Sakramentsverständnis; und *ders.,* Hinführung zu Luther, 151–153; 217–227. Hier nur der Hinweis auf das Dekret des Zweiten Vatikanischen Konzils über Dienst und Leben der Priester, Art. 4; und auf *Rahner,* Der theologische Ausgangspunkt für die Bestimmung des Wesens des Amtspriestertums (= Schriften IX, 366–372).
[28] So *Brandenburg,* Martin Luther gegenwärtig, 146, 148 f.; vgl. 137–141.
[29] *Brunner,* Reform – Reformation. Einst – heute (= Bemühungen um die einigende Wahrheit, 9–33), 32.
[30] Vgl. die Hinweise in Anm. 23.
[31] *Ebeling,* Dogmatik III, 315.

All dies ist nur scheinbar unbelehrbare Suche nach neuen Verteidigungslinien für die Kirchenspaltung. Die lutherische Theologie prüft vielmehr, ob die gekennzeichneten innerkatholischen Entwicklungen tatsächlich auf das reformatorische „solo verbo" zulaufen – und befürchtet das Gegenteil. So ist die härtere Abwehr einer nur scheinbar größer gewordenen Übereinstimmung aus ihrer Sicht konsequent. *Tatsächlich entscheidet sich heute der Konsens in der Rechtfertigungslehre an der Auffassung von der Kirche – das ist der schönste Test auf die Richtigkeit der These Luthers, der Rechtfertigungsartikel sei der Artikel, mit dem die Kirche steht und fällt*[32]. Auf Konsens ist hier also nur zu hoffen, wenn die evangelische Theologie die Betonung der Heilsbedeutung des „Wortes allein" in einer Weise zu begründen vermag, bei der die darin ausgesagte Gottunmittelbarkeit des Glaubens zwar durchaus kirchenkritische Kraft behält, aber frei ist von einer ungesagten Infragestellung der Wirklichkeit „Kirche", die schließlich nach dem Zeugnis des Neuen Testamentes sich diesem Glauben verdankt und ihn weiterzusagen „gerufen" ist. Umgekehrt muß die katholische Theologie in der Lage sein, die „Vermittlung" des Heils durch die Kirche in einer Weise zu begründen und zu erläutern, daß nicht der „Glaube an die Kirche" am Ende an die Stelle oder auch nur auf die gleiche Ebene mit dem Glauben an Gott vorrückt. Ob es dahin schon gekommen ist oder nicht kommen kann, wird sich daran zeigen, ob die Kirche jederzeit sich auch der Kritik stellt, die von der Rechtfertigung des Sünders durch Gottes freisprechendes Wort allein ausgeht: Dient ihr der Absicht nach und faktisch alles, was in der Kirche geschieht, oder vergißt die Kirche, wem sie sich verdankt, und genügt sich in ihren Institutions- und Lebensformen selbst?

II. Allein durch den Glauben – der niemals „allein" ist

1. Glaube in Tat und Wahrheit

LESEEMPFEHLUNG: Fries, Herausgeforderter Glaube, bes. 13–101; Thielicke, Theologie des Geistes, 16–52

„Sola fide numquam sola" – unter diesem Titel hat einmal Paul Althaus die Lehre Luthers vom allein rechtfertigenden Glauben dargestellt. Die Formel ist wie eine Abkürzung der prägnanten Doppelthese Luthers, die wir schon zitierten[33]. Von dieser Formulierung eines lutherischen Theologen, an dessen Treue zu Luthers Erbe kein Zweifel möglich ist, dürfen wir hier ausgehen.

Es sind damit zunächst einmal solche Deutungen des Verhältnisses von Glaube und Werken zurechtgerückt, die aus lauter Sorge um die – tatsächliche –

---

[32] Versuch einer Analyse der diesbezüglichen Diskussion – die komplizierter ist, als man gewöhnlich vermutet – bei *Pesch,* Gerechtfertigt aus Glauben, 13–55.

[33] Vgl. 10 III 1; *Althaus,* Sola fide numquam sola.

Passivität des Menschen im Empfang der Rechtfertigungsgnade den Glauben vom Handeln insofern lösen, als diese und ihre Notwendigkeit nicht im Wesen des Glaubens selber gründen, in seiner Lebendigkeit, Fruchtbarkeit und umgestaltenden Kraft, sondern in etwas anderem, das zwar den Glauben voraussetzt, aber nicht mit ihm identisch ist – z. B. im verbindlichen Gebot des Gottes, in dessen Gemeinschaft der Glaube den Menschen versetzt. Bekanntlich sieht man in Melanchthon den Ahnherrn dieser – bewußten? – Distanzierung von einem entscheidenden Gedanken Luthers[34]. Heute ist dieser Unterschied zwischen Luther selbst und einer Gruppe seiner Anhänger und Nachfolger freilich durchschaut, und die Gefahr der „Melanchthonisierung" erscheint bei den gegenwärtigen Bemühungen um eine Aktualisierung der Rechtfertigungslehre Luthers als vergleichweise gering[35].

Die Formulierung von Paul Althaus sollte aber auch solche Deutungen des Glaubens und der Rechtfertigung ausschließen dürfen, die, wiederum aus Sorge um die Passivität des Menschen gegenüber dem rechtfertigenden Gott, den Glauben überhaupt aus dem Zusammenhang des menschlichen Lebens herauslösen und ihn ebenso zu einer „mystischen" Größe verflüchtigen, wie es nach evangelischem Eindruck manche Katholiken mit der Kirche zu tun versucht sind. Zwei Beispiele zur Verdeutlichung. Stellvertretend für eine ganze „Schule" gegenwärtiger, weiterhin einflußreicher Lutherforscher hat Ernst Wolf einmal formuliert, der Glaube sei nichts als „die applikative Seite des Wortes"[36]. Der genannte Paul Althaus dagegen, gefolgt von zahlreichen lutherischen Theologen, liebt die Formulierung, der Glaube sei nichts anderes als die „Haltung reinen Empfangens", ein „reines Empfangsorgan" für das Heil, das Gott dem Menschen ohne dessen Zutun schenkt[37]. Dergleichen Formulierungen bringen die Gnadenhaftigkeit des Glaubens und den Geschenkcharakter der Rechtfertigung gewiß überdeutlich heraus. Die Frage ist nur, ob durch sie auch wahrheitsgemäß ins Licht zu rücken ist, daß dieser Glaube „niemals allein" ist.

Denn alle Beschwörungen der „Unverfügbarkeit" des Wortes und der „reinen Passivität" des Glaubens können doch nicht die Tatsache wegdisputieren, daß eine Fülle von Dingen geschehen muß, wenn Wort und Glaube zusammenkommen und sich ereignen sollen. Das Vordergründigste ist noch, daß ich mich entschließen muß, einem Verkünder zuzuhören, also mich in eine Kirche zu begeben oder in einen Vortragssaal, den Rundfunkempfänger einzuschalten oder ein Buch zu lesen. Der Glaube jedenfalls, der wirklich „reines Empfangen" ist, ist gleichzeitig

---

[34] Vgl. CA VI, besonders den lateinischen Text: „... quod fides illa *debeat* (schuldig ist) bonus fructus parere et quod *oporteat* (nötig ist) bona opera *mandata a Deo* facere *propter voluntatem Dei*..." Vgl. dazu *Lohse,* Luther und das Augsburger Bekenntnis (Lohse/Pesch, Augsburger Bekenntnis, 144–163), 160 f.

[35] Zum Urteil der Forschung vgl. *Pesch,* Theol. der Rechtfertigung, 304–317, bes. 305 Anm. 99.

[36] *Wolf,* Sola gratia? Erwägungen zu einer kontroverstheologischen Formel (= Peregrinatio I, 113–134), 124.

[37] *Althaus,* Christl. Wahrheit, 604; *ders.,* Theol. Luthers, 202, 374 u. ö.; vgl. NGB, 563 *(U. Kühn).*

offenbar ein seelisches Geschehen im Menschen, um nicht zu sagen: eine psychische Aktivität, eine geistige Tat, und zwar eine sehr energische, denn sie hat allerlei Widerspruch und Anfechtung von innen und außen zu überwinden, wie man gerade einem lutherischen Christen nicht lange erläutern muß. Und diese Aktivität, diese Tat ist eingebettet in eine Fülle anderer – vorausgehender, begleitender, nachfolgender psychischer Geschehnisse und sogar äußerer Handlungen. Es gibt darum mit Fug und Recht gerade heute schon eine kleine Bibliothek von Büchern, die unter der Leitfrage stehen: „Glauben – wie macht man das?"[38] Das sollte man auch vor denjenigen nicht verteidigen müssen, denen bewußt ist, wie drängend Luther, vor allem in seinen Predigten, zum Glauben *mahnen* kann – also zum „reinen Empfangen" als *Tat* der Hingabe aufruft. Will man hier eilig unterscheiden und den Glauben selbst gegen seine psychischen, geistigen und äußeren Erscheinungsformen abgrenzen, so muß dies dazu führen, daß der Glaube aus der Ganzheit menschlicher Realität herausgenommen wird und dann nicht mehr zu verstehen ist, wieso er auf eben diese menschliche Realität solch einen verändernden Einfluß hat, den gerade Luther so nachdrücklich betont.

In diesem Sinne ist also der Glaube, der allein die bedingungslose Rechtfertigung durch Gott ergreift, unser Angenommensein annimmt (um mit Paul Tillich zu reden[39]), nie „allein", oder besser: Er ist, konkret betrachtet, selbst eine komplexe Realität, zu deren Analyse ein einfaches Grund-Folge-Schema nicht ausreicht, in der es vielmehr auch Voraussetzungen, Vermittlungen, Begleiterscheinungen, psychische und intellektuelle Verhaltensformen bis hin zum ganz

---

[38] Stellvertretend für viele hier einige mir charakteristisch scheinende Titel (nicht nur aus katholischer Theologie!): *Fries,* glauben – wissen; *ders.,* Glaube und Kirche auf dem Prüfstand; *ders.,* Glaube und Kirche als Angebot; *Heinrich Fries/Eberhard Simons,* Was heißt glauben? Glaubensverständnis in einer säkularisierten Welt (Düsseldorf 1969); *Heinrich Fries/Ernst Emrich,* „Über Gott und die Welt". Ein Interview über Glaubensprobleme der Gegenwart (München 1970); *Helmut Thielicke,* Ich glaube. Das Bekenntnis der Christen (Stuttgart 1965 u.ö.), bes. 19–34; *Eugen Biser,* Glaubensvollzug (Einsiedeln 1967); *ders.,* Glaubensprobleme (Augsburg 1970); *Kasper,* Einführung in den Glauben, bes. 71–84; *Albert Ebneter/Pietro Selvatico/Benno Gassmann,* Hat Glauben noch Sinn? Grundfragen nach Kirche, Gott und Welt (Zürich 1972); *Paul Weß,* Befreit von Angst und Einsamkeit. Der Glaube in der Gemeinde (Graz 1973); *ders.,* Eine Frage bricht auf. Wie man zum Glauben finden kann (Graz 1982); *Ellen Flesseman-van Leer,* Rechenschaft über den Glauben. Fragen und Antworten für Gruppenarbeit und Selbststudium (Göttingen 1974); *Jörg Zink,* Erfahrung mit Gott. Einübung in den christlichen Glauben (Stuttgart 1974); *Karl Rahner,* Glaube als Mut (Zürich 1976); *Josef Imbach,* Ist Gott die Antwort? Hinführung zum Glauben (Mainz 1977); *Reinhard Göllner/Heinz-Jürgen Görtz/Klaus Kienzler,* Einladung zum Glauben. Vom Verstehen des Menschen zum Verstehen des Glaubens (Freiburg i. Br. 1979); auch CGG 25, bes. den Beitrag von *Bernhard Casper,* Alltagserfahrung und Frömmigkeit. Lehrreich sind hier auch neuere Bücher für den Religionsunterricht an Schulen, soweit sie *nicht* der Darstellungsweise eines konventionellen Katechismus folgen, also beispielsweise *Günter Weber,* Wie wir Menschen leben, Bde. 3 u. 4 (Freiburg i. Br. 1972 und 1973); *Werner Trutwin/Klaus Breuning,* Wege des Glaubens Bd. 2 (Düsseldorf 1979). Einschlägig sind ferner die neueren Arbeiten über das Gebet; vgl. w.o. 7 IV 3 Anm. 56.

[39] Vgl. *P. Tillich,* Die protestantische Verkündigung und der Mensch der Gegenwart (= Ges. Werke VII, 70–83); 81 f.; *ders.,* In der Tiefe ist Wahrheit (= Religiöse Reden I), 179; *ders.,* Syst. Theol. II, 192; III 258 f.; *ders.;* Der Mut zum Sein.

persönlichen „Glaubensstil" gibt. Der Glaube selbst kann und wird die Verantwortung dafür übernehmen, daß niemand seine konkrete Erscheinungsform oder auch nur eines ihrer Elemente als Voraussetzung oder gar Bedingung der *Rechtfertigung selbst* verstehen kann. Dies gschieht, *indem der Glaube selbst, mit seiner komplexen Struktur, sich als Werk und Geschenk Gottes begreift, das heißt: seine eigene komplexe Realität, die seine menschliche Tat und seine menschliche Wahrheit ist, führt er zugleich dergestalt auf Gott zurück, daß eben diese komplexe menschliche Realität dadurch ganz Tat des Menschen sein kann, daß sie ganz Tat Gottes ist.*

So muß man also zwischen *Gott* und dem *Glauben* an Gott unterscheiden – Gott ist nicht eine Projektion des Glaubens, sondern er ist Thema des Glaubens, den er selbst schafft. *Im Glauben* aber kann man gewiß den „eigentlichen" Glaubensvorgang von dem Komplex psychischer und äußerer Aktivitäten, die seine konkrete Erscheinung ausmachen, unterscheiden. Dafür mag man sich sogar auf Luther berufen, der in gelegentlichen, aber gern zitierten Formulierungen davon spricht, daß der Glaube „in puncto mathematico" geschehe, also in einer nicht mehr konkret beschreibbaren, auslotbaren, hinterfragbaren tiefsten Tiefe der Seele[40]. Nur ist das lediglich die eine Seite von Luthers Glaubensbegriff und sachlich eine nicht weniger abstrakte Betrachtung des Glaubens, als es auch der mittelalterlich-scholastische formale Begriff vom Glauben als Zustimmungsakt des Verstandes zum Worte Gottes ist. Aber wie man in bezug auf die Scholastik diesen formalen Glaubensbegriff nicht für das Ganze nehmen und absolut setzen darf, so hat auch eine Absolutsetzung des Glaubens „im mathematischen Punkt" Luther nicht auf ihrer Seite. Auch ganz ohne eine Theorie vom „Glauben, der durch die Liebe geformt ist", ist seine antithetische Denkweise in der Lage, die völlige Gnadenhaftigkeit und Passivität des Glaubens durchaus in Verbindung zu halten mit dem ganzen Geflecht psychischer und äußerer Aktivitäten, ohne die Glaube nicht nur nicht erscheint, sondern nicht *ist*. Welchen anderen Schluß sollten wir denn ziehen aus Luthers zahllosen Texten über die Fruchtbarkeit des Glaubens im konkreten menschlichen Leben? Wer zudem bedenkt, daß das Mittelalter eben diese Fruchtbarkeit der *Liebe* (der Gottesliebe!) und teilweise der Hoffnung zuschrieb[41], wird Kardinal Willebrands recht geben, wenn er in dem berühmten Lutherabschnitt seiner Rede vor dem lutherischen Weltbund in Evian bei Genf im September 1970 die Formulierung wagte, „daß Luthers Glaubensbegriff, wenn man ihn voll nimmt, doch wohl nichts anderes bedeutet als das, was wir in der katholischen Kirche mit Liebe bezeichnen ..."[42].

---

[40] Z. B. WA 40 II, 527,9. vgl. 40 I, 21,12; 40 III 572, 23. *Thielicke,* Theol. Ethik, 306 f.; 526 f.; Theol. des Geistes, 99 f., hat das Problem genau im Blick; ich stimme seiner Lutherinterpretation völlig zu, nicht jedoch seiner abgrenzenden Darstellung der katholischen Auffassung.

[41] Vgl. *Thomas,* STh II–II 28–33; und schon 17–19.

[42] Text der Rede: LR 20 (1970) 447–460; der Lutherabschnitt: 457–459; das Zitat: 459.

2. Glaube in der Gemeinschaft

LESEEMPFEHLUNG: Rahner, Grundkurs des Glaubens, 332–357; *Weß,* Ihr alle seid Geschwister, 35–85; 120–146

Verstehen wir in dieser Weise den „allein rechtfertigenden" Glauben konkret genug, dann verlieren die meisten Stichworte, die die Kontroverse um das „sola fide" beherrschen, ihre Schrecken bzw. sie zeigen den *wirklichen* Kern ihrer Problematik.

Da ist zunächst das Wort „Vermittlung" – Vermittlung der Gnade durch die Kirche. Das Wort ist negativ besetzt durch den (evangelischen) Argwohn, die kirchliche „Vermittlung" der Gnade werde zwangsläufig zu deren Bedingung oder Voraussetzung. Evangelischen Beobachtern ist kaum zu verübeln, wenn sie nicht selten den Eindruck haben, die katholische Kirche betrachte sich selbst, allen Bekenntnissen zur Unverfügbarkeit der Gnade Gottes zum Trotz, in dieser Weise als „Vermittlerin" der Gnade. Die Betonung der Sakramente nicht nur als einer anderen Gestalt, sondern als *des Höhepunktes* von Verkündigung und Heilszusage und damit immer noch als einer Überbietung der „bloßen" Wortverkündigung[43], die Betonung der alleinigen Kompetenz des Amtes für die Verwaltung der Sakramente in Verbindung mit der kirchenamtlichen Zurückweisung von theologischen Versuchen einer Neuorientierung[44] lassen den, der nur von außen beobachtet, in der Tat schwerlich auf den Gedanken kommen, es handle sich hier doch nicht um dasselbe Phänomen von „Verkirchlichung" der Gnade, gegen das schon die Reformatoren ankämpften.

Der katholische „Insider" indes vermag, so unbegreiflich das für den evangelischen Beobachter auch sein mag, zwischen bedingungsloser Rechtfertigung aus Glauben allein und unabdingbarer Funktion von Kirche und Amt keinen Widerspruch zu sehen. *Die „Heilsnotwendigkeit" der Kirche wird seit geraumer Zeit – und in kaum zu bestreitender Korrektur früherer rigoristischer Auffassungen – nicht mehr so verstanden, als gebe es „außerhalb der Kirche kein Heil" und als sei eine Zugehörigkeit zur römisch-katholischen Kirche im juridischen Sinne „heils-notwendig"*[45]. Die Heilsnotwendigkeit der Sakramente – ohnehin nicht aller Sa-

---

[43] Vgl. etwa *Rahner,* Wort und Eucharistie (= Schriften IV, 313–356); *Scheffczyk,* Von der Heilsmacht des Wortes, 264–286; *Pesch,* Besinnung auf die Sakramente, 309–316.

[44] Vgl. Zweites Vatikanisches Konzil, Konstitution über die Kirche Nr. 26, 28, 29; Dekret über Dienst und Leben der Priester Nr. 4–9; die Gegenprobe: Dekret über den Ökumenismus Nr. 22. Aus der Theologie darf und muß hier der summarische Hinweis genügen auf 1. die intensive Diskussion um die Abendmahlsgemeinschaft, 2. das Buch: Reform und Anerkennung kirchlicher Ämter. Ein Memorandum der Arbeitsgemeinschaft ökumenischer Universitätsinstitute (Mainz 1973), 3. die kirchenamtliche und theologische Stellungnahme zur These von Hans Küng, im Notfall könne auch ein Laie der Eucharistie vorstehen. Hinweise und Literatur bei *Pesch,* Das katholische Sakramentsverständnis, 332–334.

[45] Zu Geschichte, Sinn und Unsinn dieses Satzes vgl. *Yves Congar,* Außer der Kirche kein Heil. Wahrheit und Dimensionen des Heils (Essen 1961); *Küng,* Die Kirche, 371–378; *ders.,* Christsein, 81–108; *Horst,* Umstrittene Fragen der Ekklesiologie, 170–186; *Joseph Ratzinger,* Das neue Volk Gottes. Ent-

kramente, besonders aber der Taufe – wird von alters her kontrapunktiert durch eine anfangs eng gefaßte, dann immer weiter ausgreifende Lehre vom ausdrücklichen und unausdrücklichen „Votum" des Sakramentes, vom Verlangen nach dem Sakrament, das im Falle schuldloser Unmöglichkeit des Sakramentenempfangs diesen ersetzt[46]. Weder die reale Kirche noch ihre realen Sakramente noch das für diese zuständige Amt gehören also in der Weise zum Glauben dazu, daß sie eine durch nichts auszugleichende Bedingung für das rechtfertigende Handeln Gottes und dessen Empfang im Glauben darstellten. Die Kirche verfügt nicht über die Wege, auf denen Gott mit den Menschen handelt. „Gott hat seine Kraft nicht so an die Sakramente gebunden, daß er nicht auch ohne die Sakramente die Wirkung der Sakramente mitteilen könnte", sagt schon Thomas von Aquin[47].

Ist dann aber nicht wenigstens das „Votum", das Verlangen nach dem Sakrament und damit nach der Zugehörigkeit zur Kirche als „Bedingung" der Rechtfertigung durch Gott zu verstehen? Das entscheidet sich daran, wie die tatsächliche (und nicht nur die unterstellte) „Vermittlungsfunktion" der Kirche und ihrer Sakramente zu verstehen ist. In einem bestimmten Sinne kann auch der in die „Freiheit eines Christenmenschen" gestellte evangelische Christ einer „Vermittlung" durch die Kirche so wenig entraten wie der katholische Christ. *Nur in der Kirche und durch die Kirche hört er überhaupt das befreiende Wort von der Rechtfertigung des Sünders allein aus Glauben, weil er es nur von denen hören kann, die schon vor ihm geglaubt haben.* Mehr an „Vermittlung" bleibt aber der Kirche auch nach katholischem Verständnis nicht übrig. Denn wenn die katholische Kirche sich so wenig wie die evangelische zutrauen kann, über die Wege des Handelns Gottes mit den Menschen zu verfügen, dann bleibt ihre „Vermittlung" der rechtfertigenden Gnade beschränkt auf die „Mit-Teilung" des befreienden *Wortes* von der Rechtfertigung des Menschen durch Gott, des Wortes in allen Formen, in denen es hörbar wird, also selbstverständlich auch in den Sakramenten und im Mitleben mit der Kirche. Das „Verlangen" nach dem Sakrament bzw. nach der Kirche ist in demselben Sinne notwendig und in demselben Sinne keine „Bedingung" der Gnade Gottes, wie das Verlangen nach dem befreienden Wort „notwendig" und dennoch keine „Bedingung" im Sinne einer Vorleistung ist.

Um die Tragweite dieser Überlegung voll würdigen zu können, muß man sich

---

würfe zur Ekklesiologie (Düsseldorf 1972) 152–177; *Otto Semmelroth,* Die Kirche als Sakrament des Heils (= MS IV/1, 309–356), 334–340; *Max Seckler,* Alleinseligmachende Kirche? Die vielen Religionen und das eine Heil, in: Hüttenbügel (Hg.), Gott – Mensch – Universum, 733–746; *Rahner,* Grundkurs des Glaubens, 122–177; 303–312; und schon *ders.,* Schriften zur Theologie, die Beiträge zum Thema des „anonymen Christentums" (vor allem IX, 498–515; X, 531–546; XII, 582–598; XIII, 341–350); *Walter Kern,* Außerhalb der Kirche kein Heil? (Freiburg i. Br. 1979). Von evangelischer Seite vgl. vor allem *Ulrich Valeske,* Votum Ecclesiae (München 1962), ferner die w. o. 7 IV 3 Anm. 59 verzeichneten Wortmeldungen zum Problem der Mission.
[46] Vgl. *Pesch,* Besinnung auf die Sakramente, 280–284; *Schneider,* Zeichen der Nähe Gottes, 95–97.
[47] STh III 64,7.

nur von der Identifikation von Kirche und (höherer) Kirchenleitung freimachen, die, dem katholischen Christen spätestens seit dem Zweiten Vatikanischen Konzil wieder voll bewußt, theologisch völlig unsinnig ist und war. Der evangelische Christ muß eine solche Identifikation zumindest gegenüber der katholischen Kirche, nicht selten aber auch gegenüber der eigenen Kirche auflösen, nicht nur, weil er sonst der katholischen Kirche nicht gerecht werden kann, sondern weil er andernfalls nie begreifen kann, warum katholische Christen, selbst bei ausgiebiger und gar aggressiver Kritik, gegenüber der kirchlichen Institution durchaus unbefangen sind und den evangelischen Argwohn gegen die selbstverständliche Kirchlichkeit des Katholiken nur mit chronischem Unverständnis quittieren können[48]. Durchschnittlich veranschlagt der evangelische Christ die Bedeutung von Amt und Institution im Glaubensbewußtsein und Glaubensleben der Katholiken viel zu undifferenziert, daher muß er zu der Auffassung gelangen, katholische Christen betrachteten ihre hierarchisch verfaßte Kirche als eine solche „Bedingung" der rechtfertigenden Gnade Gottes, wie das paulinische und reformatorische (lutherische) Rechtfertigungsverständnis sie ein für allemal ausschließen. In Wahrheit ist durchschnittlich der Katholik weit mehr, als evangelische Christen ihm zutrauen, davon durchdrungen, daß die *ganze* Kirche, *alle ihre Glieder zusammen,* „mit verteilten Rollen" den *einzigen* Daseinssinn der Kirche erfüllen, nämlich das Wort der Frohbotschaft weiterzusagen. Erst jenseits dieser Grundtatsache, nämlich wo es um die geordneten Formen und Weisen der Weitergabe dieses Wortes, eben um die „verteilten Rollen" geht, haben Institution, Amt und sogar das, was mit „Hierarchie" ernsthaft überhaupt gemeint sein kann, ihren Ort.

Man kann also durchaus Vorbehalte gegen die konkrete Form der „Kirchlichkeit" katholischer Glaubensexistenz haben. Übrigens gilt das ja schon im Vergleich der Regionen: Welcher nordeuropäische Katholik hätte nicht seine Vorbehalte gegen manche Lebensformen katholischer Kirchlichkeit im Mittelmeerraum, in Lateinamerika oder auch nur in Polen! Und man kann durchaus auch bestürzt sein über die Art und Weise, wie sogar manche amtlichen Vertreter der Kirche nach wie vor sich die Bindung der Gläubigen an ihre Kirche vorstellen und im Namen des Glaubens fordern. *Es ist gleichwohl sachlich unbegründet, diese Bindung als „Vermittlung" der rechtfertigenden Gnade selbst und daher als bedingendes Werk für die Rechtfertigung anzusehen.* Der Streit um die Geltung des paulinischen Zeugnisses, wenn er denn hier entsteht, ist nicht nur ein Streit zwischen evangelischem und katholischem Kirchenverständnis, sondern ein Streit, der auch in der katholischen Kirche ausgetragen werden muß

---

[48] Ein sprechendes Beispiel für diese Verstehensblockaden ist die Stellungnahme von *Hans Geißer* zu MS IV/1 und 2 in ThZ 32 (1976) 159–166, bes. 164 f., die in der Bemerkung gipfelt, es sei erstaunlich, daß auf eine solche Ekklesiologie (in MS IV/1) eine solche Rechtfertigungslehre (in MS IV/2) folgen könne. Aber die Beteiligten empfinden da gar keinen Widerspruch! Und ist Yves Congar, dessen Beitrag MS IV/1 prägt, kein kritischer Geist? Ist er etwa von Konflikten mit der Kirche verschont geblieben?

und faktisch auch ausgetragen wird. Denn der Glaube des Christen vollzieht sich in der Glaubensgemeinschaft und mit ihr – aber in keinem Fall zu ihren Bedingungen!

Damit ist zugleich dem anderen Stichwort seine Bedrohlichkeit genommen: „Gottunmittelbarkeit" des Glaubenden – bzw. deren Unterbrechung. *Die Kirche und ihr Amt – auch und gerade ihr Lehramt – könnten nur dann „zwischen" Gott und den Glaubenden treten und seine Gottunmittelbarkeit unterbrechen, wenn ihre „Vermittlung" mehr und anderes wäre als Mitteilung des befreienden Wortes der Botschaft. Das können beide nicht beanspruchen, und das tun sie, wie gezeigt, auch nicht.* Und auch die Mitteilung und Annahme des Wortes sind ihrerseits nicht bedingendes „Werk", sondern Eröffnung und – von Gott selbst erwirkter – Eintritt in jene Kommunikation zwischen Gott und Mensch, in der die Rechtfertigung, die erbarmende Annahme des Menschen durch Gott, die Selbsthingabe des verlorenen Menschen an Gott bestehen.

Hier nur einige Schlaglichter aus der Theologie in Geschichte und Gegenwart. Wir sahen schon, daß das Glaubensverständnis bei Thomas von Aquin von der Gottunmittelbarkeit des Glaubenden ausgeht, daß also Gott selbst – und nicht etwa Glaubenssätze und mit ihnen eine sie aufstellende Kirche – Thema des Glaubens sind[49]. Mit einer breiten frühscholastischen Tradition nimmt Thomas aus immer noch andauernder Sorge vor dem Pelagianismus lieber eine Abwertung des Wortes zum bloßen intellektuellen Transportmittel der Botschaft in Kauf, um nur ja keinen Zweifel daran aufkommen zu lassen, daß nichts anderes als die Gnade Gottes selbst, unvermittelt, den Menschen rechtfertigt[50]. Auch die gegenwärtige Diskussion um (päpstliches) Lehramt und Unfehlbarkeit macht in keinem Augenblick das Wort und die Annahme des Wortes in Gestalt verbindlicher Lehre neu zur Bedingung des Lebens in der Gnade, sondern kreist allein um das Problem der Verläßlichkeit seiner Mitteilung[51]. Und ein evangelischer Theologe, der gewiß nicht im Verdacht steht, Freundlichkeiten an die katholische Adresse auszuteilen, nämlich Karl Gerhard Steck, hat etliche Jahre vor Gottfried Marons gegenteiligem Urteil vermerkt, der heutigen katholischen Theologie sei nicht mehr schlechthin nachzusagen, sie ordne die Kirche dem einzelnen vor, unterbreche also die Unmittelbarkeit seines Glaubens zu Gott[52].

Von daher besteht keine Schwierigkeit, auch die kirchen- und institutionskritische Funktion der Rechtfertigung aus Glauben allein zu unterstreichen. Eine solche Schwierigkeit besteht *historisch* nicht, denn wenn in der Kirche Reformen

---

[49] Vgl. w. o. 10 II 2.

[50] Vgl. *Pesch,* Theologie des Wortes bei Thomas von Aquin.

[51] Auch in der harten Auseinandersetzung zwischen dem kirchlichen Lehramt und Hans Küng ist dies von seiten des kirchlichen Amtes in dankenswerter Weise klargestellt worden: „Wir beurteilen nicht, was Professor Küng persönlich glaubt, sondern was er schreibt und vorträgt" (Gemeinsames Kanzelwort der deutschen Bischöfe vom 7. Januar 1980, zitiert nach: *Norbert Greinacher/Herbert Haag* [Hg.], Der Fall Küng. Eine Dokumentation [München 1980], 159).

[52] Vgl. *Gerhard Steck,* Luther für Katholiken (München 1969), Einleitung, 27.

und Korrekturen gefordert, wenn zur Umkehr gerufen wurde, geschah es, in welchen Variationen auch immer, unter Berufung auf das Wort, auf das Evangelium, das Maß der Kirche ist, und nicht umgekehrt; unter Berufung auf die Verpflichtungskraft des vom Wort getroffenen Gewissens, an dessen letztem Spruch die Kompetenz der Kirche endet, selbst wenn es irrig sein sollte[53]; unter Berufung auf das Wirken des Geistes, der nicht nur den Amtsträgern und „Repräsentanten der Institution", sondern allen Christen gegeben ist. *Wenn* immer eine Reform in der Kirche tatsächlich durchgesetzt wurde, dann stets so, daß sich, allen menschlich-allzumenschlichen Behinderungs- und Verhinderungsversuchen zum Trotz, das Wort, das Einzelgewissen, der Geist so überzeugend erwiesen, daß sich auch die Widerstrebenden nicht mehr widersetzen konnten.

Es besteht auch *sachlich* kein Hindernis, die kirchenkritische Funktion der Rechtfertigungslehre auch auf katholischer Seite zu unterstreichen. Gewiß ist nicht jede Kritik an der Kirche schon deshalb im Recht, weil sie sich auf die „Rechtfertigung aus Glauben allein" beruft. Kritik an der Kirche muß sich selbstredend der Gegenkritik, der Auseinandersetzung stellen. Weil der Glaube in der beschriebenen Weise konkret ist, muß er sich geradezu selbst immer wieder auf „Ideologieverdacht" hin überprüfen. Aber eines können wir festhalten: Jede Abwehr einer Kritik, die darauf hinauskäme, der Kirche einen Platz *zwischen* Gott und Mensch zu schaffen oder zu erhalten – und nicht nur den Platz einer Wegweiserin an der *Seite* des Menschen –, ist eben dadurch als illegitim zu erkennen. Einem solchen Versuch der Selbstimmunisierung gegenüber wird das Zeugnis von der Rechtfertigung aus Glauben allein tatsächlich zum „Artikel, mit dem die Kirche steht und fällt". Denn dies anerkennen, daß Gott allein im Glauben dem Menschen heilschaffend entgegenkommt, eben dies macht die Kirche zur Kirche. *Das „sola fide numquam sola" ist unter allen Aspekten, von den guten Werken bis hin zur Kirchenkritik, unaufgebbare Wahrheit des Glaubens und unverrückbares Richtmaß kirchlichen Lebens.* Ich sehe nicht, wie jemand ei-

---

[53] Vgl. *Thomas,* De ver. 17,4 obi. 4 und ad 4: Lieber die Exkommunikation ertragen, als gegen das Gewissen handeln, selbst wenn es objektiv irrt. Dies gegen *Häring,* Das Gesetz Christi I, 199 Anm. 50. Es geht nicht darum, das irrige Gewissen nicht mit dem „beweisbaren Gewissensurteil" (probabilis conscientia) zu verwechseln. Vielmehr vertritt Thomas einem Objizierten gegenüber, der eine „probabilis conscientia" bezüglich des in sich selbst Bösen („de per se malis") für unmöglich hält, daß eben dies doch möglich sei und daß auch in diesem Falle das Gewissen binde, weil ein Zuwiderhandeln die in sich selbst böse Absicht impliziere, gegen das Gebot Gottes zu handeln, dessen konkreter Ort in jedem Fall das Gewissen sei (vgl. ebda. c.). Das irrige Gewissen ist nach Thomas also gerade dadurch irrig, daß es die *Nicht*-Probabilität seiner Gründe nicht durchschaut und für probabel hält, was es objektiv nicht ist. Nur ist es keine Sünde, das irrige Gewissen zu ändern und ihm *dann* nicht mehr zu folgen – daher gilt der irrige Gewissensspruch „nicht schlechthin und in jeder Richtung" (non simpliciter et in omnem eventum). Daß Thomas das irrige Gewissen als solches sich in aller Regel nicht ohne eine vorausgehende Schuld erklären kann, liegt an den Selbstverständlichkeiten des christlichen Mittelalters – wie Häring in den auch sonst vorsichtigeren Formulierungen in: Frei in Christus I, 242f. einräumt (dort irrtümlich De ver. 19,4 statt 17,4 als Beleg). Zum Ganzen vgl. auch SK II d. 39: 3,3; Q1 III 12,2; STh I–II 19,5–6. Die Gegenprobe in Suppl 21,4 (= SK IV d. 18: 2,1 qla.4): Die objektiv ungerechte Exkommunikation – und gerecht kann sie nur bei zurechenbarer schwerer Sünde sein (aaO 21,3 = qla.3) – ist zu ertragen, aber sie beeinträchtigt nicht das Leben in der Gnade, sondern festigt es.

nen lutherisch-katholischen Konsens über diesen Grundsatz ernsthaft in Frage stellen könnte, wenn er sich nur genau genug klarmacht, wovon hier die Rede ist.

Auf einem ganz anderen Blatt steht, ob jeder einzelne Christ und ob die Kirche im ganzen aus diesem Grundsatz in Denken und Handeln schon alle erforderlichen Konsequenzen gezogen hat. Ja auch nur, ob nicht so manche Äußerung katholischer „Kirchenfrömmigkeit", die sogar aus echter Liebe zur Kirche kommen kann, arglos den Verdacht nähren könnte, die Selbstrelativierung der Kirche, die der Rechtfertigungsartikel unweigerlich einschließt, sei doch nicht erkannt. Aber darf solches eigentlich den wundern, der ein wenig von der Langsamkeit geschichtlicher Prozesse und von der Trägheit menschlicher Herzen weiß?[54]

3. Der einfache Glaube allein

LESEEMPFEHLUNG: Thielicke, Theologie des Geistes, 292–297

Wir sind nun noch einmal tief in eine traditionelle Kontroverse hineingeraten, die allerdings bis heute anhält – traditionell, was Sprache und unmittelbare Problemstellung betrifft. Und doch ist im Grund alles ganz einfach. Das zeigt sich, wenn wir nun versuchen, das Gesagte einmal außerhalb des „Jargons" der traditionellen Kontroverse zusammenzufassen und dabei „anthropologisch" zu formulieren.

Rechtfertigung heißt, so zeigte sich schon[55], Gott nimmt den Menschen an mit allem Unheil und allen Aporien, in denen dieser sich vorfindet und die er genau erkennen und sogar wissenschaftlich untersuchen kann. Auch mit seinem selbstverschuldeten Unheil – gerade darin liegt die Spitze des biblischen Zeugnisses, das die Bibel mit dem Stichwort „Rechtfertigung des Sünders" zum Ausdruck bringt. *Der Glaube allein ergreift dieses Angenommensein, das heißt: der Mensch läßt sich die Antwort auf diese Frage, die Gott selbst ist, s c h e n k e n, und geschenkt wird sie ihm, indem er sie sich s a g e n läßt.* Der Mensch akzeptiert also, gegen allen Augenschein, gegen alle Klugheit, gegen alle „hochmütige Bescheidenheit", gegen alle „demütige Selbstherrlichkeit", daß er das, was er ist, was aus ihm wird und worauf er hoffen darf, nicht sich selbst verdankt, sondern jemandem, der größer ist als er und dem er sein Geschick anvertrauen darf. In diesem Glauben ist er eins mit einer schier grenzenlosen Vielzahl anderer Glaubender, und nur in ihrer Gemeinschaft und durch sie lernt er diesen Glauben kennen – insoweit ist Glaube nie ohne Kirche, selbst nicht außerhalb von ihr. Die Kirche aber ist nicht der schon verwirklichte Sinn des Lebens in dieser

---

[54] Vgl. *Pesch,* Gerechtfertigt aus Glauben, 46–51; und schon *ders.,* Gottes Gnadenhandeln, 900–907.
[55] Vgl. w. o. 9 II 1.

Welt, sie ist nicht das „Reich Gottes", sie hat es vielmehr anzusagen und den Menschen, indem sie ihn in die Gemeinschaft der Glaubenden, also zu sich selbst einlädt und aufnimmt, auf seinem je persönlichen Glaubensweg helfend und richtungweisend zu begleiten – ohne je zwischen ihn und Gott zu treten. Ein entsprechendes ethisches Handeln auf allen Ebenen ist die Folge solchen Glaubens. Und auf etwas anderes als diesen Glauben und solches Handeln kann es keiner Kirche ankommen, die nicht Verrat an ihrem Wesen begehen will.

Kann der anthropologische Sinn des Zeugnisses von der „Rechtfertigung des Sünders aus Glauben allein" eigentlich noch einfacher ausgesagt werden? Die Botschaft ist gewiß schwer anzunehmen, wenn der Stolz des Menschen sich ihr entgegenstellt. Aber ihr Sinn, ihr Anspruch, ihre Zumutung sind allemal leicht zu verstehen!

Fünfter Fragenkreis
Der geliebte Mensch oder: Gottes Gnade und die menschliche Freiheit

12. KAPITEL
GNADE UND FREIHEIT IM VERSTÄNDNIS DER TRADITION

I. Überleitende Vorbemerkungen

Die vorausgehenden Fragenkreise III und IV ergeben im Zusammenhang mit Fragenkreis II schon ein Ganzes. Der Glaubende ent-spricht Gott und damit seiner eigenen größten Möglichkeit, die jenseits seiner eigenen Macht liegt. Im folgenden *könnte* daher manches als Rekapitulation wirken. Warum dennoch dieser eigene Fragenkreis – vor der Überleitung zur Frage nach dem „neuen Menschen" und den neuen Bedingungen seines Handelns? Es gibt dafür folgende Gründe:

1. Der Satz vom „angenommenen Menschen", Thema des dritten Fragenkreises, eröffnet den Blick auf die *Grundberufung* des Menschen. „Rechtfertigung" heißt: Gott nimmt den *Widerstrebenden* an. Was ist aber dann Gottes Wille über den Menschen, wenn er ihn sogar gegen den Widerstand des Menschen durchsetzt? Und wenn diese Durchsetzung seines Willens über den Menschen in Gnade und durch Gnade geschieht, kann dann die Grundberufung des Menschen etwas anderes sein? Was ist aber dann „Gnade" über „Rechtfertigung" hinaus? Was ist Gottes Gnade, abgesehen davon, daß sie den Widerstand des Menschen auf ihre Art besiegt und außer Kraft setzt?

2. Der Satz vom „Glauben allein" bleibt noch näher zu klären. Wie ist sicherzustellen, daß er nicht doch seinerseits ein bedingendes „Werk" wird, wo er doch unstreitig eine komplexe und auch anstrengungsreiche menschliche *Tat* ist? Wie ist diese „Tat" zugleich Geschenk, wie ist sie „Gnade"?

3. Beide Problemkreise werden in der Tradition intensiv reflektiert in Gestalt einerseits der Frage nach dem „Wesen der Gnade" und andererseits der Frage nach dem Verhältnis von Gnade und Freiheit. Und wie schon bei den anderen Themenkreisen, so wird auch diese Reflexion um so intensiver und in ihren Ergebnissen um so verwickelter, je länger sie anhält. Schon aus Gründen unserer Methode, die immer wieder das Zeugnis der Tradition in Beziehung zu unseren

heutigen Erfahrungen und Verstehensvoraussetzungen bringen möchte und umgekehrt, können wir also die Fragen dieser Tradition nicht für ein erledigtes Thema halten.

4. Endlich sind zwei klassische kontroverstheologische Probleme nur auf diesem Wege hinsichtlich ihrer bleibenden oder auch vergangener Aktualität zu würdigen, nämlich das dornenvolle Problem der „Vorherbestimmung" („Prädestination"), der unbefragbaren Wahl Gottes, die über ewiges Heil und Unheil eines jeden Menschen entscheidet, und die kontroverstheologisch umstrittene Unterscheidung zwischen „natürlich" und „übernatürlich" oder gar zwischen „Natur" und „Übernatur". Weil wir diesen Problemen, die in der Tat heute an sachlicher Bedeutung verloren haben, in diesem Buch nicht ausführlicher nachgehen können, muß hier wenigstens auf diesen Zusammenhang hingewiesen werden.

In gewissem Sinne stellen die Überlegungen dieses Fragenkreises den Höhepunkt einer theologischen Anthropologie dar, weil sie das entscheidende *theologische* Wort über den Menschen bedenken, dessen keine andere Wissenschaft vom Menschen grundsätzlich mächtig ist. Eben darum werden wir hier auch mit entsprechender Ausführlichkeit vorgehen, wenngleich wir für die eigentlichen *historischen* Spezialitäten auf andernorts nachzulesende Darlegungen verweisen können[1].

II. Die augustinische Tradition

LESEEMPFEHLUNG: Greshake, Gnade als konkrete Freiheit, 193–274

Über Paulus und seinen alttestamentlichen Hintergrund ist hier nichts weiter zu sagen. Alles Notwendige kam bereits im 3. Kapitel zur Sprache. Diese Vorwegnahme ist kein Zufall. Eine ausdrückliche Frage nach dem „Wesen der Gnade" kann es nicht geben, wo „Gnade" der „Inbegriff" für das gesamte Heilshandeln Gottes ist. Stichwortartig sei in Erinnerung gerufen: Gnade ist ein umfassendes und daher den ganzen Menschen ergreifendes Verhältnis Gottes zum Menschen, gründend in seinem Heilswillen, der im Christusereignis konkret wird. Dieses Verhältnis ist, mit modernen Begriffen ausgedrückt, personal gedacht und hat heilvolle Auswirkungen bis in den Bereich materieller Wohltaten Gottes hinein. Es ist aber als solches niemals eine Realität *im* Menschen, schon gar nicht eine streng auf seine „Seele" beschränkte. Dennoch zeigen sich schon im Alten Testament und erst recht bei Paulus „Individualisierungen" des Gnadenverständnisses, das heißt Tendenzen zu einem Verständnis, demzufolge die

---

[1] Ich verweise generell auf *Pesch,* Theol. der Rechtfertigung, 151–195; 254–262; 596–719; *Pesch/Peters,* Einführung, 15–209 – und schlüssele diesen Hinweis im Laufe dieses Kapitels nicht mehr weiter auf. Zu den beiden kontroverstheologischen Problemen vgl. Literaturausgaben w. o. 3 I 2 Anm. 11 und 3 I 3 Anm. 28.

Gnade Gottes je einmalig einem ganz bestimmten Menschen zuteil wird. Die wichtigste dieser Individualisierungen besteht in der sich ankündigenden zugespitzten Frage nach dem Verhältnis der Gnade Gottes zu Macht und Möglichkeit menschlicher Freiheit. An dieser Problemzuspitzung setzte denn auch die Entwicklung der „speziellen" Gnadenlehre an, jedenfalls in der abendländischen Theologie, deren wichtigster Stützpunkt freilich zunächst Nordafrika war.

1. Was ist „Gnade"?

Wie steht es in der augustinischen Tradition – konkret also: in den Texten von Orange? Wiewohl man seit Augustinus „speziell" nach „der" Gnade fragt, so stellt man hier doch keine formale Frage nach dem „Wesen" der Gnade. *Einziges und umfassendes Aussage-Interesse der augustinischen Tradition in der Frage nach der Gnade ist: Alles christliche Handeln gründet in Gottes „zuvorkommender," Gottes „wirkender" Gnade und ist dadurch von allem Anfang an ermöglicht.* Wir sahen[2], wie dieser Grundgedanke fast ermüdend in immer neuen Antithesen durchgespielt wird: Wer sagt, man könne... und nicht dazu sagt, Gott habe zuvor..., damit wir können..., der widerspricht dem Apostel, Propheten, Jesus Christus, dem Heiligen Geist... *Was* die Gnade, die das alles ermöglicht, in sich selbst ist, steht nicht zur Debatte. Allerdings ist mühelos erkennbar, welches Grundverständnis von Gnade diese augustinischen Theologen leitet. „Gnade", von seiten Gottes betrachtet, ist jenes besondere *Handeln* Gottes, durch das Gott im Geist des Menschen den Zwang zur Sünde und den Teufelskreis der Selbstverhaftung durchbricht und den Menschen dahin bringt, freiwillig und aus Liebe (wieder) Gott anzuhangen. Von seiten des Menschen betrachtet, ist Gnade eine *Kraft* und *„Hilfe"* (adiutorium), Kraft für den kraftlosen Sünder, Hilfe für den nach wie vor hilfsbedürftigen Bekehrten. Was „Gnade" ist, merkt man daher konkret daran, daß und wie ein Mensch sich „bekehrt". Man kann also von einem „dynamistischen" Gnadenverständnis sprechen, wobei „dynamistisch" meint, daß in dieser Betrachtung der Gnade der Akzent nicht auf dem – selbstverständlich nie bestrittenen – bleibenden „Sein" in der Gnade Gottes liegt, sondern auf dessen konkreter Erscheinungsform im Handeln des Menschen und in der dazu nötigen „Kraft" (dynamis).

Auf so etwas wie ein „Sein", ein bleibendes „In-Gnade-Stehen" bei Gott weisen höchstens Wendungen hin wie zum Beispiel die vom „Geschenk" der Gnade (donum gratiae). Aber solche Begriffe begegnen meist nur als Ausdruckswechsel, weisen auf die Unverdienbarkeit der Gnade Gottes hin, überschreiten aber nicht das skizzierte dynamistische Verständnis. Ein anderer Hinweis könnte in der Parallelisierung zwischen „Gnade" und „Natur" liegen. Aber wie erinnerlich, ist mit „natura" in den Texten von Orange nur der biblische Inbegriff des-

---

[2] Vgl. w. o. 5 III 2 u. 3.

sen wiedergegeben, was wir aus eigener Kraft tun können. Wir bleiben also auch mit diesem Stichwort im Bereich des Handelns. Gleiches gilt für die Parallelität von Gnade und „Gesetz". Bei Paulus ist „Sein unter dem Gesetz" ja in der Tat so etwas wie ein „Seinsstatus". Aber eben dies hat man in seiner Pointe in der augustinischen Tradition nicht mehr begriffen. „Lex" ist in Orange eine Handlungsanweisung, die nicht zur Rechtfertigung führt – Gnade ist just jene unter dem „Gesetz" fehlende Kraft, die es möglich macht, den im Gesetz ausgesprochenen Willen Gottes zu erfüllen.

Am ehesten noch wird so etwas wie eine Wesensbeschreibung der Gnade erkennbar in der Parallelität von Gnade und Liebe (caritas). Die „Liebe Gottes" oszilliert im Begriff der „caritas" zwischen der Liebe Gottes zu uns und unserer (durch die Gnade möglich gemachten) Liebe zu ihm, bezeichnet also nicht nur einzelne Handlungen, sondern ein bleibendes Verhältnis zwischen Gott und Mensch. Vor allem aber: die caritas wird gemäß Röm 5,5 „eingegossen" durch den uns „gegebenen" Geist. Hier klingen in der Tat bereits spätere „Infusionstheorien" an, und in dem Eindruck, hier auf der Spur des augustinischen Grundverständnisses von Gnade zu sein, werden wir dadurch bestätigt, daß von der Frühscholastik bis zur Spätscholastik und zum Konzil von Trient die „Augustinisten" im engeren Sinne beständig „gratia" und „caritas" identifiziert haben. (Von „Augustinisten im *engeren* Sinne" sprechen wir deshalb, weil *alle* Theologen dieser Zeit Augustinisten im *weiteren* Sinne waren, insofern es im ganzen Mittelalter völlig ausgeschlossen war, der überragenden Autorität Augustins frontal zu widersprechen.) Immerhin bleibt festzuhalten, daß eben diese Identität von gratia und caritas zwar ein Grundgedanke Augustins ist, andererseits in keiner Weise bis zu einer formellen und „technischen" Definition, einer Wesens- und Begriffsbestimmung im eigentlichen Sinne vorgetrieben wird – was ohnehin Augustins Sache nicht ist.

2. Gnade und Freiheit

Es wird also dabei bleiben müssen: Die (spätere) Frage nach der „essentia gratiae" ist als solche in der augustinischen Tradition unbekannt. Dementsprechend gestaltet sich auch die Durcharbeitung des Problems von Gnade und Freiheit. Die augustinische Problemstellung – erkennbar im pelagianischen Streit und in den Auseinandersetzungen um den Semipelagianismus – lautet *nicht:* Was trägt die menschliche Freiheit zur *Gnade* bei?, sondern: Was trägt die Freiheit zur *Bekehrung* bei, zur Überwindung der Sünde, zum Leben nach den Geboten Gottes? Die Antwort lautet: Nichts, und deshalb muß ihr die Gnade zu „Hilfe" kommen; oder noch schärfer ausgedrückt: *Die uneingeschränkte Notwendigkeit der Gnade erweist die Freiheit gerade als Unfreiheit.* Gnade und Freiheit stehen also in keinem Verhältnis zueinander, schon gar nicht in einem positiven. Gnade ist als das Gegenteil dieser ohnmächtigen Unfreiheit definiert.

Diese Präzisierung der Fragestellung ist nur scheinbar Haarspalterei. Denn in der Folgezeit kehrt sich die Fragestellung um – sobald man formelle Antworten auf die Frage nach dem Wesen der Gnade gibt. Für die augustinische Theologie der Gnade beantwortet sich die (indirekte) Frage nach dem Wesen der Gnade durch den Hinweis auf die – zur Unfreiheit gewordene – Freiheit des Menschen. In späteren Zeiten wird, umgekehrt, die Frage nach der Freiheit des Menschen durch den Hinweis auf das Wesen der Gnade beantwortet, wovon man dann ein festumrissenes Verständnis hat oder zu haben glaubt. Erst diese Umkehrung der Frage führt zu jenen Konflikten, deren Fernwirkung wir heute noch erleben. Doch bis dahin bedarf es noch mehrerer theologiegeschichtlicher Zwischenstationen.

III. Thomas von Aquin

LESEEMPFEHLUNG: Seckler, Instinkt und Glaubenswille nach Thomas von Aquin, 69–84; 171–197

1. Historische Voraussetzungen

Wieder ist in Erinnerung zu rufen: *Die Texte von Orange sind Thomas unbekannt, aber die augustinische Tradition ist bei ihm lebendig.* Mehr noch: Anders als den „Berufsaugustinisten" ist ihm durch intensive Lektüre der Spätwerke Augustins und die genauere Auswertung allgemein bekannter dogmengeschichtlicher Dokumente auch das Besondere der semipelagianischen Auseinandersetzungen bekannt[3]. Mit anderen Worten: Die Notwendigkeit der Gnade zur Bekehrung und zum christlichen Handeln und damit der ganze „dynamistische" Zug der augustinischen Gnadenlehre ist bei Thomas präsent.

Inzwischen sind zudem die Werke jenes bis heute nicht identifizierten neuplatonischen Kirchenvaters im Abendland bekannt geworden, den die Forschung, seiner Selbstbenennung und ihren eigenen Erkenntnissen zugleich folgend, Ps.-Dionysius Areopagita nennt. Scotus Eriugena und Maximus Confessor haben ihn ins Lateinische übersetzt und damit dem Abendland erschlossen. Da das Mittelalter sein Pseudonym nicht durchschaute, ihn also tatsächlich für jenen Paulusschüler hielt, den der Apostel bei seinem ansonsten mißratenen Auftritt in Athen auf dem Areopag für den christlichen Glauben gewonnen hatte (vgl. Apg 17,34), war die Autorität dieses Kirchenvaters im Mittelalter sehr groß und eine Auseinandersetzung mit ihm fast unumgänglich. *Ps.-Dionysius aber bringt, weil es seinem neuplatonischen Denken nahelag, vorwiegend johanneische Terminologie in die Soteriologie hinein: „Licht", „Neues Leben", „Wiedergeburt", „Über-*

---

[3] Vgl. w. o. 5 IV 1 mit Anm. 44.

windung der Welt". Dem Christen wird ein „überweltliches Sein", eine „Teilhabe an der göttlichen Natur" zuteil. Ps.-Dionysius steht an der Wiege des späteren Begriffes „übernatürlich"[4]. Jedenfalls wird der Frage nach dem Wesen der Gnade hier ein begriffliches und sprachliches Material angeboten, auf das man wie selbstverständlich später zurückgreift und das geeignet ist, gewisse Engführungen der augustinischen Tradition aufzuschließen und griechisches Denken für die westliche Gnadenlehre zurückzugewinnen, das ja, wie wir heute wissen[5], zunächst mit Pelagius zusammen gegenüber Augustinus und dem Augustinismus in die Defensive geraten war.

Der dritte Faktor in der Entwicklung unserer Frage ist Aristoteles. Auch *vor* jenem kaum zu überschätzenden geistesgeschichtlichen Prozeß, den wir die mittelalterliche „Aristotelesrezeption" nennen und die um die Wende zum 13. Jahrhundert einsetzt, kannte man die *logischen* Schriften des alten Griechen. Sie – besonders die *Kategorien* – reichten aus, um über kurz oder lang auch die Frage zur Debatte zu stellen, ob die Gnade eine „Form" sei. Bezeichnenderweise stellt sich gerade auch diese Frage unter dem Druck eines Problems, das manche Augustinusworte aufgeben, aber nicht lösen. Im Anschluß an seine Abhandlung über die Gnade, im Rahmen seiner allgemeinen Tugendlehre, stellt sich Petrus Lombardus die zunächst überraschende Frage, ob die Lehre Augustins über Gnade und Tugend überhaupt durchzuhalten sei, wenn man annehme, beide seien eine Bewegung oder ein „Affekt" im freien Willen[6]. Natürlich plädiert der Lombarde mit einer an Augustinus anschließenden Definition dafür, die Tugend sei „eine gute Beschaffenheit des Geistes..., die Gott ohne uns in uns bewirkt". Anderseits muß dem freien Willen die Fähigkeit zu einer Bewegung aus sich selbst zuerkannt werden, denn sonst ist die Sünde nicht zu erklären, wie der Lombarde an derselben Stelle mit mehreren Augustinuszitaten erhärtet. Damit ist das Problem gestellt: Wären Gnade und Tugend eine Bewegung des freien Willens, dann könnten sie entweder, wie alles Bewegtsein des Willens, nicht *allein* von Gott, müßten vielmehr zumindest *auch* aus dem freien Willen stammen, oder man müßte diesem seine freie Bewegungsfähigkeit absprechen und dann auch noch die Sünde Gott allein zuschreiben. Um dieses Dilemma aufzulösen, *müssen Gnade und Tugend als der Bewegung des freien Willens v o r a u s g e h e n d gedacht werden* – wie der Regen der Fruchtbarkeit der Erde, veranschaulicht der Sentenzenmeister. Also haben diejenigen recht, die Gnade und Tugend als „eine gute Beschaffenheit oder Form" (bona qualitas sive forma) verstehen, die von Gott allein „eingegossen" oder „eingehaucht" wird. Erst dann ist voll und ganz gesichert, daß Gnade und Tugend uns *allein* von Gott geschenkt werden. So leistet aristotelische Logik der Gnadentheologie Augustins Schützenhilfe! Der aristotelische Formbegriff wird aus demselben

---

[4] Vgl. dazu die Hinweise w. o. 3 I 3 Anm. 28.
[5] Vgl. die einschlägigen Arbeiten von *Greshake*.
[6] II Sent d. 27 cap. 3.

Grunde eingeführt, dessentwegen Luther ihn später – mißverstehend – so heftig kritisiert: um auch noch die letzte Hintertür für den Pelagianismus endgültig zu verschließen.

Einmal eingeführt, wird der „forma"-Begriff zu einer Art Hefe, die den Teig der Gnadenlehre, der bisher nur aus einem Konglomerat kaum durchgearbeiteter Sentenzen und Formeln bestand, auflockert und auch quantitativ ans „Gehen" bringt. Dies vor allem deshalb, weil Aristoteles um die Wende zum 13. Jahrhundert vom Lehrer der Logik zu *dem* „Philosophen" avanciert. Philosophisch interessierte Geister studieren alles von ihm, was nach und nach erreichbar wird: die „Physik", die „Metaphysik", die „Nikomachische Ethik", die „Politik". Sich mit Philosophie beschäftigen heißt, Aristoteles lesen. Den Glauben reflektierend auf die Weltwirklichkeit beziehen heißt, Aristoteles zum Gesprächspartner der Theologie machen. Und nichts wäre, nebenbei bemerkt, falscher als die Vorstellung, christliche Theologen hätten im Mittelalter aus einem größeren Angebot philosophischer Weltentwürfe aus purem Übermut und heimlichem Heidentum gerade Aristoteles zum Mentor der Theologie ernannt und diese damit von Grund auf verdorben, eine Vorstellung, die vor allem im Kopf mancher evangelischer Theologen immer noch zu vermuten ist[7]. Der Begriff der „Form" bekommt also philosophisches „Fleisch": als eine der obersten Gattungen des Seins. In Verbindung mit den Begriffen „qualitas" (Beschaffenheit) und „habitus" (etwa: Tätigkeitsvorprägung[8]) – einer höchst differenzierten Verbindung, bei der nicht genug davor gewarnt werden kann, sich etwa auf spontane Assoziationen zu verlassen! – wird das Verständnis der Gnade als „Form" klassisch im 13. Jahrhundert.

2. Was ist „Gnade"?

Die Frage nach dem Wesen der Gnade leitet Thomas ein mit der in der mittelalterlichen Sprache nicht weiter auffälligen Teilfrage, „ob die Gnade etwas in der Seele *setze*"[9]. Die Gnade kommt aus der „besonderen Liebe" Gottes zum Menschen, das heißt: aus jener besonderen Zuwendung Gottes, der der Mensch

---

[7] Vgl. die erhellenden Bemerkungen bei *de Lubac,* Surnaturel, 1. Aufl. 473–475. – Was die evangelische Theologie betrifft, so gründet die genannte „Vermutung" auf der apodiktischen Art, mit der die mittelalterliche Aristotelesrezeption nach dem Vorgang Luthers als Depravation der Theologie verurteilt wird – sehr undifferenziert in der älteren Forschung (z. B. bei Wilhelm Link und Hans-Joachim Iwand), aber auch noch bei wichtigen jüngeren Forschern (wie z. B. Jörg Baur und Karl-Heinz zur Mühlen); nur selten wird die geistige Herausforderung anerkannt, auf die sich die mittelalterliche Theologie einlassen *mußte* und wenigstens teilweise auch erfolgreich eingelassen hat, so etwa und vor allem in den jüngeren Arbeiten von Gerhard Ebeling und bei Ulrich Kühn; s. das Literaturverzeichnis sowie die Hinweise w. o. 3 I 5 Anm. 40, 42 und 43.

[8] Die Deutsche Thomas-Ausgabe übersetzt das eigentlich unübersetzbare Wort „habitus" mit „Gehaben". Erklärung im Folgenden.

[9] STh I–II 110, 1. Vgl. zum Folgenden auch die Kommentierung durch *Deman,* Der Neue Bund und die Gnade.

nicht nur, mit allen anderen Geschöpfen, Dasein, Leben und Aktivität verdankt, sondern die Berufung und Hinführung zu ewiger beseligender Gemeinschaft mit Gott in unausschöpflicher Erkenntnis und unverbrauchbarer Liebe. Würde diese „besondere Liebe", die der oberste Wesensbegriff von „Gnade" ist, nun *nichts* „in der Seele setzen", dann wäre ein schreiender Anthropomorphismus die unausweichliche Folge. Denn dann müßte diese Liebe Gottes ihrerseits auf seiten des Menschen Vorzüge – in der Sprache des Thomas: ein „Gut" (bonum) – voraussetzen, auf das sie die Antwort wäre – so, wie unter Menschen Liebe zustande kommt. Das aber kann nicht sein, denn es gibt schlechterdings keinen Vorzug des Menschen, der nicht in Gottes schenkender Güte seinen Grund hätte. *Wie für alle Liebe Gottes, so gilt auch für die „besondere" Liebe Gottes zu den Menschen: Sie antwortet nicht auf Vorzüge, sondern sie schafft sie.* Aus diesem einzigen und durchschlagenden Grunde muß die „besondere Liebe" Gottes (= „Gnade") etwas im Menschen „setzen", das heißt, kann sie nicht gedacht werden, ohne daß sie, indem sie den Menschen erreicht, eine geschöpfliche Erstreckung, gewissermaßen eine geschöpfliche Außenseite im Menschen hat. Dies bestreiten müßte heißen, Gott nicht mehr Gott sein zu lassen. Und wie in Vorahnung späterer Kontroversen erläutert Thomas an mehreren Stellen wörtlich, aus eben diesem Grunde genüge es nicht, die Gnade Gottes nur als eine göttliche „Akzeptation" zu verstehen, denn wer das tue, begreife nicht den Unterschied zwischen Gottes Liebe und menschlicher Liebe[10]. Man sage statt „Akzeptation" „Gunst", und wir erkennen die Vorform der reformatorisch-katholischen Kontroverse.

Diesem Argumentationsgang des Thomas zufolge sind *folgende Redeweisen unkorrekt,* wenn sie *präzise* die Position des Thomas wiedergeben sollen:

a) die Redeweise von der „geschaffenen Gnade"; was „geschaffen" ist, hat in der Sprache des Thomas Sein und Selbstand in sich selbst beziehungsweise in einem Subjekt als seinem Träger – die Gnade aber ist kein „Ding", das in sich selbst stünde, und auch keine „Eigenschaft" an einem Subjekt, sondern nur jene geschöpfliche Wirklichkeit, die aus Gründen des Gottseins Gottes zu postulieren ist, wenn Gott liebt, und die daher niemals von der Liebe Gottes abgelöst gedacht werden darf, kurzum: eine geschöpfliche Wirklichkeit völlig eigener Art;

b) die Redeweise von der Gnade als einem „Besitz", wozu, man muß es zugeben, der rein lexikalische Sinn des Wortes „habitus" (von habere = haben) verleiten könnte – was aber weder ein Ding noch eine Eigenschaft eines Subjektes ist, kann auch kein Besitz sein;

c) die Redeweise vom „neuen Sein" – die geschöpfliche Wirklichkeit, die aus der „besonderen Liebe" Gottes im Menschen „folgt" (Thomas), macht zwar den Menschen in noch zu beschreibender Weise „neu", aber sie ist kein dem Menschen zugeeignetes „Sein" nach Art seines spezifischen Seins als Mensch überhaupt; vielmehr bleibt sie, als deren Außenseite, ganz an die göttliche Liebe

---

[10] Vgl. CG III 150 (n. 3233); De ver. 27,1 c. ad 2. ad 11; auch STh 110,1 ad 1.

gebunden, gehört also zu *deren* „Sein" wesenhaft dazu, ohne je ein Element des Seins des Menschen zu werden;

d) die Redeweise von der Gnade als einer „Hinzufügung" zur – an sich „fertigen" – menschlichen Existenz; die bekannte These des Thomas, daß die Gnade in bezug auf die menschliche Seele ein „Akzidens" sei[11], besagt nach der ausdrücklichen Erklärung des Thomas gerade nicht, daß sie *weniger* sei als der fertig konstituierte Mensch, sondern *mehr*, „über die Natur des Menschen hinaus"; dann aber *kann* sie ihrer geschöpflichen Außenseite nach nur den Status einer dem Sein des Menschen „hinzugefügten" Wirklichkeit haben, denn wäre sie mehr als das, dann wäre entweder der Mensch Gott oder Gott wäre so in den Menschen hinein aufgegangen, daß der Unterschied von Schöpfer und Geschöpf aufgehoben wäre – *zwischen* „Hinzufügung" und „Gott selbst" ist der „ontologische Stellenwert" der Gnade anzusetzen, wiederum also: eine geschöpfliche Realität eigener Art.

Die einzig angemessene, Thomas auch korrekt wiedergebende und sogar von ihm selbst gebrauchte Formel lautet: Gnade ist „Teilhabe an der göttlichen Natur". Hier kommt nicht nur die schon erwähnte ps.-dionysianische Gedankenlinie zum Vorschein, Thomas hat dafür auch einen handfesten Schriftbeleg, nämlich 2 Petr 1, 4. Damit sind wir aber schon beim nächsten Schritt in der Argumentation des Thomas. Halten wir, bevor wir ihn tun, vorerst dies fest: *Gnade ist die grundlose Liebe Gottes zum* M e n s c h e n *nicht nur ohne Vergleich mit Gottes Liebe zu allen anderen Geschöpfen, sondern auch über alles hinaus, was der Mensch von Gott zu erhoffen wagen kann.* Weil sie die *Liebe* Gottes ist, bedeutet sie Leben und Vollendung des Menschen. Weil sie *Gottes* Liebe ist, ist sie notwendig schöpferisch und ergreift das Sein des Menschen in seinem Innersten, ohne je Teil von ihm zu werden. Weil sie Gottes *ewige* Liebe ist, kommt in diesem Geschehen zum Ziel, was von Ewigkeit her Absicht und Grund der Erschaffung des Menschen überhaupt ist.

Es entspricht der Logik der Sache, und es entspricht dem nicht leicht zufriedenzustellenden Verstehenshunger des Thomas, wenn nun die Anschlußfrage folgt: *Wie* ergreift die „besondere Liebe Gottes" geschöpflich das Sein des Menschen? Denn wenn sie eine geschöpfliche Außenseite hat, wenn auch völlig eigener Art, so muß sie im Vergleich mit dem, was wir sonst von geschöpflichem Sein wissen, beschreibbar sein. Dies ist der Sinn der, je nach Wertung, berühmten oder berüchtigten These des Thomas von der Gnade als einer „qualitas in anima", frei übersetzt: einer eigenschaftsartigen Vorprägung des Handelns in der Seele[12]. Auf den ersten Blick scheint diese These, ja schon die Wortwahl alle „Verdinglichung" der Gnade zu bestätigen, die man von Thomas befürchtet. In Wahrheit bildet diese These des Thomas eine jener fundamentalen Ideen seiner Theologie, durch die er gerade auch für nachreformatorisches Denken blei-

---

[11] STh I–II 110,2 ad 2. ad 3; vgl. SK II d. 26:1,2; De ver. 27,2 ad 7.
[12] STh I–II 110,2.

bende Aktualität hat, mehr als durch viele andere Gedanken, die in der heutigen Theologie nachwirken oder neu entdeckt werden[13]. *Denn in dieser These kristallisiert sich nichts Geringeres als der uns heute in Denken und Praxis nahezu völlig abhanden gekommene Mut, Christsein und gläubige Existenz als vollendetes Menschsein für möglich zu halten und theoretisch durchzudenken.*

Zum Verständnis der These ist ein Grundgedanke vorauszusetzen, mit dem allerdings alles steht und fällt, und diesen Grundgedanken verdankt Thomas der aristotelischen Anthropologie, jedenfalls was die näheren Einzelheiten betrifft. Alle Geschöpfe nämlich, auch die untermenschlichen, sind in *vollendeter* Weise je auf ihre Art tätig nicht nur dadurch, daß sie Anlagen und Fähigkeiten dazu haben, sondern dadurch, daß die Fähigkeiten zum Tätigsein ihrerseits auf das entsprechende Handeln hin vorbereitet sind. Handeln, Tätigsein ist ja erst dann vollendet, wenn es mühelos, aus innerer Neigung und darum, modern ausgedrückt, „lustbetont" geschieht. Das ist offenbar nicht immer der Fall, manchmal ist Handeln und Tätigsein auch angestrengt, widerwillig und offenbar lustlos. Zwischen Handeln-Können und *Vollendet*-handeln-Können ist offenkundig ein Unterschied. *Das Zwischenglied, das den Unterschied zwischen dem ersten und dem zweiten begründet, nennt Thomas mit der aristotelischen Tradition „habitus" oder, mit dem noch umfassenderen Oberbegriff, „qualitas".* Diese „Tätigkeitsvorprägung", wie wir sie fortan nennen wollen, kann auf Übung beruhen – wie am Beispiel des Zitherspielers deutlich wird, das schon Aristoteles gebraucht[14], oder dem Klaviervirtuosen, wie Aristoteles wohl heute veranschaulichen würde: Zu Anfang sind die Finger steif und ungelenk, nach mehrjährigem Üben geht alles „wie von selbst". Und wie wir auch heute einen Musiker erst dann für einen vollendeten Künstler halten, wenn man ihm auch bei schwierigsten Stücken die Anstrengung gar nicht anmerkt, so denkt auch Thomas ganz allgemein, daß alles Handeln und so auch menschliches Handeln erst dann vollendet ist, wenn es gewissermaßen reine Lust und keinerlei Anstrengung mehr zu spüren ist. Dies muß freilich nicht *nur* auf Übung beruhen, sondern kann auch angeboren sein, wie man etwa bei der Instinktsicherheit des tierischen Verhaltens sieht.

Nun kann deutlich werden, worauf es hinaus soll, wenn dieser Begriff der „Tätigkeitsvorprägung" in die Gnadenlehre eingebracht wird. Kein Gedanke, daß hier menschliches Handeln auf Gott hin zu einer Sache der Einübung gemacht wird. Das schließt schon der Begriff der Gnade aus, zu schweigen von dem, was zu seiner Wesensbestimmung bisher schon gesagt wurde. Aber der Gedanke gewissermaßen der „reinen Lust" des Lebens unter der Liebe Gottes: der darf bei der Interpretation dessen, was „Gnade" heißt, nicht fehlen. *Unter der Voraussetzung also, daß die „besondere Liebe Gottes" in ihrer geschöpflichen Erstreckung im Menschen ein Leben in reiner Freude an Gott möglich macht, muß*

---

[13] Vgl. *Pesch,* Die bleibende Bedeutung der thomanischen Tugendlehre.
[14] Nik. Eth II 1: 1103 a 14–b 25 – von *Thomas* kommentiert In Eth II 1: lect. 1 n. 245–254, bes. n. 250 u. 252.

eben diese geschöpfliche Erstreckung der Liebe Gottes nach dem Modell einer „qualitas" gedacht werden – nach dem *Modell,* deshalb sagt Thomas auch: *„quaedam* qualitas", und weist damit darauf hin, daß hier der aristotelische Begriff selbstverständlich nur unter dem Aspekt des Endergebnisses, nicht unter dem Aspekt des Zustandekommens, etwa durch Übung, herangezogen wird.

Unter der Voraussetzung – aber ist diese Voraussetzung so selbstverständlich, daß konkretes christliches Leben „reine Freude an Gott" sein kann, schon hier auf Erden? Ist nicht Luthers spätere These vom Christen, der „gerecht und Sünder zugleich" ist[15], viel realistischer? Hier fällt, man übertreibt nicht, die eigentliche Entscheidung der thomanischen Gnadenlehre. Und zwar nicht etwa aus Gründen einer naiven Überschätzung der menschlichen und auch christlichen Wirklichkeit, sondern noch einmal aus Gründen des Gottesbildes. Wenn, so argumentiert Thomas, die Gnade Gottes diese Möglichkeit grundsätzlich nicht gewährt, dann würde Gott den Menschen im Bereich seiner „besonderen" Liebe vergleichsweise schlechter stellen, als er alle anderen Geschöpfe im Bereich seiner „allgemeinen" Liebe stellt – denn diese einschließlich des Menschen, insofern auch er Adressat dieser „allgemeinen" Liebe Gottes ist, stattet er ja mit jenen „Tätigkeitsvorprägungen" aus, kraft deren sie leicht, aus Neigung und lustbetont handeln. Gott wäre, so hat ein geistvoller Thomaskommentator formuliert[16], im gleichen Augenblick geizig, wo er die höchste Freigebigkeit entfaltet. So zu denken aber, erklärt Thomas, ist „inconveniens", unangemessen – sinngemäß müßte man modern sagen: absurd. Und das sagt Thomas nicht aus menschlicher Mutmaßung, sondern gestützt auf ein von ihm sehr geliebtes Schriftwort aus dem Buch der Weisheit: „Und er ordnet alles auf sanfte Art" (disponit omnia suaviter, Weish 8,1). Über das Elend menschlicher Widerborstigkeit auch unter der „sanften" Anziehungskraft der Gnade braucht man Thomas nichts zu sagen – seine Lehre von Sünde und Laster im allgemeinen und im einzelnen gibt darüber genügend Auskunft. *Aber von der Souveränität und Macht der „besonderen Liebe Gottes" hätte man nur unzureichend geredet, wenn man von ihr nicht sagte, daß sie Leitbild und Möglichkeitsgrund vollendeter Freude in der Gottesgemeinschaft ist, und zwar grundsätzlich hier schon und in alle Ewigkeit.* Erst im Licht seines Gottesbildes leuchtet endgültig auf, warum die Gnade „quaedam qualitas" sein „muß", und anders hat man den innersten Sinn der thomanischen These nicht verstanden.

Was bei Thomas nun noch folgt[17], ist historisch Gegenstand des Fachgesprächs, sachlich kein Problem. *Diese* Gnade, verstanden als geschöpfliche Erstreckung der Liebe Gottes nach Art einer Tätigkeitsvorprägung, ist dennoch nicht identisch mit Tugend. Denn das müßte heißen, daß die Gnade Gottes den

---

[15] S.w.u. IV 1.
[16] *Deman,* aaO 355. Den Gedanken der „Lust an Gott" hat jüngst *Weimer,* Die Lust an Gott und seiner Sache, bes. 421–498, ganz entschieden neu aufgewertet; dem ist dankbar zuzustimmen, nicht jedoch der extensiven und exklusiven ekklesiologischen Einbindung der Gnade.
[17] STh I–II 110,3–4.

Menschen nur im Bereich seines Handelns erreicht, während sie in Wahrheit doch *ihn selbst* ganz und gar erreicht. Daher muß man den Sachverhalt unter den Denkvoraussetzungen des Thomas so ausdrücken: Die Gnade hat ihren „Träger" (subiectum) „im Wesen der Seele" selbst, „in essentia animae". Von hier aus greift sie gleichsam in die verschiedenartigen Tätigkeitsvermögen des Menschen aus, erscheint in ihnen also im strengen Sinn als „Tugend", als „Ertüchtigung" zum freudvollen Handeln auf Gott hin und von Gott her auf die Welt hin. In der Sprache des Thomas: Die Tugend, die Tugenden – allen voran Glaube, Hoffnung und Liebe – sind nicht die Gnade selbst, aber sie „fließen" aus ihr, und zwar notwendig. Unterscheidung und innerste Verbindung von Tugend und Gnade gehen in der Sicht des Thomas Hand in Hand. Will man unter *diesen* Voraussetzungen dennoch die Gnade gerade in ihrem Anders- und Vorwegsein gegenüber den Tugenden beschreiben, dann kann man mit Thomas sagen – und jetzt fallen wohlbekannte, aber nun nicht mehr mißzuverstehende Stichworte –: Gnade ist eine „höhere Natur" (altior natura), und auch diese ist – wir haben an die oben skizzierten unkorrekten Sprechweisen zu erinnern – nicht ein eigenständiges neues „höheres" Sein im Menschen, sondern: „Teilhabe an der göttlichen Natur", Teilhabe am Leben Gottes, der letztlich sich selbst in seiner „besonderen Liebe" dem Menschen zum Geschenk gibt.

Die „qualitas"-Theorie will also bei Thomas, fernab aller Verdinglichung der Gnade Gottes, ontologisch und anthropologisch interpretieren, *wie* es möglich ist, daß der Mensch Gott in personaler Gemeinschaft begegnen kann. Daß es genau darum und um nichts anderes geht, zeigt sich, wenn wir auf jenen Grundvorgang zwischen Gott und Mensch blicken, der nach Thomas die erste Frucht, die grundlegende und alles umfassende Auswirkung der Gnaden-„Qualität" ist: die Liebe (caritas), verstanden gleichzeitig als Liebe zu Gott und zu den Menschen. Immer wieder, und zwar schon vor der Reformation, hat man diesen Begriff reduziert auf die frommen Werke gegenüber Gott und die guten Werke gegenüber dem Nächsten. Das Interesse, nicht abstrakt zu bleiben, sondern konkret zu sagen, wie Gottes- und Nächstenliebe in Erscheinung treten, ist gewiß gut. Es hat aber, wie sich dann vor allem in der antischolastischen Polemik der Reformation zeigte, den Grundgedanken des Thomas völlig verdunkelt. Die „caritas" versteht Thomas nämlich überraschenderweise (und weithin selbst unter Thomisten übersehen) nicht als „Tugend", sondern als „Freundschaft" (amicitia) zwischen Gott und Mensch. Freundschaft aber ist, wie Thomas weiter erläutert, *wechselseitige* Liebe, und diese wechselseitige Liebe gründet in einer „communicatio", einer „Mitteilung" – soll man übersetzen: einer „Kommunikation"?[18] Es wäre so falsch nicht, denn Thomas erläutert ausdrücklich, was der Inhalt dieser „Mitteilung" ist: das ewige Leben Gottes. So schließ sich erkennbar der Kreis: Gnade ist das Ankommen der ewigen Liebe Gottes in der „Seele", sagen wir modern: in der Ich-Mitte des Menschen. Gott gibt in dieser Liebe dem

---

[18] STh II–II 23,1. Kommentierung bei *Christmann*, Die Liebe; vgl. auch *Pesch* in: CGG 4,95.

Menschen nicht etwas – wie seine Liebe allen anderen Geschöpfen, auch dem Menschen „etwas" gibt –, er gibt sich selbst. Diese Selbstgabe Gottes bewirkt im Menschen die auf jede andere Weise unerschwingliche Fähigkeit und Bereitschaft, auf Gottes Liebe in entsprechender, das heißt spontaner und freudiger, Hingabe zu antworten. *Das Ende ist Freundschaft in wechselseitiger „Kommunikation", die alles andere Handeln des Menschen in ihre eine, sammelnde Grundbewegung auf Gott hin hineinzieht. Das ist das thomanische Bild des von Gott erlösten Menschen!*

3. Gnade und Freiheit

In bezug auf dieses Verständnis vom Wesen der Gnade stellt sich nun (auch) für Thomas die Frage, wie sich dazu die Freiheit des Menschen und ihre Aktivität verhält. Wir können wiederum alle historischen Details auf sich beruhen lassen[19] und uns kurz fassen, weil der Grundgedanke – ein doppelter Grundgedanke – sehr einfach ist. Gott liebt den Menschen nicht, indem er etwa dessen menschliches Wesen dabei außer Kraft setzt. Auch die Gnade Gottes bewegt den Menschen „auf seine eigene Weise"[20]. Das bedeutet für Thomas die selbstverordnete Nötigung, Gnade und Freiheit buchstäblich zusammenzudenken. *Gnade kann nicht Konkurrentin der Freiheit sein und umgekehrt. Gnade begründet vielmehr Freiheit.* Die Richtung, in der das zu verstehen ist, läßt sich unschwer ahnen: Welches Handeln könnte denn freier sein als ein Handeln, das keine inneren Hindernisse mehr zu überwinden hat und spontan, leicht, freudig vonstatten geht? Wo Thomas den Akt dieser Freiheit formal kennzeichnet, spricht er davon, daß der Mensch dem Gnadenhandeln Gottes an ihm „zustimmt"[21]. Dieser Ausdruck bestätigt nicht nur noch einmal den personalen Charakter des Gnadenverständnisses – wer „zustimmt", antwortet einer Person! –, er belegt auch, wie, ganz auf der augustinischen Linie, die Gnade, obwohl keine Konkurrentin der Freiheit, den Primat behält und das Freiheitsverständnis ihrerseits umprägt. Ein Freiheitsverständnis, demzufolge der Mensch allererst und autonom im strengen Sinne des Wortes sich für oder gegen Gott zu entscheiden hätte, so daß Gott dabei zum abwartenden Zuschauer menschlichen Wollens würde – ein solches Freiheitsverständnis ist allerdings ausgeschlossen. Die Phänomene menschlichen freien Handelns, die dem entgegenzustehen scheinen, sind unter dieser Vorgabe zu interpretieren, nicht als Gegenargument ins Treffen zu führen.

Im Unterschied zu Augustinus, der hier erkennbar mit die Feder führt, verfügt

---

[19] Vgl. *Pesch,* Freiheitsbegriff und Freiheitslehre – dort die bis dahin für unseren Zusammenhang einschlägige Literatur; aus der Zeit danach vgl. vor allem *Vorster,* Das Freiheitsverständnis bei Thomas von Aquin und Luther; *McSorley,* Luthers Lehre vom unfreien Willen.

[20] STh 113,3 c.; vgl. 83,1 ad 3; I–II 10,4.

[21] STh I–II 111,2 ad 2; vgl. 113,3 c.: die Freiheit „nimmt" (die Gnade) „an".

Thomas aber auch über eine metaphysische Theorie, die ihm diese scheinbare – nein: wirkliche – Paradoxie zu erläutern erlaubt. Kurz angedeutet, sieht diese Erläuterung so aus: Menschliche Freiheit beruht nicht etwa auf einer offenen Entscheidungsfähigkeit des Willens als solcher. Vielmehr beruht diese Entscheidungsfähigkeit (liberum arbitrium) auf einer objektiven Sachlage. Denn in der Welt unserer Erfahrung begegnen uns immer nur einzelne Werte und einzelne Güter, die niemals den unendlichen Horizont möglicher Akte des Willens ausfüllen können. *Eben deswegen* ist der Wille frei, sich auf dieses oder auf jenes oder auf wieder ein anderes Gut einzulassen. Erst wenn dem Willen ein Gut begegnet, das genauso unendlich ist wie der Hunger seines Strebens, wäre der Wille ihm gegenüber seiner Natur nach nicht mehr „wahlfrei" – er wäre es aber auch dann noch immer allen anderen Teilgütern gegenüber, freilich immer nur so, daß er dabei das unendliche Gut, das er ergreifen „muß", nicht verliert.

An dieser Stelle tritt der Glaube an Gott als höchstes, unendliches und universales Gut ein. Wenn wir ihn in der eschatologischen Vollendung „von Angesicht zu Angesicht" sehen, werden wir nach wie vor unter dem Angebot partikulärer Güter wählen und entscheiden, aber keines werden wir wählen, keines *können* wir noch wählen, das uns von Gott wieder trennt – eben darin besteht die ewige Seligkeit, daß uns die offenbare Gemeinschaft mit Gott so fasziniert, daß jede „Lust", sie durch eine partikuläre Einzelentscheidung zu gefährden, gar uns an ein Einzelgut, das nicht Gott ist, zu verlieren, uns buchstäblich vergangen ist. In unserer geschichtlichen Existenz nun ist Gott als das total faszinierende unendliche Gut uns noch verborgen. Aber in Glaube, Hoffnung und Liebe, die Frucht seiner Gnade sind, sind wir ihm schon begegnet und leben unter seiner „sanften" Anziehungskraft. Die Folge: Wir können uns zwar faktisch von Gott abwenden, aber frei werden wir dadurch nicht, weil Abkehr von Gott Hinkehr zu einem maßgeblichen Teilgut ist, das nie und nimmer unendlich ist wie Gott und daher in Wahrheit auch nie und nimmer den Hunger unseres Strebens wirklich beseligend stillen kann. Wenn wir umgekehrt „zustimmend" uns an die bei uns ankommende Liebe Gottes wegschenken, gewinnen wir unsere Freiheit, weil wir gleichsam Heimat gewinnen bei dem allumfassenden Gut, das uns die unendliche Fülle aller möglichen Einzelgüter buchstäblich zu unserer Verfügung freigibt. Darum gibt Thomas auf die Frage, ob die Fähigkeit zur Sünde zum Wesen menschlicher Freiheit gehört, die nun nicht mehr überraschende, sondern nur konsequente Antwort: Nein, die Fähigkeit zur Sünde gehört nicht zum Wesen der Freiheit, wohl aber ist sie ein gewisses Zeichen der Freiheit[22]. Wir könnten es auch so ausdrücken: In unserer geschichtlichen Existenz, wo Gott, die Faszination seiner unendlichen Güte uns noch verborgen ist, ist menschliche Freiheit immer mit der Fähigkeit zur Sünde verbunden. Aber darin zeigt sich nicht das Wesen der Freiheit, sondern nur ihre noch unvollkommene Verwirklichung. *Kein Geschöpf ist freier als die Seligen bei Gott.*

---

[22] Vgl. STh I 62,8 ad 3; De ver. 22,6 c. (in fine); De malo 16,5 c. (circa med.)

Kein Zweifel, eine solche Gedankenführung mutet uns äußerst fremdartig an. Das beweist aber zunächst nicht ihre Unsinnigkeit, sondern nur unsere gegenüber dem Mittelalter radikal veränderte Denksituation. Und es beweist noch etwas anderes: daß ein Thomas von Aquin nie auf den Gedanken Luthers kommen konnte, unser freier Wille sei nur eine Einbildung, eine „res de solo titulo"[23]. Aber eben: Luther hatte schon ein anderes Freiheitsverständnis vor sich. Daß die Theorie des Thomas dennoch nicht einfach ein logischer Gewaltakt aufgrund der Prämissen der Gnadenlehre ist, zeigt sich, wenn wir wiederum auf den Maßstab blicken, der bei Thomas alles beherrscht: das Gottesbild. Wer Gnade und Freiheit – und überhaupt: Gottes Wirken und menschliche Freiheit – im Konkurrenzverhältnis denkt, demzufolge der einen Seite abgesprochen ist, was der anderen zugestanden wird, der hat Gott und Mensch auf ein und derselben Seinsebene gedacht. Gnadenlehre *und* Schöpfungslehre schließen das von vornherein aus. Daß Gottes (Gnaden-)Wirken die Freiheit des Menschen nicht aufhebt, sondern begründet und in Bewegung bringt, beruht darauf, daß Gottes Wirken ja nicht etwa als ein Bewegungsfaktor, als ein Motiv, als eine Art Initialzündung im Willen des Menschen, modern gesprochen: im Nervensystem, in der Psyche des Menschen gedacht werden darf. So wenig Gott als Weltbaumeister an den Schaltpulten des Naturgeschehens steht, so wenig zupft er gleichsam an einem Nervenstrang oder an einer Membran im Gehirn des Menschen, um diese oder jene Handlung auszulösen. Vielmehr geht es auf ihn zurück, daß der Mensch so ist wie er ist, und seine Entscheidungsprozesse so ablaufen, wie sie ablaufen, einschließlich ihrer negativen Möglichkeiten.

So sieht es jedenfalls Thomas. Was das für ein modernes theologisches Freiheitsverständnis zur Folge haben könnte, muß in der systematischen Reflexion noch bedacht werden. Fürs erste jedenfalls bleibt festzuhalten, *daß Thomas die absolute Priorität der Gnade mit der Freiheit des Menschen zusammen festhält, diese letztere aber ganz augustinisch als Fähigkeit zur Zustimmung gegenüber der die Seele des Menschen berührenden Liebe Gottes versteht.*

Wie paradox dies aussieht in einer Darstellung, die theologisch wie philosophisch gleich präzise sein will, zeigt sich am Ende der Quaestio über die Rechtfertigung des Sünders, wo Thomas, seinen bisherigen Gedankengang zusammenfassend, die „Elemente" des Rechtfertigungsgeschehens nach ihrem sachlichen Zusammenhang ordnet. Die Reihenfolge lautet: Eingießung der Gnade – Bewegung des freien Willens, und zwar in der Doppelgestalt als Hinkehr zu Gott (= Glaube) und Abkehr von der Sünde (= Buße) – Erlangung der Gnade[24]. „Zwischen" Eingießung und Erlangung der Gnade vollzieht sich der Akt der Freiheit. Nun muß man sich nur erinnern, daß die „Erlangung" der Gnade (nämlich durch den Menschen) ja nichts anderes ist als die geschöpfliche Außenseite der uns erreichenden Liebe Gottes, hier „Eingießung" der Gnade

---

[23] Vgl. w. o. 5 V 3.
[24] STh I–II 113,8.

genannt, also dieser „Eingießung der Gnade" nicht einmal logisch, geschweige denn theologisch gegenübergestellt werden kann, dann erkennt man das kaum nach-denkbare Paradox, in dem Thomas hier den Zusammenhang von Gnade und Freiheit zur Sprache gebracht hat. Es ist etwa so, wie wenn man eine zweidimensionale Weltkarte herstellt und dabei gezwungen ist, die Pole zu einer Linie auszuziehen und dabei selbstverständlich alle Proportionen zu verzerren.

Wir sprachen von einem *doppelten* Grundgedanken zur Freiheitsfrage bei Thomas. Der andere Gedanke ist nun die Antwort auf die Frage, nicht, wie sich die Freiheit des Menschen *unter* der Gnade, sondern wie sie sich *auf sie hin* verhält. Konkret: Was trägt das Handeln des Sünders dazu bei, die Gnade Gottes allererst zu erlangen? Sachlich ist das eine ähnliche Frage wie die in den Auseinandersetzungen mit dem Semipelagianismus gestellte Frage nach dem „Anfang des Glaubens" und dem „Anfang des guten Werkes". Aber von dieser Kontroverse wußte – außer Thomas – niemand mehr etwas. Andererseits hatte die Idee von der Gnade als einer „Form" das alte Problem in neuer Weise aufgeworfen. Was muß geschehen, damit etwas oder jemand zu einer „Form" kommt? Die in der Sprache des Aristoteles gegebene Antwort lautet: Die „Materie" muß auf die „Form" „disponiert", vorbereitet werden. So ergibt sich aus den immanenten Zwängen des aristotelischen Denkmodells einerseits und aus einer Reihe von Schriftworten anderseits (etwa Am 4,12; 1 Sam 7,3; Spr 16,1; 8,35; Ps 36,23; Sach 1,3) und überhaupt aufgrund der Notwendigkeit, sich konstruktive Gedanken über das Handeln des Sünders vor seiner Bekehrung zu machen, die Frage nach der „Vorbereitung auf die Gnade". Wie geschieht diese Vorbereitung, wem ist sie zuzuschreiben?

Man unterscheidet eine vollkommene und eine unvollkommene Vorbereitung. Die vollkommene Vorbereitung ist identisch mit jener „Zustimmung" zur Gnade, die, wie beschrieben, Bestandteil der Eingießung der Gnade selber und damit der Rechtfertigung des Sünders ist. Die unvollkommene Vorbereitung besteht in all jenen Vorgängen, die der Eingießung der Gnade sachlich und zeitlich vorausgehen – wie immer man diese Vorgänge auch psychologisch interpretieren mag, woran das Mittelalter nur ein beschränktes Interesse hatte. Der Gedanke liegt also nahe, diese Vorbereitungsakte der Freiheit des Menschen zuzuschreiben, denn würde man sie der Gnade zuschreiben, dann müßte die Frage ja nur von neuem entstehen, indem dann erneut eine Vorbereitung auf diese Vorbereitungsgnade notwendig wäre. In der Tat haben zahlreiche Theologen des Hochmittelalters, vor allem aus der Franziskanerschule, an so etwas wie eine „mittlere" Gnade gedacht, die noch nicht die Rechtfertigungsgnade ist, aber auch nicht einfach das allgemeine Wirken Gottes wie an allen anderen Geschöpfen[25]. Andere, darunter der junge Thomas, dachten aus Gründen der Logik, aber auch um gerade die Einzigartigkeit der Gnade zu sichern, radikaler

---

[25] Vgl. dazu *Bouillard,* Conversion et grâce, bes. 19–87. Mit Vorzug auf Bouillard stützt sich *Seckler* (s. Leseempfehlung). Die endgültige Auffassung des *Thomas* in STh I–II 111,2–4.

und wiesen die Vorbereitung auf die Gnade dem freien Willen zu. Aber Thomas selbst erlebte hier eine „Bekehrung" – im Zusammenhang mit der Entdeckung des historischen Semipelagianismus und der Reaktion des späten Augustinus. Das machte es ihm in seinem Spätwerk unmöglich, den Bekehrungsweg des Menschen bis zur vollen Begnadung dem freien Willen zuzuschreiben. Seine These lautet nun: *Von Anfang an hat Gottes Gnade den Weg des Menschen zu Gott gewissermaßen in der Hand. Auch auf dem Bekehrungsweg des Sünders zu seiner Rechtfertigung wirkt Gottes Gnade in Gestalt einer „Bewegung", die den Menschen fortschreitend reif macht für den Empfang der vollen Gottesgemeinschaft in der „heiligmachenden" Gnade.* Und was der Mensch hier tut, ist dasselbe, was er auch gegenüber der Rechtfertigungsgnade tut: „zustimmen". Ja, Thomas wagt sogar die Formulierung, wenn Gott einen Menschen auf die Gnade vorbereite, so werde dieser auch „unfehlbar" (infalliliter) die Gnade erlangen. Kein Konkurrenzverhältnis von Gnade und Freiheit also auch hier, aber auch – ganz im Sinne Augustins – keine Abschwächung der Priorität der Gnade.

Ein letzter interpretierender Schritt muß nun das Konzept des Thomas vollends deutlich machen. Wenn Gnade nichts anderes ist als das Ankommen der „besonderen Liebe Gottes" im Menschen, dann schließt das eigentlich die punktuelle Vorstellung aus, in einem bestimmten Augenblick versetze Gott ruckartig den Menschen in seine Gemeinschaft. Gott liebt ja immer schon, von Ewigkeit her, jeden einzelnen Menschen, und immer schon ist dieses Wechselspiel zwischen geschöpflichem Ankommen dieser Liebe Gottes beim Menschen und der Zustimmung des Menschen im Gang. Niemand kann sagen, wann es endgültig, abgeschlossen und unverlierbar vollendet ist – in diesem Leben. Niemand kann aber auch leugnen, daß es nicht von Anfang an vollendet ist. Das Verhältnis von Vorbereitung auf die Gnade und der „eigentlichen" Eingießung der Gnade wird man sich also denken müssen als einen *Prozeß,* den Gott mit dem Menschen in Gang bringt und der irgendwann, äußerlich unkonstatierbar, vollendet ist. *Dieser Gedanke von Gnade und Rechtfertigung als Prozeß, noch besser: als Geschichte Gottes mit dem Menschen und des Menschen mit Gott, ist der eine Grundgedanke in der Verhältnisbestimmung von Gnade und Freiheit bei Thomas, ein Grundgedanke, der es erlaubt, die nun schon klassischen Standardaussagen über Gnade und Freiheit, über die Vorbereitung auf die Gnade und über die Gnade als „Form" zur Ganzheit zu integrieren.* Daß dabei zum Teil schwer lösbare psychologische Fragen entstehen, hat das Mittelalter nie gestört – vor allem Thomas war geradezu „einseitig" daran gelegen, daß vor allem die Souveränität Gottes in der Führung der Geschichte des Menschen zur Sprache kommt.

Schon hier wird man sich erinnern, daß gerade dieser Prozeßgedanke in der Reformationszeit noch einmal Schwierigkeiten machen wird, ja in der reformatorischen Gnadenlehre geradezu sein Gegenbild provoziert, dem die nun psychologisch sehr bewußt aufschlüsselnde Antwort des Trienter Konzils nicht gewachsen ist. Dieser Konflikt kann sich freilich erst ergeben, nachdem in der Zeit zwischen dem 13. Jahrhundert und dem Wirken Luthers das Konzept des

Thomas einige Verschiebungen und Verfremdungen erfahren hatte, die es in seinem eigentlichen Sinn geradezu unkenntlich machen. Dies wird sich sofort zeigen, wenn wir nun unseren historischen Durchgang mit einem kurzen Blick auf Luther und das Trienter Konzil beschließen.

IV. Martin Luther

LESEEMPFEHLUNG: Vorster, Das Freiheitsverständnis bei Thomas von Aquin und Martin Luther, 246–313; 337–399

1. Fehlverständnis und Neuverständnis

Am 4. September 1517, wenige Wochen vor Beginn des Ablaßstreites, hielt Luther seine berühmte „Disputation gegen die scholastische Theologie", deren Stellenwert für die Beurteilung von Luthers Selbstverständnis am Vorabend der Reformation nicht hoch genug veranschlagt werden kann und deren hier einschlägige Thesen wir schon zitiert haben[26]. „Die Gnade haben" als Forderung; „die Gnade" noch hassenswerter als das Gesetz – es kostet keine Mühe, hier das katastrophale Fehlverständnis dessen zu erkennen, was die mittelalterliche Lehre wirklich gemeint hatte. Wie war das möglich?

Nun, mittlerweile war zweierlei geschehen: Einmal war der Begriff der Gnade als „Qualität", als „habituelles Geschenk" „klassisch" geworden, das heißt, er gehörte als solcher zu den unbefragten Selbstverständlichkeiten der Theologie. Damit hatte er sich aber auch aus seiner ursprünglichen Problemspannung gelöst. Er war nicht mehr eine umsichtig herangezogene Verstehenshilfe für das Geheimnis und die Wirkungen der göttlichen Liebe zum Menschen, er war vielmehr zu einer Art theologischen Grundbegriffes eigener Art geworden, der selber Verstehensprobleme aufgab[27]. Man sieht das an den neuen Fragen, die man nun stellte. Weil man – aus einer ganzen Reihe von Gründen, denen wir hier nicht nachgehen können – ein großes theologisches Interesse daran hatte, die Freiheit Gottes zu betonen, verfiel man auf Fragen wie diese: Ist Gott so frei, einen Menschen auch zu retten, wenn dieser nicht die „Gnadenqualität" oder, was oft das gleiche meinte, den „Liebeshabitus" hat? Kann Gott einen Menschen verdammen, obwohl er beides hat? Man erkennt: Aus dem Versuch des

---

[26] WA 1, 227,6 f.; vgl. w. o. 7 IV 1.

[27] Diese spätscholastische Gnadenlehre ist weitestgehend nur noch von historischem Interesse – allerdings mit Folgen für die Beurteilung der Theologie des jungen und frühreformatorischen Luther. Daher darf hier der Hinweis auf die Literaturangaben genügen bei *Pesch,* Theol. der Rechtfertigung, 708 Anm. 182; *Pesch/Peters,* Einführung, 110 f. Anm. 2 und 6; dazu jetzt auch *Peter Manns,* „Lortz, Luther und der Papst" (= Nachwort zu: Lortz, Die Reformation in Deutschland, ⁶1982, II 353–291), 360–370 (Auseinandersetzung mit der jüngsten Ockhamismusforschung).

13. Jahrhunderts und besonders des Thomas, das geschöpfliche Ankommen der
– absolut freien und grundlosen – Liebe Gottes in seinen Zusammenhängen und
Auswirkungen zu begreifen, wird im 14. und 15. Jahrhundert die Befürchtung,
Gottes Freiheit könne nicht mehr unbeschränkt sein, wenn sie das Vorhanden-
sein oder Nicht-Vorhandensein der Gnadenqualität gewissermaßen zu „respek-
tieren" habe. Unvermeidlich – und unbeschadet aller subtilen Einzelinterpreta-
tion – muß dabei das geschehen, was auf der Gedankenlinie des Thomas nicht
geschehen ist und nie geschehen darf: *Die Gnade verselbständigt sich zu einer eigenen Realität.* Den Menschen erreicht nicht mehr die Gnade Gottes mit verän-
dernder Wirkung, vielmehr „hat" der Mensch die Gnade – oder er hat sie nicht.

Und ein weiteres ist geschehen: Man „hat" nicht nur diese Gnade, man *soll* sie
haben. Wir kennen schon die spätscholastische These, die im 13. Jahrhundert
undenkbar ist[28]: Der Mensch, und zwar auch der Sünder, ist in der Lage, es zu
einem Aufschwung ungeteilter Liebe zu Gott zu bringen („Liebe zu Gott über
alles"), und nur wenn er dies tut, antwortet ihm Gott mit der Gnade, die es dem
Menschen ermöglicht, den Aufschwung reiner Gottesliebe auch fortzusetzen
und durchzuhalten. Diese zunächst ungeheuerlich klingende These wird von
den spätscholastischen Theologen als gnädige Ordnung Gottes verstanden und
ist insofern von dem Vorwurf des Pelagianismus entlastet. Im Endresultat und
vor allem in der Praxis bedeutet sie aber, daß ein Prediger nun vor die Menschen
hintreten und sagen kann: „Ihr müßt die Gnade haben, und um sie zu erlangen,
müßt ihr Gott über alles lieben!" Nun braucht einer nur über die Möglichkeiten
des Sünders pessimistischer zu denken, man braucht also nur, wie Luther, in seinem theologischen Denken an Augustinus Maß zu nehmen, dann kann man
diese Forderung nur als Überforderung erleben. Und dann ist die These nicht
mehr absurd: Die Gnade ist hassenswerter als das Gesetz.

Von den Sätzen der „Disputation gegen die scholastische Theologie" aus zieht
sich die manchmal flammende Polemik Luthers gegen die „qualitas"-Theorie
durch sein ganzes Werk. *Und auch die vier Grundeinwände gegen diese Theorie
lassen sich von den zitierten Thesen aus schon verstehen.* Sie lauten zusammengefaßt – für alle Einzelheiten muß hier auf die einschlägigen Dastellungen verwiesen werden[29]:

a) Gnade ist kein *Ding:* „Es ist gar ein groß, stark, mächtig und tätig Ding um
Gottes Gnade, sie liegt nicht, wie die Traumprediger fabulieren, in der Seele und
schläft oder läßt sich tragen, wie ein gemaltes Brett seine Farbe trägt. Nein, nicht
also, sie trägt, sie führt, sie treibt, sie zieht, sie wandelt, sie wirkt alles im Menschen und läßt sich wohl fühlen und erfahren."[30] Richtig! Aber welches

---

[28] Vgl. w.o. ﹈ IV 1 mit Anm. 35; 8 V 2 mit Anm. 58; 11 I 1 mit Anm. 2.
[29] Zum Gnadenbegriff Luthers vgl. *Iserloh,* Gratia und Donum; *Joest,* Ontologie der Person,
232–353; *zur Mühlen,* Nos extra nos, 116–155; 185–195; auch *Beer,* Der fröhliche Wechsel, 64–69;
73–174 (der Textbefund ist hilfreich, auch wenn man den Urteilen Beers nicht recht geben kann). Zu
den Vorbehalten Luthers und der lutherischen Theologie gegen die „qualitas"-Theorie s. die Auflistung der Äußerungen bei *Pesch,* Theol. der Rechtfertigung, 714 f.
[30] WA 10 I 1, 114 f., 20.

Fehlverständnis der „qualitas"-Theorie, sie stelle sich die Gnade in der Seele wie die Farbe auf einem Brett vor!

b) Gnade ist kein ruhender *Zustand:* „Die Gnade Gottes koexistiert niemals so, daß sie müßig wäre (ociosa), sondern sie ist lebendiger, bewegungsmächtiger und wirkkräftiger Geist."[31] So Luther in der schon erwähnten Disputation gegen die scholastische Theologie. Richtig! Aber welches Fehlverständnis, nach allem, was wir über Gnade als „Qualität" bei Thomas gesagt haben, sich die Gnade als einen „müßigen" Zustand vorzustellen!

c) Gnade ist kein *Besitz* des Menschen: „Wir sind durch Barmherzigkeit und Erbarmen gerecht. Das ist nicht mein Habitus oder eine Qualität meines Herzens, sondern etwas außerhalb von mir, nämlich die göttliche Barmherzigkeit."[32] Richtig! Aber wenn sie nach hochscholastischer Lehre weder Ding noch Zustand ist, wie sollte die Gnade aufgrund ihrer Eigenart als „quaedam qualitas" jemals in Gegensatz zur Barmherzigkeit Gottes geraten, deren „Ankommen" im Menschen sie doch ihrem Wesen nach ist!

d) Die Gnade macht den Menschen *nicht schlechterdings neu,* denn er bleibt „… zugleich gerecht und Sünder, Sünder dem Tatbestand nach (re vera), aber gerecht aus Anrechnung und Verheißung"[33]. „Die in Christus Gerechtfertigten sind nicht Sünder und sind dennoch Sünder."[34] „Kein Christ hat Sünde, und jeder hat Sünde.[35] An *dieser* Stelle ist *kein* Mißverständnis im Spiel. *Für Luther ist das „simul iustus et peccator" in der Tat eine Spitzenthese und als solche die Zusammenfassung seines ganzen Gnaden- und Rechtfertigungsverständnisses. Umgekehrt ist für die scholastische Theologie, auch und gerade für Thomas, diese These unvollziehbar.* Wenn die Liebe Gottes real im Menschen ankommt, kann der Mensch nicht gleichzeitig Sünder bleiben, das heißt: Er kann nicht der Sache nach gleichzeitig der von Gott Abgekehrte und der durch Gott zu Gott Hingekehrte sein. Umgekehrt ist es unmöglich, daß die Abkehr von Gott durch etwas anderes beseitigt wird als durch die Hinkehr zu Gott durch Gott selbst. Dies ist denn der Sinn der konsequent zu Ende gedachten, aber auch noch durch allen Begriffsapparat hindurch in ihrer Stringenz einleuchtenden These des Thomas, daß die Rechtfertigung des Sünders in einem einzigen, ungeteilten Augenblick geschieht[36]. Andernfalls müßte entweder Gnade mit Sünde koexistieren oder die Sünde ohne Gnade beseitigt werden können.

Es ist nun ausgeschlossen, an dieser Stelle die kontroverstheologische Problematik unter historischem oder systematischem Aspekt auszudiskutieren. Diese Diskussion ist in den letzten Jahren sehr intensiv geführt worden und hat sowohl für Luther als auch für die katholische Gegenposition mancherlei Klärung ge-

---

[31] WA 1,227,1.
[32] WA 40 II, 353,3.
[33] WA 56, 272,17.
[34] WA 2, 496,39.
[35] WA 40 II, 352,8.
[36] STh I–II 113,7.

bracht, die es beiden Kontrahenten erlaubten, aus den alten kontroverstheologischen Schützengräben herauszukommen und aufeinander zuzugehen[37]. Das Ergebnis ist, daß an der Stellungnahme zu dieser berühmten Formel Luthers zwar immer noch Entscheidungen über sachgemäße und situationsgerechte Rede von der Gnade Gottes fallen können – auf katholischer Seite zunehmend in Richtung der korrekt verstandenen Formel Luthers, auf lutherischer Seite mit zunehmendem Bewußtsein auch für die seelsorglich unguten Folgen, die eine ungeschützte Verwendung dieser Formel haben kann –, daß aber ein Konsens in der Gnadenlehre an dieser Formel sachlich nicht mehr scheitern muß. Statt diese Diskussion hier im einzelnen vorzuführen, nur zwei sozusagen stellvertretende Andeutungen:

a) *Luthers Aussage, daß die Sünde „dem Tatbestand nach" bleibe, heißt nicht, daß die Situation des Gerechtfertigten und Glaubenden in bezug auf die Sünde einfach dieselbe wäre wie für den Nicht-Glaubenden.* Modern müßte man etwa übersetzen: Die Sünde bleibt dem „Material" nach, und dieses „Material" ist die bleibende Widerwilligkeit gegen Gott, die kein gegen sich selbst ehrlicher Christ bestreiten kann und die dem „Material" nach auch Thomas und die katholische Tradition mitnichten leugnen. Dieses „Material" aber bekommt, wiederum modern ausgedrückt, einen anderen Stellenwert, je nachdem ob ein von Gott nichts wissen wollender oder ein glaubender Mensch damit zu tun bekommt. Es gibt hier eine Verbindungslinie zum zweiten Fragenkreis. Wer von Gott abgekehrt ist, der „Sünder", wird seine Widerwilligkeit gegen Gott für gerechtfertigt und geradezu normal halten. Wer glaubt, wird unter ihr leiden – und dadurch ist sie in ihrer von Gott trennenden Wirkung bereits bezwungen. In diesem Sinne – und damit die „simul"-Formel interpretierend – unterscheidet Luther zwischen der „herrschenden Sünde" (peccatum regnans) und der „beherrschten Sünde" (peccatum regnatum) im Gerechtfertigten[38], und er spricht davon, daß sich im Gerechtfertigten die Sünde wandle zwar nicht in sich selbst, wohl aber in „sui tractatu"[39], frei übersetzt: in der Art, wie ihr „Material" in die neue Gottesbeziehung hineingenommen wird, nämlich als lebenslang zu bekämpfendes. Wenn man diesen Wandel der Dinge als eine sehr reale Veränderung auch im Menschen selbst interpretieren darf – und man muß es tun, denn alles andere müßte die sehr reale Kampfsituation verharmlosen, in die die Rechtfertigung den Sün-

---

[37] Vgl. die neueren Würdigungen der Diskussion um die Rechtfertigungslehre, also, pars pro toto, *Rahner,* Fragen der Kontroverstheologie um die Rechtfertigung (= Schriften IV, 237–271); *Peters,* Reformatorische Rechtfertigungsbotschaft; *ders.,* Luthers Rechtfertigungslehre in der Interpretation der kathol. Theologie; *Pöhlmann,* Rechtfertigung; *Bogdahn,* Die Rechtfertigungslehre Luthers; *Pfnür,* Einig in der Rechtfertigungslehre?; *Müller,* Rechtfertigungslehre, 113–116; *Müller/Pfnür,* Rechtfertigung – Glaube – Werke (= *Meyer/Schütte* [Hg.], Confessio Augustana, 106–138); *Breuning,* Christologie und Rechtfertigung; *Hoffmann/Kühn,* Die Confessio Augustana im ökumenischen Gespräch; *Pesch,* „Um Christi willen…"; *ders.,* Gerechtfertigt aus Glauben, 13–55. – Speziell zum „simul iustus et peccator" vgl. *Pesch,* Hinführung zu Luther, 189–202, dort die kontroverstheologische Literatur zu diesem Thema.
[38] WA 8, 96, 17.   [39] WA 8, 107, 28.

der stellt! –, dann kann man Luthers Formel „gerecht und Sünder zugleich"
nicht mehr als diametrale Gegenposition zu einer Auffassung ansehen, die –
ganz ohne Vorentscheidung über Einzelheiten – um der schöpferischen Kraft
der Liebe Gottes willen die grundlegende verändernde Auswirkung der Gnade
Gottes im Menschen unterstreicht.

b) Man hat auf katholischer Seite in den letzten Jahrzehnten zunehmend begriffen, daß *die Heranziehung ontologischer Verstehensmodelle in der Gnadenlehre, so sehr sie im Hochmittelalter unter den damaligen Verstehensvoraussetzungen ihren unschätzbaren Dienst getan haben, doch nicht die einzige
Interpretations- und Sprechmöglichkeit darstellen.* Diese Modelle tun vor allem
dann ihren guten Dienst, wenn man von der Voraussetzung ausgeht. Theologie
müsse die Welt und das menschliche Leben zuerst und vor allem gewissermaßen
mit dem Gedanken Gottes selber anschauen[40]. Manche dann mögliche Redeweise wird schlechterdings unerträglich, wenn sie aus der Blickrichtung des
Menschen wiederholt würde. Ein Beispiel, an dem man diese Differenz und ihre
Folgerungen besonders gut deutlich machen kann, ist die traditionelle Lehre
vom „Verdienst", auf die wir noch zu sprechen kommen[41]. Aber auch für unseren Zusammenhang erhalten wir genügend Licht von jener berühmten Argumentation, die Luther seinem Gegner Latomus an der Universität Löwen
entgegenhält. Er fragt diesen, ob er wohl folgendes Gebet zu sprechen sich
getraue: „Siehe, Herr Gott, dies gute Werk habe ich getan mit Hilfe deiner
Gnade, es ist darin kein Fehl oder irgendeine Sünde, bedarf auch nicht deines
verzeihenden Erbarmens, bitte deshalb auch nicht darum, sondern will, daß du
es richtest nach deinem wahrhaftigen und strengen Gericht."[42] Aus der Perspektive des Menschen gesehen, genauer: aus der persönlichen Begegnung mit Gott
im Gebet betrachtet, wird manche Aussage unmöglich, die aus der Perspektive
Gottes gesehen möglich, ja zwingend ist. Zum Beispiel die Aussage, daß Gott
durch seine Liebe den Menschen ganz und gar gerecht macht. Ja, soweit es an
Gott liegt, ist das richtig. Nur kann es der Mensch nie sich selber und von sich
aus vor Gott sagen. Die Sehweise verändert die Sprachweise notwendig. Ist dies
erkannt, dann erscheint nicht nur manche katholisch-lutherische Kontroverse
über bestimmte Spitzenthesen als Ja und Nein zu je Verschiedenem, es wird zugleich deutlich, daß katholische Theologie und Frömmigkeit, stellt sie sich auf
den Boden menschlicher Selbstbetrachtung vor Gott, ohne Widerspruch zur eigenen Tradition auch reden und denken kann wie Luther und es auch in bemer-
kenswerten Beispielen immer wieder getan hat[43]. Dies gilt gerade auch im

---

[40] Also eine „sapientiale" Theologie treibt; vgl. dazu w.o. 11 I 1 Anm. 9.
[41] Vgl. w.u. 20 II 1–5; 21 I 1.
[42] WA 8 79,21.
[43] Vgl. *Rahner,* Von der Not und dem Segen des Gebetes (Freiburg 1958) 116–137 (= Neuausgabe
[¹⁰1980] 97–113); *Küng,* Rechtfertigung, 231–234; *Gottlieb Söhngen,* Gesetz und Evangelium, Cath 14
(1960) 81–105; und schon *Robert Grosche,* Pilgernde Kirche (= Gesammelte Aufsätze [Freiburg i. Br.
1938, ²1969] 143 ff.).

Bereich der Formel „gerecht und Sünder zugleich", sofern auch sie, wie vor allem die neuere Lutherforschung hervorgehoben hat, eine „Gebetsrealität" ist und als *rein* ontologische Formel keinen Sinn gäbe[44].

Diese Andeutungen müssen hier genügen. Sie haben den Zweck, die gerade an dieser Stelle immer wieder hereinbrechende lutherisch-katholische Kontroverse so zu „neutralisieren", daß wir anschließend in der nun schon gewohnten Weise unbehelligt nach dem gemeinsamen Zeugnis der Tradition fragen können. Für Luther können wir nun zusammenfassen, was für ihn das „Wesen der Gnade" ist. Er kehrt hinter die scholastischen Theoriebildungen zunächst zu Augustinus zurück. Gnade ist aktive Hilfe Gottes zur Abkehr von der Sünde. *Für ein bleibendes In-Gnade-Sein interessiert sich Luther nicht, soweit damit nach einer Realität auf seiten des Menschen gefragt wäre. Soweit jedoch nach dem bleibenden Verhalten Gottes gefragt wird, „interessiert" sich Luther aufs höchste dafür – und geht auf diese Weise auch noch hinter Augustinus auf Paulus zurück.* Die Gnade Gottes ist identisch mit jener heilschaffenden Gerechtigkeit Gottes, die nach Paulus durch Gottes Handeln im Sühnetod Jesu Christi offenbar geworden ist. Das Gnadenverständnis Luthers ist wieder ganz an das Rechtfertigungsverständnis bei Paulus zurückgebunden, dorthin, von wo es sich im Lauf der Theologiegeschichte abgelöst hatte. Wir haben früher schon gesehen[45], wie Luther dadurch, obwohl er dem mittelalterlichen Fragenkontext verpflichtet bleibt, den umfassenden Gnadenbegriff der Schrift wiederherstellt.

Ist damit nun bei Luther die spezielle und weiterführende Hinsicht unserer Überlegungen in diesem Abschnitt verlassen, von der wir ausgegangen sind? Ist Gnade völlig zurückgeführt auf Rechtfertigung des *Sünders?* Man hat Luther oft so verstanden. Man hat gar die katholische und die lutherische Frage nach der Gnade auf die Formel bringen können: Gnade für das Geschöpf dort – Gnade für den Sünder hier[46]. Doch hat die Lutherforschung seit einiger Zeit auch hier Korrekturen anbringen können. Vor allem Paul Althaus hat in mehreren Untersuchungen[47] gezeigt, daß es eine Engführung der lutherischen Lehre wäre, die Rechtfertigungslehre Luthers einschließlich des „sola fide" auf die Situation des Sünders zu verengen. Das Verhältnis des Menschen ist *grundsätzlich* allein auf Gottes schenkende Liebe und niemals auf die Eigenleistung des Menschen gegründet. Dies hat einfach darin seinen Grund, daß das Gottsein Gottes wesenhaft schenkende Liebe ist und daher jeden anderen Weg des menschlichen Gottesverhältnisses als den reinen Empfangens (im Glauben) ausschließt. *Auch bei Luther gibt es also eine Fragestellung: Was ist Gottes Gnade über die Rechtfertigung des Sünders hinaus?* Die Antwort ist auf den schon skizzierten Bahnen

---

[44] Das Stichwort von der „Gebetsrealität" zuerst bei *Wilhelm Link,* Das Ringen Luthers um die Freiheit der Theologie von der Philosophie (München 1940, ²1955) 77 f.

[45] Vgl. w. o. 3 I 7 mit 2.

[46] So *Kühn,* Natur und Gnade, 145–175.

[47] Vgl. vor allem Theol. Luthers, 109–118; Verzeichnis der weiteren Äußerungen von *Althaus* und anderen bei Pesch, Theol. der Rechtfertigung, 205 Anm. 55.

Luthers nicht mehr schwer zu erraten. Sie ist einfach eine Aussage über das Wesen Gottes, und sie lautet: „Gott ist eitel Gnad und Liebe."[48] Am Handeln Gottes in der *Rechtfertigung* des Sünders erkennt man, wie Gott *überhaupt* am Menschen handelt – bekannte Gedanken!

2. Der unfreie Wille

So bleibt nun noch die Frage nach der Freiheit. Auch hier verschränken sich wieder eigenartig die Verbundenheit mit der mittelalterlichen Fragestellung und der Rückgang über diese hinaus zu Augustinus und Paulus[49].

Luther geht durchaus formal von der mittelalterlichen Fragestellung aus: Was trägt der freie Wille zur Erlangung der Gnade bei? Aber nun hat sich ja, wie wir sahen, der Begriff der Gnade bei Luther gewandelt und bedeutet nicht mehr eine, wie auch immer zu interpretierende, geschöpflich Wirklichkeit auf seiten des Menschen, sondern – mit Augustinus und Paulus – wieder die „Liebe", die „gnädige Gesinnung" Gottes zum Menschen. Außerdem hat sich der Freiheitsbegriff gewandelt. Sieht man sich die Definition des freien Willens durch Erasmus von Rotterdam an, gegen die Luther seine Schrift „De servo arbitrio" geschrieben hat, dann wird der Wandel gegenüber der mittelalterlichen Freiheitsauffassung deutlich: „Unter dem freien Willen verstehen wir die Kraft des menschlichen Willens, mit der der Mensch sich zu dem hinwenden kann, was zum ewigen Heile führt, oder sich davon abwenden kann."[50] Ganz offenkundig denkt Erasmus an eine Freiheit des Menschen Gott *gegenüber*. Dies hatte weder das Mittelalter noch die ganze christlich-kirchliche Tradition vor ihm getan.

Durch diese beiden Wandlungen hat sich das Problem „Gnade und Freiheit" bei Luther verschoben. *Die Frage heißt jetzt nicht mehr: Was trägt die Freiheit zur Erlangung der Gnade bei, sondern: Was trägt die Kraft des freien Willens zur Gewinnung der Liebe Gottes bei?* Die Antwort kann nur, wie seit den Tagen des Apostels Paulus, heißen: nichts. Unter der Voraussetzung dieses Freiheitsbegriffes, das sagen inzwischen auch katholische Lutherforscher[51], konnte man das Zeugnis der christlichen Tradition nur durchhalten, indem man *diese* Freiheit als Unfreiheit bloßstellte. Dabei kann man über manches Einzelargument Luthers streiten, über die Grundentscheidung nicht. Und wie schon bei Paulus, in der augustinischen Tradition und erst recht bei Thomas, so gibt es, nachdem dies zunächst einmal klargestellt ist, keine Hemmungen, dem von der Freiheit und Liebe Gottes Ergriffenen zuzuerkennen, daß er mit Gott „zusammenwirkt", und daß er *unter* Gott freie Verfügung über die Dinge dieser Welt hat.

---

[48] WA 36, 396,13.

[49] Außer den Arbeiten von *Vorster* und *McSorley* (s. o. Anm. 19) finden sich die wichtigsten jüngeren Titel aus der uferlosen Diskussion bei *Pesch,* Hinführung zu Luther, 177 Anm. 6.

[50] *Erasmus,* Diatribe seu collatio de libero arbitrio I b 10,7–10: ed. Walter (= Quellenschriften zur Geschichte des Protestantismus 8, Breslau 1910) S. 36; von *Luther* wörtlich zitiert WA 18,661,30.

[51] So *McSorley,* ebda.; ich selbst teile diese Meinung; vgl. auch *Weimer,* Die Lust an Gott, 229–238.

V. Das Konzil von Trient

Leseempfehlung: Brunner, Die Rechtfertigungslehre des Konzils von Trient

Beides, der Wandel des Gnadenverständnisses und der Wandel des Freiheitsverständnisses bei Luther und in Luthers Reaktion auf die Theologie seiner Zeit und Vorzeit, provozieren die Antwort des Konzils von Trient. Wir können mit lakonischer Kürze sagen: Das Konzil hat, was unsere spezielle Frage betrifft, in bezeichnender Weise die kirchliche Tradition hochgehalten, unter der Nötigung der reformatorischen Anfrage Korrekturen angebracht und sich aus schulmäßigen Festlegungen herausgehalten[52].

a) Trient hat die reformatorische Anfrage insofern aufgenommen, als es die Rechtfertigungslehre wieder der allgemeinen und formalen Gnadenlehre übergeordnet hat und die umgekehrte Reihenfolge aufhob.

b) Die Frage nach „Gnade über Rechtfertigung hinaus" hat Trient dadurch beantwortet, daß es das Rechtfertigungshandeln Gottes in den Gesamtaufriß der Heilsgeschichte Gottes mit den Menschen zwischen Schöpfung und jüngstem Gericht hineinstellte.

c) Trient bewegt sich erkennbar auf dem terminologischen Feld der „qualitas"-Theorie, hat aber, wie aus den Akten der Verhandlungen eindeutig zu belegen ist, die „qualitas"-Theorie als solche nicht dogmatisiert. Die Situation zwischen katholischer und lutherischer Theologie ist unter diesem Aspekt vollkommen offen.

d) In der Freiheitsfrage fehlt das berühmte „infallibiliter"[53] des Thomas, der Sache nach aber ist es ausgesprochen, sofern kein kleinster Schritt des Sünders auf Gott hin erfolgen kann ohne Gottes „weckende" Gnade und sofern der „Beitrag" des Menschen wie bei Thomas im reinen „Zustimmen" besteht, das wiederum Gottes Gnade selbst ermöglicht.

e) Ein wenig aus der Ferne und unter Vernachlässigung gewisser Nuancen betrachtet, kann man sagen: *Das Trienter Konzil hat nur in einem einzigen Punkte, was unsere Frage betrifft, der Reformation direkt widersprochen, und dieser Punkt war ein Mißverständnis.* Es unterstellte nämlich, die Reformation lehre eine „Gnade" Gottes, die reine Gesinnung auf seiten Gottes *bleibe* und im Menschen keine verändernden Wirkungen habe. In den Augen der Konzilsväter untergrub das nicht nur die Grundlagen ethischen Bemühens, es ließ auch Gott als ohnmächtig erscheinen, nicht fähig, seine „Gesinnung" schöpferisch zu verwirklichen. Nach allem, was wir über Luthers Gnadenverständnis gehört haben, ist mühelos zu erkennen, wieviel Fehlverständnis hier im Spiel ist, wie sehr man hier nicht bei der wirklichen Lehre der Reformation steht, sondern Gerüchten über sie, allerdings auch dem Anblick einer Praxis aufgesessen ist, die ihrerseits

---

[52] Vgl. w. o. 5 VI 1–2; 8 V 1–2; dort die Literatur.
[53] Vgl. *Thomas,* STh I–II 112,3 c. mit DS 1525 = NR 795.

alles andere als im Einklang mit der reformatorischen Lehre war. Anderseits ist nicht zu bestreiten, daß das Konzil auch in feierlichen Texten der Reformatoren einen Anhaltspunkt für seine Gegenthesen fand. Wenn Luther in der Schrift gegen Latomus (1521) in geradezu klassischer Formulierung schreibt: „Gnade verstehe ich hier im eigentlichen Sinne als Gunst Gottes, wie es sich gehört, nicht als Qualität der Seele, wie unsere neueren (Theologen) lehrten; und diese Gnade schließlich wirkt wahrhaft Frieden des Herzens, so daß der Mensch, von seiner Verderbnis geheilt, auch spürt, daß er einen gnädigen Gott hat"[54], dann ist das für jemanden, der nicht Luthers ganze theologische Entwicklung mitvollzogen hat, geradezu ein klassischer Beleg für den angeblichen „Subjektivismus" des reformatorischen Gnadenverständnisses: Alles kommt darauf an, daß *ich* spüre, daß ich einen gnädigen Gott habe[55]. Und wenn man zum Beispiel in Melanchthons Apologie der Augsburger Konfession liest: „Und weil allein dieser Glaube die Vergebung der Sünde empfängt und uns Gott angenehm (acceptos) macht und den Heiligen Geist bringt, kann er (der Glaube) mit größerem Recht ‚heiligmachende Gnade‘ genannt werden als die nachfolgende Wirkung, nämlich die Liebe"[56], dann muß man auch das wieder lesen als Ausschluß jeder der Rechtfertigung selbst eignenden verändernden Wirkung und deren Beschränkung auf einen bloß nachfolgenden „Effekt". Man muß sich unter solchen Umständen über den Mut wundern, daß die Trienter Väter die „qualitas"-Theorie, nachdem sie so frontal angegriffen wurde, nicht direkt dogmatisiert haben.

Eben darum ist die Gesprächssituation damals wie heute offener als es der erste Anschein glauben machen könnte, und damit sind wir vorbereitet auf die nachfolgenden Überlegungen.

---

[54] WA 8, 106,10.
[55] Das ist denn auch der durchgehende Vorwurf in dem kritischen Buch von *Paul Hacker,* Das Ich im Glauben bei Martin Luther (Graz 1966). Vgl. meine Besprechung in ThRv 64 (1968) 51–56 und Hinführung zu Luther, bes. 29; 287 f.
[56] BSLK 183,30.

LESEEMPFEHLUNG: Boff, Erfahrung von Gnade, 15–52

Wir steuern nun, ähnlich wie beim Thema „Sünde" und „Naturverderbnis", wieder auf einen systematischen Verstehensversuch zu. So ist ein paralleler Aufbau dieses Kapitels naheliegend: Die „Naturverderbnis" ist ja nur die Kehrseite begnadeter Existenz des Menschen. Die Wege, wie zu verstehen ist, was Gnade bedeutet, müssen also denen entsprechen, die auch ein Verständnis von Naturverderbnis ermöglichten.

I. Die Unterschiede und das eine Wort der Tradition

1. Das biblische Zeugnis und die augustinische Tradition

Der hauptsächliche Unterschied besteht darin, daß der biblische Begriff von „Gnade" inhaltlich und formal der Inbegriff des gesamten Heilshandelns Gottes ist. Ein Aspekt von „besonderer Liebe Gottes" (Thomas), der in „besonderer" Weise die Berufung des Menschen zum (ewigen) Leben in der Gemeinschaft mit Gott zuzuordnen wäre, wird im biblischen Zeugnis gelegentlich als spezieller Inhalt des Begriffes „Gnade" ausgegliedert – nämlich beim Thema „Bund" –, aber nicht immer. Aber auch Paulus, der in der Tat „Gnade" als Wechselbegriff für „Rechtfertigung" braucht und damit in betonter Weise auf die Überwindung der Sünde zuspitzt, kann nicht darauf festgelegt werden, daß er mit „Gnade" exklusiv dies meint.

Alles „Spezielle", das in die weitere Entwicklung hineinweist, ergibt sich in Kontext der besprochenen „Individualisierungen"[1], deren wichtigste das anklingende Problem von Vorherbestimmung und Freiheit bei Paulus ist. Aber auch hinsichtlich dieses Problems werden gewissermaßen nur die Materialien ausgebreitet, keine Lösungen geboten – es sei denn, man sieht es als „Lösung" an, daß Paulus sich vom absoluten Primat der Gnade (der „Erwählung") nicht abbringen läßt, koste es auch die schärfsten Demütigungen des Menschen: Er hat zu akzeptieren, daß Gott aus ihm in voller Freiheit ein „Gefäß der Ehre" oder ein „Gefäß der Unehre" machen kann[2].

Demgegenüber ist der Gnadenbegriff der augustinischen Tradition geradezu „hochspezialisiert". Nicht weil man die anderen Inhalte des biblischen Gnaden-

---

[1] Vgl. w. o. 3 I 2.
[2] Vgl. *Wilckens*, Der Brief an die Römer II, 197–202, zu Röm 9, 14–29.

begriffes nicht mehr ernst nähme oder gar verkennen würde – das Gegenteil ist der Fall –, sondern weil man sich durch die entstandene Diskussionssituation genötigt fühlt, Gnade durch ihr Verhältnis zur Freiheit zu definieren. Sie *kommt* aus der souveränen Liebe Gottes, aber sie *ist* innerliche Hilfe für den sich selbst versklavten Willen des Menschen, damit er wieder fähig wird, sich zu Gott zu bekehren, sich Gott in der Liebe hinzugeben. Am nächsten steht die augustinische Tradition dem biblischen Zeugnis daher dort, wo die (später sehr bewußte) Identifizierung von Gnade und Liebe (Gottes und zu Gott) sich vorbereitet und anklingt. Und mitten darin, mitten auch in aller „psychologischen" Durcharbeitung dieses Gnadenbegriffes, an die das biblische Zeugnis nicht gedacht hat, bleibt die augustinische Tradition insoweit kompromißlos Paulus verpflichtet, als sie ohne Rücksicht auf menschliche Demütigungen den absoluten Vorrang der Gnade durchhält.

2. Die augustinische Tradition und Thomas von Aquin

Der Unterschied zwischen der augustinischen Tradition und Thomas von Aquin, dem klassischen Repräsentanten der Hochscholastik, besteht darin, daß die augustinische Tradition, wiederum exemplarisch nachprüfbar an den Texten von Orange, keine Konzeption von der Gnade als „Qualität" entwickelt. Weder der Gedanke, das heißt der aristotelisch geprägte Begriff, begegnet uns hier noch das besondere Anliegen, nämlich die neue Spontaneität des christlichen Lebens zu erklären. Der einzige und allein dringliche Tagesordnungspunkt der augustinischen Theologie der Gnade besteht darin, abzusichern, daß die *Möglichkeit christlichen Lebens überhaupt* allein durch Gottes zuvorkommende und alles tragende und begleitende Gnade begründet wird. Gnade ist demnach Kraft und Hilfe. Nur ganz von ferne werden wir der Gnade als eines *Seins* des Menschen, modern gesprochen: einer neuen Situation seines Daseins, ansichtig, am ehesten noch in der Parallelisierung von Gnade und Liebe.

Daß schon im 12. Jahrhundert gerade besonders augustinustreue Theologen in der Wesensbestimmung der Gnade über Augustinus hinausschritten, gründet in der Einsicht, daß gerade das augustinische Begriffsinstrumentarium nicht ausreicht, dessen antipelagianische Absichten ganz zu vollstrecken. Aristoteles bot neue Waffen gegen Pelagius an, sofern die Idee einer „Form", die der Seele mitgeteilt wird, endgültig klarstellt, daß die Seele rein passiv und ohne eine eigene Bewegung ihrer Freiheit die Gnade empfängt – freilich so, und auch das impliziert der Begriff der „Form", daß die begnadete Seele dann ihrerseits Quelle neuen Handelns wird. So befestigt Aristoteles, was die Texte von Orange sichern wollten.

3. Thomas von Aquin und die spätscholastische Theologie

Zwischen Thomas und der Theologie der Zeit bis Luther sind vor allem, was das Verständnis von der Gnade betrifft, drei Beobachtungen hervorzuheben. Zunächst besteht geringes Interesse an der von Thomas so minuziös herausgearbeiteten Unterscheidung zwischen der Gnade „im Wesen der Seele" und den „theologischen Tugenden", besonders der caritas. Das liegt vor allem daran, daß die Theologie des 14. und 15. Jahrhunderts von den Franziskanern in der Nachfolge des Duns Scotus beherrscht wird, und die Franziskaner hatten schon immer an der augustinischen Fast-Identifikation von Gnade und Liebe festgehalten. Abgesehen von dieser Identifikation beziehungsweise Nicht-Unterscheidung, behält aber die Spätscholastik grundsätzlich den Gedanken von der Gnade als „Qualität" und gar als „Habitus" bei.

Von erheblicher Bedeutung ist jedoch das Mißverständnis der hermeneutischen Funktion dieser Konzeption. Daher stellt man die, gemessen an Thomas, sachlich völlig unsinnige Frage, wie Gottes *Freiheit* angesichts der *Notwendigkeit* des Habitus zu retten sei. Die Antwort lautet: Alles hängt an der „Akzeptation" Gottes, die, absolut gesprochen (de potentia absoluta), völlig frei sei. Daß es dieser absoluten Freiheit Gottes gegenüber dennoch eine Notwendigkeit des Gnaden- und Liebeshabitus gibt, liegt daran, daß Gott sich in seiner Weisheit an eine von ihm selbst frei verfügte Ordnung bindet, die eine solche Notwendigkeit vorsieht (de potentia ordinata).

Im Durchschnitt hegt man optimistischere Auffassungen hinsichtlich der Möglichkeiten des Sünders. Er hat die Kraft, so weit auf Gott zuzugehen, daß Gott „angemessenerweise" (meritum de congruo) dem Sünder seine Gnade nicht versagen wird. Eine Ausnahme machen hier nur die reinen Augustinisten, wie etwa Gregor von Rimini. Aber auch die „Optimisten" sind durch die Akzeptationstheorie im Rahmen ihres Selbstverständnisses gegen den Verdacht des Pelagianismus abgesichert: Es ist ja Gottes zuvorkommende und voranwaltende gnädige Ordnung, daß dem Sünder diese Kraft, von sich aus sich auf Gott zuzubewegen, geblieben ist. In Kenntnis der semipelagianischen Kontroverse und ihres Ausgangs hätte eine solche Theorie allerdings kaum entstehen können.

Insgesamt liegt also der Unterschied im Gnadenverständnis gegenüber der Hochscholastik weniger in der Konzeption selber als in deren theologischem, hermeneutischem und schließlich pastoralem Stellenwert. Da dieser aber auf (historisch immer noch nicht ganz durchsichtigen) Mißverständnissen beruht, kann man die Entwicklungen der spätscholastischen Theologie mit Fug und Recht bedauern, nicht zuletzt deshalb, weil sich die reformatorische Theologie und damit die Leiden der neuzeitlichen Kirchengeschichte am Widerstand gegen diese Theologie entwickelten. Man muß dennoch gleichzeitig das *Grundanliegen* dieser Theologie, nämlich die Freiheit und Souveränität Gottes gegenüber allen, letztlich von Menschen ausgedachten „Heilsnotwendigkeiten" zu betonen, nicht verwerfen. Insoweit aber kann die spätscholastische Gnadenlehre, was unseren Vergleich betrifft, unter die der Hochscholastik eingeordnet werden, sofern das spätscholastische Grundanliegen auch dort hinreichend gesichert ist.

4. *Thomas von Aquin und Luther*

Das Wort „Gnade" ist bei Luther wieder Abbreviatur und Inbegriff des ganzen Heilshandelns Gottes am ganzen Menschen. Die Intention der hochscholastischen Theorie von der Gnade als Qualität verwirklicht Luther lückenlos auf anderen Gedankenlinien, ausgenommen das Interesse an einer metaphysisch-anthropologischen Durchklärung der innermenschlichen Auswirkung der Gnade.

Wohl aber ist Luther ansonsten allen Problemen seiner mittelalterlichen Tradition verpflichtet. Auch seine Frage lautet: Was „leisten" Verstand und Wille mit und ohne Gnade? Was sie *mit* der Gnade vollbringen, beschreibt Luther dann personalistisch auf der Linie seines neuen/alten Gnadenbegriffs: Der Geist treibt den Menschen, der Mensch handelt aus neuer Liebe zum Gebot Gottes, aus Freude, aus Dank gegen Gott. Mit anderen Worten: Luthers Frage nach dem *ganzen* Menschen unter Gott bedeutet nicht, daß die traditionelle Frage nach dem Beitrag des Verstandes und des Willens unsinnig würde. Sie bedeutet nur: Man kann innerhalb der *sündigen* Existenz des Menschen nicht unterscheiden zwischen „unversehrten" und „verderbten" Schichten, eine Gefahr, der die Tradition immer ausgesetzt war und der sie auch selten ganz entging. Für Luther aber ist wieder klarer denn je: In bezug auf das Gottesverhältnis ist der *ganze* Mensch verderbt, sosehr seine Kräfte und Vermögen ansonsten funktionieren mögen – was Luther keineswegs leugnet. Dementsprechend macht die Gnade den *ganzen* Menschen vor Gott heil – so wenig das am Funktionieren seiner Kräfte und Vermögen ändert. Das heißt zusammengefaßt: *Liest man Luthers „Gnadenlehre" innerhalb der klassischen Fragestellung nach dem Wesen der Gnade im Verhältnis zur menschlichen Freiheit, so ergeben sich alle Unterschiede gegenüber der Hochscholastik durch den Übergang (oder die Abkehr) von der „qualitas"-Konzeption zu einem Denken in der Grundkategorie der personalen Beziehung, der – „relatio"[3] oder, mit Gerhard Ebeling formuliert, zu einem Denken in der Grundkategorie des „coram", des (Lebens) „vor und gegenüber"* (Gott)[4].

---

[3] Vgl. den bezeichnenden Satz *Luthers:* „Nec Sanctitas est in praedicamento substantiae sed relationis" – „Auch ist die Heiligkeit nicht in der Seinsweise der Substanz, sondern der Beziehung" (WA 40 II 354.3).

[4] Vgl. *Ebeling,* Luther, 220–225; 236; 256; *ders.,* Dogmatik I, 348.

5. Die Hochscholastik und das Konzil von Trient

Das Trienter Konzil ist aus besprochenen Gründen nur daran interessiert zu betonen, daß die Gnade auch eine neuschöpferische Wirklichkeit *im Menschen* ist, und *übernimmt zu diesem Zweck das Begriffsinstrumentarium der „qualitas"-Theorie in unpräziser Form, das heißt ohne die aristotelische Strenge der Begriffe. Als solche hat das Trienter Konzil diese Theorie nicht dogmatisiert.* Dogma im verbindlichen Sinne des Wortes ist nur dies eine, daß die Gnade Gottes den Menschen von innen her verändert und erneuert. Diese innermenschliche Wirklichkeit der Gnade ist im übrigen voll und ganz von Gottes zuvorkommendem Wirken abhängig. Freilich verbindet sich in Trient die allgemeine aristotelische Begrifflichkeit mit Vergröberungen der hochscholastischen Theologie zur Frage nach den „Ursachen" der Rechtfertigung, wie sie in dieser Form bei Thomas nicht gestellt wird. Allerdings ist auch darin der Konzilstext flexibler und offener, als es beim ersten Lesen erscheinen mag.

Die nachtridentinische Theologie macht, die innerkirchliche Funktion der Trienter Beschlüsse mißverstehend, aus Korrektur- und Verteidigungsformeln einen Gesamtentwurf. Jetzt wird aus der Gnade ein „übernatürliches Geschöpf", das wie alle anderen „Geschöpfe" auf die Modalitäten seiner „Hervorbringung *im* Menschen" befragt werden kann und muß. Das Grundanliegen dieser aufs Ganze gesehen unerträglichen Entwicklung ist aber auch hier dasselbe wie in der Hochscholastik: Man hat ein Interesse daran, zunächst von einem *bleibenden* In-Gnade-Sein des Menschen zu reden, auch wo gerade *kein* aktuelles Handeln aus der Gnade stattfindet.

Trient läßt optimistischere Töne zur Freiheit und Fähigkeit des Sünders anklingen, als wir sie aus der Tradition mit Ausnahme der Spätscholastik gewohnt sind. Daß hier kein Widerspruch in der Sache gegenüber der augustinischen und thomanischen Tradition vorliegt, wurde gezeigt[5]. Auf die Gefahren dieser optimistischeren Sprechweise hat aber das katholische Glaubensbewußtsein in der Folgezeit sehr wach reagiert. Das zeigt der „Gnadenstreit", der bald nach Trient ein ganzes Jahrhundert für Aufregung sorgte, das zeigt auch die sich bald durchsetzende *thomistische* Interpretation der Trienter Rechtfertigungslehre – und ganz am Rande auch die Tatsache, daß Theologen der Schule der sogenannten „Molinisten" sich bis in unser Jahrhundert gegen den Vorwurf wehren müssen, sie seien von der Trienter Lehre abgewichen[6].

Das Fazit: *Für den hier durchzuführenden Vergleich kann auch Trient unter die Konzeption der Hochscholastik eingeordnet werden.* Was von ihr abweicht, ist entweder bewußte und gewollte Offenheit der Formulierung oder, umgekehrt, eine vergröbernde, aber die Grundintention wahrende Rezeption. Die Trienter

---

[5] Vgl. w. o. 5 VI 2.
[6] Hinweise zu all diesen Punkten bei *Pesch/Peters,* Einführung, 209–221; auch *Pesch,* Gottes Gnadenhandeln, 853–856.

Rechtfertigungslehre ist innerhalb der Hochscholastik sozusagen unter erschwerten Bedingungen gegenwärtig.

Überblicken wir das Ganze, so haben wir *drei* entscheidende Stationen auf ihr eines und gemeinsames Wort zu befragen und anschließend mit unserer gegenwärtigen Erfahrung zu konfrontieren: Das biblische Zeugnis – die Hochscholastik, die den Dynamismus, Pessimismus und Theozentrismus der Texte von Orange wahrt und durch das Konzil von Trient nicht desavouiert wird – Luther und die Reformation.

6. Das eine Wort der Tradition

a) *Das Wort „Gnade" bezeichnet seinem Sachsinn nach ein heilschaffendes Verhältnis Gottes zum Menschen und des Menschen zu Gott.* Dabei *bedeutet* das Wort dies in direkter Intention (Schrift, Luther) oder es *impliziert* dies, insofern der „präzise" Gnadenbegriff ausgearbeitet wird, um dieses Verhältnis zu interpretieren (Augustinus, Orange, Scholastik).

Wir schlüsseln auf. Gnade besagt das *Gottes*verhältnis des Menschen – sie ist damit abgegrenzt gegen sachartige oder sachgebundene Gnadengaben, die nicht Gott selbst sind. Gnade besagt das Gottes*verhältnis* des Menschen – und bezeichnet damit eine Beziehung zwischen Personen, und nicht nur so etwas wie die Zufuhr einer unpersönlichen Kraft. Wiederum *bedeutet* das Wort „Gnade" dieses Verhältnis in direkter Intention, oder es *impliziert* es, sofern der spezielle Gnadenbegriff immer ausgearbeitet wird, den Grund der Möglichkeit eines solchen Verhältnisses für den Menschen zu beschreiben. Schließlich besagt „Gnade" ein Gottesverhältnis des Menschen zum *Heil* – und kennzeichnet damit den Vorzug des *Menschen* und seiner Berufung vor allen Geschöpfen. Ob man nun es für wichtig hält, festzustellen, daß der Mensch selbst *auch* ein Stück der Schöpfung und insoweit mit allen Geschöpfen in einer Gemeinsamkeit des Verhältnisses zu Gott als Schöpfer und Ziel steht – was in irgendeiner Form auf die Unterscheidung von „Natur" und „Gnade" hinausläuft – oder nicht: *auf alle Fälle ist jenes Gottesverhältnis, das mit „Gnade" angezeigt ist, nicht etwas, was zum Wesen des Menschen als Geschöpf überhaupt gehört, was ihm vielmehr „zusätzlich" geschenkt wird, uneinklagbar, weder aus dem Wesen des Menschen noch aus dem Wesen Gottes einfach zu „deduzieren".* Das biblische Zeugnis spricht hier vom „Bund" Gottes mit den Menschen, von der „Herrschaft Gottes", vom „Geist", von der „Menschwerdung Gottes", von der „Offenbarung" Gottes. Dieses „Zusätzliche" ist hier mit dem biblischen Sammelbegriff „Heil" umschrieben, und darin ist der bleibende Gehalt der Unterscheidung von Natur und Gnade angezeigt. Der bleibende Gehalt: denn es ist damit nur die Unterscheidung für notwendig erklärt, nicht aber vorentschieden, wie das Verhältnis beider genauer zu bestimmen ist[7], und schon gar nicht ist damit in Zweifel gezogen, daß

---

[7] Vgl. die Literatur w. o. 3 I 3 Anm. 28.

der Mensch von Ewigkeit her zu diesem Gottesverhältnis aus Gnade und in Gnade berufen ist und in dieser Gnade von Anfang an erschaffen wurde. Damit ist zugleich gesagt, daß schon das sachlich der Gnade „Vorgegebene", das Menschsein überhaupt, die Schöpfung, auf das Heil des Menschen angelegt ist und somit die Unterscheidung von Schöpfung und Bund in *Gott* von Ewigkeit her „aufgehoben" ist. Das ändert aber nichts daran, daß wir zur Erkenntnis dieser Einheit erst nacheinander und durch Unterscheidung gelangen. In bestimmtem Sinne kann man selbstverständlich sagen[8], schon die Schöpfung sei „Gnade", weil unverdient und uneinklagbar. Aber dann ist jene Gnade, die, zusammengefaßt, im Christusereignis kulminiert, *noch einmal neu* uneinklagbar und unverdienbar und in diesem Sinne „zusätzlich", „superadditum".

b) Die Gnade als Gottesverhältnis zum Heil ist radikal *geschenkt* – mit nichts, auch nicht mit einem kleinsten „anfänglichen" Aufschwung kann sich der Mensch selbst in dieses Gottesverhältnis versetzen. Das folgt schon aus dem Gesagten. Gleichwohl hat der Mensch diese Gnade *nötig*. Andernfalls kommt er nicht aus seiner Verlorenheit heraus, und auch, wenn er nicht verloren wäre und sich selbst nicht verfehlt hätte, könnte er ohne die Gnade Gottes das Ziel seiner Berufung, die Gottesgemeinschaft, nicht erreichen, weil diese ihrem Wesen nach die Natur des Menschen und ihre Kraft übersteigt. Die volle Paradoxie der christlichen Botschaft von der Gnade Gottes verdichtet sich also zu dem Satz: *Der Mensch hat, aus Gründen seines Wesens wie seiner faktischen Situation, ein Geschenk – notwendig!*

c) Alle „Interpretamente" dieses geschenkten Gottesverhältnisses zum Heile sind sekundär. Sie sind es faktisch, denn sie haben in der Theologiegeschichte sich gewandelt. Sie müssen daher grundsätzlich dem Kern der Aussage gegenüber in einem bestimmten Sinne „beliebig" sein, die Grundaussage selbst kann nicht mit einem von ihnen stehen oder fallen[9]. Es zeigt sich vielmehr, daß alle Epochen der Glaubensgeschichte diese Grundbotschaft vom heilvollen Gottesverhältnis des Menschen gemäß den je eigenen Verstehensvoraussetzungen aufgenommen und in diesem Kontext zu beschreiben und zu deuten versucht haben. Daher die vielen, nicht aufeinander zurückführbaren Aspekte des Gnadenverständnisses schon im Neuen Testament und die terminologischen und begrifflichen Verschiebungen in der Geschichte der speziellen Gnadenlehre. „Über Worte braucht man nicht zu streiten, wenn die Sache klar ist", sagt Thomas von Aquin[10].

d) Die Gnade als Gottesverhältnis des Menschen zum Heil hat in jedem Fall erneuernde, umwandelnde Wirkungen, die als solche auch gewissermaßen empirisch greifbar sind. Die Gnade entfaltet sich und kommt zum Vorschein in ei-

---

[8] Vgl. *Thomas*, STh 110, 1, wo die Bindung des Gnadenbegriffes an die „spezielle" *Heils*liebe Gottes als *Sprachgebrauch* gerechtfertigt wird.

[9] Vgl. w.o. 4 II 3; auch, zum Vergleich, 6 I 5.

[10] Vgl. *Thomas,* Responsio ad lectorem Venetum de articulis XXXVI, a. 9 (ed. Marietti, Opuscula theologica 1, n. 735).

ner veränderten Lebenspraxis[11]. Jedenfalls ist die Gnade Gottes in der Tradition nie als leblose, unfruchtbare, ruhende Zuständlichkeit des Menschen gedacht worden, und wo man dies unterstellte, war es stets ein Mißverständnis.

e) Zwar ist das Leben in der Gnade das Gegenteil eines Lebens unter der Sünde und im Zustand der „Verderbnis der Natur". Im Unterschied dazu aber versteht die Tradition die Gnade selbst nicht als eine erfahrbare oder durch Erfahrung vergewisserbare Realität – sie kann nur geglaubt werden. Das schließt nicht aus, sondern ein, daß das Verständnis der Gnade an zwei Punkten mit dem Bereich der *Erfahrung* Kontakt aufnimmt, jedenfalls auf unsere Erfahrung Bezug nimmt. Der eine Punkt sind die Verstehensvoraussetzungen, aus denen letztendlich die Interpretationsbegriffe des Gnadenverständnisses stammen. Die Botschaft von der Gnade unter unseren Verstehensbedingungen hören heißt ja nichts anderes, als sie im Kontext unserer (reflektierten) Erfahrung hören. Interpretieren wir die Botschaft von der Gnade im Rahmen unserer Verstehensbedingungen, so interpretieren wir sie im Kontext unserer Erfahrung. Der zweite Punkt sind die genannten erneuernden Wirkungen der Gnade. Ob sich darauf eine *Gewißheit* und eine *Vergewisserung* der Gnade gründen kann, ist noch einmal eine eigene Frage[12]. Immer aber hat die Tradition mit greifbaren, anschaubaren, ausweisbaren Wirkungen der Gnade und in diesem Sinne mit einer „Erfahrung" der in sich selbst unerfahrenen Gnade gerechnet.

II. Das eine Wort der Tradition und unsere Erfahrung

Wie bei allen anderen schon behandelten Themen, so ist auch hier das eine Wort der Tradition unter unseren Verstehensbedingungen, und das heißt im Kontext „unserer Erfahrung", nicht ohne weiteres verständlich. Besondere Parallelen ergeben sich hier zu den entsprechenden Überlegungen des zweiten Fragenkreises. Wir gehen wie dort anhand des herausgearbeiteten gemeinsamen Zeugnisses der Tradition vor.

a) Wenn dieses sagt: Gnade ist ein Gottesverhältnis des Menschen zum Heil, so verstehen wir, was „Verhältnis" meint, nämlich ein solches unter Personen. Dagegen ist der Zusammenhang von „Gott" und „Heil" höchstens formal klar – insofern, wie mehrfach betont[13], nach Gott zu fragen und nach Heil zu fragen dasselbe ist. Undeutlich aber bleibt, was „Gott" und „Heil" inhaltlich meinen – jedenfalls wissen wir das nicht selbstverständlich. Für die Tradition dagegen ist klar: Gott ist wirklich – wir haben gesündigt – Gott fängt neu mit uns an. Gnade ist also das heilvolle Verhältnis des Menschen zu dem Gott, dessen Wirklichkeit und dessen Herrschaft über Welt und Mensch außer Zweifel stehen. Eben darin

[11] Vgl. w. u. 18. und 19. Kapitel.
[12] Vgl. w. u. 16. und 17. Kapitel.
[13] Vgl. w. o. 3 III 3–4; 6 II 2; 7 IV 2.

unterscheidet sich unsere Situation von der der Tradition. Es kommt hier alles noch einmal ins Spiel, was wir im Zusammenhang der Frage nach der Sünde schon überlegt haben[14]. In der heutigen Welt, deren Luft auch wir atmen, ist das selbstverständliche Wissen um die alles beherrschende Wirklichkeit Gottes zur eher skeptischen „Frage nach Gott" geworden. Die unmittelbare Folge: Wir können das Wesen der „Gnade" Gottes so lange nicht verstehen – es sei denn rein theoretisch oder gar rein historisch –, solange ein Verstehensversuch, ein gewähltes „Interpretament" die alte Gotteserfahrung, die alte Selbstverständlichkeit des Wissens um Gott voraussetzt oder impliziert. *Wenn wir daher heute, vergleichbar dem Begriff „qualitas" bei Thomas von Aquin, nach einem theologischen Begriff suchen, in dem wir das Wesen der Gnade zur Sprache bringen können, so muß dieser Begriff durch seinen eigenen Gehalt unsere heutige Frage nach Gott mitthematisieren, eine mit seiner Hilfe sich ausdrückende Gnadenlehre müßte diese Frage sozusagen mitbeantworten.* Andernfalls würde eine solche Wesensbestimmung der Gnade an einer Denk- und Frage-Situation vorbeireden, in der Gott und Heil, Gottes*verhältnis* und *heilvolles* Gottesverhältnis zusammenfallen, jedenfalls zu ein und derselben *Frage* geworden sind – ob die *Antwort,* die der Glaube zu hören bekommt, diese totale Identität von Gott und Heil wieder aufhebt, ist damit noch nicht ausgemacht[15].

b) Wenn die Stimme der Tradition uns sagt, daß Gnade zugleich radikal geschenkt und für unser Sein gleichzeitig radikal notwendig ist, so ist wiederum formal klar, was „geschenkt" und „notwendig" heißt. Aber im Licht des gerade Überlegten müssen wir hinzufügen: Der Sache nach können wir es *nicht* verstehen, wenn dabei ein vorheriges Wissen um Gott vorausgesetzt wird, dessen Wirklichkeit und dessen Verhältnis zu uns sowohl das Geschenk wie auch die Notwendigkeit der Gnade begründet. *Auch was Gnade als notwendiges, also unentbehrliches Geschenk bedeutet, können wir nur verstehen, wenn in einer solchen Aussage die Wirklichkeit Gottes selber zum Thema wird, mit anderen Worten: wenn das, was da zugleich notwendig und geschenkt ist, eben die Gewißheit der Wirklichkeit und Nähe Gottes selber ist.* Eben dies müßte das „Interpretament", das wir wählen und nach dem wir suchen, durch seinen eigenen Sachgehalt verdeutlichen.

c) *Es bedeutet kein Sonderproblem, daß die Gnade Gottes nicht Gegenstand des Feststellens, sondern des Glaubens ist.* Nur richtet sich dieser Glaube wiederum nicht auf das Verhältnis eines Gottes zu uns, dessen Wirklichkeit im vorhinein erst einmal feststeht, er richtet sich vielmehr auf die niemals „feststellbare" Wirklichkeit Gottes überhaupt. Und *unter diesem* Aspekt richtet er sich auch auf Christus. Wenn *wir* heute sagen: Die Gnade Gottes ist an Jesus Christus gebunden, sie erreicht uns durch Jesus Christus, dann meinen wir nicht etwa (um an das Konzil von Trient anzuknüpfen), daß Christus die „Verdienstursache", die

---

[14] Vgl. w.o. 7 II 1–3.
[15] Vgl. w.u. 14. und 15. Kapitel.

„Werkzeugursache", die „Urbildursache" (causa meritoria, causa instrumenta-lis, causa exemplaris) der Gnade sei, vielmehr meinen wir, daß *Christus (und nie-mand sonst) der endgültige und entscheidende Zeuge, Mittler und Grund des Glaubens an einen Gott ist, der uns zu unserem Heile nahe ist.* Es läßt sich denken, daß diese Überlegung in besonderer Weise auch Konsequenzen sowohl für die Lehre von der „Erlösung" (Soteriologie) im engeren Sinne wie auch für Sprache und Gedankenführung der Verkündigung haben muß[16].

d) Kein besonderes Problem entsteht durch die Tatsache, daß in der Tradi-tion die Grundbegriffe und „Interpretamente" der Sache gegenüber sekundär bleiben. Die dadurch eingeräumte Freiheit neuen Nachdenkens muß nun frei-lich eben dahin genutzt werden, Grundbegriffe oder *einen* Grundbegriff zu su-chen, der im Unterschied zur Tradition durch sich selbst im beschriebenen Sinne die Frage nach Gott mitthematisiert.

e) Und die erneuernden Wirkungen? Es gibt sie heute so wie immer. Ein rech-nendes Vergleichen, ob unsere Zeit etwa weniger „Heilige" und exemplarische Christen kenne als frühere Zeiten, ist unsinnig. Im Zeichen von Luthers Formel vom Christen, der „gerecht und Sünder zugleich" ist, einer Formel, die mehr ist als eine fromme Übertreibung, die vielmehr einen theologisch-anthropologi-schen Sachverhalt zusammenfaßt[17] – im Zeichen dieser Formel sieht der „Heilige" heute ohnehin anders aus als früher. Mit sehr feinem Gespür für die eingetretenen Wandlungen auch noch gegenüber der Zeit Luthers hat man diese Formel bereits dahin vorgetrieben, daß der Christ – heute besonders, grundsätz-lich aber immer – „simul fidelis et infidelis", „gläubig und ungläubig zugleich" sei[18]. Der Unglaube ist immer zuerst der eigene, nicht der der anderen, er bleibt immer am Grunde des Glaubens als dessen nichtige Möglichkeit, in die die nie-mals ein für allemal festzuhaltende Freiheitstat des Glaubens jederzeit zurück-sinken kann. *Dieser* Glaube bringt damals wie heute seine empirischen Phänomene neuen christlichen Verhaltens hervor, wie die Tradition sie als „Wir-kungen der Gnade" kennzeichnete. Von dieser Tatsache können wir heute so wie zu allen Zeiten ausgehen. Nur: Wie uns heute die ständige Bedrohtheit des Glaubens (die „Anfechtung") bewußter ist denn je, so ist uns auch die Mehrdeu-tigkeit dieser Phänomene bewußter geworden. Wie es zu allen Zeiten unmöglich war, die wirkliche, echte gute Tat von allen Elementen des „Selbstruhms" zu lö-sen, so ist heute auch eine bewußt christliche Motivation ethischer Bemühung noch keine Gewähr dafür, daß die *wahre* Motivation nicht auch zum Beispiel in einem tiefenpsychologisch problematischen Verhältnis von Ich und Über-Ich liegt. Für die Erklärung und Steuerung ethischen Ringens kommt der Hinweis auf den Glauben an die Nähe Gottes also durchaus in Betracht, doch heißt das nicht, diese Erklärung müsse die einzige sein, die sich als plausible anbietet.

---

[16] Vgl. w. u. 15 V.
[17] Vgl. w. o. 12 IV 1 d).
[18] Vgl. *Metz,* Der Unglaube als theologisches Problem; umfassend *Figl,* Atheismus als theologisches Problem; zu Metz dort 98–109; *Splett,* Gotteserfahrung im Denken, 166–255.

Fassen wir nun unsere Aufgabe zusammen: Um heute das Wesen der Gnade Gottes verstehbar zu bestimmen, müssen wir ein Interpretament suchen, das aus dem Kontext heutiger Fragen nach Gott stammt, durch das die unerzwingbare Notwendigkeit und der unentbehrliche Geschenkcharakter von Gottesgewißheit zugleich zur Sprache kommen, und zwar als Thema des Glaubens, und dies auf eine solche Weise, daß die erneuernden und auch empirisch greifbaren Wirkungen der Gnade Gottes dadurch erklärbar werden, obwohl sie phänomenologisch mehrdeutig und ambivalent bleiben.

III. Die Liebe Gottes

Die Bestimmung unserer systematisch-theologischen Aufgabe ist damit allerdings noch nicht ganz abgeschlossen. Und zwar aus einem sachlichen und einem historischen Grund.

Der sachliche Grund: Alle Einzelelemente eines gegenwartsbezogenen „Gnadenbegriffes", die wir bis jetzt aufgezählt haben – Gottesverhältnis, Heil, Geschenk, notwendig, geglaubt, erneuernde Wirkungen – bleiben immer noch formal und abstrakt. Was ist denn „Gottesverhältnis", was ist „Heil", was ist „Geschenk", was ist „Notwendigkeit", was sind „erneuernde Wirkungen"? Auch unter modernen Verstehensvoraussetzungen und auch bei erfolgreicher Suche nach stromlinienförmig passenden „Interpretamenten" wissen wir doch dann erst, was „Gnade" ist, wenn durch all dies, einem Organismus vergleichbar, der Blutstrom einer alles verlebendigenden inhaltlichen Bestimmung hindurchgeht. Gesuchte formale Interpretamente müssen nicht nur formalen Verstehensstrukturen unserer Gegenwart, sie müssen vor allem und zuerst dem zentralen Inhalt der biblischen Botschaft von der Gnade Gottes gehorchen. Erst dann mag man sich überlegen, wie davon unter Berücksichtigung heutiger Verstehensvoraussetzungen in neuen formalen Begriffen geredet werden kann.

An dieser Stelle geht die Überlegung von selbst zu dem historischen Grund über: Wir haben in den vorausgehenden Überlegungen stillschweigend so getan, als hätten wir im Grunde die Aussage der *mittelalterlichen* Tradition über das Wesen der Gnade – unter Einschluß der Kontroverse mit der Reformation – in unsere heutigen Verstehensmöglichkeiten zu transponieren. Schon die Frage nach einem solchen präzisen, allerlei Grenzen und Markierungspunkte berücksichtigenden „Interpretament" entspricht, wie die historische Darstellung klargemacht hat, der *mittelalterlichen* Fragestellung. Mit welchem Recht eigentlich? Daß „Gnade" in der Schrift der allumfassende Oberbegriff des Heilshandelns Gottes am Menschen ist, kommt ganz gewiß in diesem formalisierenden Aufriß nicht mit dem ihm gebührenden Gewicht zum Ausdruck. Diesen Mangel können wir nur ausgleichen, indem wir die formalen Strukturen in den Lichtkegel der Inhaltlichkeit jener obersten biblischen Aussage hineinhalten – wie es ja die Tradition auch noch in den „speziellsten" Ausprägungen der Gnadenlehre tut.

Denn was ist schließlich zuerst und zuletzt die „Gnade" Gottes nach dem biblischen Zeugnis, was ist die umfassende Wirklichkeit, die den Begriff „Gnade" zum Inbegriff des Heilshandelns Gottes macht? Es läßt sich mit einem einzigen urbiblischen Wort sagen: *die Liebe Gottes.* Der Mensch, der Glaubende, erfährt, empfängt, hat die Gnade Gottes, er lebt, steht, handelt in der Gnade Gottes, das heißt nichts anderes als: „Gott liebt uns". Alle weiteren Überlegungen klären ab, *wie* Gott uns liebt. *Daß* er uns liebt, *ist* seine Gnade.

„Die Gnade unseres Herrn Jesus Christus, die Liebe Gottes und die Gemeinschaft des Heiligen Geistes sei mit euch allen" (2 Kor 13, 13) „definiert" Paulus gleichsam die Gnade.

Die Liebe Gottes wirft den widerstrebenden Willen des Sünders herum und wird gleichsam sein neues „Schwergewicht", erklärt Augustinus.

Weil die Liebe Gottes notwendig schöpferisch ist und daher keine Voraussetzungen auf seiten des Menschen hat, ist die Gnade auch eine geschöpfliche Realität *im* Menschen und kann daher auf ihre anthropologische Auswirkung befragt werden, lernten wir von Thomas.

Daß auch dem Sünder noch die Möglichkeit verbleibt, sich punktuell zu einem Akt uneingeschränkter Liebe zu Gott aufzuschwingen, ist keine anmaßende Selbstüberschätzung, sondern kommt daher, daß Gott den Menschen in Freiheit, das heißt aus Liebe ohne Vorbedingungen, „akzeptiert", war die (riskante) Auffassung der spätscholastischen Theologen.

„Gott ist eitel Gnad und Liebe", ist nach Luther die „Definition" Gottes.

Es war der Ratschluß der ewigen Liebe Gottes zu den Sündern, daß der Sohn Gottes Mensch wurde und in die Welt kam, erklärt das Konzil von Trient zu Beginn seiner Darlegungen über die Rechtfertigung des Sünders durch die „inhärierende" Rechtfertigungsgnade, die Christus uns durch sein Leiden und seinen Tod „verdient" hat. Dies ist noch einmal Erinnerung an die Stimme der Tradition. Eine *gemeinsame* Stimme der Tradition auch dies, als Vorzeichen vor der Klammer, in der dann die weiteren Klärungen der Gnadenlehre erfolgen. Die Aufgaben einer gegenwartsbezogenen Wesensbestimmung der Gnade hätten wir also nur halb und damit überhaupt nicht erfüllt, wenn wir nicht auch und zuerst uns darauf besinnen, was dieses „Vorzeichen" vor jeder Gnadenlehre in unsere Gegenwart hinein sagt. Damit ist klar, wie wir nun vorgehen müssen. Wir werden zuerst nachzudenken haben, was dieser Satz bedeutet, bedeuten kann: „Gott liebt uns". Anschließend werden wir fragen müssen, in welchem Grundbegriff wir den Inhalt dieses Satzes heute so zusammenfassen und durchdringen können, daß dadurch die Bedeutung der Liebe Gottes für unser Menschsein verständlich und durch solche Verständlichkeit zur Motivationsstruktur des Handelns wird.

14. KAPITEL
MEDITATION ÜBER DIE LIEBE GOTTES

So sind wir also bei dem einfachsten aller theologischen Sätze angekommen: *Gott liebt uns.* Und zugleich, so scheint es, bei dem banalsten. Welcher Satz ist dem Glaubenden selbstverständlicher? Und welcher Satz klingt dem Nichtglaubenden abgeschmackter! Spott und Zorn können sich gleicherweise gegen diesen Satz richten, Spott über die nicht zu überbietende Herzenseinfalt, mit der Menschen unseres Jahrhunderts diesen Satz immer noch zu sagen sich getrauen; Zorn über die nicht zu überbietende Unverfrorenheit, mit der Menschen angesichts der Schrecken unserer Jahrzehnte ihn noch immer über die Lippen bringen. Und das soll nun in gewissem Sinne der Höhepunkt unserer Überlegungen sein! Wir werden daher genau über diesen Satz nachdenken müssen. Wenn dieses Kapitel mit „Meditation" überschrieben ist, heißt das nicht, das Argument solle zurücktreten zugunsten einer eher subjektiven Anmutung. Wohl aber ist ein Nachdenken über diesen Satz nicht möglich in der Form objektivierender Sachdarstellung – vielmehr, es ist natürlich möglich, aber dann ein Unrecht am Anspruch dieses Satzes. Man darf ihn argumentativ nur bedenken, indem man ihn persönlich verantwortet. Wer sich herauszuhalten versucht, macht scheinbar „objektives" Argumentieren zum bloßen Gerede. Denn der Satz „Gott liebt uns" schließt ja auch ein Urteil über mich selbst ein – wie jede Glaubensaussage, hier aber deutlicher denn je sonst –, und insofern muß jede argumentative Aussage zugleich immer von mir selbst gelten können, sich also in meinem Leben und an meinem Leben ausweisen. Darum möchte ich im Folgenden nur zu sagen versuchen, was ich mir getraue, der Frage nach dem Ausweis in meinem Leben auszusetzen. Darauf und nur darauf soll der Titel „Meditation" verweisen.

Die Aussage: „Gnade heißt: Gott liebt uns", ist eine Aussage über Gott und zugleich eine Aussage über den Menschen. Unter beiden Aspekten müssen wir fragen, ob der Satz „Gott liebt uns" wirklich so banal ist, und wenn nein, woran es denn liegen kann, daß er so klingt.

I. Ein Wort über Gott

LESEEMPFEHLUNG: Kasper, Unsere Gottesbeziehung angesichts der sich wandelnden Gottesvorstellung (= Glaube und Geschichte, 101–119)

1. Was heißt „Liebe"?

„Gott ist die Liebe" – das ist nicht nur ein Satz der Bibel (1 Joh 4, 8), es ist auch in auffälliger Weise ein Leitsatz heutiger systematischer Gotteslehre bei der Bestimmung des Wesens Gottes. Das ist trotz der biblischen Deckung nicht selbstverständlich. Die traditionelle katholische Aussage lautet: Gott ist das Sein selbst (ipsum esse subsistens)[1], nachklingend noch in Paul Tillichs Formel von Gott als der „Macht des Seins", als dem „Sein-Selbst"[2]. Wolfhart Pannenberg spricht von Gott als der „alles bestimmenden Wirklichkeit"[3]. Die Hinwendung beziehungsweise Rückwendung zu der biblischen Formel begann im Zusammenhang der „Gott-ist-tot-Theologie": „Gott" ist eine Chiffre für unbedingte Mitmenschlichkeit[4]. Da liegt dann bald die Umkehrung des biblischen Satzes nahe: Gott ist die Liebe – das heiße: die Liebe ist Gott[5]. Darauf reagieren Theologen, die den Disput mit dieser Gott-ist-tot-Theologie aufnehmen, etwa Walter Kasper, Joseph Ratzinger, Gerhard Ebeling, Jürgen Moltmann, Eberhard Jüngel u. a., indem sie den biblischen Satz in den Mittelpunkt der Reflexion rücken, um seine Umkehrung zu verhindern[6].

Aber was heißt das: Gott ist die Liebe? Man wird den Eindruck nicht los, daß zwar die *Paradoxie* dieser Aussage bei den genannten Theologen mit aller Schärfe zur Sprache kommt, vor allem wo sie das *Kreuz* als die Offenbarung Gottes als Liebe herausarbeiten, daß aber der *Sinn* dieser Aussage stillschweigend als bekannt vorausgesetzt wird[7]. So könnte es sein, daß gerade auch diese

---

[1] Vgl. *Thomas*, STh I 3,4; dazu die kritischen Würdigungen bei *Löhrer*, Dogmatische Bemerkungen zur Frage der Eigenschaften und Verhaltensweisen Gottes (= MS II, 291–315); *Kasper*, Der Gott Jesu Christi, 187–193; auch *ders.*, Gott und die Zukunft; und bei *Hasenhüttl*, Einführung in die Gotteslehre, 101–116.

[2] Vgl. *Tillich*, Syst. Theol. I, 29; 79 97; 268; 280 u.ö. („Macht des Seins"); 29; 78 f.; 95–97; 278–282; 292 f. u. ö. („Sein-Selbst"). Vgl. dazu *Döring*, Abwesenheit Gottes, 193–250.

[3] Vgl. *Pannenberg*, Die Frage nach Gott (= Grundfragen syst. Theol. I, 361–386), 377–386; *ders.*, Wissenschaftstheorie und Theologie, 299–348.

[4] Hauptvertreter dieser (seit 1961 aktenkundigen) „Theologie" sind vor allem die amerikanischen Theologen *Gabriel Vahanian, Paul van Buren, Thomas J. J. Altizer, William Hamilton;* zu diesen protestantischen Theologen treten der jüdische Theologe *Richard L. Rubinstein* und die Katholiken *B. Wicker, Roger J. Nogar* und *Leslie Dewart;* in Deutschland ist vor allem *Dorothee Sölle* (in ihren *älteren* Arbeiten) zu nennen. Die breitenwirksame Popularisierung erfolgte durch *John A. T. Robinson*, Gott ist anders (München 1963, engl.: Honest to God, London 1963). Umfassende Berichte: *Jourdain Bischop*, Die Gott-ist-tot-Theologie (Düsseldorf 1968); *Sigurd Daecke*, Der Mythos vom Tode Gottes. Ein kritischer Überblick (Hamburg 1969); *Klaus Rohmann*, Vollendung im Nichts? Eine Dokumentation der amerikanischen „Gott-ist-tot-Theologie" (Zürich 1977); *Döring*, aaO 275–353; knappe, aber präzise Darstellung bei *Hasenhüttl*, aaO 183–206.

[5] Die radikalen Vertreter – voran *van Buren* und *Altizer* – ziehen diese Konsequenz bewußt; die anderen – voran *Sölle* – haben Mühe, ihre Formulierungen vor solchem Mißverständnis zu schützen. *Hasenhüttl*, aaO 225–243, formuliert seine eigene Position in einer Weise, daß es schwer fällt, ihn *nicht* als Erben der Gott-ist-tot-Theologen zu verstehen.

[6] Vgl. *Kasper*, Einführung in den Glauben, 54 f.; 114 f.; *ders.* in: NGB, 281–290; *ders.*, Jesus der Christus, 92–103; 140–144; 217–221; 228–230; 257 f.; 263–269; 293–300; *ders.*, Der Gott Jesu Christi, bes. 241–245; 374–377 und passim (s. Register, Stw. Gott als Liebe); *Ratzinger*, Einführung in das Christentum, 143; 214–221; 269–272; *ders.*, Vorfragen zu einer Theologie der Erlösung, 147–155; *Ebeling*, Wort und Glaube II, 39–41; 53; 340 f.; III, 467; *ders.*, Dogmatik II, 100–111; 230; 239–243; *Moltmann*, Der gekreuzigte Gott, 184–267; *ders.*, Trinität und Reich Gottes, 63–76; 91–99; *Jüngel*, Gott als Geheimnis der Welt, 430–505; *Thielicke*, Theol. des Geistes, 79–89.

[7] Außer bei *Jüngel*, der aaO 434–446 der Interpretation unseres Satzes eine kleine Phänomenologie der Liebe vorangehen läßt – freilich auf hohem Abstraktionsniveau. – Zum Folgenden vgl. auch *Pieper*, Über die Liebe, auf den Jüngel sich stützt; *Fromm*, Die Kunst des Liebens; *Thielicke*, Theologie des Geistes, 79–93. Vgl. auch w. o. 2 II 3.

Theologen ungewollt mit dazu beitragen, daß der Satz „Gott liebt uns" nicht aus dem Verdacht der Banalität herauskommt, zumindest uns nicht wie elektrisiert in eine ganz neue Richtung blicken läßt. Suchen wir also zunächst zu verstehen, *warum* denn dieser Satz banal, mißverständlich, erheiternd oder empörend, selbstverständlich, allzu-selbstverständlich wirken könnte.

Wenn wir „Liebe" sagen, denken wir gewiß zuerst und spontan an das Ereignis zwischen Mann und Frau, das diesen Namen trägt, das wir alle kennen, nach dem wir uns zumindest sehnen. So elementar ist unser Wissen um dieses Ereignis, daß die Menschen aller Zeiten und aller Kulturen so verschieden und fremdartig wie nur immer davon reden und singen mögen – wir verstehen dennoch immer, was gemeint ist. Mag die alte griechische Dichterin Sappho davon reden oder das Hohelied des Alten Testamentes, alte ägyptische Liebeslieder oder ein Minnesang des Mittelalters, ein laszives spätrömisches Gedicht, ein schlichtes Volkslied oder ein erotischer Schlager von heute – wir verstehen immer, wovon die Rede ist, und zwar nicht mühsam analysierend und rekonstruierend, sondern spontan. Dieses Ereignis der Liebe kann Menschen überfallen wie ein Blitz, oder es kann langsam, über Jahre hin wachsen, ohne daß man sich zunächst klar ist, was geschieht. Soviel wir auch aus allen Ecken der Wissenschaft darüber in Erfahrung gebracht haben, so können wir es doch nach wie vor mit Fug und Recht ein Geheimnis nennen. Keiner kann es „machen". Keine Liebe kann Gegenliebe erzwingen oder auch nur rechtens beanspruchen. Liebeserfahrung kann im übrigen die Betroffenen auch narren, indem sie den Eindruck erweckt, als sei es Liebe, während es sich in Wirklichkeit nur um eine vorübergehende emotionale Spannung handelt. Auf jeden Fall verändert uns ein solches Ereignis nachhaltig. Wir werden unser selbst in ganz neuer Weise gewahr, mit Leib, Psyche und Verstand, wir empfangen uns selbst neu. Vor allem aber stellt dieses Ereignis uns Aufgaben: Wir müssen es bewahren und bewahrend entwickeln – denn es kann und darf nicht unverändert bleiben wie am Anfang. Es muß eine Gestalt gewinnen, die im vollen Sinne das biblische Wort wahrmacht: „Der Mann wird ... sich an seine Frau binden, und die zwei werden ein Fleisch sein" (Gen 2,24; Eph 5,31).

Das also ist „Liebe". Aber sie kann mißlingen. Sie kann auch unvorhersehbar, schuldlos im unmittelbaren Sinne des Wortes, ausbrennen in einer Bitterkeit, die eine nie wieder ganz zu heilende Wunde hinterläßt. „Liebe", das ist auch die chronisch *unmögliche* Liebe, die Fata Morgana, an die man auf die Dauer kein Vertrauen mehr verschwendet – ein Blick in die Literatur, das Filmschaffen, das Theater unserer Tage zeigt genug. Es gibt die fast schon epochale Verzweiflung an der Liebe – vielleicht gerade deshalb, weil wir – jedenfalls seit einigen Jahrhunderten[8] – so hohe Ansprüche an sie stellen, so hohe Maßstäbe an sie anlegen.

Und so fangen wir, fängt ein ganzer Zeitgeist, ehrlich, aber traurig, damit an,

---

[8] Vgl. den Überblick bei *Kaufmann,* Zur gesellschaftlichen Verfassung der Ehe – heute (= CGG 7, 44–59); *Lüscher/Böckle,* Familie (= aaO 87–145); *Gründel,* Die Zukunft der christlichen Ehe, 15–52. Vgl. auch w.o. 2 II 3 mit Anm. 47.

die Liebe „tiefer zu hängen". Zuerst wird sie das Reservat des Gefühls, ein seelisches Sanatorium, die Zuflucht vor der Überanstrengung der Rationalität des modernen Lebens. Dann wird sie zum bloßen Sex, zur physiologischen Entspannung, zum Spaß. „Wir binden uns nicht, wir tun es, solange es Vergnügen macht!" Und der Sex wird schließlich käuflich, für Geld oder für andere „Gegenwerte", er wird auf alle Weise kommerzialisiert, von der Prostitution bis zur Werbung. „Sich lieben" heißt dann einfach: miteinander schlafen – und ob es mehr ist als das, bleibt offen und *soll* offen bleiben. Wer so weit gekommen ist, hat oft noch das Gefühl, endlich frei, sinnloser Hemmungen ledig zu sein.

Aber zu allen Zeiten des biblisch-christlichen Glaubens haben Christen sich gegen diese Verwahrlosung im Verständnis der Liebe zu immunisieren gesucht, um nicht den kostbaren Satz der Bibel zur Karikatur werden zu lassen – selbst wenn sie dann das Kind mit dem Bade ausschütteten. *Geistig* muß die Liebe sein, nur dann kann sie mit Gott zu tun haben in der einen wie in der anderen Richtung. Deshalb ist die Liebe nicht Begehren, sondern Schenken, nicht Gefühl, sondern Wille, nicht aufblickende Sehnsucht, sondern herablassende Güte, nicht Fasziniertsein, sondern Entscheidung, nicht Eros, sondern Agape[9]. „Was aber liebe ich, da ich Dich liebe? Nicht die Schönheit eines Körpers noch den Rhythmus der bewegten Zeit; nicht den Glanz des Lichtes, der da so lieb den Augen; nicht die süßen Melodien in der Welt des Tönens aller Art; nicht der Blumen, Salben, Spezereien Wohlgeruch; nicht Manna und nicht Honig; nicht Leibesglieder, die köstlich sind der fleischlichen Umarmung: nichts von alledem liebe ich, wenn ich liebe meinen Gott. Und dennoch liebe ich ein Licht und einen Klang und einen Duft und eine Speise und eine Umarmung, wenn ich liebe meinen Gott: Licht und Klang und Duft und Speise und Umarmung meines inneren Menschen. Dort erstrahlt meiner Seele, was kein Raum erfaßt; dort erklingt, was keine Zeit entführt; dort duftet, was kein Wind verweht; dort mundet, was keine Sattheit vergällt; dort schmiegt sich an, was kein Überdruß auseinanderlöst. Das ist es, was ich liebe, wenn ich liebe meinen Gott."[10]

Und *tätig* muß die Liebe sein. Sie ist Nächstenliebe ohne Unterschied, sogar Feindesliebe. Sie ist nicht Besitzen, sondern Dienen, nicht Selbstverwirklichung, sondern Selbstverleugnung, nicht Egoismus, sondern Altruismus. „Liebe" läßt an Heilsarmee denken, an Krankenpflege, Bahnhofsmission, an Waisenhäuser, Samariterdienst – und inzwischen sogar an die „Revolution – ein Synonym für Liebe"[11]. Alle Perversionen kann man so aus dem Liebesbegriff heraushalten –

[9] Vgl. das schon sprichwörtliche Buch von *Anders Nygren,* Eros und Agape. Gestaltwandlungen der christlichen Liebe, 2 Bde. (Gütersloh 1930/37, in einem Bd. Berlin 1955). Zur Kritik (und zum Bericht über die kritische Diskussion) vgl. *Kuss,* Die Liebe im Neuen Testament (= Auslegung und Verkündigung II, 196–234); *Nocke,* Liebe, Tod und Auferstehung, 26–40, 67–73; *N. Lohfink,* Liebe, in: Unsere großen Wörter, 225–240; und – erfrischend – *Jüngel,* aaO 435–438.
[10] *Augustinus,* Confessiones, X, 6 (Übersetzung J. Bernhardt).
[11] So die von *Ernesto Cardenal* in Deutschland bekannt gemachte, in Lateinamerika gängige, außerhalb Lateinamerikas viel mißverstandene Formulierung über Antrieb und Absicht dortiger Befreiungsprozesse; vgl. Süddeutsche Zeitung vom 13. 10. 1980, S. 22.

aber um einen hohen Preis: Die Liebe wird ein *Teilbereich* unseres Lebens und beansprucht nur *einige* Dimensionen unseres Wesens – aber nicht den *ganzen* Menschen, wie es jenes Ereignis der Liebe tut, an das wir bei dem Wort „Liebe" spontan denken. Die Liebe im Sinne jenes Teilbereichs kann zwar einen Menschen ganz und ausschließlich beanspruchen – wie bei den Heldinnen und Helden christlicher Nächstenliebe aller Jahrhunderte (und aller Konfessionen!). Aber auch dafür zahlt man einen vielleicht gerechtfertigten, aber hohen Preis: Wenn ein Teilbereich des Menschen sein ganzes Wesen überformt, wird dieser Mensch leicht komisch. Helden der Nächstenliebe können unfähig zur „Liebe" werden, ja regelrecht gefühlskalt – wenn nicht gar die Nächstenliebe die Kompensation für Liebesunfähigkeit ist! Oder man liebt die Menschen, aber die Ehe scheitert. Oder, noch schlimmer, es kann zu der Sachlage kommen, die in dem bitteren Satz ausgedrückt ist: „Ich liebe ihn, aber nur mit christlicher Nächstenliebe." Das Ende kann leicht jene fromme Falschheit sein, die sich sehr um den Mitmenschen kümmert, aber eigentlich nicht um ihn selbst, sondern durch ihn hindurch Gott oder die eigene Tugend meint.

Liebe als Ereignis, Liebe als mehrdeutige sittliche Tat – noch eine dritte Erfahrung mit der Liebe müssen wir notieren, und sie gilt für die beiden ersten zusammen: *Liebe ist tödlich.* Zunächst in dem ganz elementaren Sinne, daß der Tod sie abbricht. Wer einen Menschen liebt, nimmt einen weiteren Tod in sein Leben hinein – und dieser ist sogar viel bitterer als der eigene. Dieser zweite Tod im eigenen Leben, der zum ersten wird, schattet sich aber voraus in allen Formen der Liebe und sogar noch in ihren Perversionen[12]. Der am meisten demütigende Todesschatten ist die schon erwähnte Diskrepanz zwischen Liebe als Ereignis und Liebe als sittlicher Tat. Wie fühlbar lähmend und also tödlich diese Diskrepanz ist, kann man bei jeder Trauungsansprache erleben: Beschränkt sie sich darauf, von dem Ereignis der Liebe zweier Menschen zu reden, die hier zu einer gewissen Erfüllung kommt, oder vom Gottesgeschenk der ehelichen Liebe, gegen das der Glaube nicht den geringsten leibfeindlichen Verdacht erheben darf, dann gerät die Ansprache leicht unrealistisch, kitschig, romantisch; erhebt aber der Prediger warnend den Zeigefinger, daß das gegenwärtige Hochgefühl nicht bleiben wird und daß man sich rüsten müsse für Zeiten, in denen der Liebe ganz andere Qualitäten abgefordert werden als das Hochgefühl der Zuneigung, dann vermiest er peinlich die festlich-freudige Stimmung.

Es ist offenbar nicht nur eine Frage des guten Willens, sondern gehört zum Wesen der Sache, daß Liebe als Ereignis und Liebe als sittliche Tat auseinandertreten müssen. Das besagt nämlich nur: Unsere Liebesfähigkeit ist begrenzt, und das heißt: sie verbraucht und erschöpft sich. Wir können nur wenige Menschen, oft nur einen einzigen Menschen „richtig" lieben – und zu den anderen nur, so schlecht und recht es geht, gütig und gerecht sein. Der Todeskeim sitzt aber auch in den Formen der Liebe selbst. Keiner – keine – will ohne große Leidenschaft

---

[12] Vgl. *Nocke*, aaO 93–113; Jüngel, aaO 441–446.

geliebt werden; aber je größer, überschwenglicher, rasender die Leidenschaft ist, desto mehr wird die Liebe zum Haben-Wollen, und es ist nur eine Frage der Zeit, bis die „Liebe" in kalte Ablehnung umschlägt – dann nämlich, wenn die/ der „leidenschaftlich" Geliebte trotzdem nicht im Sog der Leidenschaft untergehen, sondern selber leben will. Jede(r) wahrhaft Liebende will, daß der/die Geliebte ganz er/sie selbst werde – aber es kostet buchstäblich „Abtötung", Verzicht auf Selbstdurchsetzung, Zurückstecken, sich selbst nicht wichtig nehmen, und was zunächst großzügig gelassen und weggegeben wird, wird auf die Dauer zur peinigenden Frage: Irgendwo habe ich doch auch noch ein Recht – und das Ende ist der ausgehandelte oder sich ergebende Kompromiß um des Friedens willen, über den keiner glücklich ist und der „Liebe" zunehmend als ein zu großes Wort erscheinen läßt. Und die Verwahrlosungsformen der Liebe sind allemal wie Bäume mit abgestorbenen Ästen: Sie können nur entstehen, wo man an der Möglichkeit wirklicher Liebe längst verzweifelt ist. Alles Heldentum christlicher Nächstenliebe aber – abgesehen von den Todesphänomenen, auf die ihre negativen Begleiterscheinungen hinweisen – können, und zwar je größer der Einsatz, desto mehr – immer nur enden bei dem Satz, den „Monsieur Vincent" in dem gleichnamigen Film über Vinzenz von Paul der französischen Königin sagt: „Majestät, es war zu wenig."

Kurzum, die Liebe ist das eigentliche Leben, und ohne Liebe ist ein Leben tot – doch wer sich auf die Liebe einläßt, der stirbt an ihr vielfältigen Tod: den Tod verbrauchter Gefühle ebenso wie den Tod ethischer Selbstüberforderung. Aber brechen wir unsere kleine Phänomenologie der Liebe hier ab und fragen: Was kann es nun besagen, wenn wir hören: „Gott liebt uns"? Was „schön" ist an der „eigentlichen" Liebe, kann offenbar von Gott nicht gelten. Und die Verwahrlosungsformen schon gleich gar nicht: schon der Glaube Israels, der wirklich von aller Leibfeindlichkeit frei ist[13], hatte ein für allemal von Vorstellungen über Sex-Orgien im Götterhimmel und von entsprechender Tempelhurerei genug – ganz zu schweigen vom christlichen Glauben, der zuzeiten gar in das gegenteilige Extrem der Leibfeindlichkeit geriet mit bis heute nicht überwundenen Fernwirkungen[14]. Was aber von Gott tatsächlich gelten darf, ist nicht „schön", sondern anstrengend, für die menschliche Integrität nicht ohne Gefahr, und auf jeden Fall immer ein wenig abstrakt: die Liebe als „geistige" Bewegung und sittliche, „herablassende" Tat. Da tröstet auch nicht die Einsicht, daß wir von Got-

---

[13] Vgl. jetzt *Haag*, Du hast mich verzaubert.
[14] Ein Beispiel im Kommentar *Hans Urs von Balthasars* zum vielzitierten Gründonnerstagsbrief Papst Johannes Pauls II. von 1979 in: Dienst aus der größeren Liebe zu Christus. Schreiben Papst Johannes Pauls II. an die Priester. Mit einem Kommentar von Hans Urs von Balthasar (Freiburg i. Br. 1979). Der Kommentator wagt den Satz: „Wäre je eine Eucharistie möglich gewesen, wenn das fleischgewordene Wort seinen von der Jungfrau erhaltenen und selber jungfräulichen Leib mit einer Frau geteilt und mit ihr ‚ein Fleisch' geworden wäre?" (aaO 62). Wie anders klingen von Balthasars Worte noch in: Deutsche Thomas-Ausgabe Bd. 23 (1954), 422–424 (zur mittelalterlichen Begründung des Ausschlusses der Frau vom kirchlichen Amt)!

tes Liebe nicht jene Todesschatten befürchten müssen, die unserer Liebe auf allen Ebenen eignen. Was kann es also besagen: Gott liebt uns? Wird der Satz also nicht mit Recht um so nichtssagender, also auch banaler, je mehr wir über ihn nachdenken?

2. Was erfahren wir von der Liebe Gottes?

Unser Verstummen vor diesem Satz wird nur noch tiefer, wenn wir bedenken, *wer* uns denn diesem Satz zufolge liebt und was wir davon in unserem Leben verspüren.

Zunächst: Gott steht uns nicht sichtbar, hörbar, anfaßbar gegenüber. Das aber scheint unerläßliche Bedingung zu sein für eine Liebe, die wirklich Ereignis ist. Von jemandes Liebe kann ich nur fasziniert sein und zur spontanen Gegenliebe bewegt, wenn er/sie mir gegenübersteht: wenn ich die Stimme höre, die Gesten sehe, ihn/sie berühren kann. Es ist zwar nicht ausgeschlossen, daß ich in ähnlicher Weise von meiner Erkenntnis von Gott – sei sie Glaubenserkenntnis, sei sie philosophischer Natur – fasziniert bin, wie es etwa das schon zitierte Augustinuswort über die Gottesliebe zeigt. Aber dann ist streng festzuhalten, daß das nachweislich Faszinierende zunächst *meine Idee* von Gott ist, die in irgendeiner Korrelation zu meiner sonstigen Gestimmtheit steht und damit eine faszinierende Wirkung ausübt – prinzipiell, der psychischen Struktur nach, nicht anders als etwa eine Beethoven-Sinfonie auf den auf Beethoven eingeschworenen Musikfreund. Daß hier *Gott selbst* fasziniert, ist nicht schon dadurch evident, daß sich eine solche Faszination unter dem Namen Gott aufdrängt[15]. Damit ist von vornherein klar, daß der ganze Bereich von „Liebe als Ereignis" für die Interpretation des Satzes „Gott liebt uns" ausfällt. Wenn das Wort von der Liebe Gottes einen Sinn haben kann, so scheint das nur auf der Linie einer Liebe als „sittlicher Tat", in diesem Falle als schenkender Güte möglich.

Diese Tatsache verstärkt sich durch den elementaren Umstand, daß wir Gottes Geschöpfe sind. Geschöpf sein aber heißt, abhängig sein. Und niemand ist von Haus aus gern abhängig. Liebe Gottes bedeutet Schenken. Auf seine Geschenke sind wir angewiesen – aber niemand ist gern angewiesen auf Geschenke. Wenn wir also an Gott als unseren Schöpfer glauben, so mögen wir darin vielleicht ehrlich unsere Abhängigkeit von seinen Geschenken anerkennen und die Demütigung unserer Selbstherrlichkeit akzeptieren – nur: mit „Liebe" würden wir dieses Verhältnis Gottes zu uns wahrscheinlich nicht bezeichnen, wo wir doch meinen, daß Liebe niemals in Abhängigkeit hält.

Und doch, gerade dies, daß Gott uns beschenkt, uns, seine Geschöpfe, und uns, seine notorischen Rebellen, gerade dies bezeichnet die Heilige Schrift als Ausdruck der Liebe Gottes. *Gott liebt uns – das heißt also: Wir haben alle Ge-*

---

[15] Vgl. w. u. 16 II und 17 I–II – zum Thema der Gnadenerfahrung.

schenke der Wirklichkeit auf Gott zurückzuführen. Wir haben einen geschärften Blick dafür zu entwickeln, was uns alles geschenkt wird. Aber die „Liebe" Gottes wird uns dabei gerade blaß, gemessen an unseren sonstigen Vorstellungen von Liebe. Wir meinen gewiß, genug gesagt zu haben, wenn wir hier von der Güte Gottes, von seiner Weisheit, von seiner Gerechtigkeit reden. Das Wort von der „Liebe" Gottes ist uns in diesem Zusammenhang keine aufrüttelnde, elektrisierende Beschreibung des Wesens Gottes, sondern eine graue Formel, aufs höchste gefährdet durch die Erinnerung, daß man schon oft im Namen der menschlichen Freiheit die Abhängigkeit von dieser „Liebe" Gottes als unannehmbar bezeichnet hat.

Zu allem Überfluß wird der Gedanke an die „Liebe Gottes" nicht nur blaß, sondern undeutlich. Die „Geschenke" der Liebe Gottes sind ja für unser Empfinden oft alles andere als Geschenke. Menschen – vielleicht gehören wir selbst zu ihnen – erleiden Schicksale, die mit dem Gedanken an einen „liebenden Gott" schlechterdings nicht in Einklang zu bringen sind. Menschen können aufgrund ihrer Lebenserfahrung allen Ernstes meinen, sie seien Geschöpfe des Hasses. Schon Luther hat dies tief erfahren und beobachtet, wenn er mehr als einmal in bis zum Bersten pointierten Formulierungen sagt: Gott handelt in dieser Welt, als sei er der Teufel – und damit die ganz moderne Erfahrung der Abwesenheit Gottes, der Gottesfinsternis vorwegnimmt[16].

Die „Liebe Gottes" ist also allein ein Wort des Glaubens im wagenden „Dennoch". Keine Theorie kann uns zeigen und unwidersprechlich beweisen, wieso. Alle Theorien über den Sinn des Leidens[17] sind keine Erklärungen, wie sich das Leiden mit der Liebe Gottes vereint, sondern Strategien, wie man schlecht und recht mit dem Leiden „fertig wird".

Genau in diese offene und unbeantwortbare Frage trifft nun die Botschaft vom Kreuz. Gott offenbart sich gerade im Kreuz als *die* Liebe selbst, belehren uns die Theologen in den letzten Jahren mit zunehmendem Nachdruck[18]. Das ist nun gewiß wahr und steht für den Glaubenden außer jedem Zweifel. Aber es ist auch das paradoxeste Wort über die Liebe Gottes überhaupt. Und eben dies besagt ja: Von *uns* aus kämen wir nie darauf! Man muß es uns ganz provozierend sagen, uns es regelrecht einbleuen: Das Kreuz ist die unüberbietbare Offenbarung der Liebe Gottes – sonst würden wir nie auch nur *einen* Gedanken daran verschwenden. Von sich selbst her ist das Kreuz auch nur ein – „Theodizeeproblem", eine neue Frage, warum der gerechte Gott solche Ungerechtigkeit zuläßt. Und das Kreuz wäre, verglichen mit Auschwitz, äußerlich noch nicht einmal das schärfste Theodizeeproblem. *Alle Schärfe erhält die Frage nach dem Kreuz erst dadurch, daß behauptet wird: Hier steht auf dem Spiel, ob wir an Gott als die bedingungslose Liebe glauben dürfen.* Wieso eine solche Behauptung durch das

---

[16] Vgl. WA 24, 632,31; 17 II, 13,16; 41, 675,8; vgl. *Pesch,* Hinführung zu Luther, 248 f.
[17] Vgl. w. o. 2 III 2.
[18] Vgl. die Literatur w. o. Anm. 6.

Kreuz selbst gerade *nicht* desavouiert werden soll, eben das ist dem Kreuz selbst nicht anzusehen. Wir können es höchstens in Betracht ziehen, wenn wir an das Kreuz als das Kreuz des *Auferstandenen* glauben können.

3. Was heißt: Gott liebt uns?

Unter all diesen bedrohlichen Voraussetzungen sagen wir also: Gott liebt uns. Und wir meinen damit gerade nicht, einen ausgemachten Unsinn gesagt zu haben, weder in bezug auf Gott noch in bezug auf den Begriff der Liebe. Was also kann der Satz sagen, wenn wir weder der Tradition noch unseren gegenwärtigen Erfahrungen untreu werden wollen?

Im Zusammenhang der epochal neuen Frage nach Gott – im „Zeitalter des Atheismus"[19] – sagt der Satz zunächst: *„Gott ist, Gott existiert".* Wir sind also nicht „Zigeuner am Rande des Universums", leben nicht „in totaler Verlassenheit" in der „gleichgültigen Leere des Universums"[20]. Wir sind nicht allein als einzig verstehensfähiges Wesen auf diesem Planeten, das darum auch damit behaftet wären, allein über das Schicksal dieses Planeten zu entscheiden. Nein, da ist noch jemand anders, der „versteht" – und noch ganz anders versteht, als wir das je können. Und diesem ganz anders Verstehenden stehen wir gegenüber, als Partner, aber auch verantwortlich, als Freie, aber Freigesetzte, als Handelnde, aber zuerst Empfangende. Man kann den Satz „Gott liebt uns" gewiß auch als „Symbol" für eine rein anthropologische Realität verstehen, etwa für die menschliche Zuversicht in das Sein, für die Unfaßbarkeit menschlicher Liebe usw. Nur hat das nichts mehr mit dem biblischen und traditionellen Zeugnis dieses Satzes zu tun. Bei diesem bleiben wir nur, wenn der Satz zuerst einmal sagt und zu sagen zugelassen wird: Gott ist – wirklich.

Das andere ist: *Wir setzen alles, was wir in dieser Welt erleben und erfahren, zu diesem Gott in Beziehung, und zwar in eine Beziehung mittelbaren oder unmittelbaren Ursprungs.* Wenn wir sagen, Gott liebt uns, hat das nur einen Sinn, wenn alles, was wir erfahren, damit vereinbar, ja in (jeweils verschiedener) Weise daraus erklärbar ist – sonst ist es entweder nicht *Gott,* der uns liebt, oder Gott *liebt* uns nicht wirklich. Mit dem Satz „Gott liebt uns" ist es zum Beispiel unvereinbar, daß Gott für uns Tod und Vernichtung will – also müssen wir alle Todes- und Vernichtungserfahrungen in der Weise zu Gott in Beziehung setzen, daß sie Gottes Liebe gegenüber keinen Bestand haben können.

Die Rückführung allen Geschehens auf Gott als Quelle oder doch wenigstens als definitive Schranke für alles Negative vollziehen wir nun in diesem Satz *im Mittel eines Begriffs, der uns* – und nicht nur uns! auch ein Ungläubiger begreift, was wir hier tun, daher entweder sein Spott oder sein Zorn oder beides zugleich!

---

[19] Vgl. den schon mehrfach zitierten Aufsatz von *Ebeling* (Wort und Glaube II, 372–395).
[20] *Monod,* Zufall und Notwendigkeit, 151.

– *das Kostbarste des menschlichen Lebens anzeigt und zugleich das Risikoreichste und Tödlichste.* Wir können beim besten Willen nicht alles auf Gott übertragen, was für uns im Begriff „Liebe" an konkreter Erfahrung enthalten ist. Und zugleich haben wir keinen Begriff, der Größeres und Schöneres über Gottes Verhältnis zu uns auszusagen vermöchte. Wenn wir tatsächlich einen anderen Begriff bevorzugen wollten – etwa: Gott ist gerecht zu uns, Gott ist solidarisch mit uns, Gott akzeptiert den Menschen usw. –, so würde sich bei Licht besehen entweder zeigen, daß dasselbe gemeint ist wie mit dem Satz „Gott liebt uns", oder, was menschlich schlimmer wäre, daß wir an der Möglichkeit der Liebe verzweifelt wären und Gott mit einem solchen Begriff nicht mehr ins Zwielicht setzen möchten.

Das Kostbarste und das Risikoreichste zugleich – das bedeutet nicht weniger als dies: Was Gottes Liebe in Wahrheit ist, wissen wir nicht, weil wir in der „Bildhälfte" das Kostbare nicht vom Risiko des Todes trennen, letzteres aber nicht von Gott aussagen können. Wir haben damit nur die alte Lehre von der sogenannten „Analogie" aufgegriffen, wonach etwas – in diesem Falle die Liebe unter Menschen und die Liebe Gottes – „schlechthin verschieden" (simpliciter diversum) und nur „unter einer bestimmten Hinsicht dasselbe" (secundum quid idem) sind[21]. Diese Lehre besagt demnach hier wie überall: „Liebe" ist ein *Bild* für Gottes Verhalten zu uns, gewonnen aus menschlichen Erfahrungen und gestützt durch die Dokumente der Offenbarung, die aber ihrerseits selbstverständlich in Begriffen aus menschlicher Erfahrung formuliert sind. Hinter diese Problematik kommt niemand weiter – etwa in Richtung auf ein „bildloses", rein „sachliches" Verstehen der Liebe Gottes.

Zwar ist dieser Versuch so alt wie die Reflexion auf die Bildhaftigkeit unserer Rede von Gott überhaupt. Nur als Beispiel: Die mittelalterliche Theologie unterschied zwischen Aussagen („Namen") über Gott, die Gott in sich selbst sachgemäß bezeichnen, wenn auch wir die Sachgemäßheit dieser Bezeichnungen nur im Medium von Bildern einsehen, und solchen „Namen" Gottes, die von vornherein nur bildlich und in keinem Falle zur Gänze sachlich gemeint sind. Es ist offenkundig ein Unterschied, ob ich sage: „Gott ist ein Löwe", oder ob ich sage: „Gott liebt uns"[22]. Damit der letztere Satz aber „sachgemäß" ist, muß der Begriff Liebe einerseits von allem „Negativen" gereinigt werden (z. B. vom Element des Vergehens, des Sich-Verbrauchens, überhaupt von allen Zügen von Endlichkeit), und zugleich müssen seine positiven Züge (z. B. das Element des Gutes-Wollens) ins Unendliche und Unerschöpfliche gesteigert gedacht werden (via negationis und via eminentiae). Kurzum, der Begriff der Liebe muß als „reine Vollkommenheit"[23] gedacht werden – sonst ist er Gott unangemessen. Aber: was eine von allem Negativen befreite und ins Unerschöpfliche gestei-

---

[21] Vgl. *Thomas,* STh I 13, bes. 5–6; zur Literatur vgl. w. o. 7 IV 3 Anm. 57.
[22] Vgl. *Thomas,* STh I 1,8 und 13,6; vgl. 13,1. 2. 7. 9.
[23] Vgl. *Thomas,* STh 13,2 c. (2. Hälfte).

gerte Liebe ist, das ist höchstens abstrakt, als Denknotwendigkeit zu begreifen – konkret zu verstehen ist das nicht. In der konkreten Vorstellungsbildung und Sprache greift also die Unterscheidung zwischen „Metaphern" und „reinen Vollkommenheiten" gar nicht, und das heißt: für den theologischen und vor allem für den Frömmigkeitsaspekt des Satzes „Gott liebt uns" ist dieser Unterschied ohne Belang. Das Gedankenexperiment mit den „reinen Vollkommenheiten" schützt nur die Transzendenz Gottes, läßt uns aber für die Frage nach dem Sinn des Satzes „Gott liebt uns" so klug wie zuvor. Es ist höchstens eine neue Variante der Abstraktionen auf jenem Wege, auf dem dieser Satz banal und nichtssagend geworden ist. Wir kommen weiter, wenn wir vorbehaltlos akzeptieren: Das Wort von der „Liebe" Gottes ist ein *Bild,* aber *was* die Liebe Gottes ist, verstehen wir nicht.

Können wir nun nicht die Liebe Gottes in sich selbst begreifen, so können wir doch sehr wohl die *Absicht,* die *Intention* verstehen, mit der wir bzw. die Urkunden des Glaubens gerade dieses Bild zu einer Aussage über Gott benutzen – so wie wir im Fall des „Löwen" begreifen, daß damit die unwiderstehliche, die Feinde besiegende Macht Gottes ausgesagt werden soll. *Mit „Liebe" Gottes soll nun gesagt sein: Gottes Verhältnis zu uns ist in jedem Fall, von Anfang an und unwiderruflich p o s i t i v, p e r s o n a l und s c h ö p f e r i s c h im Hinblick auf alle Positivität und Personalität im menschlichen Dasein.*

Es ist *positiv,* das heißt: weder vor noch nach der Sünde, weder abgesehen von der Sünde noch im Hinblick auf sie auf Vernichtung des Menschen aus und nicht einmal auf gleichgültige Abkehr vom Menschen, wenn dieser sich von ihm abkehrt. Mit anderen Worten: Das einzigartige Verhältnis Gottes zum Menschen und des Menschen zu Gott gehört zur Grundberufung des Menschen, von der Gott auch um der Sünde willen nicht läßt, obwohl nichts „logischer" wäre als das. Welches „Interesse" muß Gott am Menschen haben, wenn das wahr ist! Und wie wenig selbstverständlich, wie herausfordernd und „brisant" diese Aussage ist, erhellt gerade heute wieder im Zusammenhang mit evolutionstheoretischen Überlegungen, daß die Spezies Mensch im Rahmen der Evolution auch wieder von der Erde verschwinden könnte[24]. Schon Teilhard de Chardin, der Theologe und Visionär der Evolutionslehre, hat vor Jahrzehnten die Befürchtung geäußert, das „Experiment Menschheit" könne im Rahmen der Evolution auch scheitern[25]. Heute übersehen wir das noch genauer. Es könnte geschehen, daß wir Menschen alles Leben auf dem Planeten vernichten – etwa durch eine Atomkatastrophe oder durch Umweltzerstörung. Es könnte auch sein, daß der Mensch einfach ausstirbt – und daß der Wegfall seiner umweltbedrohenden Aktivitäten eine unausdenkbare neue Blüte des Lebens auf diesem Planeten nach sich zöge. In beiden Fällen ginge die Evolution des Kosmos ohne-

---

[24] Vgl. w. u. 22 I 2; II 1.

[25] Vgl. *Pierre Teilhard de Chardin,* Die Hominisation, in: *ders.,* Die Schau in die Vergangenheit (Olten – Freiburg i. Br. 1965, frz. Paris 1957), 77–117, bes. 99–117; dazu *Smulders,* Theologie und Evolution, 179–207; vgl. auch die Literaturangaben w. o. 1 I Anm. 8.

hin ungerührt weiter. Also kein „neuer Himmel" und keine „neue Erde" mit dem Menschen als strahlendem Herrscher, sondern eine weitergehende Evolution ohne Mensch!

Der Satz „Gott liebt uns" streicht diese Erkenntnisse keineswegs durch – sowenig wie der Schöpfungsbericht die Evolutionstheorie. Er weist uns nur darauf hin, daß wir mit eschatologischer Vorstellungsbildung noch einmal vorsichtiger sein müssen. Und: er hält mitten in diesen ernüchternden Aussichten eben dies durch, daß Gott zu diesem im Rahmen der Revolution nur episodenhaften Wesen „Mensch" ein Verhältnis begründet, demgegenüber sein Schicksal innerhalb dieser Evolution – mit Thomas: innerhalb der „allgemeinen Liebe Gottes" – letztlich sogar gleichgültig sein kann. Wer ernsthaft meint, die genannten evolutionstheoretischen Aussichten für den Menschen seien ein Einwand gegen den Gottesglauben und gegen das Bild des Glaubens vom Menschen und seiner Berufung und man sollte statt dessen die Evolution an die Stelle des allmächtigen Gottes setzen und sich in Ehrfurcht vor ihr beugen, der hat schlicht den christlichen Schöpfungsglauben und den christlichen Erlösungsglauben nicht verstanden, ja er geht vermutlich theologisch von krypto-fundamentalistischen Voraussetzungen aus. Die Evolutionstheorie kann zum Einwand gegen unsere Gottes*vorstellungen* werden, nicht gegen Gott selbst. Auf all dies also ist Bezug genommen mit dem Satz: Gottes Verhältnis zu uns ist positiv.

Gottes Verhältnis zu uns ist *personal*. Auch hier lauert die Gefahr des Mißverstehens und entsprechender Einreden[26]. Wer hier „Person" und „Personalität" anthropomorph faßt und dann notwendig als Eingrenzung, Abgrenzung, Geschlossenheit verstehen muß, der kann nur alle Personalitätsvorstellungen aus dem Gottesbild heraushalten – und er tut recht daran. In dieser Hinsicht können wir nie wieder hinter den „Atheismusstreit" mit und um Fichte zurück. Aber das ist immer nur der Unsinn, nie der Sinn der Redeweise von Gott als „Person" gewesen – wobei „Person" ohnehin nie unmittelbare Glaubenssprache, sondern ein Reflexionsbegriff ist. Er will nur – ohne jedes Moment der Begrenzung, also auch als „reine Vollkommenheit" und insoweit recht abstrakt – festhalten, daß Gott weder blindes Fatum noch blinde Macht ist, sondern Geist, Verstehen, Freiheit, Kommunikation – und daß wir ihn eben deshalb „in Anspruch nehmen" können, das heißt: ihn anreden, ihn (vermittelt durch Menschenwort) hö-

---

[26] Trotz der vor allem im kontroverstheologischen Gespräch weiterwirkenden Tendenz, die Personalität Gottes und seines Verhältnisses zum Menschen zu betonen (vgl. w. o. 11 I I Anm. 9), ist der Begriff „Person" in der Rede von Gott philosophisch seit dem „Atheismusstreit" mit und um *J. G. Fichte* und spätestens seit *Paul Tillich* („Gott über Gott") strittig – obwohl man ihn aus guten Gründen für unverzichtbar halten darf. Aus der einschlägigen jüngeren Literatur vgl. pars pro toto *Pannenberg,* Die Frage nach Gott (= Grundfragen Systematischer Theologie I, 361–387), 379–387; *ders.,* Die Subjektivität Gottes und die Trinitätslehre (= aaO II, 96–111); *Kasper,* Der Gott Jesu Christi, 192–198; *Küng,* Existiert Gott?, 165–172; 690–694; 730–739; *Jüngel,* Gott als Geheimnis der Welt, 224–229; (indirekt) 307–543; *Ebeling,* Dogmatik I, 224–229; *Greshake,* Die theologische Herkunft des Personbegriffs; ich darf auch, in den Grenzen der Absicht des Buches, verweisen auf *Pesch,* Heute Gott erkennen, 55–80; 126–129.

ren, ihm als (endlich-geschlossene!) Personen antworten und dadurch selbst in unserer Verschlossenheit aufgebrochen werden. Damit ist nicht ausgeschlossen, daß wir uns von dem „personalen Gott" Bilder machen können – wie es die Bibel auch tut, wenn dort Gott als Vater, Richter, König und sogar Eheherr erscheint. Ausgeschlossen ist nur, daß wir die Bilder für die Wirklichkeit halten.

Schließlich meint der Satz „Gott liebt uns", daß Gottes Verhältnis zu uns *schöpferisch* ist. Ihm als Quelle schreiben wir es also zu, wenn wir Positives zu erleben und das Glück personaler Kommunikation zu erfahren haben. Daß auch dies nicht selbstverständlich ist, braucht nicht noch einmal gezeigt zu werden. Nur zu selbstverständlich ist ja eher das Mißtrauen gegen positive Erfahrungen, daß sich das Haar in der Suppe schon finden werde, und gegen personale Kommunikation, daß sie doch nur gut getarnter Egoismus sei. Das Grundvertrauen zur Wirklichkeit und zum Mitmenschen, das jeder Mensch von Haus aus mitbringt – wenn auch oft noch so eingeschränkt – und das jeder Mensch eigentlich gern bewußt ratifizieren möchte, wenn ihn nicht negative Erfahrungen davon abhalten, dieses Grundvertrauen sieht der christliche Glaube darin gegründet, daß Gott, der uns liebt, die Quelle aller Wirklichkeit ist. Und weil das so ist, darf man sogar sagen: Die Liebe ist Gotteserfahrung – nicht weil die Liebe Gott ist, sondern weil Gott die Liebe ist, die menschliche Liebe grundsätzlich vertrauenswürdig macht.

Wie risikoreich all diese Überlegungen zum Sinn und zur Absicherung unseres Satzes trotzdem immer noch sind, zeigt sich daran, daß „Gott" damit – auf der „Bildseite" jedenfalls – in all den Schmutz und in all die Abstraktionen hineingezogen wird wie die Liebe auch. Es ist von einer eigenartigen schwarzen Stringenz, wenn Gott und die Liebe gleichgesetzt werden. Der Satz muß am Ende eigentlich auch und gerade den Glaubenden, den Theologen erschrecken.

Dies um so mehr, als sich ja nun abzuzeichnen scheint, daß der Satz „Gott liebt uns" der geradezu klassische Paradefall einer „Projektion" sein könnte. Wir schreiben Gott zu, was wir auf Erden von der Liebe ersehnen, aber nie verwirklichen können. Nun ist es zwar richtig, daß dieser Satz der Liebe einen utopischen Maßstab setzt, dem wir nie gerecht werden. Das ergibt sich sowohl aus einer phänomenologischen Analyse dessen, was mit diesem Satz gesagt sein will, als auch aus seinem theologischen Gehalt. Anders ausgedrückt: Der theologische Sachsinn des Satzes stimmt genau mit dem überein, was auch eine phänomenologische Analyse der Intention dieses Satzes zu erheben vermag. Ob das aber „Projektion" als einzig schlüssige Beurteilung zuläßt, soll sich zeigen, wenn wir diesen Satz „Gott liebt uns" nun befragen auf sein Wort über den Menschen[27].

---

[27] Der im Folgenden schon unvermeidlich eingreifende ethische Aspekt muß ausführlicher in Kap. 18 und 19 zur Sprache kommen.

300

II. Ein Wort über den Menschen

Leseempfehlung: Nocke, Liebe, Tod und Auferstehung, bes. 46–141

1. Projektion?

Kein Zweifel: Der Satz „Gott liebt uns" weist über den Menschen und seine Möglichkeiten hinaus. Er will von einer Wirklichkeit reden, in der sich alles sammelt, was der Mensch auf Erden vermißt und sich doch nie selbst verschaffen, ja nicht einmal ausdenken kann. Wenn es dabei wirklich um eine „Projektion" ginge, dann müßte sich erweisen lassen, daß es sich tatsächlich *nur* um das Konglomerat unerfüllter Wünsche und Sehnsüchte handelt. Es handelt sich aber gerade *nicht* um unerfüllte Sehnsüchte, sondern um Einweisung in die konkrete Wirklichkeit, wie sie ist, mit all ihrer Bruchstückhaftigkeit und ihr zum Trotz. Oder vielmehr genauer: Selbstverständlich sammelt der Satz „Gott liebt uns" auch alle für menschliche Möglichkeiten unerfüllbare Sehnsucht, aber unser Satz läßt sie nur zu und gleichsam in sich hinein gegen den Preis, daß sie sich, getröstet und erfüllt, zurückführen läßt in die schmerzliche Wirklichkeit, damit sie diese bestehe und gegebenenfalls zur Kraftquelle bei ihrer verändernden Gestaltung werde. Der Projektionsverdacht ist damit nicht definitiv abzutun. Doch läßt sich zeigen, daß er, um „greifen" zu können, schon im Phänomenbereich einiges übersehen und übergehen muß. Anders gesagt: *Der Projektionsverdacht kann den Satz „Gott liebt uns" nur treffen, wenn dieser zuvor durch das Verhalten derer, die ihn aussprechen, zur Karikatur geworden ist.*

Der Rest ist Sache des Glaubens selbst, der nie in Denkzwang zu verwandeln ist. Damit ist nicht die Verlegenheit eines theologischen Zirkelschlusses zur theologischen Tugend erhoben, etwa dergestalt: Der Projektionsverdacht gegen den Glauben wird durch den Glauben selbst aufgehoben[28]. Es soll nur darauf hingewiesen sein, daß alles, wovon die christliche Botschaft redet, selbstverständlich nur sagbar und erschwinglich ist aufgrund und im Zusammenhang jenes unableitbaren Vollzugs einmaliger, analogieloser Art, der „Glaube" heißt, der auch durch „Plausibilitätsnachweise" nicht in seiner Freiheitlichkeit eingeebnet werden kann[29]. Der Glaube widerlegt den Projektionsverdacht nicht auf dessen eigener Ebene, er „setzt sich über ihn hinweg", sogar aus guten, „intersubjektiv" darstellbaren Gründen, deren einer ist, daß jenes menschliche Verhalten, auf das sich der Projektionsverdacht bezieht, durch dessen psychologisierende Interpretation überhaupt nicht zureichend erfaßt ist. Man kann diese Zusammenhänge nicht immer wieder von vorn erläutern, man kann die Legitimität des Glaubens gegenüber dem Projektionsvorwurf nicht immer

---

[28] Vgl. die berechtigten Einwände bei *Pannenberg,* Die Frage nach Gott, 363–365, gegen *Helmut Gollwitzer,* Die Existenz Gottes im Bekenntnis des Glaubens (München 1963).

[29] Vgl. w. o. 4 III und S. 32 f., auch w. u. S. 320.

wieder neu begründen, aber man kann gelegentlich daran erinnern – und hier, angesichts des schlechthin fundamentalen Glaubenssatzes „Gott liebt uns", ist solche Gelegenheit[30].

2. Leben in der Liebe Gottes

Wir folgen wieder den oben (I 3) hervorgehobenen Gesichtspunkten. Dann ergibt sich:

a) *Gott ist da – das heißt: Der Mensch ist nicht allein.* Den Satz Monods braucht der Mensch nicht endgültig nachzusprechen. Nicht *endgültig* – seinem Gefühl nach tut er durchaus gut daran, ihn gelegentlich nachzusprechen, um daran heilsam die ganze „Fremdheit" und „Unangepaßtheit" seines Glaubens an die im Kreuz offenbare Liebe Gottes zu spüren[31]. Doch sagt dieser Glaube *endgültig* dies: Wir sind entlastet von der Last, aus einer Laune der Evolution – genannt Freiheit – etwas machen zu müssen auf Gedeih und Verderb, damit aus der Laune nicht ein gescheitertes Experiment wird. Wir sind befreit von dem Alptraum, ein Fehler der Evolution zu sein, den die Evolution nicht wiederholen wird. Nein, Glaube an die Liebe Gottes sagt: Wir sollen und dürfen Zutrauen selbst in einen Menschen haben, der nur eine Episode der Evolution wäre, ja wir sollen und dürfen es geradezu als die Würde des Menschen ansehen, falls diese Spitze der Evolution unter *deren* Gesetzen nur einen kurzen Augenblick währen könnte. Was wir gewiß aus diesen neueren Erkenntnissen der Evolutionslehre und darin besonders der Biochemie lernen, ist: Die Wunder Gottes erscheinen nicht nur in und am Menschen, während alles andere nur mehr oder weniger langwierige, aber in sich selbst unwichtige Vorbereitung für dessen Heraufkunft wäre. Nein, es muß auf das Bild Gottes und der Wunder seines Handelns zurückleuchten, wenn angenommen werden kann, daß nach Ablauf der Zeit des Menschen ein neuer Weltentag anbrechen kann – ohne Menschen! Gott ist wunderbar in *all* seinen Werken, der Mensch ist zwar die „Krone der Schöpfung", aber deshalb noch lange nicht ihre Mitte, um die sich alles zu drehen hätte. Dennoch: Was ist die Schöpfung des Universums gegen die Rechtfertigung eines einzigen Sünders?, fragt schon Thomas von Aquin[32]. Was sind, so dürfen wir heute entsprechend fragen, alle galaktischen Systeme, in denen die Erde der

---

[30] Zum Thema „Glaube und Religionskritik", das damit angezeigt ist, vgl. außer den schon w.o. Anm. 6 genannten Werken *Pannenberg*, Typen des Atheismus und ihre theologische Bedeutung (= aa0 I 347–360), 348–356; *Michael von Gagern*, Ludwig Feuerbach (München-Salzburg 1970); *Marcel Xhaufflaire*, Feuerbach und die Theologie der Säkularisation (München – Mainz 1972); *Richard Schaeffler*, Die Religionskritik sucht ihren Partner. Thesen zu einer erneuerten Apologetik (Freiburg i. Br. 1974); *Erich Thies* (Hg.), Ludwig Feuerbach (= Wege der Forschung Bd. 438) (Darmstadt 1976); *Jüngel*, aaO 188–203; *Küng*, aaO 221–380; *Bayer*, Gegen Gott für den Menschen. Zu Feuerbachs Lutherrezeption (= Umstrittene Freiheit, 97–134); *Gerhard Theissen*, Argumente für einen kritischen Glauben (München 1978); auch *Fries*, Ärgernis und Widerspruch, 21–132; vgl. w.u. 15 III 3; IV 1.
[31] Dazu treffend *Moltmann*, Der gekreuzigte Gott, 34–77.
[32] STh I–II 113,9.

Bruchteil eines Stäubchens ist, gegen einen einzigen Menschen, der verstehen und preisen darf, was diese Systeme zusammenhält und überhaupt wirklich sein läßt! Auch wenn die Zeit des Menschen eines unabschätzbar fernen Tages zu Ende sein sollte: daß es ihn gegeben hat, daß Gott mit ihm buchstäblich das Gespräch aufgenommen hat, daß er ihn unvergleichlich in seine Gemeinschaft gezogen, daß er ihn geliebt hat, das kann nie wieder in ein einfaches Vergangensein und Nicht-Gewesensein zurücksinken, nie wieder in den übrigen Prozeß der Evolution „eingeschmolzen" werden[33], das hat nun Ewigkeit – und eben dies will mit dem Satz gesagt sein: „Gott liebt uns."

b) *Wir führen alles auf Gott zurück – das heißt: Der Glaubende ist ohne jedes Mißtrauen zur Welt.* Er ist auch durch bestürzende neue Erkenntnisse nicht zu erschrecken, sondern immer nur zu neuem Staunen buchstäblich aufzuregen. Was ist das eigentlich für ein Kleinglaube, der bei jeder neuen Erkenntnis oder jeder neuen naturwissenschaftlichen oder humanwissenschaftlichen Theorie – noch ganz unabhängig von ihrer langfristigen Bewährung – sich verängstigt zur *Verteidigung* der Wirklichkeit Gottes herausgefordert fühlt statt zur Wahrnehmung ihrer immer noch weniger ausdenkbaren Größe! „Jenen Wilden wird er doch nicht gleichen wollen, welche eine Eklipse nicht sehen können, ohne in Angst zu geraten für das Schicksal der Sonne ...", sagte schon Ignaz von Döllinger 1863 über den wahrhaft Glaubenden und den echten Theologen[34]. Der Satz gilt gegenüber dem Ansturm der Natur- und Humanwissenschaft ebenso wie damals im Munde Döllingers gegenüber neuen bibelwissenschaftlichen und theologiegeschichtlichen Erkenntnissen.

c) Wir sagen Gott als Quelle der Wirklichkeit und Grund des Zutrauens in einem Bild vom „Schönsten" aus, das wir Menschen kennen: im Bild der Liebe. Dazu haben wir doch allen Grund, wenn es so steht wie ausgeführt. Nur der Mensch kann das Schöne häßlich machen und verderben. Was wir von den Natur- und Humanwissenschaften lernen, kann höchstens unsere Vorstellungen korrigieren – und zunächst einmal anreichern! –, nicht aber uns das Recht nehmen, aus ihren Erkenntnissen und der durch sie präzisierten Welterfahrung das Beste zum Gleichnis Gottes auszuwählen. *Wenn wir von Gott nicht im Bild des Schönsten reden dürften, so hieße das, daß der Glaube selbst ein Element des Mißtrauens in Gottes Schöpfung selbst enthielte.* Die Welt und unsere Erfahrung mit ihr schließen gewiß Gottes „Verborgenheit im Gegensatz", mit Luther zu reden, nicht aus – wohl aber muß der Glaube ausschließen, noch einmal mit Luther zu reden, in dieser Verborgenheit Gottes sein „fremdes Werk" mit seinem „eigentlichen Werk" zu verwechseln, ja am Ende sein „fremdes Werk" für sein „eigentliches Werk" zu halten[35].

---

[33] Vgl. *Ratzinger,* Einführung in das Christentum, 192.
[34] Rede über „Die Vergangenheit und Gegenwart der katholischen Theologie", abgedruckt bei *Johann Finsterhölzl,* Ignaz von Döllinger (Graz 1969) 227–263.
[35] Vgl. WA 1, 112, 24; 356, 39; 3, 246, 19; 4, 87, 24; 331, 14; 5, 63 f., 37; 503, 26; 7, 531, 30; 9, 101, 37; 42, 356, 23; vgl. *Pesch,* Hinführung zu Luther, 250 f.

d) *Gott verhält sich zu uns positiv, personal, schöpferisch – das bedeutet: Der Satz „Gott liebt uns" berechtigt den Glaubenden zum entschiedensten Protest gegen jeden Projektionsvorwurf.* Ein solcher unterstellt ja, daß der Mensch mit sich selbst und der Welt nur *negative* Erfahrungen macht; daß er von Haus aus *nicht* einer ihn bergenden übermenschlichen Wirklichkeit gewiß ist; daß es für ihn *keine* Chance schöpferischen Neuwerdens gibt. Eben deshalb, so der Vorwurf, sammelt der Mensch seine unabgegoltenen Sehnsüchte und Ansprüche in einem Inbegriff „Gott" und nimmt ihn für Wirklichkeit. Das Gegenteil tut wirklicher Glaube. Er wandert nicht aus dem wirklichen Leben aus in eine projizierte Welt der Illusionen, vielmehr hat er Zutrauen zur Güte der Wirklichkeit noch gegen allen Augenschein der Negativität.

e) Ist Gott in allen Schmutz und alles Elend menschlicher Liebe hinabgezogen? Nein, auch hier darf, wer an die Liebe Gottes glaubt, gerade umgekehrt denken. *Wir dürfen den Gedanken wagen, daß sogar noch in den Verwahrlosungen der Liebe – auch den intellektuellen! – etwas von Gott erfahren wird.* Denn „positiv" betrachtet, sind sie Vor- und Anfangsformen der Liebe mit allen Chancen der Reifung, die der Glaubende auch dem nicht aberkennen muß, der faktisch in der Vor- und Anfangsform stecken bleibt. Was geschieht denn anders, wenn Christen, ob gelegen oder ungelegen, „auf alle Weise" (Phil 1, 18) die Botschaft von der Liebe Gottes dorthin tragen und die Menschen auf ihr Geliebtsein von Gott geradezu hemmungslos ansprechen, wo die Verwahrlosung der Liebe besonders erschreckend sich manifestiert[36].

3. Leben in der Liebe zu Gott

Der alles zusammenhaltenden Grundaussage der christlichen Tradition über den „Inhalt" der Gnade Gottes, nämlich dem Satz „Gott liebt uns" korrespondiert bekanntlich der ebenso einhellige Satz, daß wir Gott wiederlieben sollen. Nur scheinbar ist diese Einhelligkeit unterbrochen durch Luthers herausfordernde These, nicht die Liebe, sondern allein der Glaube begründe und umfasse unser ganzes Gottesverhältnis[37]. In Wahrheit löst sich dieser Scheingegensatz nirgends leichter auf als im Zusammenhang unserer Überlegungen.

„An die Stelle der Liebe setzen wir den Glauben" – „Loco caritatis ponimus fidem."[38] Das hat Luther gesagt. Aber die Liebe, an deren Stelle hier der Glaube tritt, ist nicht die „Gegenliebe" zu Gott, sondern die Gesamtheit menschlicher Werke und Anstrengungen (sei es auf Gott hin, sei es zugunsten des Nächsten), durch die nach dem Urteil Luthers zahllose Menschen seiner Zeit die Liebe Gottes nicht einfach annehmen, sondern sich erobern, „verdienen" wollten. Luther

---

[36] Ich denke hier an bestimmte, mir bekannte Christen, darunter auch Hamburger Theologiestudentinnen und -studenten, die in diesem Sinne im St.-Pauli-Milieu arbeiten!
[37] Vgl. w. o. 10 III 1; und Luthers „klassischen" Kommentar zum 1. Gebot im Kleinen Katechismus: „Wir sollen Gott über alle Dinge fürchten, *lieben* und vertrauen" (BSLK 506, 42).
[38] WA 40 I, 228, 27 f.

hat recht, wenn er, falls man es *so* versteht, darin einen Widerspruch zur Grundbotschaft des christlichen Glaubens von der bedingungslosen Liebe Gottes
sieht. „Sich revanchieren" ist so wenig Gegenliebe wie die Vorleistung, die sich
bewußt oder unbewußt Liebe erzwingen will. Weil der Begriff „Glaube" diese
Bedingungslosigkeit, mit der Gott auf den Menschen zugegangen ist und immer
neu zugeht, deutlicher im Bewußtsein hält, macht Luther ihn und nicht den in
Theologie und Frömmigkeitspraxis damals heillos ins Mißverständnis gerate-
nen Begriff der Liebe zum Angelpunkt des menschlichen Gottesverhältnisses.

Aber die historische Sitaution von damals haben wir hinter uns. *Glaube und
Liebe – jetzt als Liebe zu Gott verstanden! – könnten nur dann als Gegensatz auseinandertreten, wenn die Liebe zu Gott ein W e r k wäre oder sich primär und vornehmlich in bestimmten, sogenannten „frommen" Werken ausdrückte. Nichts von
dem, was wir überlegten, weist in diese Richtung.* Glaube und Liebe zu Gott könnten auf andere Weise nur dann ein Gegensatz sein, wenn unsere Gegenliebe von
menschlicher Art sein müßte: angewiesen auf einen anfaßbar uns gegenüberstehenden Gott. Dies ist nicht der Sinn des Satzes „Gott liebt uns". Im Gegenteil,
das Nachsinnen über den Inhalt dieses Satzes führte uns wie in ein finsteres
Licht. Wir begreifen die Liebe Gottes nur im Spiegel dessen, was wir unter dem
Anspruch des Glaubens an sie von uns selber und von der Welt halten dürfen.
Eben dies aber, so zeigte sich, ist ja genau dies, was wir gewöhnlich mit
„Glaube" bezeichnen: Wissen, daß wir gegen allen Augenschein, ja sogar gegen
alle negativen Realitäten, die unsere eigene Schuld hervorbringt, der heilvollen
Nähe Gottes gewiß sein dürfen.

*So gesehen kommt es sachlich auf dasselbe hinaus, zu sagen: Ich glaube an Gott,
und: ich liebe Gott.* Nur jeweils mit einem, allerdings je nach Situation sehr gewichtigen, unterschiedlichen Akzent! Wer es vorzieht zu sagen: Ich glaube an
Gott, möchte mit größter Aufmerksamkeit im Bewußtsein halten, daß die Gewißheit der Liebe Gottes allzeit gegen den Augenschein all der negativen Erfahrungen mit uns selbst und mit der Weltwirklichkeit durchgetragen werden will
und daher niemals zur „Idylle" werden darf. Wer es vorzieht oder auch nur gelegentlich wagt zu sagen: Ich liebe Gott (oder besser: ich versuche, Gott zu lieben), möchte damit zum Ausdruck bringen, daß dem Christen sogar (wenigstens
gelegentlich) jene höhere Art von „Naivität" erlaubt ist, die sich dagt: Die
machtvoll heilende Wirklichkeit Gottes ist allen Wirrsalen und aller Schuld dieser Welt so unendlich überlegen, daß man sie zu Zeiten sogar vergessen darf, um
sich ganz auf das „Positive", auf das „Gute" in der Erfahrung der Werke Gottes
einzustellen. Muß man lange beweisen, daß beides dem Christen erlaubt ist?
Auch Luther weiß zur Liebe zu Gott (*aufgrund* des Glaubens) mehr zu sagen, als
man, beeindruckt vom Pathos seines „der Glaube allein", durchschnittlich
weiß[39].

---

[39] Vgl. *Manns,* Fides absoluta – fides incarnata, 294–304; und jetzt auch *Kleinknecht,* Gemeinschaft
ohne Bedingungen, 19–66.

Es bleibt also dabei: Wie die Liebe Gottes selbst, so hat auch unsere Gegenliebe nicht prinzipiell und wesentlich mit dem Gefühl zu tun. Sie kann im Gegenteil, in der Gestalt des Glaubens gegen allen Augenschein, eine sehr nüchterne und in der Konsequenz anstrengende Sache sein. Nachdem dies alles aber deutlich genug geworden sein sollte, *dürfen wir – wenn es uns geschenkt wird – auch den Mut zur Unbefangenheit haben, wenn uns einmal das Gefühl überwältigt, daß wir tatsächlich von Ewigkeit geliebt sind.* Oder soll das Mißtrauen auch da wieder das Recht haben, das „Brennen in unseren Herzen" (vgl. Lk 24, 32) zu verdächtigen? Es hat dieses Recht hier so wenig wie anderswo. Die Sprache der Mystiker und Heiligen ist gewiß nicht jedermanns Sache. Aber es ist letztlich eine Entscheidungsfrage des Glaubens selbst, ob wir Gott und seinem Verhältnis zum Menschen so viel zutrauen, daß auch eine solche überschwengliche, das Gefühl nicht aus dem Spiel lassende Rede von erfahrener Liebe Gottes *Wahrheit* ausspricht und nichts weniger ist als fromme, aber peinliche Übertreibung.

15. KAPITEL
FREIHEIT UND GNADE – GNADE ALS FREIHEIT

I. Inbegriff „Freiheit"

LESEEMPFEHLUNG: Greshake, Geschenkte Freiheit, 106–109

Wenn wir nun die Frage nach dem „Wesen" der Gnade unter dem leitenden Stichwort „Freiheit" wiederaufnehmen, so ist dies gegenüber den formalen und abstrakten Feststellungen am Ende des 13. Kapitels eine inhaltliche „Füllung". Gegenüber dem Wort von der „Liebe Gottes" (14. Kapitel) könnte es eher wiederum als Abstraktion und Formalisierung erscheinen. In Wahrheit geht es um die fundamentale Auswirkung der Liebe Gottes, die sich ergibt und ergeben muß, wenn ein Mensch ernsthaft an die Liebe Gottes als den tragenden Grund seines Daseins glaubt. Wir suchen unter modernen Voraussetzungen gewissermaßen nach dem Gegenstück zu dem, was mit der Gnade Gottes unmittelbar gegeben ist und etwa in der augustinischen Tradition „Anfang des guten Werkes", bei Thomas „eingegossene Tugend", bei Luther „Anfang der neuen Schöpfung" heißt – und wörtlich: „Freiheit eines Christenmenschen".

Aber warum geschieht dies unter dem Stichwort „Freiheit"? „Niemals hatten die Menschen einen so wachen Sinn für Freiheit wie heute", heißt es in der Pastoralkonstitution des Zweiten Vatikanischen Konzils (Nr. 4). In einem amtlichen Lehrdokument der katholischen Kirche ist damit anerkannt und angenommen, daß „Freiheit", wie unklar das damit Gemeinte auch immer sein mag, auf jeden Fall für den Menschen unserer Zeit ein Leitmotiv seines Lebens bezeichnet, das alle seine Kräfte und all seine Anstrengungsbereitschaft mobilisiert. *Wenn es nun wahr ist, daß wir von Gott – von ihm selbst dazu ermächtigt[1] – in Begriffen reden müssen und dürfen, die dem Bereich unserer menschlichen Selbst- und Welterfahrung entstammen; wenn es daher wahr ist, daß wir von Heil und Gnade Gottes nur dann angemessen reden, wenn wir uns dabei im Verstehenskontext dessen ausdrücken, was Menschen als Heil und „Gnade" erfahren können, dann kann man heute von „Gnade" schlechterdings nicht sachgemäß reden, ohne dabei auf die Freiheitssehnsucht des heutigen Menschen Bezug zu nehmen.*

Menschen machen sich ein Bild von dem, was totales, nichts auslassendes „Heil" bedeutet, auf verschiedene, mit ihrer geschichtlichen Situation zusammenhängende Weise. Es gab zum Beispiel eine chaotische Zeit des politischen und kulturellen Umbruchs, in der alle Heilssehnsucht des Menschen sich in dem Inbegriff „Gerechtigkeit" konzentrierte, womit ganz handfest gerechtes Handeln der Menschen im Verkehr miteinander und Rechtssicherheit gemeint war. Es war dies die Zeit, in der die sogenannte „Genugtuungslehre" des Anselm von Canterbury, deren Grundgedanke die unerläßliche Wiederherstellung der „Gerechtigkeitsordnung" zwischen Gott und Mensch ist, so elektrisierend wirken konnte, wie wir uns das heute gar nicht mehr vorstellen können[2]. Eine andere Zeit hat den Inbegriff der Heilssehnsucht der Menschen – *einiger* Menschen[3] – im Stichwort von der „Ordnung" festgemacht. Es war die Zeit jener hochgemuten Rationalität, die seit dem 12. Jahrhundert die Universitäten hervorbrachte und besessen war von dem Drang, alles Geschaffene in jenem geordneten Zusammenhang zu erkennen, der der Ausfluß der Weisheit Gottes ist[4]. Es ist insofern nicht verwunderlich, wenn sich heute die Heilssehnsucht des Menschen wiederum in einem anderen Inbegriff konzentriert und daraus eine ganz selbstverständliche Neigung entsteht, das Wesen der Gnade Gottes im Zusammenhang mit diesem Inbegriff zu bestimmen. Dieser Inbegriff ist heute – jedenfalls, wenn auch unter verschiedenen Schwerpunkten, im europäisch-amerikanischen Kulturkreis, in den christlich geprägten Ländern Lateinamerikas, in den vom Christentum berührten Ländern Afrikas und Asiens – der Begriff „Freiheit". Man kann fragen, ob sich nicht auch hier schon wieder Wandlungen abzeichnen, ob nicht „Freiheit" der typische Inbegriff der schon sprichwörtlich werdenden 60er und 70er Jahre gewesen ist und andere Stichworte nach vorn dringen, die in der Lage sein könnten, Inbegriffe zu werden[5]. Aber auch sie könnten, wenn sie denn ein Übergewicht erlangen sollten, die Sehnsucht nach Freiheit zu-

---

[1] Vgl. w. o. 1 I; III 3; 4 II 3; III; 7 IV 3 mit Anm. 57; 14 I 3.
[2] Vgl. die Literatur zu Anselm w. o. 8 II 1 Anm. 14.
[3] Nämlich der Universitätsprofessoren! Die Sehnsucht des einfachen Volkes mag durchaus anders gewesen sein!
[4] Vgl. die Literaturangaben zu Thomas w. o. 3 I 5 Anm. 43; und, besonders „dicht", *Chenu*, Thomas von Aquin – in Selbstzeugnissen und Bilddokumenten (Reinbek 1960, ²1981). Vgl. auch w. o. 6 II 1 b).
[5] Z. B. Geborgenheit, Angenommensein, Friede, Leben, Identität.

mindest nicht rückgängig machen, wenn sie denn überhaupt mehr wären als eine neue Variation dieser grundlegenden Sehnsucht.

Für ein Ernstnehmen des Begriffes „Freiheit" braucht man sich um so weniger zu rechtfertigen, als ja die Heilige Schrift selber zu diesem Thema gewichtige Aussagen macht, ja gelegentlich selbst die Quintessenz des christlichen Glaubens als Freiheit definiert[6]. Als entscheidende Heilstat Gottes im Alten Testament bekennt der Glaube Israels die Befreiung des Volkes aus der Sklaverei in Ägypten (vgl. Dtn 5,6; Jos 24,5–7.17). Die gegenwärtigsetzende Erinnerung an diese Befreiungstat, vor allem im Paschafest, hält das Volk zusammen, so daß hier „Freiheit" aufgrund von Befreiung durch Gott zur geschichtswirksamen Grundkategorie des Glaubens geworden ist. Die Predigt der nahegekommenen „Herrschaft Gottes" durch Jesus ist in Wort und Tat Jesu kommentiert als Befreiung von Sünde, Sorge, Bedeutungslosigkeit, und nicht zuletzt vom Zwang religiös bedingter gesellschaftlicher Schranken. Paulus beschreibt „das herrliche Gut der Kinder Gottes" als Freiheit (Röm 8,21). „Wo der Geist des Herrn ist, da ist Freiheit" (2 Kor 3,17). Und ein andermal faßt Paulus die Heilstat Christi in dem lapidaren Satz zusammen: Christus „hat euch für die Freiheit frei gemacht" (Gal 5,1). Woran Paulus – und der ganze Galaterbrief sucht das zu konkretisieren – die Mahnung knüpft, es sei geradezu die Grundsünde des Christen, wenn er wieder in die alte Unfreiheit zurückfällt, in der das jüdische Gesetz und die heidnische Beschwörung der „schwächlichen Weltelemente" auf eine Stufe geraten (vgl. Gal 4,8 f.). Und auch das Johannesevangelium, das den Inbegriff des Heils sonst eher in Kategorien wie „Licht" und „Leben" kennzeichnet, legt Jesus Sätze in den Mund wie diese: „Die Wahrheit wird euch frei machen" (8,32). „Wenn euch der Sohn frei macht, dann werdet ihr wirklich frei sein" (8,36).

Man sage nicht, damals sei der Freiheitsbegriff im Unterschied zu heute nicht mißverständlich und daher als Inbegriff der Gnade nicht „gefährlich" gewesen, heute jedoch wohl. Schon die genauen Inhalte der verschiedenen biblischen Verwendungen des Wortes Freiheit sind unterschiedlich genug. Und daß der urchristliche Freiheitsbegriff keineswegs einfach mit dem verbunden werden durfte, was „man" damals unter Freiheit verstand, beweist der Satz des Paulus: „Ihr seid ja zur Freiheit berufen, Brüder. Nur sorgt dafür, daß die Freiheit nicht für das Fleisch die Bahn freigibt" (Gal 5,13). *Wer also heute vom Begriff der Freiheit her zu verstehen sucht, was „Gnade" sein könnte, begibt sich prinzipiell in keine gefährlichere Situation als die Autoren des Neuen Testamentes, und eben deshalb ist es ihm erlaubt, trotz Gefahr von Mißverständnissen bei diesem Begriff anzuknüpfen.*

---

[6] Vgl. *Schlier,* eleutheria (dort die ältere Literatur; die neuere in ThWNT X/2, 1073–1076); *Niederwimmer,* Der Begriff der Freiheit im NT; *Reidick,* Freiheit als Heilsgut; *Käsemann,* Der Ruf der Freiheit; *Blank,* Das Evangelium als Garantie der Freiheit; *N. Lohfink,* Heil als Befreiung; *Schnackenburg,* Befreiung nach Paulus; Concilium 10 (1974) Heft 3: Jesus Christus und die menschliche Freiheit (darin bes. die Beiträge von *Josef Neuner, Rudolf Pesch, Leander Keck); Mußner,* Theologie der Freiheit nach Paulus.

Auf die besondere Bedeutung des Begriffes „Freiheit" verweist uns aber auch, wie der historische Durchblick im 12. Kapitel gezeigt hat, die Geschichte der Gnadenlehre selber. Man kann im Blick auf diese Geschichte schlechterdings heute nicht von der Gnade reden und dabei das Thema „Freiheit" auslassen. Es wird sich allerdings am Ende zeigen, daß das Resultat unserer Überlegungen, streng genommen, selbst Luthers Position noch einmal radikalisiert, genauer: noch radikaler über bestimmte Fragen der Tradition hinaus auf das biblische Zeugnis zurückgreift. Dies ist schon darin angedeutet, daß wir die Frage nach dem Wesen der Gnade und die traditionelle Frage nach Gnade und Freiheit in diesem Abschnitt zusammennehmen. In den folgenden Überlegungen muß sich zeigen, daß dies nicht nur aus didaktischen, sondern sachlichen Gründen geschieht. Die Richtung der Radikalisierung läßt sich schon ahnen: In einer Zeit radikaler Gottesfrage[7] kann man nicht auf der klassischen Linie nach dem Verhältnis menschlicher Freiheit zum Gnadenwirken eines Gottes fragen, dessen Gewißheit nicht selbstverständlich, sondern Thema einer fundamentalen Glaubensbewegung ist. *Das Thema „Freiheit" muß also ins Verhältnis zu dieser fundamentalen Gottesfrage unserer Zeit gebracht werden.* Die Fragen lauten dann etwa: Was leistet menschliche Freiheit für die und bei der Erlangung der Gottesgewißheit im Glauben? Ist Gottesgewißheit ihrem Wesen nach nicht das Ende der Freiheit? Oder ist sie ihre Quelle, und wenn ja, wie? Wie sich leicht erkennen läßt, sind wir damit mitten in den Anforderungen, die am Ende des 13. Kapitels für ein gegenwartsbezogenes Verständnis der Gnade aufgestellt wurden.

II. Freiheitsverständnis heute

Leseempfehlung: Rahner, Theologie der Freiheit (= Schriften zur Theologie VI, 215–237); Metz, Glaube in Geschichte und Gesellschaft, 57–67

Unsere Überlegungen haben von der – wieder einmal „banalen" – Tatsache auszugehen, daß das Verständnis von „Freiheit" heute alles andere als einheitlich und daß innerhalb der Theologie, und darin besonders innerhalb des Bereiches der Gnadenlehre, die Uneinheitlichkeit am größten ist, weil hier auch noch traditionelle Begriffe von Freiheit nachwirken, die außerhalb der Theologie kaum noch eine Rolle spielen[8]. Wir müssen ein wenig aufgliedern, auch um den Preis einer gewissen Schematisierung, bei der unvermeidlich feinere Nuancen übergangen werden müssen, dafür aber einige scharfe Linien, einem Holzschnitt ähnlich, für einen deutlichen Umriß der Problemlage sorgen.

---

[7] Vgl. w.o. 2 III 3–4; 6 II 2; 7 IV 2.

[8] Überblick über diese Tradition bei *Pesch,* Freiheit. Mittelalter. – Wichtige Diskussionsbeiträge zum Folgenden sind: *Krings,* Freiheit; *ders.,* System und Freiheit; *Metz,* Freiheit; *Kroner,* Freiheit und Gnade; *Heinrichs,* Ideologie oder Freiheitslehre?; *Splett,* Konturen der Freiheit; *Rahner,* Gnade als Freiheit; *Pannenberg,* Gottesgedanke und menschliche Freiheit; *Lotz,* Person und Freiheit *Kasper,* Christliche Freiheit; *Reikestorfer,* Weltloser Glaube?; *Bayer,* Umstrittene Freiheit.

1. Der Mensch hat Freiheit

Für die klassische Gnadenlehre, spätestens seit dem Mittelalter, angelegt aber schon bei Augustinus, ist Freiheit eine *Eigenschaft* des menschlichen Willens – wobei es für dieses Verständnis gleichgültig ist, ob sich unter dem Urteil des Glaubens diese Eigenschaft als Einbildung erweist oder als Realität Bestand hat. *Der Mensch ist als Einheit von Leib und Seele definiert, die beiden geistigen Grundvermögen der Seele sind Verstand und Wille, den Strebungen – modern: den Entscheidungen – des Willens aber eignet unter bestimmten Bedingungen, zu denen vor allem die dem Verstand obliegende Einsicht in den Sachverhalt gehört, Freiheit, und zwar sowohl von äußerem Zwang als auch von innerer Nötigung[9]. In bezug auf die Gnade Gottes oder, noch allgemeiner, in bezug auf das Verhältnis des Menschen zu Gott als Ursprung und Ziel mußte dann gefragt werden, welchen Stellenwert diese „Eigenschaft" des Willens hat. Die Antwort ist, durch alle Unterschiede der Theoriebildung hindurch: keine konstitutive! Wohl aber gerät der Wille auf *seine* Weise in Bewegung, wenn Gottes Gnade ihn berührt, er „stimmt zu" und „lehnt nicht ab", was Gott an ihm tut. Im Kontext dieses Grundverständnisses von „Willensfreiheit", wie man denn auch zutreffend sagt, steht auch noch Luther. Wenn die moderne Theologiegeschichtsschreibung unter dieser „Freiheit als Eigenschaft", unter dieser Freiheit, die der Mensch *hat*, eine tiefere Schicht von Freiheit diagnostiziert, die sich nicht auf einzelne Entschlüsse des Willens, sondern auf das Sein des Menschen im ganzen bezieht, so ist eine solche Tiefendiagnose[10] von einem modernen, aus dem deutschen Idealismus des 19. Jahrhunderts und, in dessen Fortsetzung, aus der Existentialphilosophie Martin Heideggers stammenden Freiheitsverständnis geleitet. Sie arbeitet buchstäblich etwas „im Gesagten Ungesagtes" heraus, das in der klassischen Tradition direkt immer nur dort anklingt, wo von der „Freiheit der Kinder Gottes" im Anschluß an die entsprechenden biblischen Texte die Rede ist. Dies aber geschieht – trotz aller nicht zu bestreitenden tiefen Zusammenhänge – direkt nicht in der Lehre von der Gnade, sondern in der Lehre vom (Alten und) Neuen Gesetz[11]. *Im unmittelbaren Kontext der Gnadenlehre dagegen begegnen wir immer nur Aussagen wie der, daß „der freie Wille" der Gnade Gottes zustimmt oder daß „eine Bewegung des freien Willens" zur Rechtfertigung des Sünders gehört, niemals aber etwa einem Satz wie dem: Die Gnade Gottes macht frei.* Eben

---

[9] Vgl. w.o. 12 III 3.

[10] Für Thomas vgl. vor allem *Oeing-Hanhoff*, Zur thomistischen Freiheitslehre; *Siewerth*, Einführung, in: Thomas von Aquin, Die menschliche Willensfreiheit; Überblick und weitere Literatur bei *Pesch*, Freiheitsbegriff und Freiheitslehre, 197–210. – Für Luther vgl. vor allem *Vorster*, Das Freiheitsverständnis; *Ebeling*, Luther, 239–258; *ders.*, Frei aus Glauben. Das Vermächtnis der Reformation (= Lutherstudien I, 308–329); *Jüngel*, Zur Freiheit eines Christenmenschen.

[11] Für *Thomas* vgl. STh I–II 106–109; dazu *Deman*, Der neue Bund und die Gnade, 287–325; *Pesch*, Das Gesetz, 736–743. – Für *Luther* ist an die Unterscheidung von Gesetz und Evangelium zu erinnern; Literaturhinweise dazu w.o. 7 I 2.

dieser Satz aber drängt sich auf, wenn man die Thematik „Freiheit und Gnade" unter Voraussetzung des neuzeitlichen Freiheitsverständnisses angeht.

Damit ist die alte Frage keineswegs erledigt. Mag sie auch in den modernen Entwürfen zu einer gegenwartsbezogenen Gnadenlehre zunächst zurücktreten, sie kommt spätestens dann wieder zum Vorschein, wenn gefragt wird, wie sich denn eine „tiefer" verstandene Freiheit *konkret* betätigt und verwirklicht. Sie tut das nämlich eben in solchen einzelnen Akten und Entschlüssen, auf die die Tradition die Frage nach der Freiheit bezog. Und weniger denn je können wir dabei heute mit der traditionellen Auskunft auskommen, daß solche Freiheit des Entschlusses dann gegeben und folglich in konkretem Fall zu unterstellen sei, wenn die Einsicht klar sei und hinderliche Beeinträchtigungen durch den „Affekt", also aus dem Bereich der Sinnlichkeit, der Emotionalität nicht deutlich vorlägen. Wir haben heute auf der Basis viel genauerer humanwissenschaftlicher (medizinischer, psychologischer, soziologischer) Erkenntnisse ein viel genaueres Wissen darüber, wie vielfältig und bis zur Aufhebung konkreter Freiheit solche einzelnen Willensentschlüsse beeinträchtigt werden können. Irgendwann, wenn die immer etwas erhabenen und abstrakten Freiheitsspekulationen modernen philosophischen Denkens auf die Erde zurückkehren, wird dann unweigerlich auch zu fragen sein, wie sich die Gnade Gottes zu solchen behinderten, beeinträchtigten, ja „manipulierten" und „programmierten" Willensentschlüssen verhält, die sich am Rande konkreter Unfreiheit abspielen. Und umgekehrt: wie sich solche Entschlüsse in bezug auf die dem Menschen von der Botschaft des christlichen Glaubens zugesprochene Möglichkeit verhalten, die Liebe und Gnade Gottes im eigenen Leben zu ergreifen. Vorerst aber müssen wir einen Schritt weitergehen.

2. Der Mensch ist Freiheit

Moderne philosophische Anthropologie drückt sich in der Freiheitsfrage nicht dahin aus: Der Mensch *hat* Freiheit, sondern: Der Mensch *ist* Freiheit. Damit ist gemeint: *Er ist das offene Wesen, das nicht instinkthaft verfügt und in seine Umwelt eingepaßt ist, sondern sich selbst verfügen muß* – hier ist an die Ausführungen des 2. Kapitels zu erinnern. Diese Selbstverfügung des Menschen betrifft das Ganze seines Daseins, wenngleich sie nicht in ihrer Totalität, sondern ausgefaltet in eine unabsehbare Fülle von Einzelverfügungen erscheint, die der Mensch im Laufe seines geschichtlichen Lebens zu treffen hat. Weil sie nur in solchen Einzelakten erscheint, die die Gesamtentscheidung des Menschen, die Grundverfügung seines Wesens in geschichtlichem Nacheinander aufbauen, gegebenenfalls korrigieren, ist diese Freiheit des Menschen niemals „rein" gegeben und anschaulich zu machen. Selbst solche Einzelakte, in denen der Mensch eben eine solche Gesamtverfügung über sein Dasein intendiert – im Bereich des Glaubens etwa im bewußt vollzogenen Gebet, oder im Empfang der Taufe (im

Fall der Erwachsenentaufe) –, ist keineswegs empirisch sicherzustellen, daß die Intention auch tatsächlich sich verwirklicht. Freiheit als Selbstbesitz und Fähigkeit und Aufgabe der Selbstverfügung – in die unabsehbare Zukunft hinein! – zeigen sich nur der philosophischen Reflexion, die „transzendental" nach dem Grund der Möglichkeit eben jener Freiheits- und Willensphänomene fragt, in denen mehr oder weniger deutlich die Selbstverfügung des Menschen auf eine endgültige Bestimmung hin beabsichtigt ist und insoweit in Erscheinung tritt.

Im Kontext des christlichen Glaubens kann nun ein solches Freiheitsbewußtsein nur dahin ausgelegt werden, daß es in ihm um die Fähigkeit des Menschen geht, sich Gott hinzugeben und darin an die wahre Quelle der Freiheit zu binden. Die Freiheit, die der Mensch *ist,* die Wesensoffenheit, die ihn auszeichnet, ist in der Sicht des Glaubens dazu da, um willentlich und ein für allemal an Gott verschenkt zu werden. Da dies nun nach dem Gesamtzeugnis der christlichen Tradition nur in der Kraft der Gnade Gottes möglich ist und nie und nimmer autonome Leistung des Menschen sein kann, ergibt sich: *Freiheit ist durch Gnade in Stand gesetzt, sich auf Gott hin zu verfügen,* und indem sie das tut, gewinnt sie sich selbst, indem sie aus der leeren Offenheit des nicht festgestellten menschlichen Wesens heraustritt zur erfüllten Offenheit in der Bindung an Gott. *In diesem Sinne muß sich dann der Satz ergeben: Gnade ist Freiheit, und wahre Freiheit ist konkrete Erscheinungsform der Gnade.* Das ist allerdings noch nicht alles.

3. Der Mensch sucht Freiheit

In den letzten Jahren ist an dem zuletzt genannten Freiheitsverständnis vor allem von seiten der sogenannten „politischen Theologie" zunehmend scharfe Kritik geübt worden. Diese Kritik meint nicht, daß das Bild vom Menschen als dem wesenhaft freien Wesen falsch sei, wohl aber, daß es nur die idealen Strukturen des Menschseins beschreibt, nicht aber dessen konkrete Realität[12]. Wer kann denn faktisch aus dem vollen Selbstbesitz heraus sich selbst auf die Welt hin und in die Zukunft hinein „verfügen"? Ohne Frage nur derjenige, bei dem die äußeren und inneren konkreten Vorgegebenheiten das zulassen. *Der Mensch ist nicht nur reiner, sich selbst besitzender Geist, sondern auch Leibwesen, und das bedeutet: Seine Geistigkeit und damit auch seine Freiheit sind gebunden an die leiblichen Ermöglichungsgrundlagen, von der Geburt und Erziehung in einer bestimmten Familie über den Bildungsweg bis zur kulturellen Tradition, in die ein Mensch mittels der Sprache hineinwächst.* Die Freiheit ist so groß, wie die Abhängigkeit von diesen Vorgegebenheiten – zu denen individuelle leibliche und psy-

---

[12] Vgl. die Literatur zur „politischen Theologie" und zur „Theologie der Befreiung" w.o. 1 I Anm. 9; ferner *Eicher,* Theologie, 169–230; *Rendtorff,* Emanzipation und christliche Freiheit (= CGG 18 – vgl. auch die anderen Beiträge in diesem Band).

chische Eigentümlichkeiten wie Erbgut, Temperament, gesundheitliche Verfassung, hinzuzuzählen sind – es gestatten. Und da die Freiheit das Wesen des Menschen ist, hängt es vom so bedingten Ausmaß der Freiheit dann auch ab, ob ein menschliches Leben groß oder unbedeutend wird und werden kann.

Schon unter diesem Betracht wird deutlich, daß der Mensch sich selbst als Freiheit nicht einfach gegeben ist, daß er vielmehr die Freiheit, die er selbst ist, suchen muß. Er muß sie suchen, indem er sich an den Vorgegebenheiten ihrer bewußt wird, sie in der Stellungnahme zu diesen Vorgegebenheiten verwirklicht, diese gegebenenfalls überwindet, jedenfalls in Auseinandersetzung mit ihnen die eigenen neuen und einmaligen Möglichkeiten ergreift und so zur „Person" wird – denn „Person" heißt Selbstbesitz in Freiheit. Alle Erziehungs- und Selbsterziehungskunst zielt darauf ab, zur Erringung solcher Freiheit anzuleiten. Die philosophischen Richtungen, in denen dieses idealistisch getönte Freiheitsverständnis zur Geltung kam, haben diese Zusammenhänge natürlich nicht übersehen[13]. Die Gesamtheit der biologischen, psychischen, kulturellen und geistigen Voraussetzungen der Freiheit faßt man zusammen unter den Begriff „Natur" und stellt dann den dialektischen Gegensatz von „Natur" und „Freiheit" auf: Freiheitsverwirklichung ist abhängig von der Natur im doppelten Sinne des Wortes. *Ohne die „Natur" hätte die Freiheit kein „Thema", in dessen Bearbeitung sie zu sich selbst fände; ohne die „Natur" hätte die Freiheit aber auch kein Hindernis, das ihrer Selbstverwirklichung immer wieder Grenzen zieht und im strengen Sinne der Exponent ihrer Endlichkeit ist.*

Bis hierhin hätte die angedeutete Kritik an dem skizzierten Freiheitsverständnis noch keinen Anhalt. Der „Idealismusverdacht" richtet sich jedoch darauf, daß auch der Begriff der „Natur" als Zusammenfassung aller Vorgegebenheiten der Freiheit noch abstrakt und idealistisch, gelegentlich sogar betont individualistisch verstanden wird. Geburt, Erziehung, Bildung, kulturelle Verwurzelung begeben sich nicht im luftleeren Raum, sondern unter konkreten materiellen Bedingungen. Man füge der „Kultur" nur einmal die wirtschaftlichen und politischen Vorgegebenheiten hinzu oder, besser, man zähle sie den kulturellen Vorgegebenheiten hinzu, dann ist Abstraktion nicht länger möglich. Und zwar aus dem einfachen Grunde, weil sie ethisch nicht neutral sind und infolgedessen auch den „Gebildeten" nicht unberührt lassen können. Ja noch mehr: *Ein Freiheitsverständnis, das diese materiellen Bedingungn der „Natur" aus der Betrachtung heraushalten will, erweist sich selbst als abhängig von einer ganz bestimmten wirtschaftlichen und politischen Situation, derjenigen nämlich, die dem seine Freiheit Bedenkenden keine Schwierigkeiten freier Selbstverwirklichung bereitet.* Und so fällt denn das Stichwort, das böseste, das heute über ein theologisches oder philosophisches Konzept gesagt werden kann: „bürgerlich". Das ist insofern be-

---

[13] Für die Theologie vgl. die einschlägigen Aufsätze zur Freiheitsthematik in den Schriften von *Rahner;* zuletzt *ders.,* Grundkurs des Glaubens, 46–50; 101–113; gleiches gilt für die älteren „vorpolitischen" Arbeiten von *Metz,* bes. Zur Theologie der Welt; und *ders.,* Freiheit; sowie neuerdings *Heinrichs,* Ideologie oder Freiheitslehre?; *Greshake,* Freiheit oder Gnade?

rechtigt, als dieses philosophische Freiheitsverständnis sachlich und historisch gebunden ist an ein Bürgertum, das soeben – nach der französischen Revolution – neben der wirtschaftlichen auch die politische, geistige und rechtliche Freiheit gegenüber dem Staat erworben hatte. Wie aber soll ein Campesino in Lateinamerika, ein „Unberührbarer" in Indien, ein schwarzer Arbeiter in Südafrika oder die Angehörigen unterdrückter Völker und Stämme in Afrika und in aller Welt „sich selbst verwirklichen", wo sie doch von Freiheit höchstens träumen können und oft nicht einmal dies, weil sie gar nicht wissen, was das ist?

Die Freiheit, die der Mensch *sucht,* bekommt eine neue Dimension – und *so* ist sie die „Freiheit", die der moderne Mensch „meint", wenn er das Wort ausspricht, und die auch das Zweite Vatikanische Konzil im Blick hatte, als es den schon zitierten Satz formulierte. Freiheit von Hunger, Freiheit von wirtschaftlicher Ausbeutung, Freiheit von politischer Verfolgung, Freiheit von religiöser, rassischer, sexueller Diskriminierung, Freiheit von Kriegsdrohung, Freiheit von anonymen und ungerechten Sachzwängen, Freiheit, sich nach Neigung und Begabung auszubilden, Freiheit, erkannte Wahrheit sagen, aber auch verschweigen zu dürfen, Freiheit, ohne Furcht einer Minderheit angehören zu können, Freiheit von unverschuldetem, gesellschaftlich verursachtem Leiden – dies und noch mehr ist die Freiheit, die der Mensch unserer Zeit, jenseits aller Theorien zum Freiheitsverständnis, wahrhaft sucht. *Ein philosophisches oder theologisches Freiheitsverständnis, das an dieser Sehnsucht vorbeiargumentiert, bleibt eine blasse oder verstiegene Theorie wie so manche in der Geschichte.*

Aber so ist es ja gar nicht. In Wahrheit schließt sich bei dieser modernen Freiheitssehnsucht der Kreis, der bei jener Freiheit, die der Mensch *hat,* anfängt. Denn die Freiheit, die der Mensch *ist,* verwirklicht und vollendet sich nur in der Erscheinungsform von Akten jener Freiheit, die der Mensch *hat.* Die wahren und entscheidenden Beeinträchtigungen dieser letzteren Freiheit kommen aber, wie wir heute wissen, wie es aber schon immer der Fall war, nicht aus einer letztlich auf das Individuum begrenzten „Natur" des Menschen, sondern aus der politischen, gesellschaftlichen und (davon abhängig) kulturellen Situation, die das Individuum gerade daran hindern, „Person" zu sein. Entsprechend kommen daher auch die wahren Hindernisse für die Freiheit, die der Mensch *ist.* Das sogenannte „bürgerliche" Freiheitsverständnis ist nicht dadurch falsch, daß es einem anthropologischen Irrtum verfallen wäre, sondern allein dadurch, daß es auf die Bedingungen seiner Verwirklichung nicht ausreichend reflektiert beziehungsweise stillschweigend die gesellschaftlichen, politischen und kulturellen Bedingungen seiner eigenen Entstehung für überall und jederzeit gegeben ansieht. Pointiert könnte man also, in Auswertung der Ansätze der politischen Theologie, sagen: Sorgt dafür, daß durch gesellschaftliche und politische Reformen die Hindernisse der Verwirklichung konkreter Freiheit abgebaut werden, damit es *nur noch* vom einzelnen selbst abhängt, ob und wie er die „Natur" als Ermöglichungsgrundlage seiner Freiheit ergreift!

Doch wäre das wohl allzu negativ gesehen. Darin nämlich konkretisiert die

„politische Theologie" das bisherige Freiheitsverständnis nicht nur, sondern führt auch über es hinaus: Es geht nicht nur darum, Hindernisse *individueller,* „bürgerlicher" freier Selbstverwirklichung aus dem Weg zu räumen, sondern zu verstehen und zu verwirklichen beginnen, *daß Freiheit, Selbstverfügung, Selbstverwirklichung nur dann nicht in ihr Gegenteil umschlagen, wenn sie nicht auf Kosten der anderen, sondern mit den anderen zusammen, in der Gemeinschaft geschehen.* Unstreitig hat die Tradition in all ihren Variationen des Freiheitsverständnisses diesen Gemeinschaftscharakter der Freiheit nicht oder, wenn doch, dann nur seinem negativen, behindernden Aspekt nach im Blick. Das war der Preis dafür, die Unvertretbarkeit des einzelnen gegenüber der Gemeinschaft und gegenüber Gott so nachdrücklich wie möglich zur Sprache zu bringen. Die Bewegungen der „politischen Theologie" bis hin zur „Theologie der Befreiung" werden unter anderem danach zu beurteilen sein, ob und wie sie dieses in der Tat unveräußerliche Gut der Tradition durchzuhalten vermögen. Einstweilen aber besteht ihre Faszination nicht zuletzt darin, daß sie Denken und Handeln von der fixen Idee erlösen, individuelle Freiheit sei notwendig identisch mit „bürgerlicher" Freiheit, die gesellschaftlich und politisch gesehen in der Vergangenheit stets auf Kosten anderer sich verwirklicht hat und es auch in der Gegenwart noch weithin tut. Statt dessen werden – etwa unter dem Stichwort „Solidarität" – ein Verständnis und eine Praxis von Freiheit versucht, die nicht von der Verhinderung fremder Freiheit leben wollen, sondern bewußt ihre Grenze am Freiheitsrecht des anderen suchen und zugleich die politischen und gesellschaftlichen Strukturen zu schaffen unternehmen, die die Respektierung dieser Grenze gewährleisten.

Würde dies gelingen, dann könnte man in der Tat sagen: Die „bürgerliche" Freiheit ist aus ihrer eigenen Befangenheit erlöst, und die „mittelalterliche" (augustinische, thomanische, lutherische) Freiheit könnte unbehindert zum reinen Ausdruck der Wesensverwirklichung des Menschen im unbehinderten und persönlich angenommenen umfassenden Kontext der „Natur" werden. Aber wie kann das gelingen? Damit sind wir wieder ganz entschieden bei der theologischen Fragestellung und Perspektive.

III. Gnade als Freiheit

LESEEMPFEHLUNG: Greshake, Freiheit oder Gnade?, 36–47; Rahner, Glaube als Mut

1. Die mögliche unmögliche Freiheit ·

Argumentieren wir zunächst einmal ganz formal und „dogmatisch"! Wenn es wahr ist, daß sich-auslebende Freiheit – nicht egoistisch und individualistisch, sondern in der Gemeinschaft mit anderen Menschen und unter den möglichst gerechten Bedingungen menschlichen Daseins – die Wesensverwirklichung des Menschen ist; wenn es weiter wahr ist, daß Gott den Menschen liebt, das heißt: ihn *als* Menschen und in seinem Wesen vollenden will, dann darf man schon von hier aus sagen: *„Gnade", als geschöpflicher Exponent der Liebe Gottes, ist „eine gewisse Freiheit"* – so wie vergleichsweise Thomas sagen konnte: Gnade ist „eine gewisse Qualität". Das heißt dann: Gnade – wenn es sie gibt – müßte darin in Erscheinung treten, daß konkretes Handeln des Menschen die Verwirklichung menschlichen Wesens in bewußter Orientierung und Bindung an Gott aufbaut und zur Förderung solchen Handelns alles tut, äußere und in der Folge innere Behinderungen solchen Handelns abzubauen, aus welcher Richtung sie sich auch immer ergeben. Je nachdem, wo und wie die Behinderungen solchen freiheitlichen Handelns am nachhaltigsten sind, kann es dann durchaus besondere und unverwechselbare Schwerpunkte des Einsatzes zugunsten gnadenhafter Freiheitsverwirklichung geben, so daß, so gesehen, verschiedene „Typen" von Gnadenlehre und entsprechender christlicher Praxis sich auch dann nicht prinzipiell gegenseitig befehden müßten, wenn sie nicht alle zugleich in ein und demselben Kopf und auf ein und demselben Praxisfeld zum Zuge kommen könnten. Der Streit etwa zwischen lateinamerikanischer Theologie der Befreiung und bestimmten Bewegungen europäischer Theologie wäre dann zunächst einmal eine Frage nach der *Situation,* auf die eine Theologie aus dem Impuls des christlichen Zeugnisses von der Liebe Gottes Bezug nimmt, und erst in zweiter Linie könnte die Frage nach möglicher Verblendung oder auch „Interessenverhaftung" ihr Recht bekommen.

Bis hierhin hätte der Versuch, Gnade als Freiheit zu definieren, nur ein neues Interpretament den früheren hinzugefügt. Dieses ist aus den schon oben unter I. angegebenen Gründen legitim. Doch ist das Interpretament nicht das zu Interpretierende, sondern eine Verstehenshilfe für die Interpretation der Sache. Wie schon für Thomas gilt: Nicht die „Qualität" ist Gnade, sondern die Gnade ist „eine gewisse Qualität", so gilt auch hier: *Nicht alle Freiheit ist Gnade, sondern Gnade ist eine bestimmte Art von Freiheit.* Daher bleiben nun zwei Anschlußfragen: Warum soll die Freiheit, die wir beschrieben haben, Gnade sein? Und: Ist die Freiheit, die wir beschrieben haben, die „ganze" Gnade? Der Antwort auf beide Fragen nähern wir uns, indem wir die dogmatische Argumentation durch eine gewissermaßen fundamentaltheologische zu kontrapunktieren suchen.

Niemand, der realistisch in die Welt schaut, wird die beschriebene Freiheit für eine reale Möglichkeit halten wollen. In der Freiheits- und Befreiungsgeschichte der Menschheit gibt es bis jetzt keinen Fall, wo die Befreiung von Unfreiheit produzierenden „Vorgegebenheiten" gesellschaftlicher, wirtschaftlicher oder politischer Art nicht wieder in neue Unterdrückung umgeschlagen wäre. Am enttäuschendsten dort, wo man zuvor am meisten Hoffnung investiert hatte. Die Beispiele aus der politischen Geschichte unserer Tage werden jedem schnell einfallen. Das kleinste Übel ist noch, wenn nach einer „gelungenen" Revolution der Wiederaufbau eines vorher unterdrückten und ausgebeuteten Landes und die notwendige Solidarität der Bevölkerung „nur" in der Erfolglosigkeit steckenbleibt. Dies alles ist kein Grund, Befreiung nicht immer wieder zu versuchen. Es ist schon gar kein Grund, sich über ungerechte Gesellschaftsstrukturen damit hinwegzutrösten, das Gegenteil sei auch nicht besser. Zumindest die neuen Erfahrungen, die beim Versuch des Gegenteils gemacht werden, sind schon ein menschlicher Gewinn – wenn sie ernst genommen und bedacht werden. Die Faktizitäten indes legen zunächst nur einen Schluß nahe: Auch das chronische Scheitern in dem Bemühen, ungerechte Zustände und damit gewaltsame Behinderung menschlicher Wesensverwirklichung zu beseitigen, gerechte Zustände und damit die Möglichkeit menschlicher Selbstverwirklichung herbeizuführen, gehören mit zu der Grenzsituation menschlichen Daseins, die die Fraglichkeit des Menschen ausmacht und bei der sich der Einsichtige zu bescheiden hat und auch zu bescheiden weiß[14].

Doch selbst wenn es gelänge, äußere Befreiung optimal zu erreichen und die aus äußerer Unfreiheit resultierenden inneren (psychologischen!) Beeinträchtigungen aufzuheben, so wären damit nicht gleichzeitig die streng individuellen Hindernisse freiheitlicher Selbstverwirklichung beseitigt, angefangen von unheilbaren gesundheitlichen Schäden, gleichviel ob angeboren oder verursacht, bis hin zu psychischen Belastungen, unter denen manche ganz besonders, im Grunde aber wir alle leiden. Und selbst wenn auch das behoben werden könnte, am Ende bliebe dann doch nur der Appell des Psychologen: Nimm dich selbst an! Oder der Appell des existenzialistischen Philosophen: Entschließe dich zu dir selbst! Kurzum: der Hinweis auf die – dann allenfalls wieder freigelegte – leere Freiheit des Subjektes, die der „bürgerliche" Mensch sich vielleicht durch Anhäufung von Bildungsgut verschleiern konnte, der „nachbürgerliche" Mensch eher durch Ideologien auszustatten scheint.

Das Wort der christlichen Botschaft von der Liebe und Gnade Gottes erweist seine anthropologische Bedeutung daher zunächst darin, daß es das Freiheitsverständnis, die Freiheitserfahrung und den Freiheitswillen des Menschen grundlegend beurteilt. Jene Freiheit, auf die der christliche Glaube abzielt, ist nicht vom Menschen machbar. Es ist keine Freiheit, über die wir verfügen, die wir uns selber herstellen könnten. Es ist keine Freiheit, die wir schon durch bloße

---

[14] Vgl. w.o. 2 II 3; 7 II 2; vgl. auch *Schaeffler*, Kritik und Anerkennung (= CGG 21).

Änderung der Gesellschaftsordnung erobern können, und hätte sie, gemessen an früheren Zuständen, auch ein noch so großes Plus an Gerechtigkeit. Es ist auch nicht die Freiheit, die aus dem erfolgreichen, neuen Lebensmut schenkenden Wort des Psychotherapeuten kommt. Es ist schließlich auch nicht die Freiheit, die wir uns erobern, indem wir wie ein guter Existenzialist trotzig und widerständig mit den ungelösten Fragen nach dem Sinn unserer von Haus aus leeren Freiheit leben lernen.

Die christliche Botschaft weiß auch um den letzten *Grund* dessen, daß solche Freiheit nicht machbar ist, den Grund, den nüchterne Reflexion auf unsere Erfahrung zwar schon ahnen mag, sich aber nur unter dem Anspruch der christlichen Botschaft voll eingestehen wird: daß nämlich der menschliche Egoismus, die Selbstverhaftung (und *insoweit* auch die vielzitierte „Selbstverwirklichung") immer wieder der wahren Wesensverwirklichung der Freiheit im Wege steht. Wenn Befreiung von Unterdrückung in neue Unterdrückung umschlägt, wenn die Psychoanalyse im Endergebnis hoffnungslos macht, wenn existenzialistischer Trotz letztlich in einer Bescheidenheit endet, deren Grundton eine abgrundtiefe Traurigkeit ist, dann deswegen, weil von der Oberfläche bis in die tiefste Tiefe des Menschen hinab der Egoismus, der sich heimlich oder offen menschliche Selbstverwirklichung nur auf Kosten anderer denken kann, nicht zu töten ist.

2. Freiheit und Glaube

Die christliche Botschaft demaskiert aber nicht nur die chronischen Selbstüberforderungen und Selbsttäuschungen menschlichen Freiheitsstrebens. Sie gibt ihm auch recht. Und zwar gerade, indem sie seine scheiternden Verwirklichungen auf die egoistische Selbstverhaftung des Menschen im kollektiven und individuellen Bereich zurückführt. Sie erklärt dem Menschen also: Du bist tatsächlich zu jener gelingenden Freiheit berufen, an deren Verwirklichung alle deine Anstrengungen immer wieder scheitern. Eben dadurch weist sie ihn auch sofort nach dem „Gerichtsurteil" über seinen Egoismus wieder dahin zurück, wo immer wieder von neuem versucht werden muß, ihn zu überwinden.

Das Verständnis von der Gnade als Freiheit und von der wahren Freiheit als Gnade wird so für das Freiheitsstreben des Menschen eine Art „konkrete Utopie". *Der Mensch soll der immer besseren Freiheit nachjagen in dem klaren Wissen, selbst nicht die Möglichkeiten ihrer Verwirklichung in der Hand zu haben. Dieses buchstäblich „verrückte" Ergebnis richtet sich nur deswegen nicht durch eigene Lächerlichkeit, weil an genau dieser Stelle die christliche Botschaft von Gott redet.* Nur die unendliche Freiheit selbst kann der endlichen und vielfältig eingeschränkten Freiheit des Menschen ein Maß setzen, bei dem selbst noch die Annahme gegebener Einschränkungen struktureller oder faktischer Art keine Verzweiflungstat sein muß. Wir kommen zu einem ähnlichen Resultat wie am

Ende des 14. Kapitels: *Die christliche Botschaft kehrt die Perspektiven um.* Die Freiheitsgeschichte der Menschheit, die stets voll von Niederlagen ist, wird in der Optik der Botschaft von Gott als zwar fragmentarische, aber wirkliche Erscheinungsform konkreter Wesensverwirklichung des Menschen durchsichtig, selbst da noch, wo der Freiheit suchende Mensch das vielleicht gar nicht weiß. Die bloße Unzufriedenheit mit dem Erreichten darf *auch* als lichtvoller Schatten jener Freiheit verstanden werden, über die der Mensch nicht verfügt.

Und damit müssen wir es nun endlich eindeutig ausdrücken: *Die Freiheit, die als Verstehens- und Erscheinungsform der Gnade zu stehen kommt, ist Geschenk. Ein Geschenk freilich, das uns nach der christlichen Botschaft auf dieser Welt immer nur als „Angeld" zuteil wird: in den Fragmenten des Gelingens von Freiheit, deren Vollgestalt erst einer Existenzform des Menschen nach diesem geschichtlichen Dasein verheißen ist.* In der Freiheitsgeschichte der Menschheit wirkt diese Vollgestalt voraus, wo diese Freiheitsgeschichte so begriffen und ergriffen wird. *Die Gestalt, in der diese „konkrete Utopie" geschenkter Freiheit jetzt schon ergriffen wird, ist der Glaube.* Ohne den Glauben bleibt nur der Anblick unmöglicher Möglichkeiten. Der Glaube besteht darauf, daß das Unmögliche möglich ist – aber eben noch nicht wirklich. So steht der Glaube zwischen verheißener Freiheit und erfahrener Unfreiheit. Er schlägt den Bogen von der Verheißung in die Realität und bringt in diese jenen sachimmanenten Trost hinein, der es möglich macht, das Fragmentarische fragmentarisch zu nennen nicht, weil es gegenüber dem Ganzen gescheitert, sondern weil es ein Wegstück zum Ganzen hin ist. *Mit einem Wort: Der Glaube, als Gestalt geschenkter Freiheit, macht Mut zur Freiheit.* Mit demselben sanften, sachimmanenten Trost kann der Glaube denn auch die ideologischen Verranntheiten der Freiheitssehnsucht auflösen und sogar ihr Wahrheitselement retten[15]: die Suche nach Freiheit im Weg zurück zum Ursprung (Nationalismen aller Art!), die Suche nach Freiheit im Weg nach innen (Weltflucht in die Innerlichkeit!), die Suche nach Freiheit im Weg nach vorn (gesellschaftliche und politische Zukunftsprogramme!). In diesem Sinne *ist* der Glaube die konkrete Form der Freiheit – in ähnlicher Weise, wie die reformatorische Theologie die „heiligmachende Gnade" mit dem Glauben gleichsetzen konnte[16].

3. Gott und Freiheit

Soweit zur ersten Anschlußfrage: *Warum ist Freiheit Gnade? Die Antwort muß lauten: Sie ist Gnade als Vorform verheißener Freiheit in der Zukunft Gottes, die der Glaube schon jetzt ergreift – andernfalls bleibt die Vorform nur Fragment und als solche die Ruine gescheiterter und scheiternder Freiheit.* Die zweite Anschluß-

---

[15] Vgl. *Neuner,* Kein Monopol in der Förderung der Freiheit, 172 f.; *Greshake,* Geschenkte Freiheit, 107 f.

[16] Vgl. w. o. 12 IV 1; BSLK 183,50 = Apol IV 116.

frage lautet nun: Ist das die *ganze* Gnade Gottes? Die Frage muß sich dadurch ergeben, daß die „Gnade" den Fragmentcharakter der Freiheit in der Realität nicht aufhebt. Daraufhin muß der Verdacht entstehen, daß „die Gnade" und die Botschaft vom Gottesgeschenk der Freiheit ein Moment der interpretierten Freiheitserfahrung selbst sein könnten. Der Religionskritiker wird daraufhin wieder den Projektionsverdacht erheben: Weil Freiheit in dieser Welt scheitert, projiziert man die unerfüllte Sehnsucht nach nicht-scheiternder Freiheit nach außen auf „Gott". Der Dogmatiker wird gerade umgekehrt kritisieren, es bedeute eine anthropozentrische Engführung, wenn die Gnade Gottes nur „funktional" als „Ausfallbürgschaft" für das Mißlingen menschlichen Freiheitsvollzuges verstanden werde. Und alle lutherischen Kritiker der katholischen Gnadenlehre müßten es als einen Triumph jenes angeblich „typisch katholischen" Konzeptes ansehen, demzufolge die Gnade ja nur „zur Unterstützung" der menschlichen Kräfte nötig sei – es also notfalls auch ohne sie gehe[17].

Diese Frage verstärkt sich durch die Tatsache, daß ja unseren Überlegungen zufolge die Freiheit aus Gnade *in* unseren Freiheitsbemühungen erscheint: als Mut zur Freiheit. Mehr noch: diese werden *als solche* der Gnade zugeschrieben, das heißt: die Wirkungen der Gnade sehen sonstiger Wirkung von Befreiung äußerlich zum Verwechseln ähnlich. Die Gnade als Freiheit aus geglaubter Verheißung gibt in der Tat Kraft, mit den ungelösten Sinnfragen zu leben. Sie spricht sich im befreienden Wort zu, und warum nicht auch in dem des Therapeuten? Sie nimmt die Gestalt sozialer Umgestaltung an – wenn sie nicht in den Verdacht der „billigen Gnade" (Bonhoeffer) geraten will. Wie sollte man da *nicht* auf den Verdacht eines „ideologischen Überbaus" kommen? Wie sollte „Gott" da mehr sein als der Index nicht angenommener *endlicher* Freiheit?

Nun gilt auch hier zunächst: *Die Kunde von der Gnade als befreiender Freiheit weist ihren Hörer – den Glaubenden – nicht aus den scheiternden Freiheitserfahrungen hinaus, sondern in sie zurück.* Nicht um sie zu bestätigen, sondern um aus neuer Vollmacht zu ihrer Veränderung zu ermutigen. Das bringt den Projektionsverdacht ins Wanken – wie schon beim Thema „Liebe Gottes". Noch nicht aber den Funktionalisierungsverdacht. Dieser – und endgültig auch der Projektionsverdacht – ist erst gänzlich ausgeschaltet, wenn wir sagen dürfen und müssen, daß die Gnade in ihrer befreienden Bedeutung nicht aufgeht, diese vielmehr transzendiert. Noch mehr: wenn die geschenkte Freiheit aus Gnade primär nicht als Mut zur Freiheit auf den Plan tritt, sondern als „zweckfreie" Wirklichkeit – was ja nicht ausschließt, daß *wir*, ja daß selbst unser Glaube ihrer zuerst unter dem Aspekt möglichen Mutes zur Freiheit ansichtig wird. Wenn wir das nicht sagten, würden wir vergleichsweise denselben Fehler machen, den man dort gemacht hat, wo man die Gnade als „qualitas" bei Thomas, also die Gnade in ihrer anthropologischen Funktion, nämlich Begegnung mit Gott zu ermöglichen, für das Ganze der Wirklichkeit der Gnade Gottes genommen und

---

[17] Nachweise bei *Pesch,* Hinführung zu Luther, 154 Anm. 2; vgl. auch w.o. 3 I 5 mit Anm. 45.

entsprechend dann mit Recht kritisiert hat[18]. Oder wir würden vergleichsweise denselben Fehler machen wie diejenigen, die im Rahmen der modernen ethischen Grundlagendiskussion der „Religion" zwar eine Funktion bei der Begründung ethischer Überzeugungen zuerkennen, sie in sich selbst aber nicht für diskussionswürdig halten – und nicht merken, daß sie damit die Religion selbst mitsamt ihrer ethosbegründenden Bedeutung zerstören[19].

Aber wir dürfen und müssen sagen, daß Freiheitsermöglichung nicht die ganze „Gnade" ist. *Die „ganze" Gnade ist die Liebe Gottes, die jeden einzelnen Menschen mitsamt seinen persönlichen und sozialen Vorgegebenheiten persönlich will und unendlich liebt. Dieses unerschöpfliche Grundgeheimnis des menschlichen Daseins ist das Geheimnis Gottes selbst, uns zu verstehen erschlossen.* Es ist vor uns und unabhängig von uns – wenngleich es durch uns offenbar werden soll. Aus diesem unverzweckbaren Geheimnis *resultiert* Freiheit und Zuversicht gegenüber den Abgründen des Lebens, Freiheit gegenüber der Gewalt der Sprache, Freiheit der Person gegenüber gesellschaftlicher Manipulation. Die Unerschöpflichkeit und Unverzweckbarkeit dieses Grundgeheimnisses der Liebe Gottes kommt vor allem darin zum Vorschein, daß der Glaubende die Kunde von der darin gegründeten Freiheit des Menschen auch und gerade dem noch zu sagen wagt, der zum Beispiel *nicht* Existentialist ist und sich aus nicht die Kraft hat, mit ungelösten Sinnfragen zu leben; den selbst der Psychotherapeut abgeschrieben hat; der hoffnungslos in bestimmte gesellschaftliche und politische Strukturen verfilzt ist und dem es nichts nützt, wenn man ihm vorrechnet, daß er ein Kleinbürger ist, der, um sein bißchen Existenzsicherheit für sich und seine Familie zu haben, zum Diener des „Systems" wird. Kurz: das Geheimnis der Liebe Gottes kommt vor allem dann heraus, wenn an diese Freiheit noch geglaubt, aus ihr gelebt wird, wo der Augenschein dagegen spricht und auch äußerlich eine Verwechslung mit gelingender menschlicher Freiheit nicht mehr möglich ist.

Damit ist noch einmal deutlich, daß diese Freiheit nur geglaubt werden kann – weil sie Geschenk des freien Gottes ist. Nur der Glaube weiß um den grundlosen Grund der Freiheit: daß Gott ist und den Menschen will und liebt. *Und darum ist sie an Christus gebunden, weil er der Zeuge, Mittler und Grund dieses Glaubens an Gott ist.*

---

[18] Vgl. w. o. 3 I 5; 12 III 2.
[19] So mit Recht *Spaemann*, Christliche Religion und Ethik, 286: Religion hat „das Eigentümliche an sich, daß sie ihre ethische Funktion gerade nur so lange erfüllen kann, als sie nicht durch sie definiert wird". Vgl. auch *Rahner*, Die unverbrauchbare Transzendenz Gottes und unsere Sorge um die Zukunft (= Schriften XIV, 405–421).

IV. Freiheit aus Glauben – Glauben aus Freiheit

Leseempfehlung: Ebeling, Frei aus Glauben (= Lutherstudien I, 239–258)

Warum sind wir noch nicht fertig? Weil sowohl der Projektionsverdacht als auch der Funktionalisierungsverdacht noch dahin, wenn nicht widerlegt, so doch zurückgewiesen werden muß, daß eben der Glaube, der die zur Freiheit ermutigende Liebe Gottes und ihren „Mehrwert" ergreift, eine Funktion des menschlichen Selbstverständnisses und also eine Art reduplizierter Projektion sei: Weil Mut zur Freiheit nur durch etwas diesem selbst Überlegenes begründet werden kann, projiziere ich eben dieses Begründende aus mir heraus und beziehe mich darauf im „Glauben"!? Objektivierend zu widerlegen – über die schon genannten Gegenargumente hinaus – ist dieser Verdacht nie. Aber wenigstens muß noch gesagt werden, daß der Glaube sich als das gerade Gegenteil davon versteht. Wir drängen das noch zu Sagende in folgende *These* zusammen, die anschließend kurz zu erläutern ist:

Der Glaube ist zugleich Grund der Freiheit und deren fundamentale empirisch erneuernde Wirkung.

Daß und in welchem Sinne der Glaube Grund der Freiheit ist, wurde gesagt: Er allein ist die Gestalt, in der die verheißene Freiheit in unsere fragmentarische Freiheit hineinwirkt, diese als ihre Vorform zu erkennen gibt, Mut zu ihr macht, die Sorge vor chronischer Niederlage zerstreut. Der Verdacht, hier noch einmal zu projizieren und zu funktionalisieren, ist nur auszuschließen, wenn der Glaube gleichzeitig *Wirkung* der Freiheit ist, deren Vorform er gegenwärtig setzt. Das ist zunächst nur eine Denknötigung. Aber wir stehen damit wieder einmal dicht bei der Tradition. Denn deren paradoxe Aussage, daß die Gnade und Rechtfertigung nur auf dem Wege einer Bewegung der Entscheidungsfreiheit des Willens bei uns ankommt, wobei aber diese Bewegung des Willens „unfehlbar" durch die Gnade Gottes in der Seele des Menschen bewirkt ist und sich als reines Zustimmen, reines Empfangen vollzieht, weist genau dieselbe paradoxe Struktur auf. Versuchen wir, den Sachverhalt aus unseren Voraussetzungen heraus zu erläutern.

Wir hatten gesagt: Die „Naturverderbnis" ist heute zu interpretieren als Unfähigkeit und Unwilligkeit zum Glauben[20], die nachträglich von Christus her als Sünde interpretiert werden muß. Von daher – da Gnade das Gegenteil der Naturverderbnis ist – scheint nahezuliegen: Gnade ist die Fähigkeit und Willigkeit zum Glauben, ja der Glaube selbst. Und in der Tat gibt es ja Stimmen aus der reformatorischen Theologie, die so klingen[21]. Ganz falsch wäre diese Auskunft jedenfalls nicht, zumal heute jeder bewußt Glaubende seinen Glauben geradezu als *die* Gnade seines Lebens erfährt. Und doch: bei der „Naturverderbnis" ging

---

[20] Vgl. w. o. 7 II 3; III 1.
[21] Siehe Anm. 16.

es um eine *erfahrbare* Not – nur ihre Tiefendimension war Sache des Glaubens. Gnade ist aber nach dem Zeugnis der Tradition als solche keine empirische Realität – unbeschadet der Frage der Gnadenerfahrung, die noch zu stellen ist. Glaubenkönnen aber ist als Phänomen erfahrbar – ich „sehe“, wie mir der Glaube gelingt. Das Glaubenkönnen selbst als *die* Gnade anzusprechen wäre also nicht ganz korrekt im Hinblick auf die zu leistende dogmatische Aufgabe. Glaubenkönnen ist *Wirkung,* empirische *Außenseite* der erfahrungsjenseitigen Realität Gnade (= Liebe Gottes). Eben deshalb bekennt der Glaube selbst sich ja als verdankt, nicht als Leistung des Menschen. Begriffliche Korrektheit und das Selbstverständnis des Glaubens selber nötigen also dazu, Glauben und Glaubenkönnen, *insoweit sie empirische Phänomene sind,* nicht als die Gnade selbst, sondern als *Wirkung* der Gnade anzusprechen. Und doch kann eben dieser Glaube selbst allererst von jener Freiheit reden, die, wie gezeigt, das Wesen der Gnade auf seiten des Menschen ausmacht. Nur er kann die Ambivalenz der Freiheitserfahrungen entscheiden – er, der sich doch selber der nur *in* diesen Erfahrungen erscheinenden befreienden Freiheit Gottes, also seiner Gnade, erst verdankt wie die Wirkung der Ursache[22].

Wir sind, wie gesagt, hart bei der Tradition und ihrer Problemstruktur. Solche Koinzidenz von Grund und Wirkung ist nämlich gar kein Einzelfall und wird heute eher schärfer bedacht als schwächer im Vergleich zur Tradition. Beispiele: Im Bereich der Erkenntnis ist Grundlage allen Erkennens das Bei-sich-Sein der Seele in apriorischer Selbsterkenntnis – aber nur im Erkennen von Außenwelt wird diese apriorische Selbsterkenntnis bewußte Realität[23]. Freiheitsproblem: Grundlage allen freien Handelns ist der apriorische Selbstbesitz und die Selbstverfügung der Person – aber nur in einzelnen freien Handlungen nimmt sich die Person fortschreitend selbst in Verfügung, und erst die im Tode gezogene Summe eines ganzen Lebens schließt ab, was Freiheit und Selbstverfügung einer Person zum Inhalt hat (Thomas: Was für den Engel der Fall, ist für den Menschen der Tod)[24]. Die klassische Gnadenlehre: Grundlage allen christlichen Handelns ist die Gnade als „eine Art Qualität“ in der Seele – aber nur in Glaube, Hoffnung und Liebe sowie in den eingegossenen sittlichen Tugenden, den Gaben des Heiligen Geistes, den Seligkeiten und den Früchten des Geistes kommt heraus, daß die Gnade in der Seele gegenwärtig ist und was sie ist, ja umgekehrt: die Existenz der Gnade in der Seele muß postuliert werden, weil Glaube, Hoffnung und Liebe und deren Auswirkungen einen apriorischen Erklärungsgrund brauchen. Luther: Der Glaube allein macht die Werke gut wie der gute Baum die Früchte. Aber nur in den Werken kommt heraus, ob Glaube da und was er wert ist – der Glaube „übt“ sich in den Werken, ja er nimmt in ihnen Fleisch an[25].

---

[22] Vgl. w. o. 11 II 1 zum Problem des Glaubens als Empfangen und Tat zugleich.
[23] Vgl. die grundlegende Arbeit von *Rahner,* Geist in Welt (s. w. o. 1 I Anm. 5).
[24] *Thomas,* STh 64, 2 c.; De ver. 24, 10 sed contra 4; auch De malo 16, 5 – mit *Johannes von Damaskus,* De Fide orthodoxa II 4: PG 94, 877 C.
[25] Vgl. w. u. 18 I 5.

So auch hier: *Grundlage aller gelebten Freiheit eines Christenmenschen ist die Befreitheit der menschlichen Existenz dadurch, daß es Gott „gibt" und daß er den Menschen liebt.* Das ist kein Gemächte des Menschen, sondern *die Gnade. Und doch kommt nur durch den Glauben heraus, daß es so ist. Nur in Gestalt des Glaubens wird diese Freiheit angenommen, gewagt, gelebt. Glaube ist in diesem Sinne der* G r u n d *der personal angenommenen, gelebten, gnadenhaften Freiheit, die identisch ist mit der Gewißheit Gottes und seiner Liebe. Und doch ist der Glaube, wenn schon unterschieden werden muß,* F r u c h t *und* W i r k u n g *dieser Freiheit.* Es gäbe den Glauben nach seinem eigenen Selbstverständnis nicht, wenn Gott nicht den Menschen zur Freiheit berufen und befreit und ihm nicht den Glauben als die Form geschenkt hätte, wie diese Freiheit zu leben ist. Wegen dieser besonderen doppelten Eigenart des Glaubens – einerseits Urform der Annahme gnadenhafter Freiheit, anderseits als Urform der Annahme von der gnadenhaften Freiheit allererst erwirkt – ist der Glaube die *fundamentale* empirisch-erneuernde Wirkung der Gnaden-Freiheit, das heißt: er ist seinerseits Grund und Wurzel aller übrigen erneuernden Wirkungen, wobei noch einmal nichts anderes als der Glaube deren empirische Zweideutigkeit aufhebt.

Damit ist nun nicht nur unsere These erläutert, es sind auch die Bedingungen erfüllt, die am Ende des 13. Kapitels für eine gegenwärtige Interpretation des Wesens der Gnade aufgestellt wurden:

Mit „Freiheit" haben wir ein Interpretament aus dem Kontext heutiger Gottesfrage gefunden.

In dem wir Gnade als „geschenkte Freiheit" (Greshake) interpretieren, haben wir sie zugleich als geschenkte und notwendige Gottesgewißheit verstanden.

Nur der Glaube erkennt diese Freiheit und wagt auf sie hin zu leben.

Daß diese geschenkte Freiheit empirische Auswirkungen hat, wird auf diese Weise erklärbar, ja die Notwendigkeit solcher Auswirkungen wird einsehbar – und doch bleiben sie als solche ambivalent, das heißt: nur der Glaube kann sie *als* empirische Wirkungen der Gnade als geschenkter Freiheit verstehen, ohne das außerhalb des Glaubens je zwingend erweisen zu können.

Wir stehen damit wieder einmal an der Türangel zwischen der Frage des Glaubens und der Frage nach seiner Entstehung und Verantwortbarkeit – und begnügen uns wie schon früher[26] mit dem Hinweis auf die hier wieder eingreifende fundamentaltheologische Grundlagenproblematik. Statt dessen in Thesenform.

---

[26] Vgl. w.o. 14 II 1.

V. Hinweise zur Verkündigung der Gnade

LESEEMPFEHLUNG: Zulehner, Kirche – Anwalt des Menschen, bes. 118–176

1. „Fürchte dich nicht!"

Von der Gnade wird geredet zu Menschen, die in vielerlei Hinsicht *nicht* frei sind. Also zu Menschen, bei denen chronisch und notorisch ihre Lebenserfahrung gegen die christliche Grundbotschaft spricht, daß „Gott uns liebt". Die Predigt von der Gnade richtet sich an Menschen, ja sogar an Glaubenswillige, die beständig im Glauben verunsichert sind, in der alten Sprache ausgedrückt: an Angefochtene. Dabei hat man natürlich nicht an eine permanente psychische Streßsituation zu denken. Die „moderne" Gestalt der Anfechtung ist eher die Menge der ständig schlummernden, nicht selten auch aufwachenden *Fragen,* die keine Antwort finden wollen, wenn aber doch, dann solche, die mit der christlichen Botschaft nicht zur Übereinstimmung zu bringen sind; die zwar den hohen Preis „prinzipieller Trostlosigkeit" (Jürgen Habermas) fordern, dafür aber die Gegenleistung handgreiflicher Überzeugungskraft und realistischer Lebensnähe bieten. Zum Beispiel die Antwort: Es gibt keine den Menschen bergende Wirklichkeit außerhalb seiner selbst, und drum müssen wir mit unserer Freiheit das Beste aus den kleinen Möglichkeiten machen, die uns verbleiben.

Unter solchen Vorgegebenheiten kann niemand einen Menschen zwingen, im Glauben die Gnade Gottes anzunehmen und auf sie sein Leben zu stellen. *Niemand kann den Glauben eines anderen Menschen „machen". Wenn ein Mensch glaubt, ist es seine eigene, manchmal buchstäblich einsame Entscheidung*[27] *– freilich eine Entscheidung zur Zuversicht, zur Hoffnung, zur ständig neuen Überwindung des Augenscheins der Lebenserfahrung.* Im Glauben setzt sich der Glaubende nicht nur über den Projektionsverdacht hinweg[28], sondern auch über die Lebenssituation, die jenem Grund zu geben scheint.

Daraus folgt nun ein eherner *Grundsatz für die Verkündigung der Gnade. Sie darf nie und nimmer auf den Grundton gestimmt sein: „Du mußt"* – glauben, die *Gnade annehmen, dich an Gott preisgeben. Sondern immer nur: „Du darfst getrost – an Gott glauben, unter seiner Liebe leben.* Oder mit den Worten Jesu ausgedrückt, lautet der Grundton der Predigt der Gnade: „Fürchte dich nicht, glaube nur!" Auch eine solche Verkündigung kann den Glauben des Hörers nicht *machen,* aber jedes Wort muß so gesagt und so in die Situation des Hörers hineingesprochen werden, daß deutlich wird: Es geht um das Angebot von Mut zur Freiheit in der Unfreiheit, von Trost in der „prinzipiellen Trostlosigkeit", von Wirklichkeit gegen den Augenschein, von letztem Wort gegen das vorletzte Wort unserer Erfahrung. Solcher Grundton angebotener Freiheit muß auch noch die

---

[27] Der *Sache* nach! Das heißt nicht, der Glaube sei auch psychologisch eine gleichsam „ruckartige" Entscheidung. Vgl. w.u. 17. Kapitel und w.o. 7 III 1.
[28] Vgl. w.o. 14 II 1.

ethische, die „Moralpredigt", also die Verkündigung des Gebotes und der Forderung Gottes wie ein Orgelpunkt untertönen. Auch hier muß deutlich werden: Es wird kein Druck auf dich ausgeübt, sondern: *wenn* du glaubst, dann *wirst* du „ganz von selbst" dieses und jenes tun, dieses und jenes nicht länger tun. Christlich-ethische Predigt ist, überschärft gesagt, Tatsachenfeststellung über den Glaubenden. Ist die Erarbeitung von „Modellen", wie ein Glaubender mit seiner geglaubten Freiheit umgeht – Modelle, die ihrerseits an diese Freiheit appellieren, weil sie „nur" Leitbilder, nicht aber kopierbare Muster sind[29]. Und selbst wenn der Christ, der theologische Ethiker über verbindliche *Normen* seines Handelns nachdenkt, so kann er sie nicht als von außen auferlegte und aufzuerlegende „Vorschriften" ansehen, sondern als die konkretisierten Sollensansprüche seiner Freiheit selbst[30].

Kurzum: Predigt der Gnade hat deutlich zu machen, daß der Glaube „der Sieg ist, der die Welt überwindet" (1 Joh 5, 4), das heißt jener Sieg, der die Lebenssituation der Unfreiheit radikal überwindet (selbst wenn sie sich nicht ändert), indem er *in ihr* befreiende Gewißheit unendlichen Geliebtseins durchhält.

2. Befreiende Auslegung der Botschaft

Unter dem Antrieb der Grundforderung sind dann die Details der Botschaft auszulegen und zu aktualisieren. Darauf hinzuweisen kann nicht überflüssig sein, weil erwiesenermaßen nur zu oft, und nur zu oft aus bloßer Hilflosigkeit, das Gegenteil geschieht und das „Fürchte dich nicht!" des Evangeliums in ein „Du mußt aber!" verkehrt wird[31].

a) Die Predigt der Gnade hat zu zeigen, *daß der Glaube an die Botschaft Jesu Antwort auf die menschliche Sinnfrage gibt*[32]. Dies muß gleichsam als Quintessenz heraustreten

– bei der Auslegung der Verkündigung der „Herrschaft Gottes" durch Jesus (vor allem bei den Gleichnissen, deren Grundton ja immer Freude und grenzenlose Zuversicht auf das ist, was von Gott her auf uns zukommt!);

– bei der Auslegung dessen, was Jesus unter „Glauben" versteht (geschenkte Teilhabe an der Macht Gottes![33]);

– bei der Auslegung des Zeugnisses von der Auferweckung Jesu (nicht einmal so sehr als definitive Antwort auf die Todesproblematik, sondern zuerst und vor

---

[29] Zur Theorie des „ethischen Modells" – und zu dessen Beziehung zum Problem der „Normenfindung" vgl. *Mieth,* Moral und Erfahrung, 111–134.

[30] Vgl. *Böckle,* Fundamentalmoral, 30–92.

[31] Zum Beispiel, wenn – wie geschehen – ein Prediger Mk 7, 1–23 in grotesker Umkehr der Sinnspitze des Textes dahin auslegt, dieser besage „natürlich" nicht, daß die Kirche keine Gesetze geben dürfe. Das mag sachlich richtig sein, nur ist gerade *dies* nun wirklich nicht das „Evangelium" dieses Textes!

[32] Vgl. der Kürze halber *Pesch,* Rechenschaft über den Glauben, 67–125.

[33] Vgl. *Ebeling,* Jesus und Glaube (s. w. o. 10 I 1 Anm. 6).

allem als Identifikation Gottes mit Jesus und damit gleichsam als Unterschrift Gottes selber unter die Botschaft Jesu von Gott![34]).

b) Predigt der Gnade hat zu zeigen, *daß der Glaube an den gekreuzigten und auferweckten Jesus ein befreiendes Wort in das menschliche Leben hinein ist:*
– Dieser Glaube nimmt den Tod ernst bis zum Scheitern des Zeugen Gottes am Kreuz – und redet dennoch von Gott als dem „Gott der Lebenden" (Mk 12,27);
– der christliche Glaube nimmt die Schuld ernst ohne die geringste Beschönigung – und redet dennoch von Vergebung und vom Neuanfang des Schuldigen;
– der christliche Glaube nennt Gott als letzte Quelle und darum auch als letzten Adressaten unserer Verantwortung für Mitmenschen und Welt – und klärt so die anonyme Verantwortlichkeit, von der jede dem Niveau des Menschen gerecht werdende Ethik ausgeht und die doch ohne die Rückbindung an Gott stets in der Gefahr steht, zur Überforderung zu werden, deren Ausgang entweder die resignierende Selbstbescheidung bei unseren kleinen Möglichkeiten ist oder die Flucht nach vorn in den Versuch, „menschliche" Verhältnisse mit Gewalt zu erzwingen – zuletzt also in alle Spielarten des Terrors.

c) Nicht zuletzt, um eben diese dunkle Konsequenz auszuschließen oder wenigstens einzudämmen, muß die Predigt der Gnade ihre befreiende Kraft auch dadurch entfalten, *daß sie die unabweisliche gesellschaftskritische Funktion des Evangeliums aufzeigt:*
– Sie hat auf der Wiederherstellung des einfachen Willens Gottes durch Jesus gegen alle gesellschaftlichen Arrangements zu bestehen (Antithesen der Bergpredigt, gleiches Recht für Mann und Frau in der Ehe, Wahrheit der Rede, Gewaltverzicht usw.);
– sie muß die unendliche Liebe Gottes *zu jedem einzelnen* betonen, „ohne Ansehen der Person", und gegen alle Vereinnahmung menschlicher Einzelschicksale durch die sogenannten „Sachzwänge" des „gesellschaftlichen Prozesses";
– in diesem Zusammenhang ist herauszustellen, daß die ethische Verkündigung Jesu die prophetische Linie wiederaufnimmt: Einfache „Umkehr" von allen egoistischen Wegen und Gerechtigkeit gegenüber den Schwachen und Gedemütigten bringen den Menschen und die Gemeinschaft der Menschen in die Nähe Gottes zurück (1 Joh 4,12!).

3. Die bleibende Anfechtung

Auch solche Predigt, die, einmal unterstellt, in optimaler Weise den Hörer bei dem behaftet, wonach er im tiefsten zu fragen nie aufhört, kann den Glauben, den Aufbruch in die Zuversicht nicht „machen". Weil der gegenteilige Augenschein der Weltwirklichkeit *bleibt,* kann nicht nur kein Mensch von außen den Glauben eines anderen Menschen „konstatieren", der Glaubende selbst kann

---

[34] Vgl. die neueren Christologien (s. w. o. 7 IV 2 Anm. 36 und 51).

seinen Glauben nicht „konstatieren". Mit anderen Worten: *Selbst wenn der Glaubende bei sich selbst die erneuernden, heilenden, verändernden Wirkungen des Glaubens zu beobachten meint, kann er nie sicher sein, ob er wirklich glaubt oder nicht doch nur „projiziert", also der Selbsttäuschung darüber erliegt, was in Wirklichkeit vielleicht nur Folge einer psychischen Verdrängung oder Sublimierung ist.* Der Glaube sagt ihm zwar, daß er, falls es so wäre, auch damit noch einmal in der befreienden Zusage der Liebe Gottes aufgehoben ist. Aber die Ambivalenz der empirischen Auswirkungen geglaubter Freiheit, von der wir sprachen, bleibt – und damit bleibt die *ständige Anfechtung des Glaubens. Aber er kann nun wissen, daß eben diese zur Struktur des Glaubens gehört.* Er darf die ambivalenten Phänomene gerade als die strukturelle Angefochtenheit des Glaubens interpretieren. Das befreiende Wort der Zusage der Liebe Gottes bewirkt daher, daß er nicht einmal vor dieser Ambivalenz Angst haben muß, sondern sie ertragen darf, ohne sie jemals hinter sich bringen zu *müssen* – nicht nur: ohne sie jemals hinter sich bringen zu *können*. Weil der Glaube *Gottes gewiß* ist, kann der Glaubende sogar mit der beständigen *Unsicherheit seines Glaubens* leben[35].

---

[35] Vgl. *Pesch*, Unsicherheit und Glaube.

Sechster Fragenkreis
Der gewißgemachte Mensch oder:
Heilsgewißheit und Erfahrung der Gnade

---

16. KAPITEL
HEILSGEWISSHEIT UND GNADENERFAHRUNG
IN DER TRADITION

Die Frage nach Erfahrung der Gnade, Erfahrung des Heils, Erfahrung Gottes, Erfahrung des Geistes zieht sich durch die ganze Geschichte des christlichen Glaubens. Nur selten allerdings war es auch eine Frage nach „Überprüfung", nach Vergewisserung, nach Gewißheit des Heils. Sehr oft aber fragte man aus einer Sehnsucht nach sehr „dichter", sich gleichsam aufdrängender, alles Fragen zum Verstummen bringender Erfahrung des Heils. Keine als theologische Anthropologie reflektierte Lehre von Gnade und Rechtfertigung kann und darf solche Fragen abtun oder übergehen. Gibt es also Gnadenerfahrung und Heilsgewißheit?

Trennen wir zunächst nicht zwischen „Erfahrung" und „Gewißheit", obwohl beide, wie schon gesagt, nicht dasselbe sind. Werfen wir vielmehr unter beiden Aspekten gleichzeitig einen Blick in die Tradition. Dabei reservieren wir den Ausdruck „Heilsgewißheit" für den Bereich der bekannten lutherisch-katholischen Kontroverse, weil diese präzis um jenen Begriff geführt wurde. Im übrigen sprechen wir einheitlich von Gnadenerfahrung (gegebenenfalls Gnadengewißheit), weil damit am kürzesten und umfassendsten angezeigt ist, worum es geht. „Gnadenerfahrung" schließt damit sowohl die Erfahrung von „Rechtfertigung" ein – „Rechtfertigungserfahrung" ist ohnehin ein selten gebrauchter Ausdruck – als auch jenes „Mehr" über „Gotteserfahrung" hinaus, von dem im folgenden Kapitel zu reden sein wird.

I. Antworten der Tradition

LESEEMPFEHLUNG: Auer, Das Evangelium der Gnade, 141–148; Congar, Der Heilige Geist, 17–81

1. Das biblische Zeugnis

Für das Alte Testament erledigt sich die Frage, ob Menschen die Gnade Gottes erfahren können, fast von selbst. Wenn wir uns an das erinnern, was wir in aller Vorsicht zu einem „alttestamentlichen Gnadenbegriff" sagen konnten[1], dann ist deutlich: Ein solcher „Gnadenbegriff" wird ja gerade geformt als Auslegung einer Erfahrung. Und dies ist um so selbstverständlicher, als dieser „Gnadenbegriff" im Alten Testament weder überhaupt noch auch nur primär festgelegt ist auf die unsichtbare Wirklichkeit „übernatürlicher" Gottesgemeinschaft im Sinne der späteren christlichen Gnadentheologie. Vielmehr: Wo ein Mensch konkret, in diesem irdischen Leben, Glück erfährt, gerettet wird, einen Prozeß gewinnt, dem Tode entgeht, die heilsame Führung Gottes durch das Gesetz erlebt, dem Auftrag des Prophetenamtes standhält usw., da ist es selbstverständlich Erfahrung dessen, was man später mit dem einheitlichen „Inbegriff" der „Gnade" ausdrückt. *Die Antwort des Alten Testamentes auf unsere Frage kann also nur lauten: Im strengen Sinne gibt es keine Antwort, weil es keine entsprechende Frage gibt.* Oder besser: Die immer schon gegebene Antwort verhindert das Aufkommen der Frage.

Für das Neue Testament ist dem katholischen Theologen die unbefangene Wahrnehmung behindert, wenn nicht verstellt wegen der scharfen Zurückweisung der Predigt Luthers von der Heilsgewißheit durch das Trienter Konzil[2]. Erst seit Karl Rahner schon in den 50er Jahren energisch das Thema „Gnadenerfahrung" wieder zur Diskussion gestellt hat[3], konnte sich eine antireformatorische Verklemmung allmählich lösen. *Was Paulus, den neutestamentlichen Kronzeugen in unserem Zusammenhang, betrifft, so ist es für ihn ganz klar, daß es in irgendeiner Weise Gnadenerfahrung und sogar so etwas wie Heilsvergewisserung gibt.* Die deutlichsten Texte lesen wir im Galaterbrief: „Habt ihr durch das Tun des Gesetzes den Geist empfangen oder durch die Botschaft des Glaubens?" (Gal 3,3). Daß man den Geist empfangen hat, weiß man also – es ist so gewiß, daß Paulus seine Leser rhetorisch zurückfragen kann, ob sie sich etwa im

---

[1] Vgl. w.o. 3 I 1.

[2] Vgl. DS 1533f.; 1562–1566 = NR 804; 830–834.

[3] Vgl. *Rahner,* über die Erfahrung der Gnade (= Schriften III, 105–110); *ders.,* Heilsmacht und Heilungskraft des Glaubens (= aaO V, 518–526); *ders.,* Vom Offensein für den je größeren Gott (= aaO VII, 32–53); *ders.,* Gotteserfahrung heute (= aaO IX, 161–176); *ders.,* Selbsterfahrung und Gotteserfahrung (= aaO X, 133–144); *ders.,* Theologie aus Erfahrung des Geistes (= aaO XII); *ders.,* Zwiegespräch mit Gott?; Transzendenzerfahrung aus katholisch-dogmatischer Sicht; Erfahrung des Heiligen Geistes (= aaO XIII, 148–158; 207–225; 226–251, der dritte Beitrag auch selbständig Freiburg i. Br. 1977); *ders.,* Gnadenerfahrung, LThK IV (1960) 1001f.

unklaren seien, *wodurch* sie diesen Geist empfangen haben. Und um die Klarheit vollständig zu machen, beschreibt Paulus geradezu „phänomenologisch", woran man den Geist erkennt: „Weil ihr Söhne seid, hat Gott den Geist seines Sohnes in unsere Herzen gegeben, der ruft: Abba Vater! So bist du kein Sklave mehr, sondern Sohn. Bist du aber Sohn, so bist du auch Erbe – durch Gottes Tat!" (Gal 4,6 f.). Mit anderen Worten: An der Tatsache, daß die Christen das Vaterunser beten, erkennt man mit Gewißheit, daß sie den Geist ihres Vaters im Himmel haben. Daraus aber kann mit Sicherheit geschlossen werden, daß sie Söhne Gottes sind, andernfalls würde der in ihnen redende Geist ja lügen! Dies alles aber ist der Abschluß einer Argumentation, in der Paulus den Christen zu beweisen sucht, daß sie nicht mehr *Knechte* des Gesetzes sind und daher nicht mehr wie solche leben dürfen[4].

Den Texten aus dem Galaterbrief fügen sich andere an. Wer zum Beispiel unbefangen und vorurteilsfrei Texte liest wie Röm 8,16.26 f.; 9,1; Eph 1,16 ff., muß urteilen, daß Paulus hier deutlich an Gnadenerfahrung denkt. Wenn die mehrfache Aussage, daß der „Geist" in uns redet und sich in unserem Gewissen bezeugt, keine schöne Bildrede sein soll, dann beschreibt sie offenbar Vorgänge, deren man bewußt innewerden kann, mit anderen Worten: die eine echte und sogar „reflektierte" Erfahrung der Heilsmacht Gottes, eben des „Geistes" darstellen.

Freilich, in einer fast schon an moderne Probleme erinnernden Weise ist sich Paulus auch der Ambivalenz der Phänomene bewußt. Das zeigt sich vor allem bei seiner Beurteilung der „Geistesgaben", der „Charismen" (1 Kor 12–14)[5]. Paulus zweifelt nicht daran, daß sie alle, wie verschieden auch immer, Gaben desselben Geistes sind, der in den Christen wohnt. Und doch gibt es übergeordnete Kriterien für die Betätigung der Geistesgaben. Nun kann es wohl kaum nach Meinung des Paulus übergeordnete Kriterien für den Geist selbst geben. Die Ambivalenz muß in der Geist*erfahrung* liegen. Diese ist also nie durch sich selbst auch schon der Erweis ihrer Echtheit – so wenig im Alten Testament es ein Erweis der Echtheit eines Gotteswortes war, wenn der Prophet sagte: „Spruch Jahwes". Die *Wirkung* entscheidet über die Echtheit, und für die stellt Paulus Kriterien auf – nicht zuletzt das der „Auferbauung" der Gemeinde. Aber *wenn* die Geistesgaben, die Phänomene von Geisterfahrung, den Kriterien standhalten, dann ist kein Zweifel, daß man es mit Erfahrung des Geistes zu tun hat, und das ist nichts anderes als der neutestamentliche Ausdruck für Erfahrung der *Gnade.*

---

[4] Vgl., stellvertretend für die übrige Kommentarliteratur, *Mußner,* Der Galaterbrief, 274–277 (zu Gal 4,6 f.); *Wilckens,* Der Brief an die Römer II, 135–145; 160–162 (zu Röm 8,14–17.26 f.).

[5] Vgl. w. o. 3 I 2; zur exegetischen und systematisch-theologischen Beurteilung vgl. *Küng,* Die Kirche, 215–230; *Hasenhüttl,* Charisma, 73–242; *Congar,* Der Heilige Geist, 282–292; *Claus Heitmann/Heribert Mühlen* (Hg.), Erfahrung und Theologie des Heiligen Geistes (Hamburg-München 1974); *Walter Kasper* (Hg.), Gegenwart des Geistes. Aspekte der Pneumatologie (Freiburg i. Br. 1979); Concilium 14 (1978) Heft 11: Unterscheidung des Geistes und der Geister; 15 (1979) Heft 10: Der Heilige Geist im Widerstreit; *John H. Schütz,* Charisma.

Diese Struktur des Problems zieht sich durch die ganze Theologiegeschichte. Es gibt Gnadenerfahrung und sogar Gnadengewißheit. Aber ob es sich um solche handelt, entscheidet sich daran, ob sie in einen bestimmten kriteriologischen Deutungsrahmen hineinpassen, den allein der Glaube und das Wissen um das, was die Gemeinde im Glauben auferbaut (man möchte geradezu mit Luther sagen: „was Christum treibet"), herstellt. Außerhalb dieses kritischen Deutungsrahmens bleiben die Phänomene zweideutig und damit ungewiß. *Bloße* Berufung auf Geisterfahrung genügt nie, aber wo die Geister richtig „unterschieden" werden, darf man sich unbefangen der Geisterfahrung überlassen, und es wird sogar, siehe Paulus, ein Argument daraus.

2. Die augustinische Tradition

Für die augustinische Tradition stellt sich die Frage ebensowenig wie für das biblische Zeugnis, genauer: *Sie ist ebenso im vorhinein bejahend beantwortet.* Ein Mann, der in solch minuziöser Selbstbeobachtung und Selbstreflexion seinen Weg zum Glück des christlichen Glaubens beschreibt, wie Augustinus es in seinen „Bekenntnissen" tut, hat offensichtlich kein Problem mit dem Thema „Gnadenerfahrung": er weiß zu genau, daß er sie erfahren hat, und weiß auch im Medium seiner Theologie zu genau, daß er sie täglich neu über dem Abgrund seiner Sünde erfährt. Wer allen Ernstes die – unmögliche![6] – These vertreten kann, Gott erweise seine Barmherzigkeit nur um so eindeutiger und strahlender darin, daß er nur wenige Menschen aus der „Masse des Verderbens" errette, zum Glauben und zur ewigen Seligkeit vorherbestimme, der hat die Frage hinter sich, ob Glaube, Leben in der Kirche, sittliches Bemühen etwa *keine* gewißmachende Erfahrung der Gnade seien.

Auf der gleichen Linie liegen denn auch die kirchenamtlichen Dokumente aus dem pelagianischen und semipelagianischen Streit. Die Texte von Orange werten es als eindeutigen Erweis der Gegenwart der Gnade, wenn ein Mensch sich bekehrt. Und so kann man auch hier nur dem Urteil Karl Rahners folgen: Wer die einschlägigen Texte unbefangen und vorurteilsfrei liest, muß zu dem Urteil kommen, daß die Möglichkeit von Gnadenerfahrung, ja Gnadengewißheit in verbindlichen Lehrtexten der Kirche festgestellt wird[7].

---

[6] Vgl. *Augustinus,* De correptione et gratia 13: PL 44, 940; von *Thomas* nachgesprochen STh I 23, 5 ad 3; 7 sed contra und ad 3.

[7] Vgl. DS 375 ff. (= NR 779 f.) und schon 226 (= 762) (Synode von Carthago 418 can. 4); DS 243 ff. (= NR 771–776) (Indiculus Coelestini; vgl. w. o. 5 IV 1; 12 III 1); DS 1525; (= NR 795); 2621 (–); 3010 (= 33); dazu *Rahner,* Gnadenerfahrung, LThK IV, 1001.

3. Thomas von Aquin

LESEEMPFEHLUNG: Pfürtner, Luther und Thomas im Gespräch, 17–166

Anders als Augustinus stellt Thomas ausdrücklich die Frage, ob man „mit Gewißheit" (cum certitudine, certitudinaliter) wissen könne, ob man „die Gnade habe", in der Gnade lebe[8]. Die Antwort des Thomas lautet: Es ist zwar nicht auszuschließen, daß Gott durch eine besondere, private Offenbarung einem Menschen mitteilt, daß er in seiner Gnade lebe – eine solche Möglichkeit muß ein mittelalterlicher Theologe schon im Hinblick auf einen biblischen Text wie 2 Kor 12,9 einräumen. *Durch eine eigentätige (per seipsum) Erkenntnis aber kann der Mensch nicht mit Gewißheit wissen, ob er in der Gnade steht.* Denn er müßte dann, wie es jede gewisse Erkenntnis erfordert, den Gegenstand seiner Erkenntnis, also die Gnade, nach ihrem „Prinzip", ihrem Ursprungsgrund durchschauen, und das hieße, er müßte Gott, die Quelle der Gnade, durchschauen. *Wohl aber ist eine, wie Thomas sich ausdrückt, „konjekturale" Gewißheit möglich aufgrund einiger „Zeichen", und zwar aus der Innenerfahrung.* Thomas nennt drei „Zeichen": Freude an Gott, keine Gewissensanklage wegen einer „schweren Sünde", „Verachtung" der Welt. Diese „konjekturale" Gewißheit ist praktisch bedeutsam, aber sie ist nur ein unvollkommenes Wissen. Das Argument, die Innenerfahrung offenbare doch den Grund der Seele, also offenbare sie doch auch die Anwesenheit der Gnade, sofern diese in der Seele ihren Ort hat[9], entkräftet Thomas scharfsinnig: Diese Erkenntnis trägt so weit, wie die Tätigkeit der Seele eben erfahren wird, sie trägt also nur bis dahin, daß man ein Prinzip ihrer *psychischen* Realität postulieren muß, aber daß dieses „Prinzip", aus dem jene Akte hervorgehen, mehr ist als der „Grund der Seele", daß es „übernatürlichen" Charakter habe, gerade dies wird als solches nicht durch Reflexion auf den Seelengrund erkannt[10].

Der Gleichklang der Frage mit der späteren Frage Luthers ist augenscheinlich. Um so wichtiger ist es, den ganz anderen Sinn der Problemstellung bei Thomas zu erfassen. Thomas leistet in seiner Summa Theologiae – damit ganz im „Zuge der Zeit" – den Entwurf einer *wissenschaftlichen* Theologie, und zwar nach dem damaligen Wissenschaftsverständnis[11]. Unter diesem Vorzeichen ist die Frage geradezu „systembedingt", ob nicht nur Wesen und Eigentümlichkeiten der Gnade im allgemeinen, sondern auch die konkrete Gegenwart der Gnade bei einem konkreten Menschen einer „wissenschaftlichen" Erkenntnis offensteht.

---

[8] STh I–II 112,5; De ver. 10,10; vgl. In II Cor 12,1f.: lect. 1 (nn. 440–457); 13,5–10: lect. 2 (nn. 523–535). Kommentierung bei *Deman,* Der neue Bund und die Gnade, 391–395; *Pesch,* Theol. der Rechtfertigung, 748–757; *Pesch/Peters,* Einführung, 94–96.

[9] Vgl. w.o. 12 III 2

[10] STh I–II 112,5 obi. 2 und ad 2.

[11] STh I 1; vgl. dazu die Literatur zum Plan der STh w.o. 3 I 5 Anm. 43; ferner *Söhngen,* MS I (s.o. 7 IV 3 Anm. 57) und, aus evangelischer Sicht, *Pannenberg,* Wissenschaftstheorie, 11–18; 226–230; *Ebeling,* Der hermeneutische Ort der Gotteslehre bei Petrus Lombardus und Thomas von Aquin (= Wort und Glaube II, 209–256), 228–247.

Wird die Frage so gestellt, ist die verneinende Antwort zwingend. Denn „wissenschaftlich" ist eine Erkenntnis nach dem Maßstab des aristotelischen Wissenschaftsbegriffs nur dann, wenn ein Sachverhalt auf seinen Ursprungsgrund und damit nach seinem „Warum" durchschaut wird. Nun ist die Gnade, wie wir im 12. Kapitel gesehen haben, nach Thomas nichts anderes als das geschöpfliche Ankommen der ewigen Liebe Gottes in der Seele des Menschen. Gewißheit der so verstandenen Gnade müßte bedeuten, daß der Mensch letztlich Gottes ewige Gnadenwahl durchschauen könnte. Die Frage stellen heißt sie verneinen[12]. Außerdem ist die Bestreitung der „wissenschaftlichen" Gewißheit der Gnade für einen mittelalterlichen Theologen wiederum zwingend auferlegt durch Schriftworte wie Koh 9,1; Ijob 9,11; Ps 19 (18), 13; vor allem aber durch 1 Kor 4,3 f.: „Ich beurteile auch mich nicht selbst; der mich beurteilt, ist der Herr. Ich bin mir keiner Schuld bewußt, aber darin bin ich nicht gerechtfertigt[13].

Der zweite, hier unbedingt zu vermeidende Fehler besteht darin, die „konjekturale", „unvollkommene" Erkenntnis der Gnade im modernen Sinne für eine unverbindliche Vermutung zu halten. „Unvollkommen" ist diese Erkenntnis nur am Maßstab des aristotelischen Wissenschaftsbegriffes – *dazu* bezeichnet der Ausdruck „konjektural" den Gegensatz. Welche „dichte" Gewißheit Thomas aber einem solchen Erkennen immer noch beimißt, zeigt das Zitat Offb 2,17, das er in seinen Gedankengang einfügt: „Dem Sieger gebe ich verborgenes Manna, das niemand kennt, außer wer es empfängt." Die Erkenntnis der Gnade wird damit ausdrücklich auf die Erfahrungsebene bezogen. Das gleiche ergibt sich, wenn wir die mittelalterlich formulierten und darum etwas „verstaubt" wirkenden „Zeichen" einmal modern ausdrücken: Der Gegenwart der Gnade Gottes darf man dann gewiß sein, wenn man Freude und Interesse an der Wirklichkeit des Glaubens verspürt, wenn man sich im ethischen Bemühen nichts schenkt und wenn man keinen Modetrends des Denkens und Handelns nachläuft, sondern in unbestechlicher kritischer Distanz zu der Welt lebt, die uns umgibt.

Um den vollen Inhalt der Position des Thomas zu verstehen, müssen wir noch zwei Hinzufügungen machen. Die erste betrifft das – schon auf Augustinus zurückgehende – Lehrstück von der „Gnade der Beharrlichkeit". Thomas versichert ausdrücklich, sie könne in keiner Weise „verdient" werden, auch nicht nach erfolgter Begnadung[14]. *Es gibt keine „Versicherung" bei Gott, sondern nur das immer neue Annehmen der Gnade, das immer neue Zustimmen vor dem Hintergrund der dunklen Möglichkeit, davor auch versagen zu können.* Weiß man nicht mit Gewißheit um die Gnade selbst, so auch nicht darum, daß und wem Gott sie „unfehlbar" eingießt[15]. Die Beharrlichkeit in der Gnade ist also noch

---

[12] Vgl. STh 112,5 c. mit I 23,1 ad 4.
[13] Zur exegetischen Beurteilung vgl. *Deman*, aaO 265 f.; für die neuere Kommentarliteratur vgl. *Conzelmann*, Der erste Brief an die Korinther, 102 f. Demnach hat Thomas den Paulusvers jedenfalls nicht total mißverstanden.
[14] STh I–II 109,9. 10; 114,9; II–II 137,4.
[15] Vgl. w.o. 12 III 3.

einmal Gnade, aber keine neue Gnade, sondern nur ein Abkürzungsbegriff für die Summe aus einer kontinuierlichen Zahl von Zustimmungsakten, durch die der begnadete Mensch nicht aus der Gnade herausfällt. Es ist, zugegeben, eine für den modernen Leser verwickelte und subtile Fragestellung, aber sie wird konsequent beantwortet. Daß der menschliche Wille *zustimmt* zur Gnade, ist Wirkung der „unfehlbaren" Gnade selbst. Daß er *immer,* also „beharrlich", zustimmt, ist ebenfalls Wirkung der Gnade, aber eben sozusagen nur deren „Verlängerung". Da nun der Mensch um Gottes unfehlbares Gnadenwirken nicht weiß, anderseits, wenn er die Gnade verliert, sie durch seine versagende Freiheit verliert, obwohl dies nicht geschehen wäre, wenn Gott die „Gnade der Beharrlichkeit" geschenkt hätte, bleibt für den Menschen das Beharren in der Gnade ungewiß. Aus dem nun schon bekannten Paradox von Freiheit und Gnade führt keine Gasse heraus.

Am besten versteht man das Lehrstück so: *Was die Frage der Gnadengewißheit für den je einzelnen Augenblick, das ist die Frage der Beharrlichkeit im Längsschnitt des Lebens.* Für beide gilt: Sie können nicht, nach dem gekennzeichneten Maßstab, „mit Gewißheit" erkannt werden. Was nun aber wichtig ist: Auch bei der Frage nach der „Beharrlichkeit" gibt es ein *Gegenstück zur „konjekturalen" Gewißheit der Gnade, nämlich das Gebet.* Wir müssen, erklärt Thomas, nicht alles verdienen, es genügt, daß wir darum bitten können. Diese Aussage zeigt nicht nur die Grenzen auch noch der korrektesten Lehre vom Verdienst[16], sie enthält auch die *praktische* Lösung der Frage nach der Gnade der Beharrlichkeit. Solange ein Mensch um die Gnade der Beharrlichkeit *bittet, will* er nicht aus der Gnade herausfallen, sondern ihr zustimmen. Damit versperrt er mit praktischer Gewißheit die Möglichkeit, sich der Gnade Gottes zu verweigern. Und: Gott erhört sogar die Sünder, um wieviel mehr die Begnadeten[17]. *Das* ist die „konjekturale" Gewißheit der Beharrlichkeit.

Die zweite Hinzufügung betrifft die These des Thomas von der „Gewißheit der Hoffnung"[18]. Durch Petrus Lombardus ist der mittelalterlichen Theologie die These und damit die Frage vorgegeben, worauf sich die Hoffnung des Menschen auf das ewige Leben gründe, auf das gnädige Erbarmen Gottes allein oder auch auf das, was der Mensch in der Kraft dieser Gnade getan hat, mit einem Wort: auf seine „Verdienste". Petrus Lombardus entscheidet sich für ein Sowohl-Als-auch. Thomas – und mit ihm alle großen Theologen des 13. Jahrhunderts – beugen sich in diesem Punkte nicht der Autorität des „Sentenzenmeisters". *Die Gewißheit der Hoffnung stützt sich allein auf das allmächtige Erbarmen Gottes – denn unsere „Verdienste" bieten keine Gewißheit.* Wenn man nun dazu bedenkt, daß sich nach thomanischem Verständnis die Hoffnung zwar primär

---

[16] Vgl. w. u. 20 II.
[17] STh I–II 114,9 ad 1.
[18] STh II–II 18,4; vgl. dazu *Pesch,* Theol. der Rechtfertigung, 748–757; kritisch zur kontroverstheologischen Bedeutung dieser These *Hennig,* Cajetan und Luther, 161–177 (hauptsächlich gegen Pfürtner); Gegenkritik bei *Pesch,* „Das heißt eine neue Kirche bauen", 655 ff.

auf das den Glaubenden zugesagte ewige Leben bei Gott richtet, sekundär, also wörtlich „daraus folgend", auf das, was uns zum ewigen Leben hinführt, also die Gnade und die aus ihr entspringenden „eingegossenen" Tugenden, dann erscheint von hierher die Frage nach der Gnadengewißheit noch einmal in ganz neuem Licht: Wir können nicht mit „wissenschaftlicher" Gewißheit um die Gnade wissen. Wir dürfen ihrer aber aufgrund einer Reihe von Indizien unseres gesamten Lebenszusammenhangs praktisch – wir würden heute sagen: „existentiell" – gewiß sein. Vor allem aber dürfen wir mit Gewißheit auf die Gnade *hoffen,* mit derselben Hoffnung, mit der wir auf das ewige Leben zugehen, und mit derselben unwidersprechlichen Gewißheit, die das allmächtige Erbarmen Gottes jedem gewährt, der weiß, auf welchen Grund er sich damit stützt.

Von hier aus also erscheint die Bestreitung der Gnadengewißheit nur als *ein* Aspekt eines Gesamtproblems, und nicht einmal als der wichtigste. Alles zusammengenommen, ist *Thomas von Aquin ein Kronzeuge für die Möglichkeit konkreter Gnadenerfahrung, deren Gewißheit ihren Grund jedoch jenseits der Phänomene hat, nämlich allein im Erbarmen Gottes, um das der Glaube weiß und auf das er sich stützt.* Es ist von großer historischer Tragweite, daß Luther die Lehre des Thomas von der Hoffnungsgewißheit nachweislich nicht gekannt hat, ihn vielmehr zu dem „ganzen Schwarm der Theologen" [19] zählt, die der schon genannten These des Petrus Lombardus beipflichten. Und es ist noch einmal von historischer Tragweite, daß auch das Konzil von Trient in der Auseinandersetzung mit Luthers Heilsgewißheitslehre sich an die Hoffnungsgewißheit bei Thomas nicht erinnert. Eine folgenreiche Kontroverse hätte sonst gar nicht erst entstehen müssen, wie sich sogleich noch näher zeigen soll.

4. Martin Luther

Weil Mißverständnis und lückenhafte Kenntnis nach Lage der Dinge nicht auszuschalten waren, ist Luthers Predigt der „Heilsgewißheit" – er selbst spricht unbefangen wechselweise auch von „Gewißheit der Gnade" – *scheinbar* eine Wende. eine radikale Neuerung. Und da Luther sie mit selbst bei ihm unvergleichlichem Pathos vorträgt, war für Aufmerksamkeit gesorgt[20]. Er hält die Lehre von der Ungewißheit der Gnade für eine Ausgeburt der Hölle und meint, selbst wenn alles in der Papstkirche heil und in Ordnung sei, so bliebe immer noch dieses „Monstrum" der Heilsungewißheit, und das sei Grund genug, dem Papsttum abzusagen[21].

---

[19] WA 5, 163,32 (Zweite Psalmenvorlesung, 1519–1521).
[20] Von den schon häufiger genannten Autoren vgl. zu diesem Thema *Kroeger,* Rechtfertigung und Gesetz, 61–64; 118–124; 134–163; 189–191; *Bayer,* Promissio, passim (s. Register, Stw. Gewißheit); *Althaus,* Theol. Luthers, 105; 215; 247; 372–385; *Peters,* Glaube und Werk, 77–83; *Hennig,* aaO 61–82; 161–177; *Ebeling,* Gewißheit und Zweifel (= Wort und Glaube II, 138–183); *zur Mühlen,* Nos extra nos, 217–223; *Pesch,* Theol. der Rechtfertigung, 262–283; *ders.,* „Das heißt eine neue Kirche bauen", 655–661; weitere Literaturangaben und Sachdarstellung bei *Pesch,* Hinführung zu Luther, 116–133.
[21] WA 40 I, 488,7ff.; 2, 428,29.

Die evangelische *und* katholische Lutherforschung der letzten beiden Jahrzehnte hat eine Menge Mißverständnisse klarstellen können, die dafür verantwortlich sind, daß man seit den Tagen der Reformation in dieser Sache immer wieder so entsetzlich aneinander vorbeigeredet hat. Ins einzelne können und brauchen wir hier nicht zu gehen. Wir müssen nur darauf achten, was wir schon wissen[22]: auf den anderen Gnadenbegriff Luthers, bei dem die Frage nach einer geschöpflichen Realität der Gnade im Menschen selbst erst gar nicht entsteht, der Gnadenbegriff vielmehr völlig auf die Dimension des göttlichen Handelns zurückgenommen ist. Wir dürfen ferner die vielen „absichernden" Aussagen nicht überlesen, die Luther im Umkreis seiner Predigt von der Heilsgewißheit immer wieder macht und die selbst in der lutherischen Theologie nicht immer genügend ernst genommen werden: Heils*gewißheit* ist mit allem Nachdruck von Heils*sicherheit* zu unterscheiden, von der letzteren scheut Luther sich nicht zu sagen, daß sie den Glauben und die Furcht Gottes aufhebt[23]. Schon gar nicht ist Heilsgewißheit mit Prädestinationsgewißheit identisch – eine solche gibt es nach Luther nicht, und schon der Versuch, sie zu erlangen, ist ein Frevel, der mit vollem Recht in die Verzweiflung stürzt[24]. Vor allem aber ist die zumal in katholischen Kreisen verbreitete Vorstellung auszutreiben, Heilsgewißheit äußere sich in einem subjektiven Trostgefühl – im Gegenteil, erklärt Luther, die Heilsgewißheit des Glaubens bewährt sich gerade dann, wenn die Trostgefühle schwinden und alle Erfahrung dagegen zu sprechen scheint[25]. Und schließlich: Luther *ermahnt* immer wieder zur Heilsgewißheit – was im Kontext der mittelalterlichen Frage nach der „wissenschaftlichen" Gewißheit der Gnade völlig unsinnig ist[26].

Nimmt man das alles zusammen, dann ist nicht mehr schwer zu verstehen, was Luther meint. *Heilsgewißheit ist nichts anderes als der Glaube selber oder, genauer, die Erkenntnisseite des Glaubens.* Man muß dabei nur „Glauben" *im Sinne Luthers* verstehen: als persönliches Ergreifen der vergebenden Gnade Gottes, die *mir* zugedacht ist, auf die *ich* mein Leben gründen soll und die doch niemals mein „Besitz" wird. *Im* Vollzug solchen Glaubens Heilsgewißheit leugnen heißt nichts anderes, als den Glauben in dem Augenblick wieder durchstreichen, wo ich ihn vollziehe. Man kann nicht im Sinne Luthers glauben und gleichzeitig seines Heiles ungewiß sein. Denn das hieße nichts anderes, als das Vergebungswort Gottes ergreifen und seiner Heilsmacht gleichzeitig nicht trauen. Weil es sich so verhält, steht in den Augen Luthers an der Frage der Heilsgewißheit das Schicksal der ganzen Christenheit auf dem Spiel.

Von katholischen ebenso wie von evangelischen Christen und Theologen wird

---

[22] Vgl. w. o. 12 IV 1.

[23] WA 39 I, 356,25. Weitere Stellen gegen die „securitas": 3, 417,11; 56, 281,4; 503,17; 1, 128,30; 130,3; 25, 331,28; 34 II, 372,19; 36, 286,5.

[24] Stellen und Literatur zu dieser schwierigen Frage bei *Pesch,* Theol. der Rechtfertigung, 269–274; *ders.,* Hinführung zu Luther, 121; 259–263; vgl. auch die Literatur zur Prädestinationsproblematik w. o. 3 I 2 Anm. 11.

[25] Z. B. WA 42, 553,32.

[26] Z. B. WA 57 (Heb), 215,18; 2, 458,29; 40 I, 579,17.

oft genug übersehen, daß Luther außer dieser grundlegenden Heilsgewißheit, die mit dem Glauben selbst gegeben ist, noch eine Art indirekte „ergänzende" Heilsgewißheit kennt, nämlich ausgerechnet in dem, was er aus der *Begründung* des Heils mit solchem Nachdruck ausschließen will: in den guten Werken, und darunter besonders im gegenseitigen guten Werk der Vergebung[27]. *In den guten Werken übt sich eben jener Glaube, der die Heilsgewißheit ist, und Luther scheut nicht einmal die Aussage, daß dieser die Heilsgewißheit verbürgende Glaube dort fehlt, wo er sich nicht in guten Werken ausdrückt[28].*

Man erkennt unschwer, wie sich in der Auffassung Luthers von der indirekten Heilsgewißheit in den Werken noch die biblisch-altkirchliche Lehre von der Gnadenerfahrung im christlichen Leben durchhält, die sich freilich immer bestimmten Echtheitskriterien stellen muß, die letztlich der Glaube vorgibt. Doch infolge der mißverstandenen oder einfach einseitig gelesenen Lehre des Mittelalters und, nicht zu vergessen, unter dem Druck des erwachenden neuzeitlichen Bewußtseins, das, im Unterschied zum Mittelalter, betont die Frage nach sich selbst, nach dem eigenen Schicksal, nach dem individuellen Lebenssinn stellt, *wird nun die alte Frage nach Gnadenerfahrung befrachtet – um nicht zu sagen: überfrachtet – mit der Frage nach Gewißheit und Vergewisserung.* Nachdem die Frage einmal so gestellt ist, kann sie kaum anders beantwortet werden, als Luther es tut. Gewißheit gibt allein Gott, und ihn „hat" allein der Glaube, woraus umgekehrt folgt, daß ein Glaube, der nicht Gottes als des felsenfesten Heilsgrundes gewiß wäre, kein Glaube sein kann.

Aber noch dachten und fragten nicht alle wie Luther. Darum kam es zur Kontroverse.

5. Das Konzil von Trient

Hier wie auch sonst versucht das Konzil von Trient eine Antwort auf die Reformation mit scholastischen Mitteln, wenn auch möglichst jenseits der scholastischen Schulstreitigkeiten. So ist es selbstverständlich, *daß man sowohl die „Gnade" als auch den „Glauben" anders versteht als Luther[29] und darum auch sich bei dem Wort „Heilsgewißheit" nur etwas ganz und gar Unsinniges denken kann, das in der Lehre der Kirche keine Anhaltspunkte hat.* Von der „Hoffnungsgewißheit" in der mittelalterlichen Theologie wußte man ja, wie schon gesagt, nichts mehr. So kommt es zu dem ganz eigenartigen Ergebnis, *daß das Trienter Konzil dem Wortlaut nach Luthers Heilsgewißheitslehre als „eitlen Vertrauensglauben der Häretiker" ablehnt und sie der Sache nach geradezu Punkt für Punkt bestä-*

---

[27] Dies haben besonders *Peters,* Glaube und Werk, 109–112; und *Althaus,* Theol. Luthers, 213–218, herausgearbeitet. Vgl. bei *Luther* vor allem WA 32, 423,12 – 424,34. Weiteres Stellenmaterial bei den genannten Autoren.

[28] Vgl. z. B. WA 10 III, 287,20; 12, 289,29; 39 I, 46,20; 92,17; 106,24; 114,24; 39 II, 248,14; 40 I, 577,7.20.

[29] Vgl. w. o. 3 I 8; 8 V 2; 10 III 2 – und die dort angegebene Literatur.

tigt[30]. Es bestätigt, was für Luther Kern und Stern der Heilsgewißheitslehre ist, daß nämlich die Barmherzigkeit Gottes, die uns um Christi willen die Sünde verzeiht, keinem Zweifel unterliegen kann. Und es lehnt wie Luther ab: eine Gewißheit der Gnade *im* Menschen, eine Prädestinationsgewißheit, Trostgefühle als Kriterium der Heilsgewißheit, sittliche Ungebundenheit unter Berufung auf die Heilsgewißheit, Selbstüberschätzung. Wie sehr man aneinander vorbeiredet, zeigt die zunächst eigenartige, dann aber für den Kundigen blitzartig erhellende Wendung, daß „keiner mit der Sicherheit des Glaubens, *dem kein Irrtum unterlaufen kann,* wissen (kann), daß er Gottes Gnade erlangte". Der hier gemeinte Glaube ist in der Tat nicht der Glaube im Verständnis Luthers, mit dem Heilsgewißheit wesenhaft verbunden ist, sondern schlicht die als Wahrheit angenommene Lehre der Kirche[31]. Die „Lehre der Kirche" kann selbstverständlich niemals verbürgen, daß *diesem* konkreten einzelnen Menschen die Gnade Gottes zuteil geworden ist!

So nahm also das Mißverständnis und das uneinsichtige Aneinander-Vorbeireden für über vier Jahrhunderte seinen Lauf. Schlimmer noch als das Mißverständnis in dieser Frage ist dabei, daß das Trienter Konzil durch diese und andere[32] Formulierungen die katholische Theologie bei einem Glaubensbegriff festgehalten hat, dessen historische Entstehung im Mittelalter zwar verständlich und legitim ist[33], der aber den existentiellen und ganzmenschlichen Charakter des Glaubensvollzuges verdeckte bis hin zu den einschlägigen Definitionen des Glaubens auf dem Ersten Vatikanischen Konzil[34] und seinen Fernwirkungen bis tief in unser Jahrhundert hinein. Zu den schwerwiegenden Folgen des Mißverständnisses gehört ebenso, daß die biblisch-altkirchliche Frage nach Gnadenerfahrung bzw. der Hinweis auf die altkirchliche Überzeugung von ihrer Möglichkeit von vornherein ins Zwielicht geriet, Anleihen bei der verurteilten Lehre der Reformation zu machen – und dies, obwohl eine vorurteilsfreie Lektüre sogar tridentinischer und noch späterer Texte einschließlich des Ersten Vatikanischen Konzils auf der alten Linie die Möglichkeit von Gnadenerfahrung nicht ausschließen, sondern eher nahelegen[35]. Es ist darum auch nicht von ungefähr, daß die Kontroverse um die Heilsgewißheit sich in dem Augenblick zu entkrampfen beginnt, als man – aus ganz anderweitigen Impulsen – den existentiellen und ganzmenschlichen Charakter des Glaubens wiederentdeckt und das „Für-wahr-Halten" nur als *eine* seiner Dimensionen, wenn nicht gar als seine Voraussetzung versteht[36]. Zugleich ist damit endlich der Raum frei für die schon erwähnte neue Frage nach Erfahrung der Gnade.

---

[30] Vgl. DS 1533 f.; 1562–1567 = NR 804; 830–835; dazu *Pesch/Peters,* Einführung, 195–199.
[31] So mit *Fransen,* Dogmengeschichtliche Entfaltung, 715 f.; 718 – zu DS 1530–1534 = NR 801–804.
[32] Vgl. *Pesch/Peters,* aaO 191–195.
[33] Vgl. w.o. 10 II 2.
[34] Vgl. DS 3008 = NR 31.   [35] Vgl. Die Stellen w.o. in Anm. 7.
[36] Vgl. vor allem die Arbeiten von *Fries* und *Seckler* w.o. 11 II 1 Anm. 38 – und *alle* dort angegebenen katholischen Arbeiten zum Glaubensbegriff.

II. Die überholte Kontroverse und das eine Wort der Tradition

Was den historischen Befund betrifft, so dürfen wir, unbeschadet gewisser Bewertungsunterschiede[37], auf dem heutigen Stand historischer Einsicht von einer überholten Kontroverse, ja von einem geradezu klassischen Fall von katholisch-reformatorischem Mißverständnis reden, wie er nicht oft vorliegt. Die zwei Momente, die für eine Zustimmung zu Luthers Lehre von der Heilsgewißheit unerläßlich sind, bilden in heutiger katholischer Theologie kein Problem mehr: *daß der Glaube mehr ist als bloßes Für-wahr-Halten von Glaubenssätzen und daß kein Mensch für seinen Glauben garantieren kann.* Der abstrahierende Glaubensbegriff der Scholastik, die, zum Zwecke exakter Unterscheidung von Glaube, Hoffnung und Liebe, den Glauben als Zustimmungsakt des Verstandes zur Offenbarung Gottes definierte, ist überschritten zugunsten einer Rückgewinnung der umfassenden Auffassung von Glauben, wie wir sie im biblischen Zeugnis antreffen und wie eine moderne, auch philosophisch angeregte Besinnung sie uns neu verstehen gelehrt hat. Unter solchen Denkvoraussetzungen kommt die Frage nach der Heilsgewißheit auf folgende Frage hinaus: Kann ich im genannten Sinne glauben und *zugleich* sagen: Ich bin meines Heiles *nicht* gewiß? Die Antwort kann nur lauten: Nein! Andernfalls wäre die Konsequenz, daß ich im Glaubensvollzug mein ganzes Heil auf Gott gründe und *zugleich* sage: Gott ist kein zuverlässiger Grund meines Heiles. Es kann gewiß im nächsten Augenblick die alte Ungewißheit wiederkehren – aber nur, indem ich aufhöre, im gekennzeichneten Sinne zu glauben. Heilsgewißheit ist immer nur *im* Vollzug des Glaubens, nie außerhalb als „objektive" Tatsache. Heilsgewißheit ist die *subjektiv* – als *mir* geltend – erkannte und bekannte Verläßlichkeit Gottes und seiner Heilszusage an mich. „Objektiv" kann man nur mit dem Trienter Konzil zwei Tatsachen auseinanderhalten: die Verläßlichkeit Gottes und die Labilität des Menschen. Das *kann* man, und auch Luther hat das getan – aber es ist nicht das einzige, was man kann, und es ist im Vollzug des Glaubens, vor allem in der Bedrohung des Glaubens, nicht das Wichtigste, was man tun muß.

Heilsgewißheit ist somit keine *theoretische* Gewißheit, sondern eine „existentielle" Gewißheit, die mit dem Vollzug selbst und nie außerhalb seiner gegeben ist – so wie auch die Gewißheit der Liebe und des Geliebtwerdens im Ereignis der Liebe gewiß wird und ist und niemals gewissermaßen „objektiv bescheinigt" werden kann. Der Durchbruch in der Kontroverse um die Heilsgewißheit ist in dem Augenblick erreicht, wo man erkennt, daß es hier um einen andersartigen Typus von Gewißheit geht, der mit theoretischer Gewißheit nicht zu vergleichen ist. Die Formulierungen des Trienter Konzils waren, wie sich gerade in den ablehnenden Äußerungen zur Heilsgewißheit zeigt, nahe daran, dieses anderen Typus von Gewißheit ansichtig zu werden. Er ist ihnen schließlich *nicht* bewußt geworden. Umgekehrt konnte auch Luther die scholastische Lehre von der Un-

---

[37] Vgl. die Kritik von *Henning*, w.o. Anm. 18.

gewißheit der Gnade – die ihm Cajetan im Augsburger Verhör 1518 noch ein-
dringlich vorgehalten hatte[38] – nur für ein glattes Nein zu seiner eigenen
Auffassung halten und bewies damit, daß auch er sich des andersartigen Typus
von Gewißheit, an den er bei seiner Predigt der Heilsgewißheit dachte, nicht vergleichend bewußt war. Indem wir dies heute überschauen, können wir nun, entlastet von der Kontroverse, aber im Bewußtsein der uns aufgegebenen
Probleme, erneut und unbefangen nach „Erfahrung der Gnade" fragen.

17. KAPITEL
ERFAHRUNG DER GNADE GOTTES

I. Voraussetzungen und Leitlinien

LESEEMPFEHLUNG: Küng, Existiert Gott?, 607–633

Wie kann heutige theologische Anthropologie von *„Erfahrung* der Gnade Gottes" reden und dabei gleichzeitig das Problem der *Gewißheit* der Gnade Gottes
im Auge behalten? Wir tun gut daran, zuerst an einige Voraussetzungen zu erinnern, die Leitlinien unserer Überlegungen sind und bleiben müssen.

1. Schrift und Tradition, vorurteilsfrei gelesen, sprechen *für* die Möglichkeit
und Tatsächlichkeit von Erfahrung der *Gnade* Gottes in diesem Leben. *Die Rede
ist dabei von einem erfahrbaren „Einfluß" Gottes besonderer Art, der sich nicht
reduzieren läßt auf eine allgemeine Erfahrung „des Göttlichen", sondern die heilvolle Nähe jenes Gottes betrifft, der nach dem biblisch-christlichen Glauben in spe-
zifischer Weise das Heil des Menschen gewirkt hat.* Dieser besondere Einfluß
dieses Gottes ist wahrnehmbar, in Worten ausdrückbar und insoweit reflexions-
fähig – wobei zunächst offen bleibt, ob er auch einer objektivierenden Vergewisserung, womöglich „wissenschaftlicher" Art, zugänglich gemacht werden kann.

2. Im 4. Kapitel haben wir bereits einmal von „Erfahrung" gesprochen –
daran müssen wir jetzt anknüpfen[1]. Den „unaufgeklärten" Begriff Erfahrung
mußten wir dort nur insoweit in Anspruch nehmen, als er den Inbegriff dessen
bildet, was augenscheinlich der überlieferten Botschaft des Glaubens widerspricht und darum für den, der vom Glauben nicht läßt, eine Spaltung, zumindest eine Spannung in der Einheit seines Wirklichkeitsbewußtseins herbeizuführen droht. Diesen Erfahrungsbegriff müssen wir nicht etwa austauschen gegen

---

[38] Vgl. *Hennig*, ebda.; und *Pesch*, „Das heißt eine neue Kirche bauen", 655 ff.
[1] Vgl. w. o. 4 III.

einen anderen. Gnadenerfahrung – *wenn* es sie gibt – wird und muß sich ereignen *in* den „gnadenlosen" Welt- und Selbsterfahrungen unseres Lebens, nicht in einem Sonderbereich oberhalb von ihnen. Denn es geht ja um Erfahrung der Gnade *für* diese Lebenswelt und *in* ihr. Wir müssen nicht einmal den Erfahrungsbegriff weiter aufschlüsseln und klären[2]. *Nur eine Differenzierung müssen wir aufnehmen, die in der immer weitläufiger werdenden Diskussion auftaucht und zumal dort unentbehrlich ist, wo über den ganzen Bereich von „Gotteserfahrung" nachgedacht wird; die Unterscheidung zwischen „kategorialer" und „transzendentaler" Erfahrung.* Mit „kategorialer" Erfahrung ist jede Erfahrung gleich welcher Art gemeint, die sich direkt auf einen Gegenstand oder einen Wirklichkeitszusammenhang unserer Welt bezieht. Darum nennt man sie auch „gegenständliche" oder einfach eine „direkte" Erfahrung. Mit „transzendentaler" Erfahrung sind solche Erfahrungen gemeint, deren „Gegenstand" die normalen Gegenstände unserer Erfahrung „überschreitet" und die darum selbst die „gegenständliche" Erfahrung überschreiten in dem Sinne, daß sie deren Bedingung, deren „Grund der Möglichkeit" bilden. (Das Wort „transzendental" versteht sich also hier sowohl und zunächst im Sinne der alten Metaphysik als auch der Transzendentalphilosophie Kants.) „Transzendentale" Erfahrungen sind darum immer „ungegenständliche" und insofern „indirekte" Erfahrungen. Man hat dafür auch den Ausdruck „Erfahrung mit Erfahrung" geprägt[3], jedenfalls beruhen sie auf einer solchen. Sie enthalten daher schon ein Element von distanzierender Reflexion, wenn auch nicht unbedingt von „Theorie". *Die* „Erfahrung mit Erfahrung", also *die* „transzendentale" Erfahrung ist die Einsicht in die Offenheit, Unabschließbarkeit, darum Endlichkeit und darum letztlich in den Leidensge-

---

[2] Zur Begriffsgeschichte des Wortes „Erfahrung" vgl. *Kambartel,* Erfahrung; *Wißmann/Herms/ Köpf/Frack,* Erfahrung; und die Titel w.o. 4 III Anm. 20. Überblicke und Reflexionen zum Erfahrungsbezug der Theologie und zu dem zunehmend bedeutsamen Thema der „Gotteserfahrung" vgl. die Arbeiten von *Rahner* w.o. 16 I 1 Anm. 3 und folgende ausgewählte Titel (in der Reihenfolge ihres Erscheinens): *Kasper,* Unsere Gottesbeziehung angesichts der sich wandelnden Gottesvorstellung (= Glaube und Geschichte, 101–119); *ders.,* Möglichkeiten der Gotteserfahrung heute (= aaO 120–143); *Jüngel, Unterwegs zur Sache; Sudbrack,* Beten ist menschlich; *Splett,* Reden aus Glauben; *Ebeling,* Die Klage über das Erfahrungsdefizit in der Theologie als Frage nach ihrer Sache (= Wort und Glaube III, 3–28); *ders.,* Das Verständnis von Heil in säkularisierter Zeit (= aaO 349–361); *ders.,* Lebensangst und Glaubensanfechtung. Erwägungen zum Verhältnis von Psychotherapie und Theologie (= aaO 362–387); *ders.,* Die Beunruhigung der Theologie durch die Frage nach den Früchten des Geistes (= aaO 388–404); *Herms,* Theologie – eine Erfahrungswissenschaft; *Mieth,* Moral und Erfahrung; Concilium 14 (1978) Heft 3: Offenbarung und Erfahrung (darin bes. die Beiträge von P. Eicher, D. Mieth, R. Schreiter, M. Lamb, C. Molari, H. Stirnimann); *Splett,* Gotteserfahrung im Denken; *Schillebeeckx,* Die Auferstehung Jesu als Grund der Erlösung; *Lotz,* Transzendentale Erfahrung; *Schaeffler,* Fähigkeit zur Erfahrung; *Scherer,* Wirklichkeit – Erfahrung – Sprache (= CGG 1, 8–59); *Bouillard,* Transzendenz und Gott des Glauben (= CGG 1, 87–131); *Casper,* Alltagserfahrung und Frömmigkeit (= CGG 25, 39–72); *Schillebeeckx,* Erfahrung und Glaube (= CGG 25, 73–116); *Weß,* Wie kann der Mensch Gott erfahren?; *Eicher,* „Wahrhaftig, Du bist ein verborgener Gott"; *Mieth,* Gotteserfahrung und Weltverantwortung; *Herms,* Theorie für die Praxis; *Kasper,* Der Gott Jesu Christi, 106–116; *Congar,* Der Heilige Geist, 17–153; *Pesch,* Gotteserfahrung heute. Siehe auch die Literatur zur Erfahrung des Geistes w.o. 16 I 1 Anm. 5.

[3] *Ebeling,* Die Klage über das Erfahrungsdefizit, 22; *Jüngel,* aaO 8; *Kasper,* Der Gott Jesu Christi, 112.

halt aller („gegenständlichen") Erfahrung. Anders ausgedrückt: Mit „transzendentaler" Erfahrung ist im weitesten Sinne der Bereich der „religiösen Erfahrung" angezeigt. Auf sie müssen wir daher in besonderer Weise unser Augenmerk richten, denn *es ist von vornherein zu erwarten, daß „Gnadenerfahrung" – wenn es sie gibt – wie überhaupt alles, was mit „Gotteserfahrung" zu tun hat, sich grundlegend dort ereignet, wo der G l a u b e die transzendentale „Erfahrung mit Erfahrung" aufnimmt, deutet und a l s gedeutete zum „Grund der Möglichkeit", zum „Deuterahmen" weiterer Erfahrungen, jetzt auch im „kategorialen" Bereich macht.* Die besondere Aufmerksamkeit auf die „transzendentale" Erfahrung besagt also nicht schon im vorhinein, daß Gnadenerfahrung *nur* als „transzendentale" und nicht auch als „kategoriale" Erfahrung möglich sei, darüber ist vielmehr erst eigens nachzudenken.

3. Wir müssen ferner anknüpfen an das, was wir im 6. und 7. Kapitel über „Naturverderbnis" und den Menschen unter der Sünde überlegt haben. Denn Sünde ist der Grund für die Notwendigkeit von Gnade. *Gnadenerfahrung – wenn es sie gibt – ist daher von vornherein dort zu erwarten, wo Sünde und Naturverderbnis ihren Ort haben.* Nun hatten wir gesehen: Unter „Naturverderbnis", wie auch immer interpretiert, versteht die Tradition eine *erfahrbare* Not, und zwar eine solche, die dem Phänomen nach *bleibt.* In *diesem* Sinne hebt die Gnade die „Naturverderbnis", ja die Sünde *nicht* auf. Die Gnadenerfahrung – *wenn* es sie gibt – ist daher *als Erfahrung* von einer anderen, auch psychologisch anderen Struktur und Bewandtnis als die Erfahrung der Sünde.

Nun hatten wir in unserem Interpretationsversuch die heutige Erscheinungsweise der Naturverderbnis auf die Unfähigkeit und Unwilligkeit zum Glauben zugespitzt, als Not der Sinnfrage und als „Not der Notlosigkeit". Gnadenerfahrung – *wenn* es sie gibt – müßte also, auch in ihrer Andersartigkeit, zu dieser Not der Glaubensunfähigkeit und Glaubensunwilligkeit gegenläufig sein, nur dann und in diesem Sinne wäre sie die Erfahrung der Antwort Gottes auf die Sünde des Menschen.

4. Eine weitere Erinnerung: Die Wirklichkeit Gottes, genauer: die Gewißheit der Wirklichkeit Gottes, ist außerhalb des Glaubens nicht mehr selbstverständlich. Das gerade ist ja der Kern der Verschiebung im Verständnis der Naturverderbnis heute. Solange Gottes Wirklichkeit gewiß und nur sein Verhältnis zu mir, zu den Menschen ungewiß ist, bezieht sich die Frage nach Erfahrung der Gnade darauf, ob Menschen eine *Wirkung* von Gott erfahren können, die als Betroffensein von seiner Liebe anzusprechen ist. Wird Gott aber außerhalb des Glaubens als abwesend erfahren und ist anderseits die Bejahung der Wirklichkeit Gottes zugleich die Gewißheit, aus Unheil zum Heil geführt worden zu sein, dann kann *Erfahrung der Gnade* notwendig primär nichts anderes meinen als *Erfahrung Gottes,* danach erst, sekundär im doppelten Sinne des Wortes als nachfolgend und zweitrangig, kann „Gnadenerfahrung" die Erfahrung bestimmter Wirkungen heilvoller Art von seiten Gottes besagen – etwa die Erfahrung besonderer Kraft, die sich ein Mensch nie zugetraut hätte, oder – warum eigentlich

nicht? – die Erfahrung eines tiefen Trostes. *Die Frage nach Erfahrung der Gnade wird wesentlich radikaler und elementarer, als sie uns in der klassischen Problemstellung bei Thomas von Aquin und, wieder ganz anders, bei Luther begegnet.*

Man kann also mit vollem Recht Luthers Frage nach der Heilsgewißheit dergestalt in die Glaubenssituation der Gegenwart transponieren, daß man sagt: *Heilsgewißheit ist (heute) existentielle Gottesgewißheit im Glauben.* Damit hätte man zugleich den geistesgeschichtlichen und glaubensgeschichtlichen Wandel vom 16. Jahrhundert zu unserer Zeit zum Ausdruck gebracht. In der Strukturparallelität zur heutigen Gottesfrage liegt die heimliche Aktualität von Luthers Lehre von der Heilsgewißheit beschlossen[4]. *Dennoch müssen wir einen Schritt weitergehen und präzis nicht nur von Gotteserfahrung, sondern von Erfahrung der Gnade reden.* Gewiß: Wer Gott sagt, sagt „Heil" und „Gnade", und nur aus der biblisch-christlichen Glaubensüberlieferung kann er das mit letzter Entschiedenheit und Gewißheit wissen. Und wenn schon die *Frage* nach Gott die Frage nach dem Heil des Menschen, ja aus der Froschperspektive des Menschen schon einen Vorbegriff von jenem Heil einschließt, das Gottes Liebe schafft, so ist auch diese Frage schon heimlich von der Berührung mit der biblisch-christlichen Überlieferung geleitet. Es ist auch allgemein religionswissenschaftlich am heutigen Punkt der Religionsgeschichte unter dem Einfluß des Christentums nicht mehr beliebig, was wir unter „Gott" verstehen[5], und insofern fragt auch die präzis gestellte Frage nach „Gott" nicht nach einem beliebigen Gott, sondern nach der Wirklichkeit des Gottes, von dem die biblische Überlieferung und die mit ihr verwandten Glaubenstraditionen (etwa der Islam) künden. Insoweit hätte es sein volles Recht, wenn wir die Begriffe „Gnadenerfahrung" und „Gotteserfahrung" als austauschbare verwenden.

Es gibt nur einen Grund, doch zu unterscheiden und auf dem Begriff „Gnadenerfahrung" zu bestehen. Und das ist eben der Grund, die Gotteserfahrung als Gnadenerfahrung eindeutig zu halten. Denn es ist nach wie vor nicht ausgeschlossen, heimlich oder offen – und sogar nicht einmal ganz ohne Recht – den Begriff der „Gotteserfahrung" aus dem biblisch-christlichen Zusammenhang herauszunehmen, ja ihn gegen den biblisch-christlichen Beitrag dazu abzuschirmen. Auch der Christ muß zugeben, daß es Gotteserfahrung auch außerhalb des biblisch-christlichen Überlieferungszusammenhanges geben kann und gibt. Christlicher Glaube wird darin immer so weit wie möglich die Erfahrung des Gottes Jesu Christi suchen und wiedererkennen. Der bewußte Nicht-Christ wird eben dieses Urteil nicht teilen. Dann müßten wir ihm entweder wahre Gotteserfahrung absprechen – oder wir müssen eben doch begrifflich zwischen Gotteserfahrung und Gnadenerfahrung unterscheiden. Hier nun fragen wir nach Gotteserfah-

---

[4] Man vergleiche einmal die Überlegungen von *Karl Rahner,* Über die Erfahrung der Gnade (s. 16 I 1 Anm. 3) mit den „klassischen" Argumenten (s. 16 I 3 und 4)! Vgl. auch *Pesch,* Hinführung zu Luther, 128–133.
[5] Vgl. dazu *Pannenberg,* Erwägungen zu einer Theologie der Religionsgeschichte (= Grundfragen systematischer Theologie I, 252–295); auch *ders.,* Die Frage nach Gott (= aaO 361–386), 377–386.

rung als *Gnadenerfahrung,* das heißt: Wir fragen nach der Erfahrung der heilvollen Nähe und der heilmachenden Geschenke jenes Gottes, von dem die christliche Botschaft kündet. Eine fundamentaltheologische und erst recht eine religionsphilosophische Betrachtung mag die Unterscheidung zwischen Gotteserfahrung und Gnadenerfahrung entbehren können, eine theologische Anthropologie, die die christliche Tradition der Gnadenlehre aktualisieren möchte, ist aus Gründen der Eindeutigkeit auf sie angewiesen. Deshalb und in diesem Sinne sprechen wir im Folgenden von Gnadenerfahrung und *nur* von Gnadenerfahrung und meinen dabei präzis die Erfahrung der „Gnade unseres Herrn Jesus Christus, der Liebe Gottes und der Gemeinschaft des Heiligen Geistes" (2 Kor 13,13).

5. Die gekennzeichnete Glaubensnot als Inbegriff der Naturverderbnis in heutiger Sicht hat zur Folge, daß der Glaubensvollzug sozusagen Mitthema aller Rede von Gnadenerfahrung sein muß. Man kann nicht mehr den Glauben „objektivistisch" in die Erörterung einbringen, etwa so: „Erst" glauben wir und betreten damit einen Raum, schließen dessen Tür und können uns dann umsehen, ohne an den Eintritt in den Raum noch länger denken zu müssen. Es ist vielmehr, um im Bilde zu bleiben, so: Alles, was wir im „Raum" des Glaubens zu entdecken haben, sehen wir nur, indem wir jeweils wieder neu eintreten. Ohne Bild gesprochen: *Jede einzelne theologische Aussage vollzieht den Glauben noch einmal mit. Gleiches gilt für jedes Ereignis, das wir als „Erfahrung der Gnade" ansprechen.* Zumindest in der Weise, daß erst der Glaube das Urteil über das Erfahrene erschließt oder befestigt. Man könnte, an schon Gesagtes anknüpfend, wiederum sagen: Solange wenigstens Gottes Wirklichkeit selbstverständlich und der Glaube auch gesellschaftlich ein allgemeines Verhalten war, war der Glaube der *Horizont* der Gnadenerfahrung, der vorgegebene Deutungsrahmen, in dem Dinge und Ereignisse als Geschenke der Gnade und Liebe Gottes erfahren werden konnten. Heute aber ist der Glaube nicht mehr einfach die ein für allemal durchschrittene Tür zum Raum, die persönlich und gesellschaftlich vorgegebene „transzendentale" Erfahrung, er ist selbst immer neu zu vollziehen, erscheint sozusagen nur noch als immer neuer „gegenständlicher" Einzelakt. Als solcher ist er nun Bedingung und Vollzugsweise von Gnadenerfahrung, und eben deshalb vollzieht jede Gnadenerfahrung den Glauben noch einmal mit. Jedenfalls ist damit zu rechnen. Wie soll Gnadenerfahrung in der heutigen Glaubenssituation anders möglich sein?[6]

Wir haben nun im Nachdenken über solche Voraussetzungen und Leitlinien schon einen ziemlich detaillierten Vorbegriff von möglicher Gnadenerfahrung gewonnen: ein erfahrbarer Einfluß Gottes, inhaltlich gebunden an die biblisch-christliche Botschaft; möglicherweise sowohl als transzendentale wie auch als

---

[6] Möglicherweise wäre hier ein Bedenken gegen *Rahners* frühen Aufsatz zur Gnadenerfahrung (s. Anm. 4) anzumelden. Rahner thematisiert die hier angestellte Überlegung nicht, sondern redet so, als könne die Gnade durchaus in unserer Erfahrungswelt, unabhängig vom Glauben, vorkommen und aufgefunden werden, wenn man nur tief genug bohre; vgl. auch *Weß,* ebda. (s. Anm. 2).

gegenständliche Erfahrung; reflektierbar, aber nicht „verifizierbar"; ihr Ort im Menschen ist die Erfahrung der Naturverderbnis, die vor allem Glaubensnot ist. Eben deshalb ist sie primär Gotteserfahrung, allerdings Erfahrung des Vaters Jesu Christi und nicht etwa nur einer allgemeinen „göttlichen Wirklichkeit", und sie ist in all ihren Phasen und Erscheinungsformen unablösbar an den Vollzug des Glaubens gebunden.

II. Erfahrung der Gnade Gottes – konkret

LESEEMPFEHLUNG: Splett, Gotteserfahrung im Denken, 29–112; Congar, Der Heilige Geist, 223–270

1. Keine direkte gegenständliche Erfahrung

Gott, der Vater Jesu Christi, der Schöpfer, Retter und Vollender des Menschen und der Welt, ist nicht Gegenstand direkter gegenständlicher Erfahrung, wie die uns umgebende Wirklichkeit gegenständlicher Erfahrung zugänglich ist. Darum ist auch die Gnade Gottes, die mit ihm identisch ist, nicht Gegenstand direkter „kategorialer" Erfahrung. Das ist in allen geistesgeschichtlichen Wandlungen die sich durchhaltende und bleibende Wahrheit der These des Thomas von Aquin, daß niemand der Gnade Gottes mit „wissenschaftlicher Gewißheit" gewiß sein kann. Diese harte negative These gilt wohlgemerkt schon für die Theologie des Mittelalters. Auch für diese, wie wir zu meinen geneigt sind, „christlichste" aller Zeiten, wo Gottes Wirklichkeit selbstverständliche Voraussetzung von Denken, Handeln und Erleben war, war doch diese Wirklichkeit Gottes nie anders als in ihren Wirkungen, war seine Gnade nie anders als durch sein Wort und die Sakramente seiner Kirche, war deren innermenschliche Auswirkung nie anders denn als Grund der freien Akte des Menschen und im Zusammenfall mit ihnen gegenwärtig. Und unter allen drei Gesichtspunkten war die Wirklichkeit Gottes weder zu sehen noch zu fühlen. Von psychischen Trostwirkungen war dabei gleich gar nicht die Rede.

Dies alles gilt verstärkt in der heutigen Situation des angefochtenen, bedrohten, unsicheren Glaubens und Gottesbewußtseins, in der Situation der „Verborgenheit", ja der „Finsternis" Gottes (Martin Buber), im „Zeitalter des Atheismus". Wären Gott und seine Gnade tatsächlich gegenständlich unwidersprechlich erfahrbar, so wie ein Baum gegenständlich erfahrbar ist, gegen den ich anrenne, oder ein Mensch gegenständlich erfahrbar ist, den ich umarme, dann entstünde die Frage nach der Erfahrung der Gnade erst gar nicht. Unser harter negativer Satz ist also nichts weniger als eine Brüskierung hochgespannter Erwartungen, er ist eine schlichte Selbstverständlichkeit für den, der weiß, wer Gott ist, und der sich im klaren ist, daß wir von ihm mehr wissen, was er nicht ist, als was er ist (Thomas).

2. Offenbarung und Verhüllung

Wir erfahren Gott und seine Gnade nur in genauer Entsprechung zu der Art, in der er sich uns kundgetan hat. Nun ist es aber wie ein Gesetz seiner Selbstkundgabe, daß Gott sich offenbart, indem er sich verbirgt, und sich verbirgt, indem er sich offenbart. Auf dieses „Gesetz" der Offenbarung Gottes können und brauchen wir hier nicht ausführlich einzugehen[7]. Schon gar nicht haben wir zu fragen, warum das so ist – dafür könnten wir ohnehin nur im Nachhinein „Konvenienzgründe" anführen, Gründe, die die „Angemessenheit", den guten Sinn dieses „Gesetzes" der Offenbarung Gottes dartun. Vor allem immer wieder den Grund, daß allein die verhüllte Offenbarung den Menschen zum Glauben einladen kann, während die unverhüllte Offenbarung Gottes den Geist des Menschen bezwingen und sein Herz gefangen nehmen würde. Gott will aber unseren Glauben und unsere ungezwungene freie Hingabe des Herzens.

Verhüllung in der Offenbarung bedeutet: Gott zeigt sich uns nur *indirekt* in innerweltlichen, geschichtlichen Ereignissen, die an sich selbst nicht das Siegel besonderen göttlichen Ursprungs tragen. Eben deshalb lassen sie die Freiheit zum Glauben.

Bekanntlich hat man diesen Tatbestand nach einem zweifachen Grundmuster zu interpretieren versucht. Das eine: Die (indirekte) Offenbarung Gottes in geschichtlichen Ereignissen ist an sich, genaues Hinsehen vorausgesetzt, deutlich als solche zu erkennen. Als solche kann sie zum vergewisserbaren Grund des Glaubens werden. Dieser Glaube bedeutet Vertrauen, bedeutet das Wagnis der Existenz auf die gewiß gewordene Offenbarung Gottes hin. Dies ist die seinerzeit aufsehenerregende Position von Wolfhart Pannenberg (und seinem Freundeskreis), die Pannenberg bis heute nicht aufgegeben, im Gegenteil ausgeweitet hat. Die andere Interpretation sagt: Die innerweltlichen Ereignisse *als* (indirekte) Offenbarung Gottes anzusprechen, das ist gerade der Ertrag des Glaubens. Außerhalb des Glaubens von „Offenbarung Gottes" zu reden ist sinnlos, weil unverständlich. Man kann allenfalls die Plausibilität dieses Glaubens, seine menschliche Verantwortbarkeit aufzeigen, aber man kann die Sache des Glaubens, Gott und seine Offenbarung, nicht außerhalb des Glaubens ausweisen. Dies ist die Auffassung „konservativer" lutherischer Theologen ebenso wie der

---

[7] Aus der neueren Literatur zum Thema „Offenbarung" sei genannt: *Schillebeeckx,* Offenbarung und Theologie; *ders.* in den in Anm. 2 genannten Arbeiten; *Wolfhart Pannenberg/Rolf Rendtorff/Trutz Rendtorff/Ulrich Wilckens,* Offenbarung als Geschichte (Göttingen 1961, ⁵1982); *Heinrich Fries,* Die Offenbarung (= MS I, 159–238); *Michael Seybold/Pierre-Réginald Cren/Ulrich Horst/Alexander Sand/Peter Stockmeier,* Offenbarung. Von der Schrift bis zum Ausgang der Scholastik (= HDG I 1 a) (Freiburg i. Br. 1971); *Hans Waldenfels/Leo Scheffczyk,* Die Offenbarung. Von der Reformation bis zur Gegenwart (= HDG I 1 b) (Freiburg i. Br. 1977); *Franz Konrad,* Das Offenbarungsverständnis in der evangelischen Theologie (München 1971); *Peter Eicher,* Offenbarung. Prinzip neuzeitlicher Theologie (München 1977); *Thielicke,* Der evangelische Glaube; *ders.,* Glauben und Denken, 121–173; 580–597; *Ebeling,* Dogmatik I, 245–261; *Schmaus,* Der Glaube der Kirche I/1; *Seckler,* Aufklärung und Offenbarung (= CGG 21,6–78); *Kasper,* Der Gott Jesu Christi, 151–167.

Schule Rudolf Bultmanns[8]. Die katholischen Theologen „verteilen" sich, mit vielen Nuancen im einzelnen, auf beide Interpretationsmuster[9].

Der Unterschied zwischen beiden ist, klar erkennbar, die Bewertung der *Vergewisserbarkeit* der Offenbarung. *Was für die erste Position die vergewisserbare Voraussetzung des Glaubens ist, ist für die zweite der Ertrag des voraussetzungslosen Glaubens, der selber erst Gewißheit schafft.* Kein Unterschied besteht dagegen, und darauf kommt es für uns an, im Verständnis von der Offenbarung Gottes selbst: Sie ist allemal eine indirekte, in gedeuteten geschichtlichen Ereignissen, und erst am Ende der Tage steht die „unverhüllte" Offenbarung Gottes zu erwarten, wo wir ihn „von Angesicht zu Angesicht" sehen.

Da die Gnade Gottes zur Offenbarung gehört, ja ihr eigentlicher Inhalt ist, ist ihre Erfahrung ebenso eine indirekte und darum insoweit eine gegenständliche, weil es dabei um gedeutete konkret-geschichtliche Ereignisse geht. Wenn man – mit gutem, auch biblischem Grund – das Offenbarungsgeschehen selbst also „Gnade" nennt (vgl. Röm 1,17; Gal 1,15; Eph 1,7–9), *dann ist die Begegnung mit den geschichtlichen Offenbarungsereignissen selbst eine indirekte gegenständliche Gnadenerfahrung.* Genauso haben es denn auch die ersten Jünger Jesu, die ersten Christen „empfunden"[10]. Damit aber entsteht für *uns* die eigentümliche und „berühmte" Schwierigkeit, die Lessing mit dem bekannten Wort vom „garstigen, breiten Graben" gekennzeichnet hat: Die geschichtlichen Ereignisse, die einstmals für bestimmte Menschen indirekte gegenständliche Gnadenerfahrung waren, sind von uns um nahezu 2000 Jahre entfernt. Wenn sie auch für *uns* indirekte gegenständliche Gnadenerfahrung sein sollen, dann auf jeden Fall anders als für die Zeitgenossen der Geschehnisse selber. Die geschichtliche Mächtigkeit dieser Ereignisse, durch die wir ihnen gewissermaßen auch über den Zeitabstand hinweg heute noch begegnen können, erreicht uns durch den Zusammenhang eines geschichtlichen Auslegungs-, Aneignungs- und Überlieferungsgeschehens. Das Problem, wie mit der Tradition im Zusammenhang systematisch-theologischer Reflexion umzugehen sei[11], greift hier unmittelbar in die Frage nach der Gnadenerfahrung ein. *In jedem Fall ist*

---

[8] Vgl. *Pannenberg*, ebda.; vgl. *ders.*, Grundzüge der Christologie (Gütersloh ²1964), 21–23 u. ö.; *ders.*, Das Glaubensbekenntnis, ausgelegt und verantwortet vor den Fragen der Gegenwart (Hamburg 1972), 5–22; *ders.*, Wissenschaftstheorie und Theologie, 299–329. – Zur Gegenthese, aktenkundig nicht zuletzt in der Reaktion auf Pannenberg, vgl. *Paul Althaus*, Offenbarung als Geschichte und Glaube. Bemerkungen zu Wolfhart Pannenbergs Begriff der Offenbarung, ThLZ 87 (1962) 321–330; *Thielicke*, Der evangelische Glaube I, 64; 98; 287; *ders.*, Theol. des Geistes, 453–458; *Bultmann*, Der Begriff der Offenbarung im Neuen Testament (= Glauben und Verstehen III, 1–34; *ders.*, Jesus Christus und die Mythologie, 59–68; 85–90; *Ebeling* ebda. (s. Anm. 7); vgl. auch seine Kontroverse mit Pannenberg über die „Evidenz des Ethischen", bes. den Schluß des Briefes von *Ebeling* (s. w. o. 7 I 2 Anm. 21). Überblick bei *Kantzenbach*, Programme der Theologie, 289–315.

[9] Vgl. die Analyse bei *Eicher*, aaO (s. Anm. 7).

[10] Darauf baut *Schillebeeckx* seine Argumentation auf: Christus und die Christen, 24–57; 64–71; 611–624; *ders.*, Die Auferstehung Jesu, 19–28.

[11] Vgl. w. o. 1 III 1–2; 4 II.

Gnadenerfahrung nicht möglich ohne eine individuelle Aktivität. Zwar ist das passive Element, das konstitutiv im Begriff der Erfahrung enthalten ist, auch hier gewahrt, insofern wir, insofern jeder Glaubende unerzwingbar und, von außen betrachtet, geradezu zufällig in diesen Zusammenhang des Überlieferungsgeschehens hineingerät und dort die Botschaft von jenen geschichtswirksamen Ereignissen hört. Es geht aber dann nicht weiter, ohne daß der Hörende sich selbst zu diesem Überlieferungsgeschehen in Bezug setzt, buchstäblich, im Sinne des lutherischen „pro me", es auf sich bezieht. Mit einem Wort: Gnadenerfahrung ist immer geistige Aktivität. Und um jedes Mißverständnis auszuschließen, sei es auch noch einmal negativ gesagt: *Gnadenerfahrung ist kein „Erlebnis". Wohl aber kann die geistige Aktivität der Gnadenerfahrung auch noch das „Erlebnis" annehmen, gelten lassen,* ja es selbst als ein Stück jener Mächtigkeit der damaligen geschichtlichen Ereignisse beurteilen, die sich darin erweist, daß sie auch heute noch jenes „Brennen in unseren Herzen" auszulösen vermögen wie damals (vgl. Lk 24,32). Das mag gleich noch deutlicher werden.

3. Aktive Erfahrung

Unversehens sind wir wieder in den Problemkreis von Gnade und Freiheit geraten. *Mögliche Gnadenerfahrung ist zu erwarten im Bereich unserer Akte, die Gott und sein Heilshandeln in irgendeiner Weise zum Thema haben.* Nun muß man nur noch die früher schon erörterte unauflösliche Koinzidenz von Freiheit und Gnade im Auge behalten, dann ergibt sich: *Das Ereignis der Gnadenerfahrung ist nicht ein mystisches Widerfahrnis oder dergleichen, sondern ein Akt unserer Freiheit* – und ein „mystisches Widerfahrnis" nur, insoweit auch dieses direkt oder indirekt Tat unserer Freiheit ist. Ein ebensolcher Akt *ist* die Gnade *und* ihre Erfahrung, nicht in begrifflich-formaler, aber in inhaltlicher und existentieller Identität. Der freie Akt auf Gott hin ist *Gnaden*erfahrung, insofern er von *Gott* in der Freiheit erwirkt ist. *Von diesem Ausgangspunkt her lassen sich nun die Weisen von Gnadenerfahrung differenzieren, je nachdem das geschichtliche Heilshandeln Gottes direkt oder nur indirekt Thema eines solchen Aktes ist, und ferner je nach der Intensität, in der das Heilshandeln Gottes direkt zum Thema wird.*

a) *Bleiben wir zunächst beim Heilshandeln Gottes als indirektem Thema unserer Freiheitstat. Hierher gehört der Gesamtbereich dessen, was der Glaube gern mit dem alten Wort „Fügung" nennt,* nämlich Fügung Gottes – die der Nicht-Glaubende immer als „Zufall" ansieht[12]. Wieso ist das Gnadenerfahrung? In seinem Heilshandeln hat Gott sich als der Vater, Freund, Retter und in *diesem* Sinne als der „Herr" erwiesen. Bekanntlich ist im griechischen und von dort im lateinischen Neuen Testament „Herr" die Übersetzung des hebräischen Gottesnamens

---

[12] Vgl. *Klaus P. Fischer,* Zufall oder Fügung? (Zürich 1977); auch *Pesch,* Theologische Überlegungen zur „Vorsehung Gottes" (= CGG 4, 74–104), 102 f.

„Jahwe", und dieses Wort bedeutet nicht „Herrschaft", sondern „Ich werde dasein", und dieser Gottesname, der ein Satz ist, meint die Heilszusage Gottes an sein Volk. Offenbart sich aber Gott so in seinem *Heils*handeln, dann offenbart er darin sein *Wesen.* Er ist also *überhaupt* Vater, Freund, Retter. *Aus diesem Grunde* darf der Glaube die Lebensschicksale, auch die schweren, als väterliche Fügung auffassen und Gottes Licht in ihnen leuchten sehen. Insofern sind auch die „Fügungen", zuletzt also das ganze Leben mit all seinen Alltagen und Höhepunkten deswegen *Gnaden*erfahrung, weil sie buchstäblich bei dem „gnädigen Vater im Himmel", ja sagen wir es ruhig so: beim „lieben Gott" ihre Quelle haben. Diese Gnadenerfahrung in den Lebensschicksalen hat heute unermeßlich an Bedeutung gewonnen, weil ja gerade an den Lebensschicksalen die moderne Frage nach Gott in aller Schärfe aufbricht. Denn die Frage kann ja nicht aus dem Herzen vertrieben werden: Darf man nach Auschwitz noch Theologie treiben?

Trotzdem haben wir im Sinne unserer Voraussetzungen auch einzuschränken. Im strengen und eigentlichen Sinne kann man nämlich auch sagen: Die Lebensschicksale sind als solche *noch keine* Gnadenerfahrung. Einmal, weil sie nicht direkt das Heilshandeln Gottes in der Geschichte Jesu zum Thema haben – und dieses Heilshandeln Gottes in Jesus Christus ist nach neutestamentlichem Zeugnis *die Gnade*[13]. Und zum andern ist in den Lebensschicksalen das Moment der *Passivität,* des Widerfahrnisses besonders hervortretend. Voraussetzungsgemäß aber ist der Ort eigentlicher Gnadenerfahrung nicht das ungerufene Widerfahrnis, sondern unser freies Tun auf Gott hin. Damit betreten wir den zweiten Bereich:

b) Das Heilshandeln Gottes und seine Bedeutung für uns können *direkt* Thema unserer freien Akte sein. Und das gewissermaßen wiederum in verschiedener „Dichte". Da ist zunächst *der Bereich dessen, worauf Thomas seine „konjekturale Gewißheit" der Gnade gründet*[14]. Legen wir es ein wenig aus:

Freude an Gott und der Wirklichkeit des Glaubens – also zum Beispiel Gebet, Schriftlesung, Meditation, Interesse für theologische Fragen, Interesse am Schicksal der Kirche, Mitfreude mit ihren echten „Erfolgen", Mitleiden mit ihrem Versagen, Sakramentenempfang, geistliches Gespräch. *Kein Bewußtsein einer schweren Sünde, also ethische Bemühung* – also Ringen um sittliche Festigkeit, Sicherheit in der Erfassung des Richtigen und Guten, Selbstlosigkeit, Ernst, wo Ernst angebracht ist, Humor, wo er löst und heilt. *Verachtung der Welt, also kritische Distanz zu ihr* – also Kritik noch in der Bejahung und Bejahung noch in der Kritik, kein Verfallen an Modetrends, ein starkes Bewußtsein von der Gebrochenheit und Anfälligkeit auch noch des Besten, das wir tun können. Man soll diese „Zeichen" der Gnade wahrhaftig nicht geringschätzen. Wenn darin nicht Gnadenerfahrung gemacht werden kann, dann weiß man am Ende nicht mehr, wieso ein gelingendes christliches Leben noch eine glaubwür-

---

[13] Vgl. w. o. 3 II.
[14] Vgl. w. o. 16 I 3.

dige Verkündigung sein kann. Übrigens ist diese „konjekturale Gewißheit" der Gnade bei Thomas ähnlich dem, was Luther unter der indirekten Heilsgewißheit aus den Werken versteht: zum Teil nennt er dieselben Werke wie Thomas.

Über dieses sozusagen alltägliche christliche Leben hinaus gibt es *Akte, in denen die Wirklichkeit der Gnade sozusagen „reiner" zum Vorschein kommt, die Gefahr der Verwechslung geringer ist*. Was hier gemeint ist, kann man nach wie vor nicht schöner als mit den Worten von Karl Rahner ausdrücken: „Haben wir schon einmal geschwiegen, obwohl wir uns verteidigen wollten, obwohl wir ungerecht behandelt wurden? Haben wir schon einmal verziehen, obwohl wir keinen Lohn dafür erhielten und man das schweigende Verzeihen als selbstverständlich annahm? Haben wir schon einmal gehorcht, nicht weil wir mußten und sonst Unannehmlichkeiten gehabt hätten, sondern bloß wegen jenes Geheimnisvollen, Schweigenden, Unfaßbaren, das wir Gott und seinen Willen nennen? Haben wir schon einmal geopfert, ohne Dank, Anerkennung, selbst ohne das Gefühl einer inneren Befriedigung? Waren wir schon einmal restlos einsam? Haben wir uns schon einmal zu etwas entschieden, rein aus dem innersten Spruch unseres Gewissens heraus, dort, wo man es niemand mehr sagen, niemand mehr klarmachen kann, wo man ganz einsam ist und weiß, daß man eine Entscheidung fällt, die niemand einem abnimmt, die man für immer und ewig zu verantworten hat? Haben wir schon einmal versucht, Gott zu lieben, dort, wo keine Welle einer gefühlvollen Begeisterung einen mehr trägt, wo man sich und seinen Lebensdrang nicht mehr mit Gott verwechseln kann, dort, wo man meint zu sterben an solcher Liebe, wo sie erscheint wie der Tod und die absolute Verneinung, dort, wo man scheinbar ins Leere und gänzlich Unerhörte zu rufen scheint, dort, wo es wie ein entsetzlicher Sprung ins Bodenlose aussieht, dort, wo alles ungreifbar und scheinbar sinnlos zu werden scheint? Haben wir einmal eine Pflicht getan, wo man sie scheinbar nur tun kann mit dem verbrennenden Gefühl, sich wirklich selbst zu verleugnen und auszustreichen, wo man sie scheinbar nur tun kann, indem man eine entsetzliche Dummheit tut, die einem niemand dankt? Waren wir einmal gut zu einem Menschen, von dem kein Echo der Dankbarkeit und des Verständnisses zurückkommt, und wir auch nicht durch das Gefühl belohnt werden, ‚selbstlos', anständig usw. gewesen zu sein?

Suchen wir selbst in solcher Erfahrung unseres Lebens, suchen wir die eigenen Erfahrungen, in denen gerade uns so etwas passiert ist. Wenn wir solche finden, haben wir die Erfahrung des Geistes gemacht, die wir meinen. Die Erfahrung der Ewigkeit, die Erfahrung, daß der Geist mehr ist als ein Stück dieser zeitlichen Welt, die Erfahrung, daß der Sinn des Menschen nicht im Sinn und Glück dieser Welt aufgeht, die Erfahrung des Wagnisses und des abspringenden Vertrauens, das eigentlich keine ausweisbare, dem Erfolg dieser Welt entnommene Begründung mehr hat."[15]

---

[15] *Rahner*, Über die Erfahrung der Gnade (s. Anm. 4), 106 f.

c) *Der unverwechselbarste Akt des Menschen auf Gott hin und darum die Gnadenerfahrung schlechthin ist der Glaube*. Bei allem, was wir bisher aufzählten, war es stets nur mehr oder weniger deutlich, daß es sich um Gnadenerfahrung handelte, Verwechslung war möglich, und vielfach war es auch gar nicht erforderlich, daß ein solcher Vorgang bewußt und reflektiert *als* Gnadenerfahrung verstanden wurde. Wohl aber konnten wir all dies *im Licht des Glaubens* als Gnadenerfahrung bezeichnen. Darum haben wir den Glauben als *die* Gnadenerfahrung zu verstehen, die alle anderen trägt und allererst als Gnadenerfahrung erkennen läßt. Der Glaube ist in der Tat Gnadenerfahrung nach allen Kriterien, die wir oben als Voraussetzungen und Leitlinien für Gnadenerfahrung aufstellen mußten:

– Er ist die aufhebende Antwort auf die „Naturverderbnis", das heißt: auf die Unfähigkeit und Unwilligkeit zum Glauben.

– Er setzt kein Wissen um Gott voraus, im Gegenteil, er ergreift seinerseits die Wirklichkeit Gottes und läßt allererst um sie wissen.

– Er hat als Glaube Gottes Heilshandeln direkt zum Thema.

– Als bewußter Glaube ist er reflektierter Glaube, das heißt, er weiß um sich selbst als Gnadenerfahrung, weil die Gnade Gottes in Jesus Christus gerade sein Thema ist.

– Er ist gegenständliche (kategoriale) Gnadenerfahrung, insofern er in jedem ausdrücklichen Glaubensvollzug konkret wird.

– Er ist zugleich die „Urerfahrung" (transzendentale Erfahrung) der Gnade, insofern er den bedingenden Deutungsrahmen aller Gnadenerfahrung schafft und ihn in jedem einzelnen (kategorialen) Glaubensvollzug gewissermaßen „frisch" hält.

Wir brauchen gewiß nicht lange darzutun, wie sehr wir mit diesen Überlegungen unter modernen Voraussetzungen Luthers Predigt von der Heilsgewißheit in einer alle konfessionellen Kontroversen übergreifenden Weise aufgenommen haben[16].

4. *Wort und Gnadenerfahrung*

LESEEMPFEHLUNG: Jüngel, Gott als Geheimnis der Welt, 203–248

Die Gnadenerfahrung im Glaubensvollzug ist eine bewußte, aber sie läßt sich nicht noch einmal adäquat vergewissern – das widerspräche der harten negativen Aussage, von der unsere Überlegungen oben ausgingen. Aber der Glaube kann sich der mit ihm gegebenen Gnadenerfahrung indirekt vergewissern, und zwar einerseits in der schon beschriebenen Weise in den „Werken", vor allem aber *im Phänomen seiner eigenen Unverfügbarkeit*. Unter, soweit feststellbar, gleichen menschlichen, geistigen, sozialen Bedingungen glauben die einen Men-

---

[16] Vgl. w.o. 16 I 4 und II.

schen, die anderen nicht. Dem einen gelingt der Glaube, dem anderen scheitert er unter den wachsenden Bedrohungen unserer Tage. Das „beweist" nicht, daß der Glaube *die* Gnadenerfahrung ist – zumal niemand wissen kann, ob, wer sich für ungläubig hält, wirklich so glaubenslos ist, wie er meint und möchte –, aber es bestätigt mit besonderer Deutlichkeit das, was der Glaube über sich selber sagt: daß er sich nämlich der Gnade Gottes verdankt.

Darum konvergiert alle Erfahrung von Gnade in dem, was den Glauben schafft: im Wort. Im weitesten Sinne verstanden – also nicht nur als gottesdienstliche Predigt! – ist das Wort die Art, wie Gottes Gnade von *außen* in uns *innerlich* wirkt: unverzwingbar, nur zu hören, wenn es, womöglich unversehens und ungerufen, an unser Ohr dringt. Das Wort der verkündeten Glaubensbotschaft gibt den „Deutungsrahmen" vor, in den der Glaube eintritt und der dadurch der Grund der Möglichkeit aller indirekten gegenständlichen Gnadenerfahrung wird. Und zugleich geht dieses Wort durch unsere eigene Aktivität hindurch: durch den Glauben, der ganz Gottes Gnade und zugleich unsere Tat ist.

Diese Konvergenz aller Gnadenerfahrung im Hören des Wortes hat zwei Konsequenzen, die man nicht ernst genug nehmen kann. Die eine Konsequenz: *Wer auch immer und auf welche Weise auch immer das Wort der Botschaft verkündet und vermittelt, trägt durch die Art, w i e er es verkündet, die Verantwortung dafür, daß es als G n a d e erfahren werden kann.* Die Formen und Weisen, wie das Wort der Botschaft menschliche Ohren und Herzen erreicht, waren schon immer sehr vielfältig, und sie sind unter den Bedingungen heutiger Massenmedien unabsehbar gewachsen. Zugleich wissen wir überhaupt viel mehr und viel besser als früher, wie Worte unter Menschen wirken können[17]. Auch können wir uns nicht länger der Einsicht verschließen, daß die Kirche – die Kirchen! – im Laufe ihrer Geschichte ein gerütteltes Maß dazu beigetragen haben, daß ihre Botschaft trotz des befreienden Inhaltes heute von Millionen von Menschen im günstigsten Fall als ehrenwerte subjektive Überzeugung, im ungünstigsten Fall als geistiges und in Konsequenz auch höchst leibliches Folterinstrument angesehen wird, aus dem die Befreiung durch den neuzeitlichen Säkularismus überfällig war. Sicher ist jedenfalls: Wenn das Wort der Botschaft – auch ihr richtendes Wort! – bei dem gequälten Menschen unserer Tage *nicht* das große Aufatmen oder wenigstens eine kleinen Anfang davon aufkommen läßt, dann ist es als Wort Gottes nicht angekommen. Der Verkünder trägt nicht Verantwortung für den Glauben des Hörers, wohl aber dafür, daß dieser begreifen kann, was ihm hier zugesprochen wird. Wer da nicht manchmal mit Jeremia zu sagen geneigt ist: „Ach Herr, ich tauge nicht zu predigen" (Jer 1, 6), hat vermutlich die Verantwortung, die er trägt, noch nicht recht empfunden.

Und die andere Konsequenz: *Alle Gnadenerfahrung bewährt sich, was ihre Echtheit betrifft, in der Krise.* Wenn die Erfahrungen schweigen oder durch ganz gegenteilige Erfahrungen außer Kraft gesetzt werden, wenn *nur noch* das Wort

---

[17] Vgl. w. o. 2 II 2.

gegen alle subjektiven Gefühle und objektiven Reflexionen geltend gemacht werden kann – dann konvergiert noch einmal alle Gnadenerfahrung im Wort. Eine andere Gnadenerfahrung gibt es dann nämlich nicht mehr als diese, daß das Wort in allen Beirrungen für uns hörbar bleibt und gewissermaßen uns nicht losläßt, wo wir drauf und dran sind, von ihm zu lassen.

Dieses Wort ist keine abstrakte Größe, sondern vielleicht ein Bibelvers, der trotz allem feste Wurzeln in unserem Gedächtnis hat. Ein Gebet, vielleicht sogar aus Kindertagen. Das Wort eines Menschen, der unser Vertrauen hat. Das schlichte, nur unbeholfen ausgedrückte Glaubenszeugnis eines einfachen Menschen. Ein unverlierbar haftender Satz aus irgendeiner Sonntagspredigt. Eine Zeile in einem religiösen Buch, die wir dick unterstrichen haben. Eine selbstlose Hilfe um der Liebe Christi willen, die uns in bitterster Not zuteil wurde ... Das alles ist konkretes *Wort,* an dem wir auch heute noch Erfahrung von Gnade machen können. Auch in der Krise. Auch dann, wenn Verwirrung durch moderne Theologie, skeptisches Lebensgefühl und religiöse Gleichgültigkeit der Gesellschaft sich mit dem Ärger und dem Zorn gegenüber der Kirche zu einem Syndrom des Zweifels verbinden, das uns vor die Frage stellt, ob es nicht an der Zeit sei, sich die Anstrengung des Glaubens nicht länger zuzumuten. Man weiß nicht, ob man den Christen beglückwünschen oder buchstäblich erfahrungsarm nennen soll, der eine solche Krise nie verspürte.

Siebenter Fragenkreis
Der neue Mensch oder: Gottesglaube und Ethos

18. KAPITEL
GLAUBE UND NEUES HANDELN IN DER TRADITION

Von Anfang an „legitimerte" sich der christliche Glaube gegenüber der heidnischen Umwelt nicht so sehr durch die Faszination neuer „Lehren" oder durch
seinen nüchternen neuen Gottesdienst. Im Gegenteil, für die „Lehre" ernteten
die Christen bei den gebildeten Heiden nur ein Lächeln, wenn nicht gar offenen
Spott[1], und wegen ihres Kultes wurden sie „Atheisten" genannt, weil sie nicht
am Kaiserkult teilnahmen und keine „Opfer" darbrachten, vielmehr die Verbrei-
tung ihres Glaubens, ihr Gotteslob und ihr Leben als das neue „Opfer" ansa-
hen[2]. Ihr Leben, ihr neues Handeln war es, wodurch sich die Christen vor der
Welt zu beglaubigen suchten. Die urchristlichen Verkünder behaften ihre Hörer
dabei: Wie könnt ihr, die ihr so viel empfangen habt, so handeln ... das ist die
Grundstruktur ihrer kritischen Mahnrede (Röm 14,9f. 15–18; 1 Kor 1,13;
6,1–11; 8,11–13; 2 Kor 6,14–7,1; Gal 4,9f.). Die altkirchlichen Apologeten argumentieren gegen die Christentumskritiker: Was habt ihr gegen die Christen?
Sie treiben keine Unzucht, zahlen ihre Steuern, halten Frieden[3].

Das neue Handeln als Ausweis des Glaubens und seiner verwandelnden Kraft
– dabei ist es bis heute geblieben. Zu fragen war nur, *wie* das Verhältnis von
Glaube und Handeln näher zu bestimmen sei. Diese Frage ist durch die Reformation neu zur Debatte gestellt worden, aber sie ist gerade hier von einer Nebel-
wand von Mißverständnissen und seelsorglichem Mißbrauch und darum

---

[1] Überblick in HKG I, 193–200 (*K. Baus,* zu Lukian, Kelsos u.a.).
[2] Vgl. Röm 12,1f.; 15,15f.; Phil 2,17; 4,18; Heb 10,23; 13,15; Jak 1,27; 2,22; 2 Tim 4,6; vgl. zum größeren Zusammenhang *Heinrich Schlier,* Grundelemente des priesterlichen Amtes im Neuen Testament, ThPh 44 (1969) 161–180 – eine brillante Analyse des Textbefundes, auch wenn man gegen die
systematischen Konsequenzen methodische Bedenken haben mag. Zum „Atheismusvorwurf" gegen
die Christen im Römischen Reich vgl. *Norbert Brox,* Zum Vorwurf des Atheismus gegen die alte Kirche, TThZ 75 (1966) 274–282; *Walter Kern,* Atheismus – Marxismus – Christentum. Beiträge zur Diskussion (Innsbruck 1976), 17ff.
[3] Vgl. exemplarisch *Origenes,* Contra Celsum VIII; Überblick wiederum in HKG I, 200–211;
261–277; und bei *Altaner-Stuiber,* Patrologie, 58–79; 188–209.

beiderseits von entsprechenden Ängsten verstellt. So ist aus Gründen der Sache und aus Gründen des geschichtlichen Erbes – das in diesem Fall eine geschichtliche Hypothek ist – eine genauere Frage nach dem Verhältnis von Glaube und Handeln nötig und sind deren anthropologische Konsequenzen zu bedenken.

I. Die Selbstverständlichkeit des neuen Handelns

Leseempfehlung: Hoffmann/Eid, Jesus von Nazareth und eine christliche Moral, 27–107

Der „Orgelpunkt" unter der gesamten Tradition in dieser Frage ist die Aussage: *Das neue Handeln aufgrund des Glaubens ist selbstverständlich. Das Grundmodell der Aussage lautet nicht: Du hast Gott erkannt, dich ihm unterworfen, also halte nun auch seine Gebote, sondern: Du bist von Gott beschenkt, also kannst du doch nicht anders als ebenso handeln, indem du Gottes Liebe an die Mitmenschen weiterschenkst.*

1. Das Alte Testament

Das Gesetz ist für Israel gnädige Wegweisung Gottes, es ist *die* Gnade, der Weg des *Lebens*. Die Gebote des Dekalogs beginnen denn auch nicht, wie landläufig übersetzt wird, mit „Du sollst (nicht)", sondern: „Du wirst (nicht)!"[4] Der Grundgedanke ist also: *Das ethische Handeln ist die Art und Weise, wie man auf dem geschichtlichen Weg des Volkes und des eigenen Lebens das Geschenk Gottes annimmt.* Das Verständnis vom Gebot Gottes im Alten Testament enthüllt das Bild vom Menschen im Glauben an die geschichtliche Nähe Gottes. *Daher* erklärt sich dann auch die zunächst erstaunliche Tatsache, daß an dem im Namen Gottes verkündeten Gebot Änderungen und „Verbesserungen" möglich sind, wie schon der Vergleich der beiden Fassungen des Dekalogs in Ex 20, 2–17 und Dtn 5, 6–21 zeigt. Gottes Gebot kommt weder faktisch noch nach dem Selbstverständnis des Glaubens Israels einfach „steil von oben", es wird vielmehr „gefunden" auf dem Wege gläubiger Geschichtserfahrung und *so* dann im Namen Gottes verkündet.

---

[4] Darauf macht *Alfons Deissler* aufmerksam: Ich bin dein Gott, der dich befreit hat, 28–30; vgl. ferner *von Rad,* Theol. des AT I, 192–211; *Smend/Luz,* Gesetz, 9–44; *Böckle,* Fundamentalmoral, 167–196; jetzt auch *Braulik,* Gesetz als Evangelium.

2. Das Neue Testament

Nach der Lehre Jesu sollen seine Nachfolger handeln als solche, die keine Sorgen haben und das Gesetz nicht zum „Gesetzesbuchstaben" machen[5]. *Die Verhältnisbestimmung von Glaube und Handeln, die Jesus selber gibt, kommt wohl am deutlichsten heraus im Gleichnis vom undankbaren Knecht* (Mt 18,23–35). Es fällt auf, daß Jesus überhaupt keine Begründung gibt, *warum* man Schuld erlassen, also vergeben solle. Im Gleichnis wird nur die absolute Verständnislosigkeit der Mitknechte und des Herrn herausgearbeitet, daß man als *so* Beschenkter *so* handeln könne: Die Mitknechte sind traurig, und der „Herr" reagiert, ohne Begründung, einfach: „Hättest nicht auch du ..."

Eine erste Reflexion – eine höchst geschichtswirksame! – auf den Zusammenhang von Glaube und Handeln finden wir bei *Paulus*[6]. *Man wird bei ihm zwei Modelle dieser Verhältnisbestimmung auseinanderhalten dürfen. Das eine Modell: „Wißt ihr nicht, daß ..."* (Röm 6; 1 Kor 3,16f.; 5,8; 6,15; Gal 5,13; Phil 2,5; vgl. Eph 4,17–23.30; 5,1; Kol 3,1–17; 1 Joh 4,9–12). „Wenn wir im Geiste *leben,* so laßt uns auch im Geiste *wandeln"* (Gal 5,25). Christ sein heißt der Sünde *gestorben* sein, also kann und wird man neu leben *ohne* Sünde (Röm 6,1–14). *Das zweite Modell: Die „Früchte" des Geistes, im Gegensatz zu den „Werken" des Fleisches.* In beiden Modellen geschieht keine Berufung auf *Forderungen.* Paulus *beschreibt* die Zusammengehörigkeit von Geist, Glaube, Rechtfertigung und neuem Handeln, die Unvereinbarkeit von Herrschaft Gottes und Sünde (1 Kor 6,9f.; Gal 5,21).

3. Augustinus und die augustinische Tradition

Die Selbstverständlichkeit des neuen Handelns aus dem Glauben an das von Gott geschenkte Heil ist inzwischen so fraglos, daß sie *theoretisch* gar nicht zur Debatte steht und *praktisch* vielerorts sogar in ethischen Rigorismus umgeschlagen ist. Dafür ist nicht erst die Bewegung des Pelagius ein Indiz, das ist im Grunde schon seit dem 2. Jahrhundert so, wie vor allem die Geschichte der überstrengen kirchlichen Bußdisziplin zeigt[7]. Die Frage ist daher auch für Augusti-

---

[5] Vgl. pars pro toto *Schnackenburg,* Die sittliche Botschaft des NT, 3–128; *Smend/Luz,* aaO 58–86; *Steinmetz,* Befreit aus Enge und Zwang; Überblicke bei *Küng,* Christsein, 205–267; NGB, 142–146; *Böckle,* aaO 152–164; 197–232.

[6] Vgl. *Schnackenburg,* aaO 209–246; *Kuss,* Der Römerbrief, 2. Lieferung, 560–575; *Wilckens,* Der Brief an die Römer II, 117–180; III, 1–109; *Smend/Luz,* aaO 104–110; *Blank,* Paulus, 42–123. *Ebeling,* Die Wahrheit des Evangeliums, 320–353; zur „Geschichtswirksamkeit" vgl. *Joest,* Gesetz und Freiheit, 134–198; *ders.,* Paulus und das luthersche simul iustus et peccator; *Bläser,* Gesetz und Evangelium; *Kühn,* Via caritatis, bes. 191–223; 240–272. – Zur Begründung der Ethik in der Lehre Jesu und in der Theologie der Urkirche vgl. auch die einschlägigen Aufsätze von *Schnackenburg* in: Christliche Existenz nach dem Neuen Testament; und in *ders.,* Schriften zum Neuen Testament.

[7] Vgl. *Rahner,* Vergessene Wahrheiten über das Bußsakrament (= Schriften II, 143–184); *ders.,* Frühe Bußgeschichte (= Schriften XI); *Herbert Vorgrimler,* Buße und Krankensalbung (= HDG IV 3) (Freiburg i. Br. 1978), 28–92; dort jeweils weitere Literatur; vgl. auch w.o. 7 IV 1 Anm. 41.

nus *nicht:* Muß man überhaupt aus dem Glauben neu handeln und in welchem Ausmaß? Der ganze Bekehrungsweg Augustins ist sozusagen die beständig weiter vorangetriebene Frage, wie er sich selbst zu verstehen und dementsprechend neu zu handeln habe. *Die Frage ist daher nur: Woher kommt die Kraft zu diesem neuen Handeln? Kommt sie aus den Möglichkeiten des Menschen selbst, an die der christliche Glaube appelliert, oder kommt sie unmittelbar von Gott?* Das bleibt denn auch die Problemstellung bis in die Reformation hinein und ist auch in der modernen ethischen Grundlagendiskussion nicht überholt, soweit dort der spezifisch theologische Beitrag zur Debatte steht.

4. Thomas von Aquin

Auch bei Thomas ist das Grundproblem dasselbe wie bei Augustinus: Woher kann der Mensch gut handeln? Gut, das heißt: so, daß es ihn auf seinem Weg zu Gott als endgültigem Ziel weiterbringt. Aber in der Zwischenzeit hatte sich einiges getan. Es ist hier an alles zu erinnern, was im 12. Kapitel dargestellt wurde. Dem Verständnis von der Gnade als Kraft und Hilfe ist jetzt das Verständnis von der Gnade als „Form", als „Qualität" vorgeordnet – um eben dies abzusichern, daß die Kraft zum guten Handeln allein von Gott kommt. Die aristotelische Anthropologie und Ethik faszinierte die Geister und hielt Einzug in die theologische Reflexion. Die klare Erkenntnis, daß Glaube, Hoffnung und Liebe, und unter ihnen vor allem die Liebe, die Grundvollzüge christlicher Existenz seien, hatte sich – nicht zuletzt unter der Nötigung eines Schriftwortes wie 1 Kor 13,13 – durchgesetzt, und damit zugleich das klare Wissen, daß Glaube, Hoffnung und Liebe keine Errungenschaft des Menschen, sondern von Gott geschenkt sind. Hier kommt eine lange Geschichte zu Ende, die mit Augustins „Enchiridion" beginnt, wo erstmals der Stoff nach „Glaube, Hoffnung und Liebe" gegliedert wird, über Gregor d. Gr., der an Augustinus anknüpft, zu Petrus Lombardus führt, der sich sowohl auf Augustinus wie auf Gregor beruft, und von dort zu Thomas von Aquin[8].

Das Ergebnis bei Thomas ist: Die Lehre vom christlichen Handeln wird nicht als Lehre von Pflichten und Geboten, sondern als Tugendlehre entfaltet, „Tugend" nicht im modernen Sinne als „Tüchtigkeit" durch „Training", sondern im mittelalterlichen Sinne als „innere Neigung" verstanden – als von Gott „eingegossene", also von seiner Gnade radikal *geschenkte* „Neigung"! Die Lehre von den Geboten und den daraus folgenden Pflichten werden dieser Tugendlehre ein- und untergeordnet[9]. Grundlage dieser Tugendlehre ist einerseits der Gesichtspunkt der „Heimkehr" des Menschen zu Gott, von dem e🐾usgegangen

---

[8] Schlüsseltexte der noch nicht geschriebenen Geschichte sind *Augustinus,* Enchiridion; *Gregor,* Moralia in Job; *Petrus Lombardus,* Sentenzen III; *Thomas,* STh I–II 62–67. Den Grundriß einer solchen Geschichte habe ich in Vorbereitung.

[9] Erhellend dazu und zu den Hintergründen *Kluxen,* Philosophische Ethik bei Thomas, 218–230; vgl. *Kühn,* aaO 122–128; u. w. o. 3 I 5 b).

ist[10], und anderseits der Gedanke des „Ebenbildes Gottes", das sich im Handeln des Menschen aus gottgeschenkter Tugend verwirklicht und in der Erkenntnis und Liebe zu Gott vollendet[11].

Thomas unterscheidet bekanntlich drei „theologische" und, im Anschluß an die griechische Philosophie, vier (eingegossene!) „Kardinal"-Tugenden, wobei die letzteren in zahlreiche „Teiltugenden" und „Tochtertugenden" unterschieden werden. Zusammengezählt sind es bei Thomas 44 Tugenden – Gottes- und Nächstenliebe im Einklang mit Thomas als *eine* Tugend gezählt. Dagegen erhebt sich nun der ewige Vorwurf der evangelischen Theologie, auf diese Weise werde das Heil zur Tat des Menschen gemacht, die der Gnade nur zur „Unterstützung" bedürfe[12]. Mag auch alle Tugend noch so sehr geschenkt und gnadenhaft sein, im Mittel des Tugendbegriffes werde der Mensch zum „Täter seiner selbst" gemacht[13]. Evangelische Theologie urteilt daher ohne Widerspruch in den eigenen Reihen, daß der Tugendbegriff zur Begründung einer christlichen Ethik unbrauchbar sei[14].

Aber das Gegenteil ist der Fall – jedenfalls, was das Mittelalter betrifft[15]. *Die „Ethik" – wenn man sie so nennen will! – wird bei Thomas vor allem deswegen als Tugendlehre aufgebaut, um sie einerseits vor dem Pelagianismus und anderseits vor der Gesetzlichkeit zu bewahren.* „Tugend" bedeutet Ausgriff und Erscheinungsform der Gnade in den Seelenvermögen. Die Unterscheidung von Gnade und Tugend erfolgt nicht, um Spielraum für menschliche Leistung zu schaffen, sondern um das bleibende In-der-Gnade-Sein des Menschen im voraus zu allem Handeln zu betonen. In der Geschichte der theologischen Rezeption des Tugendbegriffes ist das Moment der „Einübung", modern gesprochen: des „Trainings", längst weggefallen *vor* dessen Anwendung in der theologischen Ethik. Mit anderen Worten: Eine als Tugendlehre ausgearbeitete Ethik will, wie schon das Verständnis von der Gnade als „Qualität", gerade die *Kraft* und die *Spontaneität* des christlichen Handelns erklären – in der Hierarchie zwischen „theologischen" Tugenden, „moralischen" Tugenden und den aus beiden fließenden Handlungen. Das Gebot wird dem nicht nur untergeordnet, es wird selber zum *inneren* Gesetz, zur inneren Spontaneität, und Thomas – als einziger der mittelalterlichen Theologen, soweit man bis jetzt sieht, und auch er erst in seinem Spätwerk – zögert nicht, dieses innerlich gewordene Gebot mit der Gnade des Heiligen Geistes zu *identifizieren* und es damit prinzipiell gegen jedes geschriebene Gesetz abzugrenzen[16].

---

[10] Vgl. w. o. 3 I 5 Anm. 43.   [11] Vgl. w. u. 19 IV.

[12] Vgl. w. o. 3 I 5 mit Anm. 45.

[13] *Ebeling*, Luther, 196; *ders.*, Das Leben – Fragment und Vollendung, 320.

[14] Vgl. *J. Klein*, Tugend, RGG VI (1962) 1080–1085, hier: 1084; *Thielicke*, Theol. Ethik I, 374 f.; *Ebeling*, Wort und Glaube III, 191.

[15] Vgl. den Versuch eines Nachweises bei *Pesch*, Die bleibende Bedeutung der thomanischen Tugendlehre; auch *ders.*, Das Gesetz, 640–664.

[16] Vgl. STh I–II 106; dazu *Kühn*, Via caritatis, 191, mit Berufung auf *Deman*, Der Neue Bund und die Gnade, 287.

Die Spitzenthese dieser Konzeption muß dann diejenige werden, die die reformatorische Theologie für die gefährlichste hielt: Die Lehre von der Liebe als der „Form aller Tugenden" (caritas forma omnium virtutum) – und in Konsequenz die These, daß nur der durch die Liebe „geformte" Glaube rechtfertigt (fides caritate formata)[17]. Aus dem scholastischen Begriffsinstrumentarium „befreit", bedeutet diese These: Alles christliche Handeln kommt – als *Frucht* – aus der umfassenden Orientierung des Menschen auf Gott hin, ja aus der wechselseitigen Beziehung zwischen Gott und Mensch, die im Gottesgeschenk der Liebe besteht. Und diese Liebe ist *nicht*, wie die Reformation befürchtet, Leistung und Werk, sondern „Freundschaft" aufgrund der Mitteilung des ewigen Lebens an den Menschen durch Gott[18]. Der augustinische Gedanke von der Wechselbeziehung zwischen Glaube und Liebe im ethischen Handeln erfährt so bei Thomas seine reichhaltigste und tiefsinnigste philosophische und theologische Durchdringung.

5. Luther

Wie schon angedeutet, hält Luther das thomanische Konzept für verderblich, ja für die Verkehrung des paulinischen Zeugnisses vom Grund-Folge-Verhältnis zwischen Glaube und Liebe. Die Gründe für diese Kritik wurden schon angedeutet, wo vom Sinn der lutherischen Formel „sola fide" die Rede war[19]. Hinter dieser Kritik steht der Anblick des zumindest praktischen und teilweise auch theoretischen Semipelagianismus der spätmittelalterlichen Theologie und gibt dieser Kritik ihr relatives Recht. Es war nicht *nur* Mißverständnis, wenn Luther unterstellte, die Kirche und die herrschende Theologie machten das Heil und die heilsvermittelnde Qualität des Glaubens abhängig von zu leistenden guten Werken. So kehrt Luther die scholastische These dem Wortlaut nach um: Der Glaube ist die Form der Liebe, nicht umgekehrt, die Liebe aber ist die Frucht des Glaubens[20]. *Nachdem das klar ist, woher* nämlich die guten Werke gut sind und woher die Kraft zu ihnen fließt, regiert wieder, und zwar mit aller Emphase, die alte Selbstverständlichkeit: Der Glaube ist nie ohne eifrige und gute Werke. Er fragt gar nicht, ob gute Werke zu tun sind, er tut sie einfach und schon längst[21]. Was Paulus an den Geist, Augustinus an die Gnade, Thomas an die Liebe anbindet, bindet Luther an den Glauben. Das Endergebnis ist das gleiche: Christliche Existenz erweist und bewährt sich (Luther: „übt sich"[22]) in guten Werken, kurz: in neuem Handeln.

---

[17] Vgl. *Thomas,* STh I–II 62,4; 65,2–5; 66,6; II–II 4,3; 17,8; 23,1.8.
[18] Vgl. STh II–II 23,1.
[19] Vgl. w.o. 10 III 1; 11 I 1.
[20] WA 39 I, 318,16. Weitere Stellen und (kontroverse!) Interpretation bei *Ebeling,* Luther, 157–197; und *Pesch,* Hinführung zu Luther, 158–175.
[21] Vgl. WA 7, 231,7; 10 I 2, 44,23; 17 II, 165,10; Deutsche Bibel 7, 10,6; 11,10; ähnlich 2, 146,32; 10 I 1, 269,19; 30 II, 621,13; 40 I, 447,22.
[22] WA 14, 23,17ff.; 24,8; vgl. 6, 249,7.32ff.; 14, 22,11ff.; 40 II, 153,1. Zum Ganzen vgl. *Althaus,* Die

6. Das Konzil von Trient

Auch das Trienter Konzil fühlt sich zunächst bemüßigt, etwas klarzustellen, was wir heute als Mißverständnis durchschaut haben. Es betont: Wir können und müssen die Gebote Gottes halten. Das hatte Luther nie bestritten – er hatte es freilich im Zusammenhang seiner an Paulus anknüpfenden Theologie des *ankla- genden* Gesetzes für katholische Ohren – bis heute – so verwirrend ausgedrückt, daß der Eindruck entstand: Luther zerstört alle Grundlagen ethischen Bemü- hens. Der Vorwurf, zumindest der Verdacht, wird, allen Beteuerungen Luthers zum Trotz[23], nicht nur von notorischen Lutherhassern wie Heinrich Denifle[24], sondern auch in seriösen Dogmatikhandbüchern, die bis heute in Gebrauch sind, aufrechterhalten[25]. So betonen die Konzilsväter, daß die Rechtfertigung des Sünders fruchtbar wird in guten Werken – und merken nicht, daß sie, zumin- dest bei Luther, damit offene Türen einrennen. *Nachdem das klar ist,* betont das Konzil dann auch mit aller wünschenswerten Deutlichkeit, daß die guten Werke *Werke Gottes in uns* sind, Früchte, die von selbst wachsen, nicht erzwungen sind, eine Quelle, die fortströmt ins ewige Leben[26].

Das Gesamtergebnis kann also nur so formuliert werden: Die Selbstverständlich- keit, Spontaneität, Zwanglosigkeit, Freudigkeit des neuen Handelns als Erweis von Glaube und geschenkter Gewißheit der Gnade Gottes ist gemeinchristliche Tra- dition. Wenige Glaubensaussagen über das „Unterscheidend-Christliche" sind so einhellig und unverstellt durch die Geschichte der Interpretation des christlichen Glaubens zu verfolgen.

Christliche Wahrheit, 648–650; *ders.*, Ethik Luthers, 23–26; *ders.*, Theol. Luthers, 213–218; *Manns,* Fi- des absoluta; *Pesch,* Theol. der Rechtfertigung, 280–283; 308–314.

[23] Z. B. 6, 205,11 (Sermon von den guten Werken, 1519!); 10 I 1, 410,14 (Weihnachtspostille, 1522); und schon 56, 233,20; 268,7 (Römerbriefkommentar 1515/16); vgl. auch die Verwahrung der CA un- ter Berufung auf Luther: CA 20, 1–2; BSLK 75,13–76,1.

[24] Vgl. *Denifle,* Luther und Luthertum in ihrer ersten Entwicklung, 2 Bde. (Mainz 1904–1909), I/2, 764: „Luthers ‚Evangelium', in seiner Wirkung betrachtet, erwies sich als eine Schule, als Seminar von Sünden und Lastern. Das ‚Evangelium', kraft dessen man von ‚evangelischer Reformation', von ‚evan- gelischen Christen' spricht, machte die Massen frech und verstockt im Sündigen, an das sie ohnehin schon gewöhnt waren."

[25] Nachweise bei *August Hasler,* Luther in der katholischen Dogmatik. Darstellung seiner Rechtferti- gungslehre in den katholischen Dogmatikbüchern (München 1968), 77f.; 85f.; 96; 98.

[26] Vgl. DS 1547 = NR 816 – im Gesamtzusammenhang von DS 1545–1549 = NR 815–817, und in Verbindung mit DS 1535–1539 = NR 805–808. Zur Literatur vgl. w. u. 20 II 5 und schon w. o. 3 I 8.

II. Die „Forderung" der Umkehr und Buße

Leseempfehlung: Zulehner, Umkehr: Prinzip und Verwirklichung, 93–161

Eben diese Aussage von der Selbstverständlichkeit des neuen Handelns erscheint aber anderseits als höchst problematisch. Wer liest, was Paulus über die Früchte des Geistes, Augustinus über die Liebe, Thomas von Aquin über die Wirkungen der caritas[27], Luther über das immerwährende Tätigsein des Glaubens schreibt, muß beim Blick auf die Realitäten nüchtern feststellen, daß all dies idealistisch und weltfremd ist. Schon deshalb ist die nachbohrende Frage nicht zu vermeiden: Ist nicht im Zusammenhang des Themas „Glaube und neues Handeln" doch notwendigerweise auch ein Element der Forderung, des Appells an die Bereitschaft zur Anstrengung, des unerbittlichen Gebotes, das Gehorsam fordert, zur Geltung zu bringen?

Eine weitere Komplizierung tritt hinzu: Spätestens seit Augustinus und Thomas wird die Selbstverständlichkeit des neuen Handelns ja „ontologisch" erklärt, nämlich durch Einführung des Begriffes der eingegossenen Gnade und der eingegossenen Tugend. Diese Erklärung aber streicht Luther mit aller Entschiedenheit durch, weil er meint, dadurch werde das Geschenk der Gnade Gottes in die Verfügung des Menschen gebracht[28]. Das mag sich begründen lassen, aber Luther und reformatorische Theologie stehen damit vor der *Aufgabe, zu erklären, wie denn der reine, rein passive Glaube zugleich die Wurzel von höchster Aktivität werden kann, ohne selbst zum „Werk" zu werden.* In der lutherischen Theologie, auch schon bei Luther selbst, wird diese Schwierigkeit hinter der Beteuerung der reinen Passivität des Glaubens selten genügend scharf empfunden[29]. Eine rein *psychologische* Erklärung reicht dazu offenbar nicht aus, denn entweder scheitert sie, wie angedeutet, an den Realitäten, oder sie muß doch Konzessionen an die Gesetzlichkeit machen, das heißt: sie muß sagen: „Du mußt!" Wenn diese Frage nicht geklärt werden kann, steht zuletzt die einhellige Überzeugung von der Selbstverständlichkeit des christlichen Handelns noch einmal auf dem Spiel.

Das traditionelle Lehrstück, das hier im Sinne einer Rückfrage nach dem „Grund der Möglichkeit" des neuen Handelns zu bedenken und einzubringen ist, ist die Lehre von der „Umkehr", in der traditionellen Sprache: von der „Buße".

---

[27] STh II–II 28–33.

[28] Vgl. w. o. 12 II 1; III 2; IV 1; in diesem Kapitel w. o. I 4–5.

[29] Ausnahmen: *Werner Elert,* Morphologie des Luthertums, 2 Bde. (München 1931/32, Nachdruck 1958), I, 125–133; *Thielicke,* Theol. Ethik I, 87–126; *ders.,* Theol. des Geistes, 19–34; *Joest,* Gesetz und Freiheit, 99–109; *ders.,* Paulus und das lutherische simul, 296–301; *Rudolf Hermann,* Luthers Theologie (Göttingen 1967), 62–90.

1. Eine ontologische Betrachtungsweise

Beide Traditionen, die katholische und die lutherische, betrachten freilich zunächst die Buße nicht als Forderung, sondern selber gewissermaßen „ontologisch"[30]. *Die Buße als Abkehr von der Sünde ist so oder so integrales Moment im Vorgang der Rechtfertigung des Sünders.* Nach Thomas[31] ist die Rechtfertigung Bekehrung zu Gott, und damit „automatisch" Abkehr von allem, was widergöttlich ist. Insofern ist die Buße eines der vier Elemente der Rechtfertigung (Gnade, Glaube, Liebe, Buße), und zugleich ist klar, daß diese Buße nur durch die Eingießung der Gnade selbst möglich und vollziehbar wird. Nach Luther[32] ist Buße präzis jener Vorgang im Menschen, durch die der rein passive Glaube zur wurzelhaften Aktivität wird. Und er glaubt, das auch ohne scholastische Anthropologie verständlich machen zu können. Denn „glauben" heißt das Vergebungswort Gottes ergreifen, das heißt: anerkennen, daß etwas zu vergeben ist. Keine Rechtfertigung ohne das integrale Moment der Selbstanklage! Diese Selbstanklage aber muß durch sich selbst Absage an die Sünde sein, denn andernfalls würde der Mensch den Glauben zugleich ergreifen und wieder durchstreichen. Buße ist daher sachlich im Glauben impliziert und daher ebenso Geschenk Gottes wie dieser selbst – strukturell genauso wie bei Thomas die Buße von Gnade und Liebe abhängig und in ihnen impliziert ist. *Weil die Buße gewissermaßen die Rückseite des Glaubens ist, ist sie einerseits geschenkt, anderseits wurzelhafte Aktivität gegen die Sünde.* Das bedeutet: Der in der Tat rein passive Glaube versetzt den Menschen in eine grundsätzliche „Kampfsituation" und wirkt auf diese Weise aktivierend. Die Buße ist die Vermittlung der Passivität des Glaubens an den Bereich des Handelns, das Medium, durch das der Glaube Quelle neuen Handelns auf Gott hin sein kann, ohne seine Passivität zu verlieren. Noch einmal anders ausgedrückt: *Gott* versetzt den Menschen, indem er ihm den Glauben schenkt, in die Kampfsituation gegenüber der Sünde. Der Glaube selbst bleibt passiv, aber Gott ist höchst aktiv im Menschen, wenn er ihn durch den Glauben an sich zieht.

2. Eine ethisch-psychologische Betrachtungsweise

Bis hierhin wäre also immer noch nicht von Forderung oder leistungsartiger Anstrengung die Rede, wenngleich schon von wurzelhafter Aktivität. Der Eindruck der Weltfremdheit ist noch nicht verflogen. Aber: übersetze ich die ontologischen Aussagen auf das Feld psychologischer und ethischer Motivationen, dann ergibt sich unweigerlich ein Moment von Forderung und Anspruch, und zwar

---

[30] Vgl. *Pesch,* Theol. der Rechtfertigung, 283–295; 681; 691; 763; 813 f.; *ders.,* Gottes Gnadenhandeln, 878–881.
[31] Vgl. w. o. 8 III 1–2.
[32] Vgl. die Nachweise in der in Anm. 29 und 30 angegebenen Literatur.

gerade aus Gründen und zugunsten der Passivität des Glaubens. *Die* Sünde – von der sich der Glaubende in der Buße abkehrt – besteht ja darin, daß der Mensch nicht glauben kann und will, sondern lieber sich selbst sein Leben verdanken will[33]. Die Konsequenz sind Selbstherrlichkeit und Egoismus im streng anthropologischen Sinne (also, um nicht mißverstanden zu werden: nicht im Sinne jenes Verhältnisses des Menschen zu sich selbst und seiner Frage nach sich selbst, die mit dem Wesen des Menschen verbunden sind). *Die Buße und die grundlegende, uns abgeforderte Anstrengung besteht darin, diesem Egoismus, dieser Selbstverhaftung, dieser Selbstverkrampfung (Luther: „incurvatio in seipsum"[34]) abzusagen und anzuerkennen, daß wir auf der ganzen Linie von einem Geschenk leben, dem Geschenk angebotener und angenommener Gemeinschaft mit Gott.*

Schauen wir nun genau hin, so zeigt sich: Alles unethische Verhalten ist letztlich im gekennzeichneten Sinne Egoismus oder Folge des Egoismus. Unethisch, als „alter" Mensch, handelt, wer nur sich selbst durchsetzen will, wer auf Kosten und zu Lasten anderer lebt, wer lieblos ist, wer nach dem Gesetz handelt: Jeder ist sich selbst der Nächste. Dies alles beruht ja zuletzt darauf, daß wir uns selbst nicht loszulassen vermögen und meinen, wir kämen zu kurz, wenn ...

Etwas von diesem Egoismus schwingt auch mit bei der heute viel zitierten Parole von der „Selbstverwirklichung"[35]. Wir haben hier sorgfältig zu unterscheiden zwischen einer politischen und einer ethischen Leitidee. Gegen die *politische* Leitidee, die politischen und gesellschaftlichen Verhältnisse seien so zu ordnen, daß jeder Bürger unbehindert seinen eigenen Lebensentwurf verwirklichen kann, solange er nicht das Gemeinwohl schädigt, ist nicht der geringste Einwand zu erheben, im Gegenteil. Gegen die *ethische* Leitidee der „Selbstverwirklichung" wird der Christ nur mit kritischer, unterscheidender Skepsis reagieren können. *„Selbstverwirklichung" kann kein christlich-ethisches Ideal sein, wenn dieses besagt, nichts und niemand auf der Welt sei wichtiger als das Ausleben der eigenen individuellen Möglichkeiten.* Diese kann zuweilen äußerlich wahrer Wesensverwirklichung in Freiheit zum Verwechseln ähnlich sehen, und sie ist doch, ernsthaft beim Wort genommen, deren Tod. Das wird sofort einleuchten, wenn man sich nicht in abstrakter Theorie, sondern an einer Anzahl alltäglicher Situationen vorzustellen versucht, alle Menschen wollten nur „sich selbst verwirklichen", keiner mehr zurückstecken, keiner mehr nachgeben, keiner mehr vergeben, keiner mehr Grenzen akzeptieren, solange sie fak-

---

[33] Vgl. w. o. 7 II 3; III 1.
[34] WA 56, 356,4; 40 II, 325,7.
[35] Vgl. zu diesem Thema jetzt *Michael Theunissen,* Selbstverwirklichung und Allgemeinheit. Zur Kritik des gegenwärtigen Bewußtseins (Berlin 1982) (geistesgeschichtliche Erhellung des Begriffs); *Rahner,* Selbstverwirklichung und Annahme des Kreuzes (= Schriften VIII, 322–326); *Hans-Martin Barth,* Wie ein Segel sich entfalten. Selbstverwirklichung und christliche Existenz (München 1979); *Anton Rotzetter,* Selbstverwirklichung (Zürich 1983) (Versuche einer kritisch-konstruktiven theologischen Aneignung des Begriffs).

tisch überwindbar sind. Die Welt würde bald zur Hölle. Und sie wird unter der Leitidee der „Selbstverwirklichung" nur deshalb faktisch nicht zur Hölle, weil wir, Gott sei es gedankt, in unserer Alltagspraxis am Ende doch weit mehr an Überwindung des Egoismus praktizieren, als die Leitidee eigentlich zulassen dürfte.

Diesen Egoismus also töten können – dann würde sich alles andere „von selbst" machen! Die Selbstverständlichkeit des neuen Handelns wäre unwidersprechlich. Weil wir das aber *nicht* können – „gerecht und Sünder zugleich!" –, führen wir in der Regel einen Kampf gegen die Symptome in der Hoffnung, daß dieser Kampf, je länger er anhält und kleine Erfolge sammelt, auf den Wurzelgrund unseres Egoismus eine abtötende Rückwirkung habe. Dies genau ist, psychologisch und ethisch betrachtet, jener „Fortschritt" im Guten, von dem die Tradition, Luther nicht ausgenommen, immer geredet hat. Je mehr einer *wirklich* glaubt, diesen Glauben in die Tiefe dringen läßt und also „umgekehrt", desto mehr verändert sich das Verhältnis zwischen dem Kampf gegen die Symptome und der schwindenden Kraft der Wurzel. Mit anderen Worten: Es wird möglich, daß die Giftquelle des Egoismus immer weniger bis an jene Oberfläche durchzudringen vermag, an der wir konkret handeln. Die Selbstverständlichkeit des neuen Handelns wird größer, echter, freudiger, überzeugender. Und gelegentlich, beim Blick in Geschichte und Gegenwart, können wir das Ergebnis ablesen am Bild jener exemplarischen Christen, die die katholische Kirche die „Heiligen" nennt, jener im ethischen *und* anthropologischen Sinne selbstlosen Menschen, deren idealtypisches Bild Luther ebenso wie Thomas, Augustinus und Paulus mit den gleichen Farben zeichnen – in der Nachfolge dessen, der gesagt hat, wir sollten vollkommen sein wie unser Vater im Himmel.

3. Jenseits von „forensisch" und „effektiv"

Zugleich ist klar, daß die beschriebene Kampfsituation des Glaubens, die wir Umkehr und Buße nennen, eine *wirkliche* wurzelhafte Erneuerung noch *vor* allem konkreten guten Werk ist. *Das kämpferische Abgekehrtsein von der Sünde – das heißt: vom Unglauben! – schafft überhaupt erst wieder einen Raum für den Willen zum guten Werk.* Denn „gut" sind die Werke, weil sie Gottes Willen erfüllen und aus der Liebe zu ihm kommen (Thomas), weil sie ohne Schielen auf „Verdienst" dem Nächsten dienen (Luther) – immer also dadurch, daß sie aus Selbstlosigkeit und durchbrochener Ichverhaftung kommen. Eben dies hat seine Wurzel in der grundlegenden Absage an die Sünde, die das Wesen der Buße ist.

So sind wir auch hier jenseits der früher schon bedachten[36] überspitzten Entgegensetzung von „forensischer" und „effektiver" Rechtfertigung des Sünders. Ein Glaube an den vergebenden „Freispruch" im „Gericht" Gottes ohne den „Effekt" der Buße in beschriebenem Sinne würde sich selber aufheben.

---

[36] Vgl. w.o. 8 IV 4; 9 II 1.

Die Konkretion dieser Buße ist dann das, was die Tradition das „Werk der Buße", das „Bußwerk" nennt. Dabei war, vor allem im Rahmen des Mönchtums, manche Abstrusität, auch manche Rekordsucht im Spiel, und nach bestimmten tiefenpsychologischen Verformungen im Hintergrund fragt man besser auch nicht zu genau. Der Grundgedanke aber dürfte unverzichtbar bleiben, wenn die Buße nicht blaß und abstrakt werden soll. Immer ging es darum, den Kampf des Glaubens gegen die Ichverhaftung konkret aufzunehmen. Damals sprach man dann etwa von der „Abtötung" der „Begierden", die der Liebe zu Gott und dem Nächsten im Wege standen. Reden wir auch hier nicht davon, daß dabei dann vor allem leibliche, ja sexuelle Begierden gemeint waren und dahinter mancherlei Leibfeindlichkeit zum Vorschein kam. Auf heute übertragen müßte man sagen: *Das „Bußwerk" im engeren Sinne, das ebenso legitim wie unverzichtbar ist, besteht im gezielten Angriff des Glaubens gegen konkret glaubenswidrige Grundhaltungen und Verhaltensmuster unserer alltäglichen Lebenspraxis.* Der Glaube ist vielfältig bedroht, aber nicht zu jeder Zeit aus derselben Richtung. Die Buße hat die jeweils *besonderen* Schwerpunkte der Gefährdung des Glaubens im individuellen und gemeinschaftlichen Leben aufzuspüren und dort gezielt den Angriff aufzunehmen und so den Glauben zu bewähren. Ein Gewissen, dem der Glaube an Gott zum größten Schatz und zum hellen Leitstern des Lebens geworden ist, wird mühelos auch die Schwerpunkte gefährdeten Glaubens in der heutigen Welt aufspüren und an ihnen den Einsatzort der Buße erkennen[37].

19. KAPITEL
KEIMZELLE DER ERLÖSTEN WELT

Die vorausgehenden Überlegungen haben uns von der Darstellung der Aussagen der Tradition bereits zur gegenwartsbezogenen Reflexion geführt. Diese haben wir nun anthropologisch zu vertiefen.

I. Geheiltes Menschsein

LESEEMPFEHLUNG: Härle/Herms, Rechtfertigung, 141–174 (Härle)

Kein Zweifel, ein Leben aus Glaube und Buße wie beschrieben – das wäre ein geheiltes Menschsein! Geheilt ist ein Mensch, wenn er ohne *individuellen* Egoismus zu leben versteht. Und zwar bis in die Spontanreaktionen hinein! Wenn er prinzipiell nicht mehr nach dem Modell reagiert: Das kann man mir nicht zumuten

---

[37] Vgl. *Pesch,* Buße konkret – heute, 26–51.

... Wenn er sogar eher bereit ist, Unrecht zu leiden, als sich unter allen Umständen durchzusetzen. Geheilt ist ein Mensch, wenn er ohne *kollektiven* Egoismus zu leben versteht. Wenn er sich nicht mehr auf die sogenannten „Sachzwänge" herausredet, die ihrer „Sache" nach kaum etwas anderes sind als kollektiver Unwille zu Gerechtigkeit und Frieden, oft genug sogar kollektiv bewußt geschaffen – man muß dazu nur in die tagtägliche Politik hineinschauen.

Eine Menschheit von solchen Menschen – das wäre, soweit es den Menschen betrifft, tatsächlich die „heile Welt". Ein rosarotes Ideal? Daß diese Erklärung wohl nicht reicht, zeigen die Reaktionen. Da ist zunächst die *Reaktion der Zyniker.* Sie halten dieses christliche Menschenbild – konkret also: das Gebot universaler Liebe aufgrund der uns zuteil gewordenen Liebe Gottes – für naiv, dem Leben nicht gewachsen. Sie winken spöttisch oder müde ab: „Weiß schon!" Ja, sie „wissen schon", daß in Wahrheit der Kampf der Vater aller Dinge ist und nur der Stärkere überlebt. Aber kommt nicht all solcher Zynismus aus einer tief verletzten und enttäuschten Sehnsucht, die weiß, daß solche Spielregeln des Lebens eigentlich unter dem Niveau des Menschen liegen?

Da ist die *Reaktion der Verharmloser.* Der christliche Kampf gegen den Egoismus wird heruntergespielt zur Lebensregel: „Seid nett zueinander!" Dieser Satz ist nur dann und deshalb falsch, wenn und weil dahinter die Fortsetzung gedacht wird: „... aber ansonsten braucht ihr nichts zu ändern." Auch hinter dieser Regel steckt eine tiefe, mit Klarsicht gepaarte Verzweiflung. Wenn man schon nicht so leben kann, wie es eigentlich dem Niveau des Menschen entspricht, so soll man doch wenigstens zusehen, sich gegenseitig das Leben so erträglich wie möglich zu machen.

Eine positive Reaktion ist die *marxistische Utopie* der kommenden klassenlosen Gesellschaft. Sie setzt allen Ernstes die Überwindung des Egoismus voraus: In der klassenlosen Gesellschaft wird keiner den anderen mehr ausbeuten, die Gemeinschaft wird jedem einzelnen gern gewähren und zuteilen, was er zu seiner Selbstverwirklichung braucht. Die grundsätzliche Kritik der „Realisten" ist denn auch schnell bei der Hand: So gut sei der Mensch nicht, daß man darauf hoffen dürfe, eines fernen Tages sei jeder einzelne Mensch mit dem zufrieden, was er seinem Bedürfnis entsprechend zugeteilt bekommt. „Denn für dieses Leben ist der Mensch nicht schlecht genug" (Bertolt Brecht) – dieser Satz treffe schon eher die wahre Situation. Schon gar nicht aber könne man hoffen, den Egoismus des Individuums allein durch Änderung der Produktions- und Wirtschaftsverhältnisse zu überwinden. Solche Kritik am Marxismus erklingt nun schon seit weit über 100 Jahren[1]. Die Faszinationskraft der Utopie einer klassen-

---

[1] Zuletzt wieder bei *Kasper,* Der Gott Jesu Christi, 49–58, bes. 55 ff. Aus der dort reichhaltig verzeichneten Literatur sei hier nur hervorgehoben: *Walter Kern* (Hg.), Atheismus, Marxismus, Christentum. Beiträge zur Diskussion (Innsbruck 1976); *Helmut Rolfes* (Hg.), Marxismus – Christentum (Mainz 1974); *Küng,* Existiert Gott?, 251–298; *Eduard Buess,* Gottes Reich für diese Erde. Weltverantwortung aus Glauben und die Herausforderung des Marxismus (Neukirchen 1981) und jüngst *Ossip K. Flechtheim* (Hg.), Marx heute; Grundinformation bei *Fetscher,* Der Marxismus.

losen Gesellschaft hat dennoch nicht nachgelassen, und man kann ihre Wirkung bis in interessante Details sozialistisch motivierter Politik verfolgen.

Der tiefe Streitpunkt ist die Frage: Kann man den „neuen" Menschen *schaffen?* Und das tiefe Problem unter dieser Frage ist: Wie soll man Konflikte lösen? Denn die Konflikte ergeben sich dadurch, daß es offenbar nicht gelingen will, den „neuen" Menschen zu schaffen; daß die Egoisten also weiterhin mit am runden Tisch sitzen. Soll man dagegen notfalls mit Gewalt angehen? Soll man, weil ja die Zukunft der selbstlosen, klassenlosen Gesellschaft gehört, etwas nachhelfen, damit das Gesetz der Geschichte sich zuungunsten der Egoisten etwas schneller erfüllt?

In diesem Zusammenhang stellt sich für die Theologie unabweisbar das Problem der Gewalt. Weil man den neuen Menschen nicht einfach schaffen kann und weil der „alte" Mensch auf Appelle, ein neuer Mensch zu werden, nicht problemlos reagiert, gibt es nach wie vor zahllose Menschen, die unter dem Egoismus der anderen, dem individuellen wie dem kollektiven, leiden müssen. Wie soll man sie davor schützen? *Nur* in diesem Zusammenhang kann sich für den Christen überhaupt die Frage nach der Erlaubtheit von Gewalt stellen – daß sie in anderen Zusammenhängen, etwa zu gesellschaftlichen Erziehungszwecken, sich nicht stellt beziehungsweise von vornherein erledigt ist, und zwar negativ, bedarf hier keines Beweises. Für den Christen und Theologen steht fest, daß Gewaltlosigkeit eine verbindliche christliche Lebensregel ist. Hier genügt der Hinweis auf die Bergpredigt. *Von daher kennt die Kirchen- und Theologiegeschichte zwei grundsätzliche Lösungstypen zum Problem der Gewalt. Der eine ist am deutlichsten ausgebildet in der Lehre Luthers von den „zwei Reichen" beziehungsweise den „zwei Regimenten" Gottes.* Der Grundgedanke ist: Um den Nächsten vor Unrecht zu schützen, darf notfalls auch Gewalt angewendet werden – freilich nur von dem, der das „Amt" dazu hat, nicht von jedem Beliebigen, der sich dazu „berufen" oder „motiviert" fühlt. Für sich persönlich dagegen ist der Christ gehalten, Unrecht zu leiden – als Teil jener Unheilserfahrung, in der das Evangelium Trost zuspricht und Befreiung verheißt. Der Preis dieser Lösung, die auf einer scharfen Unterscheidung von individuellem und gesellschaftlichem Bereich, in der Sprache Luthers: von „Person" und „Amt" beruht, ist, auch nach Ausschaltung aller Mißverständnisse, der: Die Bergpredigt ist nur noch eine Lebensregel für das persönliche Verhalten – auch des persönlichen Verhaltens im „Amt" –, als mögliches Gestaltungsprinzip des gesellschaftlichen Zusammenlebens fällt sie aus[2].

Der andere Lösungstyp zeigt sich – um gleich ein Beispiel aus der Gegenwart heranzuziehen – in der sogenannten „politischen Theologie" und ihrer Zwillingsschwester, der „Theologie der Befreiung"[3]. Hier ist der Grundgedanke, daß nicht nur

---

[2] Überblick und Literatur bei *Pesch,* Hinführung zu Luther, 229–243; vgl. auch *ders.,* Gesetz und Gnade (= CGG 13, 5–77), 48–50.
[3] Vgl. die Literatur w. o. 1 I Anm. 9.

persönliches Leben, sondern auch Strukturen des Zusammenlebens sich dem Evangelium beugen müssen. Auch „Strukturen" können und müssen sich „bekehren". Wenn politische und gesellschaftliche Strukturen aber ausbeuterisch, unterdrückend, ja mörderisch und also zutiefst „sündig" sind, dann könne es erlaubt sein, dagegen auch mit angemessener Gewaltanwendung vorzugehen, nicht nur um die Betroffenen zu schützen, sondern gerade auch deswegen, um den Ausbeuter und Unterdrücker von seiner Sünde zu befreien, indem man ihm die Möglichkeit zu weiterer Sünde nimmt. Hier besteht der nach aller geschichtlichen Erfahrung nicht leicht zu erbringende Preis darin, eine bestimmte politische und gesellschaftliche Ordnung als zwingende Konsequenz aus dem Evangelium ausgeben zu müssen, und zwar eine tendenziell sozialistische, weil grundsätzlich jede auf dem Primat des Privateigentums aufbauende Gesellschaftsordnung die Möglichkeit neuer „Sünde" nicht gründlich genug ausschließe. Damit freilich erfolgt eine Identifikation von Evangelium und politischem Programm, über deren definitive Überwindung seit der Aufklärung wir in Europa durchschnittlich erleichtert sind. Soll also erneut derjenige geradezu unter Häresieverdacht geraten, der einer solchen, sich auf das Evangelium berufenden politischen Neuordnung nicht zustimmt?

Es ist nun gänzlich ausgeschlossen, hier das Problem der Gewaltanwendung in alle Richtungen auszudiskutieren, nicht einmal unter Beschränkung auf den christlich-ethischen Aspekt. Doch dürften auf der Linie, die wir hier auszeichnen – „geheiltes Menschsein" aus Glauben –, folgende Leitmotive sich von selbst einführen: 1. Da der Glaubende seine *wirkliche* Freiheit als eine von jenseits seiner eigenen Möglichkeiten *geschenkte* weiß, kann er selbst noch in Unfreiheitssituationen aus ihr und darum auch noch mit vielen unerfüllten Wünschen an „bürgerlicher" Freiheit leben – darum ist nach gemeinchristlicher Tradition Gewalt nur zum Schutz des *Nächsten* vor Unrecht erlaubt und zu *eigenen* Gunsten nur im Verbund mit dem Schutz des Nächsten im Sinne einer „kollektiven Notwehr". Das Problem der Gewaltanwendung ist daher 2. eine Frage des Ermessens im Blick auf die jeweilige Situation: Im einen Fall kann gewaltsamer Widerstand um des Nächsten willen erlaubt, ja nötig sein, im anderen Fall die Zumutung des Leidens geboten, nicht nur im Blick auf das eigene Leben, sondern sogar auch im Blick auf die Situation der Gesellschaft. Es ist 3. eine Frage der *Form* der Gewalt: In einer Zeit, wo die christliche Theologie endlich Theorien des „gerechten Krieges" zu verabschieden beginnt, weil keine ihrer Bedingungen unter den Voraussetzungen heutiger Waffentechnik noch zu erfüllen ist, kann die Form der Gewalt im Rahmen des Widerstandes gegen Unterdrükkung nicht sozusagen bis zu jeder Eskalationsstufe ethisch neutral sein. Damit wird das Problem 4. zu einer Frage der Abwägung vorheriger und durch den gewaltsamen Widerstand eintretender Übel. Zur bloßen Durchsetzung eines *Prinzips,* unabhängig von der faktischen Verringerung der Übel und/oder der Vermehrung von Humanität, kann Gewalt wohl nie erlaubt sein, und sei das Prinzip auch noch so gerecht (zum Beispiel „Freiheit, Gleichheit, Brüderlichkeit"). In diesem Zusammenhang ist besonders darauf zu achten, daß mit dem gern zur Legitimierung gewaltsamen Widerstandes herangezogenen Begriff der „strukturellen Gewalt", die Gegengewalt provoziere und legitimiere, kein Schindluder getrieben wird[4].

Solche Haltung gegenüber dem Problem der Gewaltanwendung kann sich der christliche Glaube jedenfalls „leisten", weil er die „neue Erde" und den „neuen Himmel" ohnehin nicht für eine letztliche Möglichkeit des Menschen hält – weder auf der Fluchtlinie der Evolution noch auf der der Geschichte.

Und noch eines ist zu bedenken: *Die Kirche, besonders ihre Amtsträger, aber nicht nur sie, dürfen nie aus den Augen lassen, daß sie aus Gründen des Evangeliums eine Macht der Versöhnung in dieser Welt darzustellen haben.* Es ist daher in revolutionärer Situation immer eine besonders delikate Problematik, ob und wie kirchliche Amtsträger sich unter stillschweigender oder offener Ausnutzung ihrer Amtsautorität bedingunslos auf die eine oder andere Seite des Konfliktes, um Versöhnung zu stiften, das Vertrauen beider gegnerischen Parteien, „parteilich", nämlich auf der Seite derer, die das Recht auf ihr Menschsein beanspruchen dürfen und notfalls erkämpfen müssen. Derselbe christliche Glaube verpflichtet aber auch dazu, in der Praxis des politischen und besonders des revolutionären Kampfes eine Haltung einzunehmen, die es möglich macht, daß der kirchliche Amtsträger und möglichst viele Christen *nach* dem Ende des Konfliktes, um Versöhnung zu stiften, das Vertrauen beider gegenerischen Parteien, der Sieger wie der Besiegten, haben können – *das Vertrauen,* nicht etwa die Verachtung beider Seiten!

Blicken wir aus diesem insgesamt fatalen Kontext noch einmal zurück auf die christliche Grundregel: Liebe ohne Egoismus aus Gründen des Glaubens an Gott, so zeigt sie sich gegenüber den Zynikern, den Verharmlosern und den revolutionären Utopisten gleicherweise in großer Ohnmacht. Aber in dieser Ohnmacht wirkt sie als beharrlich mahnendes Ideal, als faszinierende Leitidee, die sich auch und gerade da noch selbst beglaubigt, wo man, um ihre Ohnmacht nicht annehmen zu müssen, hinter sie zurück oder über sie hinausgehen zu müssen meint. Die christliche Verhältnisbestimmung von Glaube und Liebe zielt jedenfalls ab auf heiles

---

[4] Dieser vom Begründer der sog. „Kritischen Friedensforschung", Johan Galtung, in die Diskussion gebrachte Begriff ist inzwischen auch in einige kirchliche Dokumente eingegangen. Zur kritischen Würdigung vgl. *Ulrich Scheuner,* Christliche Kirche und internationale Ordnung, in: O. H. Pesch (Hg.), Einheit der Kirche – Einheit der Menschheit. Perspektiven aus Theologie, Ethik und Völkerrecht (Freiburg i. Br. 1978), 100–132, hier: 115–117; dort weitere Literatur. – Ich finde überzeugend *Martin Kriele,* Befreiung und politische Aufklärung. Plädoyer für die Würde des Menschen (Freiburg i. Br. 1980); *Werner Becker,* Die Freiheit, die wir meinen. Entscheidung für die liberale Demokratie (München 1982); dazu die einschlägigen Beiträge in den Büchern von *Carl Friedrich von Weizsäcker,* Wege in der Gefahr; *ders.,* Deutlichkeit; und *Pöltner* (Hg.), Personale Freiheit und pluralistische Gesellschaft. Dies gilt, meine ich, für unseren westlichen Kulturraum. Über gesellschaftliche und politische Situationen, die die Durchsetzung von Freiheit und Menschenrechten erst noch vor sich haben, ist aus der Ferne nicht zu urteilen – außer der Grundforderung, daß beide durchgesetzt werden müssen mit dem Ziel des „Subjektseins aller" (J. B. Metz), und darin treffen sich Anhänger wie Gegner der „politischen Theologie".

Menschsein im geheilten Miteinander. Und sie ist offen für alle Ermessensurteile bei der Lösung praktischer Fragen, bei der Beurteilung der Mittel zum Ziel, einschließlich der Mittel einer sozialistischen Wirtschafts- und Gesellschaftsordnung. Auch Christen dürfen „links" sein – erfahrungsgemäß ist es nach wie vor nicht überflüssig, das gelegentlich zu betonen. Vor allem aber ist die christliche Auffassung von Glaube und Liebe offen für *Geduld*. Wobei Geduld nicht flügellahmes Hinnehmen bedeutet, sondern, getreu dem Wortsinn der neutestamentlichen „hypomonē", das „Darunterbleiben", das Durchhalten und Aushalten meint. *Denn der entscheidende Beitrag des christlichen Glaubens zur Veränderung der Verhältnisse in der Welt besteht darin, daß der Christ aufgrund seines Glaubens „den längeren Atem" hat (Hélder Câmara) und deswegen nicht nach bestimmtem Erfolg in bestimmter Frist fragen muß.*

II. Beginnende Erlösung

Leseempfehlung: Mieth, Die Praxis der Weltverantwortung (= Gotteserfahrung und Weltverantwortung, 27–50)

Mit dem Bisherigen ist gleich noch ein Zweites gesagt: Wo Menschen „neu", also ohne den vielfältigen Egoismus handeln, der sonst geradezu zur Definition menschlichen Handelns gehört, *da beginnt Erlösung. Das neue Handeln ist nicht nur Konsequenz aus dem Glauben nach dem Modell der Unterscheidung und des Zusammenhangs von Glaube und Ethos. Das Ethos im gekennzeichneten Sinne ist vielmehr der Beginn jenes Heils, das der Glaube verheißt.* Wo immer ein Mensch sich selbst zugunsten anderer zurücknimmt, überwindet, vergibt, über den eigenen Schatten springt, die Trägheit des Herzens besiegt, sensibel wird für fremdes Leid und Abstumpfung nicht aufkommen läßt, seinen Wohlstand oder auch nur sein erträgliches Auskommen nicht mehr selbstverständlich findet und verzichten und teilen lernt, wo er sich auch im überorganisierten Sozialstaat nicht auf die „Effizienz" der Institutionen verläßt, sondern von Mensch zu Mensch die Augen aufmacht für heimliche Not, die durch das „soziale Netz" fällt, wo Alt und Jung den Generationenkonflikt in Ehrfurcht und kritischer Anerkennung durchstehen (zur Not auch einseitig), wo Menschen ihren eingefleischten Egoismus selbst so weit überwinden, daß sie auch ethischen Herausforderungen persönlicher, kollektiver und gar epochaler Art gewachsen sind, für die es keine „Präzedenzfälle" gibt (neues Verhältnis zur Natur, Friede, Nord-Süd-Konflikt[5]), wo Menschen mit derlei einander „anstecken", wo sie so-

---

[5] Vgl. die in diesen Jahren immer lauter werdende Forderung nach einer „neuen Ethik". Z. B. *von Weizsäcker,* Wege in der Gefahr (s. Anm. 4), 236–265; *ders.,* Deutlichkeit, 73–113; *ders.,* Der Garten des Menschlichen, 35–133; ferner *Jensen,* Unter dem Zwang des Wachstums; *A. M. K. Müller,* Die präparierte Zeit; *Jonas,* Das Prinzip Verantwortung. Aus theologischer Sicht: *Reikerstorfer* (Hg.), Glaubenspraxis.

ziale Strukturen und Institutionen schaffen, die dem besser als bisher entsprechen, ohne das persönlich-verantwortliche ethische Handeln überflüssig zu machen, wo Wahrheit und Vertrauen auch im Konflikt das Miteinander beherrschen, wo es gar gelingt, allmählich, aber fühlbar die „Mentalität" ganzer Gesellschaften und Völker zu ändern auf mehr Gerechtigkeit und Frieden hin – überall da kommt ein Stück erlöste Welt zum Vorschein, da wird ein Fragment jenes Heiles nicht nur angekündigt, sondern *wirklich,* auf das der Glaube an Gott als Erlöser der Welt hofft. Da wird allen, die es hören und sehen wollen, gleichsam ein „Prospekt" auf das endgültige Heil in die Hand gegeben, besser: eine Kostprobe oder, wie Paulus ganz arglos sagt, ein „Angeld", buchstäblich eine „Anzahlung" (2 Kor 5, 5) – das Angeld des *Geistes.* Denn die Gegenwart des Geistes ist es, die nach biblischem Zeugnis die Vorzeichen der erlösten Welt herbeiführt und sich in ihnen zur Erfahrung bringt[6].

Der Tradition war dieser Gedanke an sich nicht fremd. Nach Thomas von Aquin ist die Gnade „das ewige Leben der Kraft nach" (vita aeterna in virtute)[7]. Und Luther nennt den Gerechtfertigten den „Anbeginn der neuen Schöpfung" (initium novae creaturae)[8] – und macht mit dieser Lieblingsformel sogar eine Anleihe bei dem sonst wenig geschätzten Jakobusbrief (1, 18). Aber – wiederholt haben wir so etwas beobachtet – infolge der selbstverständlichen Gottesgewißheit und damit der selbstverständlichen Gewißheit der Verheißung und der unbezweifelbaren Erwartung des „lieben Jüngsten Tages" (Luther) war das Ethos *vor allem* Ethos, Konsequenz, Frucht, ja „Übung" (Luther) des Glaubens und erschien nicht primär als der beginnende Eintritt seiner erfüllten Verheißungen. Heute, da diese Gewißheit in ihrer öffentlichen Selbstverständlichkeit dahingefallen ist, erhöht sich der Stellenwert des Ethos gewaltig, und das heißt konkret: der geschichtliche und gesellschaftliche Ausweis des Glaubens im weitesten Sinne. Das Ethos ist nicht mehr *ein,* sondern *das* Zeugnis des Glaubens. *Nur der „Erweis des Geistes und der Kraft" (1 Kor 2, 4) in der Form einer vorgelebten Möglichkeit, nicht nur eines überforderten Ideals oder einer realitätsenthobenen Utopie, ist der Erweis, daß die christliche Botschaft von geschenkter Freiheit unter den vielen Angeboten von Lebensverständnis und Lebensentwurf den Vorzug verdient.* Im Ethos wird anschaulich, was der Glaube in Aussicht stellt. Die „Hochrechnung" des christlichen Ethos müßte die Vollendung aller Dinge, den „neuen Himmel und die neue Erde", kurz und in der Theologensprache: das „Eschaton" ergeben, und wenn die „Hochrechnung" nicht aufgeht, kann das nur daran liegen, daß die Ausgangsdaten nicht stimmen.

---

[6] Vgl. die neuere Literatur zur Theologie des Heiligen Geistes w. o. 16 I 1 Anm. 5; ferner die grundlegende Arbeit von *Greshake,* Auferstehung der Toten, 321–414; zum biblischen Befund aaO 173–304.
[7] STh I–II 114, 3 ad 3; vgl. II–II 24, 3 ad 2: „inchoatio vitae aeternae".
[8] Vgl. WA 56, 272, 10; 2, 497, 15; 7, 343, 37; 8, 92, 39; 39 I, 83, 14; zu den Interpretationsproblemen vgl. *Pesch,* Theol. der Rechtfertigung, 177–180; 297–300.

III. Frau und Mann

Leseempfehlung: J. und I. Splett, Meditation der Gemeinsamkeit

In diesem und im folgenden Abschnitt kommt eine „Mikrostruktur" theologischer Anthropologie zur Sprache, die noch einmal und in besonderer Weise „das Ganze" enthält, und dies nicht nur „im Fragment", und daher an sich durchaus den Ansatz, die Ur-Aussage, die Leitperspektive, möglicherweise ein Gliederungsprinzip theologischer Anthropologie hergeben könnte. Wenn von dieser Möglichkeit hier kein Gebrauch gemacht wird, so nur aus den Gründen, die im 1. Kapitel bei der Erörterung der Frage nach dem „Ort" theologischer Anthropologie dargelegt wurden[9]: Mit dem Thema „Frau und Mann" ebenso wie mit dem Thema „Ebenbild Gottes" einzusetzen, würde wiederum heißen, mit den idealen Strukturen statt mit dem Blick auf den faktischen Menschen einzusetzen. Im Blick auf den faktischen Menschen aber, also im Blick auf den Menschen in der Sünde, fällt der Unterschied zwischen Frau und Mann ebenso dahin wie im Blick auf seine Erlösung (vgl. Gal 3, 28). Ob auch der Sünder noch „Ebenbild Gottes" genannt werden darf, ist, wie gleich zu erläutern sein wird, die das Lehrstück beständig begleitende Streitfrage. Jenseits aller Streitfragen aber ist die theologische Aussage, daß der erlöste und aus der Gnade Gottes „neu" handelnde Mensch Ebenbild Gottes ist. Ebenso wird auch der *theologisch*-anthropologische Sinn der Zweigeschlechtlichkeit des Menschen im Zusammenhang der Frage nach dem „neuen" Handeln deutlich.

Auch innerhalb solcher methodischen Einschränkungen bleiben die folgenden Hinweise wenig mehr als ein Querverweis. Das gilt vom Thema des „Ebenbildes Gottes" zusätzlich aus einem sachlichen Grund. Zum Thema „Frau und Mann" bleibt es fast nur bei einem einseitigen Gegenakzent – alles andere wäre in den Grenzen dieses Buches ein Unrecht an den Anfragen und Orientierungen sowohl der Tradition als auch und besonders der „feministischen Theologie".

„Der Mensch existiert nicht einfach als „der Mensch", sondern nur als Frau und Mann. Glücklicherweise hat das Deutsche die Möglichkeit, dies auch sprachlich auszudrücken. Unser Wort „Mensch" bedeutet nicht, wie etwa in den romanischen Sprachen und auch im Angelsächsischen, dasselbe wie „Mann" – oder besser umgekehrt: „Mann" ist schon „lexikalisch" nicht einfach dasselbe wie „Mensch". *Die Zweiheit, der Unterschied, das Gegenüber, auch die Spannung zwischen Frau und Mann ist eine Grundgegebenheit von Menschsein und hat offenbar mit der Gemeinschaftsfähigkeit des Menschen zu tun.* Dazu gehört die zweck-freie Erotik ebenso wie die Fähigkeit und Bereitschaft zum Kind – als grundlegende Blockade gegen den „Egoismus zu zweit". Die anthropologische Grundgegebenheit steht theologisch seit Gen 1, 27 unter der Überschrift: *So, als Frau und Mann zusammen, ist „der Mensch" Ebenbild Gottes.* Halten wir diese theolo-

---

[9] Vgl. w. o. 1 II 5.

gisch-anthropologische Grundwahrheit nun in das Licht unserer Überlegungen zum Ethos als Erweis und Vorausverwirklichung der Verheißung Gottes, dann ergibt sich: *In der erotischen Beziehung zwischen Mann und Frau „erweist" sich buchstäblich die Verheißung Gottes, das heißt: seiner unverbrüchlichen und sich durchsetzenden Liebe.*

Nun darf es humanwissenschaftlich, vor allem biologisch und tiefenpsychologisch, als Grundtatsache gelten, daß *alle* menschliche Gemeinschaft erotisch bestimmt ist – im Widerspruch zu landläufigen christlichen Ängsten, welche die Erotik zu einer Art Sperrbezirk machen möchten, der nur mit „Sondervollmachten" betreten werden dürfe. Dem Christen freilich kann die humanwissenschaftliche Einsicht im Licht von Gen 1,27 theologisch eigentlich nur schlüssig erscheinen. Dann ist also die Erotik, von ihren verborgensten Anfängen bis zur Vollgestalt in buchstäblich „verbindlicher" Geschlechtsgemeinschaft, also in der Ehe, der eigentliche Bereich beginnender Erfüllung von verheißener Erlösung schlechthin, die Gemeinschaft von Frau und Mann ist der oberste und konzentrierteste Ernstfall des „Angeldes des Geistes". Der Hinweis auf die Ehelosigkeit „um des Himmelreiches willen" (Mt 19,12) braucht hier kein „Sed contra" zu werden. Denn – ohne hier ins Einzelne gehen zu können[10] – diese setzt ja nicht die theologische Grundstruktur und schon gar nicht die humanwissenschaftlichen Einsichten über das Menschsein in der Spannung von Frau und Mann außer Kraft, im Klartext: sie diskriminiert nicht Erotik und Ehe, sondern weist gewissermaßen in verfremdender „Zeichenhandlung" auf die Liebe *Gottes* als deren unverbrauchbaren Grund hin und verdeutlicht damit zu ihrem Teil eben den Sinn geschlechtlicher Liebe als Beginn verheißener Erlösung.

Gewiß mag man bei einer solchen Überlegung die Anbiederung an einen erotisierten, sexualisierten, zumindest an einen modisch-sentimentalen Zeitgeist befürchten. Gegen solche Befürchtung sollte aber die Erkenntnis helfen, daß von hierher – ganz ohne Angst und erst recht ganz ohne Prüderie – sich auch sehr harte Maßstäbe für humane Gestaltung der Erotik ergeben. Nichtchristliche Fachleute können dies oft viel eindringlicher und überzeugender formulieren als christliche „Moraltheologen"[11]. Erotik ohne Egoismus: das heißt ja nicht

---

[10] Wichtige Stimmen auf der Diskussion der letzten Jahre: *E. Schillebeeckx,* Das Ordensleben in der Auseinandersetzung mit dem neuen Menschen- und Gottesbild, Ordenskorrespondenz 9 (1968) 105–134; *Friedrich Wulf,* Theologische Phänomenologie des Ordenslebens (= MS IV/2, 450–487 – mit Literatur); *Bernhard Lohse/Karl Suso Frank/Johannes Halkenhäuser/Friedrich Wulf,* Mönchtum (= Meyer/Schütte, Confessio Augustana, 281–318); *Bernardin Schellenberger,* Ein anderes Leben. Was ein Mönch erfährt (Freiburg i. Br. ³1981); *Johannes Bours/Franz Kamphaus,* Leidenschaft für Gott. Ehelosigkeit – Armut – Gehorsam (Freiburg i. Br. ³1982); *Johann Baptist Metz,* Zeit der Orden? Zur Mystik und Politik der Nachfolge (Freiburg i. Br. ⁵1982). Zur kirchenamtlichen Grundlage vgl. die Kirchenkonstitution, Kapitel 5 und 6, sowie das Dekret über die zeitgemäße Erneuerung des Ordenslebens des Zweiten Vatikanischen Konzils; Text und jeweils Kommentar von *Friedrich Wulf* in: Das Zweite Vatikanische Konzil I, 284–313; II, 249–307.
[11] Z.B. *Fromm,* Die Kunst des Liebens; *Richter,* Der Gotteskomplex, 166–171; 217–227. Zum Vergleich aus christlicher Sicht: *Ringeling,* Neue Humanität, 11–64; *Splett,* Der Mensch ist Person, 110–156.

etwa: Erotik ohne Sehnsucht, ohne Verlangen, ohne Begehren[12]. Wohl aber bedeutet es: Menschen sind keine Ware, sind keine Sache zum Verbrauchen – und zwar ohne Unterschied, wer für wen Ware und verbrauchbare Sache wird! Wenn die Gemeinschaft von Frau und Mann der konzentrierteste Ernstfall beginnender Erlösung ist bzw. werden soll, dann ist damit der höchste Maßstab für die „Humanisierung" der Sexualität gesetzt – und zugleich das Recht begründet, auch noch im erst tastenden und darum unvollendeten Versuch, die eigene Sexualität anzunehmen, das Richtige und Gute wahrzunehmen[13].

Von hierher läßt sich auch noch der Wahrheitskern der traditionellen Aussage herausheben, die Erbsünde habe ihre zugleich sichtbarsten und furchtbarsten Auswirkungen im Bereich der Sexualität[14]. *In dieser Form* ist die These falsch. Beim Vergleich wird heute kaum jemand bestreiten wollen, daß der Machttrieb unter den Menschen unendlich viel mehr Unheil anrichtet. Aber: daß gerade der Machttrieb mit pervertierter Sexualität bzw. mit Kompensationen für frustrierte Sexualität zu tun haben *kann* – nicht *muß* –, das wissen wir heute[15].

Kurzum: Theologische Anthropologie hat keinen Grund zur „Angst vor Freud" – schon gar nicht vor C. G. Jung – und der weiteren modernen Entwicklung der Psychoanalyse, und sie sollte sich auch durch nach wie vor nicht abgeschlossene fachinterne Kontroversen um die wissenschaftstheoretische Qualität der Psychoanalyse[16] nicht dazu verführen lassen, sich billig einer herausfordernden Gesprächspartnerin entledigt zu glauben. *Was nämlich auch immer Gelungenes oder Halbgelungenes an humanwissenschaftlicher Einsicht in das Wesen menschlicher Zweigeschlechtlichkeit herauskommt, es ist immer nur der mehr oder weniger deutlich eröffnete Anblick und/oder die mehr oder weniger gelungene Heilung jenes menschlichen Lebensbereiches, in dem letztendlich Erlösung beginnt im geheilten Miteinander.*

Von hierher erschließt sich endlich auch der eigentliche und „harte" Sinn der kirchlichen Überzeugung von der Unauflösbarkeit der Ehe und von ihrer Sakramentalität – und gegebenenfalls der kirchlichen Praxis, aber auch ihrer möglichen und notwendigen Reformen. Das „neue" Handeln des Menschen soll „Nachahmung" Gottes sein, Weitergabe seiner vergebenden Liebe an den Mitmenschen – also seiner *unverbrüchlichen* Liebe. Deshalb zuletzt kann Ehe nicht grundsätzlich ein „Vertrag auf Widerruf" sein, wenn sie wirklich Ehe ist. Und präzis *dies* ist der Sinn der kirchlichen Lehre von der „Sakramentalität" der Ehe. Daß gerade damit ein bestimmtes rechtliches und institutionelles Verhalten gegenüber mißlungenen oder scheiternden Ehen nicht vorgezeichnet, eher im Ge-

---

[12] Vgl. w. o. 14 I 1.

[13] Vgl. *Böckle,* Geschlechterbeziehung und Liebesfähigkeit (= CGG 6, 109–151; vgl. auch die anderen Beiträge in diesem Band).

[14] Vgl. w. o. 7 III 3 mit Anm. 39.

[15] Vgl. dazu *Fromm,* Anatomie der menschlichen Destruktivität.

[16] Vgl. dazu den Diskussionsbericht von *Dieter E. Zimmer,* Der Aberglaube des Jahrhunderts. Die Psychoanalyse hat den Wahrheitsbeweis für ihre Lehre nicht erbringen können, DIE ZEIT 5. Nov. 1982, S. 17–21.

genteil ein herkömmliches Verhalten unter kritische Rückfragen gestellt ist, sei eigens angemerkt, obwohl darauf näher einzugehen hier unmöglich ist[17].

IV. „Ebenbild Gottes"

Leseempfehlung: Ebeling, Dogmatik I, 376–414

Wie das Thema „Frau und Mann", so kann auch das Thema „Ebenbild Gottes" zum Ausgangs- und Kristallisationspunkt einer systematisch-theologischen Anthropologie werden. Die Aussage, der Mensch, als Frau und Mann, sei gewollt und geschaffen als Ebenbild Gottes, gilt als biblische Kernaussage theologischer Anthropologie[18]. Doch ein genauerer Blick zeigt, daß diese „Kernaussage" in der Bibel so häufig nicht wiederholt und schon gar nicht ausgearbeitet wird[19]. Außerdem steht sie in Spannung zu den neutestamentlichen Aussagen, wonach nicht der Mensch, sondern allein Jesus Christus das wahre Ebenbild Gottes ist und die Menschen nur, insofern sie mit Christus gleichgestaltet werden[20]. Gilt die letztere Textreihe, dann drängt sich der Schluß auf, daß die Menschen durch die Sünde ihre Gottebenbildlichkeit verloren hatten und erst durch Christus ihnen eröffnet wird, sie neu und überbietend zurückzugewinnen.

Die biblische „Kernaussage" wird daher zu einem „Kernproblem" der Theologiegeschichte bis in die heutige systematische Theologie hinein. Die Frage lautet: *Ist die Gottebenbildlichkeit des Menschen eine Schöpfungsmitgift? Dann gehört sie unverlierbar zu seinem Wesen. Oder ist sie eine Gnadengabe, genauer: eine inhaltliche Bestimmung der Wirklichkeit des begnadeten Menschen? Dann gehört sie, verloren und neu geschenkt, auf die Ebene des Heils aufgrund der Vergebung der Sünde.*

Die gedankliche Spannung zwischen den aufs Ganze gesehen spärlichen Stellen enthält große theologische Energie und setzte eine ungeheure systematisch-theologische Bemühung in Gang. Die Theologie der Kirchenväter und als deren Erbin die mittelalterliche Theologie versuchte, gar nicht unsachgemäß, der

---

[17] Vgl. dazu den Überblick bei *Pesch,* Ehe, 9–24; 36–42; 76–80.

[18] So mit Recht *Jüngel,* Der Gott entsprechende Mensch. Bemerkungen zur Gottebenbildlichkeit des Menschen als Grundlage theologischer Anthropologie (= Entsprechungen, 290–317). Überblick über die Tendenzen der Diskussion bei *Peters* (s. Anm. 20), ausführlicher bei *ders., Der Mensch,* bes. 190–214. Wichtige Stimmen aus der Diskussion: *Scheffzcyk* (Hg.), Der Mensch als Bild Gottes; *Seibel,* Der Mensch als Gottes übernatürliches Ebenbild (= MS II, 805–817); *Auer,* Die Welt – Gottes Schöpfung, 217–227; *Thielicke,* Ethik I, 245–447; *Dalferth/Jüngel,* Person und Gottebenbildlichkeit (= CGG 24, 57–99); s. auch w.u. Anm. 29 u. 30; *Wölfel,* Welt als Schöpfung, 35–48. Zur lebhaften alttestamentlichen Diskussion vgl. die Kommentare von *Westermann* und *von Rad* zu Gen. 1,27 und die w.o. 1 I Anm. 14 genannten atl. Anthropologien.

[19] Gen 1,26f.; 5,1–3; 9,6; Wsh 2,23; Sir 17,3; Ps 8; 1 Kor 11,7; Jak 3,9.

[20] Joh 12,45; 14,9; Röm 8,29; 1 Kor 15,45–49; 2 Kor 3,18; 4,4; Phil 3,21; Kol 1,15. Jüngster exegetische Überblick und Literatur bei *Jervel/Crouzel/Maier/Peters,* Bild Gottes (= TRE VI, 491–515).

Spannung durch Unterscheidungen beizukommen[21]. Sie unterschied zwischen dem „Bild der Schöpfung" (imago creationis), dem „Bild der Neuschöpfung" (imago recreationis) und dem „Bild der Ähnlichkeit" (imago similitudinis). Oder in anderer Terminologie: „Bild der Natur" (imago naturae) – „Bild der Gnade" (imago gratiae) – „Bild der Herrlichkeit" (imago gloriae). Das Dreierschema wird auch zu einem Zweierschema zusammengezogen mit der einfachen Unterscheidung zwischen „Bild" und „Ähnlichkeit" (imago und similitudo). In diesem Fall bezeichnet „Bild" insgesamt die Gestalt der Gottebenbildlichkeit des Menschen hier auf Erden, „Ähnlichkeit" deren eschatologische Vollendung und Überbietung. Diese Unterscheidung sieht man, den biblischen „Pleonasmus" mißverstehend, durch die lateinische Übersetzung von Gen 1,26 (". . . nach seiner imago und similitudo erschuf er ihn") vorgegeben. *Die patristische und mittelalterliche Unterscheidung, wie auch immer im einzelnen interpretiert, löst die Spannung also dahin auf, daß beides gültig bleibt: das nicht zu vereitelnde Werk Gottes am Anfang und die Unterscheidung von dem, was dem wieder angenommenen Sünder durch Christus hier und einst zuteil wird.* Ohne genaueres Nachdenken wird freilich die Gottebenbildlichkeit auf die *Geistigkeit* des Menschen bezogen, im Zuge der nicht hinterfragten platonisierenden Abwertung der materiellen Welt kommt die leibliche Wesensseite des Menschen als eigene „Kontur" im menschlichen Ebenbild Gottes gar nicht in den Blick. Womit freilich nicht gesagt sein will, die Gottebenbildlichkeit des Menschen liege nur in den geistigen *Vermögen* des Menschen, also in Intellekt und Wille.

Luther[22] widerspricht, wie wäre es bei ihm auch anders zu erwarten, jeder Vorstellung, als sei die Gottebenbildlichkeit des Menschen eine Schöpfungswirklichkeit von bleibender Autarkie auch noch im Sünder. Gottes Ebenbild ist der Mensch allein durch die Gnade Gottes, diese aber wurde schon dem unschuldigen Adam keineswegs nachträglich und zusätzlich zu seiner Erschaffung als Mensch gleichsam übergestülpt, vielmehr wurde Adam in der Gnade als Ebenbild Gottes erschaffen – und mit dieser hat er sie, als er in Sünde fiel, verloren. Wären die dem Menschen eigenen geistigen Vermögen Träger eines unverlierbaren Ebenbildes Gottes, dann wäre ja der Teufel, der über solche Vorzüge noch weit besser verfügt, ein deutlicheres Ebenbild Gottes als selbst der Sünder! Die Konsequenz: *Alle Spekulationen um den Unterschied zwischen „Bild" und „Ähnlichkeit" werden zurückgewiesen, der Verlust der Gottebenbildlichkeit durch die Sünde, die ihrem Wesen nach Unglaube ist*[23], *bestätigt von der negativen Kehrseite her, daß die Quelle der Gottebenbildlichkeit des Menschen der Glaube war, jetzt wieder ist und darum, seiner eigenen eschatologischen Struktur gemäß, auf die eigentliche Wiederherstellung des Ebenbildes Gottes in der eschatologischen Verähnlichung mit Christus zugeht.* Ort des Ebenbildes Gottes ist darum der ganze

---

[21] Der klassische, die Tradition zusammenfassende Text ist *Thomas,* STh I 93, bes. 1–2.6.9.
[22] Wichtige Texte: WA 42, 45,1–46,10; 122,12–125,32; 166,22–167,20; vgl. auch 14, 111,9; 24, 51,12 ff.; 39 I, 175–180.
[23] Vgl. w. o. 5 V 1.

Mensch, insofern er im Glauben vor Gott lebt – hier auf Erden also zwischen Gesetz und Evangelium! Das Verständnis des Ebenbildes Gottes bei Luther sammelt wie in einem Brennspiegel alle Gedankenlinien über den gerechtfertigten Sünder vor Gott.

In der Neuzeit gerät das Thema der Gottebenbildlichkeit des Menschen auf katholischer Seite in die – nur scheinbar ein mittelalterliches Thema fortsetzende, in Wahrheit es bis zur Unkenntlichkeit entstellende – Problematik von „Natur und Gnade" und gar „Natur und Übernatur"[24]; auf evangelischer Seite, in Auseinandersetzung mit der Philosophie des deutschen Idealismus, in die Problematik von „Natur und Geist"[25]. *Beiden theologischen Bewegungen gemeinsam ist je auf ihre Weise ein starker Akzent auf der relativen Eigenwertigkeit schöpfungsursprünglicher Gottebenbildlichkeit, und zwar unabhängig von der Sünde und darum auch nach ihr, also im Sünder, noch in Kraft.* „Wie Gott dadurch, daß er dem Leibe die geistige Seele als ein Bild seiner eigenen geistigen Natur einprägt, den Menschen zu seinem natürlichen Ebenbilde macht: so erhebt er ihn dadurch, daß er der Seele ein ihm selbst gleichartiges Bild seines Sohnes einprägt, zu seinem übernatürlichen Ebenbilde."[26] „Sei mein Bild, ein Gott auf Erden! herrsche und walte. Was du aus deiner Natur Edles und Vortreffliches zu schaffen vermagst, bringe hervor; ich darf dir nicht durch Wunder beistehn, da ich dein menschliches Schicksal in deine menschliche Hand legte, aber alle meine heiligen, ewigen Gesetze der Natur werden dir helfen."[27] Beide Texte, geschrieben von Theologen, die sonst durch Welten getrennt sind, verbindet der frohgemute Optimismus hinsichtlich dessen, was der Mensch als „natürliches" Ebenbild Gottes darstellt und kann. Dem hatte schon die lutherische Orthodoxie kein Hindernis in den Weg stellen wollen und können: Zwar hält sie mit Luther fest, daß der Mensch in der Sünde die Ebenbildlichkeit Gottes verloren hat. In Gestalt der geistigen Vermögen des Menschen bleiben von ihr nur noch Reste. Aber diese Rest-imago wird in ihrem Wert immer höher veranschlagt, sie wird im Endergebnis zur „natürlichen" imago in einer Weise, daß die katholische Neuscholastik nicht den kleinsten Einwand vorzubringen hätte[28]. *Die – katholische und evangelische – Theologie der Gegenwart bezieht das Thema der Gottebenbildlichkeit des Menschen unvermeidlich in die theologische Rezeption der evolutiven Betrachtung des Kosmos und der Menschheitsgeschichte ein. Ganz von selbst ist damit (wieder) die Leiblichkeit des Menschen in die Interpretation seiner Gottebenbildlichkeit hineingenommen. Geradezu zwanglos ergibt sich von hier der prozeßhafte und letztlich eschatologische Charakter der Gotteben-*

---

[24] So bei *Matthias Joseph Scheeben,* Die Mysterien des Christentums (= Gesammelte Schriften II) (Freiburg i. Br. 1958), bes. § 32–37; *ders.,* Handbuch der katholischen Dogmatik III/4 (= aaO V), 157–213. – Zum Thema „Natur und Übernatur" vgl. die Hinweise w. o. 3 I 3 mit Anm. 28.

[25] So bei Herder und Hegel; Nachweise bei *Peters,* 508 f., an der in Anm. 20 angegebenen Stelle.

[26] *Scheeben,* Mysterien (s. Anm. 24), 180.

[27] *Herder,* Ausgabe Suphan XIV, 213 – zitiert nach *Peters,* ebda.

[28] Vgl. *Peters,* aaO 508; 512; mit Literatur.

bildlichkeit: festgemacht etwa am Begriff der Selbsttranszendenz des Menschen als hier auf Erden unabschließbarer Verwiesenheit auf Gott[29]. Seit dem Zweiten Vatikanischen Konzil hat sich im übrigen auch die katholische lehramtliche Verkündigung des lange vernachlässigten Themas wieder angenommen[30]. Es wird hier in Beziehung gesetzt zur aktuellen Sorge der Kirche um die Achtung der Personwürde des Menschen und ausgezogen auch auf gegenwärtige dringende Spezialprobleme, wie z. B. und besonders der Frage nach der Stellung der Frau in Kirche und Gesellschaft.

Dies ist nun nur ein ganz geraffter Überblick – und abgesehen von den schon genannten[31] Gründen belassen wir es noch aus einem besonderen Grund dabei. Ziehen wir nämlich ein Fazit, so bleibt festzustellen:

1. *Das Thema „der Mensch, das Ebenbild Gottes" hat offenbar eine überdurchschnittliche und bis heute ungebrochene Faszinationskraft – und man fragt sich, ob demgegenüber gar keine Bedenken am Platz sind.* Nimmt man die beiden Zitate von Scheeben und Herder einmal als symptomatisch, so ist die Frage unabweisbar, was eigentlich der geheime Impuls der Durcharbeitung des Themas der Gottebenbildlichkeit des Menschen sei. Ist es ein unbegründeter Verdacht, wenn man hier die ständige Versuchung registriert, daß die Bewunderung des Mutes *Gottes* zum Menschen (Psalm 8!) umschlägt in die Selbstbewunderung des Menschen im Medium von Gen 1, 26 f.? Zu offenkundig ist in Geschichte und Gegenwart das Thema der Gottebenbildlichkeit des Menschen die Chiffre für das, was der Mensch wesentlich von sich selber hält – theologisch und philosophisch, sogar einschließlich der Abwertung oder Aufwertung der Leiblichkeit. Gelegentlich erscheint das Thema sogar am Rand einer ideologischen Rechtfertigung für das, was der Zeitgeist gerade dem Menschen von sich selbst zu halten gebietet.

2. *Wo es theologisch mit rechten Dingen zugeht, ist allerdings, und zwar in Vergangenheit wie Gegenwart, nur selten die Gottebenbildlichkeit „statisch" verstanden worden, als reine Vorhandenheit der geistigen Seelenvermögen.* Und auch eine solche Neigung, wo sie tatsächlich vorliegt, blendet die „dynamischen", die „prozeßhaften" Dimensionen des „Ebenbildes" nicht aus, sondern erscheint eher als eine Überbewertung und einseitige Hervorhebung der „Rest-imago" aus dem Interesse, Gottes Schöpfungswerk am Menschen nicht als schlechterdings vereitelt ansehen zu müssen. *In der überwiegenden Mehrzahl der Äußerun-*

---

[29] Vor allem bei *Rahner;* vgl. seine Arbeiten zur theologischen Anthropologie (s. w. o. 1 I Anm. 5) in deren protologischen, christologischen und eschatologischen Bezügen; s. auch *ders.,* Überlegungen zur Anthropologie und Protologie im Rahmen der Theologie (= MS II, 406–420).

[30] Wichtige Texte: Pastoralkonstitution des Zweiten Vatikanischen Konzils, 12; Enzyklika *Papst Johannes Pauls II.* „Redemptor hominis" (deutsch mit einem Kommentar von *Bernhard Häring,* Freiburg i. Br. 1979); und das Lehrschreiben der deutschen Bischöfe zu Fragen der Stellung der Frau in Kirche und Gesellschaft. Überblick und Auswertung bei *Hoffmann,* Die Lehre von der Gottebenbildlichkeit des Menschen.

[31] W. o. III.

gen aber wird der „Wegcharakter" der Gottebenbildlichkeit deutlich gesehen und thematisiert bis hin zu einer insgesamt festzustellenden Tendenz, die eigentliche Vollendung des Ebenbildes Gottes im Menschen als eschatologische Realität zu verstehen. Dies muß vor allem auch gegenüber einer die Texte mißverstehenden oder nicht hinreichend zur Kenntnis nehmenden evangelischen Beurteilung der scholastischen Lehre vom Menschen als „imago Dei" betont werden. Thomas von Aquin erklärt in aller wünschenswerten Deutlichkeit, daß der Mensch Ebenbild Gottes durch seine „Akte" ist, also durch ein Tun, und zwar durch Erkenntnis und Liebe zu dem dreieinen Gott[32], und diese Aussage erhält erst ihr volles Gewicht dadurch, daß Thomas mit genau demselben Argument erläutert, was die ungeschaffene Gnade der Einwohnung des dreieinigen Gottes in der Seele des Gerechten bedeutet: ungeschuldete personale Verbundenheit mit dem dreieinen Gott in Erkenntnis und Liebe[33].

3. *Damit freilich ist die imago-Lehre, im Mittelalter wie auch in der weiteren Theologiegeschichte, nichts anderes als die biblisch formulierte zusammenfassende Variante des Verständnisses von Gnade und Rechtfertigung.* Besonders deutlich ist dies wieder im Vergleich zwischen Mittelalter und Reformation zu erkennen. Die Gnade ist „Teilhabe an der göttlichen Natur"[34]. Dadurch wird der Mensch Gott „ähnlich" – unüberbietbar in seiner eschatologischen Vollendung durch Gott, wenn aus dem „Bild" die „Ähnlichkeit" wird. Gerecht vor Gott ist der Mensch nach Luther durch die Christusgemeinschaft hier und durch das Jüngste Gericht hindurch[35]. Dadurch wird er wieder neu, was er durch die Sünde zu sein aufgehört hatte: Ebenbild Gottes. Das ist nun der *besondere* Grund, warum dem Thema der Gottebenbildlichkeit des Menschen in diesem Entwurf einer theologischen Anthropologie keine hervorgehobene Stellung eingeräumt wird. Es scheint nicht zufällig, daß dieses Thema dort ein besonderes Gewicht bekommt, wo man theologische Anthropologie betont schöpfungstheologisch ansetzt[36].

4. *In unserem Zusammenhang müssen wir jedoch aus zwei Gründen auf das Thema zu sprechen kommen:*

Einmal gilt es, den gängigen evangelischen Vorwurf richtigzustellen, das katholische Verständnis vom Menschen als Ebenbild Gottes sei einerseits statisch und diene andererseits der Bestätigung auch noch des Sünders in seinem versuchten Selbstaufbau vor Gott. Mit anderen Worten: Die katholische Tradition reduziere das „Ebenbild Gottes" auf den in sich illegitimen und überdies auch noch mißbrauchten Begriff des „Bildes der Natur" (imago naturae). Nicht zu bestreiten ist freilich, daß die Thomisten und überhaupt die neuscholastische Tradition einen Großteil der Schuld daran tragen, daß dieses Mißverständnis und dieser

---

[32] Vgl. STh I 93,7 in Verbindung mit 6; vgl. w.o. 3 I 5b).
[33] Vgl. STh I 43, 3–6.
[34] Vgl. STh I–II 110,3; vgl. w.o. 12 III 2.
[35] Vgl. w.o. 8 IV 3–4; 12 IV 1.
[36] Vgl. w.o. 1 II 4–5.

Vorwurf entstehen konnten. Wie nahe das Mißverständnis aber liegt, zeigt die angedeutete Entwicklung in der lutherischen Orthodoxie, und es ist anzuerkennen, daß die gegenwärtige evangelische Theologie denselben Vorwurf daher auch an ihre eigene nachlutherische Tradition richtet.

Der zweite Grund: Ganz auf der nicht mißverstandenen Linie des Thomas liegt es, wenn gerade die Rede vom neuen *Handeln* des Menschen, kurz, vom „neuen" Menschen überhaupt, der Ort ist, vom „Ebenbild Gottes" zu reden, und dies dann auch betont im Zusammenhang der Besinnung auf den Menschen als Frau und Mann. Zu sagen bleibt dann einfach dies: *Der Mensch wird und ist hier auf Erden und bis in die Ewigkeit das „Ebenbild Gottes", indem er als neuer Mensch in der Gnade Gottes neu handelt – auf Gott hin und von Gott her auf die Mitmenschen hin.* Das Thema von „Gottes Ebenbild" ist nicht, zugespitzt gesagt, eine Berufungsinstanz zur Legitimierung irgendwelcher ideologischer Zielsetzungen. Das „Ebenbild Gottes" ist „zweckfrei". Es ergibt sich gleichsam von selbst. Es dürfte kein Zufall sein, daß man „wie von selbst" die Realität des neu handelnden Menschen unter Gottes Liebe im Umfeld des Bildbegriffes ausdrückt: Die erlöste Welt kommt darin „zum Vorschein", er ist ein „Prospekt" des neuen Himmels und der neuen Erde. Es mag also gewagt klingen und hat doch viel für sich: Je zurückhaltender man in der Theorie das Thema der Gottebenbildlichkeit des Menschen angeht, um so mehr wird Raum dafür gelassen und Aufmerksamkeit dafür aufgespart, daß das Antlitz Gottes im Leben der Glaubenden und Begnadeten aufleuchtet – und in der von ihnen gestalteten Schöpfung.

Achter Fragenkreis
Der offene Mensch oder:
Gnade und Zukunft

20. KAPITEL
DIE ESCHATOLOGISCHE STRUKTUR DER GNADE
IN DER TRADITION

I. Zukunft ohne Vollendung?

LESEEMPFEHLUNG: Metz, Glaube in Geschichte und Gesellschaft, 149–158

1. Neu handeln – woraufhin?

Im notwendigen, selbstverständlichen, ja „automatischen" neuen Handeln des
Menschen unter der Liebe und Gnade Gottes, im Ethos, das dem Glauben entspringt, *beginnt* eine „neue Schöpfung", die erlöste Welt, die alles ergreifende
Herrschaft der Liebe Gottes – aber wann und wo kommt ihre *Vollendung,* wie
sieht sie aus? Bei all unserem Ringen um ein Stück erlöste Welt haben wir immer nur *Teilerfolge,* sowohl persönlich wie gemeinschaftlich – was wird mit
dem *Mißerfolg?* Die Liebe Gottes schafft noch mitten in den Zwängen einen
Raum unauslöschlicher Freiheit, weil sie Freiheit *ist.* Sie beschenkt den Menschen daher mit einer offenen Zukunft, die keine menschliche Macht verschließen kann – aber was ist diese Zukunft, wenn die *Todesgrenze* sie
durchschneidet?

All unsere Überlegungen über „Mensch sein, frei sein aus Gnade" laufen also un-
weigerlich auf jene Problematik zu, die wir als die Frage nach der „eschatologi-
schen Struktur der Gnade" formulieren können. Und wenn der rote Faden unserer
Überlegungen schon bei den humanwissenschaftlichen Horizonten theologischer Anthropologie stets dahin lief, das Wort des christlichen Glaubens von der
Gnade Gottes über den Menschen auszulegen als Eröffnung eines Weges aus
selbst- und fremdverschuldeten Verschlossenheiten in die Offenheit und Ent-
schränkung, die das Wesen des Menschen ausmacht, dann muß der Abschluß
unserer Überlegungen sich darauf konzentrieren, was es denn mit den vielfältigen Phänomenen von Ende und Abbruch, von Tod vor dem Sterben auf sich

habe, in denen die Offenheit des Menschen, ebenfalls „wesensgemäß", fortschreitend untergeht.

Nun wird dieses Problem außerhalb des christlichen Glaubens gern folgendermaßen bewältigt: Um beginnen zu können, braucht der Mensch ein Leitbild, ein vorgestelltes Ideal, eine „Fantasie" von Abschluß und Vollendung. Schon aus Gründen der Logik würde er sonst nicht von „beginnen" reden. Der bloße Vergleich mit dem Bisherigen nötigt ja höchstens dazu, von „ändern" oder „anders handeln" zu sprechen. Um Teilerfolge als solche zu erkennen und zu bezeichnen, braucht man als Maßstab ein Bild vom vollen Erfolg, von Vollendung. Und Zukunft ist nur dann ein Vorzug, wenn sie nicht nur leere, gleichgültige Offenheit, sondern die Möglichkeit bedeutet, sich nach einem Ziel auszustrecken. Die Spannung zwischen Anfang und Ende, zwischen Teil und Vollendung, zwischen Gegenwart und zukünftigem Ziel ist daher für ein neues Handeln des Menschen wesentlich, sie selbst ist der Motor, der das Handeln in Gang bringt und in Gang hält. Es ist jedoch weder möglich noch nötig, sich Gewißheit darüber zu verschaffen, ob es dieses Ziel, dieses Ende, diese Vollendung unseres Handelns und, durch unser Handeln, der Welt tatsächlich gibt. Ja, es ist nicht nur nicht nötig, sich darüber Gewißheit zu verschaffen, Ende und Vollendung selbst müssen nicht notwendig eine Realität sein, um jene Spannung zu erzeugen, die der Motor unseres Handelns ist. Es genügt die *Denknotwendigkeit* oder, mit einem älteren Ausdruck, das *Postulat,* die „Idee" des vollendenden Zieles, um die in Bewegung bringende Spannung zu erzeugen und unseren Neubeginn, unser immer fragmentarisches, immer neu in die Zukunft gerichtetes Handeln zu steuern. Das Wissen um unsere Endlichkeit und die Endlichkeit aller konkreten Dinge, die uns umgeben und das Material unseres Handelns sind, ist dabei kein lähmender Einwand, denn der Ausgriff über unser eigenes Ende hinaus hat insofern Realitätsgehalt genug, als mit unserem eigenen Ende die Zukunft anderer, späterer Menschen ja nicht verschlossen ist. Im Gegenteil, unser Handeln trägt dazu bei, daß den Nachgeborenen und immer neuen Nachgeborenen Zukunft ebenso eröffnet (oder, wenn wir nicht neu handeln, verschlossen) wird wie uns selbst. Für uns und für jeden Nachgeborenen ist darum die Zukunft immer neu unabsehbar offen, neuer Beginn jederzeit möglich, Teilerfolge immer auf dem Weg zum besseren neuen Teilerfolg. Weil dieses unabsehbare Ganze der Zukunft stets unter der leitenden Vorgabe eines wenn auch nur gedachten idealen Endzieles steht, wird die Energie des neuen Handelns auch dann nicht schwinden, wenn wir uns für uns selbst angesichts des eigenen Endes nur (bessere) Teilziele und Teilerfolge vornehmen, sofern sie sich nur an der Leitidee einer besseren Zukunft, das heißt einer solchen, die anderen, den Nachgeborenen, ihre eigene Zukunft nicht verschließt.

Auf eine Theorie nach diesem Grundmodell laufen alle anthropologischen Theorien zu, die einerseits den Menschen als das grundsätzlich zukunftsoffene Wesen deutlich im Blick haben, anderseits mit dem, was die Theologie die „eschatologische Zukunft", die „absolute Zukunft", das „letzte" Ziel nach allen

„vorletzten" Zielen dieser irdischen Geschichte sich nicht aneignen können[1]. Der Ernst, mit dem solche Theorien das Leben auf dieser Erde und die Geschichte dieser Welt als den einzigen Raum der Zukunft in Betracht ziehen und sich darum sorgen, daß keine Zukunftschance verpaßt wird, weil jede unwiederbringlich ist, steht in einem heilsam kritischen Kontrast zu einer gewissen christlichen Leichtfertigkeit, die sich allzu eilig damit tröstet, das eigentliche Leben und die eigentliche Zukunft beginne ja doch erst nach dem „Elend" und „Jammertal" dieses Lebens.

Es fragt sich gleichwohl, ob diese Theorie durchzuhalten ist, ja ob sie sich nicht selbst heimlich überschreitet. Um einer Antwort näherzukommen, muß man sich nur einmal einen schon „klassisch" zu nennenden Gedanken von Teilhard de Chardin in Erinnerung rufen, den Gedanken eines Mannes also, der über jeden Verdacht erhaben ist, der innerweltlichen Zukunft zu wenig zuzutrauen: „Die Aussicht auf einen *totalen Tod* (man muß viel über dieses Wort nachdenken, um seine destruktive Macht über unsere Seelen zu ermessen), diese Aussicht wird, so sage ich, ist sie einmal bewußt geworden, unmittelbar in uns die Quellen aller Anstrengung versiegen lassen ... Der Tag ist nahe, an dem die Menschheit wahrnehmen wird, daß sie kraft eben ihrer Stellung innerhalb der kosmischen Evolution, die zu entdecken und zu kritisieren sie fähig geworden ist, biologisch zwischen den Selbstmord und die Anbetung gestellt wird."[2]

Teilhard de Chardin schreibt diese Sätze 1934. Von der Atombombe und anderen Totalgefährdungen der Erde in unseren Jahrzehnten wußte er noch nichts. Aber er formuliert auch damals schon auf Programme, Zukunftsentwürfe und menschheitsgeschichtliche Neuaufbrüche hin, über die uns unsere Zeit nur zu deutlich Anschauungsunterricht erteilt. Würde man im Strom dieser Bewegung, in der Mobilisierung dieser Energien mit Gewißheit wissen, oder auch nur für möglich halten, daß das Ende von alldem nicht Vollendung, sondern totaler Tod ist (wie es, evolutionstheoretisch gesehen, hinsichtlich der Zukunft unseres Planeten nicht auszuschließen ist!), und würde diese Gewißheit oder Möglichkeit ganz tief in unser Bewußtsein dringen, dann würde dies letztlich – vielleicht nach längerer, wahrscheinlich schon nach kurzer Zeit – all unsere Bemühungen und Anstrengungen zum Erliegen bringen. Der Mensch tut letztlich nichts, wovon er im Bewußtsein gegenwärtig hat, daß es absolut vergeblich sein könnte.

Wenn dieser Gedanke wahr ist, dann bedeutet dies: *Die Wirklichkeit und Gewißheit eines vollendenden Endes unseres Handelns, unseres Lebens, der Geschichte der Welt auch über allen Tod in dieser Welt hinaus, kann nicht gleichgültig*

---

[1] Also im „klassischen" Marxismus, in neomarxistisch geprägten Spielarten der Gesellschafts- und Kommunikationswissenschaft und, mutatis mutandis, auch in der vom Positivismus herkommenden analytischen Ethik sowie im kritischen Rationalismus. Vgl. stellvertretend für die theologische Auseinandersetzung *Kerstiens,* Die Hoffnungsstruktur des Glaubens; *Metz,* Glaube in Geschichte und Gesellschaft, 77–158; *Pannenberg,* Wissenschaftstheorie und Theologie, 27–224; *Peukert,* Wissenschaftstheorie – Handlungstheorie – Fundamentale Theologie; *Sonnemans,* Hoffnung ohne Gott?; *Schaeffler,* Was dürfen wir hoffen? und schon *Moltmann,* Theologie der Hoffnung, 280–334.
[2] *Teilhard de Chardin,* Mein Glaube (= Werke X) (Olten 1972), 134f.

sein, weil die Frage danach unabweislich mit der Frage verbunden ist, ob die Quelle unseres Handelns, die Spannung zwischen Anfang und Ende, versiegt. Es ist zwar möglich, daß die – theoretische wie existentielle – Ungewißheit über diese Wirklichkeit nie in unwidersprechliche Gewißheit übergeht, die auch anderen ebenso unwidersprechlich vermittelt werden kann. Es ist aber unmöglich, diese Ungewißheit in die Gewißheit oder auch nur gewisse Möglichkeit eines absoluten Todes hinein zu überschreiten, wenn ein baldiges Ende unserer Bemühungen nicht die Folge sein soll. Da unsere Bemühungen und Anstrengungen nun aber keineswegs erliegen, da sie vielmehr zu immer neuen Aufbrüchen fähig sind, selbst da noch, wo das Ergebnis nur ein Tropfen auf den heißen Stein ist, ist dies die logische Konsequenz: *In allem neuen, verändernden, befreienden, heilenden Handeln ist selbst der Nicht-Glaubende zumindest heimlich davon überzeugt, daß nicht der totale Tod das Ende von allem ist.* Die anthropologische Struktur unseres Handelns schließt die grundlegende Erwartung eines vollendenden Endes ein, allem innerweltlichen Ende zum Trotz. Die in der Tat denknotwendige *Idee* der Vollendung und des Endzieles ist nicht *nur* Idee, sondern die mobilisierende Vorstellung einer *denknotwendigen realen* Möglichkeit von Vollendung[3]. So wie alles Fragen nicht auf ein leeres Fraglichmachen, sondern auf eine Antwort zielt und ohne die Voraussetzung ihrer Möglichkeit nicht in Gang käme, so zielt alles Handeln auf endgültige Erfüllung und käme ohne die zumindest offengehaltene reale Aussicht darauf gar nicht in Gang[4].

2. Die „letzten" Dinge

Die Vollendung unseres Handelns und der Geschichte der Welt und darin unsere eigene Vollendung ist Gegenstand jenes theologischen Traktates, den man gemeinhin „Eschatologoie" nennt und der die Lehre von den „letzten Dingen" behandelt: Tod, Ende der Welt, Gericht Gottes, Himmel, Hölle – und für Katholiken gehört auch das „Fegfeuer", der „Reinigungsort" dazu. Eine „Eschatologie" *dieser* Thematik steht heute nicht besonders hoch im Kurs, obwohl in den letzten Jahren einige wichtige und hilfreiche Bücher dazu erschienen sind, die verschrobene Vorstellungen zurechtrücken und den alten Fragen ihren wahren Ernst zurückgeben[5]. Wir brauchen uns daher nicht damit aufzuhalten, richtigzu-

---

[3] Vgl. *Pannenberg,* Was ist der Mensch?, 9–13.

[4] Vgl. *ders.,* Die Frage nach Gott (= Grundfragen systematischer Theologie I, 361–386), 372–381.

[5] Vgl. *Greshake,* Auferstehung der Toten; *ders.,* Tod und Auferstehung (= CGG 5, 63–130); *Wiederkehr,* Perspektiven der Eschatologie; *ders.,* Glaube an Erlösung; *Greshake/Lohfink,* Naherwartung – Auferstehung – Unsterblichkeit; *Ratzinger,* Eschatologie; *Vorgrimler,* Hoffnung auf Vollendung; *T. R. Peters,* Tod wird nicht mehr sein; *H. Häring,* Was bedeutet „Himmel"?; *Nocke,* Eschatologie; *Küng,* Ewiges Leben?; vgl. auch NGB, 526–544 *(Chr. Schütz); Schmaus,* Der Glaube der Kirche VI/2; *Christian Schütz/Heinrich Groß/Karl Hermann Schelkle/Wilhelm Breuning,* Die Vollendung der Heilsgeschichte (= MS V, 573–890); *Boff,* Was kommt nachher? Auf evangelischer Seite steht den „typisch katholischen" Frageweisen am nächsten wohl *Thielicke,* Theol. des Geistes, 505–623.

stellen, was auch in früheren Zeiten immer nur Mißverständnis und für den Glauben bedrohliche Verzeichnung war. „Was ist der Himmel gegen das Hofbräuhaus?", diese Quintessenz der bekannten Parabel vom Münchener im Himmel faßt alle Vorbehalte gegen die eschatologische Hoffnung des Christen zusammen, auf die wir hier *nicht* eingehen müssen. Doch es konnte auch in den Zeiten, als die Lehre von den „letzten Dingen" noch keine radikalen Probleme aufgab, nie ein Zweifel sein, daß das „ewige Leben" intensivstes *Leben* ist und nicht „ewige Ruhe". Und daß die „ewige Freude" nicht etwas ist, was uns gewissermaßen *gegen unser Empfinden* für „Freude" zu halten zugemutet wird, sondern eine Erfahrung, die wir *gar nicht anders* zu kennzeichnen vermögen denn als unbändige Freude – wobei es kein Einwand ist, daß wir uns das jetzt noch nicht näher vorstellen können.

Trotzdem, auch nach allen Klarstellungen, ist nicht zu übersehen: *Die herkömmliche Auslegung des Glaubens an Gott als den Vollender der Welt und der Geschichte läßt uns rätselhaft hilflos, wenn wir sie in den Kontext der beschriebenen Spannung hineinrücken, die der Motor unseres neuen Handelns aus dem Glauben ist.* Genauer gesagt: Sie liefert uns, so wie wir sie kennen, gerade *nicht* jenes faszinierende Leitbild vom vollendenden Ende, das im Kontrast zu unseren fragmentarischen Anfängen die mobilisierende Spannung unseres Handelns erst erzeugt. Das scheint zwei Gründe zu haben.

Der eine Grund: Zu tief ist in unser gläubiges Bewußtsein eingedrungen, daß *so gut wie alle konkreten Aussagen der biblischen und traditionell-dogmatischen Eschatologie für uns nur noch die Bedeutung von Bildern haben können.* Und dabei ist diese Bilder-Eschatologie in sich selbst schon vielfältig, ja widersprüchlich genug! Nun haben wir zwar inzwischen gelernt, daß eine solche Einsicht keine Abwertung entsprechender biblischer Aussagen bedeutet – hier so wenig wie sonst. Schon Rudolf Bultmann, der Begründer der „Entmythologisierung" der biblischen Texte, hat sorgsam unterschieden zwischen *Eliminierung* des Mythos und *Interpretation* des Mythos[6]. Wir wissen heute eher noch deutlicher als Bultmann, daß die bildliche Redeweise, ja auch die mythologische Redeweise, die angemessene Form ist, von einer Wirklichkeit zu reden, die ihrem Wesen nach unser endliches, geschichtliches Begreifen übersteigt[7]. Dies ist denn auch das Bemühen und die echte Hilfe, die die schon erwähnte jüngste Literatur leistet, nämlich die Verunsicherung zu beheben, die zunächst durch die Einsicht in den bildlichen Charakter der überlieferten eschatologischen Aussagen entstanden ist, und uns darüber hinaus neue Freude zu vermitteln an dem, was sich in diesen „Hoffnungsbildern" (Gisbert Greshake) ausdrückt. Außerdem haben wir mit Nachdruck auf die zwar wenigen, aber klaren Aussagen zu verweisen, wo in der Bibel einmal gewissermaßen „sachlich", ohne Bild von den Hoffnungen des

---

[6] Vgl. *Bultmann*, Neues Testament und Mythologie, 23–27.
[7] Vgl. dazu jetzt *H.-P. Müller*, Jenseits der Entmythologisierung; *ders.*, Mythos – Anpassung – Wahrheit.

Glaubens jenseits dieser irdischen Geschichte geredet wird (vgl. 1 Kor 7,31; 2 Kor 5,8; Phil 1,23; 1 Thess 4,17; Offb 21,4).

Doch können all solche Bemühungen um die Bilder und die „sachlichen" Aussagen nicht darüber hinwegtäuschen, im Gegenteil, sie zeigen, daß frühere Zeiten die Bilder eben nicht *nur* als Bilder genommen haben. *Wir* urteilen zwar heute, daß die Menschen früherer Zeiten im Bild dessen, was ihnen auf dieser Erde das Wertvollste war und die größte Freude bedeutete, ihre Hoffnung über diese Erde hinaus ausgedrückt haben. Und weil die Menschen Verschiedenes für besonders wertvoll hielten und an Verschiedenem jeweils ihre größte Freude fanden, sind auch die eschatologischen „Hoffnungsbilder" so verschieden und so wenig auf einen Nenner zu bringen. Es kann aber kein Zweifel daran sein, daß die Menschen, deren Denken wir heute so beurteilen und beurteilend uns neu aneignen, ihrerseits *nicht nur* an Bilder gedacht haben, sondern tatsächlich das erwarteten, was die Bilder besagen. Also zum Beispiel das große Hochzeitsmahl; oder die goldene Stadt, in der es niemals Nacht wird; oder den unsagbar festlichen Gottesdienst mit nie gehörter Musik; oder den ewigen Frieden, an dem selbst die Tiere ihren Anteil haben. Wenn wir darüber heute lächeln, vielleicht sogar spötteln und Geschichten erfinden wie die vom Münchener im Himmel, so beweisen wir damit ganz sachlich nur dies, daß die genannten Dinge für *uns* nicht mehr das Wertvollste und die Quelle höchster Freude sind (aus welchen Gründen auch immer); aber den Menschen damals war es damit so ernst, wie vergleichsweise sich auch heute noch mancher nicht unter europäischen Einfluß geratene gläubige Moslem in der Dritten Welt das Paradies vorstellen mag.

Verglichen damit ist unsere *konkrete* eschatologische Hoffnung natürlich auf das äußerste geschrumpft. Da der Gebrauch der Bilder unvermeidlich stets von dem Wissen begleitet ist, daß es „in Wirklichkeit" natürlich „ganz anders", jedenfalls ganz unvorstellbar ist, bedeutet es auch keinen Zuwachs an Konkretheit, wenn die Bilder möglichst bunt sind. Die Hilflosigkeit gegenüber denen, die aus den überkommenen eschatologischen „Hoffnungsbildern" Karikaturen verfertigen, ist daher ebenso unbegründet wie die Aufregung und der Zorn gegenüber denjenigen, die uns, völlig mit Recht, daran erinnern, daß „in der Hölle kein Feuer brennt" und daß wir darum aufhören müssen, es den Kindern zu sagen. Wir können es ja wirklich nicht darauf ankommen lassen, den Ernst des Jüngsten Gerichtes, die ernste Möglichkeit wirklicher, endgültiger und als solcher gewollter trennender Absage an Gott mit den höllischen Folterfantasien vergangener Jahrhunderte zu identifizieren.

So kann man denn in der jüngsten theologischen Literatur geradezu feurige Abhandlungen lesen, wie sich die eschatologische Hoffnung des Christen in Impulse zu weltveränderndem Handeln umsetzt. Kommt man dann zur Frage, was uns denn nach dem Tode, nach dem Ende der Geschichte erwartet, so bleibt es bei einigen dürren, abstrakten Sätzen, nicht selten verbunden mit der Warnung, uns allzu konkrete Vorstellungen zu machen. Das ist gar nicht weiter verwunderlich und der Sache, um die es geht, sogar angemessen. Es läßt aber zugleich verstehen, warum in der heutigen Situation und auf dem Stand heutiger Einsicht eine Lehre von den „letzten Dingen" die Frage nach Glaube und Zukunft nur so unzulänglich beantworten kann.

Damit hängt der andere Grund zusammen, warum diese Lehre uns heute trotz aller hilfreichen Klärungen so hilflos läßt. Nicht von ungefähr entfaltete ja die eschatologische Bilderwelt der Bibel und der kirchlichen Tradition ihre Faszinationskraft in einer Situation, in der die allermeisten Menschen ihr irdisches Geschick mehr oder weniger als Elend empfinden mußten. Dies verstärkte sich im ersten christlichen Jahrtausend (und noch lange darüber hinaus) durch die irrige Auffassung, der Glaube gebiete dem Christen, die Welt auch und gerade da zu „verachten", also als Elend zu betrachten, wo sie trotz allem noch etwas Gutes und Schönes anzubieten hatte. Kurzum, das ewige Leben nach dem irdischen Tod wurde denn doch, allen Gegenakzenten in anderen theologischen Zusammenhängen (Schöpfungslehre, Glaube an die Menschwerdung Gottes!) zum Trotz, als das eigentliche und wirkliche Leben aufgefaßt, das zu erlangen man dieses irdische Leben notgedrungen durchstehen müsse wie eine Aufnahmeprüfung. In solcher Perspektive konnte der uns heute so wichtige Zusammenhang von Eschatologie und Ethik gar nicht ausreichend in den Blick treten, es sei denn in der verfälschenden Optik, daß unsere guten Werke eine von uns und von uns allein zu erbringende Vorleistung seien, auf die Gott mit dem Einlaß in den „Himmel" als Gegenleistung antwortet. Im übrigen war das neue ethische Handeln des Glaubenden Konsequenz des Glaubens, weitergeschenkte Liebe Gottes, Dank an Gott, Nachfolge Christi und alles erdenkliche Gute – aber im wesentlichen gerade (noch) nicht die „Keimzelle der erlösten Welt", denn das hätte ja den Himmel auf die Erde, nicht die Menschen in den Himmel gebracht! Damit wird klar: *Weil wir dem Elend in der Welt doch wenigstens etwas mehr „Lebensqualität" abgerungen haben, weil wir es für möglich und aller Anstrengung wert halten, ihm noch viel mehr echter Lebensmöglichkeit für die Menschen abzuringen, wirkt auf uns eine Eschatologie nicht faszinierend, die vor allem an dem Satz des Paulus orientiert ist: „Die Gestalt dieser Welt vergeht" (1 Kor 7, 31).*

Diese beiden Gründe nötigen dazu, die Frage nach dem zukunftsoffenen Menschen, nach Gnade und eschatologischer Hoffnung nicht von der traditionellen Lehre von den „letzten Dingen" her anzugehen, sondern von der Grundstruktur begnadeter Existenz selber[8] und insbesondere von dem her, was sich schon zum Thema „Gnade und neues Handeln" ergeben hatte – und von daher den Weg zu einem Neuverständnis der Eschatologie im engeren Sinne zu eröffnen, denn selbstverständlich bleibt diese eine unverzichtbare theologische Aufgabe[9].

---

[8] So seinerzeit programmatisch gefordert von *Rahner,* Theologische Prinzipien der Hermeneutik eschatologischer Aussagen (= Schriften IV, 401–428); vgl. *ders.,* Grundkurs des Glaubens, 414–417; vgl. ferner *Kasper,* Gott und die Zukunft; *Vorgrimler,* Hoffnung auf Vollendung, 83–100 f.

[9] Es ist bezeichnend, wie *Rahner* im Anschluß an die Überlegungen des genannten Aufsatzes in sei-

Das *„klassische" Lehrstück, in dem die „eschatologische Struktur der Gnade"* *thematisiert und entfaltet wird, ist die Lehre vom „Verdienst".* Damit haben wir zugleich ein kontroverstheologisches Reizwort genannt. Die „Verdienstlehre" steht im evangelischen Urteil geradezu synonym für alle Sünden der katholischen Theologie, für „Werkgerechtigkeit", „Kooperationismus", „Synergismus", „Legalismus", „Rationalismus", „Eudämonismus" usw. Ob eine bestimmte katholische Lehre im ökumenischen Gespräch „konsensfähig" ist, wird nicht zuletzt daran entschieden, ob sie auch nur ja gründlich genug den Verdienstgedanken ausschaltet[10]. Umgekehrt werden nachweislich selbst katholische Interpretationen der altkirchlichen Christologie, über die „eigentlich" kein kirchentrennender Dissens besteht, von lutherischer Seite verdächtigt, damit setze man den Keimling der Verdienstlehre[11] – ganz zu schweigen von ähnlichem Verdacht etwa gegen die katholische Ekklesiologie und, natürlich, Mariologie.

Nichts von alldem ist wahr, obwohl, zugegebenermaßen, alles im konkreten Erscheinungsbild katholischen Lebens in Geschichte und Gegenwart seinen Anlaß haben mag. *In Wahrheit will die Verdienstlehre, jedenfalls bei ihren maßgebenden Vertretern, nicht rationalistisch gewissermaßen die „Kaufkraft" der guten Werke abwägen, sondern die eschatologische Bedeutung des Lebens in der Gnade beschreiben.* Aber damit sind wir schon bei der Interpretation.

II. Die Lehre vom „Verdienst"

Leseempfehlung: Pesch, Die Lehre vom „Verdienst" als Problem für Theologie und Verkündigung, 1868–1898

1. Biblische Grundlagen

Das Alte Testament[12] *spricht mit größter Unbefangenheit davon, daß die Glaubenden von Gott Lohn und Vergeltung zu erwarten haben – im Guten wie im Bösen.* Der Lohn ist sogar abhängig vom Handeln des Menschen. Wer die Gebote Gottes hält, wer sich bundestreu verhält, wer den Verheißungen Gottes traut, dem wird Gott entsprechend antworten (vgl. z. B. Ex 19,5; 20,6; Dtn 28,1–14; Jes 49,3–5; 58,6–14; Ez 18,5–30; Ps 92,13–16; 112,1–9); wer die Gebote Gottes

---

nen Schriften auch immer wieder die ganz traditionellen Themen der Eschatologie aufnimmt – einschließlich des „Fegfeuers"; vgl. Schriften XIV, 435–449; Gleiches gilt für die in Anm. 5 genannten katholischen Arbeiten.

[10] Vgl. jetzt exemplarisch *Müller/Pfnür*, Rechtfertigung – Glaube – Werke (= Meyer/Schütte, Confessio Augustana, 106–138), 110–114; auch *Pesch*, Hinführung zu Luther, 86 f. mit den Hinweisen in Anm. 19.

[11] Vgl. *Pesch*, „Um Christi willen ...", 22 f.

[12] Vgl. *Koch*, Der Schatz im Himmel; *W. Pesch*, Der Lohngedanke in der Lehre Jesu.

mißachtet, wer den Bund mit Gott bricht, wer den Verheißungen Gottes miß-
traut, wird die Strafe seiner Missetat erfahren (vgl. z. B. Ex 20,5; Dtn 28,15–68;
Jes 65, 7)[13]. Diese Grundeinstellung des Glaubens Israels darf man auf keinen
Fall identifizieren mit einer in der Tat rationalistischen Lohnrechnerei, wie sie
ausweislich der Forschung zur Zeit Jesu in bestimmten strenggläubigen jüdischen Gruppen vorgekommen sein mag und belegbar ist[14]. Jüdische Theologen
unserer Tage wehren sich mit Recht, wenn man eine solche Haltung, womöglich
unter Berufung auf frühchristliche antijüdische Polemik, zum Grundverständnis
jüdischer Gesetzesfrömmigkeit hinzurechnet oder gar diese Gesetzesfrömmigkeit in kleinlicher Lohnrechnerei aufgehen läßt[15]. Denn Verheißung von Lohn
und Ankündigung von Strafe sind eingebunden in den Zusammenhang des Bundes, den Gott *frei und aus reiner Gnade* mit seinem Volk schließt. Dieser Bund
begründet größtmögliche Nähe und Vertrautheit zwischen Gott und seinem
Volk, aber, wie man mit Recht betont hat, keine „Partnerschaft" im Sinne einer
„paritätischen Mitbestimmung"[16]. Es muß daher, bei aller Würdigung des leitenden Frömmigkeitsimpulses, nämlich die Verheißung Gottes ernst zu nehmen,
schon im Rahmen des israelitischen Glaubens als Mißverständnis beurteilt werden, wenn man im angedeuteten Sinne mit dem Gott, der aus freier Gnade im
Rahmen seines Bundes irdischen und eschatologischen Lohn verheißen hat,
quantifizierend um diesen Lohn feilscht. Außerdem hat Israel als Ganzes
ebenso wie der einzelne Glaubende oft genug erfahren müssen, daß die Art, wie
Gott seine Lohnverheißung einlöst, so rätselhaft ist, daß eher Zweifel als der
Mut zum Rechnen am Platze schien. Demgemäß konnte ja auch, vor allem seit
der Exilszeit und dem Ende glanzvoller staatlicher Existenz, der Glaube an die
Treue Gottes zu seinen Lohnverheißungen und Strafandrohungen nur noch
messianisch oder apokalyptisch oder beides zugleich durchgehalten werden: als
Hoffnung auf eine endzeitliche Selbstoffenbarung Gottes, bei der die Guten ihren Lohn und die Bösen ihre Strafe erhalten. An dieser Stelle zeigt sich denn
auch schon im Zusammenhang des Alten Testamentes, daß der „Lohngedanke"
von Haus aus nicht die Qualität und „Würdigkeit" menschlicher Werke, sondern die verläßliche Treue Gottes zum Ausdruck bringt, die allerdings – man ist
hier gewissermaßen „hemmungslos" im Vergleich zu späteren theologischen Bedenken – das Handeln des Menschen nicht ausschaltet, sondern auf es wartet
und ihm „ent-sprechend" antwortet.

So unbefangen wie das Alte Testament gebraucht auch Jesus das Wort „Lohn"
(vgl. Mk 9,41; Mt 5,12; Lk 6,33–35; Mt 6,1.2.5.16; 10,41). *Er tut es auf der*

---

[13] Vgl. w. o. 5 I 1.
[14] Vgl. etwa Tob 4,8–12; ferner den bei *W. Pesch,* aaO 5 Anm. 24 zitierten Text (= *Strack/Billerbeck*
I, 430).
[15] Vgl. *Schalom Ben-Chorin,* Jüdischer Glaube (Tübingen 1975), 255–276; *ders.,* Paulus (München
1970); *H. J. Schoeps,* Paulus. Die Theologie des Apostels im Lichte der jüdischen Religionsgeschichte
(Tübingen 1959).
[16] *Deissler,* Ich bin dein Gott, der dich befreit hat, 55.

Grundlinie des Alten Testamentes, ja er bedient sich sogar des Vokabulars der spätjüdischen Lohnlehre. Er spricht vom „Schatz im Himmel" (Mt 6, 19–21), von den „zwölf Thronen", auf denen zu sitzen und über Israel zu herrschen der Lohn für die Zwölf sein wird (Mt 19, 28), vom doppelten Maß der Gerechtigkeit und Barmherzigkeit im Endgericht (Mt 6, 12.14 f.; 7, 1 ff.; 18, 23 ff.). Die Gleichnisse vom Hausbau (Mt 7, 24 ff.), von der Wahl der Plätze (Lk 14, 7 ff.) und die Rede vom Weltgericht (Mt 25, 31 ff.) haben spätjüdische Parallelen. Auch empfiehlt Jesus ausdrücklich solche Frömmigkeitsübungen, die in der jüdischen Lohnlehre eine große Rolle spielen (Mt 6, 1–6.16–18).

Änderungen, Neuansätze, ja massive Kritik an jüdischen Vorstellungen ergeben sich bei Jesus (nur) dadurch, daß auch seine Rede vom „Lohn" eingebunden ist und bleibt in seine Predigt von der Herrschaft Gottes. D e r Lohn schlechthin ist nicht eine „dingliche" Abfindung, sondern die Aufnahme des Glaubenden in die Herrschaft Gottes. Daher ist der Lohn eschatologisch, nicht geschichtlich. Er transzendiert die irdischen Verhältnisse, er besteht in der Gemeinschaft mit Gott. Eben deshalb kann er, wie die Gottesherrschaft selbst, unbeschadet seines eschatologischen Charakters, schon jetzt beginnen, zwar unter Verfolgung und Trübsal, aber dem Glauben erfahrbar. Weil der Lohn die Aufnahme in die Herrschaft Gottes, letztlich also Gott selbst ist, ist er überschwenglich und daher mit keinen Möglichkeiten dieser Welt zu verdienen, zu erobern, zu berechnen. Darum fällt die Entscheidung auch nicht am Gesetz, sondern an der Stellungnahme zu Jesus, zu seiner Botschaft von der anbrechenden Herrschaft Gottes, die Freudenkunde, Gabe *und* Ruf zur Umkehr zugleich ist.

Aus diesem Zusammenhang ergibt sich bei Jesus der kritische, mitunter scharfe neue Akzent in der Lehre vom Lohn im Vergleich zum Alten Testament und zur Auffassung seiner Zeitgenossen. Das Verhältnis des Menschen zu Gott ist nicht das des Mietarbeiters zu seinem Arbeitgeber, sondern des Sklaven zu seinem Herrn, dessen totales Eigentum er ist und demgegenüber keine Ansprüche geltend zu machen sind (Lk 17, 7–10). Er ist gegenüber Gott gerade nicht wie ein Mietarbeiter „seines Lohnes wert" (Lk 10, 7). Außerdem haben die Menschen, wenn sie denn je Ansprüche gegenüber Gott gehabt haben sollten, diese längst durch die Sünde verwirkt, und zwar *alle* Menschen. Daher gilt die Lohnverheißung und Seligpreisung Jesu denen, die ihr Elend und ihre Angewiesenheit auf Gottes Erbarmen einsehen und bereit sind, entsprechend an ihren Mitmenschen zu handeln (vgl. Mt 5, 3 ff.; 18, 23 ff.; Lk 18, 9–14). Dieser Lohn wird überdies gerade denen verheißen, die *nicht* um seinetwillen, sondern selbstlos gut handeln (Mt 6, 1 ff.; 25, 31 ff.). *Will man sich unter diesen Umständen das Verhältnis des Menschen zu Gott nach dem Muster eines Arbeits- und Lohnvertrages vorstellen, dann wird das Handeln Gottes völlig unverständlich.* Das macht Jesus vor allem in den Gleichnissen vom gütigen Arbeitsherrn (Mt 20, 1–15), vom liebevollen Vater (Lk 15, 11–32), vom verlorenen Schaf (Lk 15, 4–7), von den Drachmen (Lk 15, 8–10) und in der Erzählung vom Pharisäer und Zöllner deutlich. Gott hält sich gerade nicht an die Prinzipien zwischenmenschlicher ausgleichender Gerechtigkeit, und wem das unerträglich ist, der muß es unerträglich finden, daß Gott gut ist.

Jesu Lehre vom Lohn akzentuiert also den alttestamentlichen Gedanken in zweifacher Weise: durch den Hinweis auf den totalen Eigentumsanspruch Gottes auf den Menschen, der keinerlei Gegenansprüche zuläßt, und durch die Rückbindung allen Lohnes an die menschliche Gerechtigkeitsmaßstäbe sprengende Güte Gottes. „Verdient" ist nur die Strafe, die allerdings – der Lohn ist nie verdient, sondern immer geschenkt. In dieser Verschärfung bleibt der Begriff „Lohn" bei Jesus eingebunden in die Ankündigung der Herrschaft Gottes und erweist darin seinen eschatologischen Sinn. Der Wortsinn von „Lohn" ist damit fast schon aufgehoben, und so begegnet der Begriff im übrigen Neuen Testament, vor allem außerhalb des palästinensischen Raumes, also bei Paulus und Johannes, kaum noch. Was Jesus sachlich meint, heißt bei Paulus Lob Gottes, Herrlichkeit Gottes, Gerechtigkeit, Kranz, Krone, Siegespreis[17]. „... wenn aber durch Gnade, dann nicht aufgrund von Werken, sonst wäre Gnade nicht mehr Gnade" (Röm 11,6): Das ist bei Paulus die Parole, die sogar den Lohngedanken, von „Verdienst" und „Anspruch" ganz zu schweigen, vollständig ausschließt. Denn: „Dem aber, der Werke tut, wird der Lohn nicht angerechnet nach Gnade, sondern nach Schuldigkeit. Wer jedoch keine Werke tut, sondern an den glaubt, der den Sünder rechtfertigt, dem wird angerechnet sein Glaube zur Gerechtigkeit" (Röm 4,4f.). Paulus hat man in der Tat noch nie zitieren können, um eine Verdienstlehre zu *begründen* und deren Unerläßlichkeit zu beweisen. Man hat nur immer wieder versuchen können – und müssen! –, eine aus anderen Quellen gespeiste Verdienstlehre mit der paulinischen Lehre in Einklang zu bringen und an ihr zu überprüfen.

2. Die augustinische Tradition

Daß von solchen Ausgangspunkten aus eine Verdienstlehre überhaupt entstehen konnte, beruht auf der Voraussetzung, daß der Verdienstbegriff im Lohngedanken impliziert sei, weil einem Lohn ja doch eine „Würdigkeit" entsprechen müsse. Es galt nicht, den Verdienstgedanken auszuschalten, sondern ihn in derselben Paradoxie zu entfalten, die auch dem biblischen Lohngedanken eignet.

Die Voraussetzung von der Implikation des Verdienstbegriffes im Lohngedanken ist im Blick zumindest auf die Lehre Jesu mehr als problematisch. Sie steht nun aber einmal am Anfang der – sich ohnehin sehr zögernd entwickelnden – Verdienstlehre, und so haben wir, wenn wir historisch gerecht urteilen wollen, zu prüfen, ob die Verdienstlehre im Rahmen ihrer eigenen Voraussetzungen dem Sachgehalt des biblischen Lohngedankens treu bleibt, mit anderen

---

[17] Röm 2,27ff.; 13,3; 1 Kor 4,5. – Röm 5,2. – Gal 5,5. – 1 Kor 9,24f.; Phil 3,14; vgl. auch 2 Tim 4,7f.; Offb 3,11.

Worten: ob sie tatsächlich die volle Paradoxie durchhält, die ihr durch den biblischen Lohngedanken zum Maßstab gemacht ist.

Übergehen wir hier, daß es damit bei den frühen Kirchenvätern nicht besonders gut aussieht; daß, aus teilweise rigoristischen ethischen Interessen, eine gewisse Arglosigkeit im Umgang mit den Begriffen Lohn, Strafe und entsprechender „Würdigkeit" und „Schuldigkeit" herrscht; daß Tertullian, geprägt vom römischen Rechtsdenken, eine geradezu „kaufmännische" Lohn- und Verdienstlehre entwickelt; daß der christliche Osten in der repräsentativen Gestalt des Origenes das tiefe Problem der Verdienstlehre genau gespürt, für alle Zukunft vorweggenommen und ungelöst gelassen hat, nicht von ungefähr im Zusammenhang seiner Auslegung des Römerbriefes: Alles, was als menschliches Verdienst angesprochen werden mag, ist in Wirklichkeit Gnade Gottes. Man erkennt unschwer, daß diese frühchristliche Arglosigkeit im Umgang mit dem Lohn- und Verdienstgedanken genau der Hilflosigkeit und Beziehungslosigkeit parallel geht, mit der man in dieser Zeit der paulinischen Rechtfertigungslehre gegenübersteht – wie gesagt: mit der einen großen Ausnahme Origenes[18].

Wie denn also Augustinus im Streit mit Pelagius das paulinische Zeugnis neu durchdenkt, so beginnt auch mit Augustinus im qualifizierten Sinne eine Verdienstlehre – und zwar eine solche, die ihren eigenen sachimmanenten Kriterien standhält. Wie wir schon wissen, hält Augustinus den Menschen für durch und durch der Sünde verfallen[19] und daher radikal der Gnade Gottes bedürftig. Wem Gott diese Gnade schenkt, bestimmt allein er selbst in unbefragbarer Gnadenwahl, also, wie Augustinus sich ausdrückt, „im voraus zur Vorausschau unserer Verdienste" (ante praevisa merita): Radikaler kann man es nicht ausdrücken, denn man könnte sich ja zur Wahrung der Gnadensouveränität Gottes auch eine Theorie ausdenken und hat sie sich ausgedacht, wonach Gott zwar nicht auf unsere „verdienstvollen" guten Werke *wartet,* um darauf zu *reagieren,* wohl aber in seinem ewigen Jetzt unsere Verdienste in der Zeit *voraussieht* und insofern vor aller Ewigkeit seine Gnadenwahl nach ihnen „ausrichtet" (post praevisa merita). Nein, so Augustinus, nicht einmal so darf man denken. Alle Verdienstlichkeit ist allein Gott zuzusprechen, und wenn Gott jemandem etwas „schuldig" ist, dann nur sich selbst aufgrund seiner Verheißung. *Innerhalb* dieser Grundauffassung, die für jeden Selbstruhm des Menschen demütigend genug ist, kann Augustinus dann unbefangen von den „Verdiensten" des Menschen reden und muß es tun, da ja auch für ihn kein Zweifel am gerechten Gericht Gottes über die Werke des Menschen sein kann. Das Ergebnis der augustinischen Lehre ist dann dies: *Das ewige Leben ist im Hinblick auf die von der Gnade gewirkten und getragenen Werke des Menschen „Lohn aus Gerechtigkeit" (merces pro iustitia), das aber ist gleichbedeutend mit „Gnade aus Gnade" (gratia pro gratia)*[20], und so kann er seine

---

[18] Vgl. w. o. 3 I 3.

[19] Vgl. w. o. 3 I 4; 5 III 2–3.

[20] De gratia et libero arbitrio 8, 20: PL 44, 893.

„Verdienstlehre" zusammenfassen in dem von ihm häufiger formulierten, also offenbar geliebten Gedanken, der fortan die Geschichte des Lehrstücks durchzieht: *„Wenn Gott unsere Verdienste krönt, dann krönt er nichts anderes als seine Geschenke."*[21] Wie sonst, so sind auch in dieser Frage die Texte von Orange der kirchlich „dingfest gemachte" Augustinus[22].

3. Thomas von Aquin

Die Texte von Orange gerieten zwar bald in Vergessenheit, aber immerhin weiß man in der Zeit der Frühscholastik von der Verdienstlehre Augustins noch so viel, daß niemand sich die „erste" Gnade, das heißt: die Rechtfertigung, im Sinne eines „Anspruchs" verdienen kann. Sie ist und bleibt das unerzwingbare Gnadengeschenk Gottes. Im übrigen aber ist man wieder sehr arglos und, aus seelsorglichen Notwendigkeiten, wie man sie damals verstand, sogar bis an die Grenze des Erträglichen (und manchmal auch darüber hinaus) unbekümmert im Umgang mit dem Verdienstgedanken, der inzwischen schon lange keine Rückfragen nach seiner Begründbarkeit im biblischen Zeugnis mehr auslöst. So wird zwar einerseits „Unverdienbarkeit" gewissermaßen das erste Definitionselement der nun lebhafter werdenden Reflexion auf den Begriff der Gnade[23]. Anderseits kann man mit einer uns nur noch befremdenden Akribie die verschiedenen „Verdienstgrade" zu taxieren suchen in ihrer Abhängigkeit von den Intentionen und Bemühungen des Menschen. Übergehen wir dies alles wieder und weisen nur auf *das wirkungsgeschichtlich folgenschwerste Ergebnis der frühscholastischen Diskussion hin: das Aufkommen des Gedankens vom „Angemessenheitsverdienst" (meritum de congruo).*

Wir sind darauf beiläufig beim Blick auf ein viel späteres Stadium dieses Gedankens schon einmal gestoßen[24]. Die Wurzeln liegen im 12. Jahrhundert. Aufgrund von Schriftworten, die von einer Betätigung des Menschen *vor* dem Empfang der Gnade und auf ihn *hin* reden – jedenfalls nach dem Verständnis der Zeit (etwa Ez 18,21 in Verbindung mit 33,12; ferner Jes 45,22; Joel 2,12, Sach 1,3) –, sieht man sich veranlaßt, über die Bedeutung der Werke vor und außerhalb der Gnade nachzudenken. Unbeschadet der Unverdienbarkeit der „ersten" Gnade sieht man keine Schwierigkeit, von einer – im einzelnen verschieden gedeuteten – rein passiven, mit keinerlei Anspruch verbundenen „Aufnahmefähigkeit" (habilitas) für die Gnade zu sprechen, deren Beschreibung sich in dem im Kreis um Abaelard terminologische Festigkeit gewinnenden Axiom verdichtet: „Dem, der tut, was in seinen Kräften steht, verweigert

---

[21] Epist. 194, 19: PL 33, 881; vgl. PL 36, 895; 37, 1264; 38, 932; 44, 891.
[22] DS 388; 397 NR –; 783.
[23] Vgl. w.o. 3 I 5. Zum Folgenden vgl. *Pesch,* Theol. der Rechtfertigung, 771–789; *Pesch/Peters,* Einführung, 103–107.
[24] Vgl. w.o. 8 IV 1 mit Anm. 35; 8 V 2 mit Anm. 58; 11 I 1 mit Anm. 2; 12 III 3; IV 1.

Gott nicht die Gnade" (Facienti quod in se est, Deus non denegat gratiam). Weil niemand die Vorbereitung auf die Gnade als ein rein menschliches Werk ansehen mochte, wurde dieses „Tun, was in den eigenen Kräften steht", schon im 12. Jahrhundert auf eine eigene, mit der „rechtfertigenden" Gnade nicht identische „Bekehrungsgnade" zurückgeführt. Damit steht dann aber nichts im Wege, auch hier von einem Verdienst zu sprechen, das sich vom „eigentlichen" Verdienst genauso unterscheidet wie die genannte Bekehrungsgnade von der rechtfertigenden Gnade selbst, und von der reinen Unverdienstlichkeit genauso wie die Bekehrungsgnade vom allgemeinen Bewegungseinfluß Gottes auf die reinen Naturkräfte des Menschen. Dieses so umschriebene „Verdienst" bezeichnet man als „Verdienst nach Angemessenheit" im Unterschied zum „Verdienst nach Würdigkeit" (meritum de condigno), das allein in der „rechtfertigenden" Gnade gründet. Diese Theorie von der in der Forschung sogenannten „mittleren Gnade" und dem ihr entsprechenden „Angemessenheitsverdienst" gelangt ins 13. Jahrhundert und wird hier – trotz mancher terminologischer und gedanklicher Abwandlungen – ununterbrochene Tradition vor allem in der Franziskanerschule bis hin zu Gabriel Biel – und auf dieser Linie entscheidender Zielpunkt von Luthers Angriffen. Thomas von Aquin hat diese Theorie allerdings niemals mitgemacht, weder in seinem Frühwerk noch in der Summa Theologiae. Gleiches gilt von seinen Kollegen aus dem Dominikanerorden. Aber auch hier übergehen wir die mediävistische Fachsimpelei und blicken kurz auf die ausgereifte Form der Verdienstlehre bei Thomas.

Diese findet sich in der Summa Theologiae als letzte Teilfrage der Gnadenlehre unter der Überschrift: „Über die Wirkung der mitwirkenden Gnade, nämlich das Verdienst"[25]. Man muß sich gleich zu Beginn von der auch auf katholischer Seite häufigen Fehlinterpretation freimachen, die sich bei genauer Lektüre sofort von selbst korrigiert: daß nämlich gerade bei Thomas in der Verdienstlehre die Bedeutung der Mitwirkung des Menschen, also seiner Werke und im Hintergrund das Verhältnis von Gnade und Freiheit zur Diskussion stünde. Nicht der Mensch wirkt mit der Gnade mit, sondern die Gnade mit dem Menschen – die Gnade ist Subjekt aller Aussagen über das Verdienst, nicht der Mensch. Das Verhältnis von Gnade und Freiheit aber kann schon deswegen nicht zur Diskussion stehen, weil es ja in den vorausgehenden Überlegungen des Thomas bereits ausführliche behandelt wurde und in der Verdienstlehre vorausgesetzt ist[26]. Daß aber nur eine freie menschliche Tat verdienstlich sein kann, ist schon deshalb selbstverständlich und insofern kein Widerspruch zum gerade Gesagten, weil, wäre es anders, ja auch die Tätigkeit der vernunftlosen Geschöpfe „verdienstlich" genannt werden müßte. Denn auch sie werden ja wie der Mensch von Gott zu ihrem Tätigsein bewegt. Es ist also schon richtig: *Die Freiheit des Menschen, das „liberum arbitrium", die „propria voluntas" ist Grund*

---

[25] STh I–II 114.
[26] Vgl. w. o. 8 III 2; 12 III 3.

des verdienstlichen Werkes [27], *aber nicht Grund der Verdienstlichkeit des verdienstlichen Werkes.* Was aber ist der Grund?

Thomas setzt ein mit der Feststellung, daß es eigentlich bei Gott kein Verdienst des Menschen geben kann. Denn der Begriff Verdienst schließt gerechten Ausgleich von Ansprüchen ein, Gerechtigkeit aber setzt Gleichheit der Partner voraus. Davon aber kann zwischen Gott und Mensch keine Rede sein. Jede wirkliche oder denkbare Entsprechung zwischen Gott und Mensch wird stets durchkreuzt durch den fundamentalen Unterschied, daß Gott eine solche Entsprechung aus sich selbst hat, während der Mensch sie radikal Gott verdankt. Ergebnis: *Wenn es doch so etwas wie ein „Verdienst" des Menschen vor Gott geben sollte, dann nur kraft einer „Anordnung" (ordinatio) Gottes, derzufolge unser von seiner Gnade getragenes Handeln die Qualität eines Verdienstes haben soll, wodurch aber, wie Thomas ausdrücklich hinzufügt, Gott nicht etwa unser Schuldner wird, sondern höchstens sein eigener.* Man erkennt: Es sind wirklich nur die Lohnworte der Bibel, durch die Thomas sich auf den Verdienstgedanken verpflichtet fühlt (er zitiert im Laufe des Traktates etwa Jer 31,16; 2 Tim 4,8; Röm 8,17). Die Ausführung erfolgt in einer Weise, die alle juridischen und gar kaufmännischen Vorstellungen von vornherein ausschaltet und die Paradoxie des biblischen Lohngedankens durchhält. Thomas ist neben Augustinus der zweite maßgebende Repräsentant der Verdienstlehre in der Theologiegeschichte, auf den man sich berufen muß, wenn man die wirkliche Sache und nicht die Karikatur der Verdienstlehre abzuschätzen hat. Warum Thomas der Paradoxie des Verdienstgedankens, die diesen ja zu allem Anfang fast schon zerbricht, trotzdem noch etwas abgewinnen kann, wird hier auch schon deutlich: *Das Verhältnis Gottes und seiner Gnade zum Menschen und seinem Handeln ist letztlich nicht nur nach dem Modell von Bewegungseinflüssen und Formgebungsvorgängen zu denken, sondern als personale Antwort Gottes auf das Handeln des Menschen,* das ja ebenfalls, wie wir gesehen haben, reine „Zustimmung" zur Gnade Gottes ist und also personalen Charakter trägt[28].

Das ist aber noch nicht der eigentliche und tiefste Grund der Verdienstlehre. Dieser tritt zutage, wenn man einmal genau und ohne Scheu vor dem etwas berechnend klingenden „Abzähl-" und „Bilanzverfahren untersucht, *was* denn der Mensch – wohlgemerkt: der Mensch unter der rechtfertigenden Gnade Gottes! – bei Gott „verdienen" kann und was nicht. *Eigentlicher und im Grunde einziger Gegenstand des Verdienstes ist das ewige Leben – alles, was sonst noch „verdienstlich" sein kann, hat am ewigen Leben teil oder einen direkten Bezug dazu.* Solches Verdienst ist unmöglich ohne die Gnade, ist aber auch dann noch *Verdienst* nur deshalb, weil das, was dem Menschen in paradoxem Beieinander von Gnade und Freiheit zuteil wird, nach Gottes positiver „Anordnung" den Charakter des Lohnes haben soll. Nun haben wir uns nur zu erinnern, was nach Thomas das

---

[27] Vgl. STh 114,1 c. (in fine); 114,3 c. 4 c.
[28] Vgl. w. o. 12 III 3.

Wesen der Gnade ist[29]: Gottes ewige Liebe selbst, die den Menschen in seine Gemeinschaft ruft. Das ewige Leben ist nichts anderes als die Vollgestalt der Gnade, die Gott uns hier schenkt. „Ordnet" Gott nun „an", daß einer menschlichen Handlung aufgrund ihres Getragenseins von der Gnade das ewige Leben als „Lohn" zuteil wird, dann heißt das: *Gott beantwortet ein menschliches Tun mit der Vollwirklichkeit dessen, was dieses Tun allererst hervorgebracht und geführt hat, mit der Vollwirklichkeit der Selbsthingabe Gottes an den Menschen.* Daraus folgt: Die göttliche „Anordnung", die nach Thomas jegliches Verdienst des ewigen Lebens begründet, ist gar kein *besonderer* göttlicher Akt *neben* dem der Mitteilung seiner Gnade, sondern sie fällt mit der ewigen Liebe Gottes zusammen, durch die Gott sich selbst schon in der Zeit zum Gnadengeschenk für die Ewigkeit gibt. Aus der „Froschperspektive" des Menschen gesehen mag man daher die Gnade, insofern sie auch eine innermenschliche Realität ist, „Bedingung" und gar „Formalgrund" für das Verdienst des ewigen Lebens nennen. Sie ist aber nicht Bedingung für die göttliche ordinatio, vielmehr ist diese das Unbedingte, weil mit Gottes ewiger Liebe identisch. Diese stellt das Bedingte, das ewige Leben des Menschen, in einen *zusätzlichen* Bedingungszusammenhang mit einer Vorform ihrer selbst, die *mit* der zugehörigen Vollwirklichkeit das radikale Bedingtsein von der Unbedingtheit der göttlichen Liebesanordnung teilt.

Diese Beobachtungen sind der Grund für folgende Interpretation von Sinn und Eigenart der thomanischen Verdienstlehre: Diese soll – im Bild einer Art „Kaufkraft", wovor Thomas mit der Tradition keine Angst hat – die innere „Teleologie", die innere Zielgerichtetheit der Gnade auf ihre Entfaltung zur vollendeten ewigen Gemeinschaft mit Gott hin zur Sprache zu bringen. Wir können auch sagen: *Sie soll in einer paradoxen Formel festhalten, daß Gott in personaler Weise vollendet, was er am Menschen im Geschenk seiner Gnade, die zuletzt er selber ist, begonnen hat.* Die Verdienstlehre redet daher zuerst und zuletzt von der Reichweite des Handelns *Gottes* und nur sekundär vom „Wert" des menschlichen Tuns. Die „Verdienstlichkeit" dieses Tuns ist nichts anderes als die Tendenz der Vorform der Gemeinschaft mit Gott zu ihrer Vollwirklichkeit. Das *Ganze* aus Vorform und Vollwirklichkeit aber kann der Mensch in keiner Weise „verdienen".

In dieses Konzept fügt Thomas, und zwar in bewußtem Gegensatz zu seinem Kollegen aus der Franziskanerschule, die schon erwähnte Unterscheidung von „Würdigkeitsverdienst" und „Angemessenheitsverdienst" ein. Dies letztere, das die Vorgänger und Zeitgenossen mit der Heilsbedeutung der Werke *vor* Empfang der Gnade zusammenbrachten, ist für Thomas nur ein *Aspekt* des *eigentlichen*, des „Würdigkeitsverdienstes": Wenn Gott einem Menschen seine Gnade schenkt, ihn dadurch zu seinem Freund und würdig des ewigen Lebens macht, dann ist es „angemessen", daß Gott das Tun seines Freundes anerkennt und belohnt. Schlechthin gesprochen bleibt es also dabei, daß das Werk des Menschen,

---

[29] Vgl. w. o. 12 III 2.

insofern es seiner Freiheit entspringt, keinerlei Anspruch und Verdienst vor Gott begründet. Insofern es aber das Werk des Freundes Gottes ist, das aufgrund der Gnade Gottes das ewige Leben verdient, ist es „angemessen", daß es auch unter dem Aspekt seiner eigenen Anstrengung vor Gott etwas gilt.

Verdienst, in welcher Form auch immer, gibt es also nach Thomas ausschließlich innerhalb des von Gott begründeten gnadenhaften Gottesverhältnis des Menschen. Da, wo es für die Gegner des Thomas schon vor dem Empfang der Gnade wenigstens ein „Angemessenheitsverdienst" gibt, steht bei Thomas der Hinweis auf das Bittgebet. Wir müssen nicht alles bei Gott verdienen, es genügt, daß wir alles erbitten können – und wir können um alles bitten, was uns Gott gerade an den Entscheidungspunkten unseres Lebens auf dem Weg zu ihm schenken muß[30]. Das ist das letzte Wort des Thomas zur Verdienstlehre.

4. Martin Luther

Die strenge Hineinnahme des Gedankens vom „Angemessenheitsverdienst" in den Zusammenhang des „eigentlichen" Verdienstes bei Thomas wurde bekanntlich in der Spätscholastik wieder rückgängig gemacht. Dadurch und dadurch *allein* konnte Luther auf den Gedanken kommen, die theologische Tradition des Mittelalters, deren Spätform sein eigenes Theologiestudium geprägt hatte, vertrete die Auffassung, man könne sich wenigstens im abgeschwächten Sinne die Gnade Gottes verdienen[31]. *So wird die Verdienstlehre zum Kristallisationspunkt seines Kampfes gegen die überlieferte Gnadenlehre und gewissermaßen zur Todesgrenze seiner eigenen reformatorischen Rechtfertigungslehre.* „Die ‚Justitiarier' (iustitiarii = ironisch etwa: die ‚Gerechtigkeitsfanatiker') wollen die Gnade und das ewige Leben nicht umsonst empfangen von Gott, sondern beide durch ihre Werke verdienen", schreibt Luther im großen Galaterkommentar von 1531[32]. „Gottlos philosophieren gegen die Theologie ..., die da sagen, indem der Mensch tue, was in seinen Kräften steht, könne er die Gnade Gottes und das Leben verdienen" – so in der „Disputation über den Menschen" (Disputatio de homine) vom Januar 1536[33]. Diese Sätze zeigen die Stoßrichtung von Luthers Angriff und dessen theologiegeschichtlichen Hintergrund[34]. Die Ablehnung des Verdienstgedankens will bei Luther also nur besagen, daß die Rechtfertigung des Sünders und das neue Leben in der Gemeinschaft mit Gott (einschließlich seiner eschatologischen Vollendung) allein Gottes Geschenk und in keiner

---

[30] STh 114,9 ad 1; vgl. schon 109,10.
[31] S. Anm. 24. Zum theologiegeschichtlichen Hintergrund vgl. *Oberman,* Werden und Wertung, 127–140.
[32] WA 40 I, 224,30.
[33] WA 39 I, 176,21.
[34] Reiches Stellenmaterial zum Sprachgebrauch und Begriff des „Verdienstes" bei *Beer,* Der fröhliche Wechsel und Streit, 145–161; weitere Stellen und Sachdarstellung auch bei *Pesch,* Theol. der Rechtfertigung, 317–322.

Weise eine Leistung, auch keine Mit-Leistung des Menschen sind. Konsequent will Luther Worte, die den Begriff „Verdienst" auch nur assoziieren lassen, aus der theologischen Sprachregelung ausmerzen: „‚Tun', ‚Wirken' und ‚notwendig zum Heile sein' schließen sofort ‚Verdienst' und ‚Schuldigkeit' ein, was unerträglich ist. Daher mahne ich dazu, daß ihr euch solcher Worte enthaltet", sagt Luther seinen Schülern in einer Disputation im Juni 1537[35]. Er trifft damit in der Tat Spitzenthesen der spätscholastischen Theologie, rennt aber, wie nicht noch einmal bewiesen werden muß[36], in bezug auf Thomas und die thomistische Tradition offene Türen ein.

Dennoch ist der Vorgang bedeutsam: *Zum ersten Mal ist die Voraussetzung durchbrochen, auf der die g a n z e Tradition der Verdienstlehre aufruht: daß nämlich im (biblischen) Begriff des „Lohnes" der (theologische) Begriff des „Verdienstes" logisch eingeschlossen sei.* Luther versichert nämlich geradezu feierlich – ein langer Abschnitt in seiner Schrift „De servo arbitrio" ist dafür der Hauptbeleg[37] –, *er wolle keineswegs die biblischen Lohn-Worte außer Kraft setzen, sie nur vom Gedanken des A n s p r u c h s reinigen.* Außerdem verkennt Luther keineswegs die Bedeutung der Werke des Menschen für das Heil und versteht diese Bedeutung, wie die jüngere Lutherforschung gezeigt hat[38], „dichter" als die von Melanchthon beeinflußte reformatorische Theologie nach Luther. Ebenso spricht Luther mit Nachdruck von einer echten „Mitwirkung" (cooperatio) des Menschen mit Gott, nicht an der eigenen Rechtfertigung, wohl aber, *aufgrund* der Rechtfertigung, gegenüber der Welt. Gott will auf dieser Linie den Menschen zu seinem Mitarbeiter haben[39]. Und diese Mitwirkung soll auch von Gott ihren Lohn haben, ja zu allem Überfluß hat Luther auf dieser Linie keine Bedenken, sogar von „Verdienst" zu sprechen, sofern nur sofort hinzugefügt wird, daß es, nicht anders als der Lohn, allein von Gott kommt: „In Wahrheit wirkt Gott allein durch seinen Geist in uns sowohl das Verdienst als auch den Lohn."[40] Jedenfalls ist im Bereich dieses „Zusammenwirkens" des Menschen mit Gott bei Luther die Emphase der Kritik am Verdienstbegriff nicht im entferntesten so groß wie im Zusammenhang des Verständnisses von der Rechtfertigung.

---

[35] 39 I, 257, 1.
[36] Vgl. w. o. 12 III.
[37] WA 18, 682, 1–705, 13.
[38] Vgl. die Literaturangaben w. o. 18 I 5 Anm. 22; hinzuzufügen ist hier *Peters,* Glaube und Werke; *Ole Modalsli,* Das Gericht nach den Werken. Ein Beitrag zu Luthers Lehre vom Gesetz (Göttingen 1963); *Greshake,* Freiheit oder Gnade, 29–36; und schon *Ragnar Bring,* Das Verhältnis von Glauben und Werken in der lutherischen Theologie (München 1955; schwed.: Abo 1933!).
[39] Vgl. WA 18, 754, 4–17; 695, 24; vgl. *Seils,* Der Gedanke vom Zusammenwirken.
[40] WA 18, 696, 6; s. auch dazu die Dokumentation bei *Beer* (s. Anm. 34).

Das Trienter Konzil versichert zunächst im 8. Kapitel des Rechtfertigungsdekretes ausdrücklich, das „geschenkweise" (griechisch: doreán, lateinisch: gratis) in Röm 3,24 sei dahin zu verstehen, nichts von dem, was der Rechtfertigung vorausgeht, verdiene selbst die Gnade der Rechtfertigung. *Es geht also – wie das Konzil ja anschließend ausführlich darlegt – durchaus der Rechtfertigung auf seiten des Menschen einiges voraus, aber niemals so, daß dadurch ein Verdienst der Rechtfertigungsgnade begründet würde*[41]. *Das ist eine direkte Antwort auf Luthers Kritik an der traditionellen Gnaden- und Rechtfertigungslehre – und zwar eine zustimmende Antwort,* mit der nach Meinung der Forschung die spätscholastische These, an der Luthers Kritik ihren hauptsächlichen Anhaltspunkt fand, ein für allemal zurückgewiesen wird[42].

Im 16. Kapitel desselben Dekretes, das ausdrücklich dem Verdienstgedanken gewidmet ist, lesen wir am Ende eine weitere Übereinstimmung mit Luther: Die Lehre vom Verdienst will keinerlei „eigene Gerechtigkeit" aufrichten, denn alle Gerechtigkeit stammt ganz von Gott durch Christus. Daher darf der Christ auch trotz der starken Lohnworte der Schrift weder auf sich vertrauen noch sich rühmen, denn *es ist reine Güte Gottes, daß er seine eigenen Gaben zu unseren Verdiensten machen wollte* – eine deutliche Anspielung auf den berühmten Satz Augustins, den wir zitierten. Daher gilt es, angesichts unserer Sünde auf Gottes Gericht ebenso wie auf sein Erbarmen bedacht zu sein und selbst bei gutem Gewissen allein Gott das rechte Urteil darüber zuzutrauen, was unsere Werke „wert" sind.

Da das Konzil sonst keinerlei Scheu vor Polemik gegen die Reformatoren zeigt, haben wir keinen Anlaß, solche Sätze etwa für das Ergebnis „ökumenischen Entgegenkommens" zu halten, zu dem damals ohnehin niemand aufgelegt war. *Sie sind also ernst gemeint und liefern somit den Maßstab dafür, wie die positiven Aussagen des Konzils über das Verdienst zu interpretieren sind und wie sie nicht interpretiert werden dürfen beziehungsweise müssen.* Diese positiven Aussagen aber haben folgendes Gedankengefälle[43]: Die Gerechtfertigten sind zu „überströmendem" gutem Handeln zu ermahnen (mit Berufung auf 1 Kor 15,58; Hebr 6,10; 10,35; Mt 10,22). Denen, die diese Mahnung befolgen, gut handeln und ihre Hoffnung auf Gott setzen, soll das ewige Leben *sowohl* als Gnade *wie auch* als Lohn und „Krone" (Zitat 2 Tim 4,7f.) vorgestellt werden, und *beides* aufgrund der Verheißung Gottes in Christus. Daß das ewige Leben zugleich Gnade und Lohn ist, begründet das Konzil damit, daß Christus den Gerechtfertigten beständig seine Kraft eingießt, die einerseits alle ihre guten Werke von Anfang bis Ende trägt und an die alle „Verdienstlichkeit" gebunden ist, die

---

[41] DS 1532 = NR 803.
[42] Zur Debatte um die Wortwahl („promereri" statt „mereri") vgl. w.o. 11 IV 1 Anm. 2. Die anzugebende Literatur ist dieselbe wie w.o. 5 VI 1 Anm. 81.
[43] DS 1545–1549 = NR 815–817.

aber anderseits eben deshalb nicht erlaubt zu denken, es könne den Gläubigen noch etwas fehlen, wodurch sie am Ende Gottes Gebote nicht erfüllt und das Leben nicht „wahrhaft verdient" hätten. In diesem Zusammenhang wird auf Schriftworte wie Eph 5,15; Joh 4,14; 15,5 verwiesen.

Unter diesen Voraussetzungen kann die einzige Aussage des Rechtfertigungsdekretes, die Luther so niemals durchgehen lassen würde, keine sachlichen Bedenken hervorrufen: Man „verlangt" von den Neugetauften, „daß sie diese (Gerechtigkeit) als ihr Festkleid (Lk 15,22), das ihnen durch Christus Jesus statt des durch Adams Ungehorsam ihm und uns verlorenen geschenkt wurde, weiß und makellos bewahren, um es vor den Richterstuhl Jesu Christi unseres Herrn zu bringen und das ewige Leben zu erhalten"[44]. Scheinbar wird hier das Verdienst des ewigen Lebens – das „weiße Festkleid" – von der Bemühung des Menschen abhängig gemacht. Aber die „Verdienstlehre" des Konzils stellt klar, daß auch das „weiße Festkleid" und das ihm entsprechende ewige Leben „zugleich Gnade und Lohn" sind. Man kann dem Konzil gewiß nicht nachsagen, daß es kein seelsorgliches Interesse an der motivierenden Kraft des Verdienstgedankens gehabt hätte. Aber wenn die Ausführungen des 16. Kapitels im Rechtfertigungsdekret nicht die schnell erreichten Grenzen solcher Seelsorgspraxis klarstellen, dann hätten die Konzilsväter hier schlicht gelogen.

III. Das eine Wort der Tradition im Wortwechsel der Kontroversen

LESEEMPFEHLUNG: Fransen, Das neue Sein des Menschen in Christus (= MS IV/2, 921–984), 951–953; 977–982

„Verdienst" ist ein Reizwort. Wenn die evangelische Theologie den damit angezeigten Sachverhalt radikal ablehnt, die katholische ihn, unter dem Eindruck solchen Protestes mit den notwendigen Differenzierungen, verteidigt, welchen Sinn kann es dann noch haben, nach dem einen Wort der Tradition zu fragen?

Doch dürfen wir unsere Methode auch und gerade da nicht verlassen, wo sie schwierig wird. Die Lohnworte der Schrift kann keine theologische Theorie außer Kraft setzen. Sie besagen, auf ihren Kern zusammengefaßt, daß Gott denen mit der Vollwirklichkeit seiner heilvollen Herrschaft antwortet, die sich jetzt schon auf sie eingelassen und verlassen haben. Dies ist denn auch immer der Grundsinn der Verdienstlehre gewesen und geblieben, und zwar sachlich auch bei Luther, für den man über den Zusammenhang von Rechtfertigung des Sünders hier und Rettung im jüngsten Gericht einst kein Wort zu verlieren braucht[45].

---

[44] DS 1531 = NR 802.
[45] Auf dem „eschatologischen Skopus" der Rechtfertigungslehre Luthers besteht immer wieder und mit Nachdruck vor allem *Peters;* vgl. w. o. 8 IV 4 Anm. 48.

Für die katholische Tradition ist nicht wenig bezeichnend, daß das „wahrhafte" Verdienst des ewigen Lebens sowohl bei Thomas von Aquin als auch auf dem Trienter Konzil durch den Hinweis auf Joh 4, 14 begründet wird, einen Text, durch den weniger der „Rechtswert" oder die „Kaufkraft" der Gnade als vielmehr ihre Zielgerichtetheit auf das ewige Leben hin belegt wird[46]. Man kann dann mit Fug und Recht streiten, ob dieser Sachverhalt den Verdienstbegriff einschließe und ob man mit einem solchen Wort das Gemeinte nicht eher verfälsche als anzeige. Über die Sache selbst aber kann kaum Streit entstehen.

Nun hat man aber seit frühesten christlichen Zeiten, allen theoretischen und spirituellen Absicherungen zum Trotz, mit dem Lohngedanken auch „Seelsorge" getrieben, will sagen: mit dem Hinweis auf den winkenden Lohn – die bereitgelegte „Krone" (2 Tim 4, 8) – zum christlichen Leben zu motivieren gesucht. Dies mußte um so unbedenklicher erscheinen, als ja auch nach dem biblischen Zeugnis die Drohung mit der „wohlverdienten" Strafe keineswegs unterbleiben soll. Sobald nun theologisch der Verdienstbegriff als logischer Mitinhalt des Lohngedankens gilt, wird auch er wie dieser in den seelsorglichen Appell einbezogen. Das Ende sind kaum noch verklausulierte Sätze wie etwa: Verdiene dir den Himmel! Erwirb dir Verdienste bei Gott! Verdiene dir durch besondere Anstrengungen („opera supererogatoria" = Werke der Übergebühr) einen höheren Platz im Himmel! Mit dem berühmten Wort Augustins, daß Gott nur seine eigenen Geschenke krönt, wenn er unsere Verdienste belohnt, hat das im Vordergrund des Bewußtseins kaum noch etwas zu tun. *Die unvermeidliche seelsorgliche Auswertung des Verdienstbegriffes, sobald dieser nur theoretisch-theologisch abgesichert und durch die überragende Autorität Augustins gedeckt war, schafft rückwirkend eine innere Problematik dieses Begriffes, der er kaum gewachsen ist.*

Diese Problematik verschärft sich, wo, diesmal nun vollends außerhalb augustinischer Legitimation, die Möglichkeit des Verdienstes, wenn auch im abgeschwächten Sinne, auf den Empfang der Gnade selbst, also auf die Grundlage jeglichen „eigentlichen" Verdienstes ausgedehnt wird, zunächst in der Franziskanertheologie des Hochmittelalters, fortgebildet und auf nicht durchzuhaltende Spitzenthesen getrieben in der Spätscholastik. *Dagegen* richtet sich dann der Protest der Reformation, und *der Anlaß dieses Protestes muß im 16. Jahrhundert in Theorie und Praxis so dominierend gewesen sein, daß der ursprüngliche eschatologische Sinn der Verdienstlehre und damit ihr eigentlicher und gut biblischer Sachgehalt unsichtbar blieb.* Es ehrt lutherische Theologen der Gegenwart, wenn sie diese Zusammenhänge wieder richtigstellen und geradezu für größere Gerechtigkeit gegenüber der katholischen Verdienstlehre werben[47]. Ob eine theologische Reinigung des Verdienstbegriffes, dessen Implikation im Lohngedanken ohnehin problematisch ist, noch einmal so gelingen kann, daß

---

[46] Vgl. DS 1547 = NR 816 mit STh I–II 114, 3 c.
[47] So vor allem *Kühn,* Via caritatis, 216–218; 262 f. in bezug auf Thomas, *Brunner,* Die Rechtfertigungslehre des Konzils von Trient (= Pro Ecclesia II, 141–149), 168 f., in bezug auf Trient.

seelsorglicher Mißbrauch – und das heißt ja: Irreführung der Gläubigen durch die Suggestion der Vorstellung, Gott sei ihnen gegenüber gewissermaßen eine Art Handelspartner – unmöglich wird, muß man bezweifeln.

Wir kommen also, was das eine Wort der Tradition in dieser Frage betrifft, zu folgendem Ergebnis: *Die Verdienstlehre artikuliert in einem sachlich problematischen und geschichtlich verhängnisvollen Begriff die eschatologische Struktur der Gnade, konkret: die sachliche Identität von Gnade und ewigem Leben, wie sie klassisch ausgesprochen ist in dem Satz des Thomas von Aquin: „Die Gnade ist das ewige Leben der Kraft nach" (gratia est vita aeterna in virtute)*[48]. Wo die Verdienstlehre anders als so verstanden und in der Praxis gebraucht wurde, wo gar über ein Verdienst *im voraus* zu jener Gnade, die sachlich mit dem ewigen Leben identisch ist, spekuliert wurde, da wurde beides jedesmal zur Ausbeutung eines für fraglos gewiß geltenden, in Wahrheit höchst riskanten Gedankens. Diese Ausbeutung hat sich nie ausgezahlt, und sie hat auch, wie Luther scharfsichtig beobachtet[49], niemals das erreicht, was sie eigentlich erreichen sollte, nämlich eine Ermutigung der Glaubenden zu gutem Handeln. Sie hat vielmehr deren Gegenteil erreicht: die Ungewißheit, ob man sich auch genügend Verdienste erworben habe, und die Furcht, man sei immer noch in einer Verfassung, in der man Gottes ewige Strafe wahrhaft „verdient" habe. Diese verfahrene, aber nicht mehr rückgängig zu machende Sachlage muß nun der Ausgangspunkt einer systematisch-theologischen Reflexion auf den Sachgehalt sein, den der korrekt verstandene Verdienstgedanke immer gemeint hat und allein meinen kann.

21. KAPITEL
„WAS DÜRFEN WIR HOFFEN?"

Auf diese berühmte Frage Kants muß der Versuch, das Erbe der Verdienstlehre anthropologisch zu lesen und systematisch zu bedenken, hinauslaufen. Dabei ist zunächst noch einmal auf das Problem der Eschatologie zurückzukommen. Anschließend und abschließend muß nach den Auswirkungen für das theologische Verständnis vom Menschen gefragt werden. Dieser Zweischritt bedeutet allerdings zunächst den Abschied von der Verdienstlehre, insofern sie eine ausgearbeitete theologische Theorie sein will.

---

[48] STh I–II 114,3 ad 3; vgl. w.o. 19 II Anm. 7.
[49] WA 43, 178,34.

I. Die „letzten" und die „vorletzten" Dinge

LESEEMPFEHLUNG: Ebeling, Ewiges Leben (= Wort und Glaube III), 455–460

1. Abschied von der „Verdienstlehre"

Das „Verdienst" als paradoxes und risikoreiches Wort über das menschliche Gottesverhältnis aufgrund der Gnade Gottes könne akzeptiert werden, aber es hätte nie eine Verdienst*lehre* daraus werden dürfen, bemerkt der lutherische Dogmatiker Paul Althaus[1]. Daß Gott es sich selbst und seiner Treue schuldet, auch zu vollenden, was er begonnen hat, darf man gewiß auch einmal in den paradoxen Gedanken gießen, daß unser Leben in der Gnade Gottes den Lohn des ewigen Lebens verdient – vor allem, wenn man es etwa in der ebenso korrekten wie treffsicheren Form Luthers tut: „Das Reich (Gottes) verdient die Söhne, nicht die Söhne das Reich."[2] Das ist ähnlich, wie Israel seit der Präambel der Zehn Gebote erlaubt war zu sagen: „*Mein* Gott!", und die Christen angehalten sind zu beten: „Vater *unser!*" Aber wie man aus solchen Spitzen-Worten des Glaubens ja keine Theorie von Gott als Eigentum des Menschen macht, so beginnt auch mit dem Augenblick, wo aus dem Verdienstbegriff eine Theorie wird, das Unheil. *Im Grunde ist die ganze Geschichte der Verdienstlehre, und das beweist ein nicht einzuschläferndes Gefühl für ihre Gefahren, der beständige Versuch, den Verdienstgedanken seiner* **praktischen** *Verwendung zu entziehen und ihn als reine* **theoretische** *Aussage über die Struktur der Gnade und die Bedeutung unseres guten Handelns festzuhalten. Das konnte eigentlich kaum gelingen,* denn der Verdienstgedanke ist nach seinem Bild- und Sachsinn ein eminent praktischer Gedanke, der seinen Nutzen verliert, wenn er gar nicht in Frömmigkeitspraxis übersetzbar sein dürfte. Je schlechter es daher gelang, den Verdienstgedanken theoretisch zu „neutralisieren", desto größer wurde der Abstand zum Zeugnis des Neuen Testamentes, wobei man dies unter dem Eindruck der wachsenden Fraglosigkeit des Gedankens nicht einmal bemerkte. Je besser es aber gelang, den Verdienstgedanken rein theoretisch zu verstehen und seine volle Paradoxie, konkret: den Ausschluß aller juridischen und „kaufmännischen" Anspruchselemente durchzuhalten, desto weniger wußte man am Ende, wozu der Verdienstbegriff denn nun noch dienen sollte. Es ist also zweierlei, die traditionelle Verdienstlehre energisch von vergröbernden Mißverständnissen zu entlasten, wobei man inzwischen auch unbefangene Schützenhilfe von evangelischen Theologen erhalten kann[3], und: in ihr eine konstruktive Möglichkeit für Theologie und Verkündigung der Gegenwart zu sehen. Im Blick auf die Mißverständnisse, die der Verdienstbegriff angerichtet hat und die spätestens seit der

---

[1] *Althaus,* Christliche Wahrheit, 653 f. Zum Folgenden vgl. auch *Pesch,* Die Lehre vom „Verdienst", 1898–1907.
[2] WA 18, 694,27 – in Anknüpfung an Mt 25,34.
[3] Vgl. die Hinweise w. o. 20 III Anm. 47.

Reformationszeit kirchengeschichtliche Folgen bis heute hatten; im Blick auf die Ressentiments, die der Verdienstbegriff darum auf nicht-katholischer Seite nach wie vor hervorruft, steht nicht zu erwarten, daß der Verdienstbegriff noch einmal eine Möglichkeit sein wird, den Zusammenhang von Gnade, gutem Handeln und ewigem Heil klärend und motivierend zur Sprache zu bringen. An diesem Zusammenhang freilich und an seine Paradoxie erinnert sie uns in bleibender Weise, und das wird zu bedenken sein, wenn wir den nächsten Schritt tun.

2. Beginn des ewigen Lebens

Der Sachgehalt der Verdienstlehre ist: Dieses Leben ist das ewige Leben. Die schon zitierte Formel des Thomas, dieses Leben sei dem ewigen Leben „der Kraft nach gleich"[4], bringt zwar das biblische Bild von Aussaat und Ernte formal auf den Begriff, ist aber der Sache gegenüber eher noch zu schwach. Jedenfalls dann, wenn unter allen Umständen die Vorstellung ausgeschaltet werden muß, dieses Leben sei eine Art Aufnahmeprüfung, die, wenn mit Anstand bestanden, den Einlaß in das „eigentliche" ewige Leben nach sich ziehe. Es ist kein Zweifel, daß die Verdienstlehre in der Praxis auch dazu herhalten mußte, diese falsche Vorstellung zu unterstützen. Da konnte dann – übrigens nicht ohne biblischen Anhaltspunkt (vgl. 1 Kor 9, 24–27; Phil 3, 13 f.) – das irdische Leben zu einem sportlichen Ereignis werden, bei dem die Goldmedaille (den „Siegespreis") gewinnt, wer seine Strapazen und Anstrengungen am besten durchsteht. Es kann aber auch kein Zweifel sein, daß der theologische Sinn der Verdienstlehre immer die sachliche Identität von irdischem und ewigem Leben durchgehalten hat, mit anderen Worten: die Glaubenswahrheit, daß uns schon jetzt jene Gemeinschaft mit Gott geschenkt ist, der in der Vollendung aller Dinge sachlich nichts hinzugefügt werden muß, die „lediglich" ihre alles umfassende Entfaltung und ihre volle Offenbarung erfährt.

Die Sache der Verdienstlehre stellt daher die systematische Interpretationsaufgabe: Wie soll und kann man verstehen, daß dieses Leben das ewige Leben ist? Der Gedanke, daß dieses Leben eben doch eine „Rennbahn" (Paulus) ist, nach der etwas kommt, was die Rennbahn und ihre Strapazen gerade vergessen läßt, ist dem gläubigen Gefühl gewiß viel einleuchtender. Nüchternem Realitätssinn wird umgekehrt der Gedanke unnötig erscheinen, daß dieses Leben noch etwas anderes sein könnte als eben *dieses* Leben. Und der theologische Grundgedanke, der sich als Deutungsansatz aus der geschilderten „Krise" der Eschatologie herausgeschält hat, nämlich: die Identität von diesem und dem ewigen Leben werde sich bei der Vollendung aller Dinge darin erweisen, daß dieses Leben und alles in ihm Vollbrachte, positiv oder negativ, seine Endgültigkeit erlange, und daß darum erst die letztverbindliche Verantwortung dieses Lebens

---

[4] STh I–II 114,3 ad 3; vgl. w. o. 19 II Anm. 7; 20 III Anm. 48.

deutlich werde, dieser Gedanke[5] erscheint zunächst allzu abstrakt, um zu „zünden".

Wir können ausgehen von dem, was wir im vorausgehenden Fragenkreis schon bedacht haben: Das neue Handeln des Glaubenden ist selbstverständlich, und es ist anderseits Keimzelle, Anfang, Vorausbild der erlösten Welt. Diese Einsicht ließ nun aber die Frage offen, ob die erlöste Welt damit buchstäblich eine „Frage der Zeit" ist, ob also mit dem „neuen Himmel und der neuen Erde" zu rechnen sei, sobald es gelinge, den Glauben über die ganze Welt zu verbreiten und ihn in den Herzen aller Menschen zu verankern. Man wird sogar noch einen halben Schritt weitergehen und sagen dürfen: Gerade dort, wo in der jüngsten Zeit der Zusammenhang von Glaube und neuem Handeln, die Konkretisierung des Glaubens im weltverändernden Tun betont wird, geschieht es immer zumindest mit einem Unterton, wenn nicht gar dem offenen Eingeständnis: Es ist der Auftrag des Glaubens, die *Erde* in das Reich Gottes zu verwandeln, aus ihr die erlöste Welt zu machen – unter ausdrücklicher Ausblendung einer über die irdische hinausgehenden Zukunft. Dahinter wiederum steht die Befürchtung, die Hoffnung auf eine Zukunft über die irdische hinaus könne der Arbeit an eben dieser irdischen Zukunft die Energien entziehen[6].

Die Frage, in welchem Sinne genau unser neues ethisches Handeln die Keimzelle der erlösten Welt ist, bleibt also noch zu beantworten. Die biblische Lohnlehre, die Sache der traditionellen Verdienstlehre und unser Ausgangssatz von der Identität des irdischen mit dem ewigen Leben enthält nun die Antwort, und sie besagt: *Es gibt ein Plus, einen „Mehrwert" der vollends erlösten Welt gegenüber der Keimzelle, an der zu wirken uns möglich und aufgetragen ist. Oder besser: Die Identität von diesem und dem ewigen Leben enthält gerade dieses Plus, besagt gerade dies, daß in diesem irdischen Leben Entfaltungsmöglichkeiten stecken, die durch unser eigenes Tun nicht zutage treten.* Noch genauer: Wenn die Vollendung aller Dinge kommt, dann wird sie zwar nur erscheinen als die Vollendung dessen, was aus den Quellen des Glaubens heraus immer schon im Gange war: geheiltes mitmenschliches Miteinander in einer dafür zugerüsteten Welt. *Aber die Vollendung selbst hat sich Gott vorbehalten, sie ist weder das Ergebnis einer kontinuierlichen Evolution der irdischen Verhältnisse noch das Werk einer entsprechenden und entsprechend vorbehaltlosen Anstrengung des menschlichen Handelns, und wäre es selbst ein Handeln aus dem Glauben.* Die Theologie spricht hier gern vom „eschatologischen Vorbehalt" Gottes, das heißt: davon, daß Gott sich Zeitpunkt und Art und Weise vorbehalten hat, wie er vollendend die Fragmente der erlösten Welt, die wir schaffen dürfen, aufnimmt und endgültig macht.

---

[5] Vgl. *Rahner,* Trost der Zeit (= Schriften III, 169–188) und gleichsinnige Meditationen in den anderen Bänden der „Schriften"; ferner die w. o. 20 I 2 Anm. 5 genannten Arbeiten zur Eschatologie.
[6] Vgl. dazu die kritischen Überlegungen bei *Rahner,* Heilsauftrag der Kirche und Humanisierung der Welt (= Schriften X, 547–567); *Kasper,* Warum noch Mission? (= Glaube und Geschichte, 259–274); zum Diskussionskontext vgl. die Hinweise w. o. 7 IV 4 Anm. 59.

Dieser „eschatologische Vorbehalt", der das „Vorletzte" das „Vorletzte" sein läßt und das „Letzte" unserer Verfügung entzieht, ist für unser Handeln sowohl eine harte wie eine tröstliche Nachricht. *Eine harte Nachricht,* insofern sie uns die demütigende Auskunft erteilt: Ihr werdet mit allen Anstrengungen und selbst mit allem guten Willen das Reich Gottes nicht schaffen können. Einer Menschheit, die mit Recht nicht nur auf ihre wissenschaftlichen und technischen Erfolge, sondern auch auf die Fortschritte an Humanität stolz ist, die bereits erzielt werden konnten, und die noch wesentlich größere Fortschritte für möglich, erstrebenswert, ja für eine Bedingung des Überlebens der Menschheit hält, soll sich also sagen lassen: Es wird immer hinten und vorn nicht reichen! Da kann man die tiefe Zweideutigkeit solcher Fortschritte, ja die immer wieder durchbrechende offenkundige Bosheit der Menschen durchaus im Blick behalten, eine Kränkung ist diese Nachricht doch. Nur: eine Überraschung kann sie kaum sein. Denn sie ist doch nur der letzte Folgesatz jener Kränkung, mit der eine theologische Anthropologie den Menschen grundsätzlich nicht verschonen kann: daß er der Mensch in der Sünde, im chronischen Widerspruch gegen Gott ist, und daß dieser darin besteht, daß der Mensch nicht glauben kann und glauben will und statt dessen Leben und Sinn seines Lebens lieber sich selbst verdanken will, allen trüben Erfahrungen zum Trotz. Wer sich diese Kränkung antun läßt, wer, sie spürend, es als Befreiung erfährt, nach der liebenden Zuwendung Gottes zu seinem verblendeten und rebellischen Geschöpf greifen zu dürfen, der wird es nicht als neue Kränkung empfinden, wenn Gott allein am Ende auch vollendet und gewissermaßen „aufarbeitet", was er allein buchstäblich „ohne unser Verdienst" an uns begonnen hat. Die „Kränkung" am Ende ist keine neue und schon gar keine größere Zumutung als die am Anfang.

Damit ist schon angeklungen: *Die harte Nachricht ist zugleich eine tröstliche.* Wir *können* nicht nur nicht das Reich Gottes, die erlöste Welt schaffen, wir *brauchen* es auch nicht. Dies hat nun wahrhaftig nicht den Sinn, uns letztlich davon zu entlasten, die *Keimzelle* der erlösten Welt zu schaffen. Aber wir brauchen nicht daran zu verzweifeln, wenn sie, was *uns* anlangt, immer nur Keimzelle *bleibt.* Wiederum zeigt sich eine Verbindungslinie zur Thematik der Sünde. Wenn wir „gerecht und Sünder zugleich", „Glaubende und Ungläubige zugleich" sind, so entbindet das nicht vom Kampf gegen die Sünde, sondern weist uns gerade in ihn ein. Das gilt historisch, für die Tradition, und es gilt sachlich. Ähnlich unter eschatologischem Aspekt. Daß wir nur Fragmente der erlösten Welt zustande bringen, bedeutet nicht, daß wir es lassen dürften, sondern hält uns dazu an, uns immer neu um immer noch etwas weniger Fragment zu bemühen. *In dieser Situation besteht der Trost der Hoffnung auf das ewige Leben eben darin, wissen zu dürfen, daß das Fragmentarische dessen, was wir vollbringen, kein Einwand dagegen ist. Wenn wir die erlöste Welt nicht bauen können, ist es kein Einwand dagegen, daß wir das, was wir tun können, auch tun dürfen.* Noch mehr: Gottes vollendendes Handeln schiebt unser armes Fragment nicht beiseite, um selbst noch einmal ganz neu anzufangen – das entspräche der Vorstellung vom irdischen Leben als der „Aufnahmeprüfung" –, vielmehr wird das Fragment, das uns gelingt, der Bildausschnitt, den wir schon entwerfen können, lückenlos aufgenommen in das Ganze, das Gott schafft, in die volle Wirklichkeit, die er herbeiführt.

Die eschatologische Struktur der Gnade besagt also im strengen Sinne, daß buchstäblich nichts vergeblich getan ist, was wir Gutes tun. Das gilt einmal in dem ganz radikalen Sinne, an den die Wahrheit der Sünde stets erinnert: daß menschliches Leben überhaupt Sinn hat und mit dem Mut des Glaubens angenommen werden darf. Es gilt aber, und dies ist hier der eigentliche und neue Gedankenschritt, auch für das Leben und das ethische Ringen im Glauben selbst. Denkbar wäre ja auch hier – und gelegentlich mag man die Versuchung spüren, es sich so zu wünschen –, daß Gott wirklich „alles allein" tut. Aber er will uns, man möchte salopp sagen: seinen eigenen trüben Erfahrungen mit uns zum Trotz, als „seine Mitarbeiter" (Luther). „Wer euch auch nur einen Becher Wasser zu trinken gibt, wird seines Lohnes nicht verlustig gehen", sagt Jesus (Mk 9, 41). Im Licht dieser Verheißung einmal die tausend alltäglichen Kleinigkeiten unseres Verhaltens im ganzen Beziehungsgeflecht unseres Lebens sehen, jene tausend Kleinigkeiten und Belanglosigkeiten, durch die insgesamt das Leben zum Himmel auf Erden oder auch zur Hölle oder, was fast dasselbe ist, zum tödlichen grauen Einerlei werden kann – wir würden begreifen, was es heißt: nichts ist vergeblich, alles ist ein Fragment im Fragment, das im vollendenden Handeln Gottes zur Ganzheit werden darf! Und weil nichts vergeblich ist, sind wir nicht aus der Verantwortung entlassen. Die eschatologische Struktur der Gnade ist der eigentliche Ausgangspunkt christlicher Ethik[7].

Wir müssen noch einen weiteren Hinweis anfügen, warum der „eschatologische Vorbehalt", unter dem unser Tun steht, eine tröstliche Nachricht ist. Dieser Hinweis betrifft die Toten, betrifft überhaupt die Leidensgeschichte der Menschheit bis auf unsere Tage. Wäre es unsere und ausschließlich unsere Möglichkeit, das Reich Gottes, die erlöste Welt zu bauen, so gäbe es keine Antwort auf die Frage, warum die Menschen – die Glaubenden – vor uns gelitten haben und gestorben sind, ohne je auch nur ein Fragment der erlösten Welt erleben zu dürfen, es sei denn, sie hätten es gegen allen Augenschein in ihren Herzen getragen. Wir wüßten auch keine Antwort, warum heutzutage in unserer Nachbar-

---

[7] Eine Durchsicht der jüngeren Entwürfe theologischer Ethik (*Thielicke, Böckle, Rendtorff,* HChrE u. a.) macht bald deutlich, daß ein solcher Ansatz *direkt* nirgends versucht oder zur Leitperspektive gemacht wird. Spätfolge der Trennung von Dogmatik und theologischer Ethik und damit der Ethik von der Gnadenlehre? *Indirekt* aber wird dieser Ansatz wirksam, wo man die „biblischen Grundlagen" theologischer Ethik erarbeitet und dann bei der Herrschaft-Gottes-Predigt Jesu einsetzt, der ja nach einhelligem exegetischem Urteil eben jenes „schon jetzt" und „noch nicht" eignet, von dem hier die Rede ist; und wo man, umgekehrt, systematisch auf das Thema „Reich Gottes" eingeht, dabei „Naherwartungen" ausschließen und darum „unvermeidlich" auf die ethischen Konsequenzen für die „noch" weitergehende Weltzeit zu sprechen kommen muß; vgl. *Moltmann,* Trinität und Reich Gottes, bes. 207–240; *T. Koch,* Gesellschaft und Reich Gottes; *Ebeling,* Zum Verhältnis von Dogmatik und Ethik.

schaft, zu der die Menschen auf der ganzen Welt inzwischen geworden sind, Menschen so unsäglich leiden müssen, auch noch das Wenige, das sie aufgebaut haben, wieder verlieren, und dies meistens nicht durch Schicksalsschläge und Naturgewalten, sondern vor allem durch menschliche Bosheit, die es, Gipfel der Lüge, sogar noch wagt, sich direkt oder indirekt hinter dem Gebot Gottes zu verstecken. *Ohne den Sachverhalt, den wir mit dem Abkürzungsbegriff „eschatologischer Vorbehalt" kennzeichnen, wären diese Millionen und Abermillionen Leidender nichts als ein Durchgangsstadium, nichts als menschlicher Dünger für die erlöste Zukunft derer, die spät genug geboren werden, um etwas von ihr mitzubekommen.* Es ist dies im Grunde die uralte Frage, mit der sich auf andere Weise schon Paulus in seinen Gemeinden konfrontiert sah, als man ihn fragte: Was ist mit denen, die vor der Wiederkunft Christi sterben? Werden nur die, die als Lebende dem wiederkommenden Christus begegnen, mit ihm in seine Herrlichkeit eingehen (1 Kor 15, 12.23–29; Phil 3, 10 f. 20 f.; 1 Thes 4, 13–18)?

Es ist darum kein Wunder, sondern ein Zeichen innerer Konsequenz, wenn in derjenigen theologischen „Schule" unserer Tage, die am nachdrücklichsten den Zusammenhang zwischen eschatologischer Hoffnung und weltveränderndem Handeln des Christen wiederentdeckt hat, nämlich in der „politischen Theologie"[8], auch am nachdrücklichsten das theologische Thema der „Auferstehung der Toten", ja sogar die „Apokalyptik" neu bedacht und gegen vorschnelle „Entmythologisierung" verteidigt wird. Man hat hier scharfsinnig entdeckt, daß jede Reserve gegenüber der Eschatologie als einer unveräußerlichen Dimension des christlichen Glaubens letztlich gewollt oder ungewollt auf eine Gleichgültigkeit gegenüber der Leidensgeschichte der Menschheit und damit auf ein „bürgerliches" Christentum zuläuft in dem Sinne, daß es letztlich mit dem in der eigenen kulturellen und politischen Situation Erreichten zufrieden ist und die übrige Welt vergißt.

Was aber „Leidensgeschichte der Menschheit" heißt, das darf man an dieser Stelle sich nicht nur in zusammenfassenden abstrakten Formeln vergegenwärtigen, das muß man sich in konkreten Bildern und Erzählungen vor Augen führen. In historischen Darstellungen etwa, aber auch in zeitgeschichtlichen Analysen und soziologischen Untersuchungen. Und dies alles übrigens auch und besonders in Darstellungen aus der Feder nichtchristlicher, kirchenkritischer oder sogar christentumsfeindlicher Autoren[9]. Wer die Leidensgeschichte der Menschheit, ja auch die blutige Geschichte der Kirche und des Christentums unverschönt, auch nicht theologisch „gedeutet", an sich heranläßt bis hin zur Judenverfolgung des Katholiken Hitler – dem dürfte die letzte Lust vergehen, den „eschatologischen Vorbehalt", der in der Identität von diesem und dem ewigen Leben beschlossen liegt, für eine realitätsferne theologische Konstruktion

---

[8] Die wichtigsten Titel w. o. 1 I Anm. 9. Gewissermaßen eine „Kurzformel" des hier angedeuteten Gedankens ist *Metz*, Glaube in Geschichte und Gesellschaft, 104–119 (Erlösung und Emanzipation).
[9] Bekannte – und keineswegs über jeden Einwand erhabene – Namen sind etwa *Karlheinz Deschner, Gerhard Szczesny, Carl Amery, Friedrich Heer* u. a.

zu halten. Er ist vielmehr der Haftpunkt der Frage, ob der Glaubende es radikal ernst nimmt mit der Wahrheit des Glaubens, daß Gott allein das Heil des Menschen ist und daß darum alles Heil, das nicht Gott selbst ist, nur vorletztes Heil sein *kann,* aber, weil es Gott als das letzte Heil gibt, auch vorletztes Heil sein *darf.*

II. Weltoffenheit und Hoffnung

LESEEMPFEHLUNG: Vorgrimler, Hoffnung auf Vollendung, 101–171; Greshake, Tod und Auferstehung; Greshake/Lohfink, Naherwartung, 185–207

1. Die Hoffnung – Testfall theologischer Anthropologie

Das Stichwort „Hoffnung" ist nun schon mehrmals gefallen. An seiner Leitlinie müssen wir nun noch bedenken, was die bisherigen Überlegungen für das theologische Selbstverständnis des Menschen austragen. Wir schneiden damit natürlich kein neues Thema mehr an. Aber bisher haben wir gleichsam sachhaft von der Identität des irdischen und des ewigen Lebens geredet, und dieser „sachliche" Eindruck entstand dadurch, daß wir gewissermaßen aus der Perspektive und geradezu im „Interesse" Gottes argumentiert haben. Aber dieses Leben, das mit dem ewigen identisch ist, ist das Leben des Menschen. Wir schauen dieselbe „Sache" nun noch einmal aus dem Inneren des Menschen heraus an.

Die eschatologische Struktur der Gnade stellt zur endgültigen Entscheidung, was der Mensch von seiner „Weltoffenheit" und von dem ganzen Grundriß seines Lebens, der damit verbunden ist, halten soll[10]. Wir erinnern uns: Dieses Stichwort „Weltoffenheit" dient in der humanwissenschaftlichen Anthropologie dazu, den Unterschied zwischen dem Menschen und dem Tier auf den Begriff zu bringen. Der Mensch ist „weltoffen" heißt zunächst soviel: er ist „das nicht festgestellte Tier". Er ist darum instinktarm, nicht auf eine Umwelt zugeschnitten, muß sich mit unspezialisierten Organen selber die Bedingungen schaffen, unter denen er überleben kann. Das Stichwort „Weltoffenheit" dient also – soweit es überhaupt humanwissenschaftlich rezipiert wurde! – dazu, die menschliche Kulturwelt der Umwelt des Tieres entgegenzusetzen. Mit diesem Schritt schien das nicht festgestellte Tier „Mensch" denn doch noch „festgestellt". Wir erinnern uns ferner, daß theologische Anthropologie dort mit ihrer Bezugnahme auf humanwissenschaftliche Erkenntnisse einsetzt, wo schon die philosophische Reflexion das Unzureichende des skizzierten kulturanthropologischen Menschenbildes aufdeckt. Zur Abgrenzung gegenüber dem Tier mag der Begriff des „Kulturwesens" genügen, zur erschöpfenden Beschreibung und Interpretation der „Weltoffenheit" des Menschen jedoch nicht. Dies zeigt sich schon allein an

---

[10] Vgl. w. o. 2 II 1.

der einfachen Tatsache, daß die „kulturelle" Tätigkeit des Menschen keineswegs aufhört, sobald er seine Überlebensbedingungen gesichert hat.

Die Weltoffenheit des Menschen ist also nicht abschließbar, es sei denn um den Preis der Menschlichkeit selber. Aber ist es nun nicht die ehrlichste Antwort auf diesen phänomenologisch aufweisbaren Tatbestand, zu sagen: Die unabschließbare Weltoffenheit des Menschen ist der Motor immer neuen humanisierenden Handelns auf eine ebenso unabschließbare Zukunft hin, die immer neue Chance menschlicher Selbstverwirklichung, die wir nützen können? Aus der Hoffnung auf endgültige Vollendung wird das „Prinzip Hoffnung", das stets nach vorne treibt, aber kein endgültiges Ziel sucht[11].

Wir werden dazu unter neuen Aspekten dieselben Fragen zu stellen haben, die wir schon zu Beginn des vorausgehenden Kapitels stellten[12]. Wir werden vor allem aber sagen müssen, daß der christliche Glaube eine andere Antwort gibt, die schon allein dadurch beachtenswert erscheint, daß sie in der Welt ist. *Wenn die Weltoffenheit des Menschen und die in ihr verwurzelte Hoffnung schon aus logischen Gründen die reale Möglichkeit endgültiger Vollendung einschließt und voraussetzt, dann muß eine Nachricht immer elektrisierend wirken und sich Beachtung erzwingen, die auf ein solches vollendendes Ende hinweist.* Die These von einer Hoffnung ohne Ziel, von einer Hoffnung als reiner Bewegungskraft, muß im Vergleich damit immer als resignierender Rückzugsgedanke erscheinen – selbst dann noch, wenn man ihn einmal als richtig unterstellt. Die Hoffnung auf wirkliche Vollendung, auf eine *Erfüllung* der Weltoffenheit, die etwas anderes ist als ihre verschließende *„Bewältigung",* liegt dem Menschen jedenfalls näher, und man bestätigt dieses Phänomen als solches auch dann noch, wenn man dagegen den „Projektionsverdacht" erhebt.

Der Gedanke verstärkt sich – wieder einmal – von der negativen Bilanz der Menschheitsgeschichte her. Wir müssen uns nur an die naturwissenschaftlich und evolutionstheoretisch nicht mehr absurde These erinnern[13], daß das „Experiment Menschheit" auch scheitern kann. Nicht einmal derjenige kann heute schon als indiskutabler Pessimist gelten, der die Vermutung ausspricht: Das „Experiment Menschheit" *ist* bereits gescheitert. Die Waffenarsenale der Mächtigen dieser Welt reichen aus, die Erde vielmals zu zerstören – und keine christlichen oder einfach humanistischen Friedensinitiativen, keine noch so rationalen und realistischen Argumente gegen den Wahnsinn des Wettrüstens haben offenbar Kraft genug, daran etwas zu ändern. Die „Hungerbombe" droht zu explodieren, die Nahrungsmittelproduktion auf der Welt hält mit dem Bevölkerungswachstum nicht Schritt, und selbst da, wo man ausgleichen kann, reduziert die fehlende Infrastruktur die Effizienz der Hilfe, wie sich vor allem in den Hungergebieten Afrikas zeigt – von der Korruption ganz zu schweigen. Die Länder der Dritten und Vierten Welt aber kaufen Waffen, statt das Geld gegen den Hunger

---

[11] Vgl. w. o. 20 I 1.
[12] Vgl. ebda.
[13] Vgl. w. o. 14 I 3; II 2.

auszugeben, und die Industrieländer liefern sie ihnen bereitwillig und sanieren damit noch ihre eigene Wirtschaft. Die Umweltkatastrophe ist eine sichere Zukunft, wenn man versuchen wollte, allen Völkern der Erde den Lebensstandard Westeuropas und Nordamerikas zu verschaffen. Und zu all dem ist selbst ein atomarer dritter Weltkrieg keine ferne Fantasievorstellung mehr. Wahrhaftig, der Pessimismus und die Hoffnungslosigkeit haben Argumente. Ein bloßes „Prinzip Hoffnung" kann da für das „Experiment Menschheit" nicht mehr haften, selbst wenn es sich mit allem verbliebenen guten Willen ungezählter Menschen verbündete.

Es ist also kaum übertrieben und schon gar nicht eine Art seelsorglicher Ausbeutung moderner Ohnmachtserfahrung, wenn man die Alternative sich radikal zuspitzen sieht: *Entweder gibt es für den Menschen eine Hoffnung, die einen Grund hat, dem selbst der Tod, ja der totale Tod der Menschheit nichts anhaben kann – oder das Leben des Menschen ist so hoffnungslos, daß wir uns nur noch bemühen können, das gerade Nächstliegende und uns Mögliche möglichst gut zu tun.* Kein Christ müßte enttäuscht sein, wenn diese Alternative sich zugunsten weiterer Möglichkeiten auflösen ließe. Aber allein der Christ, genauer: allein derjenige, der an Gott als Grund und Ziel aller Wirklichkeit glauben kann, hat keinen *letzten* Grund, enttäuscht zu sein, wenn sich die zweite Hälfte der Alternative augenscheinlich furchtbar bestätigt. Denn wenn der Christ vom Menschen als dem Wesen der Hoffnung spricht, denkt er nicht an ein ungezieltes „Prinzip Hoffnung", sondern an die Hoffnung auf den Gott, der Leben aus dem Tode zugesagt hat und dieses Leben jetzt schon beginnen läßt bei denen und durch diejenigen, die ihr Leben in seiner Liebe gründen.

2. Auferstehung der Toten

Die Frage, was die Weltoffenheit des Menschen einerseits und die Identität dieses mit dem ewigen Leben andererseits bedeuten, spitzt sich also dahin zu, was wir von der biblischen Botschaft von der Auferweckung der Toten halten. Es ist verständlich, wenn wir spätestens an dieser Stelle das biblische Zeugnis auf sich beruhen lassen möchten – falls wir es nicht sogleich ins Reich des Mythos abschieben. Seit die eschatologischen Bilder der Bibel für uns *nur noch* Bilder und nicht mehr konkrete Anhaltspunkte für das sind, was wir hoffen dürfen, ist es nicht etwa ein Armutszeugnis, *es geht vielmehr völlig mit rechten Dingen zu, wenn die Eschatologie wortkarg wird.* Für den Menschen unserer Tage drängen sich dabei so viele unbeantwortbare Fragen auf, daß auch einfältige Christen die großartigen künstlerischen Darstellungen der Vergangenheit von der Auferweckung der Toten und vom Jüngsten Gericht nur noch als realitätsferne Bilder ansehen können. Milliarden und Abermilliarden von Menschen seit den Anfängen der Menschheit müßten „auferstehen" – wo sollen sie alle hin? Wie soll ein Leib aussehen, dem vollendetes Leben geschenkt wurde – der also nicht mehr altern und nicht mehr sterben kann? Wie werde „ich" mit mir selbst identisch sein, wo doch meine Identität im irdischen Leben viele Entwicklungsstufen und Veränderungen durchlaufen hat? Und ewig jung bleibt die Frage, die man schon Jesus gestellt hatte: Mit wem wird einer im ewigen Leben verheiratet sein, der hier auf Erden mehrmals verheiratet war (Mk 12,18–27)? Die Antwort, die Jesus dort gibt, daß sie nämlich weder heiraten noch geheiratet werden, sondern sein werden wie die Engel im Himmel, ist gerade für gläubiges Fragen alles andere als einleuchtend oder zufriedenstellend. Was sollen alle großen theologischen Worte über den Sinn der Zweigeschlechtlichkeit des Menschen, über das Ebenbild Gottes im Menschen als Gemeinschaftswesen, über das Zusammenwachsen zweier Menschen in unverbrüchlicher Liebe als Gipfel menschlicher Selbstverwirklichung[14] – wenn all dies für das ewige Leben nichts zu besagen hat? Streicht die Antwort Jesu nicht alles wieder durch, was wir so einschärfen zu müssen glaubten, als wir die Vorstellung zurückwiesen, das irdische Leben sei nichts als eine Aufnahmeprüfung für das ewige?[15]

Solche und viele andere Fragen sind in der Tat unbeantwortbar[16]. Die Tradition hat ihr Gewicht übrigens deutlicher gespürt, als wir ihr zutrauen möchten – zum Beispiel, wenn man sich fragte, ob die „Verklärten" im Himmel auch noch essen und sich fortpflanzen werden – und diese Frage voraussetzungsgemäß konsequent verneinte[17]. Oder wenn man sich Gedanken machte über die Art des Auferstehungsleibes und, gestützt auf allgemeine Vorstellungen, zu der Schlußfolgerung kam, die Auferstehungsleiber müßten aus einer besonderen, unstofflichen, „aetherischen" Leiblichkeit bestehen und gar kugelförmig sein, da die Kugel die vollkommenste aller materiellen Formen sei[18]. Es ist allemal derselbe Versuch, das Undenkbare zu denken und das Unvorstellbare sich vorzustellen, und der Versuch ist keineswegs schlechter und inkonsequenter als etwa der moderne Versuch, den genannten Schwierigkeiten dadurch zu entgehen, daß man „Leiblichkeit" als „In-Beziehung-Sein" definiert und auf diese Weise das Problem zu „lösen" meint, wo denn all die Milliarden Menschen bleiben sollen[19].

---

[14] Vgl. w.o. 19 III.   [15] W.o. I 2.

[16] Der exegetische Kommentar zu Mk 12,18–27 hilft da auch nicht weiter; vgl. *Rudolf Pesch,* Das Markusevangelium 2. Teil (Freiburg i.Br. 1977), 229–234; *Joachim Gnilka,* Das Evangelium nach Markus, 2. Teil (Neukirchen-Zürich 1979), 156–162.

[17] Vgl. *Thomas,* STh Suppl 81,4; dazu *Adolf Hoffmann,* Deutsche Thomas-Ausgabe Bd. 35 (1958), 586–590.

[18] Die Lehre vom „aetherischen" Auferstehungsleib geht auf *Origenes,* De principiis (Περὶ ἀρχῶν), II, 10:PG 11,233ff., zurück; vgl. Selecta in Pss. zu Ps 1,5:PG 12, 1093 A-1096 B. Die gern mit Schmunzeln kolportierte Idee von den kugelförmigen Auferstehungsleibern wird 543 in den Anathematismen Kaiser Justinians gegen Origenes, denen sich auch Papst Virgilius anschloß, Origenes zugeschrieben (DS 407), beruht aber auf einem Mißverständnis von De oratione 31: PG 11,551 B (die *Sterne* sind kugelförmig) und ist eine Systematisierung in der Origenes-Schule. Vgl. LThk VII, 1234f. *(H. Crouzel); Ratzinger,* Eschatologie, 146; und schon *Adolf von Harnack,* Lehrbuch der Dogmengeschichte I (Tübingen ⁵1931), 694 Anm. 7.

[19] Z.B. NGB 540f; *Greshake/Lohfink,* Naherwartung, 113–120 *(Greshake); Ratzinger,* Eschatologie, 132–135; 157–160.

Beide Antworten, die der Tradition und die moderne, sind erkauft um den Preis einer Abstraktion von dem, was wir uns hier und jetzt sehr konkret unter einem leiblichen Leben vorstellen.

Diese Abstraktion ist unvermeidlich, weil das Leben der Auferstehung trotz seiner sachlichen Identität mit diesem Leben kein Leben in der Art geschichtlichen Lebens sein wird und deshalb in den Vorstellungen und Begriffen, die diesem geschichtlichen Leben entnommen sind, auch prinzipiell nicht angemessen gedacht werden kann.

Wir sind trotzdem nicht ohne Bilder, die unsere Hoffnung erschließen und konkret machen könnten – nur sind es andere Bilder als die der Tradition, vielleicht sogar mehr als Bilder, nämlich echte „Hochrechnungen" unserer besten irdischen Hoffnungen. Was ewiges Leben bedeutet, was seine Freude begründet, wird ja gewiß Hoffnung weckend angezeigt, wenn wir sagen: Dann endlich werden alle Menschen gerecht sein und einander so lieben, wie sie es brauchen. Oder: Dann endlich werden wir Antwort haben auf all die quälenden Fragen, die wir jetzt nicht lösen können. Oder: Dann endlich wird ein gerechter Ausgleich geschaffen dafür, daß viele Menschen hier auf Erden so schuldlos und ungerecht gelitten haben, während andere nie Not, Sorge und Leid gekannt haben – und noch dieser Ausgleich wird nicht ein solcher der Rache sein, der bloßen Umkehr der Verhältnisse, sondern einfach des sinnerfüllten Glücks.

Über die Grundschwierigkeit helfen solche Bilder natürlich nicht hinweg: Soll das alles eine realistische Aussicht sein? Es ist verständlich, wenn Menschen unserer Tage die Parole ausgeben: „Es gibt ein Leben *vor* dem Tode". Es ist verständlich und sogar berechtigt, wenn sie fordern: Kümmern wir uns um die Probleme *dieses* Lebens – und zwar nicht nur um unsere eigenen persönlichen oder auf den engsten Kreis beschränkten gemeinschaftlichen Probleme, sondern um die des menschenwürdigen Überlebens der Menschheit. *Wer als Christ auf der Selbigkeit dieses und des ewigen Lebens besteht, wird am wenigsten daran Kritik üben können, aus diesem Leben das leuchtendste Beispiel gelingender Menschlichkeit zu schaffen, das überhaupt nur erreichbar ist.* Und auch wer an das ewige Leben glaubt, braucht wahrhaftig nicht jeden Tag davon zu reden und jede Stunde daran zu denken. Wenn aber die „Stunde der Wahrheit" kommt, wenn die innerweltlichen Bemühungen um mehr Menschlichkeit entweder in der Resignation oder im besinnungslosen Terror enden, wenn unabweislich die Frage gestellt wird: Mit welcher Zukunftsperspektive tun wir das alles angesichts der pessimistischen Aussichten, die uns die Erfahrung beibringt?, dann kann man nur zweierlei antworten:

Man kann nur noch einmal Teilhard de Chardin zitieren und langsamem, tiefem Bedenken anheimgeben: „Die Aussicht auf einen *totalen Tod* (man muß viel über dieses Wort nachdenken, um seine destruktive Macht über unsere Seelen zu ermessen), diese Aussicht wird, so sage ich, ist sie einmal bewußt geworden, unmittelbar in uns die Quellen aller Anstrengung versiegen lassen ... Der Tag ist nahe, an dem die Menschheit wahrnehmen wird, daß sie kraft eben ihrer Stellung innerhalb der kosmischen Evolution, die zu entdecken und zu kritisieren sie fähig geworden ist, biologisch zwischen den Selbstmord und die Anbetung gestellt wird."[20]

„Anbetung" aber heißt: Anerkennung jener Demütigung der Selbstherrlichkeit des Menschen, von der all unsere Überlegungen ausgehen. Es bedeutet Befreiung in dem Wissen um die Wirklichkeit Gottes, die, „Gott sei Dank!", größer ist als unser Herz und unser Begreifen. Dieser Gott ist es, mit dem ein totaler Tod des Menschen nicht zusammengedacht werden kann. Dieser Gott ist es darum, bei dem allein unsere Hoffnung auf die Auferstehung der Toten wirklich vor Anker gehen kann. Dieser Gott ist es auch, der uns dafür bürgt, daß wir als *Menschen* ewige Zukunft haben, nicht etwa als leiblose Geister. Dieser Gott ist es auch, der dafür bürgt, daß der Kosmos für dieses Leben aus der Auferstehung in einer Weise zugerüstet sein kann, die all unsere jetzigen Fragen und Probleme einem sanften Lächeln anheimgibt. Dieser Gott ist es, der uns in bezug auf diese Fragen, mit Luther zu reden, zu sagen erlaubt: „Das laß Gott befohlen sein!"

Man kann daher nur, am Beschluß unserer Überlegungen, auf den gewaltigen Satz des Paulus hinweisen, in dem er Anfang und Ende, Schöpfung und Auferstehung der Toten so aneinander bindet, daß beide miteinander stehen und fallen: „Gott, der die Toten lebendig macht und das Nichtseiende ins Dasein ruft" (Röm 4,17). Und dann, Teilhard de Chardin abwandelnd, hinzufügen: „Man muß über dieses Wort sehr viel nachdenken, um seine befreiende Macht über unsere Seelen zu ermessen."

---

[20] Vgl. w. o. 20 I 1 Anm. 2.

Neunter Fragenkreis
Rückblicke

22. KAPITEL
THEOLOGISCHE UND HUMANWISSENSCHAFTLICHE ANTHROPOLOGIE

Theologische Anthropologie muß heute in ständigem Kontakt, ja durchaus auch im „Licht" humanwissenschaftlicher Erkenntnisse und einer auf ihr aufbauenden philosophischen Anthropologie arbeiten, und sie tut dies auch. Davon sind die Überlegungen dieses Buches ausgegangen, und die direkte und noch häufiger indirekte Bezugnahme auf die Humanwissenschaften ist, so hoffe ich, in den vorausgehenden Überlegungen ständig deutlich und selbstverständlich gewesen, besonders dort, wo wir vor der Herausforderung standen, das eine Wort der Tradition im Kontext gegenwärtiger Erfahrung neu zu verantworten und auszudrücken. Dabei ist eine ganz bestimmte Vorstellung von der *Art und Weise* der Bezugnahme theologischer Anthropologie auf Humanwissenschaft leitend gewesen, die, weil sie im Konzert heutiger Theologie nicht einfach selbstverständlich ist, im Rückblick auf den Überlegungsgang noch einmal genau gekennzeichnet werden muß. Ein umfassender wissenschaftlicher Forschungsbericht ist hier selbstverständlich nicht möglich, wohl aber einige exemplarisch belegte Beobachtungen zum Diskussionsstand, vor dessen Hintergrund dann meine eigene Auffassung verdeutlicht werden soll[1].

---

[1] Ich beziehe mich im Folgenden auf die w. o. 1 I Anm. 12 u. 14 verzeichneten Arbeiten. Der Gegenstand dieses Kapitels war Thema eines systematisch-theologischen Seminars („Zur Rezeption humanwissenschaftlicher Erkenntnisse in der theologischen Anthropologie") an der Universität Hamburg im Sommersemester 1981. Ich danke an dieser Stelle allen Studentinnen und Studenten, die durch ihre Diskussionsbeiträge, Referate und Exzerpte die Vorarbeit für dieses Kapitel geleistet haben.

I. Ein verwirrender Diskussionsstand

LESEEMPFEHLUNG: Ebeling, Dogmatik I, 89–104

1. Beobachtungen

Eine erste, sich aufdrängende Beobachtung: Die theologisch-anthropologische Diskussion der Gegenwart hat sich tatsächlich den von Peter Eicher[2] namhaft gemachten Befund zu Herzen genommen, *daß die Hoffnung, mit einem geschlossenen humanwissenschaftlichen „Menschenbild" theologisch verhandeln zu können, zusammengebrochen ist.* Ob dieser Befund innerhalb der Humanwissenschaften selbst akzeptiert ist, kann dahingestellt bleiben, aber der *theologisch-*humanwissenschaftliche Dialog wird nun an einer Fülle von einzelnen Brennpunkten geführt, und man kann seinen vielgestaltigen Verlauf nur noch arbeitsteilig überblicken. „Die" Humanwissenschaften gibt es in diesem Gespräch nicht mehr – und übrigens „die" Theologie auch nur, insofern man dabei heimlich oder offen an die systematische Theologie denkt.

Unter den Humanwissenschaften werden mit weitem Abstand die Psychoanalyse[3], die Gesellschaftswissenschaften[4] und die Evolutionstheorie(n)[5] ins Gespräch gezogen. Das kann gut und gern damit zusammenhängen, daß die Theologie oder genauer: die Theologen, die an diesen Fragen arbeiten, eine besondere Verantwortung gegenüber dem durchschnittlichen öffentlichen Bildungsstand spüren. Denn wesentliche Einsichten aus den genannten humanwissenschaftlichen Disziplinen sind popularwissenschaftlich durch die Medien am weitesten verbreitet, während andere Disziplinen entweder mehr auf der Ebene der Fachdiskussion bedeutsam wurden – wie zum Beispiel die Kulturanthropologie, die Religionswissenschaft, die Sprachwissenschaft, die Jurisprudenz und nicht zuletzt die philosophische Anthropologie[6] – oder mehr auf dem Gebiet der theolo-

---

[2] *Eicher,* Du sollst dir kein Bildnis machen (vgl. w. o. 2 I 1–2).

[3] Exemplarisch: *Müller-Schwefe,* Der Mensch; *Bakan,* Mensch im Zwiespalt; *Küng,* Existiert Gott?; *M. von Rad* (Hg.), Anthropologie; *Schütz,* Psychoanalyse und Glaube; *Herms,* Die Funktion der Realitätsauffassung in der Psychologie; *Thielicke,* Mensch sein; *Frey,* Anthropologie; *Neidhart/Ott,* Die Krone der Schöpfung; aber „punktlichtartig" auch in einigen Aufsätzen von *Rahner* (Schriften II, 279–298); *Ebeling* (Wort und Glaube III, 362–387); *Pannenberg* (Grundfragen systematischer Theol. II, 80–95); *Sauter,* Mensch sein.

[4] Exemplarisch: *Cox,* Stadt ohne Gott; *ders.,* Verführung des Geistes; *Hahn,* Religion; *Kaufmann,* Theologie; *ders.,* Kirche begreifen; *Pannenberg,* Wissenschaftstheorie; *ders.,* Grundfragen II, 80–95; *ders.,* Ethik und Ekklesiologie, 166–186; *Moltmann,* Mensch; *ders.,* Die ersten Freigelassenen; *Metz,* Glaube in Geschichte; *Kessler,* Erlösung als Befreiung; *Thielicke,* aaO.

[5] Exemplarisch: *Rahner* in vielen Beiträgen in den „Schriften"; *Thielicke* aaO; *Pannenberg* (wie Anm. 4); *Overhage/Rahner,* Hominisation; *Moltmann* (wie Anm. 4); *Schnurr,* Fragestellungen der Theologie; *Neidhart/Ott* (wie Anm. 3); *Küng* (wie Anm. 3); *Jüngel,* Der Gott entsprechende Mensch; *Peters,* Der Mensch; und – „natürlich" – *Teilhard de Chardin* (s. w. o. 1 I Anm. 8).

[6] Exemplarisch zur Kulturanthropologie: *Pannenberg,* Was ist der Mensch?; *Peters,* aaO; *Moltmann,*

gischen Ethik als auf dem der theologischen Anthropologie ins Gespräch gezogen werden – wie zum Beispiel Medizin, Biologie, Verhaltensforschung[7].

Ein gerechtes Urteil wird kaum sagen können, daß die Theologen aus den humanwissenschaftlichen Erkenntnissen sich nur das für das Gespräch „Bequeme" heraussuchen und das andere abdrängen. Sie sind bereit, es sich schwer zu machen. Dabei spielt es keine bedeutungsvolle Rolle, ob die Reflexion mit einer im eigentlichen Sinne theologischen Aussage einsetzt und diese auf humanwissenschaftliche Einsichten bezieht, oder ob man mit humanwissenschaftlichen Erkenntnissen beginnt, ihre Grenzen und Offenheiten aufdeckt und von dort aus den Überschritt in die Theologie vollzieht. Die Wahl der Methode richtet sich erkennbar nach äußeren Vogaben wie Leser- bzw. Hörerkreis, spezieller Fragestellung, redaktionellen Vorgaben, manchmal auch nach persönlichem Denkstil, ist aber kaum hier wie dort aus theologischen Gründen zwingend zu machen. Auf beiden Wegen kann denn auch der Dialog gleich gut kritisch wie konstruktiv geführt werden. *Wohl aber gibt es inzwischen schon so etwas wie eine Liste „klassischer" Stichworte und Grundgedanken, anhand derer die Grenzlinie zwischen theologischer Betrachtung des Menschen und humanwissenschaftlichen Einsichten, schon gegebenen und noch möglichen und noch denkbaren, grundsätzlich und auf theologischer Seite ziemlich einhellig gezogen wird.* Zum Beispiel: die ganzheitliche Betrachtung des Menschen – gegenüber den bloßen Teilaspekten, die Gegenstand der Humanwissenschaften sind; die Nicht-Definierbarkeit des Menschen – gegenüber klaren Begriffsbestimmungen in den partikulären Forschungsbereichen der Humanwissenschaften; die Subjekthaftigkeit des Menschen – gegenüber seiner humanwissenschaftlichen Verobjektivierung; der umfassende Wirklichkeitsbegriff der Theologie – gegenüber der auch in den Humanwissenschaften anhaltenden positivistischen Neigung, Wirklichkeit auf Verifizierbarkeit oder (Nicht-)Falsifizierbarkeit einzuengen; die angenommene Sinnfrage über das Leben des Menschen im ganzen – gegenüber deren methodisch sogar notwendiger Abdrängung in den Humanwissenschaften[8]. Ein gewisser polemischer Zug in solchen Entgegensetzungen ist unverkennbar – womit ihre Wahrheit gar nicht bestritten werden soll. Daß dahinter aber noch mehr stecken könnte, legt eine weitere Beobachtung nahe.

Mensch. – Zur Religionswissenschaft: *Moltmann*, aaO; *H.-P. Müller*, Mythos; die Arbeiten w. o. 7 IV 4 Anm. 59. – Zur Sprachwissenschaft: *Peters*, aaO und die einschlägigen Untersuchungen w. o. 1 I Anm. 14. – Zur Jurisprudenz: *Moltmann*, aaO; die rechtstheologischen Beiträge von *Pannenberg* (Grundfragen; Ethik und Ekklesiologie; HChrE I).

[7] Exemplarisch: *M. von Rad* (Hg.), Anthropologie; HChrE II, 1. Teil (zur Medizin). – *Müller-Schwefe* (wie Anm. 3); CGG 3 (u. a. zur Biologie). – *Rauh*, Das sittliche Leben; *Pannenberg*, Was ist der Mensch? *Peters*, aaO (zur Verhaltensforschung).

[8] Exemplarisch: Ganzheit: *Rahner*, Grundkurs, 35–61; *Ebeling*, Dogmatik I, 341–345; *Pannenberg*, Grundfragen II, 207–225. – Nicht-Definierbarkeit: *Dalferth*, Homo definiri nequit; *Thielicke*, Mensch sein; *Jüngel*, Der Gott entsprechende Mensch. – Subjekthaftigkeit: *Rahner*, ebda.; *Pannenberg*, aaO 80–95; *Herle/Herms*, Rechtfertigung, 78–174. – Wirklichkeitsbegriff: *Herms* (wie Anm. 3). – Sinnfrage: *Kasper*, Das theologische Wesen des Menschen; *Herms*, ebda. – Siehe auch das Folgende.

2. Modelle der Auseinandersetzung

LESEEMPFEHLUNG: Frey, Arbeitsbuch Anthropologie, 95–109

Welche Tragweite, ja welchen genauen Sinn der angedeutete polemische Unterton hat, zeigt sich, wenn man die vielfältigen Diskussionsbeiträge einmal gewissermaßen auf das „Grundmodell" hin untersucht, nachdem die Auseinandersetzung geführt wird. Man könnte, gewiß etwas pauschaliert, aber für die Analyse der Diskussion hilfreich, diese Modelle mit folgenden fünf Sätzen charakterisieren:

a) „Theologische Betrachtung des Menschen ist etwas ganz anderes als Humanwissenschaft, beide haben nichts miteinander zu tun."[9] *Das Grundmodell: Abgrenzung.*

b) „Die Theologie redet von der Ganzheit des Menschen, die Humanwissenschaften erfassen immer nur Teilbereiche, darum muß man Totalansprüche der Humanwissenschaften zurückweisen."[10] *Das Grundmodell: Überbietung.*

c) „Die Theologie betrachtet den Menschen als Subjekt und Person, die Humanwissenschaften machen ihn zum Objekt. Das letztere ist an sich legitim, denn die Subjekthaftigkeit des Menschen erweist sich noch in der Verobjektivierung, weil der Mensch *weiß,* daß er sich zum Objekt seiner selbst macht – aber die Humanwissenschaften müssen diesen Sachverhalt einsehen und zugeben."[11] *Das Grundmodell: Unterscheidung mit Gleichberechtigung.*

d) „Die Theologie *deutet* die Ergebnisse der Humanwissenschaften im Licht des Glaubens und setzt sich positiv zu ihnen in Beziehung."[12] *Das Grundmodell: Interpretation.*

e) „Die Theologie muß unter den Herausforderungen der Humanwissenschaften ganz neu anfangen und kann bestimmte Aussagen nicht mehr in gewohnter Weise aufrechterhalten."[13] *Das Grundmodell: Selbstkorrektur.*

Es ist deutlich, daß die Grundmodelle a) und b) zusammengehören und ebenso die drei anderen Grundmodelle. Man kann beide Gruppen noch einmal folgendermaßen zusammenziehen: Zum einen setzt sich die Theologie *wissenschaftstheoretisch* zu den Humanwissenschaften in Beziehung – dann liegt der Akzent auf der Abgrenzung. Zum anderen setzt sie sich *inhaltlich* zu ihnen in Beziehung – dann liegt der Akzent auf der Interpretation, selbstverständlich einschließlich der Zurückweisung unberechtigter Totalansprüche. Das eine Modell achtet auf die unterschiedlichen Verfahren, das andere auf die letztlich in Gott

---

[9] Exemplarisch: *Jüngel,* aaO; *Sauter* (wie Anm. 3).

[10] Exemplarisch: *Ebeling,* ebda.; *Neidhart/Ott,* Krone der Schöpfung; *Kasper,* ebda.

[11] Exemplarisch: *Rahner,* ebda.; *Pannenberg,* ebda.; *Thielicke,* ebda.

[12] Exemplarisch: *Pannenberg,* Was ist der Mensch? *Müller-Schwefe* (wie Anm. 3); *Moltmann,* Mensch; *Peters,* Der Mensch; auch *Rahner,* ebda.; und zu allermeist die einschlägigen Beiträge in CGG.

[13] Exemplarisch: *Bakan* (wie Anm. 3); *Küng,* Existiert Gott? (vgl. die Schlußabschnitte mit den Überschriften „Kein Zurück hinter …"); *Frey,* Anthropologie.

gründende Einheit der Wirklichkeit, die die unterschiedlichen Verfahren zu Gesicht bekommen. Es ist unschwer erkennbar, daß die zweite Modellgruppe von Haus aus den Humanwissenschaften mit einer größeren Unbefangenheit entgegentritt, während die erste eher den von Haus aus Mißtrauischen gelegen kommen wird.

Nun ist belegbar, daß, vielleicht entgegen möglichen Vorausvermutungen, die erste Modellgruppe, *also die Grundmodelle der Abgrenzung und der Überbietung, in der gegenwärtigen theologisch-anthropologischen Diskussion ein deutliches Übergewicht haben.* Damit also auch das in ihnen tendenziell angelegte Mißtrauen und an dessen Grund die – keineswegs unberechtigte – Sorge um die Eigenart und Unableitbarkeit des Glaubenswortes über den Menschen, welches nicht zu einem im Grunde entbehrlichen „ideologischen Überbau" über den humanwissenschaftlichen Erkenntnissen verkommen darf. In der Tat bestätigt ein genauerer Blick in die Diskussion, *daß die Theologie im Gespräch mit den Humanwissenschaften noch zwischen Mut und Angst vor Identitätsverlust laviert.* Wer unsicher ist, bleibt vorsorglich in der Nähe des eigenen Hauses. Alle sind überzeugt: Man muß das Gespräch mit den Humanwissenschaften suchen – aber es ist noch immer eher ein „Sondierungsgespräch". Man wird dessen sofort inne, wenn man einmal die hochgemute Neugier vergleicht, mit der die Theologie in früheren Jahrhunderten die geltende und im Gespräch befindliche Philosophie in die Interpretation des Glaubens hineingenommen hat, wissend, daß das Unternehmen im Prinzip gar nicht scheitern *könne.* Und dabei ist ja nicht nur an Aristoteles im Hochmittelalter zu denken, sondern etwa auch an den Neuplatonismus in der alten Kirche oder an Kant und den deutschen Idealismus in der (lutherischen, aber auch katholischen) Theologie des 19. Jahrhunderts. Im Mittelalter jagten die Theologen jedem neuentdeckten Werk der Antike nach, um Neues zu erfahren, das theologisch zu bedenken war. Heute haben die Theologen eher Angst vor neuen humanwissenschaftlichen Erkenntnissen, weil diese eine gerade vielleicht mühsam erreichte Orientierung wieder zuschanden werden lassen könnten.

So erklärt sich vielleicht auch eine letzte Beobachtung: Dieser Theologe schlägt hier, jener dort eine Schneise in das Dickicht der Ängste und wirbt für ein fruchtbares Gespräch, zuweilen meint er sogar aus dem „Eigenen" etwas beisteuern zu können, zum Beispiel zum aufrechten Gang des Menschen[14]. *Nur selten aber – wenn überhaupt – wird über alle Abgrenzungen hinaus auf der Basis des humanwissenschaftlichen Erkenntnisstandes einmal ganz radikal gefragt, werden alle Restposten überlieferter Glaubensvorstellungen zur Disposition gestellt.* Zum Beispiel: Was wäre, wenn Jacques Monod tatsächlich recht hätte? Wenn also der Mensch tatsächlich als Zufallstreffer der Evolution zu betrachten wäre, der langfristig, wie die meisten Zufallstreffer, keine Chance hat? Was wäre, wenn die Soziobiologie recht hätte, so daß wir die Entstehung und Festigung un-

---

[14] Vgl. *Jüngel,* aaO.

serer ethischen Normen als Produkt nicht etwa der „Subjekthaftigkeit", sondern der Überlebensnotwendigkeit verstehen müßten, sofern der Mensch lernen mußte, durch Zusammenarbeit seine mangelnde Instinktausstattung auszugleichen? Was wäre, wenn die berühmte „Achsenzeit" bei Karl Jaspers[15] tatsächlich *zugleich* eine im Rückblick sich heraushebende Epoche der Kulturgeschichte der Menschheit *und* die genau dem damaligen Stand der Evolution des homo sapiens entsprechende Phase der ethischen Konsolidierung von Zusammenarbeit wäre? Was wäre, wenn tatsächlich die Erde der einzige Ort des hochentwickelten Lebens und des Gottesglaubens wäre, und auch das nur für einige Sekunden vor 12 auf der Weltenuhr, und wenn danach ein zweiter Weltentag anbrechen würde – *ohne* Menschen? Ist der Eindruck falsch, daß solchen Fragen gegenüber meist nur verteidigt und gerettet wird, was zu retten ist? Nur einer hat bisher eine schonungslose Konsequenz gezogen, freilich eine schonungslos optimistische: Pierre Teilhard de Chardin („Andacht zur Materie")[16]. Die sozusagen schonungslos pessimistische Alternative hat noch kein Theologe gewagt, ohne aufzuhören, Theologe zu sein – vorausgesetzt, man ist nach wie vor berechtigt, aus dem Begriff „Theologe" diejenigen auszunehmen, die in ihrem Denken die Wirklichkeit eines uns gegenüberstehenden und an uns handelnden Gottes bestreiten[17]. Aber muß man wirklich aufhören Theologe zu sein, wenn man sich solchen radikalen Fragen stellt?[18]
Vor diesem Hintergrund hier nun ein Versuch, unter drei Gesichtspunkten ebenfalls „eine Schneise durch die Ängste" zu schlagen.

II. Gegenseitige kritische Befragung

LESEEMPFEHLUNG: Frey, Die Bedeutung der säkularen Wissenschaften für die Ethik (= HChrE I, 297–316) – gilt gleichermaßen für die Anthropologie!

1. Zustimmung und Lernbereitschaft

Theologische Anthropologie muß und kann die Ergebnisse humanwissenschaftlicher und philosophischer Anthropologie *akzeptieren*. In deren eigenen Bereich kann sie weder ein Sonderwissen noch besondere Erkenntnisquellen beanspruchen. Soweit das überhaupt nötig ist, hat die theologische Anthropologie die hu-

---

[15] Vgl. *Karl Jaspers,* Die großen Philosophen I (München 1957) 103–228; *ders.,* Vom Ursprung und Ziel der Geschichte (Frankfurt a. M. 1955), 11–80; dazu *Peters,* Der Mensch, 158 f.
[16] Vgl. w. o. 1 I Anm. 8.
[17] Exemplarisch etwa im „Fall" des innerkirchlich und außerkirchlich Aufsehen erregenden Buches von *Paul Schulz,* Ist Gott eine mathematische Formel? (Reinbek 1977).
[18] Warum ich meine: Nein!, habe ich in einem sicherlich sehr rudimentären Versuch zu skizzieren unternommen in: Theologische Überlegungen zur „Vorsehung Gottes".

manwissenschaftlichen und philosophischen Schwestern ihrerseits zu ermutigen, ihr Werk zu tun, denn sie selbst tut dieses Werk nicht, jedenfalls nicht *als* theologische Disziplin, was ja eine Personalunion zwischen theologischer und humanwissenschaftlicher Forschung nicht ausschließen muß.

Konkret bedeutet dies: Theologische Anthropologie stellt keinen Kanon von inhaltlichen Aussagen auf, zu denen eine humanwissenschaftliche oder philosophische Anthropologie nicht gelangen dürfe, und auch keine weitere Liste von Aussagen, denen sie nicht widersprechen dürfe. Das klingt selbstverständlich, ist aber im Blick auf die Geschichte der Theologie und teilweise im Blick noch auf die Gegenwart alles andere als eine Binsenwahrheit. Die Unterscheidung von Leib und Seele *im griechisch geprägten mittelalterlichen Sinne,* die Unsterblichkeit der Seele, die Abstammung der Menschheit von einem einzigen Urmenschenpaar ("Monogenismus") hielt man zu Zeiten – mit Fernwirkungen bis heute[19] – für so unlösbar mit bestimmten Glaubenswahrheiten verbunden, daß es einem Christen nicht erlaubt schien, solche Thesen selbst aus noch so guten humanwissenschaftlichen und philosophischen Gründen in Zweifel zu ziehen. Der Glaube wirkte sich hier als sogenannte "negative Norm", als Grenzziehung gegen sicheren Irrtum aus, wenn er auch nicht beanspruchte, den Humanwissenschaften positive Erkenntnisse in deren eigenen Bereich vorzugeben. Die Konflikte, die aus einer solchen "Vorne-Verteidigung" sich ergaben, sind bekannt, sie sind stets zuungunsten von Glaube und Theologie ausgegangen und sollten heute davor warnen, noch länger nach dem Grundsatz der "negativen Norm" zu verfahren.

Dafür gibt es ja nicht nur diesen pragmatischen, sondern einen viel tiefer in der Sache wurzelnden Grund. *Der Glaube umgreift das Ganze des menschlichen Lebens, also auch die Vernunft und damit alles, was die Humanwissenschaften erforschen und auf ihre Weise zu bedenken versuchen.* Darum können Glaube und wissenschaftlich-rationales Erkennen höchstens scheinbar und zeitweilig, auf der Ebene der Vorstellungs- und Theoriebildung, in Konflikt geraten, nicht aber grundsätzlich, weil das vernünftige Erkennen und seine Einsichten selber noch einmal Thema und Bezugspunkt des Glaubens sind und von ihm angenommen werden. Der Glaube umfaßt sogar noch einmal seine eigene Entstehung in der Geschichte, sofern auch sie Gegenstand vernünftigen Forschens ist. Glaube und von ihm her Glaubenswissenschaft, also die Theologie, sind nur dann gezwungen, in Abwehrstellung gegen die Humanwissenschaften zu gehen, wenn die Vernunft pseudotheologisch, besser: pseudogläubig wird und für Einsicht ausgibt, was nur der Affe des Glaubens ist. Die Theologie muß aus vernünftigen Gründen darüber wachen, daß die Vernunft vernünftig und der Glaube vor-vernünftig und über-vernünftig bleibt. Die faktisch sich ergebenden Konfliktflä-

---

[19] Vgl. *Schulte,* Leib und Seele (= CGG 5, 5–61); und die durchgängige Auseinandersetzung mit diesem Problem in der w. o. 20 I 2 Anm. 5 verzeichneten Literatur zu gegenwärtigen Fragen der Eschatologie; zum "Monogenismus" vgl. die Beiträge zur gegenwärtigen Lehre von der Erbsünde w. o. 5 I 3 Anm. 18.

chen zwischen Theologie und Humanwissenschaften dürfen daher die Theologie nicht zum Rückzug auf vorschnelle „Eindeutigkeit" verleiten, sie müssen vielmehr die permanente Notwendigkeit immer neu zu Bewußtsein bringen, zwischen dem Glauben selbst und den Glaubens*vorstellungen,* ja Glaubens*theorien* sorgfältig zu unterscheiden. Und weil diese Unterscheidung zuallermeist immer nur im Nachhinein gelingt, müssen Glaube und Theologie um ihrer selbst willen daran interessiert sein, daß die Humanwissenschaften von allen Vorgaben unbelastet ihre jeweils methodisch sachgemäßen Forschungswege gehen.

Wenn also die humanwissenschaftliche Forschung tatsächlich beweisen – und nicht als Arbeitshypothese unterstellen – könnte, daß zum Beispiel der Mensch unter ganz bestimmten Evolutionsbedingungen entstanden ist und unter solchen eines fernen Tages auch wieder von der Erde abtreten wird, so muß theologische Anthropologie ein solches Ergebnis ebenso wenig fürchten wie den Beweis des Gegenteils. Sie darf und soll vielmehr solche Ergebnisse grundsätzlich verbuchen als wissenschaftliche Erhellung und Veranschaulichung dessen, was der Glaube meint, wenn er von der Erschaffung und Erlösung des Menschen durch Gott und von Gottes treuer Sorge für den Menschen spricht. In diesem Sinne kann die Theologie den Humanwissenschaften geradezu mit einer unendlichen Lernbereitschaft begegnen. Schon jetzt ist beispielsweise abzusehen, daß die Erkenntnisse der Molekularbiologie, die inzwischen auch den Übergang vom anorganischen Bereich zum ersten Einzeller als einen gleitenden verstehen gelernt und damit die Wesensunterscheidung zwischen „toter" und „lebender" Materie in Frage gestellt hat, eine bestimmte, bislang gern mit dem Glauben selbst begründete Vorstellung vom Menschen als der „Krone der Schöpfung" gehörig zurechtrückt. Es gibt außer den Menschen in der Schöpfung noch anderes zu bewundern, und Gottes Herrlichkeit hinterläßt ihre Spur in der *ganzen* Schöpfung, nicht nur in denen der „hominisierten" Welt. Es ist gut, daß dies durch die Erkenntnisse der Humanwissenschaften gerade in dem Augenblick klar wird, wo die Gefahr besteht, daß eine instrumentalisierte und darum kurzatmige „Theologie des Umweltschutzes" die Theologie wiederum, wenn auch mit umgekehrten Vorzeichen, in einer fragwürdigen Anthropozentrik festhält[20].

2. Interpretation „im Licht des Glaubens"

Damit ist schon angedeutet: *Die Eigenart theologischer Anthropologie besteht nicht darin, daß sie zur humanwissenschaftlichen und philosophischen Anthropologie zusätzliche Erkenntnisse auf deren eigenem Gebiet beisteuert.* Sie „interpretiert" vielmehr deren Ergebnisse, und zwar weniger im einzelnen als

---

[20] *Dagegen* richtet sich der Begriff von „Schöpfung als Verheißung" in NGB 423–445 *(A. Dumas);* vgl. auch w. u. 23 II Anm. 21. Vgl. ferner das schon mehrfach erwähnte Buch von *Jensen,* Unter dem Zwang des Wachstums; sowie w. u. 23 II 8.

vielmehr in ihrer Gesamtheit. Das heißt: Theologische Anthropologie kümmert sich natürlich nicht etwa um ein einzelnes biochemisches Ergebnis, wohl aber um die wissenschaftlich ausgeleuchteten „Orte", an denen der Mensch als das einerseits grenzenlos offene, anderseits als das von der Zufälligkeit und darum Vergeblichkeit und Absurdität bedrohte Wesen erscheint, gleichgültig, ob solche Erkenntnisse sich heute noch zu einem „geschlossenen" humanwissenschaftlichen Bild vom Menschen zusammenfügen lassen oder ob sie mehr oder weniger in der Disparatheit nicht mehr integrierbarer Einzelerkenntnisse verbleiben. Aber auch die „Gesamtinterpretation" des „geschlossenen" oder unabschließbaren humanwissenschaftlichen „Menschenbildes" leistet die theologische Anthropologie nicht etwa durch eine neue und eigene „Super-Theorie" auf gleicher Ebene. Sie ist keinesfalls eine humanwissenschaftliche Metatheorie, die etwa einen Ausfall an humanwissenschaftlicher Integration ausgleichen könnte oder auch nur wollte. Sie „interpretiert" den humanwissenschaftlich erkannten und beschriebenen Menschen durch eine *glaubenswissenschaftliche* Betrachtung. *Sie rückt also die humanwissenschaftlichen Erkenntnisse in das Licht einer Verstehensbemühung, ja sogar einer „Theoriebildung", deren Ausgangspunkt der Glaube an Gott als Schöpfer, Erlöser und Vollender des Menschen ist.* Diese Vorgabe ist den Humanwissenschaften schon deshalb unerschwinglich, weil sie in ihrem Methodenraster nicht vorkommt. Sie ist daher im üblichen wissenschaftstheoretischen Sinne nicht einmal eine „Hypothese", obwohl sie sich *der Form nach* nur als solche im Konzert der Humanwissenschaften zur Sprache bringen kann. In deren Sicht erscheinen der Glaube und mit ihm theologische Aussagen als eine bestimmte Weise, mit den humanwissenschaftlichen Erkenntnissen (und ihrer ständigen Erweiterung!) konstruktiv zu leben. Im Grenzfall auch: ihre heimliche Traurigkeit zu verarbeiten. Diese Lebensvorgabe des Glaubens können die Humanwissenschaften und eine philosophische Anthropologie nur formal charakterisieren – eben als eine Art „Hypothese" –, sogar ihre eigene Offenheit für eine solche „hypothetische" Interpretation klären, sie jedoch selber nicht sachlich beurteilen. Gleichwohl ist diese Vorgabe des Glaubens reflexions- und verstehensfähig. Der Glaube kann denken und läßt sich bedenken. Eben als solcher denkender Glaube ist er es sich schuldig, alles – ausnahmslos alles! –, was Humanwissenschaft und Philosophie zuverlässig über den Menschen erkennen, um Gottes als der „alles bestimmenden Wirklichkeit" (Pannenberg) willen anzunehmen und nichts als angeblich ihm selbst gefährlich abzuwehren. Diese Fähigkeit, das Recht, ja die Pflicht zu universaler Bejahung vernünftiger Erkenntnis macht nicht zum geringsten Teil auch die „Plausibilität" der „Hypothese" des Glaubens im Kontext der Humanwissenschaften und der philosophischen Besinnung auf den Menschen aus und bewahrt ihn – wieder einmal[21] – vor dem Verdacht der Flucht oder der Projektion.

Im Grenzfall kann solche Bejahung – dann nämlich, wenn sie sich den ange-

---

[21] Vgl. w.o. 14 II 1.

deuteten radikalen oder radikaleren Fragen furchtlos stellt – auch einmal um-
wälzende Rückwirkungen auf theologische Theoriebildungen nicht nur im
Bereich der theologischen Anthropologie haben. Charakteristische Beispiele
sind heute etwa die beirrend gewordene Frage nach dem Verhältnis der biblischen Heilsgeschichte zur Weltgeschichte oder die Frage nach dem Universali-
tätsanspruch, ja „Absolutheitsanspruch" des Christentums im Rahmen der
Religionsgeschichte[22]. Doch ein Glaube, der vor solchen Fragen Angst hätte und
auf „Abwehr" umschaltete, wäre schon nicht mehr der volle Glaube an den Gott
der Bibel als den Herrn aller Dinge und aller Zeiten. Zudem kennt die Theologiegeschichte genügend solcher Umwälzungen, die heute mit ungeteiltem Bei-
fall bedacht sind.

3. Skepsis und Einspruch

Aus Gründen eben solcher universaler Bejahung achtet theologische Anthropologie allerdings auch sorgsam darauf, wo humanwissenschaftliche Anthropologie ihre Methoden überschreitet und Aussagen macht, die sie *als*
Humanwissenschaft gar nicht mehr machen kann und die darum philosophische und letztlich „Glaubens"-Aussagen sind. Sie spielt sich damit nicht zu einer
Wächterin über die Wissenschaften vom Menschen auf. Aber sie, genauer: der
Christ aufgrund seines Glaubens an Gott, rechnet realistisch damit, daß die humanwissenschaftlichen Disziplinen, ihre Forschungsmethoden und ihre immer
neu staunenswerten Erkenntnisse auf den, der ständig und sogar von Berufs wegen mit ihnen umgeht, eine ungeheure Faszination ausüben müssen. Das ist an
sich gar nicht verdächtig, sondern selbstverständlich: Ohne Leidenschaft gibt es
keine wissenschaftlichen Erfolge. Es kann freilich dabei geschehen, daß die Leidenschaft mit dem Forscher durchgeht und ihn nicht bemerken läßt, wo er in
Gefahr ist, eine Erkenntnis, die aufgrund der angewandten Methode nur eine
Teilerkenntnis, vielleicht sogar eine entscheidende Teilerkenntnis sein kann, für
ein „geschlossenes" Bild vom Menschen zu nehmen. Eine soziologische Einsicht in die grundlegende gesellschaftliche Verfaßtheit menschlichen Daseins
beispielsweise kann zu dem Fehlurteil führen, der Mensch sei, von einigen be-
langlosen Varianten am Rande abgesehen, nichts als ein Produkt seiner gesellschaftlichen Mitwelt. Eine tiefenpsychologische Einsicht in die verheerenden
Folgen bestimmter Gottesbilder auf die Psyche des Menschen konnte zu dem
Fehlurteil führen, Religion sei nichts als eine kollektive Neurose. Medizinische
Einsichten in die vielfältige biochemische Steuerung unseres Verhaltens können
zu dem Fehlurteil führen, der Mensch sei nichts als die Summe einer Vielfalt von
biochemischen Prozessen – wobei man dann auf die erstaunliche Tatsache nicht
achtet, daß diese „Summe biochemischer Prozesse" „Ich" sagt und dabei *weiß*,

---

[22] Vgl. die Hinweise w. o. 7 IV 4 Anm. 59.

daß sie eine Summe biochemischer Prozesse sei! Die experimentell gesicherte Einsicht, daß der Mensch auf vielfältige Weise verändernd in die physisch-biologische Seite seines Wesens eingreifen kann, kann zu dem Fehlurteil führen, der Mensch sei ganz und gar nur das, was er aus sich selber mache, und er habe Recht und Pflicht, das aus sich zu machen, was er aus sich zu machen wünsche.

Theologische Anthropologie als glaubenswissenschaftliche Reflexion über den Menschen vor Gott macht hier *skeptisch. Wo unter dem Anspruch und Anschein „objektiver" wissenschaftlicher Erkenntnis in Wahrheit Heilslehren entwickelt werden, entsteht dem Glauben nicht ein vorbehaltlos zu begrüßender Gesprächspartner, sondern ein Konkurrent, dem entgegenzutreten ist, und zwar genau mit der Frage, ob die versuchte humanwissenschaftliche Totalaussage über den Menschen dessen Ganzheit wirklich so erfaßt, wie sie vorgibt.* Der Glaube, der den Menschen in seiner universal offenen Ganzheit bis zum letzten ernst nimmt und ernst zu nehmen gehalten ist, kann mit Fug und Recht kritischen Einspruch gegen eine Totalaussage über den Menschen erheben, die nicht hält, was sie verspricht.

Theologische Anthropologie fordert damit nicht, humanwissenschaftliche Anthropologie habe sich um ihrer „Objektivität" willen rein „funktional" und „instrumental" zu verstehen. Auch humanwissenschaftliche Erkenntnisse gehören, wie naturwissenschaftliche Erkenntnisse überhaupt – im Sinne einer Unterscheidung Heideggers[23], aber wohl gegen deren Intention – nicht *nur* zu den „rechnenden", sondern auch zu den „besinnlichen" Wissenschaften. *Es ist, unabhängig von aller „Auswertung" und technischen Ausnutzung, ein Wert in sich, wenn eine humanwissenschaftliche Erkenntnis etwas vom Dasein und Leben des Menschen besser verstehen läßt.* Dies kann man nur bestreiten, wenn man letztlich überhaupt bestreitet, daß jede Erkenntnis ein Wert in sich selbst und ein Gewinn an menschlicher Wesensverwirklichung ist. Hier ist vor einem arroganten Monopolanspruch der Geisteswissenschaften und insonderheit der Theologie zu warnen, sie allein seien, fern aller „Instrumentalisierung", dem „reinen Verstehen" verpflichtet. Ein solcher Monopolanspruch wäre nur die unsinnige Gegenposition zu dem nicht selten zu hörenden Monopolanspruch der Naturwissenschaften, zu denen auch die empirischen Humanwissenschaften gehören, auf ausschließliche Wissenschaftlichkeit. Dennoch: So wie die Humanwissenschaften schon oft in der Geschichte und bis in die Gegenwart die Theologie dazu nötigten, Kurzschlüsse einzugestehen und Offenheiten des Denkens wiederherzustellen, so wird theologische Anthropologie immer dort kritisch gegen humanwissenschaftliche (und philosophische) Anthropologie sein, wo diese eilfertig Offenheiten, selbst unerträgliche Offenheiten des menschlichen Lebens, theoretisch und praktisch zu verschließen trachten. Die Quelle sol-

---

[23] Vgl. *Martin Heidegger*, „Wissenschaft und Besinnung", in: *ders.,* Vorträge und Aufsätze (Pfullingen 1954), 45–70; *ders.,* Holzwege (Frankfurt a. M. ²1952), 7–68; 248–295; *ders.,* Zur Sache des Denkens (Tübingen 1969). Ich knüpfe an diese Unterscheidung hier in dem Sinne an, wie *Ratzinger,* Einführung in das Christentum, 45, sie – ohne Belegstelle – heranzieht.

cher kritischen Skepsis ist letztlich das Wissen des Glaubens, das allein die Wirklichkeit *Gottes* alle Offenheiten des Menschen ausfüllt und daß darum – wenn man will, kann man das in der Tat eine „negative Norm" für die Humanwissenschaften seitens der Theologie nennen! – es der Natur der Sache nach nicht möglich sein kann, humanwissenschaftlich und philosophisch ein „geschlossenes" Bild vom Menschen zu entwerfen, demzufolge der Mensch selbst sich abschließend und lückenlos „in den Griff" bekommen könnte.

4. Theologische Verarbeitung

Weil es gerade so steht, akzeptiert die theologische Anthropologie nicht nur mit der Bejahung des Glaubens alle humanwissenschaftlichen Einsichten über den Menschen, *sie lernt auch von ihnen das Sprach- und Verstehensfeld, auf denen sich heute die Heilssehnsucht des Menschen bis hin zur Frage nach Gott ausdrückt.* Sie lernt dies schon von den Humanwissenschaften selbst, sofern viel von deren Vokabular (einschließlich unklarer Schlagworte) schon in den durchschnittlichen Bildungsstand und die Alltagssprache eingegangen ist, sie lernt es außerdem, wie schon immer, aus der philosophischen Reflexion, insofern auch und gerade diese die humanwissenschaftlichen Erkenntnisse aufnimmt und verarbeitet. Weil der Glaube weiß, daß Gott in der Wirklichkeit des Menschen, auch in seiner wissenschaftlichen Selbstbetrachtung, anwesend ist, kann er unbefangen gegenüber allen Formen sein – wirklich allen! –, in denen der Mensch die *Frage* nach sich selbst, nach seinem Woher und seinem Wohin stellt. Heimlich oder offen, ausgesprochen oder unausgesprochen, fragt er damit nach der Quelle und dem Ziel seines Daseins, die der Glaube als die Wirklichkeit des Gottes kennt, der „größer ist als unser Herz". Und weil der Glaube weiß, daß Gott in der Wirklichkeit des Menschen, auch in seiner wissenschaftlichen Selbstbetrachtung, anwesend ist, kann er unbefangen auch gegenüber allen *Antworten* sein, die die Frage des Menschen nach sich selbst auf den Wegen der Wissenschaft findet. Denn alle ihre Wahrheit ist immer ein Stück vom Widerschein jener göttlichen Wahrheit über den Menschen und im Menschen, kraft deren ihm aus göttlichem Zuspruch zu sagen gestattet ist, er sei nichts Geringeres als „Gottes Ebenbild".

Daher ist theologische Anthropologie berechtigt und sogar verpflichtet, das Sprach- und Verstehensangebot humanwissenschaftlicher und philosophischer Anthropologie zu einer theologischen Sprache umzuarbeiten, die es erlaubt, jede theologische Aussage über den Menschen, ja jede theologische Aussage überhaupt so zu formulieren, daß zugleich mit der Aussage über Gott auch deren anthropologische Bedeutung durchsichtig wird. *Aus diesem Grunde* entscheide ich mich unter den oben[24] genannten „Modellen" theologischer Auseinandersetzung mit den Humanwissenschaften mit größtem Nachdruck für

---

[24] Vgl. w.o. I 2.

die Modelle der zweiten Gruppe, für das Grundmodell der „Interpretation" –
und halte das Modell der Abgrenzung für eine sekundäre Aufgabe, die aus
Gründen des Glaubens selbst nicht mit dem Grundton apriorischen Mißtrauens
in den Vordergrund gestellt werden muß und darf.

Damit ist in der Rückschau[25] noch einmal die grundsätzliche anthropologische Bedeutung aller theologischen Rede bekräftigt. Gott wird damit nicht zu einem Prädikat des Menschen. Die *Wirklichkeit* Gottes ist für den Menschen
bedeutsam, und nur darum die *Rede* von Gott. Der Satz Rudolf Bultmanns,
„Von Gott reden heißt offenbar von mir selbst reden", und die Forderung, alle
Theologie müsse „anthropologisch" sein, reduzieren die Theologie nicht auf Anthropologie, wie oft befürchtet wird. Sie sind vielmehr dann und deswegen
vollkommen richtig, wenn und weil Thema der Theologie der Gott ist, der in seiner freien Gnade das Heil des Menschen sein und darin seine Gottheit erweisen
will.

23. KAPITEL
WER IST DER MENSCH?

„Wer ist der Mensch?" – das ist die Frage aller Anthropologie. Die Besonderheit
theologischer Anthropologie besteht im *Inhalt* ihrer Antwort auf die gestellte
Frage, einer Antwort, die philosophischer und empirisch-humanwissenschaftli-
cher Anthropologie unerschwinglich ist, und in dem besonderen *Weg,* diese
Antwort zu finden, einem Weg, der für eine außer-theologische Anthropologie
als nicht gangbar, ja als willkürlich und darum unerlaubt erscheinen muß. „Was
ist der Mensch, daß du seiner gedenkst!" – dieses Psalmwort (Ps 8, 1), als Frage
gelesen, bezeichnet den Weg, auf dem theologische Anthropologie ihre Antwort
findet: im Fragen nach den Gedanken *Gottes* über den Menschen, nicht den
mutmaßlichen oder reflektierend erschlossenen, sondern denen, die er selbst
uns kundgetan hat – auf den geschichtlichen Wegen seiner Selbsterschließung
und Selbstmitteilung, in deren Vorgang dann auch noch das menschliche Reflektieren und „transzendentale Rückfragen" einbezogen ist. Dieses Psalmwort,
als staunenerfüllter Ausrufesatz gelesen, bezeichnet das Grundwort, die grundlegende und alles zusammenhaltende Antwort theologischer Anthropologie:
Der Mensch ist der Mensch Gottes, bevorzugter Inhalt seiner Gedanken. Nach
den vielzitierten „drei Demütigungen" des Menschen in der Neuzeit – die von
den Menschen bewohnte Erde ist nicht der Mittelpunkt der Welt (Kopernikus,

---

[25] Vgl. w.o. 1 I und II 3.

Galilei), der Mensch ist nicht erhaben über das Tierreich, sondern hat sich aus ihm entwickelt (Darwin), der Geist des Menschen ist nicht unumschränkter Herr im eigenen Haus (Freud) – und der heute in vollem Gang befindlichen vierten und fünften Demütigung – die individuelle Person ist nicht erhaben über ihre gesellschaftliche Situation (Marxismus, moderne Gesellschaftswissenschaft), der Mensch ist konstitutionell, wenngleich korrigierbar, erblich behindert (von Kreybig) – ist dieser Grund-Satz des Glaubens über den Menschen nur noch herausfordernder und staunenswerter geworden, und im Grunde auch nicht schwerer, sondern eher leichter nachzuvollziehen, weil er nicht mehr von jenen natur- und humanwissenschaftlichen Verwechslungen bedroht ist, die den ursprünglichen kirchlichen und theologischen Widerstand gegen die genannten Demütigungen angetrieben haben. Dieses Psalmwort diene also als Leitmotiv einer inhaltlichen Zusammenfassung der Überlegungen dieses Buches, die zugleich deren methodische Wege mitanzeigt.

I. „Was ist der Mensch, daß du seiner gedenkst!"

Klänge es nicht nach einem albernen Filmtitel, so möchte man tatsächlich die zusammenfassende Formel wagen: Der Mensch ist der geliebte Sünder. Der „Filmtitel" wird aber tiefernst, wenn wir bedenken, was hier „Sünder" heißt und was „Liebe" – und dies, daß „Sünde" unter der Liebe *Gottes* keinen Bestand haben kann, aber nichts anderes als die *Liebe* Gottes die Sünde zum Verschwinden bringt. Was ist der Mensch, wenn er unter dem „Gedenken" Gottes lebt?

1. *Der Mensch ist Sünder, also allen Ernstes: er ist böse.* Er ist – jedenfalls, soweit wir sehen können – das einzige Wesen, das begreifen kann, daß Wirklichkeit *empfangen* und nicht von ihm selbst gesetzt, mit einem Wort, daß sie *geschaffen* und darum durch das Grundverhalten des *Glaubens* zu beantworten und zu verantworten ist; zugleich aber das einzige Wesen, das dies chronisch nicht wahrhaben und statt dessen sich und die Wirklichkeit selber setzen und leisten will – selbst um den Preis, sich selbst und die Wirklichkeit am Ende für absurd halten zu müssen und sie gar nihilistisch zu zerstören.

2. *Der Mensch ist dennoch der von Gott gerechtfertigte Sünder,* und dieses nach heutigem Sprachgebrauch kaum noch richtig zu verstehende Wort „gerechtfertigt" will besagen: Der Mensch soll nach wie vor Gott „recht" sein, vor ihm „richtig" sein können; Gottes grundlose Güte als Quelle von Sinn und Heil bleibt ihm erschlossen. Nach wie vor kann er dieses Heilsgeschenk der Güte Gottes zwar nur empfangen, nicht selber schaffen, darum wird es durch sein eigenes Wesen zunächst zum Generaleinwand gegen den anhaltenden Selbstleistungswillen des Menschen, mit dem alten Wort: zum „Gericht". Doch gerade auch dies in keiner anderen Gestalt als der nach wie vor offen gehaltenen Chance von Umkehr und Neubeginn, und beide wiederum bestehen in nichts

anderem als darin, daß der Mensch, mit allen dann fälligen Konsequenzen, es aufgibt, sich selbst zu setzen und zu leisten und statt dessen seine Freude darin findet, sich selbst zu empfangen und darin überhaupt die Wirklichkeit mit neuen Augen zu sehen.

3. *Der Mensch ist darum verantwortlich,* vor Gott und für sich selbst und für die Wirklichkeit verantwortlich. Das bedeutet: Gott wird ihm nicht zu Sinn und Heil, Gott tut nichts an ihm gegen seinen erklärten und aktiven Widerstand, vielmehr nur durch seine zustimmende Antwort hindurch. Diese verantwortende Zustimmung aber ist selber ihrem Wesen nach das Gegenteil von Leistung, sie ist gerade auch im Zusammenklang aller äußerlichen und innerlichen Aktivitäten, durch die sie auch ganz die Tat des Menschen selber ist, reines Besiegtwerden, reines Sich-besiegen-Lassen von der Liebe Gottes.

4. *Diese Liebe Gottes, die gestern, heute und in Ewigkeit Liebe zum Menschen ist, ist die oberste und tiefste, die transzendente und immanente Wirklichkeit in allen Wirklichkeiten,* unverbrauchbar und unverzweckbar auch mitten in ihrer heilschaffenden Wirkung und „Funktion" für den Menschen. Darum können wir auch nicht sagen, was sie jenseits ihrer Heilswirkung an ihren Geschöpfen in sich selbst ist, und zwar nicht obwohl, sondern gerade weil wir sie nur in der „Brechung" geschöpflicher Heilserfahrung erkennen und darum mit dem größten Namen benennen dürfen, den menschliche Erfahrung mit Menschen und Welt anbietet.

5. Gerade weil die Liebe Gottes aber nicht aufgeht in ihrer Heilsbedeutung, *läßt sie sich nicht in den Welt- und Menschheitszusammenhang einrechnen und gewährt, nein, ist darum für den Menschen radikale Freiheit auch in allen erlebten und erlittenen Unfreiheiten:* Freiheit zum Vertrauen in die Welt, Freiheit zum Zutrauen in die Möglichkeit menschlicher Liebe in all ihren Formen und auf all ihren Entfaltungsstufen, Befreiung von allem Grundverdacht gegen sinnenhaft wie geistig erlebtes Glück, Befreiung zur Rückkehr in die Wirklichkeit auf allen Wegen und darum Freiheit von der Nötigung, unabgegoltene Sehnsucht „projizieren" zu müssen, weil sie sonst unerträglich würde. Mit einem Wort: *Die Liebe Gottes ist Freiheit zum Glauben,* der seinerseits die Liebe Gottes zum Thema hat und ergreift und darum seine geschenkte Freiheit auch im Anblick verspielter und mißbrauchter Freiheit dennoch nicht für eine Verdammnis halten muß.

6. *Das Licht des Glaubens an die Liebe Gottes vermag letztlich allein zu begründen, warum Subjektivität und Personalität des Menschen,* die sich an den Phänomenen der Weltoffenheit, der Sprache, der Sozialität und, nicht zuletzt, des Wissens um den Tod auch dem humanwissenschaftlichen Blick erschließen, *nicht nur die Besonderheit des Menschen unter seinen Mitgeschöpfen ausmachen, sondern seine unverfügbare Würde.* Eine Würde, die auch in der wissenschaftlichen Selbstverobjektivierung des Menschen nicht untergeht, darum freilich auch ethische Maßstäbe für deren technische und politische Ausnutzung setzt, die dem Glaubenden nicht *alles* als menschlich erlaubt und dem Menschsein des Menschen dienlich erscheinen lassen, was dem noch als erlaubt erscheinen mag,

der den Menschen nur als findiges Tier oder psychisch begabten Computer versteht.

7. *Der sich so verstehende und sein Leben so lebende Mensch ist der „neue"
Mensch* – wobei das Wort „neu" die theologische Anthropologie noch einmal
unerbittlich an ihrem dunklen Ausgangspunkt festhält: an der Realität der
Sünde, also an der Realität des Unglaubens und des Selbstsetzungswillens als
dem Gegenprogramm zu seinem wahren Wesen, das im Selbstempfang aus der
Liebe Gottes besteht. Der „neue" Mensch, das ist täglich mit Händen zu greifen,
ist alles andere als selbstverständlich, und eben deshalb ist seine Wirklichkeit
eine „Neuschöpfung".

8. *Sowenig selbstverständlich der „neue" Mensch ist, so selbstverständlich und
buchstäblich ungezwungen tritt seine Neuheit, wo erst geschenkt und ins Leben her-
eingelassen, in Erscheinung.* Unter dem Ausgriff des Glaubens – „... den Glauben ins Leben ziehen", sagt Luther[1] – wird menschliches Leben und
Zusammenleben heil, und noch die zynischen oder revolutionären Zweifler be-
zeugen in ihrer Absage das Zurückbleiben ihrer Gegenkonzepte – soweit sie solche haben – vor der ohnmächtig-stillen Faszinationskraft des Glaubenswortes
über den Menschen. Unter dem Ausgriff des Glaubens entsteht eben dadurch
ein Stück erlöste Welt, eine Oase der „neuen Erde" in der menschenfeindlichen
Wüste der alten, und darin wird voll begreifbar und lebbar, was Gemeinschaft
von Frau und Mann sein darf und darum sein kann, nämlich buchstäblich Ab-
bildung der Liebe, die Gott selbst ist, „Ebenbild" Gottes. Denn gerade diese
Spitzenaussage des biblischen Zeugnisses über den Menschen ist alles andere
als der Legitimationsgrund für überzogene Herrschaftsansprüche des Menschen, viel eher ist er der spontane Ausruf des Staunens über das, was zum Vorschein kommt, wenn Menschen glaubend neu werden: Seht da, ihr Gott! Am
Handeln der Glaubenden soll man sich also buchstäblich ein „Bild" machen
können, wer der Gott ist, an den die Christen – und nicht nur sie! – glauben.
Eine Menschenmaß noch mehr überfordernde Aufgabe kann kaum gestellt werden – und doch ist sie gerade nicht zu lösen, indem der Mensch eine *Forderung*
erfüllt und also etwas *tut*, sondern indem er sich am Grunde alles Tuns selber
läßt, so daß sich alles Tun nur noch wie von selbst ergibt.

9. *Wie* von selbst! Denn ganz wird es nie dahin kommen, und je tiefer der
Glaube einen Menschen erfaßt, um so unbestechlicher weiß er das. Die Oase
kann nicht die ganze Wüste verdrängen, und das Bild Gottes im Menschen
bleibt oft genug eine flüchtige Bleistiftskizze, bestenfalls ein grober Holzschnitt.
Derselbe Glaube, der *ganz* auf die Liebe Gottes setzt, müßte daher resignieren,
wenn er nicht auch nach dem letzten Wort der Liebe Gottes greifen dürfte, das
da sagt: „Siehe, *ich* mache alles neu." *Die Liebe Gottes ist noch einmal größer als
alle Fragmente, die der „neue" Mensch hinterläßt, sie hat ein letztes Wort, das das*

---

[1] WA 7, 574,20f. Unter diesem Titel veröffentlichte *Gerta Scharffenorth* ihre „Studien zu Luthers
Theologie".

letzte Wort des Todes – auch ein mögliches letztes Wort des Endes von allem Leben auf dieser Erde – zum vorletzten Wort macht. Das ist der Kern der christlichen Hoffnung auf die Auferstehung der Toten, und das heißt: auf Gott als den Vollender derWelt. Erst dieses Zutrauen des Glaubens zur Macht Gottes, zum wirklich letzten Wort gibt dem Glauben den Mut, in den Oasen der erlösten Welt die Bedrohung durch die Wüste nicht mehr endgültig zu fürchten, ohne Bild: im Handeln aus geschenkter Liebe auch dann nicht nachzulassen, wenn es immer wieder zu wenig ist – objektiv und subjektiv zu wenig. Das Glaubenswort von der *Vollendung* des Menschen und der Welt durch Gott *allein* ist, genau gehört, das Gegenteil billiger Vertröstung: Es mutet dem Glaubenden zu, dem ganz entschieden zu widerstehen, was nach Lage der Dinge so verzeihlich, zumindest verständlich scheint: der Versuchung zu Frustration und Resignation.

10. Was die Liebe Gottes, die das Leben des Menschen trägt, ist, bleibt nicht nur in der „schwarzen Stringenz"[2] menschlicher Worte, die durch den Kommentar menschlicher Wirklichkeit schwach und zweideutig werden. *Es ist uns in deutlichen Worten und eindeutigen Taten kundgemacht worden: in Leben, Wort, Leiden, Tod und Auferweckung Jesu Christi.* „Christus bringt das alles mit sich[3]" – dieser Satz Luthers gilt nicht nur für dessen Auffassung vom unfreien Willen, er gilt für alle christlich-theologische Anthropologie, auf jeden Fall aber für eine solche, die aus prinzipiellen methodischen Überlegungen ihren „Ort" in der klassischen Tradition der Lehre von Gnade und Rechtfertigung sucht, wie in den Überlegungen dieses Buches geschehen. Dies heißt dann aber: *Jesus Christus selbst als die in Person unter uns erschienene Liebe Gottes ist „der Mensch", der zweite, der neue „Adam" (vgl. Röm 5!). Er ist gleichsam der „Prototyp" des Menschen im „Gedenken" Gottes – Prototyp bis in die an ihm vorweggenommene eschatologische Vollendung hinein.* Gegen die theologische Entfaltung dieses Grundgedankens mag man dieses oder jenes einwenden, dieses oder jenes für wichtig halten – etwa im Für und Wider um den Gedanken von Karl Rahner von der Anthropologie als „defizienter Christologie" oder um den Gedanken von der proleptischen Verwirklichung der Sinntotalität des menschlichen Lebens und der Weltgeschichte in der Auferweckung Jesu bei Wolfhart Pannenberg[4] –, doch dies bleibt in Geltung: In Jesus Christus ist das Bild des Menschen nach den Gedanken Gottes unter uns erschienen. Der Mensch ist darum Schwester und Bruder des menschgewordenen Gottes. Wie das Verhältnis Gottes zum Menschen und des Menschen zu Gott gedacht ist, zeigt sich anschaulich in Jesus Christus. Gott hat sich nicht nur im Lebensgleichnis aller Menschen mehr oder weniger gebrochen zur Erscheinung gebracht, er ist in *einem* geschichtlichen Menschen so in Erscheinung getreten, daß man, auf diesen Menschen zeigend, sagen kann: So ist Gott, und er ist Gott. Dieses einen, einzigartigen Menschen Schwester und Bruder ist der Mensch.

---

[2] Vgl. w.o. 14 I 3.
[3] Vgl. w.o. 5 V 4; 7 III 2.
[4] Vgl. w.o. 1 I Anm. 14 (die Arbeiten von *Rahner*); 17 II 2 Anm. 7 (die Arbeiten von *Pannenberg*).

11. *Mit diesem Verständnis vom menschlichen Leben unter dem „Gedenken"* *Gottes tritt der Glaubende in die Diskussion mit den Humanwissenschaften ein,* *mischt sich buchstäblich in sie ein, weil er gerade aus dem Impuls des Glaubens* *aufs höchste neugierig über sich selbst ist.* Wenn christliche Theologen den Eindruck haben, vorurteilsfreie Humanwissenschaftler aller Disziplinen gerieten auf den Wegen ihrer Forschung oft bis hart an die Grenzlinie, wo der Schritt in den Glauben nahezu selbstverständlich werde, ja wenn wir christliche Theologen zuweilen bei dem fast zwanghaften Versuch beobachten, die geheimen theologischen Implikationen humanwissenschaftlicher Ergebnisse selbst noch unter ihrer ausdrücklichen Bestreitung aufzudecken, so wirkt das auf den Beobachter, vor allem auf die Betroffenen, nicht selten besserwisserisch, arrogant, zumindest als unredliche Vereinnahmung[5]. Aber hat es nicht auch wieder etwas Selbstverständliches? In Sprache und Urteil sind gewiß die Gesetze des Taktes und des Respektes vor fremder Einsicht und ihren bewußt eingehaltenen Grenzen zu wahren. Dem Glaubenden aber darf niemand untersagen, die Freiheit zum unabschließbaren Fragen des Menschen nach sich selbst, die gerade der Glaube gibt, durchzuhalten und im neugierig-kritischen Gespräch mit den Humanwissenschaften – wo denn sonst? – auch konkret werden zu lassen. Der Glaubende muß sich das Recht vorbehalten, auch bei den Humanwissenschaften Antwort, zumindest neues Licht für alte Antwort auf die Frage zu suchen: „Was ist der Mensch, daß du an ihn denkst!"

II. Querverweise

Am Ende dieses Buches habe wohl nicht nur ich selbst, sondern auch der Leser den Eindruck, daß es jetzt erst eigentlich anfangen müßte. Nach dem streckenweise gewiß penetranten und verbissenen Versuch, die Grundaussagen spezifisch theologischer Anthropologie entlang den Themen und in aktualisierender Übersetzung der klassischen Gnadenlehre zu entfalten, mag der Wunsch aufkommen, nun endlich „konkret" zu werden – weit über das hinaus, was, wie ich hoffe, in den systematischen Kapiteln dieses Buches an „Konkretion" schon versucht wurde.

Der Wunsch hat sein Recht. *„Theologieimmanent" und in grenzüberschreitendem Fragen wären die angesetzten Linien nun in mancherlei Richtung auszuziehen, und es könnte und müßte sich dabei zeigen, wie weit sich Methode und Einzelaussagen unserer bisherigen Überlegungen bewähren und zusätzlich an Klarheit und Überzeugungskraft gewinnen.* Dies ist hier nicht mehr möglich, und zwar keineswegs nur aus Gründen des Umfangs dieses Buches. Vielmehr würde sich dabei der wahre Stellenwert der Aussage verdeutlichen, von der wir ausgingen[6]: daß jede theologische Aussage heute ihre Überzeugungskraft – nicht: ihre

---

[5] Vgl. w. o. 22 I 2; II 2.   [6] Vgl. w. o. 1 I und II 3.

Wahrheit! – aus der Aufdeckung ihrer anthropologischen Implikationen gewinnt. Kein Thema der Theologie, das ohne Bezug zur theologischen Anthropologie wäre!

Aus diesem Grunde können, aber müssen auch am Ende unserer Überlegungen wenigstens „Querverweise" an die Stelle ausgeführter Überlegungsgänge treten, Hinweise also, zu welchen anderen Themen der Theologie es von den Ausgangspunkten unserer Überlegungen her unbedingt weitergehen müßte, Themen, die sogar eigentlich wenigstens in rekapitulierender Form in eine theologische Anthropologie hineingehörten und die doch ihres Eigengewichtes wegen zu selbständigen Traktaten oder Themenkomplexen der Theologie geworden sind.

1. Wir müßten als erstes in das *Einzelgespräch* mit den Humanwissenschaften eintreten – in „polemischer" und „pastoraler" Methode[7]. Unsere Überlegungen spielten sich vor dem *Hintergrund* heutigen humanwissenschaftlichen Wissens ab, und im vorausgehenden Kapitel haben wir von den ausgearbeiteten theologischen Aussagen her den Stand des bereits geführten Gespräches bilanziert, das Anfängliche und noch Unbefriedigende dieses Gesprächsstandes festgestellt und Forderungen für weiteres Gespräch angemeldet. In das Einzelgespräch eingetreten sind wir eigentlich nicht oder höchstens indirekt, insofern besonders bei unseren systematischen Überlegungen die humanwissenschaftlichen Herausforderungen stets gegenwärtig waren. Nun wäre es an der Zeit, ins Einzelne zu gehen[8]. Wir können es nicht, aber wir müssen sagen, daß es notwendig wäre, gerade auch zur Erprobung der „Realitätsfähigkeit" einer theologischen Anthropologie, wie wir sie hier versucht haben.

2. Der nächste „Querverweis" betrifft die Schöpfungslehre, und zwar sowohl „theologieimmanent" als auch im Streitgespräch mit den Naturwissenschaften[9]. Aus wohlerwogenen Gründen[10] haben wir die theologische Anthropologie weder direkt noch indirekt im Kontext der Schöpfungslehre entwickelt und darauf bestanden, daß die Wahrheit über den Menschen als ursprüngliches *gutes* Geschöpf Gottes nur im theologischen Nachdenken über seine *Sünde* wieder wahr-

---

[7] Vgl. w. o. 1 III 3.

[8] Wie es etwa jüngst, immer noch anfänglich hier, aber auch gelegentlich schon bilanzierend dort, in den Bänden von CGG versucht wurde. – Es ist etwas lächerlich, „Querverweise" mit endlosen Literaturangaben auszustaffieren. Die Literaturhinweise nennen im Folgenden nur einige wenige Arbeiten, die mir selbst im Zusammenhang des gegebenen Querverweises wichtig geworden sind und es m. E. auch anderen werden könnten.

[9] Zum Schöpfungsglauben im Gespräch mit den Naturwissenschaftlern vgl. *Küng,* Existiert Gott?, 119–152; 686–728; *Wölfl,* Welt als Schöpfung und die Literaturangaben in CGG 3 u. 4; bleibend wichtig ist *Pascal Jordan,* Der Naturwissenschaftler vor der religiösen Frage (Oldenburg 1963, ⁶1972); *Hans-Rudolf Müller-Schwefe,* Technik und Glaube. Eine permanente Herausforderung (Göttingen – Mainz 1971); hilfreich ist ferner *Günther Ludwig,* Das naturwissenschaftliche Weltbild des Christen (Osnabrück 1962); *Heinrich Fries/Peter Glockmann,* Ich sehe keinen Gott. Ein Dialog zwischen Naturwissenschaft und Theologie (Stuttgart 1971); und *von Ditfurth,* Wir sind nicht nur von dieser Welt; *Otto,* Schöpfung als Kategorie der Vermittlung; Concilium 19 (1983) H. 6/7: Theologie und Kosmologie.

[10] Vgl. w. o. 1 II 4.

genommen und nur in theologischem Nachdenken über seine Rettung, also über Gnade und Rechtfertigung, wieder ergriffen werden kann[11]. Das aber muß sie dann auch! „Protologie" muß sozusagen als Soteriologie, Eschatologie und, nicht zu vergessen, theologische Ethik entfaltet werden. Wir haben es höchstens andeutungsweise getan, und da, wo wir am nächsten an einem ihrer „klassischen Themen" dran waren, bei der Frage nach dem „Ebenbild Gottes"[12], war es zugleich höchst prekär. So muß es wiederum beim Querverweis bleiben, dieser aber ist unerläßlich.

3. Der wichtigste Querverweis ist dieser: Von den Thesen aus, in denen wir oben die Ergebnisse unserer Überlegungen zusammenzufassen suchten, müßte nun das Fragen neu ansetzen: Wer ist *Gott?*, und: Was „bewog" ihn, den Menschen zu schaffen, die Welt zu schaffen, auf dieser Erde Mensch zu werden, dem Menschen sein Geheimnis zu offenbaren, ja ihn in sein dreifaltiges Lebensgeheimnis hineinzunehmen? Bei der Antwort auf diese Fragen würde sich zeigen, daß die Gotteslehre, und zwar als Lehre von dem drei-einen Gott, ein Rückweg durch die theologische Anthropologie ist und die theologische Anthropologie der Spiegel solcher Gotteslehre – der *zerbrochene* Spiegel, dessen Risse auf dem geschichtlichen Weg des Menschen durch die sanfte Macht der Gnade Gottes immer unsichtbarer werden sollen, bis sie bei der Vollendung der Geschichte, an dem Tag, da Gott alles in allem ist, ganz verschwunden ist. Mit Recht hat man gesagt, daß der Atheismus – das humanistische Gegenkonzept jeder theologischen Anthropologie! – seine eigentliche, jedes weitere Wort erübrigende Antwort findet im christlichen Glaubenszeugnis vom drei-einen Gott[13].

4. Mit der Gotteslehre unmittelbar gegeben – so scheint es mir jedenfalls seit langem – ist der Querverweis auf die theologisch-anthropologische Bedeutung des Gebetes[14]. Denn Gott ist die Wirklichkeit, die der Glaube im Widerstand gegen allen Selbstleistungswillen als Heil des Menschen empfangen darf, und dieser Glaube vollzieht sich nicht in der Ausbildung von Theorien (wenngleich er sich theoretisch bedenken läßt), sondern in der Anrede an sein personales Gegenüber, in der Ich-Du-Form, also im Gebet. Das Ur-Gebet, in dem sich kein Glaubender vertreten lassen kann, lautet: „Ich glaube an dich!"[15]

5. Zu theologischer Anthropologie gehört die Besinnung auf den Gottesdienst, auf den „Kult"[16]. Nicht nur aus dem einfachen Grunde, weil der Gottes-

---

[11] Vgl. *Ebeling,* Dogmatik I, 342–346; 356–375. Ebeling begründet ganz ähnlich, wie es in diesem Buch geschieht, die Vorordnung der Lehre vom Menschen als Sünder vor der vom Menschen als Gottes gutem Geschöpf, ordnet aber dann aus Gründen, die mit der Gesamtanlage der Dogmatik und mit seiner Lehre vom Menschen als Ebenbild Gottes zusammenhängen, die theologische Anthropologie doch in die Lehre von Gott als Schöpfer ein.

[12] Vgl. w. o. 19 IV.

[13] Vgl. *Kasper,* Der Gott Jesu Christi, bes. 354–383; und die Grundtendenz der w. o. 7 IV 2 Anm. 36 und 51 genannten christologischen Arbeiten.

[14] Literatur w. o. 7 IV 3 Anm. 56.

[15] Vgl. *Pesch,* Sprechender Glaube (s. ebda.), 55–68; *ders., Das Gebet,* 11–14; vgl. auch *ders.* in: NGB, 365–375.

[16] Vgl. *Ebeling,* Die Notwendigkeit des christlichen Gottesdienstes (=Wort und Glaube), III,

dienst die gemeinschaftliche Form des Gebetes ist. Sondern vor allem aus dem noch einmal tieferen Grund, daß im Gottesdienst, der ja nicht nur aus Gebet im strengen Sinne des Wortes besteht, die Gemeinschaft der Glaubenden sich *als* Gemeinschaft auf den „zweckfreien" und darum unverbrauchbaren Grund menschlichen Daseins besinnt und ihn in zweckfreiem Tun, also in der sozialen Form des reinen Hörens und Annehmens zum Ausgangspunkt ihres Handelns in der Welt macht. Die neueren theologischen Besinnungen auf Wesen und Bedeutung des christlichen Gottesdienstes versäumen darum nie den Hinweis auf das unerschütterliche Bollwerk gegen jeden verzweckenden und verrechnenden Umgang mit dem Menschen, den das Ja des Glaubens zum christlichen Gottesdienst enthält.

6. Am deutlichsten haben wir den „Querverweis" auf die Grundlegung christlicher Ethik im Wesen geschenkter Freiheit aus Gnade dargetan und skizzenhaft ausgeführt[17]. Wenn es stimmt, daß das Christliche einer christlichen Ethik damit steht und fällt, daß die „gesetzesfreie" Selbstverständlichkeit des christlichen Ethos durchgehalten wird, dann wird an dieser Stelle das spezielle Gespräch der theologischen Ethik mit den modernen Kommunikationswissenschaften von höchster Bedeutung. Denn wenn man sich der dort geführten Diskussion auch nur in vorläufiger Form nähert, bemerkt man bald, daß sich hinter dem bekannten Stichwort vom „herrschaftsfreien Dialog" (Jürgen Habermas) auf „säkularisierte" Weise dieselbe Frage verbirgt, die sich auch der theologischen Ethik als Grundfrage stellt: Wie kann ethische Entscheidung begründet werden in unerschütterlichem Respekt vor der Würde und Freiheit des Mitmenschen, die nicht das konkrete Gebot als gemeinsam gefundenes Ergebnis, wohl aber jeden den Menschen verdinglichenden Gesetzeszwang ausschließt? Von hier aus ist es dann nur ein Schritt zum Querverweis auf die Lehre von der Kirche[18] unter dem Maßstab theologischer Anthropologie, und es will so scheinen, daß die theologische Besinnung auf das Wesen von Kirche aus einer theologischen Ethik, die sich die Angebote der kommunikationswissenschaftlichen Diskussion zunutze macht, die gediegensten Hilfen zur Wahrnehmung der praktisch-ekklesiologischen Konsequenzen einschließlich entschiedener „bußfertiger" Selbstkorrektur gewinnen könnte.

533–553; *Hans Küng*, Gottesdienst – warum? (Zürich 1976); *Schneider*, Zeichen der Nähe Gottes, 17–29; 54–59; 128–149; *Ratzinger*, Das Fest des Glaubens.

[17] Vgl. w.o. 18. und 19. Kapitel.

[18] Trotz allen Streites: ein grundlegendes und in die richtige Richtung weisendes Buch bleibt *Hans Küng*, Die Kirche (Freiburg i. Br. 1967 u.ö., München 1977); als gleichsam komplementäres evangelisches Konzept vgl. *Moltmann*, Kirche in der Kraft des Geistes (München 1975); dazu die lutherischen Stimmen in den Dogmatiken von *Thielicke* und *Ebeling*, die ekklesiologischen Beiträge von *Karl Rahner* (Schriften zur Theologie, Grundkurs des Glaubens) und *Heinrich Fries*, dann überblickt man das Mittelfeld und die Außenränder heutiger ekklesiologischer Diskussion. Vgl. jetzt auch die Beiträge in CGG 29 *(Karl Lehmann, Franz-Xaver Kaufmann, Heinrich Fries, Wolfhart Pannenberg, Peter Krämer, Axel Frhr. von Campenhausen); Paul Weß*, Ihr alle seid Geschwister. Zum interdisziplinären Aspekt vgl. *Kaufmann*, Kirche begreifen; auch *Pesch*, Gesetz und Gnade, 48–71; und – erfrischend nüchtern –

7. Unerläßlich ist die Aufnahme der kritischen Anfragen der sogenannten „politischen Theologie"[19] in die theologische Anthropologie. Wo, wenn nicht hier, können ihre Impulse auch dann noch voll ernst genommen werden, wenn man ihre bis jetzt vorliegenden Antworten und die Ansätze, von denen her sie gefunden wurden, nicht immer zu übernehmen vermag? Ich habe den Eindruck, daß vieles von der manchmal polemischen Kritik, mit der diese Denkanstöße bedacht werden, wenn schon nicht aus unaufgeklärter Interessenverhaftung (solches sollte man auch wieder nicht pauschal unterstellen), so doch zumindest aus Mißverständnissen resultiert, an denen die Äußerungen der Vertreter dieser theologischen Richtung oft selber einen Teil der Schuld tragen. Wie aber könnte theologische Anthropologie sich weigern, dem nachzudenken, was doch der Grundimpuls aller Spielarten der politischen Theologie ist: dem „Subjektsein aller" und den aus dem Antrieb des Glaubens zu schaffenden Lebensbedingungen, unter denen das wirklich werden kann? Es mag dann immer noch richtig sein, daß sich die Fragen der politischen Theologie womöglich am Ende auf unabgegoltene Themen der theologischen Ethik einerseits und der kirchlichen Praxis anderseits reduzieren. Aber solange sie unabgegolten sind, muß theologische Anthropologie die Fragen der politischen Theologie unbestechlich als ein ihr eigenes Kapitel betrachten.

8. Mit den Anfragen der politischen Theologie muß theologische Anthropologie – also nicht nur die theologische Ethik! – sich auch jener beiden Themen annehmen, die inzwischen ja auch zu Schwerpunkten der politischen Theologie geworden sind: der Sorge um die natürliche Umwelt und der Sorge um den Frieden[20]. Sie sind deshalb nicht nur ethische Themen, weil es beidemal um das Lebensrecht und die Lebensmöglichkeit der ganzen Menschheit und darum „des Menschen" überhaupt geht: der anthropologische Allgemeinbegriff besagt hier nicht mehr nur einen Wesensbegriff, sondern zugleich die Gesamtheit aller unter ihm begriffenen Individuen. Anthropologisch verlangt das Thema „Umwelt" eine Besinnung auf den Lebenszusammenhang des Menschen mit der Na-

Gregor Siefer, Ökumene – ein Problem von gestern? Zur Notwendigkeit kirchlicher Strukturen, Kate-chet. Blätter 108 (1983) 12–24.
[19] Literatur w. o. 1 I Anm. 9.
[20] Zum Thema „Umwelt" vgl. *Jensen,* Unter dem Zwang des Wachstums; *Krolzik,* Umweltkrise – Folge des Christentums?; *T. Koch,* Der Leib und die Natur. – Zum Thema „Frieden" vgl. *Erwin Wilkens* (Hg.), Christliche Ethik und Sicherheitspolitik. Beiträge zur Friedensdiskussion (Stuttgart 1982); *Ernst-Josef Nagel/Harald Oberhem,* Dem Frieden verpflichtet. Konzeptionen und Entwicklungen der katholischen Friedensethik seit dem Zweiten Weltkrieg (München – Mainz 1982); *Wilhelm Korff* (Hg.), Den Frieden sichern. Mit Beiträgen von Hans-Eckehard Bahr u. a. (Düsseldorf 1982); *Walter Hähnle/Horst Krautter* (Hg.), Frieden retten – Frieden stiften (Stuttgart 1982); *Peter Eicher* (Hg.), Das Evangelium des Friedens. Christen und Aufrüstung (München 1982); *Eugen Drewermann,* Der Krieg und das Christentum. Von der Ohnmacht und Notwendigkeit des Religiösen (Regensburg 1982); *Anton Vögtle,* Was ist Frieden? Orientierungshilfe aus dem Neuen Testament (Freiburg i. Br. 1982); *Pinchas Lapide,* Die Bergpredigt. Utopie oder Programm? (Mainz 1982); *Wolfgang Erk* (Hg.), Der verbotene Friede. Reflexionen zur Bergpredigt aus zwei deutschen Staaten (Stuttgart 1982); *Heinz Eduard Tödt,* Friede (= CGG 13, 79–119); *Franz Alt,* Frieden ist möglich (München 1983).

tur – eine Besinnung, die sich nicht beschränken darf und kann auf die theologischen Fragen nach der „Hominisation" im Rahmen der Evolution und auf die Analyse seiner Subjekthaftigkeit gegenüber der verobjektivierbaren Natur. Die anthropologische Tiefe der Frage nach der Umwelt ist erst erreicht, wenn die Erkenntnis sich anmeldet, daß die Schöpfung Schöpfung sein lassen konkreter Glaube an das Gottsein Gottes bedeuten könnte[21]. Und die Frage nach dem Frieden bedeutet heute anthropologisch die Frage nach der „Vernünftigkeit" der Leidenszumutung – also der „Vernünftigkeit" der Bergpredigt! –, weil ja der Friede offenbar (und im Eifer der Friedensbewegung oft verschwiegen!) nur um den Preis der Bereitschaft zu haben ist, Unrecht zu leiden, um der Zerstörung der Menschheit zu wehren.

9. Endlich – und um es *hervorzuheben,* ist davon zum Schluß die Rede! – wird theologische Anthropologie künftig nicht umhin können, die Anfragen und Anklagen ernst zu nehmen, die die sich selbst so nennende feministische Theologie ihr stellt und entgegenhält – mit zehnjähriger Phasenverschiebung gegenüber den USA inzwischen auch bei uns[22]. Sie wird die *Fragen* annehmen müssen, denn es sind die Fragen der einen Hälfte der Menschheit. Die *Antworten* – soweit sie bis jetzt gefunden wurden – müssen selbstverständlich diskutiert werden wie andere Aussagen auch, die intersubjektive Verbindlichkeit beanspruchen. Was nun diese Antworten betrifft, so verstehen sich die Frauen, die hier „ihre" Theologie und darin von den Männern kaum beachtete Wahrheit suchen, nach eigenem Eingeständnis erst ganz am Anfang, als Spurensucherinnen nach verschütteten Schätzen des Glaubens an Gott. Der gegenteilige Eindruck, der in einer kurzatmigen, sich an gewisse aggressive Formulierungen klammernden öffentlichen Aufmerksamkeit entsteht, darf darüber nicht hinwegtäuschen. Diesen Prozeß der Selbstfindung, der noch im Gang befindlichen Ausarbeitung der Fragen und der ersten Antworten und Verstehensangebote sollte die „maskuline Theologie" nicht durch sofortiges Mitdiskutieren stören, sondern statt dessen die feministische Theologie vorerst mit sich allein lassen und sich – das allerdings! – aufs lernbereite Zuhören beschränken. Dieses Urteil drängt sich mir jedenfalls zunehmend auf. Keiner von uns Männern kann schon hinrei-

---

[21] *Ansatzweise* in NGB, 423–445 *(A. Dumas)* – insoweit mit Zustimmung und Zurückweisung zugleich gegenüber der Kritik von *Ratzinger,* Das Fest des Glaubens, 18 f. Anm. 12.

[22] Meine Heranführung an die Thematik erfolgte – abgesehen vom höchst wichtigen Gespräch mit den Hamburger Theologiestudentinnen – durch *Catharina J. M. Halkes,* Gott hat nicht nur starke Söhne. Grundzüge einer feministischen Theologie (Gütersloh ²1980); *Gerta Scharffenorth/Klaus Thraede,* Freunde in Christus werden ... – Die Beziehung von Mann und Frau als Frage an Theologie und Kirche (Gelnhausen – Berlin 1977); *Gudrun Kaper u. a.,* Eva, wo bist du? Frauen in internationalen Organisationen der Ökumene (Gelnhausen – Berlin 1981); *Otto,* Zur Stellung der Frau; *Elisabeth Moltmann-Wendel* (Hg.), Frauenbefreiung. Biblische und theologische Argumente (München – Mainz 1978); *Gerta Scharffenorth,* Den Glauben ins Leben ziehen, 122–202; und – der Name darf nicht fehlen, auch wenn sein Reizwert „unter uns Patriarchen" fast schon grenzenlos ist – *Mary Daly,* Jenseits von Gottvater, Sohn & Co. Aufbruch zu einer Philosophie der Frauenbefreiung (München 1978). Dies ist eine absolut zufällige Auswahl aus einer bereits reichhaltigen Literatur zum Thema; vgl. aber schon Concilium 12 (1976) Heft 1: Die Frauen in der Kirche.

chend wissen, was bei der feministischen Theologie herauskommt. Gutes kann um so mehr herauskommen, je weniger ihr Nachdenken durch den Zwang zur ständigen Absicherung und Selbstverteidigung „nach außen" behindert wird. Denn dabei ist die „maskuline Theologie" aufgrund des in Jahrhunderten gewachsenen Arsenals begrifflicher und methodischer Instrumente vorerst überlegen, wie feministische Theologinnen offen zugeben, und das *Gespräch* mit ihnen verkäme zum intellektuellen Power-play. Das Ende wäre dann im günstigsten Fall eine vorschnelle Vereinnahmung auf das eigene Konto, im ungünstigsten Fall eine generelle Zurückweisung, die sich gar nicht recht vergegenwärtigt hat, *was* sie eigentlich zurückweist.

Unter diesen Umständen sollten „wir Männer" zwei Dinge tun, dies allerdings mit offenherzigem und geduldigem Ernst. Wir sollten, erstens, deutlich sagen, wo wir uns in dem, was „die Frauen" über uns und unsere „Männertheologie" sagen, beim besten Willen nicht wiedererkennen und wo wir den Eindruck haben, daß die Arbeitshypothese, die Vorausvermutung, der bloße Verdacht oder gar die blanke Unterstellung als belegte Erkenntnis ausgegeben werden. Allerdings: die Gefahr, daß die blanke Unterstellung als Erkenntnis ausgegeben wird, ist wahrlich kein Privileg der feministischen Theologie! Und wir sollten, zweitens, offen und mit der Bereitschaft zu später, viel zu später Umkehr eingestehen, was Männer den Frauen in der Geschichte – nicht nur der Christentumsgeschichte – angetan haben und ihnen, knapp 200 Jahre nach dem letzten Hexenprozeß (Posen 1793), in Kirche und Gesellschaft immer noch antun. *Dazu* nämlich hat die feministische Theologie nicht nur „tastende Versuche" zu bieten, sondern harte Tatsachenbelege. Historisches Verstehen darf keine Entschuldigung bedeuten – hier so wenig wie sonst.

Theologische Anthropologie wird nicht um ihrer selbst willen betrieben, sondern um der Menschen willen, auch und gerade der Nicht-Theologen und der Nicht-Glaubenden. Zuletzt muß sie darum auch ganz ohne Fachjargon sagen können, was sie meint, und sie muß es verständlich, „intersubjektiv vermittelbar" sagen können. Ich habe es in diesem Buch immer wieder versucht, und sicher ist es nur ansatzweise gelungen. Der Hinweis auf diese bleibende Aufgabe ist darum der letzte „Querverweis". Er bleibt außerhalb der Zählung, weil er kein Thema mehr benennt, sondern eine alle Themen umfassende denkerische und sprachliche Forderung, an deren Erfüllung man niemals auslernt. Was sich dabei ergibt, ist wie mit einer Punktlichtlampe angezeigt in dem doppelten Motto, das dieses Buch eröffnet. Theologische Anthropologie gibt tatsächlich die Freiheit zur Selbstverobjektivierung des Menschen, wie sie unüberbietbar drastisch in der Auflistung der „Bestandteile" des Menschen vorgenommen ist. Sie kann diese Freiheit geben, weil der Glaube an Gott sie befugt, das für die „Normalität" und die *Würde* des Menschen zu halten, was der Humanwissenschaftler mit seinen Methoden immer wieder für den Grundmangel, ja die Absurdität des Menschen im Ganzen der Evolution zu halten geneigt ist: die

Freiheit gegenüber der Natur und ihren Elementen, die Freiheit zur schöpferischen Gestaltung der Umwelt, die Freiheit zum Spiel, und das heißt: zur zweckfreien, nicht verbrauchenden, sondern bewundernden Liebe zu Mensch und Ding. Kurzum: Der Glaube an Gott läßt jenen „Weisheitsspruch" tatsächlich als die „weltlich" ausgedrückte Quintessenz theologischer Anthropologie gelten, den eine spontane Eingebung, ohne fremdes Zutun, dem 8jährigen Schüler in sein Aufsatzheft zu schreiben gebot:

„Nur der Mensch ist normal. Er kann im Winter auf der Straße spielen."[23]

---

[23] Die Regeln der „Zunft" gebieten den Nachweis der Zitate. Nun denn: Mein Bruder Winfried in Köln fand diesen Satz vor einigen Jahren zufällig im Aufsatzheft seines jüngsten Sohnes Michael.

Abkürzungen

1. Allgemeine Abkürzungen, soweit nicht selbstverständlich

a.	articulus
bes.	besonders
can.	canon
c.	in corpore (= Hauptteil) des Artikels (in einem scholastischen Werk)
cap.	caput (Kapitel)
circa med.	circa medium (etwa in der Mitte)
d.	distinctio
dd.	distinctiones
ders./dies.	derselbe/dieselbe
ebda.	ebenda
Erg.-Bd.	Ergänzungsband
H.	Heft
Hg./hg.	Herausgeber/herausgegeben
in fine	gegen Ende
in princ.	in principio (gegen Anfang)
lect.	lectio
lib.	liber (Buch)
n.	numerus (= laufende Nummer in einer Edition, z. B. bei Thomas)
obi.	obiectio
pars	pars (Teil)
q.	quaestio
qla.	quaestiuncula
s.	siehe
Stw.	Stichwort
Th.	These
tract.	tractatus
w.o.	weiter oben
w.u.	weiter unten
u.ö.	und öfter

2. Abkürzungen von Quellentexten

Apol	Apologia Confessionis Augustanae (in: BSLK)
BSLK	Die Bekenntnisschriften der evangelisch-lutherischen Kirche
CA	Confessio Augustana (Augsburger Bekenntnis)
CG	Summa contra Gentiles (des Thomas von Aquin)
De pot	Quaestiones disputatae de potentia (Thomas)
De ver	Quaestiones disputatae de veritate (Thomas)
DS	Denzinger/Schönmetzer, Enchiridion symbolorum
DThA	Deutsche Thomas-Ausgabe (der STh)

In Eth	In Aristotelis Ethicorum expositio (Thomas)
In Met	In Aristotelis Metaphysicorum expositio (Thomas)
In Rom	In Divi Pauli Epistolam ad Romanos expositio (Thomas; entsprechend: In I Cor; in Gal usw.)
Nik.Eth.	Nikomachische Ethik (Aristoteles, zitiert nach ed. Bekker)
PG	J. J. Migne, Patrologia, Series Graeca
PL	J. J. Migne, Patrologia, Series Latina
Sent.	Sententiae (Sentenzen)
SK	Sentenzenkommentar (Thomas)
STh	Summa Theologiae (Thomas)
WA	Weimarer Ausgabe (der Werke Luthers)

3. Lexika, Sammelwerke, Reihen, Zeitschriften

Cath	Catholica. Vierteljahresschrift für Kontroverstheologie
CGG	Böckle u.a. (Hg.), Christlicher Glaube in moderner Gesellschaft
Concilium	Concilium. Internationale Zeitschrift für Theologie
Diakonia	Diakonia. Internationale Zeitschrift für die Praxis der Kirche
FZPhTh	Freiburger Zeitschrift für Philosophie und Theologie (Fribourg/Schw.)
GuL	Geist und Leben
HChrE	Hertz u.a. (Hg.), Handbuch der christlichen Ethik
HDG	Schmaus u.a. (Hg.), Handbuch der Dogmengeschichte
HKG	Jedin (Hg.), Handbuch der Kirchengeschichte
HPhG	Handbuch philosophischer Grundbegriffe
HThG	Fries (Hg.), Handbuch theologischer Grundbegriffe
HWPh	Historisches Wörterbuch der Philosophie
KD	Kirchliche Dogmatik (Karl Barth)
KuD	Kerygma und Dogma
LThK	Lexikon für Theologie und Kirche
MDKI	Materialdienst des Konfessionskundlichen Institutes des Evangelischen Bundes
MS	Feiner/Löhrer (Hg.), Mysterium Salutis
NGB	Feiner/Vischer (Hg.), Neues Glaubensbuch
NR	Neuner/Roos, Der Glaube der Kirche
NZSTh	Neue Zeitschrift für Systematische Theologie
PhJ	Philosophisches Jahrbuch
RAC	Reallexikon für Antike und Christentum
RGG	Die Religion in Geschichte und Gegenwart
SM	Sacramentum Mundi
StdZ	Stimmen der Zeit
ThQ	Theologische Quartalschrift (Tübingen)
ThRv	Theologische Revue
ThWAT	Theologisches Wörterbuch zum Alten Testament
ThWNT	Theologisches Wörterbuch zum Neuen Testament
TRE	Theologische Realenzyklopädie
UTB	Uni-Taschenbuch
WuA	Wort und Antwort. Zeitschrift für Fragen des Glaubens
ZEE	Zeitschrift für evangelische Ethik
ZKG	Zeitschrift für Kirchengeschichte
ZkTh	Zeitschrift für katholische Theologie
ZThK	Zeitschrift für Theologie und Kirche

Abkürzungen der biblischen Bücher nach den „Loccumer Richtlinien" für die Einheitsübersetzung. Bibliographische Angaben zu den abgekürzten Sammelwerken im Literaturverzeichnis.

Literaturverzeichnis[1]

1. Zitierte Quellentexte

Ambrosius, De Paradiso: PL 14, 275–314.

Athanasius, Oratio de incarnatione: PG 25, 95–198; ed. F. L. Cross (London 1957).

Augustinus, Enchiridion seu de fide, spe et caritate: PL 40, 231–290; Text, Übersetzung, Kommentar: Josef Barbel, Aurelius Augustinus, Handbüchlein über Glaube, Hoffnung und Liebe (Düsseldorf 1960).

–, De gratia et libero arbitrio: PL 44, 881–912; Text und Übersetzung: S. Kopp / Adolar Zumkeller, Augustinus, Schriften gegen die Semipelagianer (Würzburg 1955).

Biel, Gabriel, Collectorium circa quattuor libros Sententiarum. ed. W. Werbeck / U. Hoffmann (Tübingen 1973 ff.).

Cajetan (Thomas de Vio Caietanus), Commentaria in Summam Theologicam D. Thomae Aquinatis (1507–1522). Abgedruckt in: Thomas von Aquin, Summa Theologiae, ed. Leonina (s. u. Thomas).

Denzinger, Henricus/Schönmetzer, Adolfus, Enchiridion symbolorum, definitionum et declarationum de rebus fidei et morum (Barcelona – Freiburg i. Br. – Rom ³²1963 u. ö.) [= DS].

Die Bekenntnisschriften der evangelisch-lutherischen Kirche (Göttingen 1930, ⁶1967 u. ö.) [= BSLK].

Johannes von Damaskus, De fide orthodoxa: PG 94, 790–1228; Übersetzung: Bibliothek der Kirchenväter, 2. Reihe Bd. 44 (1923).

Descartes, René, Meditationes de prima philosophia = Œuvre complètes, ed. Ch. Adam/P. Tannery. 12 Bde. (Paris 1897–1910), Bd. 7.

–, Principia philosophiae = aaO Bd. 8; Übersetzung: A. Buchenau, René Descartes' philosophische Werke (Leipzig 1922).

Gregor d. Gr., Moralia in Job: PL 75 und 76.

Hugo von St. Victor, De sacramentis christianae fidei: PL 176, 173–618.

Irenäus (Eirenaios) von Lyon, Adversus Haereses: PG 7, 433–1225; Übersetzung: Bibliothek der Kirchenväter, 2. Reihe, 3–4 (1912).

Justin (Justinos), 1. und 2. Apologie: PG 6, 327–470; Übersetzung: Bibliothek der Kirchenväter, 2. Reihe Bd. 13 (1913).

Luther, Martin, Werke. Kritische Gesamtausgabe (Weimar 1883 ff.) = „Weimarer Ausgabe" [= WA], mit den Abteilungen Werke [= ohne besondere Kennzeichnung], Briefwechsel [= Br], Tischreden [= TR], Deutsche Bibel [= DB]; einige Bände mit mehrfacher Unterteilung. Nach dieser Ausgabe wird zitiert. Auswahl- und Studienausgaben verzeichnen jeweils am Rand die Seitenzahlen der WA, so daß sich nach WA zitierte Texte leicht nachschlagen lassen.

Neuner, Josef/Roos, Heinrich, Der Glaube der Kirche in den Urkunden der Lehrverkündigung. Neubearbeitet von Karl Rahner und Karl-Heinz Weger (Regensburg ⁹1971) [= NR].

Origenes, Über die Hauptlehren (Περὶ ἀρχῶν, De principiis): PG 11, 115–414.

–, Gegen Celsus (Κατὰ Κέλσον, Contra Celsum): PG 11, 637–1632; Übersetzung: Bibliothek der Kirchenväter, 2. Reihe Bde. 52 und 53 (1926).

–, De oratione: PG 11, 415–638.

–, Selecta in Psalmos: PG 12, 1053–1686.

Petrus Lombardus, Libri IV Sententiarum, ed. studio et cura PP. Collegii S. Bonaventurae (Quaracchi 1916; Kritische Neuedition noch nicht abgeschlossen (Grottaferrata 1971 ff.).

---

[1] Zu Funktion und Anlage dieses Literaturverzeichnisses vgl. w. o. im Vorwort S. 17.

Ps.-Dionysius Areopagita, De mystica theologia: PG 3.

Tertullian, Apologeticum: PL 1, 257–536; Übersetzung: C. Becker (München ²1961).

–, De praescriptione haereticorum: PL 2, 9–74; Übersetzung: Bibliothek der Kirchenväter, 2. Reihe Bd. 24, 303–354.

–, De baptismo: PL 1, 1197–1224; Übersetzung: aaO Bd. 7, 274–299.

–, De anima: PL 2, 641–752; Text, Übersetzung, Kommentar: J. H. Waszink (Amsterdam 1947).

Thomas von Aquin: Opera omnia (Turin Marietti 1948 ff.). Nach dieser Ausgabe wird zitiert, soweit die Thomaswerke dort erschienen sind – es sind die meisten. Wo die Editio Leonina (Opera omnia iussu Leonis XIII edita, Rom 1882 ff.) oder eine kritische Textausgabe schon vorliegt, übernimmt die Marietti-Ausgabe deren Text. Der SK liegt nur in alten Ausgaben (Vivès, Parma) bzw. in fotomechanischen Nachdrucken vor. Zur Situation der Thomas-Textausgaben vgl. *Chenu,* Das Werk (s. u. Literaturverzeichnis 3.), 79–82. Text, Übersetzung und Kommentar zur STh in der DThA (noch nicht abgeschlossen). Aufschlüsselung der einzelnen Werke des Thomas im Abkürzungsverzeichnis.

2. Lexika, Sammelwerke, Reihen²

Böckle, Franz/Kaufmann, Franz-Xaver/Rahner, Karl/Welte, Bernhard (Hg.), Christlicher Glaube in moderner Gesellschaft. Enzyklopädische Bibliothek in 30 Teilbänden (Freiburg i. Br. 1980–1982) [= CGG].

Die Deutsche Thomas-Ausgabe. Vollständige, ungekürzte deutsch-lateinische Ausgabe der Summa Theologiae. Hg. von der Albertus-Magnus-Akademie, Walberberg bei Bonn (Salzburg – Leipzig, seit 1941: Heidelberg, seit 1950: Heidelberg – Graz, seit 1980: Graz 1933 ff.) [= DThA].

Die Religion in Geschichte und Gegenwart. Dritte, völlig neu bearbeitete Auflage in Gemeinschaft mit Hans Frh. von Campenhausen u. a. hg. von Kurt Galling, 6 Bde. und 1 Register-Band (Tübingen 1956–1962) [= RGG].

Feiner, Johannes/Löhrer, Magnus (Hg.), Mysterium Salutis. Grundriß heilsgeschichtlicher Dogmatik. 5 Bde. in 7 (Zürich 1965–1975); Erg.-Bd.: Arbeitshilfen und Weiterführungen, hg. von Magnus Löhrer/Christian Schütz/Dietrich Wiederkehr (Zürich 1981) [= MS].

Feiner, Johannes/Vischer, Lukas (Hg.), Neues Glaubensbuch. Der gemeinsame christliche Glaube (Freiburg i. Br. 1973, ¹⁶1980) [= NGB].

Fischer, Hermann (Hg.), Anthropologie als Thema der Theologie (Göttingen 1978).

Fries, Heinrich (Hg.), Handbuch Theologischer Grundbegriffe. 2 Bde. (München 1962/63; durchgesehene Taschenbuchausgabe in 4 Bden., Stuttgart 1971/72) [= HThG].

Hertz, Anselm/Korff, Wilhelm/Rendtorff, Trutz/Ringeling, Hermann (Hg.), Handbuch der christlichen Ethik. 3 Bde. (Freiburg i. Br. – Gütersloh 1978–1982) [= HChrE].

Historisches Wörterbuch der Philosophie, hg. von Joachim Ritter und Karlfried Gründer (Basel – Stuttgart 1972 ff.) [= HWPh].

Hüttenbügel, Johannes (Hg.), Gott – Mensch – Universum. Der Christ vor den Fragen der Zeit (Graz 1974).

Jedin, Hubert (Hg.), Handbuch der Kirchengeschichte. 7 Bde. in 10 (Freiburg i. Br. 1962–1979) [= HKG].

Kasper, Walter, Gegenwart des Geistes. Aspekte der Pneumatologie (Freiburg i. Br. 1979).

Krings, Hermann / Baumgartner, Hans Michael u. a. (Hg), Handbuch Philosophischer Grundbegriffe. Studienausgabe in 6 Bden. (München 1973/74) [= HPhG].

Lexikon für Theologie und Kirche. Zweite, völlig neu bearbeitete Auflage, hg. von Josef Höfer und Karl Rahner, 10 Bde. und 1 Register-Band (Freiburg i. Br. 1957–1965); 3 Erg.-Bde.: Das Zweite Vatikanische Konzil. Konstitutionen, Dekrete und Erklärungen, lateinisch und deutsch, Kommentare (Freiburg i. Br. 1966–1968) [= LThK].

---

² Die folgende Liste dient ausschließlich der bequemeren Zitation der unter 3. noch eigens aufgeführten Einzeltitel. Sie enthält demgemäß nur solche Sammelwerke, aus denen mehr als nur eine Einzelabhandlung angeführt wird.

Lohse, Bernhard/Pesch, Otto Hermann (Hg.), Das „Augsburger Bekenntnis" von 1530 – damals und heute (München–Mainz 1980).

Meyer, Harding/Schütte, Heinz, (Hg.), Confessio Augustana. Bekenntnis des einen Glaubens. Gemeinsame Untersuchung lutherischer und katholischer Theologen (Paderborn–Frankfurt a. M. 1980).

Reallexikon für Antike und Christentum, hg. von Franz Josef Dölger und Theodor Klauser, bisher 11 Bde. (Stuttgart 1950 ff.) [= RAC].

Reikerstorfer, Johann (Hg.), Gesetz und Freiheit (Wien 1983).

Sacramentum Mundi. Theologisches Lexikon für die Praxis, hg. von Karl Rahner und Adolf Darlapp. 4 Bde. (Freiburg i. Br. 1966–1969) [= SM].

Scheffczyk, Leo (Hg.), Erlösung und Emanzipation (Freiburg i. Br. 1973).

Schmaus, Michael/Grillmeier, Alois/Scheffczyk, Leo/Seybold, Michael (Hg.), Handbuch der Dogmengeschichte. 4 Bde. in Faszikeln (Freiburg i. Br. 1951 ff., noch nicht abgeschlossen) [= HDG].

Seckler, Max/Pesch, Otto Hermann/Brosseder, Johannes/Pannenberg, Wolfhart (Hg.), Begegnung. Beiträge zur einer Hermeneutik des theologischen Gesprächs. Festschrift für Heinrich Fries zum 60. Geburtstag (Graz 1972).

Theologische Realenzyklopädie, hg. von Gerhard Krausse und Gerhard Müller. Bisher 11 Bde. (Berlin–New York 1977 ff.) [= TRE].

Theologisches Wörterbuch zum Alten Testament, hg. von Gerhard Johannes Botterweck und Helmer Ringgren, bisher 3 Bde. (Stuttgart 1973 ff.) [= ThWAT].

Theologisches Wörterbuch zum Neuen Testament, hg. von Rudolf Kittel und Gerhard Friedrich. 10 Bde. und 1 Literatur-Nachtragsband (Stuttgart 1933 ff.) [= ThWNT].

3. Einzeluntersuchungen[3]

Altaner, Berthold – Stuiber, Alfred, Patrologie. Leben, Schriften und Lehre der Kirchenväter (Freiburg i. Br. [8]1978).

Althaus, Paul, Paulus und Luther über den Menschen. Ein Vergleich (Gütersloh 1938, [3]1958).

–, Die Christliche Wahrheit. Lehrbuch der Dogmatik (Gütersloh [8]1972 = [3]1952).

–, Sola fide numquam sola. Glaube und Werke in ihrer Bedeutung für das Heil bei Martin Luther, Una Sancta 16 (1961) 227–235.

–, Die Theologie Martin Luthers (Gütersloh [2]1963 u. ö.).

–, Die Ethik Martin Luthers (Gütersloh 1965).

Altner, Günter, Tod, Ewigkeit, Überleben (Göttingen 1981).

Andresen, Carl (Hg.), Die Gnosis. I: Zeugnisse der Kirchenväter; II: Koptische und mandäische Quellen (Zürich 1969/71).

–, (Hg.), Zum Augustingespräch der Gegenwart. 2 Bde. (Wege der Forschung 5 und 327) (Darmstadt 1975/81).

–, (Hg.), Handbuch der Dogmen- und Theologiegeschichte I: Die Lehrentwicklung im Rahmen der Katholizität (Göttingen 1982); II: Die Lehrentwicklung im Rahmen der Konfessionalität (Göttingen 1980).

Arenhoevel, Diego, Die Gesetzgebung am Sinai, WuA 10 (1969) 21–26; 45–51; 70–77.

–, Die Ur-Geschichte. Genesis 1–11 (Stuttgart 1970).

–, Schuld, die ihren Täter sucht, WUA 12 (1971) 134–138.

Aubert, Roger, Le problème de l'acte de foi. Données traditionnelles et resultats des controverses récentes (Louvain [3]1958).

Auer, Johann, Das Evangelium der Gnade. Die neue Heilsordnung durch die Gnade Christi in seiner Kirche (= Johann Auer/Joseph Ratzinger, Kleine katholische Dogmatik V) (Regensburg 1970).

–, Die Welt – Gottes Schöpfung (= aaO III) (Regensburg 1975).

---

[3] Bei Einzeltiteln, die inzwischen in „Gesammelte Aufsätze" aufgenommen wurden, wird im Folgenden nur der Titel der Aufsatzsammlung angeführt – z. B. Rahner, Schriften zur Theologie. In den Anmerkungen dagegen ist jeweils auf den Einzeltitel verwiesen, unter Hinweis auf den Fundort in der Aufsatzsammlung.

Bakan, David, Mensch im Zwiespalt. Psychoanalytische, soziologische und religiöse Aspekte der Anthropologie (München–Mainz 1976).
Balthasar, Hans Urs von, Karl Barth. Darstellung und Deutung seiner Theologie (Köln–Olten 1951).
–, Gott begegnen in der heutigen Welt, Concilium 1 (1965) 499–504.
Barth, Karl, Kirchliche Dogmatik. 4 Bde. in 14 (Zollikon–Zürich 1932–1968).
Baumann, Urs, Erbsünde? Ihr traditionelles Verständnis in der Krise heutiger Theologie (Freiburg i. Br. 1970).
Bayer, Oswald, Promissio. Geschichte der reformatorischen Wende in Luthers Theologie (Göttingen
–, Was ist das: Theologie? Eine Skizze (Stuttgart 1973).   [1971).
–, Umstrittene Freiheit. Theologisch-philosophische Kontroversen (Tübingen 1981).
Beck, Heinrich, Anthropologischer Zugang zum Glauben. Eine rationale Meditation (Salzburg 1979).
Beer, Theobald, Der fröhliche Wechsel und Streit. Grundzüge der Theologie Martin Luthers (Einsiedeln ²1980).
Berger, Klaus, „Gnade" im frühen Christentum. Eine traditionsgeschichtliche und literatursoziologische Fragestellung, Nederlands Theologisch Tijdschrift 27 (1973) 1–25.
Berger, Peter L., Einladung zur Soziologie. Eine humanistische Perspektive (Olten–Freiburg i. Br. 1968; München 1977; engl. unter dem Titel: Invitation to Sociology: A Humanistic Perspective, Garden City, N. Y. 1963).
–, Auf den Spuren der Engel. Die moderne Gesellschaft und die Wiederentdeckung der Transzendenz (Frankfurt a. M. 1970; engl. unter dem Titel: A Rumor of Angels: Modern Society and the Rediscovery of the Supernatural, Garden City, N. Y. 1969).
Berger, Peter L./Berger, Brigitte, Wir und die Gesellschaft. Eine Einführung in die Soziologie – entwickelt an der Alltagserfahrung (Reinbek 1976 u. ö.; engl. unter dem Titel: Sociology – A Biographical Approach, New York–London 1972).
Berger, Peter L./Luckmann, Thomas, Die gesellschaftliche Konstruktion der Wirklichkeit. Eine Theorie der Wissenssoziologie (Frankfurt a. M. 1970; engl. unter dem Titel: The Social Construction of Reality, New York 1966).
Biser, Eugen, Theologische Sprachtheorie und Hermeneutik (Freiburg i. Br. 1970).
–, Glaubensverständnis. Grundriß einer hermeneutischen Fundamentaltheologie (Freiburg i. Br. 1975).
–, Glaubensvollzug und Sinnfindung, in: Hermann Wieh (Hg.), Ein Gott für die Welt. Glaube und Sinnfrage in unserer Zeit (München 1980), 11–36.
–, Dasein auf Abruf. Der Tod als Schicksal, Versuchung und Aufgabe (Düsseldorf 1981).
–, Der Zeuge. Eine Paulus-Befragung (Graz 1981).
Bläser, Peter, Gesetz und Evangelium, Cath 14 (1960) 1–23.
Blank, Josef, Paulus und Jesus. Eine theologische Grundlegung (München 1968).
–, Das Evangelium als Garantie der Freiheit (Würzburg 1970).
–, Paulus. Von Jesus zum Urchristentum. Aspekte der paulinischen Lehre und Praxis (München 1982).
Boecker, Hans Jochen, Recht und Gesetz im Alten Testament und im alten Orient (Neukirchen 1976).
Böckle, Franz, Gesetz und Gewissen. Grundfragen theologischer Ethik in katholischer Sicht (Luzern–Stuttgart 1965).
–, Natürliches Gesetz als göttliches Gesetz in der Moraltheologie, in: Franz Böckle/Ernst-Wolfgang Böckenförde (Hg.), Naturrecht in der Kritik (Mainz 1973), 165–188.
–, Fundamentalmoral (München 1977).
–, Geschlechterbeziehung und Liebesfähigkeit, in: CGG 6, 109–153.
Boff, Leonardo, Erfahrung von Gnade. Entwurf einer Gnadenlehre, aus dem Portugiesischen von Horst Goldstein (Düsseldorf 1978).
–, Was kommt nachher? Das Leben nach dem Tode (Salzburg 1983).
Bogdahn, Martin, Die Rechtfertigungslehre Luthers im Urteil der neueren katholischen Theologie. Möglichkeiten und Tendenzen der katholischen Lutherdeutung in evangelischer Sicht (Göttingen 1971).
Bouillard, Henri, Conversion et grâce chez saint Thomas d'Aquin (Paris 1944).
–, Transzendenz und Gott des Glaubens, in: CGG 1, 87–131.
Brandenburg, Albert, Martin Luther gegenwärtig. Katholische Lutherstudien (Paderborn 1969).

Braulik, Georg, Gesetz als Evangelium. Rechtfertigung und Begnadigung nach der deuteronomischen Tora, in: Reikerstorfer (Hg.), Gesetz und Freiheit (s. o. 2.), 9–19.

Brecht, Martin, Der rechtfertigende Glaube an das Evangelium von Jesus Christus als Mitte von Luthers Theologie, ZKG 89 (1978) 45–77.

Breuning, Wilhelm, Christologie und Rechtfertigung in der Lehre der römisch-katholischen Kirche und der gegenwärtigen ökumenischen Diskussion, in: Gottfried Klapper (Hg.), Zur bleibenden Aktualität des Augsburger Bekenntnisses (= Fuldaer Hefte. Schriften des Theologischen Konvents Augsburgischen Bekenntnisses, 25) (Hamburg 1981), 92–118.

Brunner, Peter, Die Rechtfertigungslehre des Konzils von Trient, in: Edmund Schlink/Hermann Volk (Hg.), Pro veritate. Ein theologischer Dialog. Festgabe für Erzbischof Lorenz Jaeger und Bischof Wilhelm Stählin (Münster–Kassel 1963), 59–96 (= Pro Ecclesia. Gesammelte Aufsätze zur dogmatischen Theologie, 2 Bde., Berlin 1962/1966, II, 141–169).

–, Adam, wer bist du? Methodische Erwägungen zur Lehre von dem im Ursprung erschaffenen Menschen, KuD 12 (1966) 267–291.

–, Reform – Reformation, Einst – Heute. Elemente eines ökumenischen Dialogs im 450. Gedächtnisjahr von Luthers Ablaßthesen, KuD 13 (1967) 159–183 (= Bemühungen um die einigende Wahrheit, 9–33).

Bultmann, Rudolf, Glaube und Verstehen. Gesammelte Aufsätze, 4 Bde. (Tübingen 1933 ff. u. ö.).

–, Das Urchristentum im Rahmen der antiken Religionen (Zürich ²1954; Reinbek ³1962).

–, Jesus Christus und die Mythologie. Das Neue Testament im Licht der Bibelkritik (Hamburg 1954).

Casalis, Georges, Die richtigen Gedanken fallen nicht vom Himmel. Grundlagen einer induktiven Theologie (Stuttgart 1980).

Casper, Bernhard, Sprache und Theologie. Eine philosophische Hinführung (Freiburg i. Br. 1975).

–, Alltagserfahrung und Frömmigkeit, in: CGG 25, 39–72.

Casper, Bernhard/Hemmerle, Klaus/Hünermann, Peter, Theologie als Wissenschaft. Methodische Zugänge (Freiburg i. Br. 1970).

Cassirer, Ernst, Was ist der Mensch? (Stuttgart 1960).

Chenu, Marie-Dominique, Das Werk des hl. Thomas von Aquin (Graz 1960, ²1982; frz. unter dem Titel: Introduction à l'étude de s. Thomas d'Aquin, Paris 1950, ³1974).

Christmann, Heinrich, Die Liebe (1. Teil). Kommentar zu Thomas von Aquin: Summa Theologiae II-II 23–33 (= DThA Bd. 17A) (Heidelberg–Graz 1959).

Colpe, Christian, Gnosis, II (Gnostizismus), in: RAC XI (1981) 537–659.

Concilium, s. Abkürzungen.

Condrau, Gion, Aufbruch in die Freiheit (Bern ²1979).

–, Entwicklung und Reifung, in: CGG 6, 29–71.

Condrau, Gion/Sporken, Paul, Sterben – Sterbebeistand, in: CGG 10, 85–116.

Congar, Yves, Chrétiens en dialogue (Paris 1969).

–, Der Heilige Geist (Freiburg i. Br. 1982; frz. unter dem Titel: Je crois en l'Esprit Saint, 3 Bde. Paris 1979/80).

Conzelmann, Hans, Der erste Brief an die Korinther (Göttingen 1969).

Cox, Harvey, Stadt ohne Gott? (Stuttgart ³1967; engl. unter dem Titel: The secular City, New York 1965).

–, Verführung des Geistes (Stuttgart 1975; engl. unter dem Titel: The Seduction of the Spirit, New York 1973).

Dalferth, Ingolf U., Homo definiri nequit. Logisch-philosophische Bemerkungen zur theologischen Bestimmung des Menschen, ZKTh 70 (1973) 77–100.

Dalferth, Ingolf U./Jüngel, Eberhard, Person und Gottebenbildlichkeit, in: CGG 24, 57–99.

Dassmann, Ernst, Der Stachel im Fleisch. Paulus in der frühen christlichen Literatur bis Irenäus (Münster 1979).

Deichsel, Alexander, Soziologie. Eine Einführung (Gütersloh 1982).

Deissler, Alfons, Die Psalmen (= Die Welt der Bibel. Kleinkommentare zur Heiligen Schrift). 3 Bde. (Düsseldorf ³1966).

–, Ich bin dein Gott, der dich befreit hat. Wege zur Meditation über das Zehngebot (Freiburg i. Br. 1975).

Deman, Thomas-Albert, Der Neue Bund und die Gnade. Kommentar zu Thomas von Aquin: Summa Theologiae I–II 106–114 (= DThA Bd. 14) (Heidelberg–Graz 1955).

Diakonia, s. Abkürzungen.

Diekamp-Jüssen = Diekamp, Franz, Katholische Dogmatik nach den Grundsätzen des heiligen Thomas, I, Münster [10]1949; II und III neubearbeitet und hg. von Klaudius Jüssen, Münster [10]1952 und [11-12]1954.

Dilthey, Wilhelm, Gesammelte Schriften, 12 Bde. (Leipzig, später Göttingen–Stuttgart 1914–1958 u. ö.).

Ditfurth, Hoimar von, Wir sind nicht nur von dieser Welt. Naturwissenschaft, Religion und die Zukunft des Menschen (Hamburg 1981, [3]1982).

Döring, Heinrich, Abwesenheit Gottes. Fragen und Antworten heutiger Theologie (Paderborn 1977).

Döring, Heinrich/Kaufmann, Franz-Xaver, Kontingenzerfahrung und Sinnfrage, in: CGG 9, 5–67.

Doerne, Martin, Der Mensch im Urteil der Bibel (Potsdam 1939, Berlin [2]1949).

Duroux, Benoit, La psychologie de la foi chez saint Thomas d'Aquin (Tournai 1963).

Ebeling, Gerhard, Das Wesen des christlichen Glaubens (Tübingen 1959, [4]1963; als Siebenstern-Taschenbuch 1964, [3]1967).

–, Hermeneutik, in: RGG III (1959), 242–262.

–, Wort und Glaube (= Gesammelte Aufsätze), 3 Bde. (Tübingen 1962–1975).

–, Wort Gottes und Tradition. Studien zu einer Hermeneutik der Konfessionen (Göttingen 1964).

–, Luther. Einführung in sein Denken (Tübingen 1964; als UTB 1090 [4]1981).

–, Lutherstudien, I (Tübingen 1971); II: Disputatio de homine, davon bis jetzt: Erster Teil: Text und Traditionshintergrund (1977); Zweiter Teil: Die philosophische Definition des Menschen. Kommentar zu These 1–19 (1982).

–, Studium der Theologie. Eine enzyklopädische Orientierung (Tübingen 1975).

–, Das Leben – Fragment und Vollendung. Luthers Auffassung vom Menschen im Verhältnis zu Scholastik und Renaissance, ZThK 72 (1975) 310–334.

–, Dogmatik des christlichen Glaubens. 3 Bde. (Tübingen 1978/79).

–, Die Toleranz Gottes und die Toleranz der Vernunft, ZThK 78 (1981) 442–464.

–, Die Wahrheit des Evangeliums. Eine Lesehilfe zum Galaterbrief (Tübingen 1981).

–, Zum Verhältnis von Dogmatik und Ethik, ZEE 26 (1982) 10–18.

–, Usus politicus legis – usus politicus evangelii, ZThK 79 (1982) 323–348.

Eicher, Peter, Du sollst dir kein Bildnis machen. Möglichkeiten und Grenzen theologischer Anthropologie heute, in: Gottfried Bitter/Gabriele Miller (Hg.), Konturen heutiger Theologie. Werkstattberichte (München 1976), 21–44.

–, Offenbarung. Zur Präzisierung einer überstrapazierten Kategorie, in: Bitter/Miller (Hg.), aaO 108–134.

–, Offenbarung. Prinzip neuzeitlicher Theologie (München 1977).

–, Theologie. Eine Einführung in das Studium (München 1980).

–, „Wahrhaftig, Du bist ein verborgener Gott". Glauben trotz aller Erfahrung?, fach religion. strukturen – materialien 35 (1981) Heft 4/5, 77–95.

Eichrodt, Walther, Theologie des Alten Testamentes. 2 Bde. (Göttingen [8]1968 und [5]1964).

Eigen, Manfred/Winkler, Ruthild, Das Spiel. Naturgesetze steuern den Zufall (München [3]1975).

Erdt, Werner, Marius Victorinus Afer, der erste lateinische Pauluskommentator. Studien zu seinen Pauluskommentaren im Zusammenhang der Wiederentdeckung des Paulus in der abendländischen Theologie des 4. Jahrhunderts (Frankfurt a. M. – Bern 1979).

Fetscher, Iring, Der Marxismus. Seine Geschichte in Dokumenten, Philosophie, Ideologie, Ökonomie, Soziologie, Politik (München 1967, [2]1975).

Feuerbach, Ludwig, Sämtliche Werke, hg. von W. Bolin und F. Jodl. 10 Bde. (Stuttgart 1903–1911); 2., auf 13. Bde. vermehrte Aufl. hg. von H.-M. Saß (Stuttgart 1959–1964).

–, Das Wesen des Christentums. Kritische Ausg. in 2 Bden. hg. von W. Schuffenhauser (Berlin 1956).

Figl, Johann, Atheismus als theologisches Problem. Modelle der Auseinandersetzung in der Theologie der Gegenwart (Mainz 1977).

Fischer, Hermann, Zur Einführung. Tendenzen zur Verselbständigung der theologischen Anthropologie, in: Fischer (Hg.), Anthropologie (s. o. 2.), 9–20.

–, Neuere Literatur zur theologischen Anthropologie [Kritischer Bericht über Frey, Peters, Pannenberg], ThR 45 (1980) 382–392.
–, Der Schuldbegriff im Kontext heutiger theologischer Anthropologie, in: HChrE III, 160–180.
–, Systematische Theologie, in: Georg Strecker (Hg.), Theologie im 20. Jahrhundert. Stand und Aufgaben (Tübingen 1983), 289–388.
Flechtheim, Ossip K. (Hg.), Marx heute. Pro und contra (Hamburg 1983).
Fransen, Piet, Dogmengeschichtliche Entfaltung der Gnadenlehre, in: MS IV/2 (1973) 631–772.
– ,Das neue Sein des Menschen in Christus, in: MS IV/2 (1973) 921–984.
Frey, Christopher, Arbeitsbuch Anthropologie. Christliche Lehre vom Menschen und humanwissenschaftliche Forschung (Stuttgart 1979).
Fries, Heinrich, Bultmann, Barth und die katholische Theologie (Stuttgart 1955).
–, glauben – wissen. Wege zu einer Lösung des Problems (Berlin 1960).
–, Die Offenbarung, in: MS I (1965), 159–238.
–, Ärgernis und Widerspruch. Christentum und Kirche im Spiegel gegenwärtiger Kritik (Würzburg, erw. ²1968).
–, Glaube und Kirche auf dem Prüfstand. Versuche einer Orientierung (München 1970).
–, Glaube und Kirche als Angebot (Graz 1976).
–, Theologische Methode bei John Henry Newman und Karl Rahner, Cath 33 (1979) 109–133.
–, Theologie als Anthropologie, in: Karl Rahner/Heinrich Fries (Hg.), Theologie in Freiheit und Verantwortung (München 1981), 30–69.
Fromm, Erich, Die Kunst des Liebens (Stuttgart 1980; engl. unter dem Titel: The Art of Loving, New York 1956).
–, Anatomie der menschlichen Destruktivität (= Gesamtausgabe, hg. von Rainer Funk, Bd. 7) (Stuttgart 1980).
Fuchs, Ernst, Hermeneutik (Tübingen ²1958).
Fuchs, Werner, Todesbilder in der modernen Gesellschaft (Frankfurt a. M. 1969, ²1973).

Gadamer, Hans-Georg, Wahrheit und Methode. Grundzüge einer philosophischen Hermeneutik (Tübingen 1960, ⁴1975).
–, Rhetorik, Hermeneutik und Ideologiekritik. Metakritische Erörterungen zu „Wahrheit und Methode" (= Kleine Schriften I, Tübingen 1967, 113 ff.).
–, Hermeneutik, in: HWPh III (1974) 1062–1074.
Gadamer, Hans-Georg/Vogler, Paul (Hg.), Neue Anthropologie. 7 Bde. (Stuttgart 1972–1974).
Ganoczy, Alexandre, Der schöpferische Mensch und die Schöpfung Gottes (Mainz 1976).
Gehlen, Arnold, Der Mensch. Seine Natur und seine Stellung in der Welt (Bonn 1940, ⁶1968).
–, Die Seele im technischen Zeitalter. Sozialpsychologische Probleme in der industriellen Gesellschaft (Reinbek 1959).
–, Anthropologische Forschung (Reinbek 1961).
–, Urmensch und Spätkultur (Bonn ²1964).
Geißer, Hans Friedrich/Mostert, Walter (Hg.), Wirkungen hermeneutischer Theologie. Eine Zürcher Festgabe zum 70. Geburtstag Gerhard Ebelings (Zürich 1983).
Gnilka, Joachim, Der Philipperbrief (Freiburg i. Br. 1968).
–, Der Epheserbrief (Freiburg i. Br. 1971).
–, Der Kolosserbrief (Freiburg i. Br. 1980).
Gogarten, Friedrich, Der Mensch zwischen Gott und Welt (Stuttgart 1956).
Grabner-Haider, Anton, Glaubenssprache. Ihre Struktur und Anwendbarkeit in Verkündigung und Theologie (Freiburg i. Br. 1975).
Greshake, Gisbert, Auferstehung der Toten. Ein Beitrag zur gegenwärtigen theologischen Diskussion über die Zukunft der Geschichte (Essen 1969).
–, Gnade als konkrete Freiheit. Eine Untersuchung zur Gnadenlehre des Pelagius (Mainz 1972).
–, Der Wandel der Erlösungsvorstellungen in der Theologiegeschichte, in: Scheffczyk (Hg.), Erlösung (s. o. 2.), 69–101.
–, Erlösung und Freiheit. Zur Neuinterpretation der Erlösungslehre Anselms von Canterbury, ThQ 153 (1973) 323–345.
–, Geschenkte Freiheit. Einführung in die Gnadenlehre (Freiburg i. Br. 1977).

–, Menschsein als Berufung zur Gemeinschaft mit Gott, GuL 50 (1977) 409–426.

–, Der Preis der Liebe. Besinnung über das Leid (Freiburg i. Br. 1978).

–, Signale des Glaubens. Gnade neue bedacht (Freiburg i. Br. 1980).

–, Tod und Auferstehung, in: CGG 5, 63–130.

–, Die theologische Herkunft des Personbegriffs, in: Pöltner (Hg.), Freiheit (s. u.), 75–86.

–, Freiheit oder Gnade? Zum Verhältnis zweier Programmworte menschlichen Selbstverständnisses, in: Reikerstorfer (Hg.), Gesetz (s. o. 2.), 21–47.

Greshake, Gisbert/Lohfink, Gerhard, Naherwartung – Auferstehung – Unsterblichkeit. Untersuchungen zur christlichen Eschatologie (Freiburg 1974, erw. ³1978, nochmals erw. ⁴1982).

Gross, Heinrich/Mußner, Franz, Die Gnade nach dem Zeugnis der Hl. Schrift, in: MS IV/2 (1973) 599–629.

Gründel, Johannes, Die Zukunft der christlichen Ehe. Erwartungen, Konflikte, Orientierungshilfen (München 1978).

Guindon, Roger, Béatitude et théologie morale chez Saint Thomas d'Aquin. Origines, interpretation (Ottawa 1956).

Haag, Herbert, Biblische Schöpfungslehre und kirchliche Erbsündenlehre (Stuttgart 1966).

–, Die hartnäckige Erbsünde. Überlegungen zu einigen Neuerscheinungen, ThQ 150 (1970) 358–366; 436–456.

–, Du hast mich verzaubert. Liebe und Sexualität in der Bibel (Zürich 1980).

Haardt, Robert, Die Gnosis. Wesen und Zeugnisse (Salzburg 1967).

Häring, Bernhard, Das Gesetz Christi. Moraltheologie (Freiburg i. Br. 1954, in 3 Bden. ⁶1961).

–, Sünde im Zeitalter der Säkularisation. Eine Orientierungshilfe (Graz 1974).

–, Frei in Christus. Moraltheologie für die Praxis des christlichen Lebens. 3 Bde. (Freiburg i. Br. 1979–1981).

Häring, Hermann, Die Macht des Bösen. Das Erbe Augustins (Zürich 1980).

–, Was bedeutet Himmel? (Zürich 1980).

Härle, Wilfried/Herms, Eilert, Rechtfertigung. Das Wirklichkeitsverständnis des christlichen Glaubens (Göttingen 1979).

Hahn, Alois, Religion und der Verlust der Sinngebung. Identitätsprobleme in der modernen Gesellschaft (Frankfurt a. M. 1974).

Hahn, Alois/Hünermann, Peter u. a., Anthropologie des Kults. Die Bedeutung des Kults für das Überleben des Menschen (Freiburg i. Br. 1977).

Hasenhüttl, Gotthold, Charisma. Ordnungsprinzip der Kirche (Freiburg i. Br. 1979).

–, Kritische Dogmatik (Graz 1979).

–, Einführung in die Gotteslehre (Darmstadt 1980).

Hegel, Georg Wilhelm Friedrich, Enzyklopädie der philosophischen Wissenschaften (= Werke, Kritische Gesamtausgabe, hg. von G. Lasson/J. Hoffmeister, Leipzig 1907 ff., Neuausg. Leipzig und Hamburg 1949 ff., Bd. 5).

Heidegger, Martin, Sein und Zeit (Tübingen ⁹1960).

–, Unterwegs zur Sprache (Pfullingen ³1965).

Heinrichs, Johannes, Ideologie oder Freiheitslehre? Zur Rezipierbarkeit der thomanischen Gnadenlehre von einem transzendental-dialogischen Standpunkt aus, ThPh 49 (1974) 395–436.

Heinzmann, Richard, Die Unsterblichkeit der Seele und die Auferstehung des Leibes. Eine problemgeschichtliche Untersuchung der frühscholastischen Sentenzen und Summen von Anselm von Laon bis Wilhelm von Auxerre (München 1961).

Hendriks, E., De leer van de vergoddelijking in het oud-christelijk geloofsbewustzijn, in: Genade en Kerk. Studies ten dienste van het gesprek Rom-Reformatie (Utrecht 1953), 101–154.

Hengstenberg, Hans-Eduard, Philosophische Anthropologie (Stuttgart ²1960).

Hennig, Gerhard, Cajetan und Luther. Ein historischer Beitrag zur Begegnung von Thomismus und Reformation (Stuttgart 1966).

Herms, Eilert, Die Funktion der Realitätsauffassung in der Psychologie Sigmund Freuds. Überlegungen zur möglichen Bedeutung von Theo-logie für die psychoanalytische Theoriebildung, in: Fischer (Hg.), Anthropologie (s. o. 2.), 165–202.

–, Theologie – eine Erfahrungswissenschaft (München 1977).

–, Theologie für die Praxis. Beiträge zur Theologie (München 1982).
Hoffmann, Adolf, Auferstehung des Fleisches. Kommentar zu Thomas von Aquin: Summa Theologiae Suppl 69–86 (= DThA Bd. 35) (Heidelberg–Graz 1958).
–, Die Lehre von der Gottebenbildlichkeit des Menschen in der neueren lehramtlichen Verkündigung, Anzeiger für die Seelsorge 91 (1982) 88–92.
Hoffmann, Fritz/Kühn, Ulrich, Die Confessio Augustana im ökumenischen Gespräch (Berlin/DDR 1980).
Hoffmann, Paul/Eid, Volker, Jesus von Nazareth und eine christliche Moral. Sittliche Perspektiven der Verkündigung Jesu (Freiburg i. Br. ²1976).
Horst, Ulrich, Über die Frage einer heilsökonomischen Theologie bei Thomas von Aquin. Ergebnisse und Probleme der neueren Forschung, MThZ 12 (1961) 97–111.
–, Umstrittene Fragen der Ekklesiologie (Regensburg 1971).
–, Papst – Konzil – Unfehlbarkeit. Die Ekklesiologie der Summenkommentare von Cajetan bis Billuart (Mainz 1977).

Iserloh, Erwin, Gratia und donum. Rechtfertigung und Heiligung nach Luthers Schrift ‚Wider den Löwener Theologen Latomus' 1521, Cath 24 (1970) 67–83.
Iwand, Hans-Joachim, Glaubensgerechtigkeit nach Luthers Lehre (München 1941, ²1951, ³1959; Neudruck jetzt in *ders.,* Glaubensgerechtigkeit. Gesammelte Aufsätze II, hg. von Gerhard Sauter, München 1980, 11–125).

Janowski, Bernd, Sühne als Heilsgeschehen. Studien zur Sühne-Theologie der Priesterschrift und der Wurzel kpr im alten Orient und im Alten Testament (Neukirchen 1982).
Jensen, Ole, Unter dem Zwang des Wachstums. Ökologie und Religion (München 1977).
Jervell, Jacob/Crouzel, Henri/Maier, Johann/Peters, Albrecht, Bild Gottes, in: TRE IV (1980), 491–515.
Joest, Wilfried, Gesetz und Freiheit. Das Problem des Tertius usus legis bei Luther und die neutestamentliche Parainese (Göttingen 1951, ⁴1968).
–, Paulus und das Luthersche simul iustus et peccator, KuD 1 (1955) 269–320.
–. Die tridentinische Rechtfertigungslehre, KuD 9 (1963) 41–69.
–, Ontologie der Person bei Luther (Göttingen 1967).
Jonas, Hans, Gnosis und spätantiker Geist (Göttingen ²1954).
–, Das Prinzip Verantwortung. Versuch einer Ethik für die technologische Zivilisation (Frankfurt a. M. 1979).
Jüngel, Eberhard, Tod (Stuttgart 1971, ³1973).
–, Unterwegs zur Sache (Tübingen 1972).
–, Paulus und Jesus. Eine Untersuchung zur Präzisierung der Frage nach dem Ursprung der Christologie (Tübingen ⁴1972).
–, Der Gott entsprechende Mensch. Bemerkungen zur Gottebenbildlichkeit des Menschen als Grundfigur theologischer Anthropologie, in: Gadamer/Vogler (Hg.), Neue Anthropologie 6 (s. o.), 342–472; jetzt in ders., Entsprechungen (s. u.), 290–317.
–, Gott als Geheimnis der Welt. Zur Begründung der Theologie des Gekreuzigten im Streit zwischen Theismus und Atheismus (Tübingen 1976, ³1978).
–, Entsprechungen: Gott – Wahrheit – Mensch. Theologische Erörterungen (München 1980).

Käsemann, Ernst, Der Ruf der Freiheit (Tübingen ⁴1968).
–, (Hg.), Das Neue Testament als Kanon. Dokumentation und kritische Analyse zur gegenwärtigen Diskussion (Göttingen 1970).
–, An die Römer (Tübingen ³1974).
Kallis, Anastasios, Der Mensch im Kosmos. Das Weltbild des Nemesios von Emesa (Münster 1978).
Kambartel, F., Erfahrung, in: HWPh II (1972) 609–617.
Kamlah, Wilhelm, Philosophische Anthropologie. Sprachliche Grundlegung und Ethik (Mannheim 1973).
Kantzenbach, Friedrich Wilhelm, Programme der Theologie. Denker, Schulen, Wirkungen von Schleiermacher bis Moltmann (München 1978).
Kasper, Walter, Die Methoden der Dogmatik. Einheit und Vielheit (München 1967).

–, Glaube und Geschichte [Gesammelte Aufsätze] (Mainz 1970).

–, Jesus der Christus (Mainz 1974, ⁸1982).

–, Christologie von unten? Kritik und Neuansatz gegenwärtiger Christologie, in: Leo Scheffczyk (Hg.), Grundfragen der Christologie heute (Freiburg i. Br. 1975), 141–169.

–, Das theologische Wesen des Menschen, in: Kasper (Hg.), Unser Wissen (s. u.), 95–116.

–, Das theologische Problem des Bösen, in: Walter Kasper/Karl Lehmann (Hg.), Teufel, Dämonen, Besessenheit. Zur Wirklichkeit des Bösen (Mainz 1978), 41–69.

–, Gott und die Zukunft, in: Martin Hengel/Rudolf Reinhardt (Hg.), Heute von Gott reden (München–Mainz 1977), 7–24.

–, Christliche Freiheit und neuzeitliche Autonomie, in: Salzburger Hochschulwochen [Ansgar Paus] (Hg.), Menschenwürdige Gesellschaft (Salzburg 1977), 73–110.

–, Zukunft aus dem Glauben (Mainz 1978).

–, Der Gott Jesu Christi (Mainz 1982).

–, (Hg.), Unser Wissen vom Menschen. Möglichkeiten und Grenzen anthropologischer Erkenntnisse (Düsseldorf 1977).

Kaufmann, Franz-Xaver, Theologie in soziologischer Sicht (Freiburg i. Br. 1973).

–, Kirche begreifen. Analysen und Thesen zur gesellschaftlichen Verfassung des Christentums (Freiburg i. Br. 1979).

–, Zur gesellschaftlichen Verfassung der Ehe – heute, in: CGG 7, 44–59.

Kern, Walter (Hg.), Die Theologie und das Lehramt (Freiburg i. Br. 1982).

Kerstiens, Ferdinand, Die Hoffnungsstruktur des Glaubens (Mainz 1969).

Kertelge, Karl, Rechtfertigung bei Paulus. Studien zur Struktur und zum Bedeutungsgehalt des paulinischen Rechtfertigungsbegriffs (Münster ²1972).

–, Paulus in den neutestamentlichen Spätschriften (Freiburg i. Br. 1981).

Kessler, A. S./Schöpf, A./Wild, Chr., Erfahrung, in: HPhG II (1973) 373–386.

Kessler, Hans, Die theologische Bedeutung des Todes Jesu. Eine traditionsgeschichtliche Untersuchung (Düsseldorf 1970).

–, Erlösung als Befreiung (Düsseldorf 1972).

Klein, Josef, Tugend, in: RGG VI (1962), 1080–1085.

Kleinknecht, Hermann, Gemeinschaft ohne Bedingungen. Kirche und Rechtfertigung in Luthers Großer Galaterbrief-Vorlesung von 1531 (Stuttgart 1931).

Kluxen, Wolfgang, Philosophische Ethik bei Thomas von Aquin (Mainz 1964).

Knauer, Peter, Der Glaube kommt vom Hören. Ökumenische Fundamentaltheologie (2., überarbeitete Auflage, als Manuskript gedruckt Frankfurt a. M. 1982).

Knierim, Rolf, Die Hauptbegriffe für Sünde im Alten Testament (Gütersloh ²1967).

Koch, Klaus, Gibt es ein Vergeltungsdogma im AT?, ZThK 52 (1955) 1–44; abgedruckt in *ders.* (Hg.), Prinzip der Vergeltung (s. u.), 130–180.

–, Die israelitische Sühneanschauung und ihre historischen Wandlungen. Habil.-Schr. Erlangen 1956.

–, Der Schatz im Himmel, in: Leben angesichts des Todes. Festschrift für Helmut Thielicke (Tübingen 1968), 47–59.

–, Gibt es ein hebräisches Denken?, Pastoralblätter 108 (1968) 211–221

–, (Hg.), Um das Prinzip der Vergeltung in Religion und Recht des AT (Darmstadt 1972).

Koch, Klaus/Schmidt, Johann Michael (Hg.), Apokalyptik (= Wege der Forschung Bd. 365) (Darmstadt 1982).

Koch, Traugott, Natur und Gnade. Zur neueren Diskussion, KuD 16 (1970) 171–187.

–, Der Leib und die Natur. Zum christlichen Naturverhältnis, NZSTh 20 (1978) 294–316.

–, Gesellschaft und Reich Gottes, in: CGG 28, 5–60.

Köhler, Ludwig, Der hebräische Mensch (Darmstadt 1976).

Köster, Heinrich, Urstand, Fall und Erbsünde. In der Scholastik (= HDG I 3 b) (Freiburg i. Br. 1979).

Kraus, Fritz Rudolf, Vom mesopotamischen Menschen der altbabylonischen Zeit und seiner Welt (London 1973).

Kraus, Georg, Vorherbestimmung. Traditionelle Prädestinationslehre im Lichte gegenwärtiger Theologie (Freiburg i. Br. 1977).

–, Neue Perspektiven in der Prädestinationslehre. Versuch zur Lösung eines ökumenischen Problems, Cath 36 (1982) 115–129.

Kretschmar, Georg, Gnosis. III: Christlicher Gnostizismus, in: RGG II (1958), 1656–1661.
Kreybig, Thomas von, Die Ontogenese wird zum Schicksal. Biologie und Ethik (Düsseldorf 1976).
Krings, Hermann, Freiheit. Ein Versuch, Gott zu denken, PhJ 77 (1970) 225–237.
–, System und Freiheit. Gesammelte Aufsätze (Freiburg i. Br. 1980).
Kroeger, Matthias, Rechtfertigung und Gesetz. Studien zur Entwicklung der Rechtfertigungslehre beim jungen Luther (Göttingen 1968).
Krolzik, Udo, Umweltkrise – Folge des Christentums? (Stuttgart 1979).
Kroner, R., Freiheit und Gnade. Philosophisch-Theologischer Traktat (Tübingen 1969).
Kühn, Ulrich, Natur und Gnade in der deutschen katholischen Theologie seit 1918 (Berlin 1961).
–, Via caritatis. Theologie des Gesetzes bei Thomas von Aquin (Berlin/DDR 1964; Göttingen 1965).
–, Kirche (= Handbuch Systematischer Theologie Bd. 10) (Gütersloh 1980).
Küng, Hans, Rechtfertigung. Die Lehre Karl Barths und eine katholische Besinnung (Einsiedeln 1957, ⁴1964).
–, Die Kirche (Freiburg i. Br. 1967 u. ö.; Neuaufl. München ²1980).
–, Menschwerdung Gottes. Eine Einführung in Hegels theologisches Denken als Prolegomena zu einer künftigen Christologie (Freiburg i. Br. 1970).
–, Christsein (München 1974 u. ö.).
–, Existiert Gott? Antwort auf die Gottesfrage der Neuzeit (München 1978).
–, Ewiges Leben? (München 1982).
Kuss, Otto, Der Römerbrief, übersetzt und erklärt, bisher 3 Lieferungen (Röm 1,1 – 11,36) (Regensburg 1957–1978).
–, Auslegung und Verkündigung, I: Aufsätze zur Exegese des Neuen Testamentes; II: Biblische Vorträge und Meditationen; III: Paulus. Die Rolle des Apostels in der theologischen Entwicklung der Urkirche (Regensburg 1963, 1967, 1971).

Landgrebe, Ludwig, Der Weg der Phänomenologie. Das Problem einer ursprünglichen Erfahrung (Gütersloh 1978).
Landmann, Michael, Philosophische Anthropologie. Menschliche Selbstdeutung in Geschichte und Gegenwart (Berlin 1955).
Landmann, Michael, u. a., De homine. Der Mensch im Spiegel seiner Gedanken (Freiburg i. Br. 1962).
Lehmann, Karl, Erfahrung, in: SM I (1967), 1117–1123.
–, Die dogmatische Denkform als hermeneutisches Problem. Prolegomena zu einer Kritik der dogmatischen Vernunft, EvTh 30 (1970) 469–487.
–, Der Teufel – ein personales Wesen?, in: Kasper/Lehmann (Hg.), Teufel (s. o.), 71–98.
–, Theologische Reflexionen zum Phänomen „außerkirchlicher Religiosität", in: Ludwig Bertsch/Felix Schlösser (Hg.), Kirchliche und nichtkirchliche Religiosität. Pastoraltheologische Perspektiven zum Phänomen der Distanzierung von der Kirche (Freiburg i. Br. 1978), 49–70.
–, Heiliger Geist, Befreiung zum Menschsein – Teilhabe am göttlichen Leben. Tendenzen gegenwärtiger Gnadenlehre, in: Kasper (Hg.), Gegenwart des Geistes (s. o. 2.), 181–204.
Lell, Joachim, Die Confessio Augustana von 1530 im Jubiläumsjahr 1980. Eine Bilanz in ökumenischer Sicht, in: Im Lichte der Reformation. Jahrbuch des Evangelischen Bundes 24 (1981) 80–96.
Lersch, Philipp, Der Mensch als Schnittpunkt. Fragen der Psychologie und Anthropologie der Gegenwart (München 1969).
Link, Christian, Die Erfahrung der Welt als Schöpfung, in: Michael von Rad (Hg.), Anthropologie (s. u.), 73–121.
Löhrer, Magnus, Der Glaubensbegriff des hl. Augustinus in seinen ersten Schriften bis zu den Confessiones (Einsiedeln 1955).
–, Dogmatische Bemerkungen zur Frage der Eigenschaften und Verhaltensweisen Gottes, in: MS II (1967), 291–315.
–, Gottes Gnadenhandeln als Erwählung des Menschen, in: MS IV/2 (1973), 773–830.
Loewenich, Walther von, Augustin. Leben und Werk (München – Hamburg 1965).
Lohff, Wenzel, Rechtfertigung und Anthropologie, KuD 17 (1971) 225–243.
Lohfink, Norbert, Heil als Befreiung in Israel, in: Scheffczyk (Hg.), Erlösung (s. o. 2.), 30–50; abgedruckt unter dem Titel: Befreiung, in: ders., Unsere großen Wörter (s. u.), 92–110.
–, Unsere großen Wörter. Das Alte Testament zu Themen dieser Jahre (Freiburg i. Br. 1977).

Lohse, Bernhard, Epochen der Dogmengeschichte (Stuttgart 1963, überarbeitet und erweitert ³1974, ⁴1978, ergänzt ⁵1983).

–, Lutherdeutung heute (Göttingen 1968).

–, Beobachtungen zum Paulus-Kommentar des Marius Victorinus und zur Wiederentdeckung des Paulus in der lateinischen Theologie des vierten Jahrhunderts, in: Adolf Ritter (Hg.), Kerygma und Logos. Beiträge zu den geistesgeschichtlichen Beziehungen zwischen Antike und Christentum. Festschrift für Carl Andresen zum 70. Geburtstag (Göttingen 1979), 351–366.

–, Luther und das Augsburger Bekenntnis, in: Lohse/Pesch (Hg.), Das Augsburger Bekenntnis (s. o. 2.), 144–163.

–, Dogma und Bekenntnis in der Reformation: Von Luther bis zum Konkordienbuch, in: Andresen (Hg.), Handbuch (s. o.) II, 1–164.

Lorenz, Konrad, Das sogenannte Böse. Zur Naturgeschichte des Bösen (Wien ⁷1965).

–, Über tierisches und menschliches Verhalten. Aus dem Werdegang der Verhaltenslehre. Gesammelte Abhandlungen. 2 Bde. (München 1965).

–, Die Rückseite des Spiegels. Versuch einer Naturgeschichte menschlichen Erkennens (München 1973).

Lot-Borodine, M., La déification de l'homme selon les doctrines des Pères Grecs (Paris 1970).

Lotz, Johannes, Person und Freiheit. Eine philosophische Untersuchung mit theologischen Ausblikken (Freiburg i. Br. 1979).

–, Transzendentale Erfahrung (Freiburg i. Br. 1981).

Lubac, Henri de, Surnaturel. Etudes historiques (Paris 1946); 2., stark veränderte Aufl. [Austausch ganzer Kapitel] in 2 Bden. (Paris 1965); deutsch nach der 2. Aufl. unter dem Titel: Die Freiheit der Gnade, I: Das Erbe Augustins; II: Das Paradox des Menschen (Einsiedeln 1971).

–, Geist aus der Geschichte. Das Schriftverständnis des Origenes (Basel 1968; franz. unter dem Titel: Histoire et Esprit. L'intelligence de l'Ecriture d'après Origène, Paris 1950).

Lüscher, Kurt/Böckle, Franz, Familie, in: CGG 7, 87–145.

Lüth, Paul, Der Mensch ist kein Zufall. Umrisse einer modernen Anthropologie (Stuttgart 1981).

Mandel, Karl Herbert, Psychologie und Therapie der Ehe im Spannungsfeld von Zeitgeist, Wissenschaft und Glaube, in: CGG 7, 60–75.

Manns, Peter, Fides absoluta – fides incarnata. Zur Rechtfertigungslehre Luthers im Großen Galaterkommentar, in: Erwin Iserloh/Konrad Repgen (Hg.), Reformata Reformanda. Festgabe für Hubert Jedin, 2 Bde. (Münster 1965), I, 265–312.

Maron, Gottfried, Kirche und Rechtfertigung. Eine kontroverstheologische Untersuchung, ausgehend von den Texten des Zweiten Vatikanischen Konzils (Göttingen 1969).

Marquard, Odo, Anthropologie, in: HWPh I (1971), 362–374.

Marsch, Wolf-Dieter (Hg.), Diskussion über die „Theologie der Hoffnung" von Jürgen Moltmann (München 1967).

Maurer, Wilhelm, Von der Freiheit eines Christenmenschen. Zwei Untersuchungen zu Luthers Reformationsschriften 1520/21 (Göttingen 1949).

–, Der junge Melanchthon. 2 Bde. (Göttingen 1967/69).

–, Kirche und Geschichte. Gesammelte Aufsätze, I: Luther und das evangelische Bekenntnis; II: Beiträge zu Grundsatzfragen und zur Frömmigkeitsgeschichte (Göttingen 1970).

Mayer, Cornelius, Rechtfertigung durch Werke? Praxisbezug und politische Dimension des Glaubens als Bedingung des Heils, ThQ 154 (1974) 118–136.

McSorley, Harry S., Luthers Lehre vom unfreien Willen nach seiner Hauptschrift De servo arbitrio im Lichte der biblischen und kirchlichen Tradition (München 1967).

Meyer, Joachim-Ernst, Todesangst und das Todesbewußtsein der Gegenwart (Hamburg ²1982).

Metz, Johann Baptist, Freiheit. Theologisch, in: HThG I (1962) 403–414.

–, Der Unglaube als theologisches Problem, Concilium 1 (1965) 484–492.

–, Zur Theologie der Welt (Mainz 1968; als Taschenbuch Mainz 1973).

–, Glaube in Geschichte und Gesellschaft. Studien zu einer praktischen Fundamentaltheologie (Mainz 1977).

–, (Hg.), Weltverständnis im Glauben (Mainz 1965).

Mieth, Dietmar, Rechtfertigung und Gerechtigkeit, in: Thomas Fleiner u.a., La Justice. Gerechtigkeit (Fribourg/Schw. 1977), 64–89.

–, Moral und Erfahrung. Beiträge zur theologisch-ethischen Hermeneutik (Fribourg/Schw. 1978).

–, Gotteserfahrung und Weltverantwortung. Über die christliche Spiritualität des Handelns (München 1982).

Möller, Joseph, Zum Thema Menschsein. Aspekte einer philosophischen Anthropologie (Mainz 1967).

–, Menschsein: ein Prozeß. Entwurf einer Anthropologie (Düsseldorf 1979).

Moltmann, Jürgen, Theologie der Hoffnung. Untersuchungen zur Begründung und zu den Konsequenzen einer christlichen Eschatologie (München 1964, [6]1966 u.ö.).

–, Perspektiven der Theologie. Gesammelte Aufsätze (München – Mainz 1968).

–, Der gekreuzigte Gott. Das Kreuz Christi als Grund und Kritik christlicher Theologie (München 1972 u.ö.).

–, Mensch. Christliche Anthropologie in den Konflikten der Gegenwart (Stuttgart 1971; [2]1973 u.ö.).

–, Die ersten Freigelassenen der Schöpfung. Versuche über die Freude an der Freiheit und das Wohlgefallen am Spiel (München 1971, [3]1972).

–, Trinität und Reich Gottes. Zur Gotteslehre (München 1980).

–, Wer ist der „Mensch"? (Zürich 1975).

Monod, Jacques, Zufall und Notwendigkeit. Philosophische Fragen der modernen Biologie (München 1971, als Taschenbuch 1975, [4]1979; franz. unter dem Titel: Le hasard et la nécessité, Paris 1970).

Morin, Edgar, Das Rätsel des Humanen. Grundfragen einer neuen Anthropologie (München 1974; franz. Paris 1973).

Mühlen, Heribert, Gnadenlehre, in: Herbert Vorgrimler/Robert van der Gucht (Hg.), Bilanz der Theologie im 20. Jahrhundert. Perspektiven, Strömungen, Motive in der christlichen und nichtchristlichen Welt. 3 Bde. u. 1 Erg.-Bd. (Freiburg i. Br. 1969/70), III, 148–192.

Mühlen, Karl-Heinz zur, Nos extra nos. Luthers Theologie zwischen Mystik und Scholastik (Tübingen 1972).

–, Reformatorische Vernunftkritik und neuzeitliches Denken. Dargestellt am Werk M. Luthers und Fr. Gogartens (Tübingen 1980).

Müller, A. M. Klaus, Die präparierte Zeit. Der Mensch in der Krise seiner eigenen Zielsetzungen (Stuttgart 1972, [2]1973).

Müller, Gerhard, Die Rechtfertigungslehre. Geschichte und Probleme (Gütersloh 1977).

Müller, Gerhard/Pfnür, Vinzenz, Rechtfertigung – Glaube – Werke, in: Meyer/Schütte (Hg.), Confessio Augustana (s.o. 2.), 106–138.

Müller, Hans-Peter, Jenseits der Entmythologisierung? Orientierungen am Alten Testament (Neukirchen 1978).

–, Mythos – Anpassung – Wahrheit. Vom Recht mythischer Rede und deren Aufhebung, ZThK 80 (1983) 1–25.

Müller-Schwefe, Hans-Rudolf, Homiletik. I: Die Sprache und das Wort. Grundlagen der Verkündigung; II: Die Lehre von der Verkündigung. Das Wort und die Wirklichkeit; III: Die Praxis der Verkündigung. Möglichkeiten geistlicher Rede in unserer Zeit (Hamburg 1961, 1965, 1973).

–, Der Mensch – Das Experiment Gottes (Gütersloh 1966).

–, Technik und Glaube. Eine permanente Herausforderung (Göttingen – Mainz 1971).

Muschalek, Georg, Schöpfung und Bund als Natur-Gnade-Problem, in: MS II (1967), 546–558.

Mußner, Franz, Der Galaterbrief (Freiburg i. Br. 1974).

–, Theologie der Freiheit nach Paulus (Freiburg i. Br. 1976).

–, Gesetz und Evangelium, paulinisch und jesuanisch gesehen, in: Reikerstorfer (Hg.), Gesetz und Freiheit (s.o. 2.), 85–97.

Neithard, Walter/Ott, Heinrich, Krone der Schöpfung? Humanwissenschaften und Theologie (Stuttgart 1977).

Neuner, Josef, Kein Monopol in der Förderung der Freiheit, Concilium 10 (1974) 170–175.

Niederwimmer, Kurt, Der Begriff der Freiheit im Neuen Testament (Berlin 1966).

Nietzsche, Friedrich, Werke in drei Bänden mit einem Index-Band, hg. von Karl Schlechta (München 1954–1965).

455

Nitschke, Horst (Hg.), Wir wissen, daß wir sterben müssen (Gütersloh 1975).
Nocke, Franz-Josef, Liebe, Tod und Auferstehung. Über die Mitte des Glaubens (München 1978).
–, Eschatologie (Düsseldorf 1982).
Normann, Friedrich, Teilhabe. Ein Schlüsselwort der Vätertheologie (Münster 1978).
Nygren, Anders, Eros und Agape. Gestaltwandlungen der christlichen Liebe. 2 Bde. (Berlin 1930/37, ²1955).

Oberman, Heiko Augustinus, Das tridentinische Rechtfertigungsdekret im Lichte spätmittelalterlicher Theologie, ZThK 61 (1964) 251–282.
–, Werden und Wertung der Reformation. Vom Wegestreit zum Glaubenskampf (= Spätscholastik und Reformation II) (Tübingen 1977).
–, „Iustitia Christi" und Iustitia Dei". Luther und die scholastischen Lehren von der Rechtfertigung, in: Bernhard Lohse (Hg.), Der Durchbruch der reformatorischen Erkenntnis bei Luther (= Wege der Forschung Bd. 123) (Darmstadt 1968, 413–444 (engl. in: The Harvard Theological Review 59, 1966, 1–26).
Oeing-Hanhoff, Ludger, Zur thomistischen Freiheitslehre, Scholastik 31 (1956) 161–181.
Otto, Eckart, Zur Stellung der Frau in den ältesten Rechtstexten des Alten Testamentes (Ex 20,14; 22, 15f.) – wider die hermeneutische Naivität im Umgang mit dem Alten Testament, ZEE 26 (1982) 279–305.
–, Schöpfung als Kategorie der Vermittlung von Gott und Welt in Biblischer Theologie. Die Theologie alttestamentlicher Schöpfungsüberlieferungen im Horizont der Christologie, in: Johann-Michael Schmidt (Hg.), Festschrift für Hans-Joachim Kraus (Neukirchen 1983).
Oudenrijn, Frans van den, Kritische Theologie als Kritik der Theologie. Theorie und Praxis bei Karl Marx – Herausforderung der Theologie (München – Mainz 1973).
Overhage, Paul/Rahner, Karl, Das Problem der Hominisation (Freiburg i. Br. ³1965).

Pagels, Versuchung durch Erkenntnis (Frankfurt a. M. 1981).
Pannenberg, Wolfhart, Was ist der Mensch? Die Anthropologie der Gegenwart im Lichte der Theologie (Göttingen 1962, ⁵1976).
–, Grundfragen systematischer Theologie. Gesammelte Aufsätze, I (Göttingen 1967, ²1971); II (1980).
–, Wissenschaftstheorie und Theologie (Frankfurt a.M. 1974 u.ö.).
–, Ethik und Ekklesiologie. Gesammelte Aufsätze (Göttingen 1977).
–, Gottesgedanke und menschliche Freiheit (Göttingen ²1978).
–, Die Bestimmung des Menschen. Menschsein, Erwählung und Geschichte (Göttingen 1978).
Pater, Wilm de, Theologische Sprachlogik (München 1971).
Paus, Ansgar (Hg.), Grenzerfahrung Tod (Graz 1976).
Peperzak, Ad Th., Der heutige Mensch und die Heilsfrage. Eine philosophische Hinführung (Freiburg i. Br. 1972).
Pesch, Otto Hermann, Freiheitsbegriff und Freiheitslehre bei Thomas von Aquin und Luther, Cath 17 (1963) 197–244.
–, Um den Plan der Summa Theologiae des hl. Thomas von Aquin. Zu Max Secklers neuem Deutungsversuch, MThZ 16 (1965) 128–137; abgedruckt in: Klaus Bernath (Hg.), Thomas von Aquin, I: Chronologie und Werkanalyse (= Wege der Forschung Bd. 188) (Darmstadt 1978), 411–437 (429–432: Nachwort 1974).
–, Thomismus, in: LThK X (1965), 157–167.
–, Übernatürlich, in: LThK X (1965), 437–440.
–, Der hermeneutische Ort der Theologie bei Thomas von Aquin und Martin Luther und die Frage nach dem Verhältnis von Philosophie und Theologie, ThQ 146 (1966) 159–212.
–, Existentielle und sapientiale Theologie. Hermeneutische Erwägungen zur systematisch-theologischen Konfrontation zwischen Luther und Thomas von Aquin, ThLZ 92 (1967) 731–742.
–, Die Lehre vom „Verdienst" als Problem für Theologie und Verkündigung, in: Leo Scheffczyk/Werner Dettloff/Richard Heinzmann (Hg.), Wahrheit und Verkündigung. Michael Schmaus zum 70. Geburtstag, 2 Bde. (Paderborn 1967), II, 1865–1907.
–, Theologie der Rechtfertigung bei Martin Luther und Thomas von Aquin. Versuch eines systematisch-theologischen Dialogs (Mainz 1967).

–, Theologie des Wortes bei Thomas von Aquin, ZThK 69 (1969) 437–465.

–, Die Frage nach Gott bei Thomas von Aquin und Martin Luther, Luther (Zeitschrift der Luther-Gesellschaft) 41 (1970) 1–25.

–, Besinnung auf die Sakramente. Historische und systematische Überlegungen und ihre pastoralen Konsequenzen, FZPhTh 18 (1971) 266–321.

–, Der Professor unter den Aposteln. Paulus und Thomas von Aquin, in: G. C. Berkouwer/H. A. Oberman (Hg.), De dertiende apostel en het elfde gebod. Paulus in de loop der eeuwen (Kampen 1971), 53–67.

–, Rechenschaft über den Glauben (Mainz 1972, ³1983).

–, Freiheit. III. [Mittelalter], in: HWPh II (1972), 1083–1088.

–, „Das heißt eine neue Kirche bauen". Luther und Cajetan in Augsburg, in: Seckler u. a. (Hg.), Begegnung (s. o. 2), 645–661.

–, Gottes Gnadenhandeln als Rechtfertigung und Heiligung des Menschen, in: MS IV/2 (1973), 831–920.

–, Kirchliche Lehrformulierung und persönlicher Glaubensvollzug. Zur Frage nach Sinn und Tragweite kirchlicher Lehrformulierung, in: Hans Küng (Hg.), Fehlbar? Eine Bilanz (Zürich 1973) 249–279.

–, Buße konkret – heute (Zürich 1974).

–, Die bleibende Bedeutung der thomanischen Tugendlehre. Eine theologiegeschichtliche Meditation, FZPhTh 21 (1974) 359–391.

–, Das Gesetz. Kommentar zu Thomas von Aquin: Summa Theologiae I–II 90–105 (= DThA Bd. 13) (Heidelberg – Graz 1977).

–, Einheit der Kirche – Einheit der Menschheit. Eine theologische Besinnung in: Otto Hermann Pesch (Hg.), Einheit der Kirche – Einheit der Menschheit. Perspektiven aus Theologie, Ethik und Völkerrecht (Freiburg i. Br. 1978), 15–49.

–, Bilanz der Diskussion um die vatikanische Primats- und Unfehlbarkeitsdefinition, in: Arbeitsgemeinschaft ökumenischer Universitätsinstitute (Hg.), Papsttum als ökumenische Frage (München – Mainz 1979), 159–211.

–, Fundamentaltheologie und Dogmatik. Erwägungen zu einer unvermeidlichen, aber problematischen Unterscheidung, in: Johannes Brantschen/Pietro Selvatico (Hg.), Unterwegs zur Einheit. Festschrift für Heinrich Stirnimann (Fribourg/Schw. 1980), 445–475.

–, Heute Gott erkennen (Mainz 1980).

–, „Um Christi willen ...“ Christologie und Rechtfertigungslehre in der katholischen Theologie: Versuch einer Richtigstellung, Cath 35 (1981) 17–57.

–, Unsicherheit und Glaube. Zur Frage nach dem Halt im Glauben (Zürich 1981).

–, Ehe im Blick des Glaubens, in: CGG 7, 5–43; 76–86.

–, Gesetz und Gnade, in: CGG 13, 5–77.

–, Theologische Überlegungen zur „Vorsehung Gottes" im Blick auf gegenwärtige natur- und humanwissenschaftliche Erkenntnisse, in: CGG 4, 74–104.

–, Das katholische Sakramentsverständnis im Urteil gegenwärtiger evangelischer Theologie, in: Eberhard Jüngel/Johannes Wallmann/Wilfrid Werbeck (Hg.), Verifikationen. Festschrift für Gerhard Ebeling zum 70. Geburtstag (Tübingen 1982), 91–119.

–, Hinführung zu Luther (Mainz 1982, ²1983).

–, Gerechtfertigt aus Glauben. Luthers Frage an die Kirche (Freiburg i. Br. 1982).

–, Gotteserfahrung heute, WüA 24 (1983) 1–8; 33–38; 65–72; 97–104; 129–131.

Pesch, Otto Hermann/Peters, Albrecht, Einführung in die Lehre von Gnade und Rechtfertigung (Darmstadt 1981).

Peters, Albrecht, Glaube und Werk. Luthers Rechtfertigungslehre im Lichte der Heiligen Schrift (Berlin – Hamburg 1962, ²1967).

–, Reformatorische Rechtfertigungsbotschaft zwischen tridentinischer Rechtfertigungslehre und gegenwärtigem evangelischem Verständnis der Rechtfertigung, Lutherjahrbuch 31 (1964) 77–128.

–, Luthers Rechtfertigungslehre in der Interpretation der modernen katholischen Theologie, NZSTh 12 (1970) 267–293.

–, Der Mensch (= Handbuch Systematischer Theologie Bd. 8) (Gütersloh 1979).

–, Gesetz und Evangelium (aaO Bd. 2) (Gütersloh 1981).

–, Christologie und Rechfertigung in der gegenwärtigen evangelischen Theologie, in: Klapper (Hg.), Zur bleibenden Aktualität (s. o. unter Breuning), 43–91.

–, Die Sünde und die Sünden zwischen Glaube, Bekenntnis und Erfahrung, in: Friedrich Beißer/Albrecht Peters, Sünde und Sündenvergebung. Der Schlüssel zu Luthers Theologie (Hannover o.J. [1983]), 32–79.

Peters, Tiemo Rainer, Tod wird nicht mehr sein (Zürich 1978).

Pettinato, Raffaele, Das altorientalische Menschenbild und die sumerischen akkadischen Schöpfungsmythen (Heidelberg 1971).

Peukert, Helmut, Wissenschaftstheorie – Handlungstheorie – Fundamentale Theologie. Analysen zu Ansatz und Status theologischer Theoriebildung (Düsseldorf 1966).

–, (Hg.), Diskussion zur „politischen Theologie" (München 1969).

Pfnür, Vinzenz, Einig in der Rechtfertigungslehre? Die Rechtfertigungslehre der Confessio Augustana (1530) und die Stellungnahme der katholischen Kontroverstheologie zwischen 1530 und 1535 (Wiesbaden 1970).

Picht, Georg/Rudolph, Enno (Hg.), Theologie – was ist das? (Stuttgart 1977).

Pieper, Josef, Über den Glauben (München 1962).

–, Über die Liebe (München 1972).

Plessner, Helmuth, Die Stufen des Organischen und der Mensch (1962, Berlin ²1965).

–, Lachen und Weinen, in: Philosophische Anthropologie, hg. von Günter Dux (Frankfurt a. M. 1970).

–, Die Frage nach der Conditio Humana (Frankfurt a. M. 1976).

Pöhlmann, Horst Georg, Rechtfertigung. Die gegenwärtige kontroverstheologische Problematik zwischen der evangelisch-lutherischen und der römisch-katholischen Kirche (Gütersloh 1971).

Pöltner, Günther (Hg.), Personale Freiheit und pluralistische Gesellschaft (Freiburg i. Br. 1981).

Portmann, Adolf, Biologische Fragmente zu einer Lehre vom Menschen (Basel ²1951).

–, Zoologie und das neue Bild vom Menschen (Hamburg 1956).

Quispel, Gilles, Gnosis als Weltreligion (Zürich 1951).

Rad, Gerhard von, Das erste Buch Mose (Göttingen 1964 u. ö.).

–, Theologie des Alten Testamentes. 2 Bde., I (Göttingen ⁶1969); II (⁵1968).

Rad, Michael von (Hg.), Anthropologie als Thema von psychosomatischer Medizin und Theologie (Stuttgart 1974).

Rahner, Karl, Schriften zur Theologie, bisher 15 Bde. (Zürich 1957 ff.).

–, Anthropologie, Theologische, in: LThK I (1957), 618–627.

–, Gnadenerfahrung, in: LThK IV (1960), 1001 f.

–, Erbsünde und Evolution, in: Concilium 3 (1967) 459–465.

–, Erbsünde und Monogenismus, in: Weger, aaO (s. u.) 176–223.

–, Gnade als Freiheit (Freiburg i. Br. 1968).

–, Grundkurs des Glaubens. Einführung in den Begriff des Christentums (Freiburg i. Br. 1976 u. ö.).

Raske, Michael, Natur und Gnade. Zu dem gleichnamigen Buch von Ulrich Kühn, Cath 17 (1963) 129–157.

Rattner, Josef (Hg.), Der Weg zum Menschen (Wien – München – Zürich 1981).

Ratzinger, Joseph, Einführung in das Christentum (München 1968 u. ö.).

–, Vorfragen zu einer Theologie der Erlösung, in: Scheffczyk (Hg.), Erlösung (s. o. 2), 141–155.

–, Eschatologie. Tod und ewiges Leben (= Johann Auer/Joseph Ratzinger, Kleine Katholische Dogmatik Bd. 9) (Regensburg 1977; ²1978).

Rauh, Fritz, Das sittliche Leben des Menschen im Licht der vergleichenden Verhaltensforschung (Kevelaer 1969).

Reidick, Gertrude, Freiheit als Heilsgut, in: Charlotte Hörgl/Fritz Rauh (Hg.), Grenzfragen des Glaubens (Einsiedeln 1967) 365–388.

Reikerstorfer, Johann, Verbindlichkeit des Glaubens. Zum Theorieanspruch einer fundamentalen Theologie, MThZ 30 (1979) 266–277.

–, Weltloser Glaube? Überlegungen zum christlichen Freiheitsbegriff, in: Franz Eichinger (Hg.), Konkreter Glaube. Glaubensbewährung im heutigen Welthorizont (Wien 1980), 29–39.

–, Gottes Existenz. Eine sprachkritische Besinnung, in: Raphael Schulte (Hg.), Diakonia – Koinonia – Leiturgia. Festschrift für Kardinal König (Wien 1980), 239–260.

–, (Hg.), Glaubenspraxis (Wien 1981).

Reisinger, Ferdinand (Hg.), Der Tod im marxistischen Denken (München – Mainz 1977).

Rendtorff, Trutz, Ethik. Grundelemente, Methodologie und Konkretionen einer ethischen Theologie. 2 Bde. (Stuttgart 1980).

–, Emanzipation und christliche Freiheit, in: CGG 18, 149–179.

Rey, Karl Guido, Neuer Mensch auf schwachen Füßen. Erfahrungen eines Psychoanalytikers mit Gott (München 1982).

Richter, Horst Eberhard, Der Gotteskomplex. Die Geburt und die Krise des Glaubens an die Allmacht des Menschen (Reinbek 1979 u.ö.).

Ricoeur, Paul, Hermeneutik und Strukturalismus. Der Konflikt der Interpretationen I (München 1973).

–, Metapher. Zur Hermeneutik religiöser Sprache, in: Sonderheft Evangelische Theologie (München 1974), 24–45.

Ringeling, Hermann, Neue Humanität. Beiträge zur theologischen Anthropologie (Gütersloh 1975).

Rogerson, John W., Anthropology and the Old Testament (Oxford 1978).

Rudolph, Kurt (Hg.), Gnosis und Gnostizismus (= Wege der Forschung Bd. 262) (Darmstadt 1975).

–, Die Gnosis (Göttingen ²1980).

Rückert, Hanns, Vorträge und Aufsätze zur historischen Theologie (Tübingen 1972).

Sauter, Gerhard, Mensch sein – Mensch bleiben. Anthropologie als theologische Aufgabe, in: Fischer (Hg.), Anthropologie (s.o. 2.), 81–118.

–, Was heißt: nach Sinn fragen? Eine theologisch-philosophische Orientierung (München 1982).

Schaeffler, Richard, Was dürfen wir hoffen? Die katholische Theologie der Hoffnung zwischen Blochs utopischem Denken und der reformatorischen Rechtfertigungslehre (Darmstadt 1979).

–, Glaubensreflexion und Wissenschaftslehre. Thesen zur Wissenschaftstheorie und Wissenschaftsgeschichte der Theologie (Freiburg i. Br. 1980).

–, Fähigkeit zur Erfahrung. Zur transzendentalen Hermeneutik des Sprechens von Gott (Freiburg i. Br. 1982).

–, Wissenschaftstheorie und Theologie, in: CGG 20, 5–83.

Schaeffler, Richard/Hünermann, Peter, Ankunft Gottes und Handeln des Menschen. Thesen über Kult und Sakrament (Freiburg i. Br. 1977).

Scharbert, Josef, Prolegomena eines Alttestamentlers zur Erbsündenlehre (Freiburg i. Br. 1968).

Scharffenorth, Gerta, Den Glauben ins Leben ziehen ... Studien zu Luthers Theologie (München 1982).

Scharrer, Siegfried, Theologische Kritik der Vernunft (Stuttgart 1977).

Scheffczyk, Leo, Von der Heilsmacht des Wortes. Grundzüge einer Theologie des Wortes (München 1966).

–, Die Welt als Schöpfung Gottes (Aschaffenburg 1968).

–, Wirklichkeit und Geheimnis der Sünde. Sünde – Erbsünde (Augsburg 1970).

–, Gottloser Gottesglaube (Regensburg 1974).

–, Schwerpunkte des Glaubens. Gesammelte Schriften zur Theologie I (Einsiedeln 1977).

–, Glaube als Lebensinspiration. Ges. Schr. z. Theol. II (Einsiedeln 1980).

–, Einführung in die Schöpfungslehre (Darmstadt 1982).

–, (Hg.), Der Mensch als Bild Gottes (= Wege der Forschung Bd. 124) (Darmstadt 1969).

Scheler, Max, Die Stellung des Menschen im Kosmos (= Ges. Werke Bd. 9) (Bern – München 1976).

Scherer, Georg, Das Problem des Todes in der Philosophie (Darmstadt 1979).

Scherer, Robert, Wirklichkeit – Erfahrung – Sprache, in: CGG 1, 5–59.

Schillebeeckx, Edward, Das tridentinische Rechtfertigungsdekret in neuer Sicht, Concilium 1 (1965) 452–454.

–, Gott – die Zukunft des Menschen (Mainz 1969).

–, Offenbarung und Theologie (= Gesammelte Schriften I) (Mainz 1965).

–, Glaubensinterpretation. Beiträge zu einer hermeneutischen und kritischen Theologie (Mainz 1971).

–, Christus und die Christen. Die Geschichte einer neuen Lebenspraxis (Freiburg i. Br. 1977).

–, Die Auferstehung Jesu als Grund unserer Erlösung (Freiburg i. Br. 1979).

–, Erfahrung und Glaube, in: CGG 25, 73–116.

Schlier, Heinrich, ἐλευθερία (eleutheria), in: ThWNT II (1935) 484–500.

–, Der Römerbrief (Freiburg i. Br. 1977).

–, Der Geist und die Kirche. Exegetische Aufsätze und Vorträge, hg. von Veronika Kubina und Karl Lehmann (Freiburg i. Br. 1980).

Schmaus, Michael, Der Glaube der Kirche, 2., wesentlich verbesserte Aufl., 6 Bde. in 13 und ein Registerband (St. Ottilien 1979–1982).

Schmitz-Moormann, Karl, Die Erbsünde. Überholte Vorstellung, bleibender Glaube (Olten – Freiburg i. Br. 1969).

Schnackenburg, Rudolf, Die sittliche Botschaft des Neuen Testamentes (München ²1962).

–, Christliche Existenz nach dem Neuen Testament. Abhandlungen und Vorträge, 2 Bde. (München 1967/68).

–, Schriften zum Neuen Testament. Exegese in Fortschritt und Wandel (München 1971).

–, Befreiung nach Paulus im heutigen Fragehorizont, in: Scheffczyk (Hg.), Erlösung (s. o. 2.), 51–68.

Schneider, Theodor, Die Einheit des Menschen. Die anthropologische Formel „anima forma corporis" im sogenannten Korrektorienstreit (Münster 1973).

–, Zeichen der Nähe Gottes. Grundriß der Sakramententheologie (Mainz 1979).

Schnurr, Günther, Fragestellungen der Theologie im Horizont der Evolution, KuD 19 (1973) 53–83.

Schoonenberg, Piet, Theologie der Sünde (Zürich 1966).

–, Der Mensch in der Sünde, in: MS II (1967), 845–941.

–, Ein Gott der Menschen (Zürich 1969).

Schütz, Christian/Groß, Heinrich/Schelkle, Karl Hermann/Breuning, Wilhelm, Die Vollendung der Heilsgeschichte, in: MS V (1975) 553–890.

Schütz, John H., Charisma. IV: NT, in: TRE VII, 688–698.

Schütz, Robert, Psychoanalyse und christlicher Glaube. Eine Begegnung mit der Tiefenpsychologie (Stuttgart 1971).

Schulte, Raphael, Leib und Seele, in: CGG 5, 5–61.

Schupp, Franz, Auf dem Weg zu einer kritischen Theologie (Freiburg i. Br. 1974).

–, Glaube – Kultur – Symbol. Versuch einer kritischen Theorie sakramentaler Praxis (Düsseldorf 1974).

Schwarz, Reinhard, Fides, spes und caritas beim jungen Luther. Unter besonderer Berücksichtigung der mittelalterlichen Tradition (Berlin 1962).

Seckler, Max, Instinkt und Glaubenswille nach Thomas von Aquin (Mainz 1961).

–, Glaube, in: HThG I (1962) 528–548.

–, Das Heil in der Geschichte. Geschichtstheologisches Denken bei Thomas von Aquin (München 1964).

–, Alleinseligmachende Kirche? Die vielen Religionen und das eine Heil, in: Hüttenbügel (Hg.), Gott (s. o. 2.), 733–746.

–, Das Haupt aller Menschen. Zur Interpretation eines Thomastextes [STh III 8,3], in: Joseph Möller (Hg.), „Virtus politica". Festgabe zum 75. Geburtstag von Alfons Hufnagel (Stuttgart 1974), 107–125.

–, Im Spannungsfeld von Wissenschaft und Kirche. Theologie als schöpferische Auslegung der Wirklichkeit (= Gesammelte Aufsätze) (Freiburg i. Br. 1980).

–, Aufklärung und Offenbarung, in: CGG 21, 5–78.

–, (Hg.), Lehramt und Theologie. Unnötiger Konflikt oder heilsame Spannung? (Düsseldorf 1981).

Seebaß, Horst/Dexinger, Ferdinand/Eckert, Jost/Koch, Traugott, Erwählung, in: TRE X (1982), 182–205.

Seibel, Wolfgang, Der Mensch als Gottes übernatürliches Ebenbild und der Urstand des Menschen, in: MS II (1967) 805–843.

Seils, Martin, Der Gedanke vom Zusammenwirken Gottes und des Menschen in Luthers Theologie (Gütersloh 1962).

Semmelroth, Otto, Die Kirche als Sakrament des Heils, in: MS IV/1 (1972), 309–356.

Siewerth, Gustav, Einführung in: Thomas von Aquin, Die menschliche Willensfreiheit. Texte zur thomistischen Freiheitslehre, ausgew. von Gustav Siewerth (Düsseldorf 1954), 9–136.

Skinner, Burrhus Frederic, Jenseits von Freiheit und Würde (Reinbek 1973).

Smend, Rudolf/Luz, Ulrich, Gesetz [Biblische Konfrontationen] (Stuttgart 1981).

Smulders, Piet, Theologie und Evolution. Versuch über Teilhard de Chardin (Essen 1963).

Söhngen, Gottlieb, Analogie, in: HThG I (1962) 49–61.

–, Die Weisheit der Theologie durch den Weg der Wissenschaft, in: MS I (1965), 905–980.

Sölle, Dorothee, Leiden (Stuttgart 1973).

Sonnemans, Heino, Hoffnung ohne Gott? In Konfrontation mit Ernst Bloch (Freiburg i. Br. 1973).

Spaemann, Robert, Christliche Religion und Ethik, PhJ 80 (1973) 282–291.

Splett, Jörg, Der Mensch in seiner Freiheit (Mainz 1967).

–, Philosophischer und religiöser Glaube, in: Seckler u. a. (Hg.), Begegnung (s. c. 2.), 75–88.

–, Gotteserfahrung im Denken. Zur philosophischen Rechtfertigung des Redens von Gott (Freiburg i. Br. – München 1973; ²1978).

–, Reden aus Glauben. Zum christlichen Sprechen von Gott (Frankfurt a. M. 1973).

–, Konturen der Freiheit. Zum christlichen Sprechen vom Menschen (Frankfurt a. M. 1974).

–, Menschsein als Frage, in: Kasper (Hg.), Unser Wissen (s. o.), 81–94.

–, Der Mensch ist Person. Zur christlichen Rechtfertigung des Menschseins (Frankfurt a. M. 1978).

Splett, Jörg/ Splett, Ingrid, Meditation der Gemeinsamkeit. Aspekte einer ehelichen Anthropologie (St. Michael/Österreich ²1981).

Stammler, Eberhard (Hg.), Was ist das eigentlich – der Mensch? (München 1973).

Steck, Odil Hannes, Die Paradieseserzählung. Eine Auslegung von Genesis 2, 4b – 3, 24 (Neukirchen 1970).

Steinacker, Peter, Die Rechtfertigungslehre Luthers – ein ökumenisches Hindernis? WuA 24 (1983) 50–59.

Steinmetz, Franz Josef, Befreit aus Enge und Zwang. Jesu Moral für den Menschen (Stuttgart 1974).

Stobbe, Heinz-Günther, Hermeneutik – ein ökumenisches Problem. Eine Kritik der katholischen Gadamer-Rezeption (Zürich – Gütersloh 1981).

Stromberger, Peter/Teichert, Will, Einführung in soziologisches Denken (Weinheim – Basel 1978).

Stüttgen, Albert, Ende des Humanismus – Anfang der Religion? (Mainz 1979).

Stuhlmacher, Peter, Gerechtigkeit Gottes bei Paulus (Göttingen ²1966).

Sudbrack, Josef, Beten ist menschlich. Aus der Erfahrung unseres Lebens mit Gott sprechen (Freiburg i. Br. 1973, Neuausgabe 1981).

Theodorou, Andreas, Die Lehre von der Vergottung des Menschen bei den griechischen Vätern, KuD 7 (1961) 283–310.

Thielicke, Helmut, Theologische Ethik, 3 Bde. in 4 (Tübingen 1954–1968 – mehrfache durchgesehene Neuauflagen).

–, Können Strukturen sich bekehren? ZThK 66 (1969) 98–114.

–, Der evangelische Glaube. Grundzüge der Dogmatik. 3 Bde. (Tübingen 1968–1978, Bd. 3 unter dem Titel: Theologie des Geistes).

–, Mensch sein – Mensch werden. Entwurf einer christlichen Anthropologie (München 1976).

–, Glauben und Denken in der Neuzeit. Die großen Systeme der Theologie und Religionsphilosophie (Tübingen 1983).

Tillich, Paul, Der Mut zum Sein (Stuttgart 1956).

–, Gesammelte Werke, 13 Bde., 1 Registerbd. und 6 Erg.-Bde. (Stuttgart 1959–1982).

–, Systematische Theologie. 3 Bde. 1955 ff. u. ö.

Track, Joachim, Naturwissenschaften und Theologie – Erwägungen zu einem interdisziplinären Dialog, KuD 21 (1975) 99–119.

Uexküll, Jakob von/Kriszat, G., Streifzüge durch die Umwelten von Tieren und Menschen (Frankfurt a. M. 1980).

Utz, Arthur-Fridolin, Glaube als Tugend. Kommentar zu Thomas von Aquin: Summa Theologiae II–II 1–16 (= DThA Bd. 15) (Heidelberg – Graz 1950).

Vorgrimler, Herbert, Der Kampf des Christen mit der Sünde, in: MS V (1975), 349–461.
–, Der Tod im Denken und Leben des Christen (Düsseldorf 1978).
–, Hoffnung auf Vollendung. Aufriß der Eschatologie.
Vorster, Hans, Das Freiheitsverständnis bei Thomas von Aquin und Martin Luther (Göttingen 1965).

Weger, Karl Heinz, Theologie der Erbsünde (Freiburg i. Br. 1970).
Weimer, Ludwig, Die Lust an Gott und seiner Sache oder: Lassen sich Gnade und Freiheit, Glaube und Vernunft, Erlösung und Befreiung vereinbaren? (Freiburg i. Br. 1981).
Weizsäcker, Carl Friedrich von, Wege in der Gefahr. Eine Studie über Wirtschaft, Gesellschaft und Kriegsverhütung (München 1976, ⁴1977).
–, Der Garten des Menschlichen. Beiträge zur geschichtlichen Anthropologie (München 1977).
–, Deutlichkeit. Beiträge zu politischen und religiösen Gegenwartsfragen (München 1978, ²1979).
Welker, Michael, Universalität Gottes und Relativität der Welt. Theologische Kosmologie im Dialog mit dem amerikanischen Prozeßdenken nach Whitehead (Neukirchen 1981).
Welte, Paul Heribert, Die Heilsbedürftigkeit des Menschen. Anthropologische Vorfragen zur Soteriologie (Freiburg i. Br. 1976).
Welte, Bernhard, Über das Böse (Freiburg i. Br. 1959).
Werbick, Jürgen, Rechtfertigung des Sünders – Rechtfertigung Gottes. Thesen zur ökumenischen Diskussion um die Rechtfertigungslehre, KuD 27 (1981) 45–57.
Weß, Paul, Wie kann der Mensch Gott erfahren? Eine Überlegung zur Theologie Karl Rahners, ZkTh 100 (1980) 343–348.
–, Ihr alle seid Geschwister. Gemeinde und Priester (Mainz 1983).
Westermann, Claus, Genesis 1–11 (= Erträge der Forschung, Bd. 7) (Darmstadt ²1976).
–, Genesis, I (1–11) (Neukirchen ²1976).
Wiederkehr, Dietrich, Entwurf einer systematischen Christologie, in: MS III/1 (1970), 477–648.
–, Perspektiven der Eschatologie (Zürich 1974).
–, Glaube an Erlösung. Konzepte der Soteriologie vom Neuen Testament bis heute (Freiburg i. Br. 1976).
Wilckens, Ulrich, Rechtfertigung als Freiheit. Paulusstudien (Neukirchen 1974).
–, Der Brief an die Römer. 3 Bde. (Neukirchen – Zürich 1978–1981).
–, Zur Entwicklung des paulinischen Gesetzesverständnisses, New Testament Studies 28 (1982) 154–190.
Wingren, Gustaf, Evangelium und Kirche (Göttingen 1963).
Wißmann, Hans/Herms, Eilert/Köpf, Ulrich/Track, Joachim/Zilleßen, Dietrich, Erfahrung, in: TRE X (1982) 83–141.
Wölfel, Eberhard, Welt als Schöpfung. Zu den Fundamentalsätzen der christlichen Schöpfungslehre heute (München 1981).
Wolf, Ernst, Peregrinatio, I: Studien zur reformatorischen Theologie und zum Kirchenproblem (München 1954, ²1962); II: Studien zur reformatorischen Theologie, zum Kirchenrecht und zur Sozialethik (München 1965).
Wolff, Hans-Walther, Anthropologie des Alten Testaments (München 1973).

Zahrnt, Heinz, Die Sache mit Gott. Die protestantische Theologie im 20. Jahrhundert (München 1966).
–, Martin Luther. In seiner Zeit – für unsere Zeit (München 1983).
Zulehner, Paul Michael, Umkehr: Prinzip und Verwirklichung. Am Beispiel Beichte (Frankfurt a. M. 1979).
–, Kirche – Anwalt des Menschen (Wien – Freiburg i. Br. 1980).
Zweites Vatikanisches Konzil: s. o. 2.: Lexikon für Theologie und Kirche.

Personenverzeichnis

(Biblische Personen nur, wenn sie als Autoren aufgeführt sind)

Sachverzeichnis

(Untergliederung der Stichworte nach sachlich-systematischen Gesichtspunkten)

– und Freiheit 313
– und Geist 378
– und Gnade 88 f. 102 f. 129 132 281 378
Naturpessimismus 103
Nihilismus 68 f.

Offenbarung 29 33 44 214 281 289 295 333
346–354

Pelagianer 278 359 393 s. a. Pelagius
Philosophie 32 41 f. 47–52 424 ff.
Positivismus 59 32
Prädestination s. Vorherbestimmung
Pragmatismus 32

Rationalismus 52 60
Rechtfertigung s. a. Gnade
– bei Paulus (auch AT) 193–198
– bei Augustinus 198 f.
– bei Thomas 199–202
– bei Luther 30 202–208
– in Trient 208–210
– allein aus Glauben s. Glaube
– als Anrechnung (imputatio) 204 ff.
–, „effektiv" 199–201 206–211 214 365 f.
–, „forensisch" 193 195 198 201 205–209 211 214
365 f.
–, ontisch 195 210
–, „objektiv"/„subjektiv" 205 f.
– und Buße 363
– und Gericht 197
– und Gesetz 220 f.
– und Gnade 37 190–219
– und Sünde 147–149 193–195 339
Relevanz 25
Religionskritik 50
Rhetorik 59

Säkularisierung 33
Sakramente 92 244
Schöpfung 30 34 41 75 f. *102–105* 200 282 423 434
Schrift s. Wort Gottes
Seele 278 333 s. a. Mensch
Selbsterfahrung 23 35
Selbstliebe s. Sünde (bes. bei Luther)
Selbstsucht s. Begierlichkeit
Selbstverständnis 34 47 ff. 315
Semipelagianer 129 ff. 135 153 253 360
Sexualität 374 ff.
Sinn(-frage) 74 *166–169* 215–217 418
Sinnlichkeit 48 ff.
Soteriologie 197
Sprache 41 *58–65* 312 427

Sprachphilosophie 32 58 f.
Stoa 56
Struktur 34–36 343
Subjekt 24 30 32–38 49 52 418
Subjektivismus 24
Sühne 195–198
Sünde 31 33–38 85 f. 115–189 343 364 407
– in bibl. Tradition 115–128
– bei Augustinus 128–134 153 f.
– bei Thomas 93 134–143 153 333
– bei Luther 143–147 153 f. 270 ff.
– in Trient 147–152 153 f.
–, bleibende 270 ff.

Tat–Ergehen Zusammenhang 119–121 195
Taufe 89 198 312
Theologie
–, historische 38 f.
–, systematische 38 f. 105
–, mittelalterliche 24 34 37 f.
–, dialektische 41 f.
– der Befreiung 25 315 368
–, politische 25 312 315 368 409 437
– der Revolution 24 f. 26
–, Gott-ist-tot- 289
–, feministische 438 f.
Tod 70–72 152 292 f. 412–415
Tradition (methodisch) 39–42 44 f. *105–115*
152–158 182–184
Tugend, -lehre 93 96 278 336 358–360 362

Umkehr s. Buße
Unverfügbarkeit 352
Urstand 200 f. 212 214

Verdienst s. Eschatologie
Vergebung 199 213 376
Vermittlung 243–245
Vernunft 49 66 422
Versöhnung 104 370
Vollendung s. Eschatologie
Vorherbestimmung 84 90 390
Vorsehung 92 103 349–352
Vorverständnis 23 f.

Wahrheit 42 50 297
Welt *48–72* 85 333 350 366 ff. 406
Weltoffenheit *53–58* 72 410
Wirklichkeit 23 49 50 56 418 420
Wissenschaftlichkeit 60
Wissenschaftstheorie 59 419
Wort Gottes 197 212 225 228 239 ff. 353